새로운

한국사 길잡이

제3판
한국사 연구입문

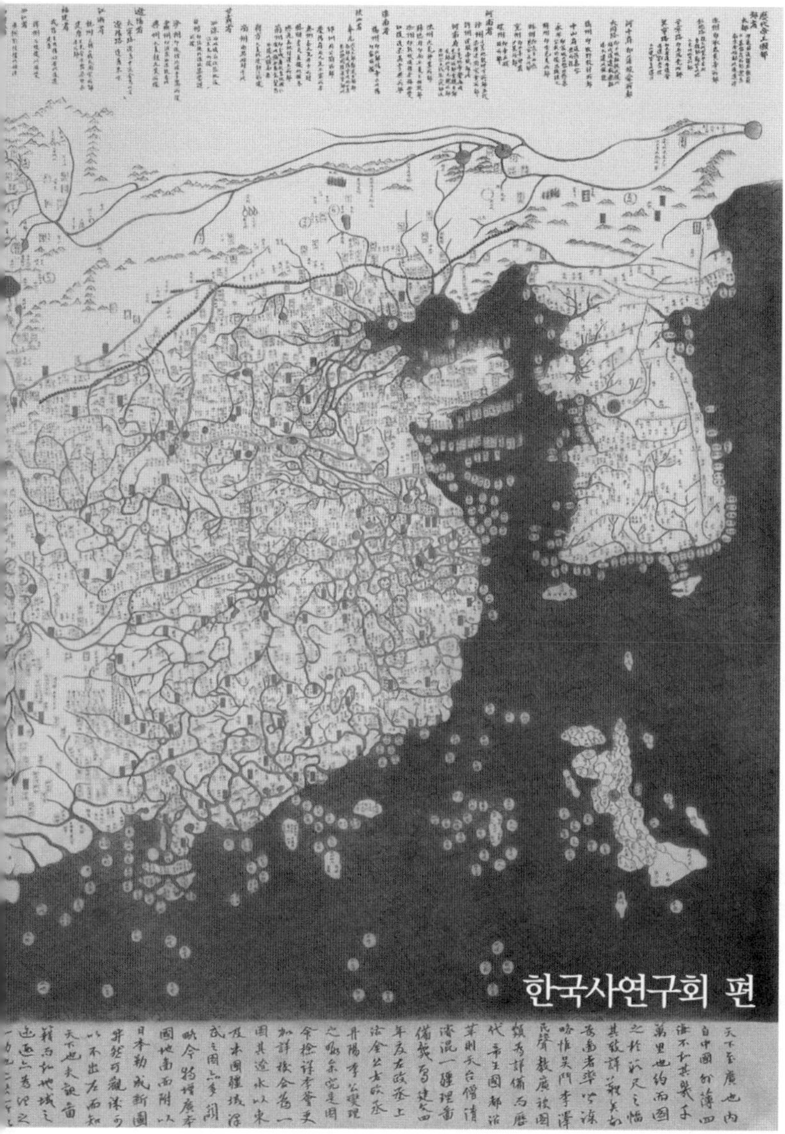

한국사연구회 편

上

지식산업사

새로운 한국사 길잡이 -上

제3판 한국사연구입문

초판 제 1쇄 발행 2008. 2. 15.
초판 제15쇄 발행 2023. 1. 21.

지은이   한국사연구회
펴낸이   김경희
펴낸곳   (주)지식산업사
본사 ● 10881, 경기도 파주시 광인사길53(문발동)
전화 (031) 955-4226~7 팩스 (031) 955-4228
서울사무소 ● 03044, 서울시 종로구 자하문로6길 18-7
전화 (02) 734-1978, 1958 팩스 (02) 720-7900
영문문패 www.jisik.co.kr
전자우편 jsp@jisik.co.kr
등록번호 1-363
등록날짜 1969. 5. 8.

책값은 뒤표지에 있습니다.

ISBN 978-89-423-1106-4(93910)
ISBN 978-89-423-0053-2(전2권)

이 책에 대한 문의는
지식산업사로 연락해 주시길 바랍니다.

제3판 한국사연구입문을 내면서

한국사연구회는 1981년에 《한국사연구입문》 제1판을, 1987년에 제2판을 간행하였다. 이번에 펴낸 이 책은 그 제3판에 해당한다. 한국사연구회 창립 40주년을 기념하는 한국사연구입문 개정판을 내자는 기획안은 김도형 교수 등 2004~5년도 회장단이 마련하였다. 그 기획안을 이어받아 2006~7년도 임원진이 구체화해 이번에 출간하게 된 것이다. 단, 책의 제목을 좀 더 부드럽게 느껴지도록 하려는 뜻에서 《새로운 한국사 길잡이》으로 바꾸었다.

책의 내용에는 그동안의 학계의 연구 성과를 종합하여 싣고, 앞으로의 전망을 담아, 더 쉽게 대중에게 다가갈 수 있게 부드러운 문체로 쓰기로 하였다. 이를 위해 구체적인 작업을 맡는 기획위원을 한국사연구회의 이사진 가운데서 위촉하였다. 각 시대의 기획위원으로는 고대—조인성, 고려—이진한, 조선—배우성, 근대1—김태웅, 근대2—정연태, 현대—홍석률이 담당하였다. 기획위원은 각 시대의 세부 항목과 집필 예정자를 선정하고, 이 안을 바탕으로 기획위원회의에서 몇 차례 거듭

4

토의하였다. 합의된 시안을 학회의 평의원들과 이사들께 보내어 의견을 수렴하는 절차를 거쳐, 2006년 12월 초순 총 71항목의 최종안이 확정되었다. 선정된 필자들이 흔쾌히 집필에 응해 주었고, 정해진 시일 안에 대부분 원고를 보내 주었다. 이 자리를 빌어 필자들께 깊은 감사를 드린다.

이 책은 크게 전근대와 근·현대로 나누고, 각각 한 권씩 상·하 두 권으로 엮기로 하였다. 구체적인 구성에서, 시대구분과 그 명칭을 '원시·고대, 고려, 조선, 근대1, 근대2, 현대'로 하였다. '원시·고대'편에서는 고고학 분야 항목이 적다. 이는 집필 항목 수가 워낙이나 한정되었기 때문이다. 대신 고대의 다른 항목의 서술에서 고고학적 연구성과를 반영하도록 하였다.

고려와 조선은 굳이 '중세1'과 '중세2(또는 근세)'로 이름 붙이지 않았다. 시대구분상의 분기 설정이나 시대 명칭 문제는 학계의 통일적 견해를 이끌어내기 어렵다는 이유에서이다. 그리고 고대는 신라 말까지로 하였다. 고대의 종말기를 신라 말로 보는 것이 학계의 다수 견해이므로 그렇게 하였다. 결과적으로 왕조사적인 구분이 되었지만, 왕조사적인 구분이 실제로 주요한 역사의 단락을 나타내므로, 크게 무리는 아니라고 본다. 그리고 근대와 현대를 구분하였다. 근대1, 2와 현대의 기점에 대해서도 논란이 분분하나 학계의 대체적인 통설을 따랐다.

각 시대의 첫 항목에는 그 시대의 주요 흐름을 개관하는 내용을 담을 수 있는 그 시대에 관한 총론적인 성격을 지닌 주제를 설정하였고, 필자들에게 그러한 내용으로 집필해 줄 것을 의뢰하였다. 각 시대에 설정할 수 있는 항목의 수가 제한되었고, 집필 원고량을 한정할 수밖에 없었던 것이 아쉬웠다.

이 두 권의 책에 실린 글들을 관류하는 일정한 사관을 설정하는 문제가 기획위원회에서 제기되었다. 워낙 현재 한국사학계에서 제기되고 있는 주요 주제에 대한 논란의 진폭이 크고, 시각이 날카롭게 엇물리고 있기 때문에, 책 내용의 균형이나 일관성을 유지하기 위해서는 이에 대한 큰 틀의 방향 제시가 필요하다는 의견이었다. 그러나 이를 굳이 제시하여 논의의 폭을 제한하기보다는, 필자들에게 일임하여 한국사학계가 마주하고 있는 문제점과 논의의 현황이 자연스럽게 드러나게 하는 것이 옳다고 여겨 그렇게 하였다.

현재 한국사회는 급속히 변화하고 있다. 모든 것이 유동적인 상황에서 내일의 우리 사회의 진로를 모색키 위해서는, 장기적인 고찰을 통한 역사학적 조망이 더욱 절실히 요망된다. 이런 우리 사회의 요구를 좇아서, 그동안 한국사학계는 전환기의 고뇌와 모색을 거듭하여 왔고, 이 책은 그 일환으로 출간되었다. 이 책에 담긴 내용은 그간의 여러 논의의 종합인 동시에 새로운 논의의 출발점이 될 것을 기대한다. 다시 한번 이 책의 출간이 가능할 수 있게 해 준 필자들과 기획위원들을 포함한 한국사연구회 이사들께 감사를 드린다. 아울러 어려운 여건에서 1981년 이후 제1판·제2판에 이어 《한국사연구입문》 제3판에 해당하는 《새로운 한국사 길잡이》의 출판을 맡아 준 지식산업사 김경희 사장께 깊은 사의를 표한다. 지식산업사 편집부 여러분들께도 고마움을 전한다.

2007년 12월 27일
한국사연구회 회장 노태돈

제2판 머리말

이 책은 1981년에 간행된 《韓國史研究入門》의 전면 개정판이다. 한국사는 60년대 이후 그 연구성과가 크게 축적되어 '70년대에 이르러서는 韓國學의 중심으로서의 위치를 갖게 되었다. 따라서 이러한 연구결과의 집대성이 1981년도의 《한국사연구입문》으로 집대성된 것이며, 그 내용도 어느 정도 충실하다고 생각했었다.

그러나 당시에 일부 원고가 누락되었고, 필자의 사정으로 몇 개의 부분에서는 전공자의 집필을 기할 수 없었으므로 조속한 보완을 필요로 했던 것이다. 더구나 5년 간의 연구집적에 따라 舊版으로는 현재 한국사 연구의 수준을 반영할 수 없기 때문에 수정판을 만들기에 이르렀다. 때문에 그 의도는 앞 책의 수정의 의미로 출판하였으나, 내용은 수정이 아니라 새로운 집필에 의한 것이다.

제2판의 기획에는 先史時代는 朴喜顯, 古代社會는 申澄植, 中世社會는 金昌洙, 近世社會는 柳承宙, 近代社會는 趙恒來가 각각 책임을 맡았다.

이 책은 본 학회의 이름으로 간행되었으나, 어디까지나 집필자의 개인 입장을 나타낸 것이다.

끝으로 본 학회를 위해 玉稿를 보내주신 집필자 여러분께 감사으 말씀을 드리는 바이다. 더욱이 知識産業社의 金京熙 사장과 관계 여러분께도 고마움의 말씀을 드리는 바이다.

1987년 2월

韓 國 史 硏 究 會

제1판 머리말

　현재 한국사학계는 어려운 여건 아래서도 꾸준한 성장을 보여 질적으로나 양적으로 일정한 수준을 견지하고 있으며, 논문은 물론 단행본도 많이 나오고, 개설적인 敍述도 활발해져 가고 있다.

　그러나, 한국사학은 아직도 인접과학들이 필요로 하는 것에 이바지할 수 있는 데까지는 못 이르고 있으며, 그밖에 다른 사회적 요구도 충족시키지 못하고 있는 실정이다. 그것은 한국사학이 근대적인 역사의식을 도입하여 끊임없이 전진하고 있으나, 그 역사의식에 입각하여 구체적인 한국사의 체계를 수립하는 데는 아직도 미흡한 점들이 많다는 것을 의미한다.

　그럼에도 불구하고 오늘날 한국사학은 사회의 간절한 물음에 무엇인가 대답하지 않으면 안 될 처지에 놓여 있다. 이러한 우리 사회의 물음에 한국사학을 전공하는 학자들이 주저함이 없이 응답할 수 없는 입장이지만, 그렇다고 기약없이 완벽한 한국사의 체계화를 기다리라고만 할 수도 없다. 그리하여, 한국사 분야에 종사하는 우리로서는 우리의 모든 힘을 모아 이제까지의 연구성과를 토대로 한국사의 체계적인 이해를 위하여 새로운 韓國史 硏究 入門書 편찬을 서두르는 것이 필요하다고 생각하였다.

韓國史硏究會에서는 3년 전부터 이 입문서의 편찬 계획에 착수하였다. 본 학회 前任 간사 여러분의 헌신적인 노력에 의하여 착수된 이 일이 이제야 그 결실을 맺게 된 데 대하여 스스로 경하해 마지 않는 바이다. 그동안 본 학회는 여러 차례 입문서의 편찬 계획에 대한 의견을 교환하여, 그 목차를 선정하고, 집필자를 위촉하여 편찬사업을 추진하였다. 목차는 한국사의 체계적인 이해를 위하여 산맥으로 잇는 제목으로 선정하였으며, 집필진은 한국 사학계의 중견학자들을 총동원하여 위촉하였다.

이 책의 체제는 총론과 각 시대편으로 나누어, 총론에서는 역사이론과 사관에 관한 것들을 다루었으며, 각 시대편에서는 각 편마다 시대적 특징을 간략히 소개하는 글을 머리에 싣고, 각 시대마다 가장 중요한 문제만을 골라 다루었다. 그리고 각 제목마다 문제의 소재를 밝히는 데 노력하는 한편, 아울러 앞으로의 연구전망을 첨가하였다. 또한, 이에 관련된 자료를 비롯하여 관련 저서와 논문을 소개하고, 그 제목에 관련된 특정한 사료 내용의 일부를 참고로 소개하였다.

이 입문서는 학생은 물론 일반인에게 한국사를 탐구하는 데 새로운 길잡이가 되고, 나아가 학계에서의 연구에도 도움이 될 것으로 믿는 바이다. 이 입문서는, 어느 의미에 있어서는, 국사학계의 중견학자들이 대거 참여함으로써 한국사의 연구 수준을 한 책에 담아, 문제의 소재를 간결하고 요령 있게 정리한 것이라 하여도 과언이 아닐 것이다. 그러므로, 이 책의 특징은 한국사에 있어서 문제의 소재를 인식케 하고, 학계의 연구동향을 느낄 수 있도록 함은 물론 우리 문화의 폭을 반성할 수 있는 인식체계를 성립시키는 데 길잡이가 되어 줄 것이다.

　이 책은, 그 편찬 과정에서 어려운 일도 많았다. 특히, 당초에 구상했던 목차대로 엮지 못한 부분이 있는 것은 매우 유감된 일이 아닐 수 없다. 각 시대편에서도 끝내 빠지고 만 항목이 있을 뿐더러 총론 부분에서는 한 편을 제외하고는 모두 舊稿를 轉載하여 편집하는 데 그쳐야 했다. 그러나, 모든 아쉬움은 후일을 기약할 수밖에 없다. 집필자는 되도록 많은 관계학자들이 참가토록 하기 위하여 부득이한 경우를 제외하고는 한 사람이 한 항목만을 집필토록 하였다. 그리고, 집필자를 위촉한 것은 본 학회이지만, 각 제목에 피력된 견해는 일단 집필자 개인의 것으로서, 앞으로도 계속 개정의 기회를 충분히 가질 예정이다.

　본 학회의 이름으로 이 조그마한 입문서이나마 엮을 수 있게 된 것을 매우 기쁘게 생각하면서, 이에 적극 협조해 주신 집필자 여러분은 물론 이 책의 출판을 기꺼이 맡아주신 知識産業社 金京熙 社長과 편집실 여러분께도 깊이 감사하는 바이다.

1981년 2월

韓 國 史 研 究 會

차 례

上

원시 · 고대

고려시대

조선시대

13

차 례

下

현 대

원시 · 고대

현대 사학의 흐름

노태돈(서울대 국사학과)

해방 이후 지난 60여 년 동안 한국사회는 분단과 전쟁, 민주화와 산업화의 과정을 헤쳐 나오면서 격렬한 진통과 변화를 거듭하여 왔다. 식민 지배를 겪었고 동족상잔이라는 최악의 상황을 경험한, 가난하고 외진 농업국에서 국민 총생산의 70퍼센트 이상을 무역에 의존하는 고도로 개방되고 산업화된 나라로 바뀌었으며, 독재체제의 질곡에서 벗어나 민주화가 크게 진전된 나라로 성장하여 왔다. 남북 사이에도 아직은 매우 제한적이지만, 서로 왕래를 하면서 평화통일의 전망을 가져보게 되었다. 하지만 일면에선 사회의 양극화가 심화되고 있고, 저성장과 고령화의 덫이 가로놓여 있으며, 이념적 갈등은 여전히 풀어야 할 과제로 남겨져 있는 상황이다. 이처럼 한국사회가 격렬한 진통을 겪으면서 급속하게 변해 오는 동안, 한국사학 또한 각 시기 한국사회가 당면한 과제를 역사연구에 내면화해 구체화하는 작업을 통해 시대와 함께 변모하여 왔다. 지난 60여 년 동안 한국사학이 걸어온 그러한 과정을 몇 시기로 나누어 간략히 정리하여 본다.

1. 분단사학의 형성

해방 직후 역사학자들이 당면한 일차적 과제는, 일제 식민주의 사학이 남긴 독소를 떨쳐 내고, 신국가 · 신문화의 건설에 부응하는 새로운 역사의식과 역사체계를 정립하는 일이었다. 이와 함께 역사교육을 새롭게 하는 일도 시급한 과제였으며, 그를 위해 역사교과서의 편찬과, 교사의 재교육과 양성을 추진하여야 했다. 이런 과제들은 궁극적으로는 어떤 성격의 국가를 건설할 것인가라는 문제와 직결되는 것이었고, 그에 관한 입장의 차이와 해방 정국의 추이에 따라 연구자들의 동향은 몇몇 움직임으로 구체화되었다.

1945년 8월 16일 진단학회가 재건되었다. 일제 때 '순수학문'으로서 조선문화 연구를 추구하면서 엄격한 문헌고증에 바탕을 둔 실증을 중시하는 학풍을 지녀 왔던 일단의 연구자들이 이에 참여하였다. 이들은 곧이어 새로운 역사학을 수립할 구체적인 활동 방향이나 역사관에 따라, 그 내부에서 분화하는 면을 나타내었다. 이들 가운데 일부는 진단학회의 구성원이면서 따로이 1945년 12월 역사학자들만의 학회인 조선사연구회와 역사학회의 창설에 참여하였다. 전자는 일제 때 진단학회가 띠었던 문헌고증사학의 전통을 견지하였다. 후자는 '과학적 실증사론' '역사과학론'을 내세웠고, 한국사 · 동양사 · 서양사 전공자들이 망라된 학회로서 상대적으로 소장연구자들이 새로 많이 참여하였으며, 이들은 대체로 역사학의 실천적 의의에 대해서는 소극적이었고, 과거 사실을 객관적 · 과학적으로 파악하는 것이 역사학의 주된 임무라고 보았다. 아울러 역사연구에서 특정 이론에 바탕을 둔 독단적 해석이나 기계적 적용을 거부하였으며, 도덕사관에 따른 교훈적 역사 서술 또한 비과학적이라고 폄하하였고, 객관주의 · 상대주의에 바탕을 두고 역사적 사실을 이해할 것을 강조하였다. 이 시기 진단학회의 주도층은 서울대학 사학과와 역사교육과 등 교육기관에 진출하여 후진 양성을 주도하였고, 조선사편수회의 업무를 수습하여 국사관(國史館)을 설립하였다(1946). 후자는 1949년 국사편찬위원회로 확대·개편되었다.

한편 진단학회의 일부 인사들은 신민족주의사학을 주창하며 새로운 사관의 수립을 도모하여 기존의 그것과는 다른 학풍을 추구하였다. 신민족주의는 대내적으로는 좌·우 양 극단을 배제하고, 민족주의와 사회주의의 이념을 적절히 조합하여, 좌우협진(左右協進) 만민공생(萬民共生)의 길을 찾아 민족적 단결을 도모하고, 대외적으로는 민족적 주체성을 견지하되 배타성은 지양하고 국제협력을 도모해, 새롭고 조화로운 민족국가를 건설하자는 것이었다. 요컨대 대내적으로는 균등사회, 대외적으로는 국제친선을 도모하는 민족 자주의 민주주의 국가를 건설하자는 중도 우파적 성격을 띤 이념이었다. 이런 이념의 정당성을 역사 서술로 구체화한 것이 신민족주의사학이었다. 차츰 격해지는 좌·우 대립에 따른 남북 분단과 내전의 가능성에 위기감을 느껴, 통일민족국가의 건설이라는 절대 과제를 달성하고자 민족통합과 좌우합작을 이룩할 새로운 역사관과 이념으로 제기되었던 것이다. 신민족주의사학에서 한국사는 한국민족사이며, 민족을 단위로 한 관점에서 한국사를 이해하였고, 민족의 단합을 중시하였다. 그래서 '계급투쟁은 민족 내부의 균열을 초래하므로 어떠한 경우에도 비민족적 죄악'이니, 미리 이를 막아야 하는데, 그리 하려면 착취와 억압이 없어져야 한다고 하였다. 그런데 그것을 가능케 하기 위한 구체적인 방안으로 제시한 것이 운명공동체로서의 민족에 대한 자각을, 특히 지배계급의 자각을, 도덕적으로 촉구함이었다. 자연 그 역사 서술에서는 민족적 도덕성을 강조하는 관념적이고 교설적인 면을 강하게 띠었다. 신민족주의 사학자들이 역사교육을 중시하여 교과서를 집필하고 한국 정부의 교육정책에 직접 참여하였던 것도 이런 면과 관련이 있다. 그런데 차츰 격해지는 이념 대립과 미 · 소 갈등의 현실 앞에서 신민족주의 사학의 역사인식은 벽에 부딪치게 되었다. 이는 근본적으로는 균등사회의 건설이 '비교적 용이한 일'이라 여긴 소박한 현실 인식과 선린 우호의 국제질서가 곧 도래할 것이라고 인식한 안이한 국제관계의 이해에서 말미암은 것이기도 하였다.

한편 해방 직후 그동안 사회경제사를 연구해 왔던 이들은 유물사관 사학의 재건에 나섰다. 이들은 '인민적 민주주의' 국가의 건설과 민주 문화 창조에 이바지할 과학적 · 실천적 역사학을 정립할 것을 제창하였다. 이들은 역사 연구의 목적은 사회 변혁을 위한 실천에 있다고 하였으며, 구체적인 연구 방법론으로 사회구성체론의 우월성을 내세웠다. 이들은 조선과학자동맹이나 민족문화연구소 등을 중심으로 이 시기 좌익의 '실천적 요구'에 부응하는 주제를 연구하였다. 그들은 조선의 역사를 알고자 하는 목적이 우리가 미래를 건설해 나가자면 '반드시 알아야 하는 歷史的 軌道를 찾아내는' 데 있다고 하면서, '역사 창조의 실천적 행동에서 체득한 것을 이론으로 정리하며, 이론으로 파악한 것을 실천 행동에 적용하는' 실천적 역사학을 강조하였다. 그래서 현 단계에 필요한 '반봉건 민주주의 개혁'을 추진하는 데 대한 이론적 바탕을 제시하기 위한 사회경제사 연구라든가, 우익의 임시정부 정통론의 입장에 선 삼일운동론을 비판하면서 좌익 중심의 민족해방운동사를 정리하는 작업의 시도 등을 하였다.

한편 사회경제사학자들 사이에 이론적 논의도 함께 이루어졌다. 한국사 연구에서 우리 역사를 보편적인 역사발전 과정에 대한 논의로 일관하기보다는, 우리 역사의 한국적 특수성을 이해하는 것이 중요하다는 주장을 둘러싼 논란이 그런 예이다. 다시 말해 한국사의 발전 과정에 나타났던 특수한 길과 그것의 연원인 정체성 문제의 해명을 둘러싼 논급이라든가, 영향이 가지는 역사발전의 동력으로서의 의미를 어떻게 보아야 할 것인가에 대한 논급 등이 그러한 예이다. 이런 것들은 1930년대 이래로 제기되어 오던, '공식주의적(公式主義的)이고 일국사적(一國史的)'인 이해 방법론에 대한 비판적 극복을 추구한 것이라 할 수 있겠다. 한편 이런 비판에 대해, 지리적 환경을 포함한 자연적 여러 조건이나 외부의 영향에 따른 여러 조건을 중시하기보다는 내부에서 생성·변전되는 사회적 여러관계의 진전에 의거하는 내재적 발전론과 일원적인 역사발전단계론을 지지하는 입장이 일각에서 견지되었다. 양측의 주장이 구체적이고 실증적 연구로 이어지지는 않았지만, 사회경제사연구에서 유의되는 문제의 제기였다. 이는 그 뒤에도 남·북한에서 거듭 논급되는 주제이다.

해방 공간에서 거의 대부분의 사회경제사학자들은 유물사관의 우월성을 강조하며 비타협적인 배타성과 당파성을 견지하였다. 그런 면은 점차 악화되는 주변 상황에 대응하는 방안으로 취해진 좌경강경노선 때문에 더 심화되었다. 그에 따라 좌우 대립이 격해지는 상황에서 통일민족국가의 건립을 위한 새로운 역사관의 모색이나 역사가들의 역량 결집에서 성과를 내지 못하였고, 이들의 활동 공간을 좁게 하였다. 그런 가운데서 1946년 10월 김일성대학의 개교 때 상당수의 사학자들이 평양으로 옮겨갔다. 그리고 이어 1948년 4월 남북협상을 계기로 다수의 사회경제사학자들이 월북하였다. 북한 역사학계의 중심이 된 이들은 1948년 10월 확대 개편된 조선역사편찬위원회에 참여하였다. 조선역사편찬위원회는 '과학적 세계관'에 바탕을 둔 조선사의 편찬을 추진하였고, 아울러 1949년 10월에는 김일성의 항일무장투쟁사를 골간으로 하는《조선민족해방투쟁사》를 펴냈다. 물론 당시 북한 정권은 여러 정파가 연합한 특성을 지닌 만큼 정세의 진전에 따라 권력의 정통성과 연관된 내용을 담은 이런 류의 책은 개정이 불가피한 것이었다. 아무튼 이 책은 북한의 국가건설노선과 사회주의 인민정부 수립의 역사적 정당성 및 김일성정권의 정통성을 역사적으로 뒷받침하는 것으로서 북한에서의 분단사학의 형성을 말해주는 바이다.

남과 북에서 각각 정부가 수립되고 그 각각의 정통성을 옹호함에 따라 남과 북의 사학계는 어쩔 수 없이 분단사학적인 성격을 띠게 되었다. 남한에서는 역사학회가 사실상 1949년 중반 이후 활동을 중단하였고, 그해 11월 진단학회와 조선사연구회가 결합하여 남한 사학계의 중심을 이루게 된 것도 그런 면의 반영이다. 그것이 더 굳어지게 되는 데에는 한국전쟁이 결정적인 작용을 하였다. 참혹한 전쟁으로 좌우의 이념 대결은 극단으로 치달아, 중간지대는 존재하지 않게 되었다. 신민족주의사학의 경우, 그 중심 인사들이 납북되어 사실상 그 영향력이 소멸되었다. 남 · 북 양측에서 역사학은 분단 체제를 옹호하고, 그것을 뒷받침하는 미 · 소 중심의 세계질서를 묵종하게 하는 데 기여하여야 했다.

2. 식민주의사학 비판과 민족주의사학

전쟁의 소용돌이 속에서도 1952년 전시 수도인 부산에서 '역사학 재건의 초석'을 놓으려는 젊은 소장 사학자들이 중심이 되어 역사학회가 창설되었다. 이는 1945년 12월에 만들어진 같은 이름의 역사학회와는 다른 것으로서, 자유주의를 기조로 하여 실증사학을 지향하였다. 전란의 폐허에서도 다할 수 없는 역사학에 대한 열정은 1950년대를 거치면서 이런 저런 연구와 교육을 통해 발현되었다. 그러나 전체적으로 볼 때 한국사학계는 활기를 잃고 일제시대 일본인들이 세워 놓은 틀에서 크게 벗어나지 못한 형편이었다. 국가 예산의 50퍼센트 이상을 외국원조 물자를 판매한 대충자금에 의존하고 정부 주요 부처마다에 미국인 고문단이 주재하고 있는 상황에서, 한국인의 역사의식은 소극적이 되게 마련이었다. 그러한 상태를 깨고 사학계에 새로운 기풍이 진작되는 계기가 된 것이 1960년의 4.19혁명이었다. 4.19혁명은 한국인 스스로가 자기 운명의 주인임을 자각케 하였다. 이후 한국사회의 여러 가지 현안에 대한 다양한 목소리가 쏟아져 나왔다. 사학계에서는 해방 이후 새로운 역사학의 정립을 위한 전제로 인식되었던 일제 사학의 청산 문제가 새롭게 제기되었다. 1961년 3월 일제 식민주의 사학을 비판한 이기백의 글을 시작으로, 이후 정체성론과 지정학적 숙명론을 축으로 하는 일제 식민주의 사학에 대한 다각도의 비판이 제기되었고, 그와 함께 한국사의 독자성과 내재적 발전 과정을 밝히는 연구가 이어져 나왔다. 이는 그동안 개별적 사실을 밝히는 데 몰두하였던 연구경향과 그런 사실들의 나열로 시종하는 역사서술에 대한 비판을 동반하였다. 역사의 흐름을 발전적 과정으로 파악하고 이를 거시적으로 체계화하려는 연구와 서술 작업이 요구되었다.

그런 가운데서 1965년 한일회담이 타결되자 일본의 재등장에 대한 깊은 우려 때문에 일제 식민주의 사학의 청산과 새로운 한국사 체계의 정립이 절박한 현실적인 문제로 다가왔다. 이에 1967년 한국사연구자들로 구성된 한국사연구회가 조직되어, 한국사연구를 추동하였다. 그리고 이 해에 한국경제사학회가 주최하여 한국사의 발전과정을 통사적으로 체계화하려는 전제작업으로서 시대구분론을 주제로 한 학술회의가 열렸다.

이 시기 연구는, 위로는 구석기시대에서부터 아래로는 근대에 이르기까지 한국사의 전 시기에 걸쳐 다양한 주제를 대상으로 활발히 행해졌고, 나아가 그러한 국사학계의 연구 성과를 역사교육에 전면적으로 반영하기 위한 시도가 이루어졌다. 연구와 교육이 수레의 두 바퀴처럼 함께 움직여 한 시기의 역사의식의 틀을 형성하게 되는 바이니, 이는 당연한 진전이라 하겠다. 1969년 후반 이기백·이우성·한우근·김용섭 등이 공동 작업으로 마련하여 문교부에 제출한 "中·高等學校 國史教育改善을 위한 基本 方向"은 이 시기 국사학의 연구 동향과 국사교육 방향의 한 단면을 보여준다. 이것은 교과서 집필에 '參考'가 되는 '試案'으로 마련된 것이다. 여기서 시안 작성의 기본원칙으로 아래의 사항이 제시되었다.

1. 국사의 전 기간을 통하여 민족의 주체성을 살린다.

2. 민족사의 각 시대의 성격을 세계사적 시야에서 제시한다.

3. 민족사의 전 과정을 내재적 발전방향으로 파악한다.

4. 제도사적 나열을 피하고 인간을 중심으로 생동하는 역사를 서술한다.

5. 각 시대에 있어서의 민중의 활동과 참여를 부각시킨다.

그리고 각 시대별로 주요 사안에 대한 서술 지침을 제시하였다. 가령 그 가운데 몇몇을 보면, 고대에서는 '한사군에 대한 서술을 간략히 하고, 이 세력을 축출하는 데서 우리 사회가 성장하였음을 강조한다', '고대귀족국가적 체제로 발전하는 계기를 한사군의 영향에서 찾을 것이 아니고 내부적 산업의 발달과 관련하여 설명한다', '이민족과의 투쟁에서 장수나 지휘관의 능력만이 아니라 민중의 강력한 뒷받침이 있었다는 점을 강조한다', '발해와 신라를 대등하게 설명한다' 등등이 언급되었다. 근대 부분에서 '중세체제의 해체와 근대국가의 수립을 우리나라의 내적 발전과정에서 다룬다', '서구열강의 동양진출에 위기감을 느낀 우리 민족이 실학사상의 토대에서 개화사상으로 발전해 나갔고', 갑신정변과 갑오경장이 '주체적·내재적 요청에 의해 이루어졌음을 강조한다', 광무 연간의 개혁사업이 '주체적 입장에서 갑신정변과 갑오개혁의 이념을 계승한 것임을 강조한다', '해방과 독립은 우리 민족의 불굴의 독립 투쟁을 토대로 연합국의 이해와 협조에서 이루어진 것임을 관계지어서 설명한다' 등등의 언급이 있다. 한편 1969년 후반 국사편찬위원회에서 그동안의 연구 성과를 집대성하는《한국사》편찬 계획안을 만들어 이듬해 3월 그것을 확정하였다.《한국사》25권은 그 뒤 순차적으로 간행되었다.《한국사》의 '편찬 요강'을 보면 '민족 주체성에 입각한', '민족의 내재적 발전 방향을 인식한', '각 시대에 있어서의 민중의 활동을 부각시키는' 한국사를 편찬하려 한다고 하였다.

'시안'과 '요강'의 내용은 그 기본적인 틀에서 서로 통하는데, 이는 위에서 말했듯이 식민주의 사학에서 내세웠던 타율성론과 정체성론을 비판하는 관점에서 한국사의 독자성과 내재적 발전을 강조하던 1960년대 한국사학계의 역사의식과 연구 성과를 반영한 것이다. 이런 연구 경향은 당시 집권층이 추진하던 근대화론과 맞물리면서 일세를 풍미하였다. 그것은 민족사에 대한 손상된 자부심을 일정 수준 회복시켰다. 아울러 일제 강점기에 이루어졌던 민족주의 사학과 사회경제사학의 성과에 대한 재평가가 이루어졌고, 그런 과정을 거쳐 남·북한의 사학이 전 시기의 학문적 유산을 공유하게 되었다. 내재적 발전과 독자성을 강조하는 이러한 학풍은 1970년대 초로 이어져 그 뒤까지 한국사학계의 주류를 형성하게 되었다.

3. 분단극복사학론과 민중사학론

1970년대에 들어서 정치적 억압과 분배구조를 둘러싼 모순이 심화되고 그에 따른 저항도 치열해졌다. 이어 정국은 유신체제로 나아갔고, 집권세력은 개발독재를 수식하기 위한 방편으로 '주체적 민족사관'의 정립을 강조하였다. 이에 그동안의 내재적 발전론이 집권층이 주도하는 근대화지상론을 합리화하는 데로, 민족적 독자성 추구가 유신체제를 옹호하는 또 다른 특수성론으로 전도되어 이용될 가능성이 현실로 제기되었다. 그런 가운데서 유신체제 아래 고조되는 대내외적 위기에 어떻게 대응하고, 그리고 어떠한 형태의 내일의 사회상을 추구할 것이며, 역사 연구에 어떻게 투영하여 학문화할 것인가에 대한 다양한 모색이 시도되었다. 이는 그동안의 민족주의사학에 대한 재검토와 연관을 가지고 진전해 왔다. 이런 상황에서 분단극복사학론이 제기되었다.

이 주장에서는 한국 사회의 여러 가지 모순의 근원적인 뿌리가 분단에 있으며, 이 분단 상태를 극복하기 위해 적극적으로 노력하는 것이 국사학이 마땅히 취하여야 할 현재성의 수행이라고 보았고, '통일 민족국가 수립에 공헌할 수 있는 역사적 사실을 연구 개발'하고, '보다 높은 차원에서의 통일 지향의 민족주의론을 정립할 것' 등을 그 구체적인 방안으로 제시하였다.

'분단시대'라는 상징적인 말에 압축된 이런 주장은 통일을 국사학의 중심 과제로 부각시켰다는 점에서 큰 의미를 지닌다. 그런데 곧이어 계몽적인 당위론의 차원을 넘어 구체적인 역사연구의 마당에서는 어떻게 하여야 통일 지향적인 역사학을 수립할 수 있으며, 그것이 가능한가에 대한 논란이 잇따랐다. '통일 민족국가 수립에 공헌할 수 있는 역사적 사실'의 개발에 대해, 그것은 자칫 초역사적인 감계주의(鑑戒主義)나 소재주의(素材主義)로 흐르기 십상이고, 그럴 경우 과연 한국사의 발전 과정에 대한 체계적인 이해와 그것을 바탕으로 한 통일의 역사적 정당성과 필연성을 도출해 낼 수 있을까라는 의문이 뒤따랐다. 그리고 한국사의 발전과정의 주된 흐름에 대한 거시적이고 체계적인 이해로 분단시대의 파행성을 인식하고, 극복을 위한 연구 방법을 모색

하여야 한다는 주장이 제기되었다. 그러할 때 자연 한국사의 발전과정
을 파악하는 데 도움이 될 수 있는 고찰은 그 대상 시기나 주제가 무엇
이든 모두 현재성을 띠는 연구가 되며, 소재주의에서 벗어날 수 있게
된다. 다시 말하면 역사학에서 분단극복의 과제가 역사발전 과정을 연
구하는 보편적인 일반 과제와 분리되는 것이 아니라는 사실이 지적되
었다.

그 다음 '통일지향의 민족주의론의 정립'에 대해서는, 구체적인 연
구로 그 인식방향의 일단이 제시되었다. 즉 일제 말기까지의 민족독립
운동은 좌·우익의 절충을 거쳐 민주사회주의 또는 사회민주주의적인
방향으로 전개되었음을 지적하고, 그런 좌우익의 민족주의적 합일점
으로의 접근 움직임은 해방 뒤 좌우합작운동으로 이어졌다고 보았다.
그리고 이런 '회색노선'이 정착하여 광복 정국을 주도하였어야 했고,
민족세력의 통합을 지향했던 것이 근대 한국민족주의의 특징이었다고
하였다. 결국 남북대립이라는 현상을 지양하기 위해서는 민족이 외세
에 대한 공동운명체임을 자각하고 좌·우 절충을 통한 대립의 완화와
통합을 모색하는 데서, 구체적으로 말하자면 그러한 사례를 민족독립
운동사에서 확인하여 강조하는 데서 통일에 이바지할 분단극복사학의
구체적인 공간을 찾았던 것이다. 해방 이후 현대사에서도 진보당 등
혁신정당운동에서 그러한 맥이 계승되었음을 강조하는 연구가 이어졌
다. 이런 연구에서 강하게 배어 나오는 당위론적인 주장이 객관적 분
석과 실증을 거쳐 어느 정도 보완될 수 있을까가 주목된다. 그리고 현
실사회주의가 실패한 이후에도, 남북 사이의 분단 극복의 논리가 그
전과 같은 좌우 절충론적인 차원에서 견지될 수 있을까라는 문제 제기
에 직면하여야 한다.

한편 1970년대를 거치면서 노동운동과 농민운동 등 대중운동이 광
범하게 전개되고, 그것은 정치의 민주화운동과 결합하여 유신체제에

저항하였으며, 1980년대에 들어 광주민주화운동 등 군사독재정권에 대한 저항으로 이어졌다. 특히 1980년대에는 그동안 산업화의 진전으로 사회구조 전체가 자본주의적 재편 과정을 겪게 됨에 따라 사회경제적 모순과 계급갈등이 전면적으로 드러나게 되었다. 그런 가운데서 '고난받는 민중이 나의 삶과 직면하는 존재임을 확인' 하여, 또는 내가 그러한 민중의 일원임을 자각하여, 민중을 변혁의 주체로 인식하고 민중의 삶을 역사연구의 주 대상으로 하는 민중사학론이 제기되었다.

민중사학론에서 제기된 언설들을 보면, 민중의 개념과 민중 중심의 역사연구방법론에 관해 상당한 견해의 편차를 나타내었다. 먼저 민중 개념에 대해, 이를 노동자 농민 소시민 지식인 나아가 민족부르주아지 등을 포함한다는 견해에서부터 민중을 사실상 노 · 농층으로 설정하는 견해에 이르기까지 편차를 보였다. 그리고 민족구성원 가운데 일부 매판세력을 제외한 대다수를 민중으로 보아 민족 모순을 일차적인 해결 과제로 여기는 시각과, 민중을 기본 계급을 중심으로 한 계급연합적인 것으로 여겨 계급 모순의 해결에 중점을 두는 견해 등등 여러 갈래의 주장들이 제기되었다.

민중사학론은 1980년대가 진전되면서 좀 더 구체성을 띠어 갔다. 민중사학을 지향하는 젊은 연구자들이 1987년 한국근대사연구회를 창립하였고, 이것이 확대발전한 것이 1989년 설립된 한국역사연구회이다. 이 학회는 '과학적 실천적 역사학의 수립을 통해 우리 사회의 자주화와 민주화에 기여' 함을 목표로 한다고 천명하였다. 대체로 그 연구방법론으로는 사회구성체론을 취해, '넓은 의미의 사회사' 를 제시하려 했다. 곧 전체 사회의 구조와 발전 그리고 그 모순구조를 파악하고, 그 모순을 해결하는 변혁주체로서 '민중' 을 설정하며, 그 민중이 계급적 · 민족적 해방을 이루어 가는 과정으로 역사를 이해하고자 한다는 것이다. 구체적인 실제 연구에서는 내재적 발전론의 관점에서 각 시기

의 역사를 파악하고자 하였다. 1980년대와 ' 90년대에 걸쳐 민중사학
론은 활기를 띠며 젊은 연구자들 사이에 넓은 반향을 불러일으켰다.
그런데 이 민중사학론은 얼마만큼 이념이 아닌 '민중의 역사'로 구체
화하여 재현해 낼 수 있느냐에 여전히 초점이 있다고 하겠다. 나아가
근래 탈근대사학론에서 제기되고 있는 구술사(口述史)나 미시사적(微
視史的)인 연구는 민중사를 재현하는 데 구체적인 방법론으로 활용될
수 있을 것으로 여겨지는데, 기존의 민중사의 연구 경향과의 관계가
유의된다.

한편 1980년대를 지나면서 우리 역사에 대한 대중의 관심 또한 크게
늘어남에 따라, 이에 호응해 1987년에 '역사연구의 대중화와 새로운
역사지식의 정립을 위한 대중 역사지'를 표방하는 《역사비평》이 창간
되었고, '과학적이고 합리적인 역사연구 성과를 시민과 더불어 공유'
하려는 《한국사 시민강좌》가 간행되었다. 이는 역사학의 대중적 기반
을 확대하는 데 크게 이바지하였다.

4. 탈민족주의사학론의 대두: 식민지근대화론과 식민지 근대성론

1980년대 종반 이후 대내적으로는 민주화가 진전되어 갔고, 대외적
으로는 소련을 포함한 동유럽 사회주의권의 해체와 중국의 시장경제
체제를 지향하는 개혁과 개방 등이 이루어지는 세계사적인 큰 변동이
진행되었다. 이런 변동은 한국의 현실 상황을 새삼 재인식케 하였다.
현실 사회주의는 이제 한국사회의 모순을 타개해 나가는 데 방향타로
서의 어떤 의미도 지니지 못함이 분명해졌다. 아울러 자본주의 산업화
가 크게 진전되었고 다원화된 개방사회로 전환하고 있는 한국사회에

서, 그동안의 민족주의적 정서와 논리의 일부는 어느덧 현실과 유리된 듯이 느껴지기도 하였다. 이런 대내외적인 변화와 현실 상황은 한국사 학계에도 큰 자극을 주었고, 그것은 기존의 민족주의 사학에 대한 비판으로 표출되었다.

민족주의에 대한 비판에서는, 먼저 그것이 지닌 양면성이 지적되었다. 즉 식민지 해방 운동의 이념으로서 민족주의는 진보성을 지녔지만, 독립한 뒤에는 그것이 체제의 논리가 되어 종전의 진보성이 억압성으로 전변함이 일반적인데, 한국도 그 예외가 아니며, 한국민족주의가 타자를 파괴하고 말살하는 야만적인 것이 아니고 자기를 지키려는 약자의 본능이라는 논리에 더 이상 자위하거나 안주해서는 안 된다고 주장하였다. 구체적으로는 한국사 연구에서 그동안 민족주의를 너무나 자명한 전제로 받아들임으로써 근현대사를 민족주의적으로 서술하지 않았는가를 반성하여야 한다고 하였으며, 전근대사에서도 민족의 집단적인 운명공동체로서의 성격을, 그것도 초역사적으로 강조하는 사례가 많았음을 비판하였다. 한편 이에 대해 민족주의와 민주주의의 관계에서 전자에 의한 후자의 억압이라는 일반화한 논리가 한국근현대사에 과연 그대로 적용될 수 있는가라고 의문을 던지며, 이는 한국민족주의가 지녀온 저항적 성격과 체제 비판적인 특성을 간과한 것이라면서, 그동안 한국의 저항적 민족주의는 민주화를 진전시키는 데 주요한 추동력으로 작용하였음이 객관적인 사실임을 지적하고, 작금의 상황에서 민족주의를 쉽게 방기하는 것이 과연 바람직한 인식인가를 되묻는 반론이 제기되기도 하였다. 민족주의를 둘러싼 이러한 논의는 민족주의를 상대화 · 객관화하여 인식케 하는 데 의미를 지녔다. 이어 실증적인 연구를 거치면서 이런 논란이 더 구체화되어 갔다.

'민족주의 역사서술'에 대한 본격적인 비판을 제기한 것이 식민지 근대화론이다. 이 설의 출발점은 한국사회가 이룩한 성공적인 산업화의 역사적 전제가 무엇인가에 대한 고찰이었고, 일제 식민통치 아래서 이루어진 일련의 '근대화'를 그 해답으로 제시하였다. 다시 말해 식민 통치 아래서 공업화와 높은 수준의 근대적인 경제성장이 이루어졌고, 민법에 의한 사유재산권의 보장 등의 근대적 제도가 이식(移植)되어 정착하는 등 자본주의 문명화가 진전되어, 이것이 1960년대 이후 한국 경제발전의 바탕이 되었다는 주장이다. 이는 곧 식민지 시기를 '억압 과 수탈'로 얼룩진 야만의 시대로 보는 대신, '개발과 문명화'가 시작 된 시기로 그 성격을 규정하였음을 뜻한다. 다시 말하자면, 식민지 시 기에 일제에 의한 지배와 개발이 새로운 법과 제도와 시장을 통해 이 루어졌었고, 그 과정에서 조선사회에 새로운 인간관과 사회원리에 바 탕을 둔 새로운 문명이 이식되어, 전통과 충돌하고 접합하면서 그 나 름의 형태로 정착하게 되었으니, 이는 문명사적인 대전환의 의미를 지 닌 시기라고 할 수 있다는 것이다. 나아가 거슬러 올라가 조선 후기를 보는 시각에서도 특색있는 주장을 담았다. 즉 19세기에는 벌채와 개간 등에 따른 산림의 황폐화로 말미암아 빈번히 홍수와 가뭄이 들었고, 그 때문에 농업생산이 크게 줄어들었으며, 그 결과 민란이 속출하는 등 조선왕조가 자체의 모순으로 말미암아 사실상 해체의 길로 들어섰 다는 것이다.

종래의 '식민지 수탈론'이, 엄연한 현실로 존재하였던 '개발 현상' 을 사실상 논외로 함으로써, 일제 시대의 조선 경제를 이해하는 데 한 계를 드러냈다. 그에 견주어 '식민지 근대화론'을 담은 일련의 연구들 은 새로운 자료를 발굴하고 통계적 방법론을 적극 받아들여, 식민지 조선 전체에 대한 거시경제적 분석으로 그 경제적 변화를 조명하였다. 이런 면은 연구사적인 면에서 새로운 진전이라고 할 수 있다.

한편 이러한 주장에 대해 비판이 잇달아 제기되었다. 다시 말하면, 식민지 근대화론이 식민지 조선을 하나의 독립된 경제 단위로 보아 분석하였는데, 이는 식민지 '조선 지역'의 경제 발전과 '조선인'의 경제 발전을 동일시한 표피적인 '현상'의 파악에 지나지 않으며, 식민지 조선의 경제를 이해하는 데 가장 본질적인 것은 소유관계와 분배에서 민족에 따른 불평등과 차별을 드러내는 데 있다고 하였다. 즉 개발이 조선인에게 어떤 의미를 가지는 것인가에 대한 고찰에 초점을 두어야 한다면서, 식민지 시기의 경제 성장의 '현상'은 '개발없는 개발'로서 해방과 함께 신기루처럼 사라져 버린 것이었다고 규정하며, 조선인들이 자신의 힘으로 이룩할 수 있는 개발을 저해하고 식민지적 개발로 대체한 것이었다고 비판하였다. 그리고 일제 시기의 긍정적 변화는 한국인이 산업·교육·사상·문화의 여러 분야에서 차별에도 좌절하지 않고 분투한 결과로 보아야 한다고 주장했다. 그리고 1960년대 이후의 경제 개발은 식민지 경제 유산과 무관한 것이었다고 이해하였다.

이처럼 식민지 시기의 경제상에 대해 같은 계량적 방법에 따른 분석을 하였지만, 전혀 상반된 결론이 도출되었다. 앞으로 식민지에서의 자본주의 경제 성장과 정치 권력과의 상호 관계라든가 이 시기 통계에 대한 다각도의 검토가 있어야겠다. 그리고 식민지 시기의 성격에 대한 평가, 더욱이 강한 가치 부여를 동반한 평가를 하기 위해서는 경제뿐 아니라 정치·문화·사회 등의 여러 부분에 대한 고찰을 함께 하는 종합적인 이해가 있어야겠다. 19세기 경제위기론도 연대기 기록에 대한 파악 등 기초 자료에 대해 정밀히 검토해야 할 부문이 적지 않다. 이제 민족지상주의도 민족허무주의도 함께 지양되어져야 하며, 쟁점을 분명히 한 구체적이고 실증적인 논의의 진전이 요망되고 있다.

한편 식민지근대화론이 근대주의적 탈민족주의론의 성격을 지닌 것이라면, 탈근대주의(postmodernism)적 시각에서 민족주의사학에 대한 비판을 제기한 것이 식민지 근대성론이다. 1990년대 중반 이후 '식민지 근대성(colonial modernity)'에 대한 논의가 활성화하기 시작하였다.

이 논의들에서는 식민지 근대를 원형으로서의 근대, 곧 서구의 근대가 미완성된 또는 왜곡된 그런 것이 아니라, 제국주의와 식민지의 교배로 말미암아 빚어지는 근대의 한 유형으로 설정하고, 그 안에서 전개된 권력과 지배의 새로운 양식을 분석하려 하였다. 이를 위해 식민지에서의 일상 생활이나 문화의 다양한 측면들을 미시적으로 접근하여, 식민지 근대의 실상을 조명하려 하였다. 이런 식민지근대성론에서는 국가 · 민족 · 계급 등을 중시하는 거대(巨大)담론 대신 권력 · 문화 · 지식 · 욕망 등에 주목하는 미시(微視)담론에 주력하였다. 탈근대사학론은 역사의 '과학성'을 해체하고 진보로서의 역사를 부정하였으며, 역사를 하나의 일관된 단선적인 발전과정으로 파악하는 것은 역사를 단지 목적론적이고 결과론적인 관점에서 서술하는 이데올로기적인 것에 지나지 않다고 배격하였다. 그런 시각에서 근대주의의 일환인 민족주의 사학에 대해서도 비판하였다. '하나의 역사' 대신 '복수의 역사'의 존재를 강조하였다. 그래서 거대 담론에 집착하지 않고, 학교나 병원, 일터 같은 일상적인 데서 대중이 어떻게 통제를 받으며 또한 어떻게 그에 대응하면서 살아왔는가 등과 같은 문제를 고찰해 식민지 근대의 특질을 구명하려 했다. 도시화에 따른 생활상의 변화나 여성의 역할 변화 등에도 관심을 기울여, 연구의 대상을 사회 전 영역으로 확대하였다. 인간의 정체성은 단순히 민족만이 아니라, 계급 · 성(性) · 지역 · 신분 등 다양한 차원에서도 존재한다는 점을 강조한다.

이런 탈근대사학론은 역사 연구 분야를 크게 확대하였고 연구방법론에서도 새로운 진전을 동반하여, 역사 이해의 폭과 깊이를 더해 주었다. 이런 면은 비단 근대사 분야뿐 아니라 전근대사 분야에도 영향을 주어 연구의 다변화를 자극하고 있다. 이러한 탈근대사학론에 대해, 새로운 큰 틀의 수립에 필수적일 수 밖에 없는 거대 담론을 경시하는 역사연구가 근대를 극복하고 지속적인 성장이 가능한 미래를 개척

하는 데 얼마나 기여할 것인가라는, 특히 통일과 양극화 현상의 극복이라는 당면 과제를 안고 있는 한국의 현실에서, 회의적인 시각이 한편에서 제기되고 있다.

이처럼 탈(脫)근대와 탈민족주의사학을 주창하는 움직임이 제기되고 있는 가운데, 일각에서는 동북아 국가들 사이에 민족주의적인 정서를 자극하는 역사 귀속과 영토를 둘러싼 분쟁이 격화하고 있어 역설적인 대조를 보이고 있다. 역사교과서 서술을 둘러싼 갈등 또한 쉽게 해결될 전망이 보이지 않고 있다. 이런 문제들에 대해서는 객관적이고 실증적인 연구의 확충과 함께 일국사를 넘어서는 미래지향적인 역사인식의 구축이 요망되고 있다.

이상에서 지난 60여 년 동안 현대 한국역사학의 동향을 각 시기마다 새롭게 대두하였던 주요 경향에 따라 간략히 정리해 보았다. 물론 각 시기에 새로이 나타난 경향이 곧 기존 학풍의 전면 폐기를 뜻하는 것은 아니다. 일부 문제시되는 요소들은 지양되고 새로운 요소가 첨가되면서 한국사학계의 전체적인 역량이 확충되어왔다. 지난 각 시기의 연구 성과의 주요 부분이 오늘날에는 그 의미가 크게 퇴색되었다고 하더라도, 그것이 그 시기에 지녔던 의의와 학설사적인 가치를 음미하는 것은 곧 새로운 진전을 이룩하는 데에 바탕이 되는 것이다. 한국 사회는 지금 급속히 변하고 있다. 이 변화가 양극화의 덫을 넘어서서 민족통일과 다원화한 민주 복지사회를 이룩하는 방향으로 진전되어야겠다. 이를 위해 한국사학계가 지난 60여 년의 사색과 고뇌를 밑거름으로 삼아 새로운 역사상과 역사의식을 정립해 나갈 것을 기대한다.

■ 참고문헌

趙東杰,《現代韓國史學史》, 나남, 1998.

역사문제연구소 편,《한국의 '근대'와 '근대성' 비판》, 역사비평사, 1996.

윤해동,《식민지의 회색지대》, 역사비평사, 2003.

허수열,《개발없는 개발》, 은행나무, 2005.

이대근 외,《새로운 한국경제발전사-조선 후기에서 20세기 고도성장까지-》, 나남, 2005.

신기욱 · 마이클 로빈손 편, 도면회 역,《한국의 식민지 근대성-내재적 발전론과 식민지 근대화론을 넘어서-》, 삼인, 2006.

이영훈,《대한민국이야기- '해방전후사의 재인식' 강의-》, 기파랑, 2007.

박찬승,《민족주의의 시대》, 경인문화사, 2007.

정태헌,《한국의 식민지적 근대 성장 -근대주의 비판과 평화공존의 역사학 모색-》, 선인, 2007.

송기호,《동아시아의 역사분쟁》, 솔, 2007.

노태돈,〈해방 후 민족주의사학론의 전개〉,《한국현대사학과 사관》, 일조각, 1989.

方基中,〈解放後 國家建設問題와 歷史學〉,《韓國史認識과 歷史理論》(김용섭 교수 정년기념 한국사학논총 1), 지식산업사, 1997.

金仁杰,〈1960,70년대 '內在的 發展論'과 韓國史學〉,《위의 책》.

권태억,〈近代化 · 同化 · 植民地遺産〉,《韓國史硏究》108, 2000.

임지현 등,〈특집, 한국 민족주의 -저항 이데오르기인가 지배 이데오르기인가-〉,《역사문제연구》4, 역사비평사, 2000.

서중석,〈민족주의사학의 논쟁〉,《동아시아 민족주의의 장벽을 넘어》, 성균관대 출판부, 2005.

이승열 외,〈특집, 민주화 이후 근현대사 연구 20년〉,《역사비평》 가을호, 2007.

한국인의 기원과 형성

이선복(서울대 고고미술사학과)

머리말

한국인의 기원과 형성을 연구한다는 것은 남북한 주민과 재외동포를 통괄해 흔히 한민족이라고 불리는 집단이 언제, 어떻게 이루어졌는가를 밝힌다는 뜻이겠다. 어느 경우에나 주인공 집단이 비롯된 바를 밝히는 일은 해당지역 역사 서술의 출발점이 되기 때문에, 한국인의 기원과 형성에 대한 설명은 체계적인 한국사 서술에서 중요한 일이다. 더구나 뼈아픈 식민지 경험과 남북 분단의 현실은 우리의 민족적 정체성에 대해 끊임없이 질문을 던져 왔던 바, 한국인의 기원이란 상아탑 안에서만 운위되는 학문적 주제가 아니라, 개천절 남북공동행사나 단군릉 참배를 둘러싼 시비에서 볼 수 있듯이 중요한 정치적, 사회적 뜻을 지니기도 한다.

이러한 분위기를 반영하듯, 우리 사회는 한국인의 기원과 형성에 대한 정답을 무리하게라도 구하려 해 왔다는 느낌도 든다. 그렇지만 도

대체 한국인이 언제, 어떻게 만들어졌는가를 두고 끊임없이 제시된 이
런저런 설명 가운데 그 어느 것도 만족스럽고 명쾌한 답은 되지 못하
였다. 1981년《한국사연구입문》(제1판)은 '주민 2단계 교체설' 에 따
라 한국인은 무문토기를 남긴 예맥족이 신석기시대의 고아시아족을
흡수해 만들어졌다고 단정했지만, 세월이 흐른 지금 이런 주장을 펴기
는 어렵게 되었다.

이러한 혼란스러운 사정은 오히려 당연한 것인지도 모른다. 왜냐하
면 한국인은 하루아침에 탄생한 것이 아니라 그 전모를 알 수 없는 복
잡한 역사적, 문화적 과정의 산물이기 때문이다. 이 점을 염두에 두지
않고 제시된 한국인의 기원과 형성에 대한 설명은 항상 문제를 안게
되지 않을 수 없을 것이다. 아래에서는 한국인의 기원과 형성에 대해
그동안 제시된 주요한 견해를 살펴보고, 현 시점에서 어떠한 설명이
가능한 것인지 생각해보겠다.

1. 남북한의 입장

남북한 양쪽 모두에서, 한국인의 기원과 관계된 논의는 고고학이 어
느 정도 자리잡은 1970년대에 들어와 본격적으로 이루어졌다. 한국인
의 기원과 형성에 대한 남북한의 설명에는 한반도의 분단 현실을 반영
하듯 큰 차이가 있다.

남한에서는 한국인이 원래 한반도 밖 어느 곳에서 집단을 이루고 살
다가 어느 때인가 한반도로 들어와 정착했다는 시각이 유행하였다. 한
국인의 기원지로는 파미르고원이나 바이칼지방을 비롯한 여러 곳이
후보로 떠오르기도 했는데, 그러한 여러 설은 1970년대에 들어와 '주
민 2단계 교체설' 로 집약되었다. 이 설의 요체는, 위에서 말한 바대로

인데, 구석기시대의 주민은 빙하시대가 끝나자 어디론가 떠나갔고, 수천 년 뒤 신석기문화를 지닌 고아시아족의 한 집단이 한반도에 들어왔으며, 이후 청동기문화를 지닌 퉁구스 내지 알타이계열의 집단이 한반도에 이주해 와 신석기 주민을 흡수, 동화 내지 구축해서 한국인이 만들어졌다는 것이다. 이 설은 아직도 한국인의 기원에 대한 교과서적 정설이 되고 있다.

북한에서는 1970년대 초 우리 민족은 구석기시대 이래 외부로부터 전혀 영향을 받지 않은 채 자체적으로 진화해 고유한 신체적 특징을 갖게 된 한 핏줄기 집단이라는 ‘민족단혈성기원론’을 정립하였다. 이에 따르면 우리 민족은 100만 년보다도 더 오래 전 평양 지역에서 발원했는데, 구석기시대 주민에서 신석기시대와 청동기시대의 ‘조선옛유형사람’이 만들어졌고, 다시 고조선이 성립할 무렵 지금의 ‘조선민족’의 조상인 ‘고대조선족’이 만들어졌다는 것이다. 다시 말해, 한국인은 구석기시대 조상으로부터 어느 외부 집단과도 관계를 맺지 않은 채 오로지 자체적으로 진화해 형성되었다는 것이다. 따라서 민족기원에 대한 북한의 설명은 남한에서 힘을 얻어 온 주장과 타협할 여지가 없다고 하겠다.

그렇다면 과연 어느 쪽 주장이 옳다고 할 수 있을까? 결론부터 말하자면, 두 입장 모두 만족스럽지 못하다고 하겠으며, 또 이 주장들을 적당히 짜 맞춘다고 해서 한국인의 기원과 형성을 설명할 수 있는 것도 아니다.

‘주민 2단계 교체설’은 고아시아족이 기원전 3천 년 무렵 한반도에 이주해 신석기시대가 시작되었음을 전제로 한다. 그러나 이것이 사실이 아님은 이제 분명해졌다. 신석기시대는 이보다 훨씬 이전에 시작되었고 고아시아족의 한반도 이주 같은 일은 없었다. 또 신석기시대와 청동기시대의 주민이 바뀌었다는 것도 받아들일 수 없게 되었다. 두

시대의 주민이 다를 것이라는 주장은, 각 시대에 사용된 특징적인 토기의 차이가 바로 주민의 차이를 뜻한다고 본 데서 나왔다. 그러나 20세기 말 한국사회에서 바가지가 플라스틱 용기로 대체되거나 주택이 한옥에서 아파트로 바뀐 것이 주민이 교체되었기 때문이 아님은 굳이 말할 필요가 없을 텐데, 물질문화에서 보이는 약간의 차이 때문에 주민 교체를 단정하는 것은 매우 단순한 해석이 아닐 수 없다. 또 지금은 신석기시대에서 청동기시대에 이르는 토기를 비롯한 각종 물질문화의 변화상이 과거에 생각했던 것처럼 단순한 것이 아님도 밝혀졌다.

민족단혈성기원론의 경우, 문제는 더욱 심각하다. 만약 우리 민족이 100만 년 동안 이른바 '순혈집단'으로서 하나의 핏줄로 이어 내려왔다면, 유전법칙에 따라 '조선옛유형사람'이나 '고대조선족' 또는 현재의 '조선민족'은 다른 어느 주민집단과 대비할 수 없는 기이한 형질적 특징을 지닌 모습의 집단으로서, 호모 사피엔스가 아닌 다른 학명으로 불리고 있을 것이다. 또한 어떤 주장을 뒷받침하는 증거는 종종 결정적 문제를 안고 있기 마련인데, 예를 들어 민족단혈성기원론의 출발점이 되는 검은모루 동굴에서 발견된 이른바 '석기'는 분명히 인공품이 아니며, 50만 년이니 100만 년이니 하는 유적의 연대를 뒷받침하는 자료도 없다.

2. 외래기원설과 자체형성론

남북한의 주요 학설이 이렇듯 많은 문제를 안고 있는 것은, 연구가 잘못 설정된 전제 위에서 시작되었기 때문이라고 보인다. 즉, 그 내용의 뚜렷한 차이에도 불구하고 두 설명은 모두 한국인은 아주 오래 전에 민족으로서의 집단적 정체성이 갖추어졌고 그 실체는 고고자료에 그대로 반영되어 있다는 생각을 바탕에 깔고 있다. 그러나 한민족의 실체가 선사시대 어느 시점에 완성되었을 리도 없고, 고고자료는 그것이 토기이건, 석기이건, 뼛조각이건 주민집단의 민족적 정체성을 말해주지 않는다. 그러한 자료는 아주 운이 좋은 경우라 할지라도 이를 남긴 과거 집단의 문화적, 행위적 특징이 무엇인가 정도만을 말해 줄 뿐이다.

그런데, 한국인은 아주 오래전 선사시대부터 독특한 문화적, 언어적 또는 생물학적 특징을 지닌 집단이었음을 인정할 경우, 한반도 밖의 어디에선가 그러한 특징을 지닌 집단이 이미 존재하고 있다가 한반도로 들어왔음을 상정하는 것이 한국인의 기원을 손쉽게 설명해주는 방편이 될 것이다. 이와 마찬가지로, 그러한 한국인의 고유한 특징은 한국인이 외부세계와 단절된 채 독자적으로 만들어졌음을 의미한다는 식의 설명도 누구나 쉽게 생각해낼 수 있게 된다. 그동안 객관적 증거가 충분하지 않음에도 한국인의 기원에 대해 수많은 설이 제시될 수 있었던 것은 바로 이러한 사정을 반영하고 있다고 본다. 대형서점 서가에 꽂혀 있거나 인터넷에 떠도는 한국인의 기원에 대한 각종 주장은 대체로 한국인이 외부에서 들어왔는가 여부를 논한 다음 외부에서 들어왔다는 판단 위에서 한민족의 원거주지를 추정하는 경향이 있다. 그러나 그러한 글에서는 주장을 뒷받침하는 증거가 제시되지 않거나, 아니면 각종 단편적 증거를 주관적으로 해석해 놓기 일쑤일뿐더러, 그러한 주장에 따를 경우, 한국인이 구체적으로 어떠한 과정을 거쳐 형성되었거나 또는 한반도에 도착했다는 것인지에 대한 논리적 설명은 소홀히 이루어지거나 이루어지더라도 주관적 강변을 반복하는 경향이 있다.

남한에서 제시된 거의 모든 설명은, 주민 2단계 교체설이 잘 보여주듯, 외래기원의 입장을 취하고 있다. 한반도의 선사시대가 신석기시대

주민의 이주와 더불어 시작되었다는 주장이 1920년대에 제시된 이래, 이것은 관련분야 연구에서 구석기 유적 발견 이후에도 큰 영향을 끼쳐, 무슨 증거가 있는 것이 아님에도 한국인은 신석기시대 이후 외부에서 들어왔음이 마치 사실인 양 받아들여졌다. 더불어 한반도 신석기시대의 토기와 유라시아 북부지방 토기에서 보이는 유사성은 주민 구성의 동질성을 의미한다는 1920년대 이래의 생각도 그대로 굳어지게 되었다. 이러한 영향 때문에 남한에서는 한국인 북방기원설이 유력한 학설이 되었으며, 한국인의 기원에 대한 주요한 설명은 이주의 출발지와 경유지를 어디로 설정하는가에서는 차이를 보인다 하더라도 기본적으로 대동소이한 내용이 되었다. 그러나 주변지역의 선사시대에 대한 사정이 알려져, 북방기원설에서 추정되었던 한국인의 기원지와 이동경유지나 고고학 자료의 양상이 한국 선사시대와 크게 다른 내용임이 밝혀진 지금, 이제 그런 주장들의 근거는 사라지게 되었다.

그런데 외래기원설에는 북방기원설만 있는 것이 아니다. 예를 들어 1990년대 초까지 간혹 발표되던 고인돌 남방기원설은 청동기시대에 남쪽에서 주민 이주가 있었음을 전제로 한 주장이었다. 그러나 고인돌이 동남아시아 어디에선가 기원했다는 것은 사실일 수 없음이 분명해졌고, 남쪽으로부터의 주민 이주를 말해주는 어떠한 증거도 발견되지 않았다. 따라서 이러한 주장도 틀렸음이 분명한데, 이제 남방기원설은 간혹 민속학 분야에서 남방적 문화요소를 제시하는 정도에서 그 잔흔을 찾아볼 수 있다. 또 그런가 하면 1930년대에는 두개골과 안면 계측치를 근거로 한국인은 북방과 남방 두 갈래 방향에서 기원했으며 이 두 갈래로 흘러 들어온 사람들이 섞여 만들어졌다고 하는 '혼혈기원설'이 등장하기도 하였다. 그러나 이 혼혈기원설은 단일민족임을 내세우는 우리의 민족적 자긍심과 합치할 수 없기 때문에 해방 이후 남북한 양쪽에서 곧 금기시했다.

　따라서 한국인의 기원을 한반도 외부로부터 찾으려는 주장은 북방 기원설을 기본으로 하고 있는 셈이다. 북방기원설의 대표적 주장은 고고학 자료를 이용한 주민 2단계 교체설이지만, 언어학이나 형질인류학에서도 한국인 북방기원설이 제시되기도 했다. 그런데 이들 분야에서 제기된 북방기원설은 자체의 독자적 증거와 연구결과를 통해 주장된 것이 아니라, 고고학에서 제시된 북방기원설을 선험적 전제로 채택하고 있다. 이들 분야에서 제시된 북방기원설은 주민 2단계 교체설의 전제이자 출발점이 되기도 하는 일제시대 이래의 해묵은 주장, 곧 한반도의 신석기시대는 고아시아족의 이주와 더불어 시작하며 그 시기는 기원전 3천 년 무렵이라는 가정을 그대로 받아들인 위에서 논지를 펼치고 있는 것이다. 따라서 신석기시대가 기원전 3천 년 무렵 외부로부터 주민이 이입하며 시작되었다는 가정이 무너진 지금, 모든 북방기원설은 그 입론의 근거를 잃어버린 셈이다.

　한편, 외래기원설과 대비되는 자체형성론을 따르는 정리된 설명체계는 민족단혈성기원론이라는 극단적 형태를 예외로 한다면 아직 나오지 않았으며, 단지 선사시대 문화단계의 시간적 연속관계에 불분명한 점이 많다고 하더라도 이것이 외부로부터의 주민이주를 뜻한다고 할 수 없다는 의견을 피력하는 수준에 머무르고 있다. 이러한 입장에서는 고고자료의 해석과 관계된 원론적 관점에서 외래기원설의 취약점을 지적하며 비판하게 되는데, 이것이 외래기원설 지지자들에 따라 자체형성론으로 불리는 경향이 있다.

　자체형성론은 한국인의 기원을 설명하기 위해 복잡한 과정을 가정할 필요가 없으니, 한국인이란 먼 옛날부터 이 땅에서 있었던 복잡한 문화적, 역사적 산물로서 형성되었다고 말하면 그만이라는 장점이 있다. 어쩌면 이러한 단순함은 과거부터 관행에 익숙한 사람들로 하여금 이 설을 수용하기 어렵게 만드는 역설적 이유가 아닐까 여겨진다. 즉,

외래기원설의 관점에서는 자체형성론이 민족의 기원이라는 무거운 주제를 너무나 간단히 다루고 만다는 불만을 갖게 될 수도 있겠는데, 이러한 인식의 차이는 고고학 자료의 의미에 대한 인식론적 차이와 관계된다고 하겠다.

3. 유전자와 화석인골

앞에서 요약한 전통적인 분야의 연구 이외에도, 1980년대 중반부터는 유전자 분석을 통해 한국인의 기원을 논하는 주장이 등장하기 시작했다. 그러한 연구성과는 한때 주민 2단계 교체설을 좀 더 정교히 다듬는 자료로 사용되기도 했다. 또 1990년대 후반부터는 유전자 분석 결과 한국인은 여러 방향 또는 여러 차례의 주민이주 결과 형성되었다는 새로운 주장이 제기되기 시작했다. 즉, 지난 몇 해 동안 한국인과 아시아 '240개' 민족의 혈연적 관계가 밝혀졌다거나 또는 한국인은 "적어도 두 가지 경로 이상의 다양한 민족집단이 혼합과정을 겪으면서 형성되었으며, 유전적으로 하나의 민족은 아니라고 볼 수 있다"는 등, 그 결론만을 보면 한국인의 기원과 형성에 대한 모든 사실이 밝혀졌다는 착각을 불러일으키는 주장이 잇따르고 있다.

그러나 유전자 분석을 내세우는 한국인의 기원과 관계된 여러 주장은 아직 1930년대의 혼혈기원설 정도의 위태로운 수준의 근거에 바탕을 두고 있다. 그런 주장들은 예외 없이 유전자 분석의 제약조건과 한계를 고려하지 않은 채, 단편적으로 밝혀진 바를 과장되게 해석해 세간의 관심을 끌고 있을 뿐이다. 분석 자체와 관계된 기술적 차원의 논의는 차치하고라도, 시료의 통계적 의미와 대표성에 대한 고려가 없거나, 해석에서 잘못된 전제를 채택하거나 또는 관련 자료를 임의적, 편의적으로 해석하는 등, 학술적 검토를 통해 결론의 타당성을 인정받을 만한 수준과 내용이 되지 못하고 있다. 따라서 최첨단기법으로 이루어지는 유전자 분석을 통해 한국인의 기원과 형성 과정의 일단이라도 이해할 수 있으려면 앞으로도 인내심을 갖고 좀 더 긴 시간을 기다려야한다.

유전자를 포함해 사람의 몸에서 얻게 되는 모든 생물학적 자료는 생물로서의 사람의 특징을 직접 말해준다. 따라서 오래전부터 고대의 인골자료는 관련분야 연구자들에게 중요한 것으로 되었다. 우리의 경우, 남한에서 발표된 소수의 초보적 인골 관련 연구논문은 한국인이 추운 기후나 '북방적' 기후환경과 관계된 체질적 특징을 지님을 강조하는 경향이 있어, 너른 범주에서 북방기원설을 지지하고 있다. 그러나 관련분야 연구는 관계전문가의 부재로 몹시 부진해, 그 내용은 진지한 평가의 대상이 될 만하지 못하다.

이에 견주어 북한에서는 민족단혈성기원론의 정립과 관련하여 상대적으로 일찍부터 고대 인골에 대해 많은 관심을 기울였는데, 1970년대와 '80년대 평양 일대의 석회암 동굴에서 발견된 일련의 화석인골은 이 설을 지탱하는 중대한 증거다. 그렇지만 연구의 결론을 액면 그대로 받아들이기에는 연구 방법론과 자료 처리에서 많은 문제점을 안고있다. 예를 들어, 북한의 연구서에서는 "우리 민족의 단일성을 보장하는 형태학적 기초에는 그가 조선사람이라면 그 누구나 어느 시기에 또 어디에서 살던…관계없이 머리뼈 높이가 상당히 높은 데 있다" 라거나 조선사람은 중간얼굴형, 북중국사람은 긴 얼굴형, 일본사람은 짧은 얼굴형이라는 식의 단정이 수없이 내려지고 있다.

이러한 주장은 인종유형학이라고 부르는 구시대적인 연구방법론을 따라 내려진 것이다. 인종유형학은 사람의 외모, 특히 두개골과 안면의 형태적 요소는 인종집단에 따라 전형성을 지니고 있어 이를 통해 개인을 분류할 수 있다는 생각으로서, 나치스의 인종청소에 중요한 도구가 되기도 하였다. 그러나 어느 시점 어느 집단의 경우에도 집단성원의 외모를 하나의 기준으로 단정해 정의할 수 없으며, 집단의 외모는 중심축을 기준으로 다양한 형태가 존재하는 정규 분포의 모습이기 마련이다. 그런가 하면 통시적 관점에서 볼 때, 사람의 외모는 유전적 요인뿐만 아니라 문화적인 요인에 따라 쉽게 변하는 바, 한국의 청소년과 미국에서 자란 한국계 청소년의 두개골 외형이 다르다는 식의 신문보도 내용은 그 좋은 예라고 하겠다. 나아가 집단의 유전자 구성은 시간이 흐르면서 끊임없이 바뀌기 마련이다. 그렇기 때문에 한 집단의 구성원들의 외형은 끊임없이 바뀌지 않을 수 없게 된다. 따라서, 한국인의 외형적 특징을 위와 같이 단정하는 것은 실제 사실을 정확히 설명하는 것도 아니며, 또 인종주의의 편견에 빠지기 쉬운 위험한 생각을 퍼뜨리는 것이기도 하다.

그런데 인간 집단의 기원과 관련한 연구에서 좀 더 근본적인 문제로서, 유전자나 사람의 뼈 같은 체질적, 생물학적 증거는 그 자체만으로 집단의 기원을 말해 주지 않음을 생각할 필요가 있다. 비록 그러한 증거가 개체의 혈연관계를 직접 말해줄 수 있는 증거라고 해도, 그 자체가 민족의 기원과 형성을 말해주는 것이 아니다.

우선, 민족과 생물학적 집단은 동의어가 아니다. 민족이 장기간에 걸친 과정 속에서 만들어진 역사적 실체인 한, 민족을 구성하는 요소는 끊임없이 변해왔으며 현재를 살고 있는 집단은 필연적으로 다양한 조상으로부터 물려받은 특징을 갖고 있기 마련이다. 따라서 중요한 것은 주어진 집단이 어떤 특징을 갖고 있는가 하는 것보다 발견된 생물학적 특징이 무엇을 말해 주는가 하는 점일 텐데, 그러기에 생물학적 특징의 의미를 파악하는 것은 매우 어려운 일이다.

예를 들어, 현재 한국인에게서만 발견되는 유전적 특징이 있다고 해도 그런 특징은 단지 이를 관장하는 유전자 발현 빈도의 차이에서 나타난 현상일 뿐으로, 극히 최근에 갑자기 나타난 것일 수 있다. 그런가 하면, 유전과 진화의 법칙상, 주민의 이입이나 유출이 없어도 시간이 흐르면서 한 집단의 생물학적, 유전적 특징은 변하기 마련이다. 따라서 특정 생물학적 속성의 유무를 통해 한국인의 기원과 형성을 확인하려는 연구는 그 출발단계부터 극복해야 할 큰 장애에 직면하게 된다. 그러나 이러한 문제를 충분히 인식하고 있는 연구성과는 아직 나오지 않았다.

맺음말

한국인의 기원과 형성을 밝히기 위한 연구가 어느 분야에서 이루어지건, 연구방법과 증거의 특징과 한계 및 신뢰도에 대한 충분한 고려는 필수적이다. 이제까지 제시된 많은 주장이 만족스럽지 못한 것은 이러한 고려가 부족한 탓이 크다. 예를 들어, 주민 2단계 교체설은 토기의 특징이 과연 주민집단의 기원을 말해줄 수 있는가에 대해 고려하지 않았으며, 민족단혈성 기원론은 진화의 법칙을 고려하지 않고 화석 인골의 특징을 극도로 단순하게 해석했으며, 유전자 연구는 방법의 기본가정과 한계를 무시해 버렸다는 문제를 보여주고 있다.

그렇다면 한국인은 어떻게 만들어진 것일까? 이에 대해 현재 줄 수 있는 답은 싱거울 수밖에 없다. 즉, 이미 말한 바와 같이, 한국인은 다른 어느 집단과 마찬가지로 아주 오랜 세월에 걸쳐 그 내용을 다 알 수 없는 복잡한 역사적, 문화적 과정을 거치며 오늘에 이르게 되었다는 것이 현재 줄 수 있는 답이라고 생각한다.

구석기시대가 끝난 뒤 2~3천 년 정도의 시간은 아직도 문화적 공백기로 남아 있지만, 이것은 유적 보존과 발견의 문제일 뿐, 과거에 생각했듯 구석기시대의 주민이 한반도를 떠나고 새로운 신석기시대 주민이 밀려들어 왔다고 생각하는 사람은 아무도 없다. 즉, 한반도는 구석기시대 말 이래 호모 사피엔스가 계속 거주하던 곳으로서, 구석기시대 말 이래의 주민집단은 신석기시대에도 계속 유지되고 있었을 것이다. 그러나 적어도 4~5천 년 동안 지속된 신석기시대 동안 한반도의 신석기문화가 연해주, 중국 동북지방, 일본 서부지방과 교류를 하는 과정에서 제한된 규모나마 주민의 이입과 유출도 있었을 것이다. 이러한 문화교류와 주민구성의 변화는 이후 청동기시대를 거치며 더욱 그 진폭이 커져 나갔을 것이다. 특히 한반도와 중국 동북지방에 거주하던 여러 집단이 국가체로 조직화하고 황하문명권의 확장에 따른 충돌과 이합집산과 흡수합병이 거듭되는 과정에서, 기원전 1천 년기 동안 지역주민집단의 정리와 통합이 본격적으로 이루어지며 민족적 원형질이 만들어지기 시작해, 이후 다시 긴 시간이 흐르면서 한국인으로서의 정체성과 자기인식이 완성되어 나갔을 것이다.

전통적 지식인 사회에서 한국인의 정의와 그 기원은 논의의 대상이 아니었다. 이것은 그만큼 한국인의 의미가 자명했기 때문일 것이다. 그러나 최근 유엔은 한국에 대해 단일민족국가임을 내세우지 말 것을 권고했다고 한다. 이러한 사정은 1960년대 이래의 산업화에 따라 한국 사회의 인적 기반 그 자체가 바뀌고 있음을 말해준다. 그런 의미에서 한국인의 정의는 앞으로 한국 사회의 발전을 위해 중요한 논제가 될 수밖에 없게 되었다. 앞으로 논의가 어떻게 진행되건, 한 가지 분명한 사실은 이제 한국인의 정체성을 생김새 같은 외형적 기준에 따라 판가름 하는 것은 갈수록 무의미하게 되었다는 점이다. 이러한 사정은 산업화에 성공한 모든 사회에서 볼 수 있었던 일로서, 또 사회의 변화가 클수록 사회 주류집단의 '정체'나 '본질' 혹은 '원류'가 무엇인가를 알고자 하는 대중의 갈망 또한 같이 커지기도 했다. 또 이 경우, 대중의 갈망이 크면 클수록 사실 여부와는 관계없이 좀 더 대중적 기대치에 접근하던 답이 더 권위 있는 답으로서 받아들어지기도 했다.

까마득한 옛날 이 땅에 살고 있던 우리의 조상은 누구였으며 어떻게 살아왔는가에 대한 해답은 앞으로 고고학을 비롯한 여러 분야의 연구 성과가 축적되면 차츰 더 잘 알게 될 것이다. 그러나 밝혀질 내용이 어떤 것이건 한국인이 주민 이주와 같은 한두 차례의 큰 사건 결과 만들어진 것이 아님은 더욱 분명해지라 여겨진다. 한국인의 기원과 형성에 대한 정답을 재촉하는 것보다, 한국인이란 어떻게 정의할 수 있으며 또 왜 우리는 그 기원과 형성에 대해 알기를 원하는가에 대해 한번쯤 되짚어 보는 일이 어쩌면 더 중요하지 않을까 생각한다.

■ 참고문헌

김정배, 《한국민족문화의 기원》, 고려대 출판부, 1973.

김방한, 《한국어의 계통》, 민음사, 1983.

김정학, 〈문헌 및 고고학적 고찰〉, 《한국사론》 14, 2~8쪽, 국사편찬위원회, 1985.

김원용, 《한국고고학개설 제3판》, 일지사, 1986.

장우진, 《조선사람의 기원》, 사회과학출판사, 1989.

송기중, 〈한국인의 선사와 한국어의 선사〉, 《한국상고사학보》 6, 83~117쪽, 1991.

이선복, 〈신석기 · 청동기시대 주민교체설에 대한 비판적 검토〉, 《한국고대사논총》 1, 4~66쪽, 재단법인가락국사적개발원, 1991.

───, 〈민족단혈성론의 검토〉, 《북한의 고대사 연구》, 1~24쪽, 일조각, 1991.

최정필, 〈인류학상으로 본 한민족 기원문제에 대한 비판적 검토〉, 《한국상고사학보》 8, 11~26쪽, 1991.

이선복, 〈북한고고학사 시론〉, 《동방학지》 74, 1~74쪽, 1992

박선주, 〈우리 겨레의 뿌리와 형성〉, 《한국민족의 형성과 기원 제1권》, 185~238쪽, 소화, 1996.

한영희, 〈한민족의 기원〉, 《한국민족의 형성과 기원 제1권》, 73~117쪽, 소화, 1996.

이홍규, 〈유전자로 밝혀보는 한민족의 뿌리〉, 《신동아》 1월호, 2002.

장우진, 《조선민족의 력사적 뿌리》, 사회과학출판사, 2002.

이선복, 〈한국인의 기원〉, 《강좌한국고대사 제1권-한국고대사연구 100년》, 1~46쪽, 재단법인가락국사적개발원, 2003.

원시시대의 전개와 사회의 복합화

김장석(경희대 사학과)

머리말

이 글에서는 문자기록이 남아있지 않은 시기의 물질문화와 사회상을 고고학적으로 다루려고 한다. 한국 사학계에서는 이 시기를 종종 원시시대라고 부르기도 한다. 고고학계에서는 원시시대라는 용어가 19세기의 사회다위니즘의 영향을 깊게 받은 것으로서, 제국주의적, 인종주의적 편견을 내포하고 있다는 점을 들어 이 시대를 선사시대라고 부른다. 단 이 글에서는 한국사학계의 일반적인 시대구분에 따라 원시시대라고 부르기로 한다.

한국의 원시시대는 구석기시대, 신석기시대, 청동기시대, 초기 철기시대로 구분된다. 각 시대 명칭은 유럽이나 중근동의 시대구분법을 변용한 것이지만, 한국의 경우에는 약간 다르게 적용된다. 예를 들어, 신석기시대는 일반적으로 토기, 농경, 목축, 마제석기 조합의 출현을 근거로 시대가 정의되는 것이 일반적이나, 한국에서는 토기의 출현만으로 신석기시대가 정의되고 있다.

각 시대의 상한 및 하한연대는 최근 연대측정법의 발달로 말미암아 기존에 알려진 것과 많은 차이를 보이고 있다. 한국 구석기시대의 시작에 대해서는 아직 합의된 연대관이 제시되고 있지 못하지만, 그 하한은 대체로 빙하시대가 완전히 종료되는 기원전 1만년 무렵으로 알려져 있다. 신석기시대는 기원전 6000년 무렵 시작되었으며, 청동기시대는 지역에 따라 차이를 보이지만 대체로 기원전 14~15세기경 시작된다. 초기 철기시대는 기원전 300년 무렵부터 기원전 100년 무렵까지의 시기를 일컫는다. 한편 기원전 100년부터 삼국발생이 완료되는 서기 300년까지의 시기를 원삼국(原三國)시대라 부르는데, 이 시대는 문자기록은 있지만 신화적인 측면이 강하고 신빙성이 낮아 연구에 직접적으로 이용하기 어려운, 이른바 원사(原史)시대이다. 이 글에서는 원삼국시대도 논의에 포함시킨다.

이 글의 주제인 사회복합화란 한편으로는 시간의 흐름에 따라 사회 구성원의 관계망이 복잡해지는 과정이며, 또 한편으로는 사회 안팎으로 불평등과 위계가 발생하고 계급으로 공고화해 가는 과정을 일컫는다. 이 과정은 사회적, 경제적으로 권력에 의해 사회가 통합되어 가는 과정임과 동시에 다양한 구성원의 이해관계에 따라 사회가 분화되어 가는 이중적 과정이다.

한국 원시시대 사회복합화의 연구에서 한반도 및 그와 관련을 가지고 있는 중국 동북지방, 시베리아 등을 아우르는 일관된 설명안을 도출하기는 쉬운 일이 아니다. 이는, 첫째 고고학적 양상과 문화의 전개과정이 지역에 따라 매우 큰 차이를 보이고 있다는 점과, 둘째 남북한, 중국 동북지방, 시베리아 사이에 학문적 전통과 수준, 그리고 고고학 조사의 밀도에서 차이를 보이고 있어 이들 지역 사이의 구체적 연관성에 대한 연구가 현실적으로 힘들다는 점에 말미암는다. 이를 감안하여 여기서는 가장 연구가 많이 축적된 남한지역을 중심으로 사회복합화 과정을 살피되, 필요한 경우 북한지역과 중국 동북지방에 대해서도 다룬다.

1. 신석기시대

한국의 구석기시대에 대해서는 아직 편년과 문화상이 구체적으로 밝혀져 있지 않다. 다만, 전 세계적으로 빙하기가 완전히 종료되는 시점인 기원전 1만 년 무렵 끝나는 것으로 생각된다. 한반도에서 신석기시대 설정의 기준인 토기가 최초로 발견되는 시점은 기원전 6000년 무렵으로서 구석기시대의 종말로부터 약 4000년의 시간적 공백이 있다. 이와 달리, 일본에서는 기원전 1만년 이전부터 토기가 제작되고, 이 시기에 근접하는 연대를 가진 유적이 최근 시베리아에서도 발견되고 있다. 따라서, 한반도에서도 이와 비슷한 연대를 가지는 유적이 발견될 것으로 기대되고 있으나, 아직 발견된 바 없어 이 시간적 공백은 미해결 과제로 남아 있다. 다만, 최근 발굴된 제주도 고산리 유적에서 제작시 풀을 짓이겨 넣은 흔적을 가진 토기가 발견된 바 있는데, 이 기술에 따라 제작된 토기가 시베리아 극동지역에서 기원전 8000년 이전의 연대를 나타내고 있어 시간적으로 동일할 것이라는 견해가 대두되고 있다. 그러나, 이러한 막연한 추정 이외에는 연대를 실질적으로 뒷받침할 수 있는 증거가 발견되고 있지 않다는 점에서 아직 이 견해는 널리 인정을 받지 못하고 있다.

한국의 신석기시대는 지역에 따라 매우 극심한 지역차를 보이고 있는데, 토기의 무늬와 생계경제 방식에 따라 함경도 일대의 동북지방, 청천강 이북의 서북지방, 남해안과 중부 동해안에 걸친 동/남해안 지

방, 대동강 유역에서 경기 지역까지의 중서부지방, 충청과 경북, 전북
의 내륙에 걸친 중/남부 내륙의 5개의 지역군으로 구분이 가능하다.

이 가운데 북한에 해당하는 동북지방과 서북지방은 조사의 미비로
아직 구체적인 양상이 밝혀지고 있지 않지만, 대체로 동북지방은 시베
리아 극동지역 및 아무르강 유역과, 서북지방은 중국동북지역과 관련
을 가지고 있는 것으로 생각된다. 서북 및 동북지방에 견주어 상대적
으로 조사가 많이 축적된 동/남해안, 중서부, 중/남부내륙의 신석기시
대는 대체로 5기로 구분되는데, 이 가운데 가장 중요한 획기는 기원전
4000~3500년 무렵을 중심으로 하는 전기-중기 신석기시대의 전환기
이다.

한반도에서 가장 이른 신석기시대 유적이 집중되어 있는 지역은 동/
남해안 지역이다. 기원전 6000년 무렵을 상한으로 하는 이 지역 이른
시기의 유적은 대체로 해안과 섬에 위치하고 있는 조개더미이다. 이
지역 조개더미는 깊은 바다의 자원, 인근해 자원, 육상자원, 하천자원
과 같이 다양한 주변자원을 얻을 수 있는 곳에 위치하고 있으며, 실제
로도 고래, 다랑어 등 먼바다의 자원, 돔이나 조개와 같은 인근해의 자
원, 노루 등의 육상자원 등이 조개더미 안에서 함께 발견된다. 이들 유
적에서는 비교적 장기간의 거주가 있었으며 주민은 그곳에서의 자원
고갈이 우려될 때 다른 곳으로 이동하였던 것으로 생각된다. 동/남해
안의 신석기문화는 기원전 4000~3500년 무렵을 기점으로 급격히 변화
하는데, 여기에는 중서부지방으로부터 직접적 영향이 있었던 것으로
생각된다. 토기는 동/남해안 지역 토착의 납작바닥의 덧무늬토기와 압
인문(押引文)토기에서 중서부지역을 기원으로 하는 뾰족바닥의 빗살무
늬토기로 변화하며, 유적은 내륙으로 진출하여 하천변에 위치하게 된
다. 이에 따라, 해양 자원 대신 내륙의 동식물 자원에 대한 의존도가
급격히 증가한다.

중서부지방 신석기시대는 늦어도 기원전 5000년 무렵부터는 시작되는 것으로 생각된다. 황해도 봉산 지탑리유적과 서울 암사동유적이 이 시기를 대표하는 유적인데, 주로 하천변에 자리하고 있다. 토기는 뾰족바닥의 빗살무늬토기가 사용된다. 기원전 4000~3500년 무렵이 되면서 중서부 지역의 빗살무늬토기문화는 동해안, 남해안 등으로 확산되어 그곳의 토착 문화를 대체하는 한편, 서해안으로도 확산되어 조개더미를 이용하기 시작한다. 이 시기 중서부 빗살무늬 토기문화 확산의 이유가 무엇인지, 또 이것이 주민의 이동인지 문화의 전파인지는 아직 규명되지 않고 있다. 따라서, 이 주제는 현재 한국신석기시대 연구의 중요주제로 부각되고 있다. 중서부 지방의 생계경제방식은 남해안과 차이를 보인다. 이 지역 주민은 식수와 같이 필수적인 자원을 제공하는 곳(예를 들어 하천변과 해안)에 살면서, 필요한 자원이 원거리에 있을 경우 집단의 일부를 파견하여 자원을 조달하는 방식의 경제체제를 이용하고 있었다. 서해안의 조개더미는 남해안의 조개더미와 같이 인간이 직접 장기간 거주하였던 것이 아니라, 주민이 일시적으로만 머물면서 자원을 채집하여 갔던 곳이었다. 따라서, 중서부 지역의 신석기시대 유적은 인간이 거주하면서 일상생활을 영위하였던 주거유적과, 자원채집에 관련된 행위만이 일시적으로 이루어졌던 조개더미 등의 유적의 두 종류로 구분된다.

중/남부 내륙지방에서는 기원전 4000년보다 이른 유적이 발견되지 않아 중서부지방 빗살무늬토기의 확산과 함께 점유되는 것으로 생각된다. 이 지역의 토기는 대체로 중서부와 남부 내륙토기의 중간적인 양상을 보이고 있지만, 마름모꼴 무늬토기와 같은 이 지역 특유의 토기도 이용되었다.

최근의 발굴결과에 따르면, 기원전 3500년 무렵을 전후하여 한반도에서 초보적인 형태의 농경이 발생 또는 도입되었을 가능성도 있다.

황해도 지탑리와 부산 동삼동에서 조와 기장, 진주 상촌리와 어은지구, 창녕 비봉리에서 조, 충북 옥천 대천리 유적에서 쌀, 보리, 밀 등이 발견되고 있다. 이들 자료에 근거하여 한국의 신석기시대를 정착 농경사회로 규정하려는 학자들도 있으나, 농경은 극히 일부 지점에서 제한적으로만 행해지고 있었을 뿐 아니라, 농경에서 획득된 자원은 전체 생계경제에서 매우 적은 비중만을 차지하고 있었기 때문에 신석기시대 농경사회론은 지지를 받지 못하고 있다. 이 시기의 농경은 수렵채집경제의 자원다각화 차원에서 극히 부수적으로만 이용되었을 뿐이며, 한국의 신석기시대는 채집, 수렵, 어로 중심의 수렵채집사회로 보는 것이 타당하다. 농경민에 견주어 이 시기의 주민은 이동성이 강한 생활방식을 채택하고 있었다. 한편, 신석기시대를 혈연을 기반으로 한 씨족이 중심이 되는 부족사회로 보는 견해가 제기되기도 하였으나, 이를 입증하는 고고학 자료는 없다.

2. 청동기시대

한국의 청동기시대는 지역에 따라 편차가 있지만 대체로 기원전 14~15세기 무렵 시작되는 것으로 생각된다. 한국 신석기시대에서 청동기시대로의 전환은 경제적으로는 수렵채집사회에서 농경사회로 전환되었고, 사회적으로는 권력과 불평등이 발생하게 되었다는 점에서 의의를 찾을 수 있는데, 이는 한국의 원시시대에서 가장 중요한 변화이다. 한국의 청동기시대는 생계경제는 물론 물질문화상에서도 신석기시대와 근본적인 차이를 보인다. 토기는 민무늬토기로 바뀌며, 마제석기가 주류를 이루게 된다. 이로 말미암아 과거 학계에서는 청동기시대의 시작을 기존의 신석기시대인을 대체하는 한민족의 형성과정으로 보아 오기도 하였으나, 1990년대 이후 이 논의는 근거의 박약함이 지적되면서 더 이상 학계에서 인정받지 못하고 있다.

한국의 청동기시대가 끝나는 시점에는 논란의 여지가 남아 있다. 기원전 300년을 기점으로 청천강 이북에서는 철기가, 이남에서는 세형동검이 등장하여 공존하는데, 이 시기를 청동기시대 안에 편입시킬 것인가가 논란의 핵심이다. 한반도 안에 철기등장이라는 점을 강조하여 초기 철기시대로 보는가, 아니면 남한 지역에 초점을 두어 청동기시대 후기로 보는가에 따라 의견이 나뉘어 있다. 이 시기를 후기 청동기시대로 보아 청동기시대에 편입시킬 경우, 청동기시대는 전, 중, 후 3기로 세분되며, 이 시기를 초기 철기시대로 분리할 경우, 두 개의 시기로 구분된다. 여기서는 후자의 2시기 구분법을 따라 서술한다. 다만, 청동기시대 2시기 구분법을 따를 경우, 기존 3시기 구분법에서 중기 청동기시대로 설정되었던 단계가 후기 청동기시대로 불리는 등의 혼란이 발생하므로, 여기서는 용어상의 혼란을 피하기 위해 이 시기를 고고학계에서 일반적으로 부르는 명칭인 송국리유형 단계로 일컫기로 한다.

1) 전기청동기시대: 농경사회의 시작

북한 지방 청동기시대에서 가장 먼저 등장하는 토기는 압록강 하류에 쌍타자유형 토기, 압록강 중상류 및 송화강 유역에 공귀리식 토기, 대동강 유역에 팽이형 토기, 동북지방에 서포항 1기 토기이다. 북한학계에서는 이들 가운데 쌍타자 유형의 토기와 서포항 1기 토기가 가장 이른 것으로 보고 있으며, 그 시점을 기원전 2천년기 전반으로 보고 있다. 그러나, 이를 어느 정도까지 인정할 수 있는가에 대해서는 이견이 많다.

남한 지역 청동기시대 최초의 토기는 기원전 15세기 무렵 등장하는 돌대각목문(突帶刻目文)토기이다. 일부 연구자들은 돌대각목문토기 시기를 분리하여 청동기시대 조기(早期)를 설정하기도 하지만, 아직 발견례가 많지 않고 시점도 명확하지 않기 때문에 남한지역 전체를 대표하는 하나의 분기로 인정할 것인가에 대해서는 의견의 일치를 보지 못하고 있다.

남한의 전기 청동기시대가 늦어도 기원전 1300년 무렵 시작되는 것은 분명하다. 이 시기의 토기는 구연부의 무늬에 따라 역삼동식, 가락동식, 흔암리식 토기로 구분된다. 이 가운데 가락동식 토기는 금강 중상류에 집중적으로 분포하고 있으며, 역삼동식과 흔암리식 토기는 금강 중상류를 제외한 남한 전역에 분포하고 있다. 이 시기 주거지는 장방형으로서, 규모가 클 뿐 아니라 주거지 안에 하나 이상의 노지가 설치되어 있어 확대가족의 주거형태를 가지고 있음이 추론되기도 한다.

전기 청동기시대는 쌀농사에 크게 의존하는 농업경제체제였다. 신석기시대까지 활발하게 이용되던 해양자원은 이 시기 들어 더 이상 이용되지 않는다. 이는 이전의 신석기시대에 활발히 이용되던 조개더미에서 예외없이 전기 청동기층과 유물이 발견되지 않는다는 점에서 입증된다. 석기군은 농경과 관련깊은 도구로 구성되어 있는데, 이 가운데 나무를 베어 농토를 개간하고 땅을 파기 위한 돌도끼와 작물수확구인 반달돌칼이 대표적이다. 농경을 증거하는 또 다른 증거는 밭유적과 논유적이다. 대체로 밭유적이 다수를 점하지만, 저습지가 발달한 곳에서는 논도 이용되었다. 저장시설이 거의 예외없이 각 주거지의 내부에 위치하고 있다는 점에서, 이 시기 농업생산물은 사유재산으로 인정되었던 것으로 생각된다.

이 시기 가장 대표적인 분묘는 지석묘이다. 모두 전기 청동기시대에 해당하는 것은 아니지만, 한반도에는 약 5만 여기의 지석묘가 보고되어 있다. 지석묘의 축조에 대규모 노동력이 필요하다는 점에서 지석묘의 피장자는 노동력을 동원할 수 있는 족장의 것으로 보는 견해도 있었으나, 족장의 무덤으로 보기에는 수가 너무 많고 부장품이 매우 빈약하다는 점에서 최근에는 이 견해가 받아들여지지 않고 있다. 고고학적으로 볼 때 전기 청동기시대가 엄밀한 의미에서 계급사회였다는 증거는 미약하다.

2) 송국리유형의 발생과 전개: 농경집약화와 권력의 발생

전기 청동기시대 후반부에 남한 지역에서 가장 인구가 밀집하였던 곳은 충남 북부의 천안-아산 일대와 경남 진주 남강 일대였는데, 이 가운데 천안-아산지역에서는 기원전 9~8세기 무렵 인구가 급감하고 다른 지역으로 인구가 확산된다. 이 인구변동은 인구밀집지에서 계속된 농사로 말미암아 농토의 지력이 감소하고, 또 한편으로는 인구증가로 말미암아 식량난이 발생하였기 때문이었던 것으로 생각된다. 이로 말미암아 인구는 기존에 점유가 활발하지 않았던 지역으로 확산되면서 분산되고, 해양자원의 이용도 재개된다. 또 한편으로는 농업생산성을 높이기 위해 논농사가 확대보급되고, 농업도구로 이용되었던 석기에도 기술상의 진전이 나타난다.

이 과정에서 금강 중하류를 중심으로 인구가 재집결하면서 새로운 중심지가 나타나게 된다. 이와 함께 토기의 형태가 바뀌게 되고, 주거지는 규모가 대폭 축소되면서 원형으로 변화한다. 이 새로운 물질문화를 이러한 양상이 처음 발견되었던 부여 송국리 유적의 이름을 따라 송국리 유형이라 부른다. 금강유역에서 새로이 형성된 송국리 유형은 영호남으로 확산된다. 특히, 전기 청동기시대에 인구가 매우 적었던 호남지역으로 많은 양의 인구유입이 있었다. 그러나 송국리 유형은 천안 이남의 충청, 전라, 경남지방에만 분포하며, 천안 이북 지역으로는 거의 확산되지 않는다. 경기와 강원지역에는 기존의 장방형 주거지와 역삼동식 토기가 계속 사용된다.

송국리유형 단계에 들어서 대내외적으로 권력과 위계형성의 증거가 나타난다. 이 시기 권력의 경제적 기반은 이전 시기에 견주어 대폭 증가한 농업생산물의 잉여에 대한 전용이었던 것으로 생각된다. 전기 청동기시대에 주거지 내부에 위치하던 저장 시설이 송국리 유형의 발생 이후 주거지 내부에서 사라지고, 대신 마을의 한편에 군집을 이루면서 분포한다. 이는 농업생산물이 더 이상 개인의 사유재산이 아니게 되었다는 점을 의미한다. 그렇다면, 농업잉여가 소수의 특정인에 따라 전용되면서, 이의 소비, 관리, 분배가 통제되고 있었다고 볼 수 있다.

또한 마을 가운데 일부는 규모가 커지면서 중심지로 성장하며, 이들 마을 주변으로 환호(環濠)와 목책이 설치되기도 한다. 중심지 주변에는 소규모 유적이 분포하는데, 이들 가운데 상당수는 중심지를 보조하기 위한 기능을 가지고 있었던 것으로 생각되어 정치경제적 위계가 마을 내부뿐 아니라, 외부까지도 미쳤던 것을 알 수 있다. 이 시기 유적은 각각 상이한 기능을 가지고 있었으며, 이들 사이에는 일정한 관계망이 형성되고 있었던 증거가 발견되고 있다는 점이 이를 입증한다. 예를 들어, 이 시기 최상위 중심지인 부여 송국리 유적에서는 저장시설이 거의 없는 데 견주어, 천안 대홍리 유적 등지에서는 저장시설이 대량으로 발견되어 중심지에 잉여를 공급하는 기능을 가졌던 것으로 생각된다.

이 시기 권력발생의 또 하나의 중요한 증거는 비파형 동검이다. 비파형 동검은 중국의 요동, 요서지역 및 한반도에 분포하는데, 이러한 지역적 분포로 말미암아 이 시기 중국 동북지방과 한반도를 동일문화권으로 설정하는 견해가 있기도 하지만, 각지의 고고학적 양상에는 차이가 많아 받아들여지지 않고 있다. 중국 동북지방의 비파형동검은 미송리형 토기와 함께 고조선의 표지적인 유물로 간주하기도 하는 것과 달리, 한반도 대동강 이남에서는 미송리형 토기는 발견되지 않고 비파형 동검만이 사용된다. 한반도의 비파형 동검은 중국 동북지방과는 달리 손잡이 장착부분에 홈을 설치한 것이 특징이다. 따라서, 한국의 비파형 동검은 중국 동북지방에서 직수입된 것이 아니라, 중국 동북지방의 것을 모방하여 한반도에서 자체 제작되었음을 알 수 있다. 비파형 동검은 거의 대부분 지배층의 분묘 유적에서만 발견되었으며, 실생활에 응용되었다는 증거는 미약하다. 이는 비파형동검이 사회정치적 권력을 이념적으로 뒷받침하는 위세품(威勢品)이었음을 의미한다. 위세품이란 일반인들이 소유하기 힘든 희귀한 물품을 일컫는데, 이를 독점적으로 소유함으로써 권력자는 부나 위세를 과시하고 이를 통해 권력을 상징적, 이념적으로 생산, 유지한다.

송국리 단계 위계의 형성이 유력 개인의 등장과정인지, 유력 혈연집단의 형성과정인지에 대해서는 아직 논란이 지속되고는 있다. 그러나, 각종 고고학적 증거로 보아 남한지역의 송국리 유형은 논농사 중심으로 잉여의 전용과 위세품의 배타적 이용으로 사회경제적으로 위계를 형성하였던 사회라는 점은 널리 인정되고 있다.

송국리 유형은 일본의 농경사회 형성에도 결정적인 영향을 끼쳤던 것으로 생각된다. 일본에서는 기원전 8~7세기 무렵 수렵채집사회였던 죠몽시대가 끝나고 농경사회인 야요이시대가 성립되는데, 야요이의 가장 이른 유적에서 송국리 유형의 물질문화가 유입되었던 증거가 발견되고 있다.

3. 초기철기시대와 원삼국시대

기원전 300년부터 기원전 100년까지의 초기 철기시대는 위에 언급하였듯 애매한 시대구분 개념이다. 이 시기는 기존의 청동기 문화가 극성을 이루는 동시에 중국으로부터 철기가 도입되기 시작한다는 점을 들어 초기 철기시대라고 명명되었지만, 남한 지역에서는 철기의 발견례가 많지 않고 청천강 이북 지역에 주로 한정되어 있다는 점에서 일부 학자들은 후기 청동기시대로, 철기의 보급을 적극적으로 해석하는 학자는 철기시대 전기로 부르기도 한다.

이 시기의 고고학적 양상은 연(燕) 진개(秦開)의 고조선 침입이라는 역사적 사건과 맞물려 이해되고 있다. 연의 요동 진출로 요동과 한반도의 청천강 이북지역에는 철기가 보급되어 이른바 세죽리-연화보 유형의 물질문화가 형성되고, 한반도 남부는 연에 의해 타격을 입은 고조선 유이민 세력의 유입으로 세형동검(細形銅劍)과 원형 덧띠토기가 등장하면서 청동기문화가 지속된다. 하지만, 고조선 유이민 세력과 기존의 송국리 단계 주민 사이의 정치역학 관계에 대해서는 아직 많이 알려져 있지 않다.

남한 지역 송국리 단계의 비파형동검은 차츰 가늘고 길어〔세장화〕지다가 초기 철기시대의 시작과 더불어 세형동검으로 바뀐다. 이와 더불어 청동기의 양과 종류는 급증하여, 청동거울, 청동도끼, 청동방울 등이 제작된다. 청동기가 생활 유적에서 발견된 예는 극히 드물고, 일반적으로 지배층의 분묘에서만 발견된다. 이는 초기 철기시대에 들어서도 청동기가 농기구 등의 실생활 도구로 사용되었던 것이 아니라, 여전히 위세품으로 사용되었음을 의미한다. 특히, 이들 청동기의 상당수는 의례에 사용되었을 것으로 생각되고 있다. 따라서, 남한지역 초기 철기시대에는 종교나 샤머니즘 등 이념적 조작을 통한 권력재생산 전략이 송국리 단계보다 더욱 강화되었던 것으로 보인다. 농경 및 실생활에는 홈자귀 등의 석기가 이용되고 있었다. 지금까지 발견된 초기 철기시대의 유적은 주로 분묘이어서 농경과 관련된 직접적 증거를 찾기는 힘들지만, 밭을 가는 그림이 새겨져 있는 이른바 농경문 청동기의 존재는 이 시기 권력층이 농경활동을 매우 중시하였으며 농업활동이 매우 활성화했음을 의미한다.

철기의 보급시기와 양상은 지역에 따라 편차가 큰데, 세죽리-연화보 유형의 문화가 자리하고 있는 청천강 이북 지역에서는 평북 영변 세죽리, 위원 용연동, 요령 무순 연화보 등의 생활유적에서 호미, 팽이, 낫, 반달칼 등의 농기구와 창, 화살촉 등의 무기가 다량 출토되고 있어 철기가 농업활동 등의 실생활에 바로 응용되었음을 보여준다. 이 지역의 철기는 연나라의 전국계(戰國系) 제철기술에 따라 제작되었다.

이와 달리, 이 시기 청천강 이남 지역에서는 연나라의 제철기술이 본격적으로 보급되지 못하였다. 생활유적에서 철기가 발견된 예는 없으며, 부여 합송리, 장수 남양리 등 분묘유적에서 청동기와 함께 부장된 예만이 알려져 있다. 따라서, 이 지역의 철기는 실생활에 사용되었다기 보다는 청동기와 마찬가지로 위세품의 성격이 강한 것으로 생각된다. 청천강 이남 지역에서 이 시기에 철기가 직접 제작되지는 않은 것으로 보인다. 합송리와 남양리 등의 철기는 외부에서 직수입된 것으로 생각된다. 이 지역에서 철기가 직접 제작되고 사용되었던 것은 기원전 1세기에 한의 제철기술이 본격적으로 도입된 이후의 일이다.

초기 철기시대가 종료되는 기원전 100년 이후 삼국의 성립이 완성되는 서기 300년까지의 단계는 전통적으로 원삼국시대로 불리워 왔으나, 최근 문헌기록을 적극적으로 해석하여 삼한시대 또는 삼국시대 전기로 부를 것을 주장하는 사람도 있다. 이 시기의 고고학적 양상은 지역에 따라 편차가 매우 크다. 한강유역 및 영동/영서지방에서는 기존의 민무늬토기토기가 경질무문토기(중도식 토기라고도 불림)로 바뀌고, 영호남에서는 원형 덧띠토기가 삼각형덧띠토기로 바뀌며, 영남지역에서는 와질토기라고 불리는 토기가 부장품으로 사용되게 된다. 각지에서는 이후의 삼국과 연결될 수 있는 정치세력이 성장한다. 각 정치세력은 점차 공간적 지배범위를 확대시키면서 국가단계로 성장하는 기틀을 다지게 된다.

초기 철기시대까지 이용되던 청동기는 원삼국시대 들어 사용례가 점차 줄면서 철기와 약 150여 년 동안 공존하다 사라지게 된다. 초기 철기시대의 청동기와 원삼국시대 철기의 가장 근본적인 차이는 전자가 실생활에 사용되지 않고 지배이념의 강화를 위해 이용되던 상징적 위세품이었던 것과 달리, 철기는 곧바로 농기구와 무기 등 실생활에 응용되었다는 점이다. 따라서 청동기가 지배층의 부장품으로만 배타적으로 이용되었던 반면, 철기는 이른 시기부터 직접 농업생산을 담당하는 평민층에게도 활발히 보급되었다. 이는 원삼국시대 철기의 본격적 보급과 함께 지배전략에 중요한 변화가 발생하였음을 의미한다. 초기 철기시대 사회의 대민지배 전략이 의례와 위세품 사용을 통한 이념적 측면에 초점을 두고 있었다면, 원삼국시대에는 농업생산물의 직접적 통제와 수탈을 통한 경제적, 물리적 지배로 바뀌게 되었던 것이다. 이러한 경제적 지배체제로의 전환은 이후 국가형성에 중요한 구실을 하였을 것으로 보인다.

맺음말

한국의 원시시대의 사회복합화 과정은 지역과 시대에 따른 세부적인 차이로 말미암아 일률적으로 규정하기는 힘들다. 그럼에도, 생산기술과 노동력, 이념에 대한 통제로 권력구조를 공고히 확립해 나아가는 과정이라는 공통점을 발견할 수 있다. 또한 시대에 따라 변화하는 대외정세 속에서 각 집단이 역동적으로 대응하는 과정이기도 하다.

한국의 원시시대 연구는 1990년대 이후 전국 각지에서 조사가 급증하면서 비약적인 발전을 이루고 있다. 남한 각지 세부 편년의 골격이 잡혀 가면서, 유물중심의 연구에서 선사시대의 사회와 경제에 대한 설명으로 경향이 바뀌고 있다. 하지만, 아직 1970~80년대의 전파주의적 시각이 곳곳에 남아 있기도 하며, 앞으로 풀어야 할 문제가 많이 남아 있는 것도 사실이다. 위에서 언급한 바 있는 신석기시대 시작의 시점과 시간적 공백의 이유, 중기 신석기시대 중서부 빗살무늬토기의 남한 전지역 확산의 과정과 이유, 신석기-청동기시대 전환과정, 송국리단계 권력의 형성과정과 그 전개, 초기철기시대의 등장과정과 동아시아 국제정세 등은 앞으로 고고학적 연구성과가 쌓이면서 좀더 구체적으로 규명될 것으로 기대한다.

현재의 국경과는 전혀 다른 경계를 가지고 있던 원시시대에 대한 연구에는 동아시아 지역 전반의 문화변동 과정에 대한 균형잡힌 접근이 필요하다. 이 문제는 최근 중국, 일본, 러시아 등지의 연구성과가 소개되고 학문적 교류가 활성화하면서 점차 개선되고는 있으나, 1990년대 이후 북한 고고학의 침체와 지역 사이의 연구시각 차이 및 고고학 자료의 편중은 여전히 남아 있는 바, 이는 앞으로 풀어야 할 숙제이다.

■ 참고문헌

박진욱, 《조선고고학전서: 고대편》, 과학백과사전종합출판사, 1988.

박순발, 〈한강유역 원삼국시대의 토기의 양상과 변천〉, 《한국고고학보》 23, 1989.

안승모, 《동아시아 선사시대의 농경과 생업》, 학연문화사, 1998.

이건무, 《청동기문화》, 대원사, 2000.

이희준, 〈삼한 소국 형성과정에 대한 고고학적 접근의 틀〉, 《한국고고학보》 43,

2000.

김승옥, 〈금강유역 송국리형 묘제의 연구〉, 《한국고고학보》 45, 2001.

김장석, 〈흔암리유형 재고: 기원과 연대〉, 《영남고고학》 28, 2001.

김장석 · 양성혁, 〈중서부시대 신석기시대 편년과 패총이용전략에 대한 새로운 이해〉, 《한국고고학보》 45, 2001.

송만영, 〈남한지방 농경문화형성기 취락의 구조와 변화〉, 《한국농경문화의 형성》, 제25회 한국고고학 전국대회 발표요지, 2001.

김장석, 〈충청지역 송국리유형 형성과정〉, 《한국고고학보》 51, 2005.

조진선, 《세형동검문화의 연구》, 학연문화사, 2005.

김승옥, 〈청동기시대 주거지의 편년과 사회변천〉, 《한국고고학보》 60, 2006.

성춘택, 〈한국구석기시대 석기군 구성의 양상과 진화시론〉, 《한국상고사학보》 51, 2006.

안재호, 《청동기시대 취락연구》, 부산대 박사논문, 2006.

임상택, 〈빗살무늬토기문화 취락구조 변동연구〉, 《호남고고학》 23, 2006.

하인수, 《한반도 남부지역 즐문토기연구》, 민족문화, 2007.

한국고고학회 편, 《한국고고학강의》, 사회평론, 2007.

국가의 형성

여호규(한국외대 사학과)

머리말

원시사회 단계에서는 인류가 자연의 제약을 극복할 만큼 생산력이나 문화역량이 충분히 발달하지 못했다. 이로 말미암아 생계를 유지하기 위해 씨족이나 부족 등 혈연집단 단위로 함께 식량을 생산하고 소비하는 공동체적인 생활을 영위했다. 이러한 원시사회는 차츰 생산력과 문화역량의 발달로 고대사회로 바뀌어 갔다. 생산력 발달로 경제생활이 전반적으로 윤택해졌는데, 다른 한편에서는 각종 생산수단에 대한 불평등한 소유의 진전으로 차츰 지배-피지배 관계가 이루어졌다. 또한 문화역량의 증대로 기존 문화를 온전히 계승하면서 새로운 문화를 창출했지만, 선진 문화를 독점한 엘리트 계층이 등장하면서 문화나 정보 접근도에서 불평등한 관계가 형성되었다.

이처럼 인류는 고대사회로 전환하면서 엄청난 진보를 이룩했지만, 다른 한편으로는 불평등이라는 새로운 사회관계가 만들어졌다. 이에

따라 씨족이나 부족 등 혈연집단의 원시공동체적 관계가 해체되고, 불
평등한 사회관계에 바탕을 둔 지역집단이나 정치체가 나타났다. 그리
고 이들 사이의 치열한 복속과 통합을 거쳐 일정한 공간 범위에서 지
속적으로 정치권력을 행사하는 국가가 형성되었다. 이 국가는 합법적
으로 권력을 행사하기 위한 군대〔경찰〕, 법률, 감옥 등의 물리적 기구
와 함께 조세를 징수하고 행정을 집행하는 관료조직과 지배이념을 갖
추게 된다. 이로써 혈연관계에 바탕을 둔 원시사회와 질적으로 전혀
다른 사회관계망과 정치조직체가 탄생하기에 이른다.

결국 고대국가의 형성은 원시사회에서 고대사회로 전환이 농축된
사건이자 그 귀결점이라 할 수 있다. 인류가 국가를 단위로 역사를 전
개한 시발점으로써 현재 역사의 본질이 고스란히 담겨 있는 것이다.
이에 종래 많은 학자들이 고대사회의 성격이나 국가의 특성을 파악하
기 위해 국가형성에 주목했다. 본고에서는 국가발달단계론을 둘러싼
기존 논의를 정리한 다음, 최신 연구성과를 중심으로 고조선 등 여러
고대국가의 형성과정을 간략히 살펴보고자 한다.

1. 사적유물론의 수용과 국가발달단계의 설정

한국의 고대국가 형성에 대한 연구는 1930년대부터 시작되었다. 다
만 당시에는 식민사관의 영향으로 청동기시대가 설정되지 않았고, 고
조선사에 대한 연구도 거의 이루어지지 않았다. 이로 말미암아 신석기
시대가 늦게까지 지속되다가 석기와 철기를 함께 사용하는 금석병용
기(金石並用期)를 거쳐 고대사회로 전환된 것으로 이해했다. 그리하여
국가형성도 아주 점진적으로 이루어졌다고 이해할 수밖에 없었다.

실제 사적유물론에 바탕을 두고 국가발달단계를 체계화한 백남운

(白南雲)은 원시씨족사회에서 '원시부족국가'를 거쳐 노예제국가로 이행했다고 보았다. 원시부족국가란 부계씨족제가 가부장적 세대공동체로 전환된 시기, 곧 씨족사회의 모습과 계급관계가 공존하던 단계의 과도기 국가체라는 것이다. 이러한 원시부족국가는 계급분열과 종족의 지역적 발전에 따라 정복국가로 전환되고, 포로노예의 급증으로 마침내 노예제국가가 완성됐다고 파악했다. 한국의 고대국가는 원시사회 이후 '원시부족국가'라는 과도기 상태의 국가체를 오랜 동안 거친 다음 서기 3세기 이후 노예제국가라는 형태로 완성되었다는 것이다.

그런데 당시 수용된 사적유물론에 충실히 따른다면 원시부족국가라는 개념을 설정할 수 없다. 원시사회가 가부장적 세대공동체를 거쳐 계급사회로 전환했다고 설명하기는 하지만, 원시사회의 요소를 안고 있는 가부장적 세대공동체 단계에 국가가 존재했다고 보지 않기 때문이다. 이에 많은 사회경제사가들이 원시부족국가라는 개념을 비판하면서 씨족제가 완전히 해체된 단계에 국가가 성립했다고 보거나, 공동체적 관계를 강조해 공동체 기관이 곧바로 지배기관으로 전환되면서 국가가 발생했다고 파악했다.

이에 견주어 해방 이후 손진태(孫晉泰)는 사회경제사가들이 폐기하였던 원시부족국가론을 부활시켰다. 그는 원시공산사회가 부족국가를 거쳐 귀족국가로 이행한다고 보고, 부족국가 단계를 '부족사회 → 부족국가 → 부족연맹왕국' 등으로 세분했다. 특히 국가형성 과정을 국가체의 외연적 확대에 초점을 두고 체계화했는데, 국가란 각 부족 단체가 외적 압력에 대항하여 단결을 도모하고 권력을 집중하는 과정에서 형성됐다고 보았다. 그리하여 부족국가를 거쳐 완성된 국가체는 사회구성체적 개념이 아니라 권력을 행사하는 지배계급 중심의 '귀족국가'로 개념화하였다. 이러한 손진태의 견해, 특히 부족국가론은 그 뒤 남한학계에 많은 영향을 미치게 된다.

한국전쟁 이후 국가형성 연구는 북한학계에서 먼저 진행되었다. 북한학계는 청동기시대를 설정해 금석병용기론의 한계를 극복하는 한편, 고조선 연구를 바탕으로 국가형성을 삼국 이전으로 소급했다. 또한 고조선〔부여, 진국〕을 노예제, 삼국을 봉건제 사회로 파악해 삼국의 성립을 국가형성의 반복이 아니라 노예제에서 봉건제 국가로 전환이라고 이해했다. 이로써 부족국가라는 과도기국가를 장기간 설정하지 않고서도 원시공동체 해체와 국가형성을 계기적 발전과정으로 설명했다. 다만 각 지역 · 국가별 편차를 고려하지 않아 국가형성의 다양한 양상을 설명하지 못했다. 특히 최근에는 기원전 1000년기 후반기에 거의 모든 지역에서 원시사회가 해체되었다고 파악함으로써 삼국 초기까지 확인되는 공동체적 요소와 삼국의 국가형성을 구체적으로 설명하지 못하고 있다.

2. 과도기국가를 둘러싼 남한학계의 논의

한편 남한학계의 연구는 종전의 부족국가론을 계승하는 형태로 진행되었다. 1950~60년대에는 대체로 원시사회에서 부족국가-부족연맹체를 거쳐 고대국가가 성립한다고 이해했던 것이다. 이때 청동기와 철기의 생산력 차이에 주목함으로써 원시공동체 해체과정을 세분하고, 고조선과 삼국의 차별성을 부각시키기도 했다. 그렇지만 철기 보급 이후 씨족공동체가 가부장가족으로 분화한다고 보면서도 씨족공동체적 관계가 온존한다고 파악해 계급관계에서 질적 변화가 상정되지 않았다. 이로 말미암아 종전처럼 장기간 부족국가라는 과도기국가를 설정했으며, 완성된 고대국가도 계급관계에 바탕을 둔 권력기구가 아니라 가부장가족이 외연적으로 확대 · 결합된 사회기구로 파악하였다.

　이러한 견해는 고대사회의 발전을 지나치게 낮게 평가하는 주장과
연관되어 있다. 그리하여 1960년대 후반 청동기시대가 설정되고,《삼
국사기》초기기사에 대한 신빙론이 제기됨에 따라 이러한 통설은 비판
받을 수밖에 없었다. 비판은 크게 두 방향으로 전개되었다. 먼저 혈연
중심의 '부족'과 지연 · 계급 관계에 바탕을 둔 '국가'를 결합시킨 '부
족국가'라는 개념이 부적합하다는 비판이 제기되었다. 이러한 비판은
부족국가 개념의 대안 찾기로 이어져 성읍국가론(城邑國家論)과 취프
덤론(chiefdom論)이 제시되었다.

　성읍국가론은 서양의 도시국가나 중국의 읍제국가(邑制國家)를 모델
로 삼은 것인데, '청동기시대에 토성을 중심으로 일정 지역에 대한 지
배권을 확립한 국가'라는 정의에서 보듯이 지연적 요소에 주목했다.
다만 '족장의 권위에 따라 통솔되었다'는 설명에서 보듯이 실제 내용
을 들여다보면 부족국가론과 별다른 차이가 없다. 더욱이 국가의 내부
구조와 사회상을 거의 분석하지 않아 성읍국가와 그 다음 단계에 설정
한 연맹왕국-귀족국가 등 각 국가체의 성격과 연관관계를 제대로 설명
하지 못하는 아쉬움을 남겼다.

　취프덤론은 신진화론자인 서비스의 'band → tribe → chiefdom →
state'라는 사회진화가설을 수용한 학자들이 전개한 이론이다. 취프덤
론은 국가론 전반에 대해 새로운 문제를 제기하고, 서구학계의 다양한
국가론을 소개하는 계기로 작용했다. 그렇지만 취프덤이라는 용어가
추장사회, 군장사회, 군장국가 등 다양하게 번역되고, 적용시기도 청
동기에서 삼한까지 광범위한 데서 보듯이, 논의의 합일점을 쉽게 찾지
못했다. 더욱이 신진화론이 사회 전반의 내적 변화도 중시한 데 견주
어, 이를 수용한 학자들은 주로 인구, 무역, 재분배체계, 지배자 등 정
치체의 외형적 측면을 강조했다. 이에 따라 단선적인 진화경로만 설정
하던 초기 진화론과 달리, 여러 경로의 다양한 진화양상을 인정하는

신진화론의 다선(多線)진화와 특수진화 개념을 무시했다는 비판을 받았다. 이와 더불어 국가형성이 양적 변화가 아니라 질적 전환이라는 면을 간과했다는 비판도 받았다.

이처럼 부족국가론의 대안 찾기가 진행될 무렵, 다른 한편에서는 부족국가론을 비판적으로 계승한 부체제론(部體制論)이 전개되었다. 부체제론은 혈연성을 내포한 부족(部族)이라는 개념 대신 지역적 단위정치체인 부(部)를 삼국의 건국 주체로 설정했다. 그런 다음 삼국은 이러한 부의 통합에 따라 형성되었다고 파악했다. 다만 국가 성립 초기에는 중앙권력이 각 부의 대외운동력을 통제했지만 각 부도 자치권을 보유했기 때문에 양자가 함께 국가를 운영했다고 이해했다. 부체제는 부를 중심으로 운영되던 정치체제인 것이다.

이러한 부체제론은 개념상의 모호함이나 성립과 해체의 요인을 정확히 밝히지 못하는 문제점을 드러내기도 했다. 그렇지만 삼국 초기 정치체를 더 이상 과도기국가가 아니라 고대국가로 파악해 그 운영양상을 규명했다는 점이 주목된다. 이로써 과도기국가를 장기간 설정하던 문제점을 극복할 단서를 확보했다. 실제 1990년대 이후 부체제론이 널리 수용되면서 과도기국가를 둘러싼 논의는 거의 진행되지 않은 반면, 삼국 초기 정치체제의 운영과 성격을 둘러싼 논의가 활발히 전개되었다.

이러한 점에서 중앙집권체제 확립 이전 단계에 단순한 연맹체와 명확히 구별되는 초기국가(初期國家)를 설정하고, 그 성립 획기와 성격을 파악하려는 최근 논의가 주목된다. 다만 초기국가의 정의는 매우 다양한 만큼 개념상의 공통분모를 찾기 위한 노력이 절실히 요청된다. 아울러 문헌사료와 고고학자료에 대한 종합적인 해석을 통해 초기국가의 형성과 그 획기를 구체적으로 파악할 필요가 있다. 그럼 최신 연구성과를 중심으로 여러 고대국가의 형성과정을 살펴보도록 하자.

3. 청동기문화의 전개와 고조선의 국가형성

최근 연구성과에 따르면, 만주와 한반도 일대는 대략 기원전 15~10 세기 무렵부터 청동기시대로 전환되면서 본격적인 농경사회로 진입했다고 이해된다. 청동기시대 이후 대규모 주거지가 출현하고, 거대한 고인돌이 만들어지는 등 사회변화가 폭넓게 일어났다. 한국 최초의 고대국가인 고조선은 이러한 청동기문화를 바탕으로 형성되었는데, 북한학계는 계급관계의 진전과 연관시켜 고조선의 국가형성을 상당히 명쾌하게 설명하고 있다.

그에 따르면, 종전의 모계씨족사회는 청동기시대로 전환과 더불어 여러 세대공동체로 이루어진 부계씨족사회로 이행했다고 한다. 그 뒤 생산력 발달과 인구 증가로 각지에 혈연관계에서 벗어난 지역적인 농경공동체가 형성되었고, 사적소유와 불평등관계가 더욱 발전하여 원시공동체관계가 붕괴되고 세대공동체도 단혼소가족으로 분열되었다고 한다. 이로써 경제력은 족장들에게 집중되었고, 정복전쟁이 활발히 일어나 지배·예속관계가 형성되었다. 그리하여 각 지역별로 소국이 형성되었으며, 마침내 기원전 8~7세기 무렵 선진지역인 서북한과 요동지역에서 노예소유자국가인 고조선이 성립했다고 한다.

이러한 북한학계의 설명은 최근 남한지역의 고고학 성과와 부합하는 면도 적지 않다. 가령 남한지역 청동기 초기에는 화덕을 여러 개 갖춘 대규모의 장방형 주거지가 여러 곳에서 발견되는데, 각 집단[취락]이 여러 확대가족이나 세대공동체 단위로 구성되었을 가능성을 시사한다. 또한 기원전 8세기 무렵부터 확산된 송국리형 취락에서 잉여생산물을 집단적으로 관리하던 창고시설과 환호·목책 등의 방어시설이 확인되는데, 이는 잉여생산물이 특정인에게 집중되고 집단 사이에 충돌이 잦았을 가능성을 시사한다.

그렇지만 계급관계가 심화하고 우세집단이 등장했다고 하여 이를 곧바로 국가형성으로 연결시킬 수 있을지는 의문이다. 더욱이 북한학계가 노예소유자계급의 대규모 순장묘라며 고조선 국가형성의 핵심 논거로 제시한 요동반도 남단의 강상 · 누상무덤은 가족공동묘일 가능성이 훨씬 높다고 한다. 이에 남한학계는 '조선(朝鮮)'이라는 명칭이 중국측 사서에 등장하는 기원전 7~5세기 무렵에 고조선사회가 형성되고 계급관계도 상당히 심화되었지만, 이때 국가가 형성되었을 가능성은 희박하다고 파악한다.

《삼국지》〈동이전〉에 인용된 〈위략(魏略)〉에 따르면 고조선은 기원전 4세기 무렵 중국대륙의 연(燕)나라와 대결하며 왕(王)을 자칭했다고 한다. 이때 고조선은 연의 침공 기도에 맞서 선제공격을 시도했을 뿐 아니라, 대부(大夫) 예(禮)를 파견해 외교교섭을 전개했다. 고조선이 연과 맞설 정도의 군사력과 외교력을 보유했을 뿐 아니라, 관원조직까지 일부 갖추었던 것이다. 이에 남한학계는 대체로 기원전 4세기에 고조선이 국가로 성립했다고 파악한다. 다만 이때 강력한 집권체제를 갖추었다고 보기는 어려우며, 중앙권력이 요동-서북한 일대의 여러 정치체를 아우른 연맹체였다고 이해한다.

그런데 최근 고조선이 기원전 4세기에 연맹을 형성했지만, 강력한 통치력을 행사하는 국가로 볼 수 없다는 견해가 제기되었다. 기원전 4~3세기 무렵 고조선과 그 주변에서 전개된 비파형-세형 동검의 전환 양상이 지역별로 다르고, 기원전 3세기 초에는 연에게 서방지역을 많이 빼앗겼는데, 단일한 국가체가 확립하지 않았기 때문이라는 것이다. 이에 비파형-세형 동검 전환기를 거쳐 철기문화가 널리 보급된 기원전 2세기의 위만조선 단계에 비로소 국가로 성장했다고 파악한다. 위만조선이 주변 세력을 대거 복속하여 국왕을 정점으로 전지역을 포괄하는 국가체제를 확립했다는 것이다.

이러한 새로운 학설의 가부를 떠나 고조선이 위만조선 단계에도 중앙집권체제를 확립하지 못한 것은 거의 명확하다. 박사 · 경 · 대부 · 상 · 대신 · 장군 등 많은 관명이 등장하지만, 여전히 체계적인 중앙통치조직을 갖추었다고 보기는 어렵다. 특히 조선상(朝鮮相)이나 니계상(尼谿相) 등 지명을 관칭한 관명은 지역집단의 대표로서 중앙정부에 참여한 자로 추정된다. 고조선은 말기까지도 중앙집권체제를 확립하지 못한 채, 중앙권력이 각 지역의 독자세력을 통제하며 국가를 운영하던 초기국가 단계에 머물렀던 것이다.

4. 철기문화의 보급과 삼국의 국가형성

만주와 한반도 일대에는 고조선 말기부터 철기문화가 파상적으로 확산되었다. 기원전 4~3세기 무렵 만주 일대부터 연의 철기문화가 보급되었는데, 기원전 2세기 초에는 위만조선의 등장으로 한(漢)의 철기문화가 서북한에 널리 보급되었고, 준왕(準王)의 남하로 한반도 중서부에도 일부 알려졌다. 고조선 멸망 이후에는 유민의 남하와 더불어 중남부 전역에 철기문화가 널리 확산되었다. 이러한 철기는 원료를 구하기 쉬우며, 성능이 우수한 농공구와 무기를 만들 수 있었다. 그리하여 철기보급 이후 농업생산력 발달로 사회분화가 심화하고, 집단 사이의 다툼이 치열해져 정치체의 성장이 급속히 진행되었다.

고조선에 이어 철기문화를 바탕으로 가장 먼저 국가적 성장을 이룩한 것은 북류 송화강(松花江) 유역의 부여이다. 이 지역은 청동기시기에는 서단산문화의 중심지였는데, 기원전 3~2세기에 연과 한의 철기문화가 잇따라 확산되었다. 부여는 이를 바탕으로 기원전 2~1세기에 북류 송화강 중하류 일대를 포괄하는 국가를 형성했다. 다만 중앙집권체제를 확립하지는 못했는데, 수백-수천 가(家)를 거느린 제가(諸加)들이 사출도(四出道)를 주관했다는 기사는 이를 잘 보여준다. 부여의 왕은 자치권을 보유한 제가들과 함께 국가를 운영했는데, 4세기 전반 사실상 멸망할 때까지도 중앙집권체제를 확립하지 못하고 초기국가 단계에 머물렀던 것으로 이해된다.

부여 다음으로 국가적 성장을 이룩한 것은 압록강 중상류의 고구려이다. 고구려의 국가형성에서 정복적 요소를 강조하거나, 초기부터 중앙집권체제가 확립되었다고 보기도 한다. 물론 이러한 요소가 없는 것은 아니지만, 현전하는 사료에서는 이러한 측면만 강조하기는 힘들다. 고구려의 국가형성은 기원전 3~2세기 철기문화의 보급과 더불어 성장한 나집단(那集團)을 모태로 전개되었다. 이들은 기원전 2세기 후반 고조선의 외압에 대응해 연맹을 결성했다가, 기원전 1세기 전반 현도군을 축출하며 나국(那國)으로 성장해 나국연맹(那國聯盟)을 형성했다.

그렇지만 맹주국의 통솔력이 미약해 각 나국은 독자적으로 대외교섭을 진행하며 치열하게 다투었다. 이 무렵 부여에서 남하한 주몽집단이 토착집단과 결합해 세력을 확장한 다음, 서기 1세기에 각 정치체의 대외교섭권을 통제하며 '나부(那部)'로 편제해 이 지역 전체를 통괄했다. 대등한 정치체로 구성된 연맹체와 명확히 구별되는 고대국가가 성립된 것이다. 다만 아직 왕실인 계루부가 강력한 집권력을 갖추지 못하고, 각 나부는 자치권을 보유했기 때문에 국왕은 각 나부의 제가들과 함께 국정을 운영했다. 이러한 나부체제는 3세기 후반 이후 전반적인 사회변화 속에서 중앙집권체제로 전환되었다.

백제와 신라는 각기 삼한 소국의 하나였던 백제국과 사로국을 모태로 성장했다. 이들이 백제와 신라로 성장하는 과정은 대체로 삼한 소국, 대국(大國)이나 소국연맹, 삼국 초기의 백제와 신라 등 세 단계로 파악한다. 이 가운데 어느 단계부터 국가로 볼 것인지에 대해서는 견해차가 심하다. 특히 삼한 소국의 정치적 통합이 완만하게 진행되어 국가형성의 획기를 설정하기 어렵고,《삼국지》〈동이전〉과 《삼국사기》 초기기사의 내용이 너무 다르기 때문에 이러한 견해차는 좀처럼 좁혀지지 않고 있다.

삼한 소국의 형성 배경에 대해서는 종래 기원전 3~2세기의 세형동검문화나 고조선 준왕의 남하를 주목하고, 진국(辰國, 衆國)을 그 전신으로 파악했다. 그렇지만 세형동검문화는 지역별 편차가 심하고, 준왕의 남하도 서해안 일대에만 영향을 미쳤다는 점에서 이때 삼한 소국이 모두 형성되었다고 보기는 어렵다. 이에 최근에는 청동기문화의 토대를 인정하면서도, 기원전 1세기 철기문화의 확산과 더불어 전면적으로 등장했다고 파악한다. 철기를 다량 부장한 목관묘는 이를 알리는 고고학적 징표로 해석된다. 삼한 소국은 국읍(國邑) 주수가 여러 읍락을 통제하던 정치체였지만, 여러 취락으로 구성된 각 읍락을 완전히 제압하지는 못했다. 또한 국가에 걸맞는 제도적 장치도 명확히 파악되지 않는다. 이에 대체로 삼한 소국을 국가 이전 단계의 정치체로 파악한다.

그런데 서기 2세기 중후반 삼한은 한군현이 통제할 수 없을 정도로 강성해졌다고 한다. 실제 이 무렵 목관묘가 대형 목곽묘로 전환되고, 철제무기의 부장이 급증한다. 또한 마을 유적의 화재 비율도 높게 나타난다. 이는 각 소국의 갈등과 다툼이 치열했음을 알려 준다. 이어 여러 소국을 아우른 대국(大國, 지역 國)이 형성되었고, 이를 초기국가로 파악하기도 한다. 3세기에 삼한의 국이 대국과 소국으로 대별되었으므로 이때 대국이 형성되었을 개연성은 높다. 다만 이러한 대국이 주변 소국을 완전히 통합했는지 나아가 국가의 제도적 장치를 갖추었는지는 더욱 면밀하게 고찰할 필요가 있다.

아무튼 위와 같은 변화가 삼한 소국이 국가로 발전하는 계기로 작용한 것은 명확하다. 그리하여 3세기 중후반에는 상기 변화를 바탕으로 다시 한 번 정치적 격변을 겪게 된다. 마한지역에서는 새로운 맹주로 발돋움한 백제국이 주변 소국에까지 수장권을 미치며 이들을 영역화했다. 이로써 백제국은 한반도 중서부 일대를 통괄하는 백제로 탈바꿈했다. 진한·변한 지역에서도 대형 고분이 출현하고 철제무기의 부장이 급증하는 변화가 일어났는데, 사로국이 이러한 변화를 주도하며 주변 소국을 복속시켜 4세기 중반에는 낙동강 중상류 일대를 통괄하는 신라로 탈바꿈했다. 백제와 신라는 주변 소국을 복속했을 뿐 아니라 이들을 통제[지배]하기 위한 제도적 장치를 갖추었다는 점에서 삼한 소국과는 질적으로 다른 정치체이다. 따라서 늦어도 3세기 중후반~4세기 중반에는 한반도 중남부에 백제와 신라라는 고대국가가 출현했다고 파악할 수 있다.

맺음말

이상과 같이 최근 국가형성 연구는 과도기국가를 둘러싼 논란에서 벗어나 고조선을 비롯한 여러 정치체의 국가형성을 좀 더 구체적으로 검토하고 있다. 특히 고고학발굴의 진전과 더불어 각 정치체가 등장한 시점, 그들의 공간범위와 내부구성까지 파악할 수 있게 되었다. 이러한 최근 성과를 종합해 보면 만주와 한반도 일대의 국가형성은 선진문화의 보급과 더불어 파상적으로 전개되었다고 할 수 있다.

청동기시대에는 선진지역인 요동-서북한 지역에서만 고조선이 고대국가로 성장했고, 그 주변 지역은 대부분 원시사회 말기나 읍락사회 단계에 머물렀다. 그러다가 철기문화가 확산되면서 만주와 한반도 각지에 무수한 정치체들이 등장했다. 그렇지만 이때도 국가형성 모습은 지역별로 다양했다. 가령 철기문화가 빨리 보급되고 외압이 상존했던 송화강이나 압록강 유역에서는 부여와 고구려가 급속히 성장했다.

이와 달리 한반도 중남부에는 기원전 1세기에 삼한 소국이 형성되었지만, 여러 소국을 영역화한 국가가 출현하는 데까지는 오랜 시일이 필요했다. 더욱이 이러한 양상도 마한-진한 지역에서만 진행되고, 변한 지역에서는 구야국의 쇠퇴와 함께 각 정치체가 더욱 분열되었다. 이처럼 각 지역별로 국가형성의 편차가 심했기 때문에 특정 시점에는 다양한 정치체가 공존했다. 가령 국가로 발돋움한 부여와 고구려, 삼한 소국, 읍락 단계의 옥저와 동예 등이 공존하던 3세기《삼국지》〈동이전〉의 세계는 이를 잘 보여준다.

따라서 향후 문헌과 고고학자료를 종합적으로 분석하여 각 지역별 국가형성 모습을 더욱 구체적으로 파악할 필요가 있다. 이를 통해 다양한 정치체를 검출해 이들을 단계화하고 여러 국가형성 이론과 비교하여 그 성격을 명확히 규명할 필요가 있다. 이로써 각 지역별 국가형성을 일련의 연속과정으로 파악하면서도, 국가형성의 획기를 구체적으로 설정해야 한다. 그래야 각 지역별 국가의 성립 시점뿐 아니라 고대국가의 본질적 특성과 모습 나아가 고대사회의 성격을 새롭게 파악할 수 있을 것이다.

■ 참고문헌

白南雲,《朝鮮社會經濟史》, 改造社, 1933 ; 하일식 옮김, 이론과실천, 1994.

孫晉泰,《朝鮮民族史槪論》, 을유문화사, 1948.

리지린,《고조선연구》, 과학원 출판사, 1963 ; 열사람, 1989(복각본).

金哲埈,〈韓國古代國家發達史〉,《韓國民族文化史大系》1, 1964.

천관우 편,《韓國上古史의 爭點》, 일조각, 1975.

노태돈, 〈고대국가의 성립과 발전〉,《한국사》2, 국사편찬위원회, 1977.

이기백 · 이기동 공저,《韓國史講座》(고대편), 일조각, 1982.

이현혜,《三韓社會 形成過程 硏究》, 일조각, 1984.

김광억, 〈국가형성에 관한 인류학적 이론과 한국고대사〉,《한국문화인류학》17, 1985

김정배,《韓國古代의 國家起原과 形成》, 고려대 출판부, 1985.

한국고대사연구회 편,《한국 고대국가의 형성》, 민음사, 1990.

황기덕, 〈고조선 국가의 기원〉,《고고민속론문집》12, 1990.

국사편찬위원회 편,《한국사 4 : 초기국가》, 1994.

권오영, 〈삼한의 '國'에 대한 연구〉, 서울대 박사논문, 1996.

여호규, 〈압록강 중류유역에서 고구려의 국가형성〉,《역사와현실》21, 1996.

최몽룡 · 최성락 편,《한국고대국가형성론》, 서울대 출판부, 1999 .

이종욱,《한국의 초기국가》, 아르케, 1999.

박순발,《한성 백제의 탄생》, 서경문화사, 2001.

노중국 외,《진 · 변한사연구》, 경상북도 · 계명대 한국학연구원, 2002.

김태식, 〈初期 古代國家論〉,《강좌한국고대사》2, 가락국사적개발연구원, 2003.

박광춘, 〈洛東江流域의 初期國家 成立〉,《한국상고사학보》39, 2003.

송호정,《한국 고대사 속의 고조선》, 푸른역사, 2003.

김경택, 〈韓國複合社會 연구의 비판적 검토와 전망〉,《한국상고사학보》44, 2004.

이청규, 〈청동기를 통해본 고조선과 주변사회〉,《북방사논총》6, 2005.

김정배 편저,《한국고대사입문1 : 한국문화의 기원과 국가형성》, 신서원, 2006.

정치체제

주보돈(경북대 사학과)

머리말

하나의 민족 또는 민족국가가 맨 처음부터 만들어진 상태로 출발하는 경우는 없다. 수많은 물방울이 모여 내〔川〕와 가람〔江〕을 이루고 마침내 바다로 흘러들어 가듯이 민족은 다양한 종족이나 정치세력이 오랜 이합집산의 과정을 거쳐 비로소 성립한다. 한국고대사에 명멸하였던 국가들도 그처럼 다양한 기반을 가진 세력 집단들이 여러 단계를 밟아 비로소 이루어졌던 것이다.

일찍이 한국사에서 가장 먼저 성립한 초기의 국가를 흔히 부족(部族), 성읍(城邑), 읍락(邑落) 등 기초 단위의 이름을 붙여서 나타내거나 또는 이를 국가 바로 직전 단계의 군장(君長)사회, 추장(酋長)사회 등으로 부르기도 한다. 이들이 점진적인 통합의 과정을 거쳐 한층 더 큰 규모의 정치체로 발전하여 이른바 고대국가가 나타난 것이다. 그러나 흔히 고대국가라 통칭하여도 그 내부의 정치체제를 구체적으로 들여다

보면 한결같지가 않았다. 구조나 운영에서 상당한 격차를 보였던 것이다. 초기에 성립한 중앙집권화한 지배체제를 흔히 부체제(部體制)라 부르거니와, 이는 중앙집권적 귀족국가로 나아가기 위한 과도기적 단계이다. 부체제 단계에서는 사실상 아직 국왕을 정점으로 하는 일원적인 지배체제가 갖추어지지 못한 상태였고 따라서 전대의 공동체적 지배질서를 강하게 지닌 부를 중심으로 정치가 운영되었기 때문에 그 전후 단계와 구분한다.

이후 차츰 중앙집권화가 진전되면서 국왕을 중심으로 하는 일원적인 체제가 갖추어졌다. 이로써 새로운 지배세력으로서 이른바 귀족이 출현하였고 여러 가지 통치조직이 그에 맞추어 정비되었다. 이 시기에 이르러 비로소 신분제나 관등제가 정비되고 관부(官府)와 관직이 설치되는 등 관료조직의 기반이 갖추어졌다. 그러나 초기에는 정치 운영에서 귀족들의 발언권이 상대적으로 강하여 왕권은 한계와 제약이 뒤따랐다. 그래서 이런 시기를 중앙집권적 귀족국가라 하더라도 흔히 '귀족연합기' 라 부른다.

이후 왕권은 체제정비와 전쟁의 승리 등을 통하여 차츰 강화되는 방향으로 나아갔다. 그 결과 고대의 중앙집권적 지배체제가 정점에 이른 시기를 일반적으로 그 전과 구별하여 '전제왕권기' 라 부른다. 그러나 전제왕권이란 용어가 갖는 상대적 성격 때문에 이를 둘러싸고 논란이 많다

이처럼 고대국가라 부르더라도 중앙집권화의 수준이나 지배체제의 정비와 정치운영 면에서 왕권과 귀족 사이의 관계 등에 따라 한결같지가 않아 몇 단계를 구분해 이해함이 일반적이다. 아래에서는 각 시기마다 운영에서 드러나는 특징적인 면모를 간략히 살펴보기로 하겠다.

1. 부체제의 성립과 운영

'90년대에는 이른바 부체제(部體制)를 둘러싼 논쟁이 활발하게 전개되어 한국고대사 분야의 체계화에 크게 기여하였다. 초기국가는 성립되자마자 곧바로 중앙집권적 귀족국가로 진전한 것이 아니라 중간의 과도적 상태를 거쳐야만 하였다. 대등한 규모의 정치 세력들 사이에서 살아남기 위해서는 서로 경쟁해야 했기 때문이다. 초기국가는 생산력의 향상에 따라 크게 축적된 내적 에너지를 바깥으로 분출하면서 주변의 비슷한 세력을 대상으로 통합운동을 적극 추진해 갔다. 가장 유력한 국가가 주도권을 쥐고서 주변 세력을 연합 또는 복속하는 형식으로 중심부에 결집시키면서 만들어낸 것이 바로 부(部)라고 불리는 단위 집단이었다. 그런 의미에서 부는 곧 지배자공동체적 성격을 지녔다고 하겠다.

부의 실체가 기록상으로 뚜렷하게 드러나는 것은 고구려 5부, 백제 5부, 신라 6부 등 삼국시기에만 한정될 뿐이다. 그 밖에 가야의 경우 6세기 전반으로 편년되는 대가야계 토기에 새겨진 하부(下部)란 단어를 통하여 역시 부가 존재한 사실이 확인된다. 그 결과 일단 부체제는 초기국가가 중앙집권적 귀족국가로 나아가는 데 반드시 거쳐야 하는 필수적 과정인 듯이 설정되었다. 비교적 이른 시기에 소멸해 버린 고조선과 부여가 도달한 정치체제의 수준도 바로 부체제였던 것으로 짐작되고 있다.

이로써 한국고대사의 발전과 전개 과정에서 명멸한 여러 정치세력을 몇 단계로 대별할 수 있게 되었다. 초기국가 단계에서 성장을 멈춘 경우, 부체제 단계까지 도달한 경우 등이 있으며, 그 가운데 오직 몇몇 정치세력만이 중앙집권적 귀족국가 수립에 성공하였다. 삼국은 그런 과정을 밟은 대표적인 사례로 손꼽힌다.

삼국의 부는 국가를 구성하는 핵심 집단으로서 상당한 독자성을 지니고 있었다. 고구려의 5부나 신라 6부의 경우 전통적인 고유 명칭〔初期國名〕을 그대로 사용하였다는 사실 자체가 그 점을 잘 드러내 주는 것으로 풀이된다. 각 부마다 비록 초보적인 형태이기는 하였으나 독자적인 관등(官等)이나 관직 체계를 갖추었으며 또 일정 정도의 군사력도 보유하였다. 부장(部長)은 자신들만의 조상을 섬기기 위한 제사체계도 마련하고 있었다. 영역으로 편입된 지역을 대상으로 아직 지방관을 파견하지 못한 대신 일정한 공납(貢納)의 부담을 매개로 재지세력의 자치에 크게 의존하는 방식의 이른바 간접통치가 이루어졌을 따름이다. 각 부들도 지방에 대해 일정 정도 영향력을 행사하였다. 국왕도 어디까지나 규모가 비교적 큰 특정 부에 소속한 부장에 지나지 않아 초월적자인 처지에서 절대권을 행사하지는 못하였다. 국가의 중대한 일들은 대부분 부장을 비롯하여 그에 버금가는 여러 유력자가 참여하는 회의체에서 결정되었다. 이를테면 고구려의 제가회의(諸加會議), 백제의 제솔회의(諸率會議), 신라의 제간회의(諸干會議) 등을 그런 사례로 손꼽을 수 있다. 당시 국왕은 어디까지나 회의체를 주재하는 노릇을 할 따름이지 결코 결정권자는 아니었다.

이처럼 부를 기초 단위로 하여 운영되던 지배체제를 흔히 '부체제'라 일컫는다. 이에 대해 부가 지닌 독자성을 부정하면서 처음부터 왕도(王都)를 일정한 단위로 구획한 행정구역에 지나지 않는다고 보는 주장이 제기됨으로써 논란이 벌어지기도 하였다. 그러나 대부분의 연구자들은 기존의 문헌뿐만 아니라 새로 발견된 당대 사료인 몇몇 금석문을 치밀하게 분석한 결과를 바탕으로, 부가 상당한 독자성을 지녔던 특정 단계가 있었고, 이후 중앙집권화 과정을 밟아 그것이 왕도의 행정구획으로 전환된다고 보는 결론에 동의하고 있다.

사실 부체제라고 통칭하지만, 고구려와 신라의 부를 대비하면, 구성이나 형성 과정이 달랐던 점이 확인된다. 고구려의 계루(桂婁) · 소노 (消奴) · 절노(絶奴) · 관노(灌奴) · 순노(順奴) 등 5부는 그 자체가 원래 독립된 읍락(성읍)국가였다. 이들 5부는 다시 여러 읍락으로 구성되었 다. 이 하위 단위를 부내부(部內部)라고 부르자는 견해도 있다. 5부의 전체 범위는 상당히 넓었고 또 구성 인구도 자연히 그만큼 많았다. 말 하자면 고구려의 5부체제는 곧 5개 초기국가의 연합체적인 성격을 띠 고 있었던 셈이다. 그에 견주면 신라의 6부인 양(梁) · 사량(沙梁) · 모 량(牟梁) · 본피(本彼) · 습비(習比) · 한기(漢岐) 각각은 원래 신라의 모 태인 사로국(斯盧國)을 구성한 하위 단위인 개별 읍락에 지나지 않았 다. 고구려의 부와 견주어 그 규모는 물론이고 인구도 훨씬 작을 수밖 에 없었다.

이러한 차이는 결국 부체제의 운영 방식 자체에서도 상당히 달랐을 것임을 예측케 한다. 게다가 뒤이어 중앙집권적 귀족국가로 전환되면 서 두 나라의 체제 운용 사이에 공통점과 함께 차이점을 가져오게 한 주된 요인으로 작용하였다. 예컨대 고구려의 5부 지배세력이 각자 독 자적 기반을 상실하고 왕경으로 이주하여 귀족으로 전환되자 당해 지 역은 왕기(王畿)로 바뀌었다. 반면 신라의 6부는 그 자체가 왕도로 기 능하였으므로 자연히 왕기가 따로 설정되지 않았다. 신라의 골품제가 왕경인인 경주사람들을 중심으로 특별히 배타적 · 폐쇄적으로 운영된 것도 부의 성격에서 비롯된 결과로 보인다.

이처럼 다같이 부체제라 통칭해도 구체적으로는 고구려형과 신라형 으로 크게 분류하여 이해하는 것이 바람직하다. 백제의 경우 구체적인 실상은 명확히 드러나지가 않으나 신라보다는 고구려의 유형에 한층 가까웠을 것으로 추정된다.

2. 중앙집권적 귀족국가의 통치체

부는 국왕을 정점으로 한 집권화가 한층 진전되면서 저절로 독자성을 상실하여 갔다. 이제 국왕의 위상은 기존의 부장적 성격을 완전히 벗어나 초월적 지위로 격상되었다. 그와는 반비례로 여러 부장은 독립적인 기반을 잃고 귀족관료로 전환되는 길을 걸어갔다. 부체제 아래에서는 부장조차도 보유한 탓에 다원적이었다고 일컬어지는 관등(官等)조직은 청산되어 국왕을 정점으로 하는 하나의 체계로 말끔히 정리되었다. 그 결과 성립한 것이 이른바 경위(京位)로도 일컬어지는 관등제였다. 이제 국가 운영의 전반적인 체계가 전면 개편되기에 이르렀다. 이처럼, 국왕을 정점으로 하여 성립된 지배체제를 직전의 부체제와 구별하여 '중앙집권적 귀족국가'라 일컫고 있다. 이로써 명실상부하게 귀족이라고 불러도 좋을 새로운 지배신분이 비로소 탄생한 것이다. 그 시점은 일반적으로 고구려가 4세기 초, 백제는 4세기 중반, 신라는 6세기 초반 무렵의 일로 추정하고 있다.

국왕이 초월적 지위로 부상하자 그를 지속적으로 밑받침해 주기 위한 제도적 개혁이 뒤따랐다. 우선 변화된 지배체제를 담아둘 성문법적 체계로서 율령(律令)이 수용되었다. 중대한 일들이 관례와 관습에 바탕을 두고 회의를 통해서 결정되던 부체제 단계와는 확연하게 달라진 모습이었다. 국왕은 외형적으로는 율령의 제약을 받지 않고 그것을 훌쩍 뛰어넘는 존재로 부상하였다. 삼국이 모두 왕호를 대왕(大王)으로 바꾸는 조치를 취하게 된 것도 그런 배경이 바탕에 깔려 있었다. 이제 회의의 주재자 자리는 귀족들에게 넘겨졌다. 고구려의 대대로(大對盧), 백제의 상좌평(上佐平), 신라의 상대등(上大等)과 같은 직책은 그를 목적으로 하여 만들어진 것이었다. 그로 말미암아 기존 회의체는 귀족회의로 탈바꿈하였다. 이제 회의의 참여 자격이 달라지고 기능 자체도 크게 약화되는 등 근본적인 변화가 뒤따랐다. 회의에서 결정된 사항이 곧장 그대로 집행되지 못하고 국왕의 재가를 받지 않으면 안 되었다.

국왕권이 강화됨에 따라 그에 어울리게 새로운 관부와 관직이 두어졌다. 사실 부체제 단계에서는 관부나 관직이라고 이를 만한 것이 없었다. 겨우 개인의 신분적 서열을 나타내는 원시적 형태의 관등이 동시에 관직으로도 기능하는 정도였다. 전문성을 띤 상설 관부는 존재하지 않았다. 대신 회의체를 통하여 결정된 사항을 실행에 옮기기 위하여 필요할 때마다 수시로 적당한 수의 인원을 선발하는 방식으로 운영되었을 따름이다. 이제 국가 조직이 정비되면서 여러 가지 행정적 직능을 전담하는 관부와 함께 관료조직이 짜임새 있게 갖추어졌다. 각 부서에는 장관을 비롯한 차관직과 함께 실무를 맡은 몇 단계의 하위 관직이 두어졌다. 대체로 4~5단계의 조직 체계가 갖추어졌다. 국왕을 정점으로 하는 일원적 관료 조직이 운용되기 시작한 것이다. 물론 그와 같은 제반 체계가 일시에 정비된 것은 아니며 오랜 기간의 과정을 밟았다. 관료조직이 당시 성립한 신분제와 직결하여 운용되었음은 물론이다. 가장 최상의 신분에 소속한 인물만이 장관의 자리에 오를 수가 있었으며 각 신분에 따라 취임할 수 있는 대상 관직에는 일정하게 차등이 뒤따랐다.

고구려의 경우, 중앙 관직의 구체적 모습이 기록상 확연하게 드러나지 않아 특징을 파악하기가 곤란하나, 대대로나 막리지 등 현전하는 몇몇 직명으로 미루어 짐작하면 고유한 전통성을 강하게 지닌 운용을 하였던 것 같다. 백제는 이른 시기부터 중국의 영향을 크게 받아 적어도 외형적으로는 상당히 잘 짜여진 체계를 갖추었다. 6세기에 이르러 국가 행정을 관장하는 외관 10부와 왕실 사무를 담당하는 내관 12부 도합 22부사제(部司制)로 정리되었다. 왕실 사무의 비중이 큰 점, 〈주례(周禮)〉에 보이는 사군부(司軍部), 사도부(司徒部), 사공부(司空部)와 6

전(典)조직을 모방한 6좌평제 및 왕후제(王侯制)를 실시한 점 등은 중
국의 영향을 강하게 받았음을 보여 주는 사항이다. 신라의 경우에는
상대등·시중 등 관직이나 관부의 명칭 등으로 미루어 보아 전통적인
요소를 기본으로 하면서도 고구려나 백제를 매개로 받아들인 중국적
인 요소를 적절하게 배합하는 방식을 취하였다. 신라에도 달리 왕실
사무를 전담하는 내성(內省)이 7세기 초에 두어졌으나 그것이 차지하
는 비중은 당시 백제와 비교하면 그리 큰 것 같지가 않다. 백제의 정치
운영이 왕실을 중심으로 한 귀족적 성격이 강하였다면, 신라는 관료적
성격을 강하게 지향한 차이점을 반영하는 것인지도 모른다. 고구려와
백제에 견주어 신라는 발전이 상당히 늦은 편이었으나 그것이 오히려
체제 정비에 유리하게 작용한 측면도 있었다.

이처럼 삼국의 중앙통치조직은 정비의 선후에 약간의 차이가 있지
만 각기 서로 치열하게 경쟁하면서 공통성과 함께 자신들의 상황에 알
맞게 특징을 구비하면서 운영해 갔다. 이제 변화된 시대상에 걸맞은
소양과 능력을 갖춘 새로운 성격의 관료가 요구되자 각국은 나름의 사
정에 어울리는 인재를 양성하는 체계를 마련하였다. 고구려의 경당이
나 신라의 화랑도는 바로 그런 배경에서 출현한 것이었다.

부체제 아래에서는 각 부마다 부병(部兵)을 독자적으로 갖추고 있었
다. 물론 이는 동원될 때 당연히 국왕에게 낱낱이 보고되고 또 다른 부
병과 함께 군사 활동을 진행하는 등 일정한 통제를 받았으나 중앙에
예속된 병력이 아니었다. 중앙집권화의 추진으로 각 부가 보유한 병력
도 국왕에 직속되는 등 일원적인 조직체계를 갖추었다. 광개토왕비문
에 따르면 고구려는 그를 왕당(王幢)이나 관군(官軍)이라 불렀다. 진흥
왕 5년(544)에 처음 설치된 신라의 중앙군인 대당(大幢)도 바로 그와 같
은 성격의 조직이었다.

군사에 대한 지휘권은 전적으로 국왕에게 직속되었다. 국왕만이 유

일하게 군사를 보유하였다. 군사력은 크게 중앙군과 지방군으로 나뉘어 편성되었다. 중앙군은 기존의 부병을 뒤이은 것으로서 거의 왕경인으로 구성된 핵심적 정예병이었다. 최상급 지휘관은 왕경의 최고급 귀족이 맡았으며 그 아래에 신분에 따라 취임하는 중하위급 지휘관이 두어졌다. 중앙군의 기본 병력은 의무병이었다. 그 가운데에는 지방민만으로 구성된 부대도 일부 존재하였다. 이 점은 율령에 따른 조직인 신라의 법당(法幢)이란 군단의 존재를 통하여 짐작된다. 한편 지방군은 각 행정단위별로 편성되었으며 왕경에서 파견된 지방관이 그 지휘관을 겸임하는 구조였다. 촌주(村主)를 비롯한 지방의 유력자는 지방관을 보좌하여 중하위급 지휘자로 기능하였다. 지방군의 핵심은 바로 특정 연령에 도달한 성인이 일정한 기간 국가에 의무적인 군역을 지는 병농일치적 병력이었다.

삼국 사이의 항쟁이 치열해지면서 군사조직도 확대되는 추세였다. 그에 따라 군정권(軍政權)과 군령권(軍令權)이 분화하였다. 물론 군사력의 규모가 엄청나게 커진 데서 비롯된 당연한 결과였지만, 다른 한편으로 국왕 외에 특정 인물에게 병권이 집중되는 현상을 사전에 차단하는 정치적 고려이기도 하였다. 병종(兵種)도 기본적으로 보병(步兵)과 기병(騎兵)으로 나뉘어져 있었지만 무기 체계가 발달해져 다양한 형태의 특수병기를 전담하는 보조 병력도 함께 두어져 군사력이 크게 향상되었다. 상급 지휘관들은 출정할 때 가신적(家臣的) 성격의 인물을 전장에 동반하기도 하였는데 이는 과거 공동체적 부병 운영의 잔재로 보인다.

부체제 단계에서 삼국은 각기 상당한 영역을 확보한 상태였다. 그러나 왕명을 대행하는 지방관이 당해 지역에 곧장 파견되어 지배하지 않고 재지세력을 활용한 간접지배 방식을 취하였다. 중앙집권화가 추진되면서 이제는 영역을 일정한 단위로 나누어 지방관을 파견하는 직접 지배 방식으로 전환하였다. 이로 말미암아 지방의 유력자들은 간신히 유지하던 반독자적인 기반마저 거의 상실하게 되어 말단에서 지방관을 보조하는 지위로 전락하고 말았다. 백제와 고구려의 경우는 잘 알 수가 없으나 신라의 경우 이른바 촌주제(村主制)를 통하여 그 점을 뚜렷이 확인할 수가 있다.

중앙집권화의 진전으로 지방관의 수는 더욱 늘어났고 그에 따라 지방 행정단위도 분화되어 마침내 3단계의 조직으로 완성되었다. 이는 일시에 이루어진 것이 아니라 오랜 과정을 밟았으며, 삼국 각각은 나름의 공통점과 함께 특징을 지녔다. 그 가운데 가장 상위의 행정단위를 고구려는 부(部), 백제는 방(方), 신라는 주(州)라 하여 각기 다른 이름으로 불렀는데, 그럼에도 이들이 모두 군관구(軍管區)로 기능한 것은 공통적인 모습이었다. 사실 삼국의 지방통치체제는 당시 치열하게 각축하던 당면한 사정을 그대로 반영하듯 군사적인 성격이 강하였다는 점은 그 특징이었다. 성(城)이 지방의 기초 단위로 기능하였다는 사실도 그런 측면을 여실히 보여 준다. 그밖에 지방관을 군주(軍主) 당주(幢主) 군장(郡將) 등으로 불렀던 데서도 그 점이 강하게 느껴진다.

한편 행정적인 성격이 강한 중국의 군제(郡制)를 삼국이 모두 수용하였으나 운용상 그 점이 분명하게 드러나지 않는 사실도 특징으로 지적된다. 고구려의 경우에는 군관인 말객(末客)의 일명을 군두(郡頭)이라 한 점에서 군제가 군사적으로 기능한 사실, 백제에서 군마다 복수의 군장(郡將)을 둔 점, 신라에서 군(郡)의 장관을 당주라고 부른 점 등은 아직 군이 행정보다 군사적으로 기능하였음을 보여 준다. 그러나 지방통치체제가 갖추어져 마침내 중간 고리인 군의 구실과 비중이 차츰 높아졌다. 명실상부한 군현제가 성립되어 가고 있었다.

지방통치의 가장 밑바탕에 위치한 성은, 그 자체 군사적인 요충지이면서 지방을 통치하는 거점으로 기능하였다. 고구려의 경우 각별히 성

이 발달하여 행정 단위가 대성(大城), 제성(諸城) 등으로 불리었다. 중
앙정부에서는 축성을 매개로 지방민에 대한 군사 동원 체제도 강화해
갔다. 한편 그를 통하여 국가에 대한 복종과 함께 충성심도 유도하였
다. 이와 같은 과정을 거쳐 오래도록 기능하여 온 지방의 공동체적 성
격을 탈각시킴으로써 재지(在地)세력의 간여와 기능을 최소화하는 대
신 국가 권력이 촌락 깊숙한 데까지 침투되도록 하였다. 그에 따라 전
정(田丁)과 호구(戶口)의 다소라는 비교적 합리적인 기준으로 지방행정
의 정비를 시도하였다. 다만 그런 목적이 제대로 달성된 것은 다음 단
계에서의 일이다.

3. 전제적 왕권의 성립과 운영

중앙집권적 귀족국가가 성립하면서 관료 조직도 그만큼 갖추어졌
다. 그러나 당시 왕권이 적어도 상징적으로는 초월자였으나 반드시 그
실제적인 기능까지 그런 것은 아니었다. 거기에는 제도적인 미비와 함
께 항시 왕권에 저항하는 전통적인 귀족들의 견제가 뒤따른 탓이었다.
크게 보아 왕권 중심의 국정 운영을 지향하려는 세력과 다수인 귀족
중심의 운영을 지향하는 두 개의 큰 세력이 대립 갈등하는 형세였다.
중앙집권적 귀족국가에서는 이들 두 세력의 견제와 균형 속에서 체제
가 안정적으로 유지되었다. 그러나 지배체제가 점점 갖추어 지면서 마
침내는 전자의 승리로 귀결되고 왕권의 초월적인 위상이 명실상부하
게 정립되기에 이르렀다. 이런 단계를 일반적으로 '전제왕권의 시대'
라 부르고 있다. 삼국이 모두 그런 과정을 거친 것으로 이해되고 있으
나 가장 전형적인 모습을 보여 주는 것은 통일 이후 780년에 이르기까
지 이른바 '신라 중대(中代)'라 불리는 시기라 여겨진다. 이 시기는 고

대국가의 지배체제가 가장 정점에 이른 때로 풀이된다.

그러나 근자에 전제왕권이라는 용어가 혹시 동양적 전제주의를 연상시킨다거나 아니면 전제(專制) 자체가 상대적인 개념이어서 근본적인 문제점이 내재되어 있다는 반론이 제기된 상태이다. 아직 그를 둘러싼 논란이 확연히 정리되지는 못하였다. 다만 그것이 그 전후와 견주어 왕권이 안정적으로 행사되고 있었다는 측면에서 달리 뚜렷한 대안이 보이지 않는다면 당분간 편의적으로 사용하여도 그리 큰 잘못은 아니라 여겨진다. 전제왕권의 시대라고 하여도 국왕의 개인적 역량이나 귀족의 결속력 여하에 따라 내용은 한결같지가 않았다. 그러므로 왕권을 정점으로 운영되던 제도가 제대로 기능하던 시기를 뜻하는 한정적 의미로 사용함이 무방할 듯하다.

왕권을 정점으로 하는 안정적 사회로 진입하면서 정치체제가 그에 걸맞게 정비되었다. 특히 고구려와 백제를 통합한 바로 뒤여서 그에 맞추어 정치체제 전반에 걸치는 개편과 개혁이 이루어졌다. 전제왕권이 성립되는 것도 그런 결과였다고 하겠다. 신라 중대에는 자연히 귀족보다는 왕자 등 근친 왕족을 핵심 요직에 채용하여 그들 중심의 정치 운영을 기도하였다. 한편 관부나 관직 등은 전통적 조직 체계를 기본적으로 고수하려 하면서도 중국의 6전(典)조직을 모방하여 운용하였다. 관료조직도 모든 관부를 5등관제로 짜임새 있게 정리하였다. 한편 지방제를 9주5소경제로 정비함으로써 명실상부한 군현제를 실시하면서 나름의 특색 있는 체제를 갖추고자 하였다. 군사조직도 새로이 주민으로 편입된 고구려 · 백제 등의 유민을 포함하여 편제한 9서당(誓幢)을 중심으로 운영함으로써 기존의 체계를 벗어나고자 시도하였다.

통일기에 이르러 지배체제가 갖추어지면서 왕권도 크게 안정되었다. 사실 기본적으로 골품제의 제약을 받기는 하였으나 국왕을 정점으로 하는 관료조직체계가 갖추어졌기 때문이다. 관료제적 운영을 뒷받침해 준 것은 물론 국학(國學) 설치를 통한 새로운 인재양성 제도의 확립이었다. 관료의 자격으로는 유교적 소양이 요구되었다. 따라서 전제왕권을 유지해 간 지배이데올로기는 바로 '유교'였다고 하겠다. 전제왕권이 추구한 것도 바로 유교적 이상국가의 실현이었다. 그런 의미에서 전제왕권의 하부에서는 이미 중세적인 질서가 싹틀 수 있는 바탕이 마련되고 있었다고 하겠다.

맺음말

최근 비문이나 토기 명문(銘文) 등 금석문과 함께 목간 등 새로운 문자자료가 다수 출토되면서 한국고대사의 연구 경향은 크게 달라지고 있다. 그동안 알려진 문헌 사료를 통해 통설로 굳어진 사실들이 재검토되기도 하고 또 전혀 알려지지 않은 내용들이 밝혀지면서 새롭게 정리될 필요성이 제기되어 왔다.

그 가운데 부체제 문제는 대표적인 사례로 손꼽을 수 있다. 아직 논의가 정리된 상태는 아니지만 부체제를 한국고대국가의 발전 단계로 자리매김하는 데 거의 대부분 연구자들이 일단 동의하고 있다. 어쩌면 현재로서는 최근에 얻은 가장 값진 연구 성과라 단정하여도 무방하겠다. 다만 부체제적인 운영의 실상은 장차 세밀하게 연구하여 보완되어야 할 과제로 남겨져 있다. 한편 전제왕권의 개념을 둘러싼 논의도 이제 막 출발단계에 있다. 앞으로 이 방면의 연구가 활발히 진행되기를 기대한다.

■ 참고문헌

이기백, 《신라정치사회사연구》, 일조각, 1974.

노중국, 《백제정치사연구》, 일조각, 1988.

주보돈 외, 《한국사회발전사론》, 일조각, 1992.

이인철, 《신라정치제도사연구》, 일지사, 1993.

한길사, 《한국사》 3(고대사회에서 중세사회에로1), 1994.

이기동, 《백제사 연구》, 일조각, 1996.

김수태, 《신라중대정치사연구》, 일조각, 1996.

이문기, 《신라병제사연구》, 일조각, 1996.,

전덕재, 《신라육부체제연구》, 일조각, 1996.

주보돈, 《신라 지방통치체제의 정비과정과 촌락》, 신서원, 1998.

노태돈, 《고구려사 연구》, 사계절, 1999.

한국고대사학회, 《한국고대사연구》 17, 2000.

가락국사적개발연구원, 《강좌 한국고대사》 3(고대국가의 구조와 사회), 2003.

국사편찬위원회, 《한국사》 5~9, 탐구당, 2003.

임기환, 《고구려 정치사 연구》, 한나래, 2004.

김현숙, 《고구려의 영역지배방식 연구》, 모시는 사람들, 2005.

하일식, 《신라 집권 관료제 연구》, 혜안, 2006.

김정배 편저, 《한국고대사입문》 1 · 2 · 3, 신서원, 2006.

김영하, 《신라중대사회연구》, 일지사, 2007.

한국고대사학회, 《한국고대사 연구의 새로운 동향》, 서경문화사, 2007.

신분제와 관등제

하일식(연세대 사학과)

머리말

'관등과 신분'이라는 주제는 아주 오래된 것임에도 고대사 분야에서 여전히 중요하게 다루어지고 있다. 그 이유는 여러 가지가 있을 것이다.

하나는, 이 부문에 관해 그동안 많은 연구가 이루어졌음에도 여전히 논쟁의 여지가 크게 남아 있다는 점이다. 다른 하나는, 고대 관등제와 신분제라는 것이 국가 성립과정에서 생겨난 것인 만큼, 이를 가지고 고대국가의 지배구조·사회구조가 지니는 특징을 잘 알아낼 수 있으리라는 기대 때문일 것이다. 그러나 부족한 사료는 연구자들 사이에 여러 해석을 낳았고, 그 견해들을 종합하여 일반적인 이해를 얻기에는 어려움이 많이 따르는 것도 현실이다.

예를 들면, 관등이라는 용어만 하더라도 동일한 소재임에도 관계(官階)·관위(官位) 등의 여러 표현이 쓰인다. 삼국의 관등은, 고려나 조선처럼 특정한 관직이 고유한 관품을 갖는 것이 아니었다. 특정 관직에 취임할 수 있는 관등의 범위가 여러 등급에 걸쳐 있었다. 따라서 중국이나 일본의 비슷한 제도와 구분하면서 고려·조선과의 차이를 염두에 둔다면 '관등'이라는 용어가 적절하다는 판단이다. 이 글에서는 학계의 일반적인 용례에 따라 관등이라는 용어를 사용할 것이다.

그리고 고대사회의 지배체제와 사회구조를 바탕으로 '관등과 신분'이 차지하는 위치와 기능을 생각하면서, 우리 학계가 얻어 낸 그동안의 일반적 성과들을 개괄하고자 한다. 그리고 연구가 미흡한 부분을 조금씩 언급하고, 향후의 연구 전망을 짚어보기로 한다.

1. 관등제의 기원과 성립

고구려·백제·신라의 삼국 모두는 여러 곳에 흩어져 성장하던 정치체들이 느슨하게 연합하는 형태로 출발하였다. 이 연합체가 중심이 되어 주변을 정복하거나 복속하면서 넓은 영토를 가진 국가로 성장했다. 주도적인 구실을 한 정치세력에서 국왕이 나왔지만, 초기에는 절대적 권력을 행사하지 못했다. 그 뒤 오랜 기간에 걸쳐 국왕 권력이 조금씩 성장하고 관료조직이 정비되었고, 그 과정에서 기존의 여러 세력들이 지닌 다원적인 관제(官制)가 국왕 아래의 일원적인 조직으로 정비되어 갔다. 고구려의 경우는 이를 잘 보여준다.

《삼국지》에 따르면, 3세기 무렵의 고구려에는 국왕 아래에서 일정한 직무를 맡아보던 사자·조의·선인 등이 있었다. 그런데 국정 운영에서 핵심적인 구실을 하던 제가회의(諸加會議)의 구성원, 곧 자신의 세력기반을 지닌 채 국왕 아래 편제된 대가(大加)들 또한 사자·조의·선인 등을 두고 있었다. 관제 자체가 다원적이었던 것이다.

사자 · 조의 · 선인 자체가 서열순이었고, 같은 사자라 해도 차등이 있었다. 대가들은 자신에게 딸린 사자 · 조의 · 선인의 명단을 국왕에게 보고해야 했고, 같은 명칭으로 불렸지만 함께 모인 자리에서는 국왕에 직속한 자들보다 낮은 대우를 받았다. 이렇게 일정한 직무를 수행하는 자에게 붙여진 명칭이란 점에서, 초기 관등이 관직의 성격을 함께 가지고 있었음을 알 수 있다. 한편 국왕 아래 편제된 대가들도 그 세력의 크기나 국왕과의 관계에 따라 상가(相加) · 대로(大盧) · 패자(沛者) 등에 임명되어 국가 차원의 직무를 수행하고 있었다.

고구려(7세기)	등급	백제
大對盧(吐卒)	1	佐平
太大兄	2	達率
鬱折(主簿)	3	恩率
太夫使者	4	德率
皁衣頭大兄	5	扞率
大使者	6	奈率
大兄	7	將德
拔位使者	8	施德
上位使者	9	固德
小兄	10	季德
諸兄	11	對德
過節	12	文督
不節	13	武督
先人	14	佐軍
	15	振武
* 『翰苑』	16	克虞

〈표1〉 고구려 · 백제 관등

4세기 이후 고구려 관등은 일원화 과정을 밟았고 그 수도 늘어났는데, 형(兄)이 붙은 것과 사자(使者)가 붙은 것 두 계통으로 크게 나뉜다. 전자는 기존의 제가 세력에, 후자는 국왕에 직속하여 왕권을 뒷받침한 직책에 연원을 둔 것으로 이해된다. 그런데 고구려 관등과 관련된 기록들을 시대순으로 살펴보면 그 내용에 변동이 있었다. 즉 사자계 관등이 형계 관등보다 중시된 듯한 시기가 있었는가 하면, 말기에는 양자가 교차되면서 서열화한 모습을 보인다.

이러한 현상은 정치 상황에 따라 관등제가 변동을 겪은 결과로 이해되고 있다. 즉 왕권이 강력했던 시기였던 광개토왕 · 장수왕대에는 사자계 관등이 중요한 위치를 차지했고, 이후 귀족들과 국왕의 권력 역학관계가 역전되었다가, 말기에 와서는 국왕 권력이 어느 정도 회복되었지만 귀족을 압도하지 못하고 '귀족연립정권'의 상태에 머물렀던 결과로 이해된다.

이렇게 관등제가 일원화한 뒤에도 시대별로 관등 구성에 변동을 겪었다는 것, 그리고 관등의 수도 12~14등으로 일정치 않다는 것 등이 고구려 관등제의 특징이다. 이는 국왕을 중심으로 한 중앙집권적 지배체제가 확립되고 율령이 반포되어 제도와 관행의 법제화가 이루어진 뒤에도, 관등제 만큼은 탄력적으로 운영되었을 가능성마저 시사한다. 앞으로 고구려 지배체제에 대한 깊이 있는 연구와 함께 면밀한 검토가 기대되는 측면이라 할 수 있겠다.

한편 백제의 경우에는 관등의 기원이나 변화를 알 수 있는 자료가 거의 없다. 《삼국사기》에는 260년(고이왕 27)에 16관등제와 공복제(公服制)가 정해졌다고 하지만, 사비로 천도한 6세기 전반의 사실이 소급된 것으로 이해하는 것이 일반적이다. 다만 고구려의 대가와 마찬가지로, 국가 형성 초기에 주변의 유력한 세력을 편제하면서 '솔(率)'이 붙은 관등이 마련되었을 것이며, 이들이 주도하는 귀족회의체〔'諸率會議'〕가 있었으리라 짐작한다.

사비시대에 확립된 16관등제는 의관제(衣冠制)와 밀접히 연관되어 있었다. 6등급 이상은 은화(銀花)로 관을 장식했고, 공복의 색깔도 관등에 따라 3색으로 나뉘어져 있었다. 그런데 백제 관등제에서는 최고 등급인 좌평이 5명, 그 다음의 달솔은 30명으로 정원이 정해져 있었던 것과 달리, 그 이하는 정원이 없었던 것이 특징이다. 6세기 말 무렵 6좌평제가 시행되어 좌평의 수가 늘었는데, 유력한 귀족 가문들을 중심으로 정치 운영이 이루어진 상황이 반영된 것으로 이해된다. 이들은 병관좌평(兵官佐平) 등으로 각기 정해진 직무를 가지고 있었다. 한편 말기에는 상좌평·대좌평이라는 특설직이 보이는데, 관등인지 관직인지를 엄밀히 판단하기는 어렵다.

신라 관등제에 관한 사료는 문헌뿐만 아니라 금석문들이 있기 때문에 상대적으로 풍부한 편이라 할 수 있다. 다만 《삼국사기》에는 기원

32년(유리왕 9)에 17관등제가 마련된 것으로 되어 있지만 후대의 소급이며, 법제상으로 확립된 것은 520년(법흥왕 7)이라고 이해하는 것이 일반적이다. 또한 독립성이 강한 여러 세력들이 모여서 사로국을 이루었던 만큼, 초기에 다원적이었던 관제가 일원화하는 과정을 거쳐 17관등제가 성립한 것으로 이해된다.

다만 초기의 다원성을 생각하면서 고구려와 신라를 견주자면, 국가를 구성한 집단들의 규모 차이를 고려할 필요가 있다. 곧 고구려의 부(部)나 대가들은 그 자체 소국 정도의 세력 규모를 지녔으리라 짐작되는 만큼, 몇 세력집단들이 모여 사로국이라는 소국을 이룬 경우와는 큰 차이가 있다. 또 신라의 경우에는 넓은 영역을 가진 국가로 발전한 뒤에도 옛 사로국 지배층의 특권을 유지하며 주변 지역에 대한 배타성을 오래 간직한 점도 간과하기 어렵다. 신라가 왕경인에게 적용되는 관등제인 경위제와, 지방민에게 적용된 외위제를 따로 마련한 것도 이런 배타성 때문이었다.

신라의 경우에는 사로국이 주변 지역을 아우르면서 다른 소국의 우두머리들을 편제한 결과로 경위제가 성립했다고 보기 어렵다. 초기 관제가 다원적 상태를 거쳤다고 해도, 그

등급	외위	경위	복색	신분별 승진 상한				관등 범위			
				진골	6두품	5두품	4두품	중앙관		지방관	
								令	卿	都督	太守
1		伊伐湌	紫								
2		伊湌									
3		迊湌									
4		波珍湌									
5		大阿湌									
6		阿湌									
7	嶽干	一吉湌	緋								
8	述干	沙湌									
9	高干	級湌									
10	貴干	大奈麻	靑								
11	選干	奈麻									
12	上干	大舍	黃								
13	干	舍知									
14	一伐	吉士									
15	一尺	大烏									
16	彼日	小烏									
17	阿尺	造位									

〈표2〉 신라 관등과 신분 규제

다원성은 사로국을 구성한 세력들 내부에 거의 한정되리라 이해된다. 〈표2〉에서 보듯이 17등 경위는 '찬(飡=干)'이 붙은 간군(干群)과 그렇지 않은 비간군(非干群)으로 나뉘는데, 이 가운데 간군의 상층부가 사로국 안의 여러 세력의 우두머리가 본래 갖고 있던 호칭에서 연원하며, 비간군은 이들이 거느렸던 실무자 명칭에서 유래하지 않을까 짐작한다. 그러나 관등의 기원에 관해서는 여러 의견이 나뉘어 있는 상태다.

마립간 시기를 거치면서 다원적인 관제는 일원화 과정을 밟았고, 이후 6세기에 들어 17등 경위제로 정착하였다. '대(大)'자가 붙은 경위는 그 과정에서 분화된 것들이다. 이렇게 경위가 제도화할 무렵에 외위도 마련되었다. 외위제는 고구려·백제에서는 찾을 수 없는 신라의 독특한 제도로, 그 대상은 정복·복속된 지방의 유력자 가운데 왕경으로 이주하지 않고 현지에 남은 자들이었다.

사로국 지배층은 정복 주체로서의 우월성을 바탕으로 주변 지역민들에 대해 강한 배타성을 지녔다. 그런데 외위를 주기 시작한 것은, 지방민을 피정복민·복속민으로 대우하던 단계를 넘어 이제 자국민으로 대우한다는 뜻이 들어 있었다. 물론 왕경인과 별도의 관등을 적용한 점에서 차별 자체가 사라진 것은 아니었다. 외위는 처음에는 간(干) 이하 몇 개로 제정되었다가, 필요에 따라 더 높은 것들이 추가되었던 것 같다. 이 점에 관해서는 여러 학설이 있다. 6세기 말 이후 삼국 사이에 항쟁이 치열해지는 가운데 지방민에게도 경위가 주어지기 시작하면서 외위는 소멸하였다.

2. 관료제 운영과 신분 규제

국가 차원에서 지배체제를 유지하는 데 핵심 기능을 맡은 것이 관료제였다. 삼국이 관료제를 운영하는 데서 관등과 신분이 어떤 관계에 놓여 있었나 하는 점은 신라의 경우를 보면 비교적 상세히 알 수 있다.

신라에서는 골품제에 정해진 신분의 높낮이에 따라 관등 승진이 제약을 받았다. 〈표2〉에서 보듯이, 제1등 이벌찬에서 제5등 대아찬까지는 진골 신분이라야 오를 수 있었다. 6두품 신분의 관등은 제6등 아찬까지가 상한이었다. 물론 그 아래 신분의 승진 상한도 있었을 것으로 짐작한다. 그래서 〈표2〉의 복색 규정을 참고해 5두품의 경우에는 대나마까지, 4두품은 대사까지가 관등 승진의 상한이라고 이해하는 것이 일반적이다. 그러나 복색은 어디까지나 관등을 기준으로 한 것일 뿐이며 출신 신분 자체를 규정하는 것은 아니라고 전제하고, 중위(重位)가 설정된 대나마·나마를 5·4두품이 오를 수 있는 관등의 상한으로 추정하는 의견도 나와 있다. 앞으로 더 깊은 연구가 기대되는 부분이다.

이렇게 관등에 신분적 규제가 가해지고 있었던 만큼, 특정 관직에 임명될 수 있는 자격도 신분에 따라 한정될 수밖에 없었다. 예를 들어 집사부의 장관인 중시를 비롯하여 병부·조부·창부 등 중앙 주요 관부의 장관인 령(令)이 될 자격은 이벌찬부터 대아찬까지의 관등 소지자였는데, 결국 진골 신분이 아니면 장관이 될 수 없었던 셈이다. 6두품 출신은 능력과 상관없이 차관인 경(卿)에 머물러야 했다. 그리고 5두품은 경에도 임명되지 못했는데, 급찬 이상의 관등에 오를 수 없었기 때문이었다. 반면에 진골 신분은 그러한 대부분의 제약으로부터 벗어나서 최고의 특권을 누렸다.

이는 중앙 관부의 관직을 맡을 수 있는 자격에만 국한된 문제는 아니었다. 지방에 파견되는 도독이나 태수 등도 취임 가능한 관등 범위가 정해져 있었던 만큼 신분의 제약을 받았다. 36인의 장군직도 진골 출신으로서 관등이 급찬 이상인 자만 임명될 수 있었다. 6두품은 장군이 될 수 없었던 것이다. 특히 무관직 가운데 대관대감(大官大監)의 경우에는 진골 출신은 제13등 사지부터 제6등 아찬의 관등이 맡을 수 있었고, 6두품은 그보다 높은 제11등 나마부터 사중아찬의 관등을 지녀야 했다.

이렇게 특정 관직에 임명될 자격이 일정한 범위 안의 관등으로 한정되어 있었고, 출신 신분에 따라 승진할 수 있는 관등의 상한이 정해져 있었던 것이 신라 사회의 특징이었다. 어떤 관직을 맡을 수 있는 관등의 범위가 넓었던 것은, 낮은 신분이 능력에 따라 높은 관직에 임명될 수 있도록 한 장치가 아니었다. 높은 신분 출신자가 낮은 관등을 지니고서도 중요한 직무를 맡는 데 지장을 덜 받도록 한 배려였던 것이다. 이런 폐쇄적 시스템이 관료제 운영의 효율성이나 하위 신분의 충성도와 거리가 먼 것임은 당연하다. 그래서 고안한 것이 고구려나 백제에는 보이지 않지만 신라에만 확인되는 중위제였다고 짐작한다.

《삼국사기》에는 아찬(~사중아찬), 대나마(~구중대나마), 나마(칠중나마)의 3관등에 중위가 설정되어 있었던 것으로 나온다. 중위는 신분 제약에 융통성을 더하려는 목적에서 나온 것이라는 점, 그리고 중위의 설정은 통일 전후한 시기에 이루어졌으리라는 점에 대해서는 학계의 판단이 대체로 일치한다. 그러나 대나마·나마 어느 한 쪽의 중위는 부정되기도 하고, 나마 중위를 받을 수 있는 신분을 추정하는 데도 여러 의견이 나뉜다. 또 〈규흥사종명〉(856)에는 지방인이 '삼중사간(三重沙干)'의 관등을 지닌 것이 보이는데, 여기에 대한 해석도 다양하다. 더 면밀한 연구가 이루어질 필요가 있다고 할 것이다.

신라에서는 신분제의 운영원리가 먼저 정착하고, 그를 바탕으로 하여 관등제가 성립하였으며, 관부가 신설·분화하여 여러 관직이 생겨나서도 그 틀 안에서 운영되었다. 이 점은 비교적 이른 시기부터 확인할 수 있다. 경위제가 법제화한 이후인 〈봉평비〉(524)를 보면, 같은 나마 관등을 지닌 자들 가운데 일부는 교(敎)를 내리는 그룹에 속해 있는 반면에, 다른 일부는 지방에 나가서 그 명령을 집행하는 실무자의 자리에 있다. 이는 관등제 성립 당초부터 관등에 따른 지위와 구실보다는, 출신 신분이 1차적인 중요성을 지녔음을 보여주는 것이다.

이렇게 관등이나 관직과는 별개로, 타고난 신분을 기초로 국정을 운영하는 최고 회의에 참석할 수 있는 자격을 가진 자들이 대등(大等)이었다. 법흥왕 때 설치한 상대등은 이들 귀족들의 대표격이었다. 통일신라기에 화백회의라 불리던 귀족회의체의 연원은 이렇게 오래된 것이었다. 다만 귀족회의의 구성원칙이 신라 말기까지 변함없이 지켜졌을까 하는 점에 대해서는 여러 견해들이 나와 있다.

한편, 외위가 사라진 통일기 이후에는 지방인에 대한 차별도 사라졌을까? 지방인에게도 경위가 주어졌지만, 그 경위를 바탕으로 중앙 관직을 맡을 여지가 마련되었다고 보기는 어렵다. 직접적인 사례도 거의 없다. 지방인은 여전히 관직 진출에 제약이 있었고, 따라서 관료제 운영에서 왕경인과 지방인의 상호침투에는 근본적인 한계가 있었으리라 짐작한다. 다만 현재의 연구 수준에서는 이렇게 판단되지만, 실질적인 양상에 대해서는 더 지속적인 관심이 필요한 측면이 아닌가 생각한다.

고구려·백제의 경우에도 관료제 운영에서 관등이 중요한 기준이었고, 또 관등이 신분제의 규정을 받고 있었을 가능성이 높아 보인다. 다만, 신라처럼 신분에 따라 관등 승진의 상한이 존재했는지를 뚜렷이 확인하기는 어렵다. 백제 흑치상지의 가문이 대대로 달솔을 맡았다는 사실로부터, 신분에 따른 승진의 상한이 존재했을 가능성이 높다는 점이 거론된다. 고구려의 경우에는 대대로에서 조의두대형까지 관등을 지닌 자들이 "기밀을 관장하며 국정을 논의하고 군사를 움직이고 관작(官爵)을 수여한다"는 《한원》〈고려기〉의 기록으로부터, 5등급 이상의 관등을 지닌 자들이 특별한 권한과 지위를 누리고 있었음을 알 수 있다. 또한 연개소문의 아들 남생이 9세에 선인의 관등을 받은 뒤에 소형, 대형, 위두대형으로 승진한 점으로 보아, 이들 관등이 신분별 단층을 뜻하지 않을까 하는 추정도 나와 있다.

3. 골품제와 양천제

삼국시대 관료제 운영의 기준이 되었던 관등, 그리고 그 관등을 규제하는 신분제의 엄격성을 잘 보여주는 것이 골품제이다. 골품제는 타고난 혈통에 따라 신분이 정해지면 정치적 지위를 포함하여 의식주 등 일상생활에 쓰는 자잘한 물품들까지 규제받는 신라만의 독특한 제도였다. 그러나 그 기원에 대해 실증적으로 밝혀진 바는 없다. 대개 사로국의 진한 지역 통합과정에서 정복·복속의 주체였던 사로국 지배세력의 특권을 유지하려는 관성이 강하여 6세기 무렵에 제도로 정착한 것으로 이해하는 수준에 머문다.

골품제는 크게 성골·진골과 그 아래의 6두품부터 1두품까지 8개 신분으로 이루어져 있었다. 이 가운데 성골은 원래 골족(骨族)으로만 존재하던 것이 6세기 중반 이후 신라의 비약적인 발전과정에서 진골과 나뉘어 새로 성립한 것으로 이해한다. 다시 말해 이 시기에 불교사상을 바탕으로 현재의 왕가(王家)를 신성시하는 분위기가 높아졌을 때, 현 왕가가 자신을 다른 왕족과 차별화하려는 움직임의 결과로 성골이 나타났다는 것이다. 대략 그 시기를 진평왕 때로 보는 데는 학계의 의견이 모아져 있다.

그러나 폐쇄성이 강한 신분제일수록 특권층의 범위를 좁게 제한하는 원리가 작용하기 마련이어서, 7세기 전반에 오면 성골 남자가 사라진 결과 선덕·진덕 여왕이 즉위하였다. 그리고 김춘추가 무열왕으로 즉위한 뒤에는 진골 출신의 왕들이 이어졌다. 성골 또는 진골 신분을 이어가는 혈통 계승의 원리에 대해서는 부계 계승, 부와 모의 이중출계(二重出系) 등 여러 의견이 나와 있다. 그러나 어느 한 측면에 주목한 것일 뿐, 아직 학계 다수의 공감을 얻은 상태는 아니다.

성골이 소멸한 뒤에 골품제도 적지 않은 변동을 겪었던 것으로 짐작한다. 834년(흥덕왕 9)에 옛 규정을 바탕으로 다시 강조된 신분규정이 《삼국사기》에 실려 있는데, 이때의 중요 신분은 진골 · 6두품~4두품으로 정리되어 있었다. 그리고 그 아래는 '백성'으로 간주되었고, 자잘한 규제에서는 4두품과 백성이 종종 동일시되기도 했다. 따라서 9세기 전반의 골품제는 하위 신분층부터 실질적인 구분이 엷어지면서 변질되는 과정을 거쳐 해체되고 있었다고 이해하는 것이 일반적이다. 여기에 이르는 중간 과정을 알려주는 사료가 없는 만큼, 아직 구체적으로 연구된 내용은 없는 상태이다. 다만, 오랜 시간이 지나면서 진골 신분에도 변화가 생겨서 9세기 이후에는 6두품과 진골 사이에 득난(得難)이라는 새 신분층이 생겨났을 가능성이 제기되어 있다.

골품제는 신라 지배층 내부, 특히 옛 사로국의 지배층을 핵심 대상으로 한 신분제였다. 모든 영역의 주민을 포괄하는 것이 아니었고, 왕경을 제외한 나머지 지방민은 골품제에 준하는 대우를 받았을 뿐이다. 통일 이후에는 왕경에 거주하는 사람들 가운데도 골품을 지닌 경우와 그렇지 않은 사람들이 섞여 있었음이 구체적인 사료를 근거로 지적된 적도 있다. 그럼에도 신라 사회는 골품제의 원리가 모든 영토와 주민에게 여러 차원에서 영향을 미치고 있었다는 뜻에서 '골품체제사회'라고 부르기도 한다.

신라 골품제는 엄격성과 폐쇄성으로 잘 알려져 있지만, 무엇보다도 왕경인과 지방인의 차별을 전제한 데 특징이 있다. 이 점에서, 초기 국가의 발전과정에서 정복 주체였던 세력이 그 이후의 역사과정에서 스스로의 특권과 지위를 어떤 방식으로 지켜갔는가 하는 점을 알 수 있는 실마리가 되기도 한다. 그러나 골품제에 관한 연구는 1980년대 초까지 집중적으로 이루어지다가 이후부터 연구자의 관심으로부터 벗어나는 경향을 보이고 있다. 새로운 시각과 접근방식을 모색하면서 한 차원 높은 연구가 기대되는 부문이라 할 것이다.

신라의 경우에는 왕경인과 지방인의 차별이 극단적인 모습으로 나타나지만, 고구려 · 백제도 그러했을까? 양국은 일단 신라만큼 완고한 폐쇄성은 없었던 것으로 이해하는 것이 일반적이다. 고구려 · 백제의 경우에는 신라와 같은 외위제도 확인되지 않는다. 그렇다고 해서 양국에서는 지방인이 왕경인과 완전히 동일시되었을까 하는 의문을 가진다면, 더 깊이 따져보아야 할 측면들이 많이 남아 있다. 〈광개토왕릉비문〉에는 옛 영토의 주민을 '구민(舊民)'으로, 새로 편입한 주민을 '신래한예(新來韓濊)'로 구분한 표현이 있다. 근본적인 차별을 전제한 것은 아니다. 시간상으로는 조금 뒤지는 신라 〈진흥왕순수비〉에서도 비슷한 인식을 엿볼 수 있지만, 신라는 지방인에게는 외위라는 별도의 관등을 적용하였다. 따라서 사료상의 단편적인 표현만 가지고서는 정확한 판단이 어렵다.

신라는 성립부터 멸망할 때까지 줄곧 경주를 중심지로 삼았고, 통일 직후에 수도를 옮기려는 시도가 있었지만 결국 실패했다. 이와 달리 고구려 · 백제는 여러 번 수도를 옮겼다. 천도를 거치면서 혈연적인 유대가 특정 지역에 고착되는 것이 어느 정도 완화되었으리라는 추정도 있다. 그러나 여러 번의 천도와 폐쇄적인 신분제의 존속 여부는, 두 가지 가운데 어떤 것이 원인이고 결과인지 등에 대해서 아직 깊이 검토된 적이 없다. 향후 삼국의 지배체제에 대한 더욱 깊은 연구를 기다려야 한다고 생각한다.

끝으로 한 가지 더 짚고 넘어갈 것이 있다면, 삼국시대에 피지배층까지도 포괄하는 신분제가 성립해 있었는가 하는 문제이다. 고려 · 조선시대의 국가 차원의 신분제로는 양천제(良賤制)를 꼽는다. 현실의 사회·경제적 처지는 일단 차치하고서라도 법률적으로 양인 신분에 양반과 서민이 모두 포함되고, 노비 등이 천인 신분으로 규정된 상태이다. 이러한 신분 법제가 우리 역사의 어느 시기부터 성립했는가에 대해 오랫동안 학계에서 논의해 왔다. 현재의 연구 수준에서는 양천제의 성립을 삼국시대로까지 소급하기에는 무리가 있고, 통일신라기 이후에도 좀 더 적극적인 검토를 해야 할 상황이라 생각한다. 삼국시대에만 국한하여 이야기한다면, 천민신분으로 노비의 존재는 확인된다. 그러나 후대의 '양인'에 해당하는 부류와 천민 사이에도 〈봉평비〉에 보이는 '노인(奴人)'과 같은 존재가 확인될 뿐아니라, 양인으로 분류될 대상도 다양한 경우가 있기 때문이다.

맺음말

이상에서 고대사 연구의 대략적인 현황에 바탕을 두고 관등제와 신분제에 관한 내용을 정리해 보았다. 그동안의 연구는, 관등과 관료제 운영 및 신분제의 유기적인 관련성에 대해서는 비교적 충실했다고 할 수 있다. 그러나 몇 가지 문제점들도 아울러 지적할 수 있다.

지금까지 연구에서는 관등제의 기원과 성립이 국가 형성과정과 밀접하게 관련된다는 전제 아래, 고구려의 경우를 모델로 삼아 신라·백제로 일반화하는 경향이 있었다. 또 관료제 운영과 신분제와의 관련에 대해서는, 상대적으로 사료가 많은 신라를 기준 삼아 고구려·백제로 확대하여 해석하려는 경향도 있었다.

삼국에 공통된 사회구조가 있었으리라는 가정은 유용할 수 있지만, 그로 말미암아 삼국 사이의 차이가 처음부터 무시되어서는 안 될 것이

다. 그동안의 연구는 이 점에 소홀했다는 생각이다. 삼국의 지배체제
가 갖는 미세한 특징까지 깊은 관심을 기울일 때, 신라가 삼국을 통일
할 수 있었던 내재적인 배경은 물론, 고구려·백제가 갖고 있었던 체
제의 취약점까지 밝혀낼 수 있을 것이기 때문이다.

또 하나 짚고 싶은 것은, 기존의 신분제 연구가 신라의 골품제에 주
된 관심을 기울인 나머지 계급관계 또는 계층구조가 신분제를 지탱하
는 궁극적인 바탕이 된다는 점을 소홀히 했다는 점이다. 이 방면에 대
한 연구는 삼국 이전부터 하호-호민-가(加)의 3단계 계층구조가 성립해
있었음을 언급하는 수준에 오랫동안 머물고 있다. 4~6세기의 생산력
발전에 따라 읍락사회가 해체된다는 가설이 나와 있지만, 그 결과로
중앙집권적인 지배체제가 성립한다는 설명으로 그치고 있다.

읍락사회가 해체된 결과로 기존의 계층구조가 어떤 식으로 재편되
는지, 또 그 결과가 왜 반드시 중앙집권적인 지배체제의 성립으로 귀
결되어야 하는지, 삼국의 집권체제가 반드시 비슷한 형태여야 하는지
등에 대해 역동적인 이해에 도달하기에는 미흡한 측면이 많이 남아 있
는 것이다. 결국 관등제와 관료제, 신분제에 관한 이해는 계층구조나
지배체제와 뗄 수 없는 관계임에도 유기적인 상호 관련성에 대한 고려
가 충분치 못하여 여전히 미흡한 상태에 머물고 있다고 생각한다. 앞
으로 이런 측면을 극복하는 방향에서 활발한 연구가 이루어지기를 기
대한다.

■ 참고문헌

金哲埈,〈高句麗·新羅의 官階組織의 成立過程〉,《韓國古代社會研究》, 知識産業社, 1975.

申東河,〈新羅 骨品制의 形成過程〉,《韓國史論》 5, 서울대 국사학과, 1979.

李基東,《新羅 骨品制社會와 花郞徒》, 一潮閣, 1984.

權悳永,〈新羅 外位制의 成立과 그 機能〉,《韓國史硏究》50 · 51合, 1985.

盧重國,《百濟政治史硏究》, 一潮閣, 1988.

盧泰敦,〈蔚珍鳳坪新羅碑와 新羅의 官等制〉,《韓國古代史硏究》2, 1989.

武田幸男,〈高句麗官位制の史的展開〉,《高句麗史と東アジア》, 岩波書店, 1989.

朱甫暾,〈6세기초 新羅王權의 位相과 官等制의 成立〉,《歷史敎育論集》13 · 14合, 경북대 역사교육학과, 1990.

權悳永,〈新羅 官等 阿湌 · 奈麻에 대한 硏究〉,《國史館論叢》21, 1991.

尹善泰,〈新羅 骨品制의 構造와 機能〉,《韓國史論》30, 서울대 국사학과, 1993.

趙法鍾,〈한국 고대신분제 연구〉,《國史館論叢》52, 1994.

徐毅植,〈新羅 上代 干層의 分化와 重位制〉, 서울대 박사논문, 1994.

───,〈9세기말 新羅의 ‘得難’과 그 成立過程〉,《韓國古代史硏究》8, 1995.

한국역사연구회,《한국 고대의 신분제와 관등제》, 아카넷, 1995.

盧重國,〈新羅 17官等制의 成立過程〉,《啓明史學》8, 계명대 사학과, 1997.

金瑛河,〈新羅 上古期의 官等과 政治體制〉,《韓國史硏究》99 · 100合, 1997.

田美姬,〈新羅 骨品制의 成立과 運營〉, 서강대 박사논문, 1998.

김영심,〈百濟 官等制의 成立과 運營〉,《國史館論叢》82, 1998.

李鍾旭,《新羅 骨品制 硏究》, 一潮閣, 1999.

南東信,〈聖住寺 無染碑의 ‘得難’條에 대한 考察〉,《韓國古代史硏究》28, 2002.

전덕재,《한국고대사회의 왕경인과 지방인》, 태학사, 2002.

노중국,〈三國의 官等制〉,《강좌 한국고대사(제2권)》, 가락국사적개발연구원, 2003.

임기환,《고구려 정치사 연구》, 한나래, 2004.

木村誠,《古代朝鮮の國家と社會》, 吉川弘文館, 2004.

하일식,《신라 집권 관료제 연구》, 혜안, 2006.

생산과 유통

이현혜(한림대 사학과)

머리말

사회나 국가의 성격을 올바르게 이해하려면 그를 뒷받침하고 있는 정신적 기반과 물질적인 기반에 대한 균형 잡힌 시각이 필요하다. 이념과 물질은 별개의 영역임에도 서로 긴밀한 영향을 주고 받으면서 사회의 변화와 발전을 이끌어 왔다. 이 가운데 물적 기반의 핵심 부문을 구성하는 것이 물자의 생산과 유통이다. 이 분야의 연구가 한때는 유물사관의 역사발전 도식을 한국사에 적용하는 데 초점이 맞춰진 적이 있었다. 그러나 경제생활 연구의 궁극적 목표는 당시 사람들의 삶의 모습을 생동감 있게 복원하고 경제생활과 역사발전의 상호 관계를 밝히는 것이다.

한국 고대사회의 주된 생산부문은 농업이다. 농산물은 개인의 식생활과 의생활에 필요한 기본적인 물자를 공급하였고, 국가 운영의 주된 경제 기반이 되었다. 그러나 기술과 문화가 발달하고 사치품 수요가 늘어나면서 특수한 원료와 전문기술을 요하는 수공업 생산의 중요성이 점차 높아졌다. 고대사회에서 수공품 생산과 관리는 지배집단들이 통치조직을 효율적으로 운영하고 권력을 유지하는 중요 수단으로 활용되었다. 따라서 물자의 생산과 관리조직을 통해 고대 사회의 권력기반의 중요 단면을 엿볼 수 있다.

물자의 유통 또한 생산 부문 못지않게 중요하다. 물자의 유통이란 물자의 이동을 뜻한다. 자원의 편재, 기술의 격차 또는 정치, 외교적 이유로 생산된 물자의 상당부분은 생산지로부터 소비지로 이동하였다. 이러한 물자의 유통을 따라 정보와 기술이 이동하고 권력과 부의 토대가 생성되었다. 이런 점에서 물자 이동의 경로와 메커니즘은 고대사회의 정치, 경제적 특성과 변화 과정을 이해하는 유용한 통로가 된다.

1. 농업기술의 발달 과정

농업기술의 변화는 역사와 문화를 변화시켜 나가는 중요 변수의 하나이다. 농업기술의 발달 과정을 체계화하는 기준도 다양하다. 농경도구나 에너지를 기준으로 나무막대기(掘棒) 사용단계-괭이 · 따비(鋤 · 鍬) 사용단계-쟁기갈이(犁耕) 단계로 구분하기도 한다. 또는 토지 활용방식에 따라 장기 휴경단계-중기 휴경단계-단기 휴경단계-연작상경(매년 경작) 단계-다모작(1년 2회 이상 경작) 단계로 구분하는 방법도 있다. 이러한 발전도식을 활용하여 한국 농업기술의 전체적인 발달 과정 속에서 한국 고대사회의 농업기술의 위치를 이해하는 것도 의미가 있다.

한반도의 농경기원에 대해서는 많은 연구가 진행되었다. 근래에는 기원전 3000~3500년 무렵으로 편년되는 충북 옥천 대천리 신석기시대 집자리유적에서 탄화된 조, 기장, 보리, 밀, 벼 낟알들이 출토되어 신석기시대에 이미 벼를 비롯한 각종 작물이 재배되었음을 알려준다. 그러나 이 단계는 아직 농경 의존도가 낮고 경작방식도 원시적이어서 밭농사의 경우 한 번 개간한 땅을 2~3년 연속 경작한 뒤 10년 이상 묵히는 장기 휴경단계에 있었다.

청동기시대가 되면 각종 곡물들이 안정적으로 재배되었고, 청동기시대 중기 이후 중부 이남지역을 중심으로 논농사가 널리 확산되었다. 청동기시대에 들어와서도 청동은 무기와 의식용구 그리고 소수의 공구 제작에 국한되었고, 일상적인 생산도구는 여전히 돌이나 나무로 만든 것이었다. 나무농기구의 발달은 논농사의 확산과 밭의 휴경기간 단축의 결과로 볼 수 있다. 청동기시대가 되면 땅을 묵히는 기간이 5~10년으로 단축되어 풀뿌리가 깊지 않고 토양도 덜 단단한 상태에서 반복 경작을 하게 되므로 나무농기구가 훨씬 효율적이다.

농업기술의 발달 과정에서 생산력 증대에 획기적인 영향을 미친 것은 철기의 보급과 축력이라는 새로운 에너지를 농경에 활용한 것이다. 기원전 2세기 무렵부터 철제 생산도구가 일부 지역에서 사용되기 시작하여 4~5세기 무렵에는 쇠낫, 쇠삽, 쇠괭이, 쇠스랑 사용이 일반화하였다. 삼국 가운데 쟁기갈이를 가장 먼저 도입한 것은 고구려였다. 처음 고구려는 중국 한(漢)나라의 대형 쇠보습을 수입하여 사용하였으나 곧 고구려의 자연환경에 맞는 독자적인 소형 쟁기를 만들었다. 백제, 신라, 가야지역에도 논란의 여지는 있지만 대개 5세기 무렵에는 우경이 실시되었던 것으로 추정된다. 근래 고고학 발굴에 힘입어 쟁기에 부착했던 쇠보습 실물 자료들이 늘어나고 있다. 밭농사 중심의 고구려 지역의 보습은 대체로 끝이 뾰족한 V자형이고, 논농사가 발달한 신라, 백제, 가야지역에서는 끝이 둥근 U자형 보습을 많이 사용하였다. 통일신라시대가 되면 쟁기 몸채에 볏이 달린 쟁기가 등장하는 등 농경지 조건과 재배작물에 따라 쟁기의 형태나 구조도 다양해졌다.

삼국 모두 우경과 철제생산도구의 보급으로 농경지를 묵히는 기간이 3년 이하로 단축되어 단기 휴경단계에 진입하였다. 그리고 농경지의 경관도 크게 달라졌다. 울산 옥현 논유적과 진주 대평리 밭유적에서 보이듯이 청동기시대의 불규칙한 1~3평 정도의 소규모 논은 삼국시대가 되면 쟁기갈이에 적합하도록 수십 평 넓이의 기다란 계단식 논으로 경지 정리가 이루어졌고, 밭의 평균 넓이도 크게 확대되었다.

이러한 기술 혁신의 혜택을 집중적으로 누린 것은 지배계급이었다. 기본적으로 농업생산력의 획기적인 증대는 정치권력 성장의 물적 토대가 되었다. 이와 함께 신 기술의 도입은 지배계급에 의한 생산도구의 독점을 초래하여 권력집중과 위계화를 가속시켰다. 돌이나 나무로 만든 농기구는 대부분 사용자가 직접 만들어 사용해왔으므로 생산도구를 매개로 하는 물리적 제약이나 통제가 이루어질 수 없었다. 그러나 철제 생산도구가 등장하면서 지배계급이 철 자원과 기술을 독점함에 따라 이것이 가능하게 되었다. 철제농기구가 무기와 함께 일반인들의 생활유적보다는 지배계급의 무덤과 군대가 주둔한 산성이나 보루유적에서 집중 출토되는 것은 이 때문이다.

2. 고대국가의 수공업 생산체계

삼국시대와 통일신라시대의 수공업은 생산과 관리 주체에 따라 왕실수공업, 관영수공업, 민간수공업으로 구분된다. 때로는 기술자의 소속이 겹치거나 소비 대상이 복합적인 것도 있어 구분이 명확하지 않은 경우도 있다. 하지만 원칙적으로 국가 경영에 필요한 무기, 무구, 수레, 선박, 철제농기구, 토기, 기와, 기타 건축 자재 등은 관영공방을 설치하여 국가가 생산과 공급을 주도하였다. 삼국은 관영수공업장과는 별도로 왕실 직속 수공업관사를 설치하여 왕족과 고위 귀족들이 사용하는 금은 세공품, 철물, 고급 직물, 피혁, 칠기 등을 생산, 관리하였다. 이 밖에 사찰과 귀족도 수공업 생산 주체로 활동하였다. 통일신라에서는 청동기 주조기술자를 거느리고 금속제품을 제작하거나 먹과 같은 문방도구, 양모 제품 등을 생산하는 사영공방을 경영하는 고위 귀족들이 등장하였다.

1990년대 이후 수공업 생산유적의 조사례가 크게 증가하여 금석문과 문헌기록에 없는 중요한 정보들을 제공하고 있다. 중요 수공품의 생산 현장은 다음과 같다.

(1) 금 · 은 · 동 제품

《삼국지》동이전에 따르면 삼한 사람들은 금은제 장신구를 귀하게 여기지 않는다고 하였다. 하지만 삼국시대가 되면 왕족과 귀족들은 관식, 관모, 귀걸이, 반지, 팔찌, 도검류와 같은 금은 세공품 그리고 옥 · 유리 제품을 즐겨 사용하였다. 현재 이러한 물품을 생산한 중요 유구들이 백제 왕궁지나 신라 도성 내부에서 주로 발견되어 생산주체가 왕실이었음을 뒷받침한다. 왕궁지 이외에 부여 능산리 사지와 익산 미륵사지에서도 관련 공방유적이 발견되는 것으로 미루어 사찰에서도 불상, 향로, 범종 등 종교의식과 관련된 금속 · 유리제품을 생산하는 공방을 운영하고 있음을 알 수 있다.

(2) 철기

철이라는 새로운 소재가 무기와 생산도구 제작에 본격적으로 사용되기 시작하면서 고대사회는 양적, 질적으로 새로운 단계에 진입하였다. 기원전 3~2세기 무렵 중국 전국시대 연(燕)나라에서 만든 철제무기와 농기구들이 일부 한반도에 수입되기 시작하였다. 그러나 본격적으로 철을 생산하고 철기를 제작하기 시작한 것은 기원전 2세기 말 이후이다. 특히 진한 · 변한지역은 철 자원이 풍부하여 이 지역에서 생산된 철 소재가 마한, 동예, 왜, 낙랑 · 대방군으로 수출되어 각종 철기 제작의 재료로 사용되었다.

철 자원과 철을 다루는 기술은 그 사회의 군사력과 생산력을 좌우하고 정치, 사회적 발전 속도에 큰 영향을 미쳤다. 그리고 철 생산에는 대규모 노동력이 필요하다. 이 때문에 처음부터 철 생산을 주도한 것은 지배계급이었고, 삼국 성립 이후 제철업은 관영수공업으로 편제되었다. 채광으로부터 철기제작 그리고 철기의 관리와 유통에 이르는 전 과정이 국가의 통제 아래 들어가고 무기를 비롯한 농공구의 생산과 유통까지 국가가 관장하였다.

지금까지 한반도 각지에서 발견된 고대 제철 관련 유적만 해도 30여 곳이 넘는다. 그 가운데에서도 경주 황성동유적과 충북 진천 석장리유적은 신라와 백제의 대표적인 대규모 제철 공방유적이다. 이와 함께 제철공정에 필요한 숯을 굽는 백탄요도 140여 기 이상 조사되어 제철 원료 공급시설에 대한 구체적인 정보를 제공하고 있다.

(3) 토기와 기와

토기는 진흙으로 빚어 만든 생활용기다. 선사시대의 주민들은 일상 생활에 필요한 토기들을 자신들이 직접 만들어서 사용하였다. 그러나 삼국시대에 이르면 전문 기술자집단이 대량 생산한 도질(陶質)토기가 상용화됐고, 토기생산은 고대국가의 중요한 수공업 부문을 차지하게 됐다. 신라가 가야나 백제지역을 정복한 뒤 정복지역의 토기 생산 기반을 어떠한 방식으로 편제하여 운영했는지 불분명하나 정치적 복속이 이루어진 지역에는 어김없이 정형화한 신라양식 토기가 보급되었다. 현재 신라 왕경 인근에는 경주 손곡동유적, 대구 욱수동유적과 같은 대규모 토기공방유적이 분포한다. 또한 서울 사당동에 있던 통일신라시대 토기 요지의 생산 관리자가 사지(舍知)라는 관등을 가지고 있어 지방에도 관영 토기공방이 운영된 것으로 추정된다. 요지 출토 토기는 대부분이 파손된 것이지만 생활유적이나 무덤에서 나오는 토기와 서로 비교하여 토기의 유통권을 밝힐 수 있는 아주 중요한 자료다.

기와는 궁궐, 관아, 사찰, 귀족 등 지배계급과 관련된 건축물에 사용되는 건축자재였으므로 토기에 견주어 수요가 제한적이다. 기와 제작 기술과 공정은 토기와 공통되는 부분이 많아 드물게는 기와가마와 토기가마를 겸하는 곳도 있었다. 지금까지 조사된 삼국시대-통일신라시대 기와가마터는 30여 곳에 조금 못 미치지만 그 가운데 상당수가 경주나 부여 등 신라, 백제의 왕경지역에 인접해 있다. 관요(官窯) 명문을 가진 기와편과 瓦(기와)박사라는 백제 관직명에서 나타나듯이 기와 생산시설의 상당 부분도 국가 관리 아래 있었다. 그러나 백제 왕흥사지, 익산 미륵사지 등 왕실과 밀접한 관련을 가진 사찰유지에서도 기와 가마가 발견되었다. 통일신라 헌강왕대에 성 안에 초가집이 하나도 없었다는 《삼국유사》의 기록 등으로 미루어 시간이 지날수록 기와의 수요가 늘어났고 이에 부응하여 일정 부분 민간요가 기와 공급을 담당했을 것이다.

3. 물자의 유통

(1) 시장과 상인

생산된 물자는 여러 형식과 경로를 거쳐 이동한다. 교역은 물자 이

동의 한 형태이며, 가장 단순한 형태는 생산자와 소비자 사이의 직접적인 물물교환이고, 이보다 발달한 것이 시장, 상인, 화폐 등을 매개로 하는 교역이다. 이 밖에 국가와 국가 또는 집단과 집단 사이에는 정치, 외교적 형식을 통해 공납 또는 조공품이라는 명목으로 각종 물자가 이동하였다.

생산력이 발달하고 전업화 · 분업화가 진행되면 물자의 유통이 빈번해지고 시장과 상인이 등장한다. 시장의 원초적인 형태는 종교 의례를 거행하는 성소였다. 제정일치 시대에는 종교 의례와 맞물려 성소(聖所)를 중심으로 재판, 세금 징수, 물자 교환 등 각종 정치, 경제적 활동이 이루어졌기 때문이다. 삼한 시기가 되면 각 소국의 중심지에 이미 시장이 형성되었으며 교역의 매개물로서 철정이 화폐처럼 사용되었다. 이는 그동안 진행된 철제 생산도구의 보급으로 생산력이 크게 증대된 결과이다.

이후 삼국시대가 되면 국가 운영에 필요한 수공품 수급의 편의를 위해 국가 주도로 왕경과 지방 도시에 시장을 열고 이를 관리하였다. 신라의 경우 490년(소지마립간 12년) 왕경에 처음 시장을 연 이래 효소왕대에 이르기까지 3개의 시장을 설치하였다. 이를 관시(官市;관설 시장)라 하고 이곳에서 활동하는 상인을 관상(官商)이라 구분하기도 한다. 시장에 물품을 공급하는 주체는 관영공방과 귀족들의 사영공방이었다. 각 관부는 부족한 물품을 관시를 통해 구입하거나 국가에서 지급한 관사 소용품 가운데 남거나 불필요한 물품을 관시에 공급하여 판매하였다. 이 밖에 소나 말, 가축을 비롯하여 도시인들이 일상생활에 필요한 식기, 문방구류, 섬유류 등 각종 생필품들이 시장에서 거래되었던 것으로 추정되고 있다.

이러한 국가 주도의 유통체계 외곽에 일반민과 지방민을 상대로 하는 민간상인들이 활동하고 있었으나 영향력은 크지 않았다. 그러나 8

세기 이후에는 대규모 생산조직과 유통망을 가진 고위 귀족가문과 사찰이 수공업 생산과 상업활동에 적극 참여하였다. 이러한 국내 상업의 성장을 토대로 8세기 중엽 이후 민간상업 부분이 대외교역에까지 진출하면서 국가 주도의 유통체계가 붕괴하기 시작하였다. 이러한 변화의 배경에는 일차적으로 생산력 발달과 소비 수준의 향상, 도시의 발달이라는 통일신라 사회의 내적 성장 과정이 있었다.

(2) 해상을 통한 원거리 교역의 흥망성쇠

원거리 교역을 문화 변천의 가장 중요한 변수로 보아, 이를 통해 고대사회의 발전과정을 설명하려는 관점도 있다. 처음 원거리 교역을 촉진하는 중요 계기로 작용한 것은 청동기, 철기와 같은 금속기의 등장이었다. 한국사의 경우에도 해로를 통한 원거리 교역이 본격적으로 발달한 것은 세형동검(한국식동검)문화 단계부터이며, 그 주역을 담당한 것은 고조선이었다. 이 단계에 이르면 물자 교역 범위가 중국, 러시아 연해주, 일본 등지로 크게 확대된다. 청동기를 제작할 때 구리와 주석의 녹는점을 낮추고 흐름을 좋게 하기 위해 납이 첨가되었는데, 세형동검문화 단계에 이미, 중국 요동지방이나 중국 화북산 납이 수입된 흔적이 확인된다. 그리고 현재 일본 열도에서 발견된 한반도산 청동기만 해도 수십 점에 이른다.

원거리 교역은 전문조직과 기술을 필요로 하므로 정치조직체의 수장이 이를 장악하여 경제적 부를 축적하는 경우가 많았다. 위만조선의 우거왕은 중간무역의 이익을 독점하기 위해 중국으로 통하는 서남해 해상교역로를 장악하여 한(漢)나라에 대항하였다. 기원전 2세기 무렵, 한반도 서남부지방의 청동기생산이 급격히 위축된 것은 이러한 해상교역로의 경색과 직접적인 관련이 있어 보인다.

기원전 108년 한군현의 설치로 경색되었던 해상교역로가 다시 열리고 낙랑군과 경남 김해지역을 양대 축으로 하여 한반도와 일본열도의 정치체들 사이에 활발한 국제교역이 전개되었다. 진한 · 변한의 철과 낙랑의 선진물자가 이러한 원거리 교역을 촉진하는 중요 매체가 되었다. 그러나 313년 낙랑 · 대방군의 축출로 중국-낙랑-삼한-일본 열도로 이어지던 해상 교역활동은 급격히 쇠퇴하였다.

4세기 중엽 백제 근초고왕은 정복활동과 외교전략을 구사해 지금의 전남 해안지역을 정복하고 중국 동진-백제-임나가라-왜로 이어지는 해상 교역로를 장악하는 데 성공하였다. 이 루트를 거쳐 동진제 청자와 백제의 철, 가야의 토기로 상징되는 선진문물이 일본열도로 흘러들어 갔다. 그 대가로 왜는 백제, 가야에 군사력을 제공한 것으로 추정된다. 이처럼 삼국 성립 이후 중앙 정부가 해로, 육로를 포함하는 각종 대외 교역로를 장악하였고, 대외교역은 경제 논리에 앞서 정치, 외교 전략의 수단으로 활용되었다. 외교 교섭의 형식과 절차를 내세우는 이러한 공무역은 중앙 정부의 굳건한 통제력을 바탕으로 성립, 유지됐다.

8세기 중엽 이후 국가 주도의 대외교역이 후퇴하고 상업적 성격이 짙은 민간교역이 성행하기 시작하였다. 9세기 초엽 일본 정부는 북부 큐슈에 온 신라 상인들의 무역활동을 관리하기 위해 규정과 대응책을 마련할 정도로 민간상인의 활동이 빈번해졌다. 원래 중국이나 일본과의 대외교역은 국가가 파견한 사절이 수행하는 증여품과 답례품의 교환, 공적인 교역만이 허용되는 것이 원칙이었고, 민간 상인이 사적으로 교역하는 것은 제한되어 있었다. 그러나 중앙귀족과 서남해안지대의 지방세력가들이 중국 당나라, 일본과의 해상교역에 적극 진출하기 시작하면서 신라의 대외교역 통제체제는 후퇴하였다. 828년 청해진 (전라남도 완도) 대사로 임명된 장보고는 바로 이러한 달라진 환경에서 중국 당나라와 일본을 오가며 해상교역의 담당자로 크게 두각을 나타낸 인물이었다. 장보고 이외에도 강주(진주)의 왕봉규, 송악(개성)

의 작제건(왕건의 아버지) 등 해상무역 활동을 벌인 지방세력가들의 이름이 알려져 있다. 이러한 변화는 당나라와 신라 모두 정치적 혼란으로 왕권의 권력집중이 이완되는 속에서 진행된 새로운 현상이었다. 신라 말 중국, 일본과의 활발한 국제무역의 전개가 국내 시장경제의 발달과 어떠한 연계 관계를 가졌는지는 아직 명확하지 않지만 내적 변화도 중요한 요인으로 고려해야 할 것이다.

이처럼 동아시아 고대사회에서 해상교역은 중요 시기마다 각 정치체의 흥망성쇠와 직접적인 관련을 가지면서 역사와 문화 변천의 중요 계기로 작용하였다.

맺음말

생산기술과 유통에 대한 연구는 그 사회를 받치고 있는 물적 기반을 밝혀, 이것이 역사와 문화 발전에 어떠한 작용을 하였는지를 밝히기 위한 것이다. 한국 전통사회의 주된 생산기반은 농업이었다. 아직도 하천변 충적대지나 자연제방 인근의 두터운 퇴적층 아래에는 교란되지 않은 채 발굴의 손길을 기다리고 있는 청동기시대, 삼국시대의 농경지들이 허다하다. 경작유구에 대한 지속적인 발굴과 정밀 분석 작업이 계속된다면 잡초와 싸우고 가뭄, 홍수를 이겨내면서 한 톨이라도 더 많은 곡식을 추수하기 위해 당시 사람들이 쏟아 부은 기술과 노력을 좀 더 구체적으로 이해할 수 있을 것이다.

수공업 부문에서도 종래 수공업사 연구는 제한된 문헌기록이나 금석문 자료에 전적으로 의존해 왔다. 그리고 수공업 생산조직이 국가 운영과 어떻게 연계되었는지를 밝히는 데 주력해 왔다. 근년 고고학 발굴에 의해 수공업 현장 자료들이 속속 모습을 드러내면서 정치사적 관점만이 아니라 기술사적, 문화사적 관점에서도 새로이 수공품들을 바라볼 수 있게 되었다. 자연과학적 분석기술을 활용하여 수공품의 원료산지, 제작처, 완제품의 유통 범위 등 물자의 전체적인 흐름을 밝히려는 노력들이 진행되고 있다. 여기에 덧붙여 새로운 제작기술의 연원과 신기술 도입 배경을 밝히고 그로 말미암아 파생되는 각종 변화를 종합한다면 문화변천과 기술 변화의 상호 작용관계를 제대로 밝혀낼 수 있을 것이다.

물자 유통 문제 또한 수요와 공급이라는 경제적인 측면을 항상 염두에 둘 필요가 있다. 하지만 어느 경우에나 물자의 이동은 정보와 기술 그리고 사람의 이동을 동반함으로써 문화 변천의 견인차 역할을 하였다. 한 · 중 · 일을 연결하는 동아시아의 바닷길은 단순한 교역로가 아니다. 고조선의 청동기가 운반되는 바닷길을 따라 삼한의 철이 이동하였고 각종 물자와 수많은 사람들이 오고 갔음을 기억해야 한다. 아울러 신라 말 배를 타고 해외로 나선 이름 모를 상인들의 발자취 속에 새로운 시대가 예고되고 있음도 주목해야 할 것이다.

■ 참고문헌

박남수, 《신라수공업사》, 신서원, 1996.

이현혜, 《한국고대의 생산과 교역》, 일조각, 1998.

경상남도 · 동아대학박물관, 《남강유역문화유적발굴도록》, 1999.

전덕재, 〈백제 농업기술 연구〉, 《한국고대사연구》 15, 1999.

이성시, 김창석 옮김, 《동아시아의 왕권과 교역》, 청년사, 1999.

平尾良光 편, 《古代靑銅の流通と鑄造》, 鶴山堂, 1999.

이영훈 · 손명조, 〈고대의 철 · 철기생산과 그 전개에 대한 고찰〉, 《한국고대사논총》

9, 2000.

해상왕장보고기념사업회,《해상왕 장보고의 국제무역활동과 물류》, 2001.

한남대 중앙박물관,《옥천 대천리 신석기유적》, 2003.

김창석,《삼국과 통일신라의 유통체계연구》, 일조각, 2004.

해상왕장보고연구회,《대외문물교류연구》 3, 2004.

윤선태,〈월성해자 출토 신라 문서목간〉,《역사와 현실》 56, 2005.

이현혜,〈한반도 서남부지방 청동기생산활동의 쇠퇴배경〉,《한국고대사연구》 40, 2005.

고경석,《청해진 장보고세력 연구》, 서울대 박사논문, 2006.

김창석,〈백제왕실 수공업의 성립과 생산체제〉,《백제연구》 45, 2007.

한국고고학회,〈선사ㆍ고대 수공업생산유적〉,《제50회전국역사학대회 고고학부발표자료집》, 2007.

불교 신앙과 사상

김영미(이화여대 사학과)

머리말 : 토착신앙(샤머니즘)에서 불교로

　종교와 그에 대한 믿음은 원시사회 이래 매우 다양하며 지역마다 다르다. 그러나 성스러움을 드러냄〔顯現〕과 그에 대한 외경에서 시작된 원시 종교는 종교 의례와 신화를 통해 신성현시(神聖顯示)를 체험하고 주기적으로 반복하고 지속했다. 신화는 세계와 우주 및 인간이 생기게 된 궁극적 원인을 설명하는 한편 주술과 의례의 순서와 절차를 설명함으로써 사람들에게 행위 규범을 제시하는 구실을 하였다. 그리고 의례를 통해 공동체 의식을 키울 수 있었다.

　국가가 세워진 뒤에도 종교의 신화나 세계관은 중요한 이데올로기로 기능하였다. 가장 대표적인 예가 단군신화 등의 건국신화로 국가의 지배자들은 천신(天神)과 혈연적으로 연결되어 있거나 특별한 관계에 있다는 것을 말함으로써 지배를 합리화하였다. 곧 건국시조에 대한 신앙과 그 의례는 국가의례로 거행되었다. 부여, 삼한 등에서도 제천의례가 행해졌고, 고구려·백제·신라 삼국에서 모두 시조신과 천신, 지신에 대한 제사의례를 거행하였음을 확인할 수 있다.

건국신화가 천신과 연결된 가장 큰 이유는, 제사의례가 샤만〔巫〕에 의해 주도되었고, 종교적 지도자로서 권위를 지녔던 이들이 사회발전 과정에서 권력까지 획득하며 지배자로 성장하였기 때문이다. 이를 가장 잘 보여주는 사례는 신라 시조 박혁거세의 아들이었던 남해차차웅의 '차차웅(次次雄)'에 대한 김대문(金大問)의 설명이다. 말하자면 차차웅을 자충(慈充)이라고도 하는데, 신라 말로 무(巫)를 의미하며, 무당이 귀신을 모시고 제사를 숭상하는 까닭에 외경하여 존장자를 자충이라고 불렀다는 것이다. 그 뒤 국가체제가 차츰 갖추어지면 제사를 맡는 사람들은 관료화하고, 국왕은 초월적 존재가 된다. 그러나 국왕이 즉위한 뒤 시조나 천신에게 제사를 지내는 의례를 거행함으로써 자신의 권위를 천신 또는 시조신으로부터 부여받는 절차는 지속된다. 불교가 공인되기 이전의 종교의례에서는 영일 냉수리비(503년, 지증왕 4)에서 확인할 수 있듯이 소 따위의 제물을 바쳐 의식을 거행하였다.

삼국의 성립과 발전은 정복전쟁을 거쳐 이루어졌고, 그 과정에서 새로 지배하게 된 지역을 효율적으로 통치하고자 그들의 신화도 받아들이면서 종교적 통일성을 추구했던 것으로 보인다. 그러나 건국시조를 천신과 연결하고 신화를 받아들이는 것만으로는 공동체의식을 강화하기 어려웠을 때, 불교가 중국에서 전해졌다.

불교는 먼저 민간에 전해졌고, 372년(소수림왕 2)에는 고구려에, 384년(침류왕 1)에는 백제에 온 외교사절이 공식적으로 전해주었다. 그리고 391년(고국양왕 8)과 392년(아신왕 1)에는 고구려와 백제에서 각각 불법을 믿어 복을 구하라는 왕명이 있었다. 그리고 신라에는 눌지왕대에 고구려로부터 전해졌고, 소지왕대에 이르면 궁궐에 내전 분수승이 있었을 정도로 불교가 왕실과 민간에 퍼지기 시작하여 527년(법흥왕

14) 이차돈의 순교를 계기로 공인되기에 이르렀다. 이처럼 삼국에서 공식적으로 불교를 신앙하게 된 이후에는 전통적인 신앙의례와 불교 모두 국가의례에서 중요한 자리를 차지하게 되었다.

1. 불교와 국가 권력

불교는 삼국에 수용된 뒤 왕실의 보호 속에서 성장하였다. 551년(진흥왕 12)에는 팔관재를 거행하였고, 568년(진흥왕 29)에 세워진 황초령비와 마운령비에 따르면, 진흥왕의 순수에 사문도인(沙門道人) 곧 승려들이 수행하였다. 새로 정복한 지역의 민심을 수습하는 행사에 수행한 사람들을 적은 첫머리에 이들의 이름이 보이고, 제천행사를 주관하던 관직의 후신으로 보이는 점인(占人)이 그보다 뒤에 나온다. 그리고 572년(진흥왕 33)에는 전사한 사졸을 위해 팔관재를 베풀었다. 이는 불교가 토착신앙을 대신해 국가의례에서 중요한 자리를 차지했음을 보여준다.

불교가 이처럼 국가의 중요 의례를 맡게 된 것은, 무당이 고치지 못하는 병을 승려들이 주술로 낫게 하는 등의 기적을 보임으로써 불교가 우월하다고 강조하는 한편 토착신앙의 내용을 받아들였기 때문이다. 곧 불교계는 천신과 산신을 신앙체계 속에 받아들였다. 진평왕대 비구니 지혜는 선도산 신모의 도움을 받아 불상과 불화를 그리면서 신라 오악신군(五嶽神君)을 벽화로 그려 봉안하였다. 그리고 제석천 신앙의 제석천은 불교에서 말하는 33천을 다스리는 '여러 하늘의 임금'으로 전통적 무속신앙의 하느님과 통한다. 화랑을 미륵선화나 국선이라고 부른 점도 토착신앙과의 결합을 보여준다.

이처럼 불교가 차츰 널리 퍼지면서, 불교의 세계관은 지배자의 통치를 합리화해 주는 구실을 한다. 진흥왕은 두 아들의 이름을 동륜과 사륜[금륜]으로 지어 자신을 전륜성왕(轉輪聖王)으로 간주되도록 하였다. 이를 통해 계속되는 전쟁이, 인도 전륜성왕의 경우처럼, 이상적인 사회를 건설하기 위한 것임을 표방함으로써 자신의 정복전쟁을 합리화하고 전쟁에서 승리함으로써 자신의 권위를 강화하였을 것이다. 진평왕은 불교의 천신인 제석천으로부터 옥대(玉帶)를 받아 정통성을 확인받았다. 그래서 진평왕은 석가의 아버지인 정반왕으로 그 부인은 마야부인으로 불리워졌고, 그 결과 딸 선덕여왕은 석가와 같은 위치로 비견되었다. 중국에 유학한 자장이 오대산에서 문수보살을 만났을 때, 신라의 국왕은 '천축 찰리[크샤트리아]종왕'이라는 말을 들었다. 이는 불교 사상에 대한 이해가 깊지 않은 상황에서 신라의 왕족이 석가족과 같음을 말함으로써, 새로이 국교처럼 신봉하게 된 불교 교주 석가모니의 위력을 빌어 왕실을 미화한 것이다. 이 밖에도 신라가 과거불(過去佛) 시기부터 불교와 인연이 깊은 불국토였다는 설을 통해서도 왕실의 권위를 강화했다.

불교에 대한 이해가 깊어지면 이러한 차원에서 벗어나 불교 교학으로 왕권을 뒷받침했다고 이해해왔다. 연구자들이 가장 먼저 주목한 불교 교학은 화엄사상(華嚴思想)이었다. '일즉다(一即多) 다즉일(多即一)'의 논리로 대표되는 화엄의 원융사상은 일심으로 만물을 통섭하려는 것이므로, 중대 전제왕권의 이데올로기로 작용하였다는 것이다. 이 주장은 오랫동안 정설로 인정받았으나 1980년대 중반부터 반론이 제기되어 한국 불교사 연구에서 가장 활발한 논쟁이 벌어지기도 하였다. 반론 제기자들의 주장처럼 '일즉다' 이론은 일(一)과 다(多)가 상호 의존적 관계에 있으므로 상대를 인정해야만 성립할 수 있다는 것으로, 오히려 전체 구성원의 조화와 평등을 의미한다고 보는 것이 바른 이해에 가까울 것이다. 이에 따라 최근에는 의상의 화엄종이 전제왕권을 뒷받침했다는 종래의 견해에 반대하고, 중대 왕권과 관련하여 유식사상이나 원효에 주목하는 새로운 견해들이 제시되었다.

다음으로 정치세력과 불교와의 관계에서 주목된 것은 선종이었다. 신라 하대에 새로 수용되는 선종의 개인적이고 분립적인 성격이 호족세력의 이데올로기로서 기능하였다는 견해가 일반적이었다. 그러나 근래 나말려초 선사(禪師)들의 비문에 대한 연구가 활발해지면서, 지방사회를 중심으로 퍼진 선종의 승려인 선사들과 왕실의 관계도 종래의 이해와는 다르다는 사실이 밝혀졌다. 다시 말해 신라 왕실과 전혀 관계를 맺지 않은 선사는 혜소(慧昭)와 범일(梵日) 정도로, 대부분의 선사는 일시적으로 거절하기도 하지만 불법(佛法)을 부촉받은 국왕의 요청을 거절하기 어려워 응했던 것이다. 그리고 사림사 홍각선사비에서는 글자를 모으고 새기는 일을 맡은 승려들을 '사문 신(臣)'이라고 명기하고 있다. 이 비가 세워지던 886년(정강왕 1)에는 승려들도 왕의 신하로 부르기 시작하였음을 알 수 있다.

불교계와 국가권력의 관계에 대해서는 이제 불교 교리를 왕권강화에 직결시키려는 노력보다 율령제같은 제도를 통해 찾아보려는 노력도 기울여야 한다. 고대국가는 율령국가이기 때문이다. 근래 승관제(僧官制)에 대한 연구들은 이러한 노력의 일환이라고 생각한다.

불교를 믿는 사람들과 승려들의 수가 늘어남에 따라, 국가는 불교계를 이끄는 승려들을 우대하는 한편 불교계 통제 정책을 추진하였다. 이는 승관의 설치에서 찾아볼 수 있다. 550년(진흥왕 11) 대서성(大書省)에 안장(安藏)법사를 임명한 이래, 신라에서는 국통(國統), 도유나랑(都唯那娘), 대도유나(大都唯那)에 고승을 임명하여 우대하였다. 그리고 주통(州統)과 군통(郡統)을 두어 전국의 승단을 관할하게 하였다. 이러한 승관의 설치는 호국경전으로 일컬어지는 《인왕경(仁王經)》(쿠마라지바 역)에서도 불교를 파괴하는 행위로 제시되어 있다. 그런데 7세기 말에서 8세기 초에 활동한 신라 승려 의적(義寂)은 승통(僧統)을 세우는 것은 비록 경에서는 막으나 부득이한 일이라 용납된다고 하였다. 이처럼 신라 승려들도 승관제로 국가가 불교계를 통제하는 것을 수용하고 있었다. 그러나《삼국사기》에 불교계와 관련된 승관(僧官)과 속관(俗官)이 임명되었다고 전하는 정관(政官)과 정법전(政法典)의 성격에 대해서는 연구자들의 견해에 차이가 있다.

한편 국가는 관제를 통해서뿐 아니라 율령을 통해서도 불교계를 통제하였다. 중국의 도승격(道僧格)과 일본의 승니령(僧尼令)을 살펴보면 신라의 율령에도 승려들과 관련된 내용들이 포함되어 있었을 것이다. 《삼국사기》에서도 664년(문무왕 4) 사람들이 마음대로 재화와 전지(田地)를 시주하지 못하게 했고 806년(애장왕 7)에는 새로 절을 짓지 못하게 하는 등의 금령을 찾아볼 수 있다. 승려들과 직접 관련해서는 승려의 토지와 노비 소유 금지, 절을 떠나 민간에 돌아다니며 하는 교화활동 금지, 천문을 관찰하여 재앙과 상서를 말하는 행위 금지 등이 율령에 포함되어 있었을 것이다. 또 승적(僧籍)에 관한 규정, 의복 음식 등에 대한 규정 등도 포함되어 있었을 것이다. 이처럼 국가권력은 승려들을 국통·국사 등으로 임명해 불교 승려들을 우대하면서도 불교계를 통제하는 정책을 추진했다. 그리고 이러한 정책은 국가권력이 지방에까지 미치기 어려웠던 시기를 제외하고는 관철되었다고 생각한다.

2. 불교 신앙과 불교 수용의 의의

불교가 받아들여진 이후 국가나 왕실의 지배이데올로기로 이용되었다는 사실 못지않게 중요한 점은 불교를 믿게 된 사람들의 생각과 관념의 변화이다. 말하자면 불교가 대중화함에 따라 인간과 자연을 바라

보는 시각이 달라지고 인간과 인간의 관계에 대한 생각도 달라진다. 이는 불교 교리가 종래의 토착신앙(샤머니즘)과는 달랐기 때문이다. 먼저 신보다 깨달은 인간, 곧 붓다가 우월한 존재로 여겨져 신앙된다는 점이 큰 특징이다. 그러나 불교 수용 초기에는 신과 같은 존재로 여겨졌을 것이다. 고구려와 백제에서 불교를 믿어 복을 구하라는 왕명이 내려졌음이 이를 보여준다.

불교에 대한 이해가 깊어지면서 다양한 불보살에 대한 신앙이 이루어진다. 불교수용 초기에는 석가와 제석천에 대한 신앙이 주를 이루지만, 미래에 부처가 될 것이라는 예언을 받고 현재 도솔천에 머물고 있는 미륵보살에 대한 신앙이 삼국시대에 크게 성행하여 많은 미륵반가사유상이 조성되었다. 신라의 경우 미륵보살이 화랑으로 하생하였다는 믿음이 있었고, 백제의 경우에도 무왕 때 미륵하생을 기대하며 미륵사가 세워졌다. 한편 고구려의 경우 그보다는 미륵보살이 머물고 있는 도솔천에 태어나기를 기원하는 신앙이 주를 이루었고, 백제와 신라에서도 사후세계인 도솔천에 대한 관심을 찾아볼 수 있다. 그리고 질병과 전쟁, 도적 등 현실의 고통에서 벗어나도록 도와주는 관음보살과 약사불에 대한 신앙, 현재 서방 극락에 머물며 설법하고 있을 아미타불에 대한 신앙 등 다양한 모습을 보인다. 특히 관음신앙 과 아미타신앙은 신분과 관계없이 소리 내어 염불하는 것만으로도 현실에서 소원을 이루거나 죽어서 고통 없는 극락에 태어날 수 있다고 함으로써 불교대중화에 이바지하였다.

특히 미륵보살이 머무는 도솔천과 아미타불의 극락의 존재는 사람들에게 사후세계에 대한 생각을 바꾸게 했다. 불교가 수용되기 전에는 사후에도 현재의 지위가 그대로 이어진다는 계세적(繼世的) 세계관이 주를 이루었다. 지배자는 사후에도 지배자가 된다고 믿어 후장과 순장이 행하였다. 하지만 불교신앙이 대중화함에 따라 차츰 현재의 행위에 따라 사후세계에서의 삶이 달라진다고 생각하게 되었다. 당시 사람들에게 가장 영향을 미친 것은 업설(業說)과 윤회설(輪廻說)이었다. 이 세상에서 삶이 끝나더라도 또 다른 삶이 기다리고 있다는 사실은 사람들에게 윤리의식을 높여주었다. 샤머니즘에서는 인간이 어떻게 사는 것이 올바른 것인가를 제시하지 않고 신의 뜻에 따라 살도록 가르쳤다. 다만 만물에 정령(精靈)이 있다고 믿었기 때문에 신성한 것을 부정하게 만들지 않도록 조심해야 했고 이것이 금기가 되어 행동과 생활을 규제하였다. 그런데 불교의 업설과 윤회설에 따르면, 죽은 뒤에 다시 사람으로 태어나 존귀한 존재로 살아가거나 도솔천·극락에 태어나기 위해서는 불교의 계율에 따른 삶을 살아야 한다. 따라서 율령에 따른 통제 외에도 행동이 이루어지기 전에 바람직하지 못한 행동을 하지 않도록 하는 도덕적 규범, 곧 윤리가 강조된다. 여기에는 유교의 영향도 작용했지만 불교의 영향력도 큰 구실을 하였다.

국왕은 보살계를 받아 자신이 보살임을 내세워 왕권을 합리화하고 통치행위를 정당화 할 수 있었으며, 동시에 보살로서 자비심을 가지고 모든 중생을 구호해야 하므로 권력의 전횡을 삼가고 선정(善政)을 베풀 것을 요구받았다. 그리고 신자들도 살인·간음·도둑질 등 계율에서 금지하는 행동을 하지 말라는 금지조항을 지켜야 했다. 그 밖에도 8세기 이후 여러 승려들이 연구한 《범망경》의 보살계에서는 재물과 법을 베풀어 이타행(利他行)의 실천하고, 부모와 스승에 대한 효순심(孝順心)과 형제와 친척에 대한 공경심을 지니며, 도량형을 속이면 안 된다는 등의 올바른 직업 윤리에 대한 내용을 고취하여 적극적으로 선행하도록 하였다.

이상에서 보았듯이 불교 신앙은 사람들의 삶에 다양한 분야에서 영향을 미쳤다. 그런데도 그동안의 신앙 연구는 신앙자 집단의 정치적 성격에 주로 관심을 기울여왔다. 아미타신앙은 현실의 삶이 고단한 하급귀족·촌주·평민·노비 등이 주로 믿었고, 이들은 현실 사회에 불만이 많아 현실로부터 도피하려는 소극적 비판세력이었다고 보았다. 그러나 아미타신앙이 모든 계층에 널리 퍼졌으며 귀족과 평민들이 함께 결사에 참여했던 사실로 미루어 보면 지나치게 계층의 대립만을 부각시킬 필요는 없을 것 같다. 그리고 신라 하대의 미륵신앙은 궁예가 미륵불을 자처한 사실과 관련하여 메시아적 존재인 미륵을 희구하는 미륵하생신앙이 지배적이라고 보는 것이 일반적 경향이다. 그러나 미륵신앙의 근거지인 금산사 진표(眞表) 계열의 미륵신앙을 하생신앙으로서 신라 하대 농민반란의 사상적 배경으로 이해하는 견해가 있는가 하면, 다른 한편에서는 미륵상생신앙자로 도솔천에 왕생하기 위해 점찰법(占察法)을 택했다고 보는 연구자도 있다. 동일한 불교신앙이라도 신앙자 개인이나 집단에 따라서 다양한 성격으로 받아들여짐을 감안하면서 연구해야 할 것 같다.

3. 불교의 사상적 흐름

불교가 공인되어 출가가 허락되고 신자들이 증가함에 따라, 중국에 유학하여 불교 교학을 배우고 귀국하는 승려들이 생겼다. 가장 활동이 두드러진 승려는 원광(圓光)이다. 세속오계로 상징되듯 그는 당시 신라사회가 요구하는 도덕관념을 청년들에게 가르쳤으며 수나라에 보내는 걸사표를 쓰기도 하였다. 누구나 성불할 수 있다는 《여래장경(如來藏經)》에 대한 주석서를 남기기도 하였지만, 그의 업적에서 주목되는 사실은 운문산에서 대중 교화를 위해 벌였던 점찰법회이다. 이 법회는 자신의 평소 행위에 대해 참회하고 보살계를 받아 지닌 뒤 간자를 던져 자신이 태어날 곳 등을 점찰하는 형식으로, 재래의 점복과는 다른 것이었다.

그 뒤 백제의 겸익(謙益), 신라의 지명(智明)과 자장(慈藏)이 유학하고 돌아와《사분율(四分律)》등 출가자 중심의 계율 연구가 이루어졌다. 그리고 자장은 법상(法常)에게 배우고 귀국하면서 경전을 가지고 와 분황사에 머물며 강론하였다. 이들을 거쳐 신라에 공(空), 유식(唯識: 구유식사상), 여래장사상, 화엄사상 등 다양한 불교 교학이 소개되었고, 재가신자들을 위한 보살계 연구도 활발해졌다.

원효(元曉, 617~686)는 중국과 신라 불교계의 기존의 사상적 경향을 계승하고 중국의 현장(玄奘)이 인도 유학 뒤 645년 귀국하여 번역 소개한 신유식사상〔法相宗〕을 받아들여 자신의 사상을 펼쳤다. 그리고 의상(義相, 625~702)이 귀국한 671년(문무왕 11) 이후에는 중국의 지엄(智儼)이 체계화한 화엄학의 영향도 받았다. 원효는 현장 이전의 구역(舊譯) 불교와 현장이 번역한 신역 불교의 대립에 대해 구역불교의 정신을 표방하되 신역불교의 이론도 폭넓게 받아들여 양자의 화해를 모색하였다. 나아가 대승불교의 두 흐름인 중관〔空〕과 유식사상〔有〕의 대립을 극복하기 위해 화쟁을 주장하였다. 즉 공과 유의 논쟁은 언어에 집착한 결과이며 유는 공과 다르지 않다고 하였다. 각각의 이설들이 나름대로의 타당성을 지닌다고 보고 이설들을 적극적으로 회통시킨 것으로, 그 과정에서 중관과 유식을 마음〔一心〕의 본체와 작용에 대응시켜 회통시킨《대승기신론(大乘起信論)》에 주목하였다. 원효는 나아가 일심이문의 구조에 바탕을 두고 세간〔俗〕과 출세간〔眞〕이 둘로 나뉜 것이 아니라고 보고, 중생 구제를 위해 활동할 수 있는 이론적 근거를 마련했다. 이는 중국 화엄종 법장(法藏)의 사상과 일본 불교에도 큰 영향을 미쳤다. 아울러 원효는 모든 중생이 성불할 수 있는 불성(佛性)을 가지고 있다고 주장하고, 이를 믿지 않는 사람들에게는 아미타불에게 예배하기를 권유하였다.

그 뒤 신라 불교계는 화엄과 유식사상이 주류를 이루었다. 의상과 그 제자 지통(智通) · 표훈(表訓) 등이 전한 화엄교학은 의상이 찬술한 《일승법계도(一乘法界圖)》와 그에 대한 주석이 중심을 이루었다. 이들과 달리 승전(勝詮)은 법장의 사상을 전해왔으며, 표원(表員)은 원효와 법장의 화엄학을 《대승기신론》사상과 함께 받아들여 《화엄경》의 주요 논점들을 정리하기도 하였다. 유식사상은 중국에서 활동한 원측(圓測)의 사상을 그 제자 도증(道證)이 전해와 주류를 형성하였다. 원측은 현장의 제자인 규기(窺基)와 달리 유식사상뿐 아니라 중관사상을 포용하였으며, 모든 중생이 불성을 가지고 있다고 보았다. 또 구유식에서 9식이 하나의 식이라고 한 것과 신유식에서 8식의 체가 모두 다르다고 한 것을 비판하고, 전(前) 6식의 체를 하나로 보고 제7식과 제8식의 체가 따로 있다고 본 점이 가장 큰 특색이다. 도증이 전한 원측의 사상은 태현(太賢)에게 이어졌다. 태현은 유식사상은 원측과 도증을 주로 따르면서도 때로는 규기의 주장을 받아들였고 화엄사상은 법장 · 원효를 계승하여 유식과 중관의 진리성을 인정하였다. 한편 진표는 유식계통의 법상종으로 분류되지만 학문적 연구보다는 점찰로서 자신의 과보를 점치고 참회 수행하는 실천적 경향을 띠었다. 이러한 화엄과 유식에 대한 연구에서 종래에는 자장과 의상 이후 화엄이 주류를 이루었다고 이해했지만, 근래에는 유식학의 비중이 강조되고 있다.

한편 7세기 후반 이후 명랑(明朗)과 혜통(惠通)이 유학하고 돌아와 질병 등의 현실적 재난 구제에 치중하는 밀교를 전하였다. 8세기 이후에는 《대일경(大日經)》《금강정경(金剛頂經)》등의 철학에 바탕을 둔 후기 밀교가 신라에 전해진다. 혜초(慧超)는 인도에 가서 구법하고 돌아와 당 불공(不空) 문하에서 밀교를 수학하였지만 귀국하지 못하고, 선무외(善無畏)의 제자 의림(義林)과 불가사의(不可思議), 불공의 제자 혜과(惠果)에게 수학한 혜일(慧日)은 귀국하여 신라에 본격적으로 밀교를 전하였다.

그리고 신행(神行, 704~779)은 점진적 수행으로 깨달음을 얻는 것을 강조하는 북종선을 전해왔고, 무상(無相)은 중국 사천성을 중심으로 활동하며 독자적인 선풍을 날렸다. 그러나 도의(道義)가 820년대 중국에 유학하고 돌아와 지금 이 자리에서 깨달음을 얻는 것을 중시하는 남종선을 전하면서 신라에 본격적으로 선종이 유포되기 시작하였다. 선종 승려들은 기존의 불교계가 의례에 치우쳐 있음을 비판하고 깨달음을 추구할 것을 강조하며 빠른 속도로 지방에 선문을 개창하였고, 이들이 불교계에서 중요한 자리를 차지하게 되었으므로 왕사와 국사에 임명되었다. 종래에는 나말려초에 선종만이 존재했던 것처럼 이해되었으나, 근래 화엄종에서도 선종에 대응하여 화엄종의 조사(祖師) 숭배와 교단의 결속, 신앙을 실천하기 위한 결사운동을 전개했으며 화엄신앙도 유지되었음이 밝혀졌다.

맺음말

삼국시대에 수용된 이래 불교는 우리 민족의 심성에 중요한 자리를 차지하고 있다. 따라서 일찍부터 역사학자들의 중요한 연구 대상이었다. 특히 고대의 불교는 정치와 밀접한 관계가 있었으며, 다른 시기에 견주어 승려들의 저술이 동아시아에 큰 영향을 미쳤으므로 많은 연구가 이루어졌다.

그러나 지나치게 정치사와 연결시킨 연구들은 불교의 한 측면만을 강조한 것이다. 종교가 국가와 관련을 맺는 것은 그 층위가 다양하다. 종교의 세계관, 의례, 그리고 신앙자 집단의 공동체 의식, 그리고 사제 집단 등이 그것이다. 그런데 그동안 고대 불교사 연구에서는 불교와 국가의 관계, 그 가운데서도 주로 그 수용과정에서 국가가 맡은 주도적 역할, 왕권과 특정 종파의 교리 사이의 관계에 대해서만 관심을 가져왔다. 그 결과 한 종교가 미치는 다양한 사회적 영향을 도외시하는 결과를 초래했다고 해도 지나치지 않다.

1980년대 불교사 연구자의 수가 증가하면서 승려들의 저술을 통해 불교의 사회적 역할과 성격을 규명하려는 연구가 많아졌다. 그리고 금석문, 특히 나말려초 선사 비문의 연구가 매우 활성화하였고, 백제와 고구려 불교에 대한 관심도 증가하였다. 그러나 아직도 여성의 불교신앙, 불교가 고대인들의 삶에 미친 영향, 율령체제 속에서 불교 교단과 승려의 위상 등에 대해서는 더 많은 연구가 필요하다. 이를 위해서는 부족한 국내 자료를 보충할 수 있는 중국과 일본의 불교사 자료를 더욱 적극적으로 활용해야 할 것이다.

■ 참고문헌

金煐泰,《百濟佛敎思想硏究》, 동국대 출판부, 1985.

李基白,《新羅思想史硏究》, 일조각, 1986.

高翊晋,《韓國古代佛敎思想史》, 동국대 출판부, 1989.

金福順,《新羅華嚴宗硏究》, 민족사, 1990.

金煐泰,《삼국시대 불교신앙연구》, 불광출판사, 1990.

金相鉉,《新羅華嚴思想史硏究》, 민족사, 1991.

金惠婉,〈新羅時代 彌勒信仰의 硏究〉, 성균관대 박사논문, 1991.

辛鍾遠,《新羅初期佛敎史硏究》, 民族社, 1992.

추만호,《나말려초 선종사상사 연구》, 이론과실천, 1992.

金英美,《新羅 佛敎思想史 硏究》, 民族社, 1994.

최광식,《고대 한국의 국가와 제사》, 한길사, 1994.

김두진,《義湘: 그의 생애와 사상》, 민음사, 1995.

南東信,〈元曉의 大衆敎化와 思想體系〉, 서울대 박사논문, 1995.

鄭炳三,《의상화엄사상연구》, 서울대 출판부, 1998.

崔源植,《新羅 菩薩戒思想史 硏究》, 民族社, 1999.

曹凡煥,《新羅禪宗硏究: 朗慧無染과 聖住山門을 중심으로》, 一潮閣, 2001.

郭丞勳,《統一新羅時代의 政治變動과 佛敎》, 國學資料院, 2002.

나희라,《신라의 국가제사》, 지식산업사, 2003.

한국 고대 생활문화의 재발견

전호태(울산대 역사문화학과)

머리말

1980년대까지 우리 고대생활사는 몇 줄 안 되는 문헌자료 내용이나 간간이 발견되는 고고학적 발굴 자료에 바탕을 두고 서술되는 것이 일반적이었다. 그러다가 '90년대에 이르러 고구려 고분벽화가 담고 있는 풍부한 자료적 가치가 재인식, 재평가되면서 생활사 연구는 커다란 전기를 맞게 되었다. 고분벽화에는 고구려인의 의 · 식 · 주 일상생활의 세세한 모습이 담겨 있을 뿐 아니라 대외교류 양상, 종교관, 내세관, 우주관에 대한 정보까지 담고 있음을 새삼 알게 된 까닭이다.

2000년대를 전후하여 급격히 증대된 고고학적 발굴 자료는 고대생활사 복원에 쏠린 관심이 활발한 연구로 전환할 수 있는 계기로 작용하고 있다. 주거지와 생산유적, 제사유적, 토기제작소나 제철유적과 같이 생활사 연구에 긴요한 유적들이 전국 각지에서 모습을 드러냈고, 칠기나 붓, 각종 탄화곡물과 음식물의 잔해, 심지어 기생충 알까지 각종 생활유적에서 수습되고 있기 때문이다.

이제 연구자들에게 주어진 과제는 새롭게 알려지거나 재인식된 생활사 자료들이 담고 있는 역사문화 정보들이 어떤 의미를 지녔는지 파악하고 설명하는 일이다. 예를 들면 광주 신창동 유적에서 수습된 회충알, 편충알과 삼국시대 사람들의 식생활 습관과의 관련성을 구체적으로 밝혀낼 수 있어야 하는 것이다. 이하 고분벽화, 고고학적 발굴 자료들에서 추가로 밝혀진 삼국과 통일신라 · 발해사람들의 생활상을 의식주와 일상생활을 중심으로 살펴보고자 한다.

1.음식과 요리

신석기 후기에 이르러 농경과 목축이 가능한 상태에서도 주요한 먹거리로 여겨지고 채집된 대표적인 식물은 도토리이다. 타닌으로 말미암은 떫은 맛을 없앤 도토리는 잘 말린 뒤 갈돌 등으로 갈아 가루를 만든 뒤 다른 음식재료와 섞어 쪄 먹는 경우가 많았다. 청동기시대에는 피 · 조 · 기장 · 수수 · 콩 · 팥 외에 쌀도 밭농사에서 수확했지만 곡식 가운데 쌀이 지니는 비중은 상대적으로 낮았다. 이런 현상은 삼국시대 초기에도 큰 변화가 없었다. 민간에서는 보리 · 조 · 콩 등을 가루로 내어 토기에 넣고 물과 함께 끓여 멀건 죽처럼 만들어 먹는 것이 가장 일반적이었다.

곡식을 끓이거나 쪄서 만든 죽이나 밥을 주식으로 삼고, 소금에 절인 채소를 부식으로 삼는 습관은, 삼국시대에 이미 형성되었다. 근대와 같은 채소를 소금에 절인 뒤 달래 등의 향신료로 맛을 낸 백김치는 겨울철 비타민C 공급에는 더할 나위 없이 좋은 음식물이었다. 콩을 소금과 함께 발효시킨 장은 삼국시대 사람들의 단백질 공급원으로서 주요한 구실을 하였다. 조선시대 고기산적의 전신이라고 할 수 있는 고구려의 맥적과 같은 고기요리는 일반백성들에게는 차례가 가기 어려웠던 까닭이다. 한 끼에 쌀 서 말과 꿩 아홉 마리를 먹었다는 신라 태종무열왕의 경우는 일반 백성들로서는 꿈도 꾸기 어려운 궁궐 나랏님의 이야기일 뿐이었다. 신라 신문왕이 김흠운의 딸을 왕비로 맞을 때 궁궐로 들인 혼수품 가운데 쌀·술·기름·간장·된장·포·식혜 135수레·벼 150수레의 행렬 또한 민초들에게는 평생 한 번 볼까 말까 할 큰 구경거리에 지나지 않았다.

삼국시대에는 사람이 매일 섭취해야 할 염분이 바닷물을 증발시켜 만든 소금을 통해 확보되었다. 내륙국가였던 고구려는 동해안에 자리 잡고 있던 동옥저를 정복하여 백성들이 필요로 하던 소금과 생선을 공급받았다. 압록강과 같은 큰 강 연안에는 일찍부터 소금가마를 등에 지고 강변길을 오르내리던 소금장수들이 있어 골짜기 마을사람들에게 필요한 소금을 팔았다. 나중에 고구려 왕위에 올랐던 왕자 을불도 궁궐에서 달아나 떠돌아다닐 때에 자신의 신분을 감추고 소금장수로 변신하기도 했다.

삼국시대에는 철기가 널리 보급되면서 쇠로 만든 솥이 조리를 만들기 위한 필수도구처럼 여겨지게 되었다. 신라의 고승 진정법사가 출가하기 전 품팔이를 하면서도 끝내 지니고 있었던 것처럼, 일반백성에게 쇠솥은 아무리 궁해도 내다 팔지 않으려 했던 생존수단의 상징과 같은 것이었다. 음식물을 담는 데에는 토기와 목기가 많이 쓰였지만, 귀족들은 놋쇠로 만든 유기를 쓰는 경우가 많았고, 금·은·청동제 그릇을 사용하기도 했다. 같은 무게의 금과 동일한 가치를 지니기도 했다고 하는 칠기(漆器)는 귀족이나 왕족 사이에서 특별히 인기가 있었다. 밥과 같이 물기가 남아 있도록 곡식을 쪄 먹거나 죽처럼 만들어 먹는 음식이 발달하면서 삼국시대 사람들은 숟가락과 젓가락을 사용하여 식사를 하였다. 왕족이나 귀족은 청동이나 놋쇠로 만든 수저를 사용하기도 했지만 일반 백성들은 나무수저를 사용하였다. 고구려의 무용총 고분벽화에서도 확인되듯이 삼국시대의 귀족들은 독상을 받았으며 식사 도중 음식이 모자라지 않도록 별도의 상에 커다란 음식그릇과 차병, 술병 등을 올려놓아 시종이 따로 덜어 주인과 손님의 상에 올려놓을 수 있게 하였다.

2. 옷과 장식

신석기시대에는 뼈바늘을 사용하여 삼껍질로 만든 실로 지은 옷감이 가장 고급스런 옷의 재료였다. 청동기시대의 부여지역에서는 겨울 추위를 견디기 위해 양털과 개털로 만든 옷을 입기도 하였다. 삼국시대 초기에 이르면 삼을 심고 누에를 쳐서 실을 얻어내는 방식이 널리 퍼져 여건에 따라 명주나 비단으로 옷을 해 입는 것도 그리 어렵지 않게 되었다. 비단 직조기술이 발전하면서 자지힐문금(紫地詰文錦), 오색금(五色錦), 운포금(雲布錦) 등 고구려가 자랑하던 고급비단들은 비단의 본고장을 자처하던 중국에 수출되기도 했다. 삼국시대의 남녀는 모두 저고리와 바지를 기본으로 하고 여성의 경우 치마를 덧입었다. 웃옷으로 저고리를, 아래옷으로 바지를 입는 관습은 내륙아시아 유목 기마민족에서 유래된 것으로, 농경민족이 위아래옷의 구별이 없는 전형적인 통옷을 입는 것과 구별된다. 부여, 고조선을 세운 우리 민족의 조상들이 유목민족의 전통을 지니고 있었음을 짐작하게 하는 부분이다.

두루마기는 기본의상 위에 덧입는 옷이었지만 기후가 온화한 신라에서는 통일신라시대에 이르러 4두품 이상 귀족 남녀 사이에 소매 없는 겉옷이 유행하기도 하였다. 삼국시대 저고리의 아랫자락은 엉덩이까지 내려오게 되어 있어, 허리춤에 띠를 둘러 묶어 활동하는 데에 불편하지 않게 하였다. 허리띠에는 여러 가지 장식물을 더하였는데, 동물투쟁문이나 신화적인 짐승과 새를 장식한 장식물을 붙이기도 하고, 짧은 칼과 숫돌 같이 실용적인 것과 물고기 모양 장식처럼 주술적 의미를 담은 것들을 늘어뜨리기도 하였다. 저고리의 깃은 유목민족의 관습대로 왼쪽으로 여몄다. 저고리의 깃과 소맷부리 등 옷의 가장자리에는 다른 빛깔의 천으로 띠처럼 한 번 더 둘러 옷이 몸에 잘 붙어 활동하기 편하고, 옷 끝이 쉽게 닳지 않을 뿐 아니라 옷맵시가 더 나도록 하였다. 선(襈)으로 불리는 이 옷띠는 다양한 무늬가 있는 색깔 있는 천이나 가죽으로 만들었는데 실용과 장식을 두루 갖춘 창의적인 의상 디자인의 좋은 사례라고 할 수 있다.

　여성들이 바지 위에 덧입었던 치마는 잔주름을 넣어 활동하기 편하게 만들었다. 여염집 부녀자들은 별다른 기교를 더하지 않은 잔주름치마를 걸쳤지만 고구려 수산리고분 벽화에 보이듯이 귀족부인들은 여러 가지 색띠를 넣어 멋을 낸 색동주름치마를 입는 경우가 많았다. 일반 백성들은 거친 실로 짠 갈포(褐布)로 불리는 옷감으로 소매와 가랑이가 좁은 저고리와 바지를 만들어 입었고, 귀족들은 아주 가는 실로 곱게 짠 겸포(縑布)로 소매와 가랑이가 넓은 옷을 지어 입었다. 고구려 사람들이 즐겨 입던 바지인 궁고(窮袴), 대구고(大口袴)는 바짓가랑이의 너비로 말미암아 붙은 이름이다. 통일신라의 흥덕왕은 사치풍조를 막고자 남녀 속옷의 재질을 신분에 따라 규제하는 교서를 발표하기도 했는데, 평민은 질이 낮아 올이 성기고 굵은 12승 이하의 베로 옷을 지어 입도록 했다. 이는 당시 신라의 진골이 올이 촘촘한 26승 이하의 고운 베를 옷감으로 사용했던 것과 크게 대비된다.

　삼국시대에는 나무판에 여러 가지 무늬를 음각한 뒤 그 사이에 천을 넣어 날염하는 납힐(蠟纈)과 같은 염색기술이 발달하여 다양한 무늬와 빛깔의 옷감을 생산할 수 있었다. 각저총·삼실총·장천1호분 등 등 5세기 고분벽화는 고구려 사람들이 노란색이나 주황색·진홍색·자주색·녹색·청색 등등 다양한 색조로 물들인 뒤 그 위에 둥근 무늬나 꽃점무늬, 십자꽃점무늬, 마름모무늬 등의 장식무늬를 더한 옷감으로 저고리·바지·치마·두루마기 등을 해 입었음을 알게 한다. 관리들이 입는 공복은 옷감의 바탕색으로 구분되기도 했다. 신라의 경우 관리들로 하여금 등급에 따라 자색·비색·청색·황색의 공복을 입게 하였다.

남자들은 상투 위에 모자를 써 신분과 지위를 알게 했는데, 관직에 나아갈 수 있는 남자들 사이에서는 고구려의 하급 관인들이 즐겨 썼던 절풍(折風)과 같은 고깔 모양의 모자가 널리 사용되었다. 모자 밑에서 끈을 내어 턱 밑에서 묶어 고정하게 되어 있는 이 절풍과 같은 모자에도 새깃 형태의 장식을 모자에 얼마나 더하느냐, 은제나 금제 장식이냐 등은 신분에 따른 제약을 받았다. 고구려의 경우, 귀족들은 관(冠)이라 불리는 모자를 썼는데, 내관 겉에 두르는 덧관인 라(羅)를 어떤 색깔과 재질의 비단으로 짰느냐에 따라 지위의 높낮이가 확인되었다. 흰 비단으로 짠 백라관은 왕만이 쓸 수 있었고 대신은 청라관, 그 다음 등급의 신하들은 적라관을 썼다. 일반 무관이나 문관은 머리덮개의 뒤쪽이 뿔처럼 솟아오른 책(幘)이라 불리는 모자를 썼다. 검은 머릿수건은 신분에 관계없이 사용되는 경향이 있었지만, 보통은 남자 시종들이나 농사짓는 평범한 사람들의 전유물이었다.

삼국시대에는 신발도 사용자의 신분을 알아 볼 수 있는 지표 가운데 하나였다. 가죽으로 만든 검거나 붉은 빛깔의 가죽신인 화(靴), 혜(鞋)는 귀족들의 일상화였고, 평민들은 갈대나 볏짚, 나무를 깎아 만든 신발을 신었다. 바닥에 끝이 뾰족하고 가는 쇠막대를 거꾸로 박아 만든 못신은 가죽신에 덧신던 전투용 신발로 중무장한 기병들이 사용했다.

신라 여인들은 볼에 붉은 연지를 찍는 정도의 간단한 화장으로 얼굴 단장을 마무리 하였지만, 고분벽화에서 확인할 수 있듯이 고구려 여성들은 얼굴과 목덜미에 백미분을 바르고 입술과 볼, 이마 가운데에 붉은 색조의 연지, 곤지를 더하는 식의 화장을 하였다. 일부 여성들은 눈두덩에 붉은 색조의 화장을 더하고 머리에는 맵시 있게 띠를 둘러 머리카락이 흘러내리지 않게 하면서 얼굴이 돋보이도록 멋을 부리기도 하였다. 삼국 모두 처녀일 때는 머리카락을 땋아 뒤로 드리우는 내린머리를 하다가 결혼하면 땋은 머리를 위로 틀어 올려 묶는 올린 머리를 하였다. 안악3호분 벽화에서 볼 수 있듯이 귀족부인들은 올린머리를 옥이나 은제, 금제 비녀로 고정하고 머리 곳곳에 아름다운 주옥과 장식성이 높은 비녀를 더하기도 했다.

통일신라와 발해시대에는 동아시아 전역에 당의 장안을 진원지로 하는 당풍(唐風)이 크게 유행하면서 왕족과 귀족층의 복식과 화장, 머리장식 전반에 당의 영향이 깊게 스며들었다. 저고리 깃의 여밈이 오른쪽으로 바뀌고, 관복과 관모는 당의 관리가 입던 것과 차이가 없게 되었다. 통일신라시대에 축조된 경주 용강동고분 출토 도용(陶俑)들은 둥근 깃의 당식 단령(團領)을 관복으로 입은 신라의 귀족, 당식 장식머리에 장안식 얼굴 화장을 더한 귀족부인의 모습을 가감 없이 보여준다. 발해왕실에서는 당의 남장 풍습이 받아들여져 공주의 시녀들이 남장한 모습이 정효공주묘 벽화에 그려져 전하고 있다.

3. 집

청동기시대의 반움집은 삼국시대 초기에 이르면 뒤에 초가집과 기와집으로 대별되는 지상가옥으로 모습을 바꾸게 된다. 통나무를 '井'

자 모양으로 쌓아 올리면서 통나무 사이를 흙과 돌로 메워 만든 귀틀집 단계를 지나면 벽체를 볏짚, 수수대, 흙 반죽으로 만들어 올리고 목재 틀 위를 볏짚, 갈대, 너와 등으로 덮은 초가집이나 기와를 덮어 마무리한 기와집이 등장한다. 일반 백성들은 국가적 규제가 없더라도 경제적 여건 때문에 초가집에 만족할 수밖에 없었지만, 귀족의 경우에는 구운 기와로 지붕을 덮은 기와집에 사는 것이 그리 어렵지 않았다. 관청과 사원, 궁궐, 사당 등을 세울 때에도 기와나 전돌이 건축재료로 사용되었다. 골품제를 신분제도의 기본 틀로 삼았던 신라에서는 방의 크기, 지붕과 대들보의 재료, 담장의 높이와 재료, 출입문의 종류, 마구간의 크기 등등 주거생활의 세세한 부분까지 신분에 따른 규제를 두었다.

사계절이 뚜렷한 만주와 한반도 지역에서 청동기 후기 이후의 지상가옥의 출현은 당연히 겨울철 난방 문제의 해결을 동반할 수밖에 없었다. 온돌의 시원적 형태로 여겨지는 쪽구들은 이런 과정에 나타난 동북아시아 특유의 바닥 난방 시스템이라고 하겠다. 서울 아차산의 고구려군 보루유적 등을 통해 확인되는 이러한 쪽구들식 온돌은 방바닥의 한쪽 벽에 붙여 'ㅡ'자 혹은 'ㄱ'자꼴로 고래를 만들어 한쪽 끝에서 불을 때면 열기와 연기가 고래를 타고 지나다가 다른 쪽 끝에 설치된 굴뚝을 통해 빠져나가게 하는 방식으로 만들어졌다. 이 과정에서 실내의 다른 공간보다 높게 돋우어지고 흙으로 마감된 고래 위쪽 면이 데워져 이곳에 눕거나 앉은 사람이 온기를 느낄 수 있게 한 것이다.

온돌을 집 구조의 주요한 부분으로 여기도록 만든 이러한 바닥난방법은 고조선, 옥저, 고구려 등 만주 남부와 한반도 북부지역 나라들에서 적극 개발되어 서쪽으로는 북중국 일대, 남쪽으로는 신라와 백제로 전해지면서 지역별 기후조건, 생활조건에 맞도록 개발되고, 바뀌어졌다. 일정한 기술과 적절한 비용이 요구되었으므로 고구려뿐 아니라 다른 나라에서도 초기에는 온돌이 제한적으로 보급되고 설치되었다. 궁성이나 사원, 관청, 귀족의 저택에서는 온돌이 널리 사용되었고, 방바닥의 온돌 설치 면도 넓었지만, 일반 백성의 가옥에서는 온돌의 사용이 드물었으며, 온돌 설치 면도 좁았다. 그러나 귀족이나 평민이나 가릴 것 없이 집안에서는 평상이나 좌상생활이 보편적이었다. 이밖에 저택 안에 마련된 거실과 같은 공간에서는 의자생활도 이루어졌음이 고구려 고분벽화를 통해 확인된다.

일반백성들이 한 채의 초가집만을 주거공간으로 삼았던 것과 달리 상급귀족들은 사랑채와 안채, 각종 부속시설이 배치된 저택을 생활공간으로 삼았다. 고구려 덕흥리고분 벽화는 유주자사를 지냈던 무덤주인과 가족이 부엌이나 방앗간·곡식창고·우물 외에도 마구간·외양간·차고·고기창고 같은 부속시설들이 설치된 대저택에서 남녀시종들의 시중을 받으며 여유로운 생활을 보냈음을 알게 한다. 일부 귀족들의 저택 내부에는 건물 사이에 전돌길이 놓여 있기도 했다. 저택이나 무덤, 성 등의 축조에는 고구려척〔고려척〕이 기본 단위로 쓰였으며, 고구려 건축술이 백제, 신라, 일본 등으로 전파되면서 이들 나라의 건축물들도 다수 고려척을 기준으로 설계와 건축이 이루어 지게 된다.

4.결혼, 장례, 상속

삼국시대에도 일정한 신분과 지위에 있었던 집안에서는 중매결혼이 선호되었고, 제대로 된 절차를 거치지 않은 남녀간의 만남과 사귐은 기피되거나 심지어 배척되었다. 고구려 평원왕의 딸 평강공주는 왕이 왕실에 견줄 만한 귀족가문인 상부 고씨 집안으로 공주를 시집보내려 하자 이를 거부하다가 궁궐에서 쫓겨난다. 하지만 평범한 백성들 사이에서는 남녀가 서로 좋아하면 바로 혼례를 치를 수 있었다.

혼례의 절차도 일반백성들과 왕실, 귀족 사이에는 차이가 있었다. 고구려에서는 남자의 집에서 돼지고기와 술을 보내는 정도로, 신라에서는 술과 밥을 해서 나누어 먹는 것으로 혼례잔치가 마무리 되었다. 이와 달리 귀족가문이나 왕실의 혼사에서는 세력의 정도를 과시하는 대규모 혼수가 뒤따르는 것이 일반적이었다. 신라의 예로 볼 때 혼인은 신부집에서 치러지는 것이 일반적이었다. 고구려에서는 혼례를 치른 뒤 신부의 집에서 신혼생활이 이루어졌는데, 고려, 조선시기에도 이런 관습이 유지되었던 것으로 보아 백제, 신라에서도 아이를 낳고 기를 때까지 신랑은 처가에서 지냈던 것으로 보인다. 반면 동옥저에서는 신랑집에서 신부값을 치르게 하고 신부가 신랑집에서 살게 하는 다른 지역과는 구별되는 관습을 지녔다고 한다.

대부분의 가정은 일부일처제를 바탕으로 꾸려졌지만, 사회적 지위가 있고 경제적 여력이 있는 집안에서는 처를 둘 이상 두거나 첩을 여럿 두는 사례도 적지 않았다. 고구려 각저총 벽화에는 두 사람의 부인이, 수렵총 벽화에는 주인 곁에 처첩임이 확실한 세 사람의 여자가 등장한다. 신라 문무왕 때에 무진주의 주리(州吏)였던 안길도 세 사람의 처첩을 거느리고 있었다. 삼국 모두 가정의 유지는 사회적 관심사였다. 고구려는 혼례를 치르면 곧바로 부부의 수의(壽衣)를 만들어 백년해로를 다짐했고, 부여에서는 남녀의 간음이나 부녀자의 투기를 엄격하게 처벌했다. 고구려에서는 가장을 잃은 가정의 몰락을 막고자 상당히 오랫동안 유목사회의 일반적 관습이던 형사취수제를 유지하였다.

전쟁이나 질병, 사고, 노환 등으로 말미암아 사람이 죽으면 평범한 사람들의 시신은 간단한 염습을 거쳐 흙구덩이에 매장하거나, 초분(草墳) 등의 방식으로 가매장했다가 뼈만 남으면 항아리에 넣어져 땅 속에 묻었다. 귀족이나 왕족은 후장(厚葬)을 좋은 풍습으로 여겨 부여와 같이 빈소를 오랫동안 유지하는 것을 명예롭게 여기거나, 고구려나 백제처럼 시신을 3년 정도 집안에 안치했다가 정식으로 장례를 치르기도 했다. 백제 무령왕과 왕비의 시신은 공주 금성동 정지산에 마련된 별도의 빈전에 3년 동안 안치했다가 정식으로 왕릉에 안장했다.

신라와 가야에서는 죽은 사람의 내세 삶에 쓰일 토기를 별도로 만들어 그 안에 각종 음식을 담은 뒤 수십 점, 수백 점씩 무덤 속에 넣었다. 죽은 이의 내세 삶을 시중들 사람들이 무덤에 함께 묻히는 순장도 신라와 가야의 무덤에서 확인된다. 부여에서는 백 명을 단위로 순장하였다고 한다. 가야와 신라에서는 시신을 담은 관의 내부나 석실 내부에는 재생의 힘을 지니고 사악한 기운의 침투를 막는다는 주사(朱砂)를 칠했다.

불교를 받아들임으로써 죽은 뒤에도 살았을 때와 같은 삶이 되풀이된다는 식의 내세관이 설 자리를 잃게 되면서 장례 풍습에도 변화가 온다. 시신을 불태워 뼈만 추려 단지에 넣는 새로운 장법이 서서히 확산된 것이다. 4~5세기 신라에서 유행하던 장대한 돌무지나무널무덤이나 그 뒤를 이은 돌방무덤에 인력과 물자를 쏟아 붓는 일이 줄어들고, 신라 문무왕의 사례에서 보듯이 화장한 유골을 강과 바다, 산야에 뿌려 죽은 이의 자취가 아예 남지 않게 만드는 경우도 있었다.

삼국시대에 가계와 재산상속은 남녀의 구분이 거의 없었다. 때문에 여성이 가장의 권한을 대행하고 집안의 상사(喪事)를 주관하며, 재산권을 행사하는 것이 삼국사회에서는 그리 낯설지 않은 풍습이었다. 신라의 경우에는 모계를 줄기로 가계를 추적하는 것이 가능할 정도였다. 이런 까닭인지 국가의 노역 동원과 같은 공적 의무에서도 남녀가 구분되지 않았다. 이는 노역 부과가 가호(家戶) 단위로 이루어진 것과 관련이 깊은 현상이기도 하다. 그러나 통일신라시대 후기에 가까워지면 유교의 영향이 확산됨으로 말미암아 가부장적 사회질서가 강조되고 이런 변화 과정에서 여성은 남성의 사회활동을 뒷받침하는 보조자로 인식되고 그에 따른 행동을 하도록 강제되는 경향이 나타난다.

5.촌락과 도시의 일상

도시의 외곽과 촌락의 주민들은 대부분 농민들이었다. 통일신라 9등호제의 하하호(下下戶)가 농가의 50퍼센트 이상을 차지했고, 하중호(下中戶)에 해당하는 농가라야 정상적인 1년 농사 소출에 온갖 지출을 빼면 10여 섬 내외가 남았을 것으로 추정된다. 이런 점을 고려하면 재해 등으로 소출이 줄면 대부분의 농민은 양식도 부족한 상황을 맞는 것이 일반적이었다. 농사를 지을 여력이 있는 백성이면 남녀를 가리지 않고 성곽 축조나 도로 및 다리 보수와 같은 국가의 부역에 응해야 했고, 남성들은 3년을 기한으로 하는 군역에 동원되었음을 감안하면, 농민가호의 사회경제적 상황은 늘 불안할 수밖에 없었음을 알 수 있다.

그럼에도 국가나 공동체의 구성원으로 남아 있다는 사실은 대다수 농민들로 하여금 포로노예가 될 가능성을 크게 낮추어 준다는 점에서 주요한 의미를 지니고 있었다. 마을이나 국가 차원에서 이루어진 정기적인 축제나 귀족 가문이나 마을 단위의 후원으로 벌어진 놀이는 일반 백성들의 공동체 의식을 강화하고 개개인의 삶의 의욕을 고취하는 데 음으로 양으로 도움이 되었다. 동맹, 무천, 영고, 시월제와 같은 국가적 차원의 대형 축제가 열리고, 돌팔매싸움이나 사냥, 놀이공연, 씨름 대회, 수박희대회 같은 도시나 마을 단위의 행사들이 자주 열린 것도 이런 까닭이다.

고구려 장천1호분 벽화 등에서 볼 수 있듯이, 도시 귀족가문에서는 귀한 손님 대접의 일환으로 곡예단을 초청하여 오늘날의 서커스에 해당하는 공연을 관람하기도 했고, 많은 몰이꾼이 동원된 사냥으로 특정한 날을 즐기기도 했다. 공중에서 수레바퀴 굴리기, 공과 막대 엇갈려 던져 받기, 긴 장대 타고 걷기 같은 곡예는 고구려 사람들이 즐기던 곡예종목들이었다. 곡예가 벌어질 때에는 완함, 피리, 북과 같은 악기가 동원된 연주가 함께 이루어졌다.

말을 타고 달리면서 여러 개의 과녁을 맞히거나 통과시키는 마사희, 서양의 폴로 경기를 연상시키는 격구, 공차기 놀이의 일종으로 짐작되는 축국 등이 삼국시대 및 통일신라, 발해시대 귀족들이 즐기던 운동이었다면, 태권도의 시원으로 여겨지는 수박희, 민속씨름의 원형을 보여주는 씨름은 귀족이나 일반백성 모두에게 인기가 있었던 스포츠였다. 사냥이나 돌팔매싸움은 실전에 대비하는 훈련을 겸한 스포츠로 고구려에서는 왕이 참관하는 돌팔매싸움이 개최되기도 하였다.

여성과 아이들은 축제마당에서 벌어지는 춤과 노래, 이를 반주하는 여러 가지 악기의 연주에 많은 관심을 쏟았다. 고구려 고분벽화는 36종류에 이르렀다는 현악기, 관악기, 타악기 가운데 가장 인기가 있었던 완함 · 피리 · 거문고 등의 반주에 맞추어 화려한 군무가 이루어졌음을 알게 한다. 벽화 속의 무용수들은 얼굴 전체에 화장을 하고 머리에 쓴 모자에는 여러 가지 장식을 더한 뒤 소매가 긴 무용수용 저고리, 바지, 치마 차림으로 소매를 휘날리며 춤에 몰두하는 모습을 보여준다. 1인무라도 반주용 악기의 구성방식은 다양했다. 거문고 하나만으로 반주가 이루어지는가 하면 고분벽화의 가면무나 군무장면에서 확인되듯이 여러 가지 악기가 동시에 사용되는 경우도 있었다.

윷놀이나 고누가 남녀노소 모두 가능한 놀이라면 바둑은 신분이나 지위가 높은 사람들 사이에 더 선호되었다. 신라에서는 지나치게 화려하게 장식된 바둑판과 고급 바둑돌이 사회적 문제로 대두하기도 하였다. 신라 장군 김유신이 비담의 난을 진압하는 데서 활용하기도 했던 연날리기는 남녀노소가 모두 즐기던 놀이였지만, 경주 안압지 출토 14면 주사위의 벌칙 조항들로 확인되듯이 음주가무를 즐기는 가운데 시를 읊어 주고받는 식의 놀이는 귀족 지식인들에게만 가능한 놀이였다.

고구려의 경당처럼 삼국에서는 마을마다 작은 규모의 교육시설을 마련, 교육활동이 이루어졌던 것은 확실하나 제대로 된 의료시설이나 의약 담당자가 있었는지는 알 수 없다. 통일신라시대에 일본에 수출된 물품 가운데 이뇨효과가 탁월했던 망소(芒消) 같은 의약재도 포함되어 있었지만, 중국 서북부가 원산지인 망소나 《신농본초경(神農本草經)》 등의 문헌에 인용된 11종의 고구려 약재들이 일반백성들에게 널리 보급되기는 쉽지 않았을 것이다. 귀족들은 환자의 증상에 따라 인삼이나 금쇄(金鎖) 등을 사용할 수 있었겠지만 민간에서는 된장과 같은 식품이나 산이나 들에서 쉽게 구할 수 있는 간단한 약재로 이러저러한 질병에 대처하였을 것으로 보인다.

맺음말

삼국시대와 통일신라·발해시대 생활사는 아직도 연구 성과가 낮은 분야 가운데 하나이다. 최근 재발견, 재인식, 고고학적 발굴 등으로 급격하게 늘어난 관련 자료는 연구자들로 하여금 자료의 절대적 부족이라는 근본적인 한계 안에만 머물러 있을 수 없게 하였다. 오히려 새롭게 떠오르는 문제점은 고대생활사 연구자들이 상대적으로 풍부해진 문헌자료와 유적, 유물의 시공간에 걸친 상호관계를 어떻게 인식하고 설명할 것인가. 얼마나 설득력 있는 방법론을 개발하고 적용하여 무엇을 어디까지 밝혀낼 수 있는가. 밝혀진 사실들이 역사적 진실에는 얼마나 가까울 것인지 등등이다.

생활사 연구 경험이 많지 않은 상태에서 몇 가지 사실만으로 쉽게 결론을 내리거나 일반화 할 수 있는 위험성이 상존할 뿐 아니라 연구자들로서도 이런 유혹은 때로 쉽게 뿌리치기 어려운 것일 수 있는 까닭이다. 삼국과 부여, 가야 각 나라의 의식주와 일상의 관습 가운데 일치하는 것도 있고 일치하지 않는 것도 있으며 그러한 것들도 또 시기에 따라 다를 수 있는 것이다. 지배층과 피지배층 사이에 기호와 관습이 다를 수 있고 한 나라 안에서도 지역이나 종족에 따라 별도의 풍속과 관습을 지닐 수도 있고, 국가정책이나 이념, 종교의 영향으로 변화가 뒤따를 수도 있는 것이다. 새로운 자료의 추가나 좀 더 넓은 시야에서의 자료 검토를 거쳐 이러한 현재진행적 과제에 대한 해결의 실마리를 찾을 수밖에 없을 듯하다.

■ 참고문헌

전완길, 《한국화장문화사》, 열화당, 1987.

리용태, 《우리나라 중세과학기술사》, 과학백과사전종합출판사, 1990.

손영종 · 조희승, 《조선수공업사》, 공업출판사, 1990.

이성우, 《고대한국 식생활사 연구》, 향문사, 1992.

한인호, 《조선중세 건축유적 연구》, 사회과학출판사, 1995.

전상운, 《한국과학사의 새로운 이해》, 연세대 출판부, 1998.

전호태, 《고분벽화로 본 고구려 이야기》, 풀빛, 1999.

강인희, 《한국식생활사》, 삼영사, 2000.

유희경, 《한국복식사 연구》이화여대 출판부, 2002.

노태돈, 《예빈도에 보인 고구려》, 서울대 출판부, 2003.

정완진, 〈고구려 고분벽화 복식의 지역적 특성과 변천〉, 서울대 박사논문, 2003.

강영환,《새로 쓴 한국주거문화의 역사》, 기문당, 2004.

김창석,《삼국과 통일신라의 유통체계 연구》, 일조각, 2004.

전경욱,《한국의 전통연희》, 학고재, 2004.

전호태,《고구려 고분벽화의 세계》, 서울대 출판부, 2004.

──── ,《한국고대의 여성과 생활풍속》, 울산대 출판부, 2004.

박성래,《한국과학사상사》, 유스북, 2005.

송기호,《한국고대의 온돌-북옥저, 고구려, 발해》, 서울대 출판부, 2006.

전덕재,《한국고대사회경제사》, 태학사, 2006.

송방송,《한국음악통사(증보)》, 민속원, 2007.

이용현,《한국목간 기초연구》, 신서원, 2007.

한국고고학회,《한국고고학 강의》, 사회평론, 2007.

국제관계

임기환(서울교대 사회교육과)

머리말

고대 동아시아에서는 다른 어느 시대보다도 많은 국가와 종족들이 역사의 무대에 등장하여 흥망을 거듭하고 세력 교체가 이어지는 다원적 역사가 전개되었다. 당시 동아시아 국제관계의 주체는 만주·한반도의 삼국과 가야, 일본열도의 왜(倭), 중국 대륙의 중원 왕조, 북방 초원지대의 유목국가 등으로 구분할 수 있다. 그 가운데 중원 지역의 정치적 상황이 동아시아 국제정세에 큰 영향을 끼쳤다. 즉 한(漢)·진(晉)·수(隋)·당(唐)이라는 통일 왕조 시기의 국제정세와 삼국과 남북조라는 분열 시기의 국제정세는 크게 달라질 수밖에 없었다.

고대 동아시아에서 본격적인 국제관계가 전개된 때는 4세기 이후이다. 4세기는 5호16국시대라는 북중국의 정세를 배경으로 동아시아의 여러 국가와 종족이 정치적으로 크게 성장하면서 국제질서의 변동 가능성이 매우 높았던 시기였다. 5·6세기에는 좀 더 안정된 국제질서로 바뀌는데, 이는 중국의 남북조와 유연(柔然), 고구려 등 가장 강력한 국가들 사이에 세력균형이 이루어진 결과였다. 이를 배경으로 고구려·백제·신라·가야·왜 및 말갈(靺鞨)·거란(契丹) 등 동북아시아의 여러 국가와 종족세력은 적어도 북방 유목세력과 중원세력의 영향과 세력 침투를 받지 않고 독자적인 국제질서를 형성하고 있었다. 그리고 한반도 안에서는 삼국 사이에 항쟁이 계속되었지만 삼국 사이의 세력 균형이 깨지는 수준으로는 진전되지 않았다. 그런데 6세기 말 이후에는 중원의 통일제국으로서 수와 당이 차례로 등장하면서 동아시아 전체 국제질서가 재편되는 커다란 파동이 일어났으며, 삼국 사이의 항쟁도 이와 깊이 연관하면서 전개되었다. 그 결과 백제와 고구려가 이어 멸망하였고, 신라가 한반도의 통일국가로 성장하였으며 만주에서는 발해가 세워졌다. 이후 9세기까지 당을 중심으로 하는 국제질서가 이루어졌다.

이 글에서는 먼저 동아시아 국제관계를 운영하는 제도로서 책봉과 조공의 성격에 대해 살펴보고, 이어서 국제정세의 변동 과정을 시기별로 살펴보도록 하겠다.

1. 고대 동아시아 책봉·조공 관계의 성격

고대 동아시아 세계를 구성하는 여러 국가 사이에 이루어지는 다양한 교섭과 충돌은 구체적으로 외교와 전쟁이라는 형태로 전개되었다. 특히 중원세력과 주변 국가 사이에 맺어진 외교관계는 책봉(冊封)과 조공(朝貢)이라는 형식으로 이루어졌다. 이에 동아시아의 국제관계를 책봉과 조공이라는 틀로 설명하는 연구가 주류를 이루고 있다.

먼저 중국과 주변 국가 사이에서 전개되었던 조공의 내용과 성격에 대한 이해이다. 곧 조공을 종주국과 종속국의 정치적 신속(臣屬)관계로 파악하기도 하고, 또는 조공외교의 이면에 담겨 있는 실리외교를 강조하기도 하며, 조공에 따른 선진문화의 수용과 경제적 의미에 초점을 두기도 한다. 이러한 이해는 조공이 갖는 차등적 대외관계를 인정하고 있기 때문에, 당시 국제관계의 동태적 면모나 각 국가가 갖는 주체적 성격에 대한 관심은 상대적으로 소홀하다.

다음 동아시아를 하나의 세계로 설정하고 그것을 책봉과 조공 제도를 통하여 구조적으로 파악하려는 시각이 있다. 다시 말해 중국 중심의 책봉체제에 따라 규제되는 국제질서의 존재를 인정하는 관점이다. 그러나 과연 자체 규정력을 갖는 동아시아 세계가 존재하는가도 의문이며, 책봉체제가 실질적 규정력을 갖는다고 보기도 곤란하다. 책봉체제론은 국제관계를 구조적으로 파악하려는 관점이지만, 주변 여러 국가의 주체적 역할을 간과하고 있다는 점에서 비판을 받고 있다.

한편 동아시아 국제질서를 각 국가 사이에 힘의 우열과 세력 균형에 따라 가변적으로 전개되는 것으로 파악하는 견해가 있다. 이러한 시각은 국가 사이의 역관계나 대외정책을 수행하는 국가의 내부적 요인에 따라 국제관계의 차별성이 나타난다고 보기 때문에, 상대적으로 책봉과 조공관계의 의미에는 그리 주목하지 않는다. 이러한 역관계론은 동아시아에서 자주 전개된 충돌과 교섭의 역사를 통일적으로 설명하는 시각이 부족한 면이 있다.

이러한 기왕의 연구를 바탕으로 고대 동아시아에서 조공과 책봉이 갖는 성격과 그 변화에 대해 살펴보자.

본래 조공은 주(周)나라의 종법적 봉건제도에서 천자와 제후 사이에 맺어진 정치적 의례형식이었는데, 그 뒤 통일왕조인 진(秦)·한(漢)이 등장하면서 중국과 주변 국가들 사이의 국제관계로까지 그 외연이 확장되었다. 다시 말해 조공은 주변 민족의 군장이 중국의 황제에게 신속하는 정치적 의례이며, 책봉은 조공에 대응하여 중국의 황제가 주변 민족의 군장에게 특정의 관작과 물품을 사여하여 신속시키는 양식이다. 따라서 조공과 책봉은 동전의 양면과도 같은 동질의 제도로 성립하였다.

그런데 책봉과 조공관계로 표현되는 중원 왕조와 주변 여러 국가 사이의 주종관계는 관념적 이상(理想)에 지나지 않으며, 실제로 현실의 외교관계는 이와는 다른 양상을 드러낸다. 특히 위진남북조시대는 책봉과 조공관계에 본질적인 변화가 시작된 시기였다. 가장 큰 변화는 중원을 분점한 다수 황제의 등장으로 말미암아 책봉의 주체가 다원화하였다는 점이다. 피책봉국도 하나의 황제로부터 책봉을 받지 않았다. 예를 들어 고구려는 북위(北魏)와 남조의 여러 왕조로부터 동시에 책봉을 받는 일이 빈번하였다. 즉 위진남북조시대의 황제는 진·한과 같이 실제로도 이념으로도 유일한 권력자가 될 수 없었고, 이 때문에 황제 지배체제와 종주권을 인정하는 형식이었던 책봉과 조공제도도 그 원형대로 유지될 수 없었다.

사실 책봉과 조공으로 표현되는 국제관계는 여러 층위를 갖고 있었다. 어느 정도 구속력을 갖는 전형적인 종속관계로부터 교류를 위한 형식적인 관계까지 다양하였다. 또 국가 사이의 이해관계도 서로 달랐다. 조공하는 왕조로서는 경제적 이익과 선진문화를 흡수하는 창구로 활용하고 대외적 안정과 평화를 보장받을 수 있으며, 책봉하는 왕조에서는 중원국가로서의 위신을 세우거나 변경의 평화를 얻을 수 있었다.

한편 책봉의 제도화는 의례의 정비와 책봉 관작의 형식화 등에서 엿볼 수 있다. 그동안 책봉호에 대해서는 많은 연구가 진행되었다. 책봉의 주체는 중원 왕조였기 때문에 책봉 칭호도 중국식의 관작이 적용되었다. 당시 책봉호로는 '지절(持節)·도독(都督)·장군(將軍)·자사(刺史)·왕(王)·작호' 등으로 구성된 칭호를 사용하였는데, 실제적인 성격을 갖기 보다는 권력의 분권적 존립을 승인한 형태로 운영되었다.

그런데 이러한 책봉호가 동아시아 국제관계에서 전혀 허구적이지만은 않았다. 책봉호 그대로의 실제성을 갖는 것은 아니지만, 책봉이 동아시아 국제관계에서 하나의 제도로 작동하고 있기 때문에, 그 나름의 의미를 갖고 있었다. 예컨대 고구려가 받은 책봉호가 삼국 가운데 최고위인 예가 많았던 것은 그만큼 동북아시아 세계에서 차지하는 위상을 중원 왕조가 인정한 표지였다. 또한 북위가 동방의 여러 나라로부터 조공을 받았으면서도 고구려 외에는 일체의 책봉이 없었다는 점, 그리고 고구려왕에게 동방의 대외업무를 관장하는 동이교위(東夷校尉)를 책봉한 점은, 북위와 고구려 사이에 이루어지는 책봉과 조공 관계가 고구려의 독자적인 세력권을 공인하는 성격임을 알 수 있다.

그리고 삼국에게 주어진 칭호에서도 책봉국과 피책봉국의 관계성을 엿볼 수가 있다. 예컨데 양(梁)은 백제왕을 고구려왕보다 한 등급 높은 관직을 줌으로써 양국의 긴밀도를 표시하였다. 이러한 면은 책봉과 조공관계가 어디까지나 양자 사이의 협력을 바탕으로 해서 이루어졌음을 보여준다. 그렇다고 중원 왕조가 책봉호로써 피책봉국의 국제적 지위를 규정하거나, 피책봉국의 경우에도 책봉호로써 자신의 국제적 위상을 확보한 것으로 보기는 어렵다. 결국 책봉과 조공은 중원 왕조와 당사국 사이의 외교관계이지, 동아시아의 여러 국가를 하나의 체계로 묶는 국제질서의 형식으로 보기는 어렵다.

2. 1~4세기의 국제관계

1~3세기에는 한반도와 만주지역에서 활동하던 여러 국가와 정치 집단들이 주로 중국 군현과 교섭하거나 충돌하였다. 당시 중원 왕조는

요동군이나 낙랑군 등 변방 군현을 통해 이들 다수의 소국에 대해 개별적으로 의책(衣幘) · 인수(印綬)를 사여하면서 분리정책을 시도하였다. 그러나 고구려의 경우, 기원 전후 시기부터 이러한 분열 정책을 극복하고 중앙권력을 강화시켜, 2세기대에는 중국 군현에 대해 공세를 취하였다. 이후 공손씨의 요동 진출로 중단되었던 고구려의 대중 외교는 중국이 삼국으로 나누어지면서 그 폭이 확대되었다. 위(魏)와 교섭하여 공손씨 세력을 제거하고, 한편으로는 오(吳)와 통교하여 위의 위협을 견제하였다. 3세기 초에는 북방 유목족의 남하와 진(晉) 세력의 후퇴라는 국제정세의 변화를 배경으로 한반도에서 중국 군현을 퇴출시키는 데 성공하였다.

삼한(三韓) 소국의 경우, 낙랑군 · 대방군 등 군현과 이루어진 교섭은 정치적 성격을 띠었다기 보다는 조공 무역의 형태로 전개되었으며, 중국 군현의 분열정책이 일정한 효과를 거두었다. 특히 위와 서진은 한반도에 낙랑군에서 진한으로 이어지는 교역망과 대방군에서 마한 · 변한 · 왜로 이어지는 교역망를 개편하는 등 동방 진출을 강화해 갔다. 그러나 주변 소국을 통합해 간 백제와 신라는 3세기 중엽 이후 서진과 통교하면서 점차 국제무대에 등장하기 시작하였다.

4세기는 동아시아 국제질서가 새롭게 변동하는 시기였다. 중국 대륙에서 서진이 몰락하고 5호16국시대가 전개되면서 중원 왕조 중심의 국제질서가 무너지게 되었으며, 이러한 국제정세를 배경으로 동북아시아 여러 국가와 종족의 정치적 운동력이 확대되어 갔다. 이 과정에서 고구려가 만주와 한반도 북부를 통합하여 대표자로 등장하였고, 한반도에서는 백제와 신라 · 가야 등이 고대국가로 성장하였다. 일본열도에서도 독자적인 정치적 성장이 이루어지면서, 한반도와 일본열도 사이에 정치적 관련성이 깊어지게 되었다. 그리고 중원 왕조가 추진해 온 동방정책의 전진기지인 변방 군현이 소멸하면서, 중국 세력과 동북아의 여러 세력 사이의 교섭이 이제는 국가 대 국가의 외교교섭단계로 접어들었다.

이 시기 동북아시아의 국제관계를 주도하는 존재는 고구려와 백제 및 전연(前燕)·후연(後燕)이었다. 요동 지역을 놓고 쟁패를 벌이던 고구려와 전연·후연 사이에는 외교와 전쟁의 국면이 반복 교차되었다. 342년의 전투에서 전연에게 큰 패배를 당한 고구려는 이후 전연과 충돌 없이 평양 일대의 경영에 주력하면서 남진에 주력하였다. 전연이 멸망한 뒤에는 전진(前秦)과 우호적인 관계를 맺었으나, 다시 후연이 등장한 뒤에는 양국 사이에 충돌이 잦아졌다.

그런데 이 과정에서 고구려는 전연·후연과 책봉관계를 맺게 되는데, 이를 당시 세력관계에 따른 일시적인 성격으로 보기도 하고, 또는 새로운 국제질서를 배경으로 황제국이라는 전연의 국가적 위상 및 고구려의 세력권을 상호 인정하는 형태로 조공과 책봉관계가 수립되었다고 이해하는 견해도 있다.

한편 한반도 안에서 고구려와 백제의 치열한 공방전이 지속되면서, 새롭게 국제질서가 재편되었다. 먼저 고구려는 신라와 우호적인 관계를 맺은 이후 신라 왕의 즉위에 개입할 정도로 신라에 대한 정치적 영향력을 강화해 갔다. 이러한 양국의 우호적 관계는 당시 국제정세에서 백제·가야·왜의 연합세력을 견제하기 위한 고구려의 전략으로 이해된다.

백제는 4세기 중엽 이후 외교 활동이 활발하였다. 특히 가야 및 왜와의 교섭이 중심을 이루고 있었는데, 이는 과거 대방군 이래의 교역망을 복원한 결과였다. 그리고 백제는 372년에 동진(東晉)과 외교관계를 맺고 근초고왕이 책봉을 받았지만, 이후 양국의 외교관계는 의례적인 수준에서 그리 벗어나지 않았다.

이와 같이 고구려와 백제는 각각 3세기의 대외교역망을 재건하여 자신의 정치적 세력권과 대외교섭망을 구축해 갔으며, 이를 기반으로 한 반도 안에서 주도권 다툼을 벌였다. 과거 동질적인 교역망이 적대적인 대립의 축으로 변화한 것은 고구려와 백제의 국가적 성장이 초래한 새로운 국제질서의 재편 결과였다.

3. 5~6세기의 국제관계

420년 송(宋)의 건국, 427년 고구려의 평양 천도, 433 · 434년 백제와 신라의 동맹, 439년 북위(北魏)의 화북지역 통일 등은 동아시아에서 새로운 국제 환경의 변화를 상징하는 사건들이다. 130여 년이나 계속된 중국의 5호16국시대는 막을 내리고, 북위가 가장 강력한 세력으로 등장하면서 새로운 국제질서가 성립하였다. 즉 북위를 가운데 두고 중국의 남조 송(宋)과 북방의 유연(柔然) 및 서의 토욕혼(吐谷渾), 그리고 동의 고구려는 서로 연결을 꾀하며 북위를 포위하고 견제하는 한편, 각자 북위와 우호관계 또는 적대관계를 맺게 되었다.

당시 이들 국가 사이에 맺어진 적대관계의 중심축은 북위 대 남조 국가, 북위 대 유연이었다. 특히 최강대국인 북위를 사이에 두고 남조 국가와 유연은 상호 연결하여 북위를 남북 양쪽에서 위협하였다. 이는 우월한 국력을 갖는 북위가 끝내 남조나 유연을 정복하지 못하였던 국제적 배경이었다. 이러한 세력 균형을 기본축으로 5세기 동아시아의 국제질서가 안정적으로 유지될 수 있었다.

이와 같은 국제정세 속에서 고구려는 이들 3국과 등거리 외교관계를 맺으며, 동아시아의 세력균형에 일조를 하고 있었다. 고구려는 북위에 대한 견제책으로 남조 국가와 통교하였으며 북방의 유연과도 우호적인 관계를 맺고 있었다. 물론 고구려 대외정책의 기본 방향은 국경을 접하고 있는 북위에 대한 교섭과 견제였다. 그 결과 양국은 서로의 세력권을 인정하며, 빈번한 사신 교환과 문물 교류로 당시 동아시아의 여러 국가 가운데 가장 우호적인 관계를 유지하였다.

이러한 국제정세를 배경으로 동북아시아에서 중국세력이나 북방 유목세력의 영향력을 배제한 가운데 고구려는 독자적 세력권을 구축하였다. 즉 세력권의 외곽에 거란족과 말갈족의 일부를 거느리고, 내몽고 동북부 지역에도 세력을 뻗쳤다. 한반도 안에서는 백제를 압박하면서 한반도 중북부 일대를 차지하였고, 신라에 정치적 · 군사적 영향력을 행사하였다. 이러한 독자적 세력권을 배경으로 당시 고구려는 자국 중심의 독자적 천하관을 형성하였다.

백제는 송 이래 남조 국가들과 외교 교섭이 잦았지만, 외교 전략 차원에서는 오히려 신라나 왜와의 교섭에 힘을 기울였다. 특히 434년의 나제동맹은 그 이전의 고구려와 백제를 중심으로 형성되었던 동맹 구도를 해체하고 새롭게 국제질서를 재편한 계기가 되었다.

이렇게 5~6세기에는 만주 · 한반도 · 일본 지역의 국제관계가, 중국의 남북조나 북방 유목세력의 국제관계와는 일정한 거리를 두고 전개되었다. 물론 양 권역이 무관하다는 뜻은 아니고 상대적으로 세력 변동의 연관성이 미약하였다.

그리고 양 권역의 여러 국가 사이에 교섭을 매개하는 외교 형식은 주로 책봉과 조공관계였다. 5세기 중반 이후 고구려와 백제 이외에 신라 · 가야 · 왜 등이 성장하여 국제질서는 더욱 다원화하였으며, 이에 따라 책봉과 조공이 갖는 국제질서의 의미가 상대적으로 높아지게 되었다. 물론 이 시기 책봉과 조공 관계는 앞 절에서 살펴본 바와 같이 당시 외교관계의 한 형식일 뿐이었다.

그런데 5세기 이래의 안정적인 동아시아 국제질서는 6세기 이후 변동하기 시작하였다. 북위가 동위와 서위로 분열되고 이어서 각각 북제와 북주를 성립하여 대립하였다. 552년에는 돌궐(突厥)이 유연을 격파하고 몽고 고원의 새로운 주인으로 등장하였다. 한반도 안에서는 신라가 한강유역을 차지하여 한반도 역관계의 주역으로 등장하였고, 나제동맹이 깨지고 이후 백제와 신라 사이의 상쟁이 치열해졌다. 신라가 대중교섭로를 확보하고 국제 무대에 뛰어들면서 국제정세가 다기화하였다.

4. 7~9세기의 국제관계

7세기에 들어 수(隋)와 당(唐)이라는 중원의 통일제국이 차례로 등장하고, 또 이들이 대외로 팽창하여 통해 서역 세력과 북방의 돌궐을 차례로 복속하면서, 5세기 이래의 다원적인 국제질서는 급속히 바뀌었다. 수와 당은 중국 중심의 일원적 국제질서를 수립하고자 하였으며, 이에 따라 5세기 이래 각국의 현실적 지배력을 상호 인정하던 책봉과 조공의 성격도 달라졌다.

당시 동북아시아의 국제정세는 크게 두 가지 축을 중심으로 변동하고 있었다. 하나는 수·당과 고구려 사이에 벌어진 세력권 다툼이며, 다른 하나는 한반도 안에서 벌어지는 삼국 사이의 전쟁이다. 이 두 축은 서로 다른 구조와 성격을 갖지만, 고구려가 양쪽의 공통된 당사자라는 점, 그리고 수와 당이 자국 중심의 동아시아 국제질서를 구축하는 대외정책을 추구하였다는 점에서, 차츰 하나의 축으로 통합되어 갔다. 예컨대 백제와 신라도 수·당 제국과 연결을 꾀함으로써 삼국 사이의 상쟁에 중원세력이 침투할 여지가 커졌다.

한편 수·당의 세력 확대로 말미암아 5세기 이래의 독자적 세력권을 구축하고 있었던 고구려, 돌궐과 토욕혼(吐谷渾) 등의 영향력이 약해져, 이들 이외의 주변세력이 성장하게 되는 계기가 마련되었으며, 그만큼 동아시아 국제질서 변동의 요인이 다기화하였다. 한반도의 경우 고구려의 주도권 약화 및 신라의 성장은 삼국 사이의 항쟁을 더욱 격렬하게 촉진하였다. 그리고 돌궐과 고구려의 세력 약화는 거란·말갈 등을 비롯한 주변 민족이 성장할 수 있는 공간을 열어 주게 되었다.

왜는 지리적으로 한반도의 정세 변동에서 한걸음 떨어져 있었으며, 전통적으로 백제와 교섭하였다. 그러나 수가 등장한 이후에는 고구려와 왜의 외교관계도 밀접해졌으며, 왜 또한 한반도 안의 정세 변동에 연관될 개연성이 높아졌다. 백제 멸망 직후 왜가 대규모 군대를 보낸 백촌강 전투가 좋은 예이다.

이처럼 신라·백제·왜는 물론 거란·말갈 등이 성장하면서 고구려와 당의 전쟁 과정에서는 이 전쟁에 참여하는 국가가 늘어나게 되었다. 말갈·돌궐·거란 등이 전쟁에 동원됐으며, 660년 백제 정벌 전부터는 신라가 본격적으로 참여하면서 전쟁의 기본성격마저 달라졌다.

한편 이러한 정세 변화 속에서 당을 중심으로 주변 여러 국가의 역관계가 이전보다 깊은 연동성을 갖고 전개되고 있었다. 예컨대 고구려는 수·당을 견제하기 위해 북방 유목국가나 내륙아시아 국가와 동맹을 시도한 바 있다. 또한 당의 대고구려전이나 대신라전의 경우에도 대체로 북방과 서역의 정세에 영향을 받고 있었다. 특히 670년을 전기로 하는 신라의 당에 대한 공세는 서역의 정세 변화와 밀접히 연관되었다. 676년 나당전쟁의 종식이나 698년 발해의 건국에도 토번과 서돌궐의 재흥, 북방과 서역의 동요 등이 중요한 국제적 배경을 이루고 있었다.

나당 전쟁 이후 소원하였던 나당 관계는 7세기 말 효소왕의 책봉과 신라의 견당사 파견으로 다시 복구되었고, 이후 나당관계는 책봉과 조공제도를 매개로 전개되었다. 8세기 이후 안정적인 나당관계 속에서 신라는 당의 문물을 적극적으로 수입하고 이른바 조공무역으로 활발한 경제활동을 벌였다.

그런데 신라와 당의 책봉과 조공 관계는 7세기 이전의 그것과는 달리 정치적 신속을 바탕으로 하는 차등적 외교관계라는 성격을 갖고 있었다. 이는 당이 갖는 국제적 위상이 그 이전과 달랐던 결과였다. 그렇다고 하더라도 이 시기 책봉과 조공제도에 나타난 주종관계 또한 관념적인 이념에 지나지 않고 실제로는 서로의 독자성을 인정하는 국제관계였다. 신라는 책봉과 조공을 매개로 자주성을 보장받고, 당 중심의 동아시아 경제 · 문화공동체의 일원으로 참여할 수 있었다. 한편 책봉과 조공이라는 공적인 교섭 이외에 하대에는 구법승과 유학생 그리고 민간 상인들의 왕래가 활발해짐으로써 이른바 외교적 차원 이외의 교류 영역이 차츰 확대되어 갔던 점도 새로운 면모였다.

맺음말

책봉과 조공이라는 외교 형식은 중화적 세계관의 산물이지만, 그것이 그대로 중국적 세계 질서를 규정하는 양식은 아니었다. 책봉과 조공 관계는 각 시기마다 서로 다른 모습을 띠었으며, 책봉과 조공 관계의 실상이 본래 그것이 내포하였던 이상적 관념과 일치하는 것도 아니었다.

책봉과 조공 관계가 단지 외교 형식일 뿐, 그것이 실질적인 신속관계를 보장하지 않는 데에는 각 국가 사이의 현실적 역관계에서 말미암는다. 책봉과 조공은 그것이 갖는 보편적인 형식에도 불구하고 각 국가별로 맺고 있는 내용이 너무 차별적이기 때문에, 책봉과 조공 체제를 당시 동아시아 국제질서의 기본 체제로 파악하기 곤란하다.

그러나 고대 동아시아 국제질서의 역관계를 구조적으로 파악할 필요는 있다. 시기별 추이를 단계적으로 이해하는 것은 당시의 국제관계를 동태적으로 파악한다는 점에서 중요한 성과를 이루었지만, 이를 더욱 체계적으로 이해하기 위해서는 고대 국가 사이의 국제질서를 규정하는 요소를 더욱 넓게 살펴야 할 것이다. 그리고 중원 왕조 및 주변의 여러 나라 사이에 사회 발전의 차별성이 적지 않았는데 차츰 이러한 차이가 좁혀져 가게 되는 역사상이나, 그러한 결과가 나타날 수 밖에 없는 국제질서의 변동상에도 주목해야 하며, 아울러 국제질서의 변동과 여러 국가 내부의 사회 변동과의 연관 관계도 밝혀야 할 과제이다.

■ 참고문헌

盧重國,〈고구려·백제·신라사이의 역관계변화에 대한 일고찰〉,《동방학지》28, 1981.

徐榮洙,〈삼국과 남북조 교섭의 성격〉,《동양학》11, 1981.

金翰奎,《고대 중국적세계질서 연구》, 일조각, 1982.

盧泰敦,〈5~6세기 동아시아의 국제정세와 고구려의 대외관계〉,《동방학지》44, 1984.

盧重國,〈고구려 대외관계사 연구의 현황과 과제〉,《동방학지》49, 1985.

盧泰敦,〈5세기 금석문에 보이는 고구려인의 天下觀〉,《한국사론》19, 1988.

李成珪,〈중국의 분렬체제모식과 동아시아 제국〉,《한국고대사논총》8, 1996.

신라문화선양회 편,《신라의 대외관계사연구》, 1994.

권덕영,《고대한중외교사-견당사연구》, 일조각, 1997.

金鍾完,《중국 남북조사연구-조공·교빙관계를 중심으로-》, 일조각, 1997.

여호규,〈6세기말-7세기초 동아시아 국제질서와 고구려의 대외정책의 변화〉,《역사와 현실》46, 한국역사연구회, 2002.

가락국사적개발연구원 편,《강좌 한국고대사 4권-고대국가의 대외관계》, 2003.

임기환,〈남북조기 한중 책봉·조공관계의 성격〉,《한국고대사연구》32, 한국고대
사학회, 2003.

충남대 백제연구소 편,《고대 동아세아와 백제》, 서경문화사, 2003.

이성제,《고구려의 서방정책연구》, 국학자료원, 2005.

임기환,〈7세기 동북아시아 국제질서의 변동과 전쟁〉,《전쟁과 동북아의 국제질서》,
일조각, 2006.

발 해

송기호(서울대 국사학과)

머리말

발해는 698년에 건국하여 926년에 멸망하기까지 만주 동부를 중심으로 번성한 북방대국이었다. 영역은 동쪽으로 연해주까지, 북쪽으로 송화강까지, 서쪽으로 요하까지, 남쪽으로 대동강과 원산만까지 미쳤으니, 그 크기는 대략 통일신라의 4~5배, 고구려의 1.5~2배가 되었다.

역사적 흐름은 10대 선왕의 즉위를 경계로 전기와 후기로 나뉜다. 고왕(698~719)의 건국기와 무왕(719~737)·문왕(737~793)의 발전기를 거치면서 국가 기틀을 마련하였으나, 8세기 말부터 9세기 초까지 내분기를 맞이하여 주춤하였다. 다시 선왕(818~830)의 중흥기와 그 뒤의 융성기를 이룩하면서 해동성국으로 발전하였으나, 10세기 초에 거란의 침입을 받아 멸망하였다. 이처럼 발해는 9세기에 전성기를 구가하였지만, 이때 당·신라 모두 8세기의 전성기를 지나 혼란기에 접어들었던 시기라서 전해지는 사료는 오히려 소략하여 당시 번성했던 면모를 살펴보기가 어려운 형편이다.

발해는 여러 가지로 모호성을 지니고 있었다. 그 영역이 오늘날 북한과 중국, 러시아에 걸쳐 있었고, 건국자인 대조영의 출신도 명료하지 않고, 그 주민도 고구려 유민과 말갈족으로 구성되어 있었으며, 그 역사를 정리해 줄 후계국가마저 없었다. 오늘날 발해의 귀속성을 둘러싸고 한·중·러 사이에 논쟁이 일고 있는 것은 이런 모호성에서 밀미암은 것이라고 할 수 있다.

이에 따라 발해사는 중국, 러시아, 북한과 남한에서 연구되고 여기에 일본도 가세함으로써 한국사 분야에서 가장 국제적인 연구 대상이 되어 있다. 2007년 초까지 발표된 논문과 저서 등은 대략 2,800편이 되는데, 중국 46.5%, 남한 22.5%, 일본 21%, 북한과 러시아 각각 5% 정도를 차지한다. 그렇지만 발해사 자체를 재구성하는 실증적 연구는 적은 편이고, 연구사 검토나 고고 조사 보고, 사론적 글 등이 상당한 비중을 차지하고 있다. 이제 이 글에서는 많이 연구된 부분을 중심으로 당시의 역사상을 그려보는 데 초점을 맞추면서 논쟁점은 큰 틀에서 제시하고자 한다.

1. 대조영과 지배세력

한·중 학계를 중심으로 가장 열띤 논쟁이 벌어진 것은 발해 건국자인 대조영(大祚榮, ?~719)의 출신 문제이다. 그가 과연 고구려인인지 말갈인인지에 따라 발해가 고구려계 국가인가 말갈계 국가인가가 결정된다고 생각해 왔기 때문이다. 《구당서(舊唐書)》에서 '발해말갈인 대조영은 고구려 별종'이라 하고 《신당서(新唐書)》에서는 '본래 속말말갈로서 고구려에 붙은 자'로 기술했는데, 이처럼 애매한 기록을 근거

로 하여 중국학자들은 말갈인이라 주장하고 한국학자들은 고구려인이
라 주장해 왔다. 그러나 두 견해 모두 사실의 일면만을 강조한다는 점
에서는 같은 문제를 안고 있다.

두 기록은 공통으로 대조영이 순수한 고구려인도 순수한 말갈인도
아니었던 역사적 사실을 증언한다. 그는 고구려와 말갈의 중간자 성격
을 띠고 있었던 것이다. 그의 조상은 본래 속말수(粟末水, 현 송화강 중
류) 유역에 살던 말갈족이었는데, 고구려가 이 지역에 세력을 뻗쳤을
때 귀순하여 고구려 내지로 이주해 들어왔다. 말갈 병사는 고구려 군
대에서 따로 편성되어 있을 정도로 전투적 효용성이 높았으니, 대조영
도 고구려 장수로 활약하면서 용감하고 용병술에 능하다는 평가를 받
았다. 이런 과정에서 그는 점차 고구려인으로 동화되어 '말갈계 고구
려인'으로 변모했던 것 같다.

발해 정권의 속성을 논할 때 건국자의 개인적 출신도 중요하지만, 건
국 집단의 구성을 밝히는 것이 더욱 중요하다. 국가의 운영 방향은 왕
과 함께 귀족세력에 의해서 결정되었을 것이기 때문이다. 영주를 탈출
하면서 대조영의 아버지 걸걸중상(乞乞仲象)과 걸사비우(乞四比羽)는
각각 독자적으로 망명자를 인솔하였다. 이때 걸걸중상은 '고려별종'
이라 한 데 견주어 걸사비우는 '말갈추장'이라 하였으니, 두 집단은
종족적 속성이 서로 달랐던 듯하다. 여기서도 대조영 집안이 순수한
말갈인은 아니었고 상대적으로 고구려에 가까웠던 사실을 확인할 수
있다. 이들은 고구려 옛 땅인 요동으로 돌아와 각각 왕국을 건설하려
하였으나, 당나라 군대의 추격으로 걸사비우는 전사하고 말았다. 마침
걸걸중상도 사망한 뒤라서 대조영이 두 집단을 통솔하여 멀리 떨어진
만주 동부의 말갈 땅으로 피신하여 발해를 수립하였다.

이렇게 건국 세력은 고구려 유민과 말갈인이 주축을 이루었고, 이들
은 장차 발해 지배층을 형성하는 모태가 되었다. 그런데 양자 가운데

서 고구려인이 국가 운영을 주도했던 사실은 지배층의 성씨 분석을 통해 확인된다. 《송막기문(松漠紀聞)》(12세기, 宋 洪皓 저)에 왕족인 대씨와 유력귀족으로 고(高), 장(張), 양(楊), 두(竇), 오(烏), 이(李) 씨 등이 있었다고 하는데, 지금까지 알려진 발해인의 성씨를 분석해도 대체로 이와 비슷하다. 380명 가운데 대씨 117명, 고씨 63명, 장씨 20명, 양씨 8명, 하씨 4명, 오씨 13명, 이씨 21명으로서, 대씨가 30.8%, 고씨가 16.6%를 차지한다. 특히 고씨는 유력귀족의 성씨에서 48.8%를 차지하여 대씨 왕족과 함께 국가를 주도하던 세력이었음이 분명한데, 이 고씨는 고구려 후예들이다. 고구려계 인물은 일본에 파견된 사절단에서도 고위직을 차지하였다.

이 사실은 고고학 자료의 분석으로도 뒷받침된다. 왕실과 귀족이 묻혀 있는 곳으로 알려진 육정산(六頂山)고분군(현 길림성 돈화시 소재)의 고분양식과 매장습속을 분석하면, 고구려와 말갈의 문화 요소가 상호 결합되어 나타나는 것을 확인할 수 있다. 그런데 대형석실분이 자리잡고 있는 제1구역 중·하부에서는 말갈 요소가 일부 보이지만 고구려 요소가 더 강한 양상을 띠는 반면에, 이보다 작은 규모의 무덤이 자리잡고 있는 제1구역 상부와 제2구역에서는 말갈 요소의 비중이 더 높아진다. 이것은 발해 건국집단 내지 지배계층에서 상층부로 올라갈수록 고구려인의 비율이 높았고, 아래로 내려갈수록 말갈인의 비중이 높았던 사실을 반영한다.

결과적으로, 발해 사회가 지배층과 피지배층 모두 말갈족이 주도하였다는 중국이나 러시아 연구자의 견해보다는 소수의 고구려계 지배층과 다수의 말갈계 피지배층으로 구성되었다는 한국이나 일본 연구자의 견해가 역사적 사실에 더 접근해 있다는 것을 보여준다.

이와 관련하여 덧붙일 것은 종족 구성 문제다. 고구려인과 말갈인이 주축이 되었던 발해 사회는 끝내 그 이원성을 극복하지 못한 채 멸망한 뒤 발해인(渤海人)과 여진인(女眞人)으로 각각 분리되었다. 이 점에서 발해 사회의 취약성을 엿볼 수 있다. 중국의 일부 연구자는 양자가 융합되어 새로운 족속인 발해족(渤海族)이 형성되었다고 주장하지만, 이는 역사적 사실과 다르다.

또 말갈집단을 예맥계와 숙신계로 분리하여 예맥계 말갈을 부여, 고구려 등과 연계시키는 견해도 있다. 일찍이 일본학자가 제시한 이래 중국과 국내 연구자에게도 영향을 주었다. 그러나 말갈족은 고구려인과 분명히 다른 정체성을 지니고 있었다. 고구려 내부에서뿐만 아니라 신라 9서당에서도 고구려인과 말갈인은 구분되었다. 더구나 792년에 발해 사신이 압말갈사(押靺鞨使, 말갈 호송 사신)의 자격으로 말갈인을 이끌고 당에 간 사실이 있으니, 발해 지배층은 분명히 말갈족을 객체로 삼아 타자화하고 있었다.

2. 지방통치와 수령

동모산으로 옮겨와 국가를 건설한 뒤에는 빠른 속도로 주변 지역을 정복해 갔다. 고왕으로부터 문왕 전기에 걸쳐서 고구려 영역이었던 남쪽과 서쪽으로 먼저 진출하였고, 이어서 동쪽과 동북쪽의 말갈 땅도 공략하였다. 그리고 선왕 때에 재차 영토를 확장하여 사방 5천리에 이르는 판도를 완성하게 되었다.

처음에는 전국적으로 통일된 지배체제를 마련하지 못하였다. 고구려 지역에서는 과거의 지배구조를 그대로 수용하는 방식을 택하였으니, 이 때문에 초기에 목저주(木底州)나 현도주(玄菟州)와 같은 고구려식 지명이 등장한다. 반면에 순수 말갈 지역에서는 독립적인 지배자들인 수령(首領)의 지배권을 인정하면서 일정한 단위로 묶어 통제하였을 것이다. 그러다가 8세기 중반에 당 제도를 수용하면서 일원적인 지방 제도인 부주현제(府州縣制)를 마련하기 시작하였고, 9세기 전반에 영역이 확정되면서 5경, 15부, 62주에 이르게 되었다.

통일신라가 5소경을 두었듯이 발해는 5경을 설치하였다. 5소경제도가 독자성이 강한 데에 견주어 발해 5경은 당의 5경·5도제도를 빌어온 것으로서 760년대 중반쯤에 마련되었다. 그렇지만 당에서는 10년정도 유지되었던 것과 달리, 발해에서는 오랫동안 지속되었고, 요·금의 5경제로 계승되었다는 점에서 발해 5경제의 특성을 찾을 수 있다. 주 아래에 현이 있었으나 18주 아래 75개 명칭만 현재 전해진다. 따라서 62주에는 대체로 200~250개 정도의 현이 설치되었던 것으로 추정된다. 이것은 통일신라 때 117~120군(郡)에 290여 현이 설치되었던 것과 비교된다.

이런 기록만 보면, 전국에 걸쳐 정연한 통치체제를 마련했던 것처럼 보인다. 그러나 실제로는 중앙권력이 지방 깊숙이 침투해 들어가지 못했다. 이것은 수령의 성격을 통하여 확인된다. 수령이란 용어는 원래 당나라에서 번국(蕃國)의 우두머리를 가리키던 말인데, 발해에서 이를 차용하여 지방사회에 엄존하는 독자적인 지배자들을 일컫는 데 사용하였다.

지방에는 수령으로 대표되는 독자적인 지배자가 있어 일반 백성을 직접 장악하고 있었고, 중앙에서 파견된 지방관은 이들 수령 위에 군림하고 있었다. 따라서 지방사회는 지방관-수령-백성으로 이어지는 구조를 지니고 있었다. 지방의 세력가라는 점에서 수령은 신라의 촌주(村主)와 비슷하지만, 이들보다 훨씬 자립적이었다. 수령에는 고다불(高多佛)처럼 고구려계 인물도 포함되어 있었으나 대부분은 말갈 추장들이었을 것이다.

발해가 외국에 사신을 파견할 때 수령의 사신도 동행하였다. 779년에 발해 사신이 철리인(鐵利人)을 대동하여 일본에 갔고, 이때 철리 관인(官人)이 발해 관인보다 높은 대우를 받으려 한 사건도 벌어졌다. 841년에 일본에 파견된 사신단에 65명의 대수령(大首領)이 포함되어 있던 것도 이런 사정을 반영한다.

수령의 독립성은 중앙에서 멀어질수록 더욱 강하였을 것이며, 멸망 때까지 이들의 독립성을 완전히 불식하지 못하였다. 이들은 중앙의 통제가 약화되면 언제든지 이탈할 가능성을 지니고 있었으니, 발해가 쉽게 멸망한 원인의 하나이기도 하였다. 따라서 독자적인 수령 세력의 상존은 발해 국가권력의 한계성을 보여주는 것이다.

발해 지방사 연구는 두 가지 주제 곧 지리 고증과 수령 연구에 집중되어 왔다. 지리 고증은 정약용(丁若鏞), 한진서(韓鎭書) 등과 같은 조선시대 실학자들이 길을 열었고, 20세기에는 중국과 일본 연구자들이 참여하여 많은 성과를 거두었다. 이렇게 주로 지리 고증에 매달렸던 것은 가장 기본적인 행정구역마저 그 소재지를 제대로 파악할 수 없었기 때문이다. 최근의 고고학 조사는 이러한 지리 고증에 더욱 힘을 실어주어, 이제는 행정구역의 대체적인 윤곽을 파악할 수 있게 되었다.

수령 연구는 1970년대 말에 일본학계에서 본격적으로 시작되었다. 일본고대사에서 논의되어 왔던 재지수장제론(在地首長制論)의 시각에서 발해 수령의 성격을 심층적으로 분석하였고, 그 결과 발해 수령이 내부적으로만 아니라 대외적으로도 상당한 독자성을 지닌 존재였음을 규명하였으며, 이러한 발해의 사회체제를 수령제(首領制)라 명명하였다. 한국학계에서도 역시 수령의 존재에 관심을 갖게 되면서 몇 편의 논문이 발표되었다.

3. 대외관계와 국가위상

발해는 당, 일본과 활발히 교섭하였다. 발해가 당을 비롯한 중원왕
조에 사신을 보낸 것은 145회에 이르고, 중원왕조에서 발해에 파견한
것은 16회 이상이 된다. 이러한 사신 파견 횟수는 같은 시기 통일신라
와 견주어도 별로 차이가 없을 정도였다. 발해는 주로 조공, 하정(賀
正), 교역, 학생 입학 등을 위해 사신을 파견하였고, 이에 비해서 당은
왕의 책봉을 위해서 파견하였다.

일본에는 사신을 34회 파견했고, 멸망 뒤 동단국(東丹國, 926~953,
동쪽 거란국)의 이름으로 1회 더 파견했다. 처음에는 군사적 목적으로
무관을 보내다가 사회가 안정되는 8세기 중반부터 문관으로 바꿨다.
특히 9세기에 들어 발해는 적극적으로 사신을 파견하여 경제적 이득
을 얻으려 했지만, 일본은 소극적 태도로 일관하였다. 이에 따라 13회
에 걸친 일본의 사신 파견은 1회를 제외하고 모두 8세기에 해당한다.

신라와의 교류 기록은 거의 남아 있지 않다. 그렇지만, 영주도(營州
道)와 조공도(朝貢道)를 거쳐 당과 왕래하고 일본도를 거쳐 일본과 왕
래하였듯이, 신라도와 거란도를 거쳐 신라나 거란과도 활발히 왕래하
였을 것이 분명하다. 신라 국경도시인 천정군(泉井郡)에서 발해 책성부
(柵城府)까지 39개 역이 운영되고 있었고, 신라가 교류의 창구인 탄항
관문(炭項關門)을 쌓은 것도 이를 뒷받침한다. 그러나 일본학계에서는
발해와 신라가 상호 대립적이었고 교류도 별로 없었다는 시각을 견지
하고 있어 한국학계와 차이를 드러낸다. 이것은 발해와 신라 사이에
벌어졌던 전쟁, 당에서의 과거시험 및 사신 석차를 둘러싼 경쟁 사건,
일본이 발해를 끌어들여 신라 공격을 기도했던 사실을 일본학계에서
과도하게 의식한 결과이다.

대외관계와 관련하여 논란이 되는 것이 당과 발해의 위상 문제이다.

중국학계는 발해가 당과 조공 · 책봉 관계에 있었고, 또한 당나라 기미부주(羈縻府州)의 하나였던 사실을 들어서 발해를 독립국가가 아닌 '당 지방정권'으로 규정한다. 그러나 조공 · 책봉 관계를 맺었던 모든 나라가 당의 지방정권은 아니었다. 그리하여 발해가 당의 기미부주인 홀한주도독부(忽汗州都督府)였다는 사실을 강조한다. 기미부주는 조공 · 책봉보다 더 강도 높은 편입을 의미하기 때문이다. 그러나 8세기에는 이미 당나라의 기미체제가 쇠퇴하였으므로 이 또한 명목적인 허울에 지나지 않았다.

더구나 통일신라와 발해가 당과 동일한 관계를 맺고 있었으므로, 이를 지방정권과 독립국가로 각각 분리해 보려는 것은 역사적 사실에 바탕을 두지 않고 현재의 정치적 목적에 종속되어 있다는 사실을 반영한다. 사실《구당서(舊唐書)》〈지리지〉에는 당 영토가 안동도호부에 이른다고 하면서 고구려 · 발해 땅은 당 영역이 아니라고 분명히 언급해 놓았다. 아울러 발해인이 당에서 통일신라인과 더불어 빈공과(賓貢科)에 응시했던 것은 이들을 외국인으로 인식하였음을 증명한다.

발해는 엄연히 독립국가였을 뿐 아니라 황제국을 지향하였다. 대외적으로 왕국을 표방하면서도 내부적으로는 황제국을 자처하였던 외왕내제(外王內帝)의 국가였다. 대외적으로 왕국을 표방했던 것은 강력한 당의 세력을 의식하였기 때문이다. 이리하여 당에 조공 · 책봉 관계를 맺었지만, 일본에 대해서는 772년에 스스로 천손국(天孫國)임을 자처하여 마찰을 빚었다. 나중에 고려도 이와 유사한 외왕내제 체제를 갖추었으니, 발해의 발상에서 영향을 받았을 것이다.

한국사에서 가장 오랫동안 독자적인 연호를 사용하였고, 왕은 황상(皇上)과 천손이라 칭하였다. 적어도 천손 의식은 고구려에서 계승된 것이다. 또 허왕부(許王府)의 존재는 왕 아래에 여러 왕이 있었음을 의미한다. 관청과 관직으로서 선조성(宣詔省)과 조고사인(詔誥舍人)이 설치되었으니, 이는 황제의 전용어인 조고(詔誥)를 사용하였던 사실을 반영한다. 선교성(宣敎省)을 설치했던 통일신라의 경우와 대비되는 것이다. 독립성이 강했던 지방의 수령은 황제국의 번국과 같은 구실을 하였다. 798년 당에 파견되었던 여부구(茹富仇)가 우루부(虞婁部) 번장(蕃長) 겸 도독(都督)이었던 것이 이를 말해준다.

4. 역사 귀속과 남북국시대론

발해의 귀속 문제에 대해서는 크게 두 가지 견해가 있다. 하나는 말갈계 국가로 보는 것이고, 다른 하나는 고구려계 국가로 보는 것이다. 중국과 러시아에서는 모두 말갈계 국가로 인식하고 있다. 그러나 중국은 속말말갈 주체론을 내세우는 반면에, 러시아는 자국내 소수민족의 역사와 결부시키고 있다. 이와 반대로 남북한에서는 고구려 계승국가로 인식하고 있다. 일본에서도 고구려계 국가로 보고 있지만, 여기에는 '조공국가였던 고구려의 후신'이라는 고대부터의 사고도 영향을 끼치고 있다.

발해가 한국사에 속할 수 있는 근거는 발해의 고구려 계승성, 통일신라와의 관계, 고려에의 계승성을 통해서 확보할 수 있다. 발해는 건국 뒤에 고구려 계승을 표방하였다. 727년 일본에 보낸 국서에서 무왕은 고구려와 부여를 계승한 국가로 선언하였고, 유민국가인 정안국(定安國)은 고구려와 발해를 계승하였음을 밝혔다. 8세기 문왕 때의 일본 기록에 발해 국명 대신에 '고려국' 호칭이 등장하는 것도 이러한 계승의식과 관련된다. 이런 의식은 고구려계 고씨가 귀족세력의 주축을 이루었기 때문에 가능하였다. 반면에 발해의 말갈 계승의식은 어디에서도 찾아볼 수가 없다.

이런 점에서 발해를 고구려의 후신으로 판단할 수 있다. 그럼에도 《구당서》와《신당서》에서 발해를 동이전(東夷傳)이 아니라 북적전(北狄傳)에 넣은 것은, 발해 핵심지가 말갈 지역에 속했기 때문이었다. 그러나 이것은 건국집단의 자발적 선택이 아니었고, 원래는 고구려 땅에 건국하려 하였다가 당나라 추격군에 쫓긴 나머지 불가피하게 선택한 것이었다. 또 발해는 건국 때에 당나라의 회유책마저 거부하면서 대항하였고, 8세기 전반에는 당나라를 공격해 들어갔기에 당나라로서는 과거 자신들이 온갖 희생을 감수하면서 멸망시킨 고구려의 부활을 인정하고 싶지 않았다. 발해를 말갈국으로 기록한 것이 많은 것은 이러한 정치적 배경에 말미암은 것이다.

과거에는 발해와 통일신라가 200여 년 동안 대립적이었다고 보았다. 이것은 일본학계의 견해를 무비판적으로 받아들였기 때문인데, 이제는 상호 교류가 빈번히 이루어졌던 것으로 파악하고 있다. 발해는 이민족에게 멸망되어 후계국가가 없었지만, 그 역사적 유산은 요(遼)와 고려로 계승되었다. 세자 대광현을 비롯한 많은 유민이 한반도로 들어왔다. 특히 부흥운동이 실패할 때마다 고려로 피신해 들어온 것은 유민의 귀속의식을 잘 반영한다. 발해와 고려가 동일하게 고구려 계승국을 자처하였던 것도 동일한 역사 고리로 묶을 수 있게 해준다.

이처럼 발해가 한국사에 속할 수 있다면 이를 적극적으로 한국사 체계에 반영해야 한다. 이를 위해서 제기된 것이 남북국시대론이다. 8~10세기에 한국사의 범주가 통일신라와 함께 발해가 포함된다면, 종전에 사용하던 '통일신라시대' 란 용어 대신에 남국인 통일신라와 북국인 발해를 포괄하는 '남북국시대' 를 사용하여야 한다는 논의다. 이런 주장은 이미 조선후기 유득공(柳得恭)에서 비롯되어 현대에 이르기까지 간헐적으로 채택되기는 하였지만, 1975년 이우성(李佑成)의 남북국시대 재론과 1980년대의 발해사 연구 성과에 힙입어 적극적으로 사용되기 시작하였다.

　그러나 주변국 연구자들은 이 용어 사용에 회의적이다. 중국과 러시아의 연구자는 발해사를 한국사로 인정하지 않기 때문에 이 용어에 대해서 비판적일 수밖에 없다. 일본과 북한의 연구자는 발해와 통일신라는 하나의 통일체에서 갈라진 것이 아니라 하거나, 발해와 신라 또는 발해와 고려 사이에 동족의식이 존재하지 않는다고 하여 이 용어가 적절하지 않다고 주장한다. 그러나 이것은 현재의 남북한 관계 또는 근대 민족 개념을 너무 의식한 결과이다. 최소한 발해사가 한국사에 속한다는 전제가 받아들여진다면, 이 시대를 통일신라시대보다는 남북국시대로 부르는 것이 적절하다.

맺음말

　발해는 한 · 중 · 일 · 러 4개국에서 활발히 연구되고 있다. 중국은 ‘속말말갈을 주체로 한 당 지방정권’으로 설정하는 데 견주어 러시아에서는 ‘말갈을 기본으로 한 다민족국가’, 북한은 ‘모든 측면에서 고구려를 계승한 국가’로 설정되어 있다. 남한과 일본도 발해를 고구려 계승국이란 측면에서 바라보고는 있지만, 이념적 규정에서 비교적 자유로운 처지에 있기에 이들보다 유연한 시각을 가질 수 있는 여건에 있다.

　발해국의 성격 규정은 실증적인 연구를 토대로 이끌어낸 결론이어야 한다. 그럼에도 먼저 성격을 규정해 놓고 여기에 연구를 맞추고 있다. 자신들의 논지에 유리한 증거를 찾는 데 골몰함으로써 다른 요소를 간과하거나 홀시하여 발해의 다양성을 이해하는 데 걸림돌이 되고 있다.

남한에서 발해사 연구는 여러가지로 불리한 여건에 처해 있다. 우선, 빈약한 문헌 자료를 보완하기 위해서는 고고학 자료의 확보와 이용이 무엇보다도 중요한데, 이 점에서 고고학 현장을 가지고 있는 중국, 북한, 러시아에 뒤처질 수밖에 없다. 또 외국의 연구 성과를 망라하기 위해서 중국어와 일본어 및 러시아어까지 읽을 수 있는 능력을 갖추어야 하는 것은 다른 한국사 분야에서 찾아보기 힘든 조건이라 할 수 있다.

이처럼 문헌과 고고자료의 활용 능력, 외국 연구의 소화 능력을 두루 갖춰야만 내국학자뿐 아니라 외국학자까지 설득시킬 수 있는 객관적인 연구 성과를 얻을 수 있을 것이다.

■ 참고문헌

盧泰敦,〈渤海國의 住民構成과 渤海人의 族源〉,《韓國古代의 國家와 社會》, 일조각, 1985.

박시형 저·송기호 해제,《발해사》, 이론과실천, 1989.

韓圭哲,《渤海의 對外關係史 -南北國의 形成과 展開-》, 신서원, 1994.

송기호,《渤海政治史硏究》, 일조각, 1995.

에.붸.샤브꾸노프 엮음, 송기호·정석배 옮김,《러시아 연해주와 발해 역사》, 대우학술총서 번역 97, 민음사, 1996.

국사편찬위원회,《한국사》10, 발해편, 1996.

송기호,〈渤海의 地方 統治와 그 실상〉,《韓國 古代社會의 地方支配》, 韓國古代史硏究 11, 한국고대사연구회, 1997.

──────,〈渤海 首領의 성격〉,《韓國 古代·中世의 支配體制와 農民》, 金容燮敎授停年紀念 韓國史學論叢 2, 知識産業社, 1997.

송기호, 〈六頂山 古墳群의 성격과 발해 건국집단〉, 《油耘史學》 8, 1998.

林相先, 《渤海의 支配勢力 研究》, 신서원, 1999.

한규철 외, 《渤海史의 綜合的 考察》, 高麗大學校 民族文化研究院, 2000.

鄭永振·嚴長錄, 《渤海墓葬研究》, 吉林人民出版社, 2000.

方學鳳, 《渤海城郭》, 延邊人民出版社, 2001.

酒寄雅志, 《渤海と古代の日本》, 校倉書房, 2001.

石井正敏, 《日本渤海關係史の研究》, 吉川弘文館, 2001.

사회과학원, 《동해안 일대의 발해 유적에 대한 연구》, 중심, 2002.

朱國忱·朱威, 《渤海遺迹》, 文物出版社, 2002.

이병건 편저, 《발해건축의 이해》, 백산자료원, 2003.

佐藤信 編, 《日本と渤海の古代史》, 山川出版社, 2003.

송기호, 〈대외관계에서 본 발해 정권의 속성〉, 《한국 고대국가와 중국왕조의 조공·책봉관계》, 고구려연구재단, 2006.

魏國忠·朱國忱·郝慶云, 《渤海國史》, 中國社會科學出版社, 2006.

고대사회의 해체

조인성(경희대 사학과)

머리말

681년 7월 문무왕이 사망하고, 뒤를 이어 신문왕이 즉위하였다. 전쟁은 끝나고 평화의 시대가 왔다. 중앙과 지방의 각종 제도가 정비되었으며 문화는 절정에 달했다. 전쟁의 후유증으로 어려운 처지의 백성들은 많았지만, 그런대로 민생도 안정되었다. 신라는 전성기를 맞이한 것이다. 그런데 혜공왕대부터 사정은 달라졌다. 여러 차례 반란이 일어났고, 혜공왕은 그 혼란의 소용돌이 속에 피살되었다(780). 뒤를 이어 김양상이 즉위하니 그가 선덕왕이었다. 태종무열왕으로부터 혜공왕까지를 중대(中代), 선덕왕 이후를 하대(下代)라고 한다.

하대에도 혼란은 계속되었다. 822년(헌덕왕 14)에는 웅천주(공주) 도독 김헌창이 국호를 장안, 연호를 경운이라고 하고 반기를 들었다. 836년 흥덕왕이 후사가 없이 사망하자 치열한 왕위 다툼이 벌어져 희강왕(836), 민애왕(838), 신무왕(839)이 잇달아 즉위하였다. 권력 다툼

은 지방에 대한 중앙 정부의 통제력을 약화시켰다. 그 결과 해상세력
가, 변방 군진의 지휘관, 낙향한 귀족, 촌주 출신의 호족들이 대두하였
다. 농민들의 몰락은 가속화하였고, 마침내 889년(진성왕 3) 정부의 세
금 독촉에 반발하여 전국 곳곳에서 농민들이 봉기하기에 이르렀다.

900년과 901년 견훤과 궁예가 망한 지 2백 년이 넘는 백제와 고구려
의 계승을 표방하면서 건국하였다. 이로써 두 나라가 신라와 정립하여
후삼국의 형세를 이루게 되었다. 후삼국 통일의 관건은 호족들을 포섭
하고, 농민들의 부담을 덜어 주는 데 달려 있었다. 이를 가장 성공적으
로 수행한 자는 송악(개성)의 호족 출신으로 918년 궁예를 축출하고 왕
위에 오른 왕건이었다. 935년 견훤이 고려에 망명하였고, 경순왕도 고
려에 귀순하였다. 936년 고려 태조 왕건은 후백제를 멸망시키고 통일
을 이루었다.

위에서 신라 하대의 상황을 간략히 정리하였는데, 하대로부터 고려
초(경종대)까지를 흔히 나말려초라고 부른다. 그런데 이 시기를 고대사
회가 해체되고 중세사회가 시작되는 전환기로 보는 견해가 있다. 이와
달리 중세의 시작을 통일신라 성립기로 보기도 한다. 이에 우선 고대
와 중세의 분기에 대한 여러 견해들을 소개하려고 한다. 한편 신라가
멸망하고 고려가 성립함으로써 왕실이 바뀌었을 뿐만 아니라 지배세
력이 교체되었고, 또 그에 따라 제도와 문물이 변화하였다. 이에 다음
으로는 새로운 지배세력의 대두와 교체를 중심으로 나말려초의 변동
을 정리하기로 한다.

1. 고대 · 중세의 분기에 대한 논의

고대사회의 시점은 청동기 시대 또는 국가의 형성 시기로 보는 경우

가 일반적이고, 이에 대한 논란은 별로 없다고 할 수 있다. 이에 견주
어 고대의 종말과 중세의 시작에 대한 견해는 다음과 같이 몇 가지로
나눌 수 있다. (1) 기원전 1세기에서 기원후 1, 2세기 무렵의 삼국시대
초기 (2) 7세기 후반이나 8세기 전반의 통일신라시대 초기 (3) 10세기
중 · 후반의 고려시대 초기 (4) 15세기 전반의 조선시대 초기. 이 가운
데 (2)와 (3)에 대해서는 다양한 견해들이 제기되어 있다. 이에 먼저
(1)과 (4)를 간략히 소개하고, (2)와 (3)에 대해서는 조금 자세히 다루
어 보려고 한다.

(1)은 1960년대 초부터 현재에 이르기까지 북한 학계의 공식 견해이
다. 이에 대한 정리에 따르면 1960년대 초 봉건론자와 노예론자 사이
에서 고조선 · 부여 · 진국 단계에 이른바 총체적 노예제사회를 그 유
형론적 내포로 하는 노예소유자사회를 설정하기로 합의를 보아 1962
년에 출간한《조선통사(상)》에서 원시사회, 노예소유자사회(고조선 ·
부여 · 진국), 봉건제사회(삼국시대~1860년대)로 확정하였다고 한다.

(4)는 1170년 무신란 이후의 고려 후기가 고대사회에서 중세적 사회
로 넘어가는 과도기적 전환기이며, 중세적 봉건사회가 본격적으로 시
작되는 것은 조선 성립 이후였다고 보았다. 이 견해는 고대와 중세의
차이를 농민에 대한 국가의 수탈양식의 변화에서 찾으려고 하였다. 구
체적으로는 가장 비중이 컸던 역역(力役) 부담의 기준이 고려시대에는
인정(人丁)의 다과였으나 조선시대에는 토지 소유의 규모로 바뀌었다
고 보고, 노동력의 수탈에서 토지를 매개로 한 수탈로의 전환을 분기
의 지표로 삼았다.

(2)의 경우는 다시 관점에 따라 나누어 볼 수 있다. 우선 사회 · 경제
적 변화를 주목한 견해들이 있다. 중세의 토지지배관계를 사적 소유권
에 바탕을 둔 지주 · 전호제와 자영농제, 수조권에 바탕을 둔 전주 · 전
객제로 파악하고, 이러한 양상을 통일신라시대부터 찾는 견해가 있다.

다음으로 세제(稅制)의 변화에 주목한 견해가 있다. 이에 따르면 삼국시대까지는 농민에 대한 인두적(人頭的) 획일적 수취와 징발을 특징으로 하는 고대적 수취양태가 나타난다고 한다. 통일 뒤인 8세기 전반 정전(丁田)이 지급되어 농민의 사적 토지 소유가 인정되었고, 측량으로 토지 면적을 파악하고 그것을 주된 기준으로 하여 세금을 매겼다고 보고, 이를 중세로 넘어가는 질적 변화라고 하였다.

한편 집권적 국가체제의 성립이라는 관점에서 고·중세의 분기점을 찾기도 하였다. 군현제가 단순한 지방제도가 아니라 농민의 생산물을 수취하여 국가의 물적 토대를 확보하는 매개체, 다시 말하자면 국가적 수취질서를 수립하는 제도적 장치라는 관점에서 군현제를 재정비한 신문왕대를 중세의 기점으로 보는 견해가 있다. 중대에 중앙집권적 골품귀족 관료체제가 성립하였고, 이에 따라 종래 대토지와 노예소유자였던 귀족이 왕권 중심의 관직체계에 예속됨으로써 전형적인 귀족관료로 전환했다고 보고, 이를 고대와 중세의 분기로 파악하기도 한다.

사상사의 측면에서 종파불교의 성립에서 중세 불교의 시작을 찾기도 하였는데, 삼국통일 이후에 화엄종, 법상종, 신인종 등의 여러 종파가 성립하였다고 보는 견해가 있다. 통일전쟁을 기점으로 지배이데올로기가 천신신앙에서 불교로 바뀌었다고 보고, 이것을 고·중세의 차이로 제시하기도 하였다.

(3)의 경우도 몇 가지로 나누어 볼 수 있다. 우선 왕조의 변화를 기준으로 하는 견해가 있다. 1960년대 이래 나온 대부분의 개설서들은 신라 말까지를 고대, 고려시대를 중세로 보았다. 이러한 구분이 어떤 이론적 배경을 갖는 것은 아니었고, 시간의 원근과 왕조의 교체를 고려한 결과였던 것으로 보인다. 이는 다분히 편의적인 구분이기는 하지만, 한편으로 삼국통일 이후 왕조 교체는 신라에서 고려로, 고려에서 조선으로의 단 두 차례 밖에 없었고, 왕조의 수명이 길었던 탓인지 일

단 왕조가 바뀌면 그에 수반하여 정치·사회·경제·문화 등 거의 전 분야에서 엄청난 변화가 초래되었다는 점에서 의미를 부여할 수 있다는 지적이 있다.

다음으로는 나말려초의 총체적 사회변동을 중시한 견해가 있다. 이에 따르면 이 시기를 거치면서 친족집단의 규모가 크게 축소되어 지배세력 편성의 중추적 구실을 하였던 혈연관계망이 무너졌다고 한다. 하대 진골귀족의 상쟁을 틈타 호족들이 성장하였으며, 이들의 기반이 되었던 농민은 고대 예민적 성격에서 벗어나게 되었다. 또 6두품을 비롯한 중간세력이 유교정치이념을 내세우고, 교종에 대한 중세적 지성으로서 선종을 창시하였다. 골품제도를 주축으로 하는 지배체제와는 그 조직 원리에서 본질적인 차이가 있는 과거제가 실시되고, 당송제도를 모방한 중앙집권적 정치체제가 이룩되기에 이르렀다는 것이다.

앞의 (2)·(4)에서와 같이 농민에 대한 수취 기준의 변화에 주목한 견해도 있다. 앞의 견해와는 달리 통일신라의 수취가 인정과 가호를 중심으로 한 인신지배적인 수취 방식이었음에 견주어 고려 태조의 십일세의 시행과 역분전 분급을 거쳐 경종대 전시과제가 시행되면서 전결(田結)을 단위로 한 수조권적 지배가 행해졌으며, 이로써 토지를 기준으로 하는 수취 방식으로 전환하였다는 것이다. 친족집단의 변화와 관련하여서는 나말려초를 거치면서 조상을 기준으로 하는 집단적인 친족관계가 해체되면서 약화·소멸하고, 반면 개인(자기) 기준의 친족관계(親屬)가 확대·발달하고, 비혈연적 요소의 비중이 커지는 경향이 나타났다는 견해가 있다. 이 밖에도 종파 불교의 형성기를 9세기 후반으로 보고, 이를 중세의 시점으로 잡기도 하였다.

세계사적인 관점에서 고·중세의 분기로서 나말려초를 주목하기도 하였다. 고도로 조직화한 정치체제가 몰락하거나 약화한 뒤 그것을 회생·소생시키려는 하나의 정치현상이 봉건제도라는 관점에서 고려가 전국 도처에 깔려 있던 호족세력을 일단 국가의 지배기구에 망라하여 국가의 기반을 확대한 다음 중앙집권체제를 확립하여 신라 말기 이래 혼란해진 사회질서를 바로 잡은 사실은 봉건제 발생이 대제국 붕괴 뒤 그 주변부에서 일어나는 정치적 회복운동이라는 쿨본(Rushton Coulbon)의 가설과 일치하는 측면이 있다는 것이다. 아울러 사회구성원을 통합 유지하는 사회적 관계로서의 공동체적 질서가 중세사회의 보편적 특성이 될 수 있다는 관점에서 후삼국시대 이후 연등회, 팔관회 등을 열어 지방사회의 농경관리권을 장악한 호족들과 그 후신인 향리들이 주도한 향도공동체에 주목하기도 하였다.

한편 이상에서 살펴 본 바와는 달리 사회적 지배(주도)세력의 변화를 기준으로 나말려초를 호족의 시대라고 파악하여 앞선 신라 중대의 전제왕권의 시대, 뒤이은 고려 전기의 문벌귀족의 시대와 구별하는 견해도 있다. 이에 대해선 구분된 각 시대의 계기성에 대한 이론적 뒷받침이 없다는 점이 지적되고 있지만, 역사는 결국 인간의 역사라는 관점에서 사회세력으로서의 인간집단을 중심으로 특정 시대의 사회 구성이라든가 정치기구나 경제조직의 운영의 실제, 사상적 추세 등을 종합적으로 파악하려고 한 시도였다는 점에 그 의의가 있다. 나말려초를 중대한 변동기로 봤다는 점에서는 앞의 견해들과 통하는 면이 있다.

2. 지배세력의 교체와 의미

신라사회를 규정하는 원리는 골품제였다. 이에 따르면 골품에 따라 정치적 · 사회적으로 누릴 수 있는 특권에 차등이 있었다. 정치적 출세와 관련하여 본다면 신분에 따라 차지할 수 있는 관등의 상한선이 정해져 있었다. 관등에 따라 맡을 수 있는 관직이 결정되기 마련이므로 결국 정부의 중요 관부의 장관(슈)이나 장군과 같은 군 지휘관은 진골만이 맡을 수 있도록 되어 있었다. 이에 두품 계층의 불만을 예상할 수 있는데 특히 진골 바로 밑의 6두품 출신의 유학자들이 그러하였다.

하대에 들어 6두품 출신 유학자들 가운데 골품제를 개혁하려는 움직임이 나타나기 시작하였다. 가령 녹진은 상대등 충공에게 재능의 크고 작음에 따라 관리를 임명하여야 왕정(王政)이 이루어질 것임을 충고하였다. 당에 건너가 유학하고, 과거(賓貢科)에 급제하여 당의 관리를 지내다 귀국한 최치원은 진성왕에게 시무 10여 조를 올렸다. 현재 그 내용은 전하지 않지만 아마도 골품보다는 학문에 기초를 두고 인재를 등용하자는 건의가 포함되었을 것으로 여겨지고 있다. 하지만 이러한 개혁안이 망할 때까지 골품제를 고수하였던 신라에서 받아들여 질 수는 없었다.

6두품 출신 유학자들은 골품제 안에서 진골귀족 다음으로 특권을 누리고 있었다. 그러므로 그들의 개혁안은 일정한 한계를 지닐 수밖에 없었을 것이다. 비록 그러하였지만 고려 초에 과거제가 실시되는 등 그들의 개혁안은 어느 정도 실현되었다. 6두품 출신 유학자들 가운데 일부는 유교적 정치이념과 국가 운영에 필요한 식견을 기초로 고려의 체제정비에 기여하였다. 특히 최승로의 시무 28조는 고려 문물제도 정비의 바탕이 되었다고 평가받는다.

골품제의 더 근본적인 문제는 그것이 왕경인(王京人)만을 대상으로 한 것이었다는 점이다. 비록 평민이라고 하더라도 일단 골품제에 편입된 사람들의 지위는 지방의 유력자보다 우월하였다. 물론 지방 지배를 위해 지방의 유력자들에게 관등을 수여하기도 하였다. 처음에는 왕경인에게 수여되는 경위(京位)와는 별도의 외위(外位)를 주었다. 7세기에 들어서는 경위가 수여되기 시작하였는데, 그러나 그렇다고 하여 그들이 중앙정부에 진출하여 관리가 된 예는 보이지 않는다고 한다. 지방

유력자들은 골품을 지니지 못하였고 다만 그에 준하는 대우를 받았을 뿐이다.

지방 유력자들 가운데 중앙에 도전하였던 자들도 있다. 가령 장보고는 청해진을 기반으로 왕권다툼에도 관여하였다. 5천의 군사를 동원하여 우징이 신무왕으로 즉위하는 데에 결정적인 도움을 주었다. 이로써 그는 지방 청해진의 지배자에서 중앙 정계의 실력자로 등장할 수 있는 기회를 얻었다. 골품제 아래서 특권을 누리고 있었던 왕경의 귀족들에게 지방인 장보고의 대두는 그들 공동의 이익을 위협하는 일이었다. 그들이 문성왕과 장보고의 딸의 결혼을 반대하였던 것은 바로 이 때문이었다.

장보고는 "해상왕"으로서 뿐만 아니라 지방인으로서 골품제에 도전하였던 선구적인 인물로 기억되어도 좋을 것이다. 그는 반기를 들었다가 암살당하였고(846), 청해진은 폐지되고 말았다(851). 비록 장보고는 성공을 거두지 못하였지만, 곧이어 곳곳에서 중앙 정부에 대해 독립적인 태세를 취하는 호족들이 등장하였던 것이다.

앞에서 말한 바와 같이 진골귀족들의 권력 다툼은 호족들이 대두할 수 있는 계기가 되었다. 그 뒤 농민들의 봉기가 계속되자 이에 대응하여 그들은 성을 쌓고 사병을 지휘하며 자신의 영역과 농민들을 보호하였다. 그들은 성주 · 장군을 자칭하며 지방관을 대신하여 지방의 지배자가 되었다. 호족들의 지배권은 세습되었으며, 그들은 나름대로의 통치조직을 갖추고, 영역 안의 농민들로부터 세금을 거두어 경제적 기반으로 삼았다. 이제 중앙집권체제가 무너지고 지방분권적인 시대가 되었다.

호족들 가운데는 신라 정부를 지지하는 경우도 있었다. 하지만 더 많은 호족들은 신라에 등을 돌렸다. 신라는 명목만의 국가로 전락하였다. 호족들은 형세에 따라서 후백제나 고려에 속하였고, 그들 가운데 일부는 새로운 통일왕조 고려의 지배세력으로서 개경에 거주하는 왕경인이 되었다.

고려 전기의 지배세력은 흔히 문벌귀족이라고 하는데, 그들은 본래 지방 출신이었다. 비록 신라의 왕족, 귀족 가문 출신이라고 하더라도 이제 그들도 지방인이었다. 문벌귀족들은 원출신지를 본관으로 칭하면서 자신의 가문을 드러내는 한편 다른 가문과 구별하였다. 그들은 여러 지방 출신의 서로 다른 성을 일컫는 이른바 이성귀족(異姓貴族)들로 이루어졌다. 이 점 왕경 출신의 왕족을 중심으로 한 진골귀족만이 지배권을 오로지하였던 신라와는 크게 달랐다.

고려 정부는 중앙집권화를 위해 지방관을 파견하고, 한편으로는 호족의 세력을 약화시키는 여러 가지 조처를 취하였다. 983년(성종 2) 12목에 지방관을 파견하고, 호족의 세력을 약화시키기 위하여 향직을 개편한 것이 그 시작이었다. 그 뒤 1018년(현종 9) 새로운 지방관제가 실시되면서 호족들은 지방관을 보좌하여 지방행정의 말단을 담당하는 향리가 되었다. 하지만 그들의 위상은 신라 촌주의 그것과는 달랐다.

고려시대에 모든 행정단위에 지방관을 파견한 것은 아니었다. 《고려사》지리지를 보면 지방관이 파견된 곳이 146곳인 반면 그렇지 않은 곳이 무려 374곳에 달한다. 《삼국사기》직관지에는 9주 아래 지방관으로 군태수 115인, 소수(少守) 85인, 현령 201인이 있었고, 또 이들을 감찰하는 외사정(外司正) 133인이 있었다고 전한다. 이와 비교해 보면 고려시대 중앙집권화의 정도가 현저히 약했음을 알 수 있는데, 지방관이 파견되지 않은 속군현(屬郡縣)에서는 향리들이 사실상 수령 노릇을 하였다. 그들은 호족의 후신으로서 지방의 지배자의 면모를 상당 부분 유지하였던 것이다.

고려 사회도 신라 사회와 마찬가지로 신분제 사회였다. 그러므로 신분과 그에 따른 직역도 세습되는 것이 원칙이었다. 그런데 향리들은 지방에서의 지위를 토대로 과거를 통해서 중앙의 귀족이 될 수 있었다. 중앙 정부에서 이를 적극 유도하기도 했다. 또 선군(選軍)을 통해 군인이 됐다가 무신으로 출세하는 경우도 있었고, 군사적 공로를 세워 출세하기도 하였다. 이처럼 지방의 유력자가 중앙의 귀족으로 진출할 수 있는 통로가 열려 있었던 것은 양자가 모두 호족 출신이라는 공통성에서 말미암은 것으로 여겨지는데, 이 점도 신라와는 크게 달랐다.

신라 하대에 지방에서 대두한 호족세력은 골품제와 그 정점에서 가장 많은 특권을 향유하고 있던 왕경의 진골귀족세력을 무너뜨렸다. 그들 가운데 일부는 새 왕조 고려의 새로운 지배세력이 되었다. 이들과 마찬가지로 호족의 후신이었던 향리들은 지방 지배자로서의 면모를 유지하였으며, 또 다양한 방법으로 지배세력에 합류하였다. 특히 고려 후기에 등장한 향리 출신 사대부들은 조선 왕조 개창에서 중요한 구실을 담당하기도 하였다. 요컨대 호족의 대두는 이후 지배세력 확대에 중대한 계기가 되었던 것이다.

맺음말

역사는 단순한 과거 사실의 집합이 아니다. 따라서 그것들을 체계적으로 이해하기 위해서는 정리가 필요하다. 그 가운데 하나가 시대구분인데, 이는 시간을 기준으로 하여 사실들을 묶어서 서로 구분하고, 하나로 묶인 사실들을 동일 범주로 일반화하려는 시도라고 할 수 있다. 좀 더 구체적으로 말하자면 시대구분은 시대적 특성을 명확히 하여 역사의 모든 과정에서 어느 특정 시대가 갖는 위치와 의의를 드러내는 작업이라고 할 수 있다.

한국사의 시대구분에서 나말려초의 변동기가 어떤 성격을 지니는 것인가에 대해서는 왕조의 교체와 삼시기 구분을 혼용하거나 사회경제사적 변화를 중시하였던 경향에 대해 정치체제·사상·공동체·지배세력 등 다양한 기준에 바탕을 둔 시대구분이 시도되었다고 할 수 있다. 그런데 이 시기를 고·중세의 분기로 보는 견해와 중세 사회 안에서의 변화로 보는 견해 사이의 어떤 의견 접근은 이루어지지 않고 있다. 다양한 기준에 따른 다양한 시대구분이 가능하다는 점에서 이는 일면 당연한 일로 보이기도 한다. 한편으로 이는 역사적 사실에 대한 파악이 서로 다른 데서 비롯한 측면도 있다.

앞에서 말하였듯이 여러 연구자들이 시대구분의 기준으로서 농민에 대한 수취 기준이 인정의 다과에서 소유 토지의 다과로 변하였다는 점을 주목하였다. 그런데 역역 수취의 기준 변화를 중시하였는가, 전조 수취의 기준 변화를 중시하였는가에 따라 고·중세의 시기구분에 큰 차이가 있었다. 또 전조 수취의 기준 변화을 중시하는 경우에도 그 시기를 통일신라 초로 보는가 아니면 고려 초로 보는가에 다른 점이 있었다. 그러므로 아직 나말려초 시기의 다양한 국면에 대한 보다 깊은 연구가 요구된다고 할 수 있다.

6·7세기 중국을 통일한 수·당은 중국 중심의 세계질서를 추구하였고, 그것이 삼국 사이의 상쟁과 맞물려 결국 통일신라와 발해의 성립으로 귀결되었다. 이 무렵 일본에서는 다이카(大化) 개신과 다이호(大寶) 율령으로 상징되는 고대 천황제 국가가 성립하였다. 한편 나말려초는 중국의 당 말 오대의 혼란과 송의 통일과 대응한다. 조금 시간적으로 뒤지지만 일본의 카마쿠라(鎌倉) 막부가 등장하여 중세가 시작되었다. 이러한 동아시아의 관점에서 당·신라·일본 삼국의 사정을 비교하여 본다면 시대 구분의 어떤 단서를 얻을 수 있을 것으로 기대한다.

■ 참고문헌

A. 韓國經濟史學會 編,《韓國史時代區分論》, 乙酉文化社, 1970.

韓國古代史研究會 編,〈韓國史의 時代區分〉,《韓國古代史研究》8, 신서원, 1995.

車河淳 외,《韓國史時代區分論》(翰林科學院叢書 26), 소화.

李基東,〈韓國史 時代區分의 여러 類型과 問題點〉,《韓國史時代區分論》;《전환기의 韓國史學》, 一潮閣, 1995.

노태돈,〈古・中世 分期 設定을 둘러싼 諸論議〉,《강좌 한국고대사 제1권 한국고대사연구 100년》, 가락국사적개발연구원, 2003.

채웅석,〈통일신라에서 고려로의 왕조 교체를 어떻게 평가할 것인가〉,《한국사시민강좌》40, 2007.

김영하,〈古代의 개념과 발달단계론〉,《한국고대사연구》46, 2007.

B. 旗田巍,《朝鮮中世社會史の研究》, 法政大 出版局, 1972.

李基白,《新羅政治社會史研究》, 一潮閣, 1974.

金哲埈,《韓國古代社會研究》, 知識産業社, 1975.

李基東,《新羅骨品制社會와 花郎徒》, 韓國研究院, 1980.

趙仁成,〈泰封의 弓裔政權 研究〉, 서강대 박사논문, 1991.

申虎澈,《後百濟甄萱政權研究》, 一潮閣, 1993.

全基雄,《羅末麗初의 政治史와 文人知識層》, 혜안, 1996.

鄭淸柱,《新羅末・高麗初 豪族研究》, 一潮閣, 1996.

洪承基,《高麗政治史研究》, 一潮閣, 2001.

申虎澈,《後三國時代 豪族研究》, 개신, 2002.

金昌謙,《新羅 下代 王位繼承 研究》, 景仁文化社, 2003.

전덕재,《한국고대사회경제사》, 태학사, 2006.

한국고대사학회,《한국고대사 연구의 새 동향》, 서경문화사, 2007.

고려시대

정치사의 전개와 고려사회 성격론

박종기(국민대 국사학과)

머리말

고려왕조(918~1392년)는 약 5백 년 동안 장기지속하면서 많은 역사적 변동을 겪었고, 그에 따라 정치·경제·사회·문화 등 여러 측면에서 다양한 변화가 나타났다. 이러한 변화와 변동의 모습을 효과적으로 이해하는 것은 고려왕조사 이해에 필요한 일이다. 이를 위해 고려왕조를 몇 시기로 구분할 필요가 있다. 이를 바탕으로 고려왕조사 이해의 뼈대가 되는 정치사의 전개과정을 살펴보기로 한다. 그리고 마지막으로 전체 왕조의 성격을 어떻게 이해할 것인가 하는 문제를 살펴보고자 한다. 그동안 많은 연구자들이 이 문제에 대해 고심하여 왔다. 이 글은 이러한 문제들에 관한 그 동안의 논의 과정과 연구 성과를 정리하고자 함이다.

1. 왕조의 시기구분 문제

(1) 2시기 구분법

이는 무신정변이 일어난 1170년을 기점으로 그 이전을 전기, 이후를 후기로 보는 구분법이다. 1170년은 시기적으로도 왕조 건국(918년)과 왕조 멸망(1392년)의 거의 중간 시점이 된다. 2시기 구분법은《고려사(高麗史)》(1451년)를 편찬한 조선 초기 역사가들의 사관에서 최초로 찾을 수 있다.《고려사》서문과 각 지(志)의 서문에서 무신정권의 권신(權臣)들이 경제, 군사 및 인사권을 장악하고 국정을 제멋대로 운영하면서 왕조는 쇠망의 길로 접어들었다고 한다. 이는 무신정권 이후의 후기사회를 문란하고 혼란한 사회로 서술하여, 그를 극복한 조선왕조의 건국을 정당화하려는 태도와 관련이 있다. 해방 이후 일본인 고려사 연구자들도 무신정권의 등장을 고려역사 전개의 커다란 분수령으로 생각했다. 국왕권을 압도하는 무신 권력집단의 대두와 사병(私兵)과 농장의 발달 등의 예를 들어 무신정권을 기점으로 서양 중세의 봉건제 사회가 성립되었다고 했다.

1백 년 동안 지속된 무신정권(1170~1270년)의 등장은 국왕과 관료집단으로 구성된 왕조국가의 지배체제 곧 왕정(王政)체제의 급격한 변동을 가져온 사건이자 우리 역사에서 유례를 찾을 수 없는 특이한 역사현상임은 분명하다. 이 점에서 2시기 구분법은 정치 지배세력을 중심으로 고려왕조사를 이해하려 했던 근대의 역사가들에게도 매우 유효한 시기구분으로 받아들였을 정도로 나름대로의 강점과 매력을 지니고 있다.

그러나 무신정권의 등장 배경에 대한 정치·사회·경제의 측면에서 합리적이고 인과적인 설명이 부족하다. 또한 전기와 후기 사이에 나타나는 사회구성상의 차별성을 밝히지 못하고 있다. 전기와 후기는 각각

250여 년을 하나의 시간단위로 하는데, 이를 하나의 동일한 시기로 보기에는 시간의 단위가 너무 클 정도로 각각의 시기 안에 다양한 편차를 지닌 역사 사실들이 서로 복합적으로 얽혀 있다. 따라서 이러한 구분법은 무신정변이라는 사건을 기준으로 시간의 순서에 따른 단순한 시기 구분이라는 비판을 면하기 어려울 것이다.

(2) 4시기 구분법

현재 우리 학계에서 가장 일반적으로 사용하고 있는 시기구분법이다. 1970년대 국내 연구자들이 제기했다. 이는 한국사 전체를 통일신라 진골귀족사회, 고려왕조 문벌귀족사회, 조선왕조 양반관료사회로 크게 구분하면서, 지배세력에 참여하는 폭이 확대되는 것을 한국사의 발전으로 파악한 지배세력론의 관점에서 출발한 것이다.

문벌귀족사회인 고려왕조는 다시 지배세력의 존재형태에 따라 호족(1기), 문벌귀족(2기), 무인(3기), 권문세가와 사대부(4기)의 4시기로 구분한다. 지배세력을 중심으로 정치사를 체계적으로 이해한 것은 2구분법보다 진일보한 측면이 있다. 이에 따르면 고려왕조의 특성을 보여주는 전형적인 지배세력은 2기의 문벌귀족이다. 이들 계층은 무신정변을 계기로 몰락하면서 고려사회의 성격이 크게 달라졌다고 보았다. 이 주장은 외형적으로 4시기 구분이지만, 고려 지배세력의 전형성을 보여준 문벌귀족층이 붕괴된 시점인 무신정변을 고려왕조 변동의 주요한 계기로 설정한 점에서 내용적으로 2구분법과 큰 차이가 없다. 후기사회는 무신정권 이후 과거를 통해 진출한 향리들이 원나라 간섭기에 권문세족과 대립하는 가운데, 사대부세력으로 성장하여 고려 말 개혁을 주도하면서 조선왕조의 건국으로 이어지는 시기로 이해했다.

4시기 구분법은 이같이 중앙 지배세력에 초점을 두고 있으나, 크게는 문벌귀족과 사대부 중심으로 왕조사를 설명하고 있으며, 4개의 지배신분층이 변동, 교체되는 과정을 인과적이고 체계적으로 설명하지 못하고 있다. 고려왕조를 지탱한 또 다른 축인 지방사회와 지방세력, 민의 움직임 등이 역사의 흐름에서 배제되는 한계가 있다.

(3) 3시기 구분법

앞의 두 시기 구분법은 지배세력에 초점을 둔 시기구분으로서, 지배세력의 추이를 이해하는 데 어느 정도 유용하다. 그러나 각 지배세력의 변동 배경과 함께 구체적으로 사회구조의 변동과 사회경제적 조건이나 지배층 내부 여러 세력 간의 관계에 대한 합리적인 설명이 뒤따르지 않는 한 역사를 단절 내지 부조(浮彫)적으로 이해한다는 혐의를 벗어나기 어렵다. 즉 역사를 인과(因果)의 관계 속에서 계기적(繼起的)이고 합리적으로 이해하려는 노력이 부족하다는 점이다.

3시기 구분법은 1980년대 이후 새로운 연구 성과를 바탕으로 제기된 구분법으로서, 전기와 후기 사이에 중기를 설정하고 있다. 따라서 이 구분법의 핵심은 중기사회를 어떻게 보는가 하는, 이른바 '고려 중기론'으로 압축된다. 이에 따르면 고려 중기는 숙종(1096~1105년)이 즉위하는 12세기 초에서 원나라 간섭기 이전의 13세기 중반에 이르는 약 150년 동안이다. 그렇다면 고려 중기는 전기, 후기와 다른 어떤 특성을 지니는 것일까?

고려 중기에는 정치·경제 등 여러 부분에서 사적(私的) 영역이 크게 확장되면서 고려 전기 왕정(王政)체제 중심의 지배질서인 공적(公的) 영역이 상대적으로 축소되고, 그로 말미암아 두 영역이 서로 대립과 갈등을 일으킨다. 구체적으로 왕실과의 혼인을 통한 외척가문과, 학문과 전공(戰攻)으로 고위 관직에 오른 유력한 가문이 등장하고, 이들 가문이 여러 대에 걸쳐 고위관직을 독점하고 상호 중첩된 혼인으로 가(家)와 족당(族黨)의 결합에 따른 문벌의 등장과 보수화가 진행된다. 무신정변 이후 중방(重房), 교정도감(教定都監), 정방(政房) 등 사적 기구에 의한 무신집단의 권력 독점, 사병의 대두와 공병(公兵)의 약화, 농장 등 대토지 소유제의 발달에 따른 토지분급제의 마비 등 정치·경제의 부분에서 사적 영역이 크게 확장된다. 고려 중기는 이같이 공사(公私) 영역의 충돌로 말미암아 사회경제적 모순이 심화하고 하층민의 봉기와 신분제의 동요로 커다란 사회변동을 겪는 변동기의 특성을 보인다. 구체적인 내용은 정치사의 전개과정에서 다루게 될 것이다.

2. 정치사의 전개 과정

고려왕조 건국의 주역은 지방 호족세력이었다. 태조 왕건도 개성 출신의 지방 세력이었다. 고려 전기사회의 과제는 완강한 지방 호족세력을 약화시키고 그들을 지배질서에 편입해 왕조체제의 기반을 다지는 일이었다. 전기의 정치사 또한 그러한 과제에 부응해서 전개된다.

먼저 50여 년 동안 후삼국 전란으로 분열된 지역과 민심을 수습하여 통일왕조로서 체제를 확고하게 하는 일이다. 즉 왕조 건국에 협조한 지방 호족세력을 중앙 관료나 지방 향리로 흡수하여 지배질서 속으로 편제하는 일이었다. 중앙정부는 지방 세력의 근거지를 본관으로 삼고 그들에게 성씨를 부여해 주어 그들의 권위를 인정하는 등 자율성을 최대한 보장해주었다. 이를 통해 중앙정부는 그들의 협조를 얻어 영역 내 주민들의 유망을 방지하고 전란으로 황폐해진 토지를 개간하여 향촌사회를 안정시키는 한편, 조세와 역역(力役)을 안정적으로 수취해 왕조의 재정기반을 확보하고자 했다.

한편 동아시아 세계의 중심국가로서 왕조의 면모를 일신하는 일이다. 그것은 후삼국 통일전쟁을 극복하여 마침내 천하를 통일했다는 자부심의 표현인 황제국 체제에 걸맞는 제도와 문물을 정비하는 일이기도 했다. 이를 위해 고려왕조는 일찍부터 중국의 선진 문물과 제도를 수용하기 시작했다. 과거제를 수용함으로써 새로운 지배 엘리트를 충원하여 지배세력의 교체를 꾀하는 한편으로 정치·경제·군사제도 등을 정비하여 집권체제의 제도 기반을 마련하고자 했다. 이 과정에서 혜종, 정종, 광종, 경종 대에는 지방 세력의 반발로 말미암아 대대적인 숙청 작업 등 커다란 정치적 격변을 치르기도 했다.

그러나 성공적인 지방지배와 함께 중국의 선진문물 수용으로 왕조의 면모를 일신한 국왕과 관료집단이 점차 정치를 주도했다. 한편으로 지방사회도 일방적으로 해체되지 않은 채, 각 영역을 단위로 고유한 의례(儀禮)와 교화를 통해 결속을 다져나가는 등의 독자성을 유지하였다. 고려 전기 지배질서는 이같이 중앙과 지방이 공존하는 형태였다. 정치뿐만 아니라 사상과 문화에서도 중국의 선진문물을 수용하려는 화풍(華風)과 고려의 전통과 풍속을 유지하려는 국풍(國風) 사조가 서로 충돌하지 않고 공존했다. 불교·유교·도교·풍수지리 사상도 큰 충돌 없이 공존했다. 현종 대(1010~1031년)를 거쳐 문종 대(1047~1082년)에 고려적인 지배질서가 완성되었다.

왕조 건국 후 200여 년이 지난 1100년 무렵인 12세기 초반은 왕조체제가 점차 동요하기 시작한다. 문종 대 이후 왕실과의 혼인, 여러 대에 걸친 고위 관직의 독점과 상호 중첩된 혼인으로 문벌귀족은 점차 보수화하면서 각종 정치·경제의 특권을 누리게 된다. 숙종(1096~1105년)은 왕위 계승에 깊숙이 개입한 인주(仁州)이씨 출신의 이자의(李資義)를 제거하고 왕위에 올랐다. 숙종은 문벌귀족을 억누르고 왕권을 확립하기 위해 여진 정벌을 단행한다. 이 과정에서 별무반(別武班)을 창설하여 전국의 군역(軍役) 자원을 직접 장악하는 등 왕권을 확립하고자 했다. 지금의 서울인 남경으로 수도를 옮겨 문벌귀족의 정치기반

을 와해시키는 한편으로 화폐 주조 사업 등을 통해 국가가 유통권을
장악하고자 했다. 흔히 신법(新法)으로 불리는 이러한 시책은 예종 초
반까지 지속되었다. 그러나 여진 정벌과 수도 천도에 따른 과중한 역
부담을 이기지 못한 민들이 거주지를 이탈하는 대대적인 유망 현상의
발생과 정치권의 반발로 신법정책은 결국 중단된다.

유망 현상과 정치권의 대립 갈등으로 사회 전반에 위기의식이 팽배
했다. 인종은 외척 이자겸(李資謙)을 제거하려다 도리어 실패, 왕권을
크게 위협받게 된다. 개경의 정치에 불만을 가진 묘청(妙淸)은 1135년
(인종 13) 서경천도운동을 일으키면서, 한때 정국은 크게 동요했다. 이
후에도 왕권을 확립하려는 국왕과 문벌귀족 사이의 대립과 갈등은 여
전했다. 의종은 문벌귀족을 견제하고 왕권과 왕실의 중흥을 위해 가까
이 있는 무신과 환관들을 측근으로 삼아 정국을 주도하려 했으나 오히
려 측근 무신에 의한 정변으로 시해되면서, 무신정권이 등장한다.

무신 권력자들은 정방(政房)을 통한 인사권 장악, 사병을 통한 군사
권 장악, 토지 탈점을 통한 대토지 확대 등으로 왕정체제는 무력화되
었다. 무신정권의 수탈에 반발한 하층민의 봉기와 항쟁은 왕조를 부정
하는 3국 부흥운동이라는 극단적인 형태로 발전한다. 또한 1231년부
터 시작된 세계제국 몽골과의 30여 년에 걸친 전쟁은 민심 이반을 가
속화해, 몽골의 침입에 효과적으로 대응할 수 없었다. 몽골과의 강화
를 주장한 국왕과 문신 관료집단이 1258년 최씨정권의 마지막 실권자
최의(崔竩)를 제거하면서, 무신정권은 사실상 붕괴되었다. 이듬해 몽
골과 강화(講和)조약을 맺으면서 왕정(王政)이 복고되었다.

원 간섭기로부터 시작된 고려 후기는 고려 중기 이래 사적(私的) 영
역의 확대에 따른 여러 모순과 폐단을 바로잡아 공공성을 확립하고 왕
조체제를 새롭게 개혁해야 하는 과제를 안은 개혁정치의 시기였다.

원 간섭기에도 사적 영역은 여전히 확장됐다. 전쟁으로 황폐화된 토

지의 개간과 국왕 측근 등 권세가들의 경제기반을 마련하고자 지급된 사급전(賜給田) 제도는 토지의 개간보다는 권력을 배경으로 공사(公私)의 토지를 손쉽게 탈점하여 대토지 소유를 확대하는 현상을 낳았다. 토지의 부족한 경작자를 채우기 위해 양민을 강제로 노비로 만드는 압량위천(壓良爲賤)과 함께 토지를 빼앗기고 과중한 조세 수탈에 시달린 민들이 스스로 권세가의 노비가 되는 '투탁(投托)'이라는 새로운 현상도 나타났다. 이로 말미암아 조세와 역역(力役)의 근원인 양인이 축소되자 국가의 재정수입도 줄어들어 왕조의 존립이 위태롭게 되었다.

따라서 개혁은 불가피하였다. 이러한 모순과 폐단을 완화하지 않으면 고려 지배 자체가 불가능하다는 것을 인식한 원나라와 국왕 등 고려 지배층의 이해관계가 합치되어, 충선왕, 충숙왕, 충목왕 등 원 간섭기 국왕들의 개혁정치가 시행된다. 그러나 모순과 폐단의 주체인 권세가들이 원나라와 결탁하고 있는 한 전면적이고 성공적인 개혁은 기대할 수 없었다. 또한 개혁을 추진할 만한 세력도 미약했다.

공민왕(1352~1374년)이 즉위할 무렵, 원의 영향력이 쇠퇴하고 새로운 이념인 성리학이 본격적으로 수용되기 시작했다. 성리학은 치자(治者)층의 도덕적 각성과 경세(經世)의식을 제고시켰다. 탈점과 수탈의 주체인 권세가에 대신하여 유교 경전에 밝고 행동거지가 제대로 닦인 '경명행수(經明行修)', 곧 도덕성과 책임의식을 가진 인물들이 이상적인 관료로서 부각되었다. 그러한 관료를 선발하고자 불법적인 인사의 온상인 정방(政房)을 혁파하고, 문무(文武)의 인사를 이부(吏部)와 병부(兵部)에 되돌려 주어야 한다는 개혁의 방향과 목표가 설정되었다. 이와 함께 전민(田民) 탈점으로 형성된 사전(私田)을 혁파하고 새로운 관료층의 경제기반을 마련하고자 과전(科田)을 복구해야 한다는 개혁의 방향과 목표도 설정되었다. 성리학의 수용은 이같이 개혁의 방향과 목표를 분명하게 설정하는 계기가 되었다. 성리학으로 무장한 사대부세력이 새로운 정치세력으로 결집되었고, 개혁의 주도세력으로 등장했다. 이들은 위화도 회군을 계기로 이성계를 중심으로 한 무장 세력과 결합하면서 사전(私田)개혁을 비롯하여 전면적인 개혁을 단행했다. 그 결과 고려왕조는 몰락하고, 조선왕조가 건국되었다.

3. 고려 왕조의 성격

고려사회의 전체 성격을 어떻게 이해할 것인가에 대해 일찍부터 여러 가지 논의가 제기되었다. 여기에서는 각각의 논의에 대해 살펴보게 될 것이다.

(1) 봉건사회론

1930년대 유물사관론자들이 최초로 제기한 것이다. 신라의 3국 통일을 계기로 대토지 소유제가 전개되면서 생산력은 양적으로 확대되나, 전쟁의 종식으로 노예공급이 중단되면서 노동방식이 농노제로 재편되었고, 신라 하대 지방세력이 대두하면서 그러한 생산관계를 바탕으로 한 봉건제의 기초가 형성되었다. 고려왕조는 봉건적 지방세력이 권력을 장악하고, 대토지 소유를 바탕으로 역분전 공훈전 형식의 봉건적 분봉(分封)을 통해 이들 사이에 상호 보험적인 집권적 봉건제 사회가 완성되었다고 했다.

또 다른 논의는 1950년대 이래 일본인 고려사 연구자들이 제기한 것이다. 즉 직접 생산자의 존재가 노예적인가 농노적인가에 따라 각각 노예제와 봉건제 사회로 구분했다. 이에 따르면 고려왕조는 노예제와 봉건제가 병존한 사회이다. 그 분기점은 무신정권이다. 무신정권 이후 토지 국유제인 공전제의 붕괴, 장원의 발전, 노예 신분의 동요, 부병제의 붕괴와 무사집단의 대두에 따라 봉건제 사회가 성립되었다고 한다.
한편 고려 전기는 중앙정부가 혈연공동체 수장의 현실적인 크기에 따
라 대 족단은 대읍(大邑)으로, 중소 족단은 소읍(小邑)으로, 천민집단은
향·부곡으로 각각 신분적으로 편제했으며, 토지 소유형태는 사적인
토지소유가 실현되지 않은 단체적, 집단적 소유형태의 노예제 사회였
다고 한다.

한편 1980년대 이후 국내 연구자들은 통일신라기 이후 토지가 사유
화한 사실에 근거하여, 통일신라 이후 농업생산력의 발달과 집권체제
의 강화로 농민에 대한 직접적인 지배가 실현되면서 중세사회가 성립
되었다고 한다. 이에 따르면, 고려사회는 사적인 토지소유를 기반으로
한 생산관계, 즉 지주 전호관계에 바탕을 둔 사회가 된다.

(2) 관료제 사회론

1930년대 이래 통설의 지위에 있던 귀족제 사회론의 주요한 근거인
음서제(蔭敍制)와 양반공음전시(兩班功蔭田柴)에 대한 재해석을 통해
1970년대 초반 제기되었다.

먼저 음서제는 국가에 공을 세운 관료의 자손에 대해 국가적 보은(報
恩)의 의미에서 초직(初職)만 준 것에 불과하며, 서양 귀족제와 같이 여
러 대에 걸쳐 관직을 승계하는 제도가 아니라 했다. 다음 양반공음전
시의 지급범위인 1품에서 5품까지의 품(品)은 관품(官品)이 아니라 국
가에 대한 공훈(功勳)의 단계, 등급을 뜻하며, 5품 이상의 관리가 아니
라 국가에 공훈이 있는 모든 관리들에게 지급되었다. 또한《고려사》
열전 650명의 인물 가운데 340명이 과거 출신자로서 음서제를 통해 관
직에 진출한 자는 40여 명에 지나지 않을 정도로 당시 관리 선발의 정
도(正道)는 과거제이며, 음서제는 부차적 종속적 관계였다고 했다. 고
려사회는 이같이 관리등용에서 과거(科擧)의 가치체계가 전 국가, 전

역사적으로 확립된 관료제사회였다고 한다.

(3) 귀족제 사회론

귀족제론은 작위의 세습, 토지의 무기영대(無期永代)적인 소유, 폐쇄적인 통혼권의 형성을 제도적 특징으로 한 서양의 귀족(Aristocracy)개념을 원용해 고려 지배세력의 실체를 귀족적인 존재로 보았다. 구체적으로 음서제와 공음전을 정치·경제 기반으로 하여 왕실이나 유력 가문과 폐쇄적 통혼권을 형성하여 자신들의 가문의 영달을 유지하고자 한 문벌귀족(門閥貴族)이라 했다. 또한 5품 이상의 관료가 3대 이상 배출된 가문이 문벌귀족 가문이며, 이들이 고려사회를 주도했다고 했다.

문벌귀족의 실체는 관료체계에서 재상(宰相)으로서, 이들은 중서문하성(中書門下省)과 중추원(中樞院)에 소속된 2품 이상의 관원이다. 이들은 6부의 장관직과 국왕에 대한 간쟁과 관리의 비행과 임면(任免), 풍속의 교정을 관장하는 대간(臺諫)의 장관직을 겸임했을 정도로, 이들에게 권력이 집중되었다. 나아가 재추회의(宰樞會議)의 구성으로 국가의 중요한 정책을 결정한 문벌귀족 중심의 사회라 했다.

(4) 문벌사회론

귀족제 사회론에 대한 비판으로 1990년대에 제기되었다. '법제적 특권의 향유'와 '지위의 세습'을 지표로 하는 귀족은 고려 때 존재하지 않았으며, 그 제도장치로 간주했던 음서제는 새로운 지배체제에 적합한 관료집단을 형성하기 위한 국왕 주도의 시책으로서, 반 귀족적인 요소가 있다고 했다. 문벌가문은 몇 대 지나지 않아 곧 소멸되었으며, 특유의 문벌의식이 강한 것도 아니었다. 따라서 지배세력만 두고 볼 때 고려사회를 문벌사회로 파악할 것을 제안했다.

문벌사회는 개인의 능력보다 가문의 배경이 중시되어 교육, 관리임용, 권력구조 등에서 상류층에 대한 우대책이 입안되고 실시될 수 있었던 사회라고 했다. 그러나 이러한 우대책이 귀족제를 유지할 정도의 법제적인 장치는 아니었다고 했다. 나아가 귀족제 사회론은 골품제 사회를 극복한 고려사회의 발전상을 퇴색시키는 문제가 있다고 했다.

(5) 다원사회론

역시 1990년대 제기된 것으로 고려사회는 하나의 가치나 원리가 아니라 다양한 질서와 원리에 따라 운영된 다원사회다. 다원사회의 특성은 문화와 사상에서 다양성과 통일성의 모습을 보여준다. 불교 · 유교 · 도교 · 풍수지리 등 다양한 사상이 공존한 다양성과 한편으로 그것이 지닌 개별성과 분산성을 극복하기 위해 팔관회와 같은 의례를 통해 통일성을 추구했다. 문화 또한 청자 · 금속활자 · 나전칠기 등 세련미를 지닌 중앙문화와 거대한 석불문화 등 투박하고 역동적인 지방문화가 공존했다. 다원사회의 또 다른 특성은 대외무역을 장려하는 등의 개방성과 하층민의 활발한 운동과 정치 진출로 말미암아 신분이동의 유동성이 큰 역동성을 들 수 있다. 행정과 교통의 전략적 중요성에 따라 주현과 속현으로 편제한 군현영역과 개간으로 신설된 촌락과 국가가 필요로 한 물품 생산지를 향 · 부곡 · 소 등으로 편제한 부곡영역 등 다양한 영역 구성은 마치 수많은 벌집방이 모여 하나의 벌집을 이룬 벌집구조와 같은 사회구성으로서, 다원사회의 또 다른 모습이다. 고려사회가 500여 년 동안 장기 지속한 것은 다원사회의 특성 때문이라 하였다.

맺음말

일제 식민지시기 사회경제사학자들은 정체성론 곧 봉건제 결여론 극복의 대안으로 우리 역사에서 봉건제 요소를 검출하려는 노력 속에서 고려왕조사 연구의 기초가 마련되었다. 이러한 경향의 연구는 일본인 고려사 연구자들에 의해 1960년까지 지속되었다. 2시기 구분법과 봉건제 사회론은 이러한 가운데 제기되었다. 1970년대 국내 연구자들이 고려왕조사 연구를 주도하기 시작하면서 정치제도사 연구에서 커다란 성과를 얻었다. 4시기 구분법이나 귀족제와 관료제 사회론은 이러한 연구성과의 산물이다. 이를 바탕으로 1980년 대 이후 사회사 경제사 등 연구분야가 크게 확장되면서, 고려왕조사 연구는 본격적인 궤도에 오르게 되었다. 3시기 구분법이나 문벌 사회론과 다원 사회론은 이러한 가운데 제기되었다. 현재 고려사 연구는 1980년 대 이후의 성과를 뛰어넘는 새로운 방법론을 모색하고 있으나, 뚜렷한 진전이 이루어지지 않은 아쉬움이 있다.

■ 참고문헌

백남운, 《조선사회경제사》, 개조사, 1933(하일식 역, 이론과 실천사, 1994) ; 《조선봉건사회경제사》 상, 개조사, 1937 (하일식 역, 이론과 실천사, 1994).

마에다 나오노리(前田直典), 〈동아시아에서 고대의 종말〉, 《중국사의 시대구분》, 동경대 출판부(일본어), 1957.

하다다 다카시(旗田巍), 〈고려시대 토지의 적장자 단독상속과 노비의 자녀균분상속〉(《조선중세사회사의 연구》, 법정대 출판국(일본어), 1972, 재수록), 1957.

김상기, 〈고려시대의 총설〉, 《고려시대사》(《신편 고려시대사》, 서울대 출판부,

1985), 1961.

　이우성, 〈신라시대의 왕토사상과 공전〉(《한국중세사회사연구》, 일조각, 1991, 재수록), 1965.

　박창희, 〈고려시대 관료제에 대한 고찰〉, 《역사학보》 58(《한국사의 시각》, 1984, 재수록), 1973.

　이기백, 〈성종대 정치적 지배세력〉, 《한국사》 4, 국사편찬위원회, 1973 ; 〈한국사의 발전과 지배세력〉, 《한국사신론》(개정판), 일조각, 1978.

　박용운, 〈고려 가산관료제설과 귀족제설에 대한 검토〉, 《史叢》 21 · 22합, 1977.

　─── , 《고려시대사(상, 하)》, 일지사, 1985, 1987.

　김용섭, 〈전근대의 토지제도〉, 《한국학입문》, 학술원, 1983.

　유승원, 〈고려사회를 귀족사회로 보아야 할 것인가〉, 《역사비평》 1997년 봄호, 1997.

　박종기, 〈민족사에서 차지하는 고려의 위치〉, 《역사비평》 1998년 겨울호, 1998.

　─── , 《5백년 고려사》, 푸른역사, 1999.

　채웅석, 〈고려사회의 변화와 고려중기론〉, 《역사와 현실》 32, 1999.

고려의 지배체제

이진한(고려대 한국사학과)

머리말

한국사에 관한 개설서이든지 여러 권으로 된 통사이든지 막론하고 각 시대의 앞부분을 차지하는 것은 대체로 통치기구와 같은 정치제도에 대한 서술이고, 그 내용은 주요 관서의 기능과 관직의 구성 등이다. 실제로 정치제도의 이해가 한 시대를 파악하는 기본이 되는 것은 분명하며, 시대별 중요 관서와 그 업무에 대해서는 필수적으로 알아두어야 할 것이다. 그러므로 이 글에서도 고려시대의 중요한 핵심관서와 관직을 소개하고 지방 지배체계가 만들어져 가는 과정을 개략적으로 서술할 것이다. 아울러 한국사 공부를 시작하는 초심자들이 궁금해하는 고려시대 제도가 중국과 비교하여 같은 점과 다른 점이 무엇인지, 그리고 그것이 갖는 역사적 성격에 대하여 설명해 보고자 한다.

1. 중앙 정치제도와 관제 운영

고려 초 정치제도는 태봉의 그것을 이은 것이고, 태봉은 신라의 제도를 모태로 하여 독자적인 관제를 이루었던 것이며, 광평성 · 내봉성 · 순군부 · 병부 등을 중심으로 그 아래 각각의 실무 기관을 두어 행정을 운영하였다.

이러한 체제는 경종 대까지 지속되다가, 성종 대에 최승로의 건의를 받아 유교적 중앙집권정치를 지향하면서 당 제도를 적극적으로 수용하여 개편하였으므로 당의 3성 6부제(三省六部制)와 유사한 체제가 만들어졌다. 목종 대에는 송의 중추원 제도가 도입되었고, 이후 고려의 고유한 관제인 도병마사와 식목도감이 설립되었다. 그리고 문종 대에 이르러 관직의 품계와 관원 등에 대한 전반적인 조정이 있었으며, 그 내용이 《고려사》 〈백관지〉에 상세히 기록되어 있다. 고려의 정치제도는 특별한 언급이 없는 한 이 시기의 것을 말하는데, '문종 대의 체제'를 중심으로 고려의 중앙지배체제를 설명하면 다음과 같다.

가장 중요한 관서는 중서문하성(中書門下省)이었다. 이곳에는 고려의 최고위 관직인 중서령과 문하시중이 있었고 그 이하 2품 이상의 재신(宰臣)은 국정을 총괄하고 중요한 국사에 대해 국왕과 의논하는 기능을 가졌다. 다음으로 군기(軍機)에 관한 일을 맡았다고 하는 중추원─후대의 추밀원─의 종2품과 정3품 추밀은 재신 다음 가는 지위로서 재신과 함께 국정을 의논하였다. 그 밖에 재상의 관서로는 상서 6부를 통할하는 상서도성(尙書都省)이 있었고, 대외적인 국방 · 군사에 관한 일을 논의하는 도병마사(都兵馬使)와 법제에 관한 일을 다루었던 식목도감(式目都監), 재정과 녹봉을 맡은 삼사(三司) 등이 있었다.

그 아래에는 국가의 유지에 필요한 사무를 담당하는 여러 관서가 있었다. 이부 · 병부 · 호부 · 예부 · 형부 · 공부 등의 6부(六部)는 가장 대

표적인 행정 실무 기구였으며, 중추원의 정3품 승선은 국왕의 비서 기
능을 했다. 중서문하성의 3품 이하 6품 이상의 관원으로 구성된 낭사
(郎舍)는 국왕의 정사에 대해 간언하는 구실을 했으며, 백관의 규찰과
탄핵을 담당하였던 어사대도 중요 관서의 하나였다. 또한 의례를 맡는
합문(閤門)을 비롯하여 시(寺)·감(監)·서(署)·국(局) 등의 다양한 하
급 관청이 있어 더 세부적인 일을 관장하였고, 도감(都監)·색(色)은 일
시적으로 생긴 일을 처리하고 그 소명을 다하면 폐지되는 관서였다.

한편 중앙의 군사조직은 국왕을 호위하는 응양군(鷹揚軍)·용호군
(龍虎軍) 등의 2군(二軍)과 개경의 수비·치안을 담당하는 6위(六衛)가
있었고, 각 부대의 최고 지휘관은 무반 정3품 상장군과 종3품 대장군
이 맡았다. 이군육위의 하부조직으로 1,000명으로 이루어진 단위 부대
인 령(領)의 지휘관은 정4품 장군이었고, 중랑장 이하 대정에 이르는
무반 관인과 장교가 있어 장군을 보좌하거나 더 작은 단위 부대를 지
휘하였다. 무반 관인은 문반에 견주어 훨씬 많은 수가 있었지만, 원칙
적으로 문반 관직에 임명될 수 없었으며 사실상 상장군이 한직(限職)
이어서 재상에 오를 수 없는 등 문반에 견주어 차별을 받았다.

이와 같은 중앙의 정치기구들은 업무의 중요성에 따라 관서의 고하
가 정해졌다. 본래 관서의 지위는 거기에 속한 가장 높은 관직에 따라
결정되었다. 관품이 높은 관인이 있다는 것은 결국 그 만큼 관서가 중
요한 일을 하고 있다는 뜻이기 때문이다. 그런 점에서 중서문하성은
명실상부한 고려의 최고 관부였다. 이 관서의 종2품 이상 재신은 6부
와 삼사의 판사를 겸하여 해당 기관을 사실상 장악하였으며, 도병마사
와 식목도감의 업무에 참여함으로써 사실상 국정운영의 핵심 구실을
하였다. 또한 그들은 중앙과 비슷하면서도 별도의 행정체계를 갖고 있
는 서경(西京) 행정의 책임자인 유수사(留守使)에 임명될 수 있었고, 외
적이 침입했거나 반란군을 정벌하기 위한 대규모 군대가 편성되었을

때 총지휘관을 의미하는 원수(元帥)가 되는 등 국가 운영에 가장 중요한 구실을 하였다.

재신보다는 낮았지만 재상의 범주에 드는 추밀 또한 본래의 업무 이외에 6부의 상서, 간관과 어사대의 우두머리인 산기상시와 어사대부 등을 겸임하여 행정 실무와 대간의 지휘를 맡았으니 재신에 버금간다고 할 수 있으며, 이후 재신으로 승진해 나갔다. 반면 고려의 상서성은 형식상 2품 이상의 재상 관부였으나, 실제 지위는 추밀에도 못 미쳤던 만큼 정치적 기능도 미약할 수밖에 없었다. 또한 왕명출납을 담당하는 승선이 문종 대에 정해진 정3품의 품계에도 불구하고 그보다 훨씬 낮은 관직과 겸하였다. 이처럼 승선이 관품에 합당한 지위를 갖지 못하였다는 것은 그 기능이 중요하지 않았다는 뜻이다. 그것은 상대적으로 국정 운영상 재상의 기능이 컸기 때문에 말미암은 일이었다.

한편 중서문하성은 종1품 관서인 것과 달리 비서성(秘書省)은 종3품 관서였으며, 태묘서(太廟署)는 참외 종5품 관서였으나 양온서(良醞署)는 정8품 관서가 되는 것과 같이 성 · 시(寺) · 서 등의 관서 명칭이 관서의 고하와 맞지 않았다. 아울러 상위 관서가 그 아래 여러 관서를 지휘 통솔하는 방식의 운영도 없었으므로 통치조직의 체계성은 다소 미흡하였다고 할 수 있다.

2. 지방제도

고려를 건국한 왕건은 신라 말 대표적인 호족의 하나로서 태봉의 신하가 되었다가 정변을 일으켜 집권하였는데, 이때는 우리 역사의 어느 시기보다 지방세력이 강성하여 전국 각지에 다수의 정치 세력들이 반독립적으로 존재하고 있었다. 후삼국 시기에 이르러 신라, 백제, 태봉의 세 나라로 정립되었다고 하지만, 그것은 대표적인 3개의 세력을 의미할 뿐 호족 전체가 그들의 통치에 들어갔다고 보기 어렵다. 고려 건국 이후 후삼국 통일 과정에서 호족들이 정세의 변화에 따라 고려와 후백제로 오가는 일이 자주 나타났던 것은 그 때문이었다. 이런 상황에서 고려는 호족들에 대한 특별한 우대를 통해 그들의 지지를 유도해냈고, 그것이 밑바탕이 되어 마침내 통일을 이룩할 수 있었다.

그러나 호족정책의 성공은 통일 이후 국가권력의 지방 침투에 장애가 되는 요소로 되었다. 고려 태조는 940년 군현명호(郡縣名號)의 개정을 통해 지방제도의 정비를 시도하였지만 중앙 권력의 지방 침투에는 한계가 있었고, 이어 혜종과 정종 대에는 왕권이 불안정하여 중앙 권력을 지방에까지 확대하려는 적극적인 시도를 하기 어려웠다. 그런 점에서 왕권 강화에 성공한 광종 대에 토지에 대한 양전의 실시는 본격적으로 국가 권력이 지방에 실현되기 시작하였음을 보여주는 사례였지만, 여전히 상주하는 외관은 없었으며 금유(今有) · 조장(租藏)과 같이 조세수취를 위한 임시로 부임하는 외관만이 있었다.

983년(성종 2)에 12주목(州牧)에 외관을 파견한 것은 지방제도에 획을 긋는 일이었다. 비록 전국 500여 개 군현 가운데 중요한 12개의 큰 곳에 지나지 않았지만, 비로소 중앙의 권력이 지방 호족 세력을 제어하기 시작하였음을 뜻하기 때문이다. 이후 995년(성종 14)에 12주목(州牧)이 12군절도사(軍節度使) 제도로 바뀌고 59곳에 도단련사(都團練使) 등의 외관이 설치되었다. 이어 1005년(목종 8)과 1012년(현종 3)에 약간의 외관 명칭과 인원의 조정이 있은 뒤 1018년에 4도호부(都護府) · 8목(牧) · 56지주군사(知州郡事) · 28진장(鎭將) · 20현령(縣令)이 설치됨으로써 고려의 지방제도 개편은 일단락되었다.

고려가 936년에 통일될 때만 해도 지방 호족들의 독립성이 매우 강하였다는 사실은 이미 언급하였다. 그런데 겨우 100년이 못 된 시기에 이처럼 많은 외관을 둘 수 있었던 것은, 시간이 흐를수록 호족들의 정치적 영향력이 감소하였을 뿐만 아니라, 거란과 전쟁을 치르기 위해서는, 군사적 성격을 갖는 외관을 늘려야 했기 때문이다. 국왕에게는 거란과의 긴장관계가 중앙권력을 지방에 침투시킬 수 있는 더할 수 없이 좋은 명분을 주었던 반면, 전쟁 과정에서 많은 희생을 당한 향리들은 급격히 몰락할 수 밖에 없었다. 이러한 이유로 고려의 지방제도 정비와 외관의 증원이 비교적 쉽게 진행되었던 것이다.

한편 고려시대 지방제도의 가장 큰 특징으로는 국경 지역인 양계(兩界)에 일찍부터 병마사가 설치되고 그 아래 많은 고을에 외관이 있었으나, 남방의 '5도(五道)' 지역에는 외관이 없는 곳이 있는 곳보다 훨씬 많았다는 점을 들 수 있다. 예를 들어 《고려사》〈지리지〉에 따르면 전라도에 속한 104개 고을 가운데 17곳에만 외관이 있었다. 그로 말미암아 주(州) · 부(府) · 군(郡) · 현(縣) 등의 명칭보다 고려시대에는 외관의 유무가 고을의 지위를 뜻하는 읍격(邑格)의 결정에 더 중요한 구실을 하였고, 외관이 있는 고을인 주읍(主邑)은 그렇지 못한 속읍(屬邑)을 행정적으로 통솔하였다.

고려시대에는 군에 외관이 없고 현에는 외관이 있어서, 현이 주읍이 되고 군이 현의 속읍이 되어 지방 행정체계가 군 · 현의 명칭과 반대인 경우도 적지 않았다. 이것은 군의 명칭을 가진 고을이 현의 명칭을 가진 고을을 거느리도록 한 신라의 체제보다 행정적 체계성이 떨어지는 것이었다. 그 원인은 호구(戶口)의 수나 토지의 다과 등 사회경제적인 기준보다는 나말여초 각 지역 호족의 대소와 당시의 지배 관계를 반영하여 정했기 때문으로, 이처럼 주요 거점에만 외관을 보내고 그 밖에 대부분의 지역은 토착세력에게 맡기는 것은 지방 지배의 중세적 성격을 보여주는 것이다.

3. 고려 지배체제의 역사성

고려시대의 중앙 정치제도는 기본적으로 당의 제도가 참고되었다. 송의 영향을 받은 중추원과 삼사, 순수한 고려의 관제인 도병마사·식목도감 등을 제외하고, 삼사·삼공, 중서문하성·상서성, 6부, 시·감의 관서와 관직의 명칭이 당에서 사용되었던 것과 거의 같다. 또한 문반과 무반의 지위를 나타내는 문산계·무산계의 명호 또한 상당 부분 그것과 비슷하다. 그러므로 어떤 이는 고려의 제도가 당나라의 그것을 모방한 것이라고도 한다. 성종이 우리 고유의 제도를 버리고 당의 제도를 기본을 삼은 것—토풍(土風)을 버리고 당풍(唐風) 또는 화풍(華風)을 수용한 것—은, 왕권 강화를 위해 정치적 분위기를 쇄신하려는 목적에서 비롯되었을 것이다. 왜냐하면, 황제국의 제도를 받아들임으로써 신라의 관반체체(官班體制)를 유지하고 있던 호족들과 구별하여 국왕의 위상을 높이고자 했기 때문이다.

당제를 수용한 배경이야 어쨌든 고려의 관서나 관직의 명칭과 그 소관 업무 등은 외형에서 닮은 점이 많았다. 그러나 실제로는 다른 점도 많이 찾을 수 있는데, 관원의 수를 보면 657년 당의 문무관 총수는 13,465개였으며, 737년에는 18,805개로 증가한 것과 달리, 고려는 문종 대 기준으로 문무반의 관직수가 2,149개에 지나지 않았다. 고려에 견주어 훨씬 많은 영토와 인구를 거느린 대제국이었던 당이 통치에 더 많은 조직과 인원이 필요하였을 것임은 쉽게 이해된다. 따라서 고려 성종 대 이래 문종 대까지 체제를 완성해 가는 과정에서 당의 제도를 참고는 하되 고려의 현실에서도 적용될 수 있는 것은 받아들이고, 필요없는 것들은 설치하지 않는 취사선택을 하였을 것이다.

때로는 당에서 수용한 제도였다고 해도 고려의 사회적 조건에 따라 전혀 다르게 변질되거나 다른 방식으로 운영되기도 하였다. 관계(官

階)가 그 한 사례가 될 것이다. 관계는 관인의 지위를 뜻하며, 관직 제수의 기준이 된다. 종4품의 관계를 갖고 있다면 그 정도의 지위가 되었으며 숙련도를 갖춘 관인이기 때문에 종4품 관직에 취임할 수 있다는 것이다. 그러므로 관직을 제수받기 위해서는 먼저 관계를 받아야 하며, 지위가 상승함에 따라 관계가 높아지고 고위의 관직을 맡을 수 있는 자격을 갖게 되는 것이었다. 이러한 취지에 따라 제도가 운영되었던 당에서는 문반의 관계인 문산계, 무반의 관계인 무산계 등으로 관계가 세분되었는데, 그것은 당의 관인층 수가 많았고 숙련도에 대한 차이도 작지 않았기 때문이다.

그러나 고려의 경우 문산계와 무산계를 받아들였지만, 그 제수의 대상도 달랐고 관직 임명의 기준이 되지도 못하였다. 그 대신 관직이 직사(職事)를 나타낼 뿐 아니라 지위를 표현하기도 하였다. 고려시대에는 관계가 관인의 복색, 전시과 과등(科等)의 높고 낮음, 녹봉의 많고 적음을 정하는 요소가 되지 못하였고, 관직이 그 역할을 하였다. 이러한 관직 중심의 운영은 특권의 수혜자를 최소화하려는 것이었으며, 그 내면에는 관인층의 저변이 넓지 않았던 사회적 조건과도 관련되었다. 당의 관계 제도를 받아들이고서도 고려의 현실적인 사정은 그 제도를 그대로 운영하기 어려웠던 것이다.

한편 중앙집권적 권력을 최대한 누리고 싶은 국왕의 처지에서는 중앙의 관서와 관인을 늘리고, 지방의 모든 군현에 외관을 파견한다면 행정도 더욱 전문적으로 이루어질 것이고 중앙권력이 지방에 더욱 강력하게 침투할 수 있으므로 더 많은 관료 집단과 외관을 두려고 했을 것이다. 하지만, 문종 대의 중앙의 관서와 관원의 수는 당에 견주어 매우 적었으며, 지방의 경우 현종 대 이후 문종 대 이르기까지 새로운 외관의 파견은 거의 없었다. 그것은 관서의 설치와 관원의 증가가 국왕의 권력을 강화하고 행정의 효율성을 높일 수도 있겠지만, 재정적 문제를 일으킬 수 있었기 때문이다. 중앙 관서를 예로 들면, 관서의 운영에 필요한 토지인 공해전(公廨田), 관인들의 복무에 대한 대가로서 녹봉과 전시(田柴), 실무 행정을 보조하는 사람들인 서리(胥吏)와 잡류(雜類)를 위한 잡별사(雜別賜) 및 토지가 지급되어야 했을 것이다. 현물로 지급되는 녹봉과 잡별사도 결국 토지가 재원이니 관서를 설치하고 관인과 하급 행정 실무자를 임용하기 위해서는 그 재원이 되는 토지가 많이 필요하게 되었던 것이다. 때문에 관서와 관원을 늘리는 것만이 능사는 아니었다.

그러한 점은 외관의 설치에서 더욱 분명히 드러난다. 본래 중국의 군현제에서 행정구역은 외관의 파견을 위한 구획을 뜻하였으므로 대부분의 군현은 크기도 넓고 인구도 많았는데, 고려의 군현은 1000정(丁) 이상에서 100정 이하까지 다양하였으며, 외관이 없는 속군·속현이 많았다. 이처럼 고려는 상대적으로 중국에 견주어 군현의 규모가 작았기 때문에 모든 곳에 외관을 두고, 여러 명의 관원을 설치하기가 어려웠던 것이다. 가령 고려에서 현령이 부임하는 고을이라고 한다면, 현령과 현위 두 명의 관원에 대한 녹봉과 함께 지방 관서의 운영을 위한 공해전이 설정되어야 하니 외관을 늘리기 위해서는 재정적인 뒷받침이 있어야 했다. 고려의 외관이 국방상 중요한 양계(兩界)에 집중되고 다른 지역은 그렇지 못했던 것은 군사적인 필요성도 낮을 뿐 아니라 군현의 크기가 작은 곳에 외관을 설치하는 것이 재정적인 측면에서 합리적이지 않았기 때문이다.

고려시대에는 중요한 거점 지역에만 외관을 두고 소정의 속군·속현을 관할하도록 하여 고을 사이에 계서적 관계를 만들어 놓았고, 속군·속현과 향·소·부곡·진·역·관 등에 대한 지방 행정 업무는 그 지역 향리들에게 상당 부분 위임하고 있었다. 이러한 체제는 고려 태조에게 충성을 약속한 귀부 호족에게 그 이전의 전통적인 지배권을 인정한 데서 비롯되었는데, 향리들이 지방 행정에 협조만 잘 해준다면 재정지출을 줄이며 효과적으로 통치할 수 있는 좋은 방식이기도 했다.

고려의 지방제도는 상당수의 군현이 인구가 적고 토지가 넓지 않다는 사회경제적 여건과 더불어 나말여초의 국왕과 호족들이 맺었던 계서관계 등이 복합적으로 작용하여 모든 군현에 외관을 파견하지 않는 방식을 택하였다. 이와 같은 방식은 중국의 군현제와는 근본적으로 구별되는 고려 고유의 것으로 중국과 다른 고려의 특수성뿐만 아니라 조선시대와도 구별되는 시대적 성격을 보여주는 것이었다.

맺음말

고려 후기가 되면서 문종 대 완성된 정치체제와 지방제도는 조금씩 바뀌어 갔다. 원의 정치적 간섭을 받게 되면서 천자국(天子國)에 준했던 관서와 관직의 명칭이 격하된 것도 그 가운데 하나였다. 하지만, 그보다 더 큰 변화는 중앙과 지방을 막론하고 관인의 수가 많이 늘어났다는 점이다. 문종 대 관서와 관직의 수를 고려 말의 실정을 반영하는 조선 태조 원년 7월의 이른바 '신정관제(新定官制)'와 비교하면 그 차이가 분명히 드러난다. 또한 지방에 대한 중앙권력의 침투가 더욱 진행되어 속군·속현에 외관의 파견이 증가하고 기존 주현의 읍격이 높아지는 사례가 많았다. 아울러 공민왕 대에 이르러 종4품의 관계를 제수받은 관인이 종4품의 관직에 임명되는 것과 같이 관계와 관직이 일치하는 경향이 나타나기도 하였다. 이것은 관계가 관인의 지위를 나타내며 관직 제수의 기준이 되는 기능을 하기 시작했다는 의미로 전기와 다른 양상이었다.

따라서 고려 후기 제도의 요체는 원간섭의 영향으로 관서·관직의 명칭 등이 달라졌다는 형식적인 것이 아니라 관제 운영이 당·송의 관료제와 비슷해져 갔다는 내용적인 측면에서 찾아야 할 것이다. 그리고 고려 후기에 시작된 변화는 조선초기에도 계속되어 형식적으로나 내용적으로 고려 문종 대 체제와는 확연히 구별되는 새로운 제도가 만들어졌다.

■ 참고문헌

李基白,《高麗兵制史硏究》, 一潮閣, 1968.

邊太燮,《高麗政治制度史硏究》, 一潮閣, 1971.

姜晋哲,《高麗土地制度史硏究》, 高麗大 出版部, 1980.

朴龍雲,《高麗時代 臺諫制度 硏究》, 一志社, 1980.

周藤吉之,《高麗朝官僚制の硏究》, 法政大 出版局, 1980.

許興植,《高麗科擧制度史硏究》, 一潮閣, 1981.

文炯萬,《高麗諸司都監各色硏究》, 第一文化社, 1986.

河炫綱,《韓國中世史硏究》, 일조각, 1988.

朴宗基,《高麗時代 部曲制 硏究》, 서울대 출판부, 1990.

崔貞煥,《高麗·朝鮮時代 祿俸制 硏究》, 慶北大 出版部, 1991.

朴龍雲,《高麗時代 官階·官職 硏究》, 高麗大 出版部, 1997.

金日宇,《고려초기 국가의 地方支配體系 연구》, 一志社, 1998.

金昌賢,《高麗後期 政房硏究》, 高麗大 民族文化硏究院, 1998.

李鎭漢,《고려전기 官職과 祿俸의 관계 연구》, 일지사, 1999.

朴龍雲,《高麗時代 尙書省 硏究》, 景仁文化社, 2000.

───,《고려시대 中書門下省宰臣 연구》, 일지사, 2000.

박종진,《고려시기 재정운영과 조세제도》, 서울대 출판부, 2000.

채웅석,《高麗시대의 國家와 地方社會―'本貫制'의 施行과 地方支配秩序》, 서울대 출판부, 2000.

박경자,《고려시대 향리연구》, 국학자료원, 2001.

朴龍雲,《高麗時代 中樞院 硏究》, 高麗大 民族文化硏究院, 2001.

洪元基,《高麗前期軍制硏究》, 혜안, 2001.

박종기,《지배와 자율의 공간, 고려의 지방사회》, 푸른역사, 2002.

安秉佑,《高麗前期의 財政構造》, 서울대 출판부, 2002.

최정환,《고려 정치제도와 녹봉제 연구》, 신서원, 2002.

황선영,《나말여초 정치제도사 연구》, 국학자료원, 2002.

具山祐,《高麗前期鄕村支配體制硏究》, 혜안, 2003.

朴龍雲,《高麗社會와 門閥貴族家門》, 景仁文化社, 2003.

김갑동,《고려전기 정치사》, 일지사, 2005.

박재우,《고려 국정운영의 체계와 왕권》, 신구문화사, 2005.

李丙燾,《韓國史[中世編]》, 震檀學會, 1961.

韓國史硏究會 編,《韓國史硏究入門》, 知識産業社, 1981.

金庠基,《新編 高麗時代史》, 서울대 출판부, 1986.

朴龍雲,《高麗時代史》, 一志社, 1986.

한국사연구회 편,《한국사연구입문(제2판)》, 지식산업사, 1987.

한국역사연구회 엮음,《한국역사입문② 중세편》, 풀빛, 1995.

한국중세사학회 편,《고려시대사 강의》, 늘함께, 1997.

박종기,《5백년 고려사》, 푸른 역사, 1999.

박용운 외,《고려시대 사람들이야기 1(정치생활)》, 신서원, 2001.

토지제도와 경제생활

김기섭(부산대 사학과)

머리말

후삼국을 통일한 고려는 여러 문제 가운데서 관료층의 경제기반을 마련하기 위한 토지제도의 정비와 일반농민을 위한 부세제도의 정상화를 우선적 과제로 삼았다.

토지제도는 몇 차례의 개정과정을 거쳐 문종 30년에 전시과로 완성되었다. 전시과제도는 무인집권기를 거치면서 제 기능을 잃고, 과전법으로 일단락되었다. 부세제도는 삼세(三稅)를 바탕으로, 고려 후기에 상요와 잡공 등이 부가되었다. 고려의 농업생산력에 대해서는 토지이용방식의 변화를 둘러싸고 다양한 견해가 제기되고 있다. 상업과 수공업의 경우도 농업과 견주면 많은 연구는 이루어지지 않았지만, 고려인의 삶의 모습을 어느 정도 해명하고 있다.

이 글에서는 고려 경제제도의 바탕을 이루는 토지제도의 변화와 농업생산력의 문제, 그리고 부세제도의 변화와 상업, 수공업의 특징 등을 살펴보면서 고려 시기의 경제 생활을 가늠해 보고자 한다.

1. 토지제도의 전개와 그 변화

1) 전시과의 성립

고려의 토지제도는 나말여초에 새롭게 등장한 신진세력에 의해 전시과(田柴科)가 성립되었다. 전시과는 940년(태조 23) 역분전(役分田), 976년(경종 1) 시정(始定)전시과, 998년(목종 2) 개정(改定)전시과, 1076년(문종 3) 경정(更定)전시과를 거치면서 제도적으로 완성되었다.

고려 태조는 후삼국 통일을 완성한 뒤 재위 23년에 토성분정(土姓分定), 군현명호(郡縣名號) 개정, 역분전 지급 등으로 지배체제의 정비를 시도하였다. 역분전은 후삼국 통일 과정에서 공을 세운 신하들에게 논공행상의 차원에서 지급되었다.

시정전시과는 역분전의 성격을 계승하면서 전지(田地)와 시지(柴地)를 동시에 지급하였다. 지급 기준은 관품의 높낮이가 아니라 인품에 따른다고 하였으나, 자삼(紫衫)·단삼(丹衫)·비삼(緋衫)·녹삼(綠衫)의 공복제에 기초하여 문반·무반·잡업의 관품을 고려한 것으로 보인다. 그러나 복색의 순서대로 서열화한 것이 아니라 자삼층이 대단히 우대되었으며, 이는 인품이 고려되었음을 반영한다. 자삼층에는 관계(官階)만 가지고 있었던 호족층과 공신세력이 포함되었고, 단삼 이하층에는 새로운 신진관료집단이 포함되었다.

개정전시과는 관인층·이속층·군인층을 지급대상으로 하였지만, 검교(檢校)·동정(同正)직만을 가진 관인층과 관계만을 소유한 관인도 포함되어 있었다. 개정전시과에서는 인품 등의 요소는 고려되지 않고 관직과 위계의 높낮이만을 기준으로 18과로 나누었다. 각 과에는 전지

(田地)와 시지(柴地)의 지급액수와 수급 대상의 직명이 기재되어 있다. 개정전시과는 시정전시과에 비해 각 과등의 지급액이 전체적으로 감소하였으며, 시지는 대폭 축소되었다. 이때 무반은 문반에 비해 상대적으로 낮은 대우를 받았다.

문종 30년(1076) 전반적인 관제의 개혁과 함께 전시과를 다시 고쳤으며, 이를 경정전시과라고 한다. 경정전시과는 개정전시과의 성격을 계승하면서도 그와 다른 몇 가지 특징을 가지고 있다. 첫째, 검교직·동정직 등 산직이 제외되어 있다. 둘째, 상장군 등 무반의 대우가 높아졌다. 셋째, 서리직·잡로직(雜路職) 등이 더욱 분화하고, 개정전시과에서 한외과(限外科)에 들어 있던 잡류가 18과에 포함되었다. 넷째, 개정전시과에서 빠져 있던 향직이 포함되었다. 다섯째, 전지의 지급액이 감소되었으며 특히 시지의 지급액이 대폭 감소되었다.

이 밖에도 무산계를 지닌 사람들에게 지급한 무산계전시(武散階田柴)와 승려와 지리업 관계자에게 지급한 별사전시(別賜田柴)가 따로 설정되었다. 또한, 5품 이상의 관료들에게 특별히 지급한 공음전시(功蔭田柴)와 중앙·지방 여러 관청 운영 경비를 조달하기 위해 공해전시(公廨田柴)를 지급하였다.

2) 전시과의 운영과 성격

전시과는 수조권 분급(分給) 방식으로 운영되었다. 수조권분급제는 농민의 소유토지에 대한 수조의 권리를 양반 관료에게 위임한 방식이다. 이때 농민의 토지는 조상 대대로 경작해 오면서 원래 국가에 대해 조(租)를 부담한 민전(民田)이었다. 국가는 양반 관료의 직역에 대한 대가로서 그들에게 수조권을 분급하고 농민들은 양반 관료들에게 조를 납부하였다. 이는 중세적 토지제도의 한 축인 전주전객제(田主佃客制)로서, 과전법체제에 이르기까지 지속되었다.

수조권분급제의 운영방식에 관해서는 면조권(免租權) 분급 방식이라는 또 다른 견해가 있다. 면조권분급설은 양반관료들에게 자신의 소유토지에 대한 면조의 권리를 준다는 견해이다. 이러한 논리의 이면에는 당시 휴한농법에 따른 생산력적 한계로 말미암아 농민층의 자립적 재생산 구조가 마련될 수 없었으며, 이로써 일반 농민층의 민전 위에 전면적으로 수조권을 분급하는 것은 어려웠다는 점을 지적한다.

두 견해는 크게 보면 수조권 분급 방식의 차이로 보이지만, 내부적으로는 농민의 존재 양태에 관한 입장 차이에 있다. 수조권분급설이 경지의 상경화를 바탕으로 백정농민(白丁農民)의 자영농적 측면을 강조하고 있음과 달리, 면조권분급설은 휴한농법으로 말미암은 백정농민의 경영의 불안정성을 바탕으로 하고 있다. 두 논리는 당시 농업생산력과 농민층의 존재 양태에 관한 연구가 더욱 심화되는 가운데 그 타당성이 검증될 것이다.

전시과의 분급토지는 과전법과는 달리 외방의 각 주현에 설치되었다. 양반 관료들은 외방의 토지로부터 전조(田租) 1/10을 수취하였다. 전시과의 과전에 대한 수조는 전주(田主)의 책임 아래 이루어졌으며, 전조는 조운제를 통해 양반 관료들에게 전해졌다. 과전은 직역에 대한 대가로 주어진 토지였으므로 직역이 끝나면 국가에 반납하는 것이 원칙이었다. 그러나 양반 관료들의 수조지는 수신전(守信田)·휼양전(恤養田)·구분전(口分田) 등의 이름으로 부인과 자식 등에게 그 일부가 전수되기도 하였다.

3) 농장제의 확대와 과전법의 성립

이자겸의 난·무인집권기를 거치면서 전시과제도가 제 기능을 상실하고, 신진 관료들에 대한 토지 분급이 어려워지면서 녹과전(祿科田)제도가 만들어졌다. 대토지 소유 현상에 따른 농장의 확대로 말미암아 기존의 수조권분급에 바탕을 둔 사회경제구조는 파탄에 이르게 되었다. 특히 불법적인 대토지 집적현상은 무인집권기에 성행하여 원 간섭기에 이르러 진전(陳田) 개간을 통해 더욱 가속화되었으며, 그 규모는 산천을 경계로 할 정도로 확대되었다.

농장은 불법적인 수조지 탈점이나 개간·매입·기진 등에 의한 소유지 확대에 의해 형성되었다. 이 가운데 불법적인 수조지 탈점과 토지 겸병으로 관료들 사이의 토지 쟁탈은 격화되었고 한 토지의 주인이 여럿이 되는 현상을 심화시켰다. 또한 농민의 소유권을 침탈하여 수조지를 소유지로 만들어 버리는 사전의 가산화(家産化)와 조업전화(祖業田化)가 더욱 확대되어 사전의 폐단은 날로 확산되었다.

국가는 전민변정사업을 통해 사전의 폐단으로 일어난 불법적 토지탈점과 일반 농민의 농장투탁 문제를 해결하고자 하였다. 이로써 토지에서 '1전(田)1주(主)'의 원칙을 확립하고 농장민이 된 일반농민을 양인 농민으로 회복하여 국가재정을 건실하게 하고자 하였다. 원종 대부터 시작된 전민변정사업은 충선왕, 충숙왕, 충목왕, 공민왕, 우왕 대에 이르기까지 꾸준히 진행되었으나 권세가의 방해로 제대로 성공하지 못하였다.

고려 말의 전제개혁 논의는 사전문제를 해결하기 위한 방안의 모색 과정이었다. 그러나 사전개혁을 둘러싼 지배층의 입장은 동일하지 않았다. 사전의 존재를 부정하고 혁파를 주장하는 정도전 등 사전혁파론자와, 사전의 존재는 인정하되 그것의 폐단만을 해소하자는 이색 등 사전개선론자로 나뉘어졌다. 특히 정도전은 완전한 사전혁파와 함께 '민을 헤아려 토지를 지급한다(計民授田)'는 원칙을 강조하였다. 이와는 달리 이색, 권근 등은 하나의 토지에 여러 명의 불법적인 수조자가 존재하는 현상을 시정하여 '1전1주'의 원칙을 실현함으로써, 사전의 폐단을 없앨 수 있다고 보았다.

　이성계를 중심으로 한 개혁세력은 사전개혁을 적극적으로 추진하면서 사전의 분급 지역을 경기에 한정하는 방식의 새로운 토지분급제를 확정하였다. 1391년(공양왕 3) 5월 공포된 과전법이 그것이다. 과전법의 실시로 종래 소유권을 제약하던 수조권적 토지 지배는 현저히 약화되고, 외방의 사전이 혁파됨으로써 전객농민에 대한 자의적 수탈도 제한되었다. 이후 과전법은 조선의 토지제도로 기능하게 되었다.

4) 토지의 지목과 경영

　토지는 크게 공전(公田)과 사전(私田)으로 나뉘어져 있었다. 공전과 사전의 개념은 그 사용례에 따라 소유권적 구분과 수조권적 구분으로 나누어 볼 수 있다. 공전은 소유권적 구분으로 국공유지라는 개념으로 쓰이거나, 수조권적 구분으로 국가의 수조 대상이었던 민전(民田)을 의미하는 것으로 사용되었다. 사전은 소유권적 구분으로 사유지라는 의미로 쓰이거나 수조권적 구분으로 개인에게 수조권을 위임한 전시과의 과전과 같은 토지를 가리키기도 하였다.

　《고려사》권80, 식화3, 상평의창 1023년의 의창조(義倉租) 수조 규정에 따르면, 공전의 유형을 1과 공전, 2과 공전, 3과 공전으로 나누고 있다. 1과 공전은 국가·왕실 소유지, 2과 공전은 공해전(公廨田), 3과 공전은 민전으로 파악한다. 공전은 국가소유지이거나 국가수조지를 의미하며, 그 유형에는 왕실어료지인 장처전(莊處田)과 내장전(內莊田), 국가 기관의 소속 토지인 공해전(公廨田), 그 밖에 둔전(屯田), 학전(學田), 적전(籍田) 등이 있다.

　장처전은 '장(莊)' '처(處)'로 불리던 촌락의 토지로서 왕실 소속으로 지정되어 조세를 납부하였으나, 실제 소유주는 장처민으로 이해된다. 내장전은 왕실 직속의 소유지로서 왕실 재정을 담당하는 내장택(內莊宅)에 소속된 토지이다. 이들 토지는 왕실직속지로서 전호제나 직영지 경영의 방식으로 운영되었고, 그 수조율은 1/4일 것으로 본다. 공해전은 관청에 소용되는 여러 가지 경비를 충당하기 위해 관청에 지급한 토지이다. 공해전의 경영에 관해서는 다양한 견해가 있으나 전호제적 경영일 것으로 여겨진다.

둔전은 군수(軍需)나 지방관아의 필요 경비를 보충하고자 군사 요충지나 군현에 설치한 토지이다. 군둔전은 국공유지에 설치되었고 경작은 주둔지의 방수군(防戌軍)이 담당하였다. 관둔전은 국공유지에 설치되었으며 주로 관노비가 경작하였을 것으로 본다. 그 밖에 중앙의 국자감(國子監), 지방의 향교를 운영하기 위한 학전(學田), 왕의 친경(親耕) 행사로 권농의 모범을 보이고자 설치한 적전(籍田) 등이 있다.

사전은 개인사유지나 개인수조지를 뜻하는데, 그 유형에는 양반전·공음전(功蔭田)·한인전(閑人田)·군인전·기인전·향리전·사원전 등이 있다. 양반전은 양반관료층의 직역에 대한 대가로 현직 관료에게 지급하였으며, 전주전객제로 운영되었다. 공음전은 5품 이상의 관료들에게 지급한 토지로서 귀족들의 경제적 기반이 되었다고 보았으나, 이에 대한 반론도 적지 않다. 공음전은 전체 관료를 대상으로 공훈이 있는 관료를 다섯 단계로 나누어 지급한 토지로 파악하기도 한다. 한인전은 한인의 성격 규정과 관련하여 논란이 많으나, 최근 한인의 직역에 대한 대가로서 실직이 없이 동정직을 제수받은 관인층에게 지급한 토지로 파악하는 편이다.

군인전·기인전·향리전은 군인·기인·향리에게 지급한 토지로서 지급 대상은 다르지만 그 성격은 비슷하다. 군인의 성격을 어떻게 보느냐에 따라 군인전의 토지 성격과 경영에 관한 견해는 다양하다. 군반씨족과 같은 전문직업군인에게는 전시과의 규정에 따라 수조권을 지급하였을 것이며, 일반 군인에게는 그들의 민전에 면조권을 지급하였을 것이라고 본다.

2. 경제생활과 경제활동

1) 농업생산력의 발전과 변화

농업생산력에 관한 논의는 당시의 경지이용방식을 어떻게 보느냐에 따라 크게 두 가지 견해가 있다. 휴한농법으로 보는 입장은 수전농업(논농사)에서 1년 휴한이 일반적이라고 보며, 상경농법으로 보는 입장은 고려 전기부터 연작 상경이 일반적이었다고 파악한다.

전자는 고려전기의 전품(田品)규정에서 '일역전(一易田)을 중(中)으로 한다'는 문종 8년 3월의 규정을 존중하는 입장이다. 반면에 후자는 이를 산전(山田)에 관한 규정으로 보고 일반 평전(平田)은 연작상경 단계였을 것이라고 판단한다. 그러나 두 입장의 차이에도 불구하고 고려 후기는 연작상경 단계였다고 보는 것이 일반적이다.

후삼국 사이의 전쟁 과정을 거치면서 경지의 진전(陳田)화가 광범위하게 진행되었다. 따라서 광종 연간에는 진전 개간을 장려하였으며, 예종 대에 이르기까지 진전의 개간은 국가의 중요한 시책 가운데 하나였다.

농기구로서 쟁기는 이미 오래전부터 사용되었으며 소가 끄는 쟁기는 상당히 보편적으로 사용되었을 것이다. 볏의 존재 유무에 관해서는 다소간의 다른 견해가 있으나 고려 후기에 이르면 볏이 존재했을 것이다. 볏의 기능은 볏밥의 반전을 쉽게 하여 깊이갈이에 따른 토지의 비배력(肥培力)을 높이는 효과를 가지고 있다. 볏이 있는 쟁기의 사용은 토지생산력을 높이는 계기가 되었다.

경지이용의 효율성을 높이는 것은 시비기술이다. 고려후기에 이르면 전면시비가 가능한 분전법(糞田法)이 폭넓게 확대되면서 농업생산력이 더욱 발전하였다. 그 밖에도 지종법(漬種法), 녹비법(綠肥法), 답분법(踏糞法) 등 다양한 시비기술이 있었다. 특히 고려후기에 이르러 신전 개간과 연해지·저습지 개간이 늘어나면서 새로운 경지 확대가 이루어졌다.

2) 수취제도

국가재정의 주요 수입을 이루는 삼세(三稅)는 일반농민으로부터 거두어들이는 세목(稅目)으로 조(租)·포(布)·역(役)을 가리킨다. 조는 토지로부터 거두어들이는 세목(稅目)이며, 포는 군현에 부과한 세목으로 일반민이 나누어 부담한 현물세이며, 역은 일반민이 부담하는 노동력으로서 요역(徭役)을 말한다. 이는 당(唐)에서 일반민이 부담하던 조(租)·조(調)·용(庸)에 해당한다. 공물은 군현을 단위로 현물을 징수하는 세목이었는데, 공부(貢賦), 토공(土貢) 등으로 불리기도 하였다. 여기서 기본 세목을 삼세로 볼 것인가, 삼세 및 공물 네 가지로 볼 것인가의 문제는 견해 차이가 있다. 그 밖에 상요(常徭)·잡공(雜貢)·시탄공(柴炭貢)·염세·어량세·선박세·산세 등 다양한 잡세가 있었는데, 이들은 대체로 고려 중기 이후에 나타난다. 전반적으로 볼 때 고려의 부세제도는 삼세를 기본으로 하면서 고려 후기에 현물세의 필요에 따라 상요(常徭)와 잡공(雜貢)이 부가되었다고 볼 수 있다.

조(租)에는 민전조와 공전조가 있다. 민전은 일반 농민으로부터 귀족층에 이르는 다양한 층이 소유한 토지다. 민전조는 민전의 소유주로부터 거두어 들이는 조세로서 기본적으로 생산량의 1/10을 거둔다. 또한 국가는 국공유지의 경작자로부터 공전조를 거두는데 대체로 생산량의 1/4을 거두는 것으로 보는 것이 일반적이다. 그 밖에 국가는 수조권을 가지고 있는 사전주로부터 1결당 5되[升]의 세(稅)를 거두기도 했다. 조세는 지대적 개념으로서의 조(租)와 지세적 개념으로서의 세(稅)가 구분되지만, 고려시기에는 엄격하게 구분해 사용하지는 않았다.

국가가 개별 민호로부터 거두어들인 포는 개별호의 경제적 능력에 따라 거두었을 것으로 보지만 그 액수가 얼마인지는 알 수 없다. 다만 정호(丁戶)와 백정호(白丁戶)에게 각각 뽕나무 20그루와 15그루를 심도록 한 예에서 보듯이 일정한 차등이 있었을 것이다. 공물은 현물세의 하나인데 상공(常貢)과 별공(別貢)으로 구분되어 있으며, 공안(貢案)을 토대로 군현 단위로 징수하였다. 공물의 구성에 대해서는 다양한 견해가 있다.

국가에서 필요로 하는 막대한 노동력을 일반민으로부터 무상으로 징발하는 세목인 역은 요역(傜役)·역역(力役)·부역(賦役) 등 다양한 용어로 불렸다. 요역에는 축성이나 궁궐 건립 등에 필요한 순수한 노동력 징발인 공역(工役)과 현물세를 수취하는 데 필요한 노동력인 신역(身役)과 수역(輸役) 등이 있으며, 공물 조달에 동원되는 요역 등이 있다. 요역은 16~59세까지의 정남(丁男)에게 부과되었으며, 징발 기준은 인정(人丁)의 많고 적음에 따른 9등호제의 호등으로 보는 편이다. 동원되는 기간은 한 달을 넘지 않았을 것이며, 양반과 승려, 심각한 병을 가진 자 등은 면제되었다.

고려 후기에는 여러 가지 사회 변화와 부곡제의 해체, 재정수요의 증대 등으로 말미암아 수취제도의 변화가 불가피해졌다. 상요와 잡공 등 여러 세목이 등장하고, 공물의 대납과 방납이 일반화되었다. 요역을 징발하는 기준도 자산의 많고 적음을 참작하는 방식으로 바뀌기 시작하였다. 직접적인 노동력 징발보다는 쌀이나 포로 대신하는 물납제가 확산되었고, 토목공사에서 인부를 고용하는 고립제(雇立制)가 부분적으로 나타났다.

3) 상업과 수공업

상업은 크게 국내상업과 대외교역으로 나뉘며, 국내상업은 시전을 중심으로 한 도시상업과 군현시를 중심으로 한 지방상업으로 구분된다. 시전 상업은 919년(태조 2) 처음으로 개경에 설치된 시전에서 도시 생활에 필요한 물품의 판매를 통해 이루어졌다. 지방상업은 비상설적인 장시(場市)를 통해 지방민의 필요에 따른 상호 교역이 이루어졌다.

시전은 개경의 지배층을 주 소비층으로 하였으며, 관청에서 필요한 물품을 조달하기도 하였다. 따라서 관영상점의 기능을 하였으나, 권세가나 사원이 사적으로 소유하기도 하였다. 개경의 시전은 긴 회랑 구조를 가진 상설점포로 구성되어 있었고, 경시서(京市署)에서 감독하였다. 지방장시에서는 행상을 통해 다른 지역과 상호 교역이 이루어졌으며, 해상(海商) · 강상(江商) · 부상(負商) 등의 형태로 상업 활동에 참여하였다.

유통의 수단으로는 화폐와 현물이 사용되었는데, 현물로는 쌀과 거친 베가 주로 이용되었다. 그러나 고려시기에는 현물과 노동력을 위주로 한 수취체계와 지배층 중심의 유통 경제로 말미암아 화폐의 유통이 전국적 범위로 확산되지 못하였다.

대외교역의 대상은 주로 송과 거란, 일본 등이었다. 송과 이루어진 교역은 조공 무역과 민간 무역을 중심으로 광범위하게 전개되었다. 송과 교역은 해상을 통해 이루어졌는데, 예성강에서 대동강 입구를 거쳐 산동지역에 이르는 항로와 예성강에서 흑산도를 거쳐 명주에 이르는 항로를 주로 이용하였다. 고려는 금 · 은 · 구리 · 모시 · 비단 · 삼베 · 돗자리 · 종이 · 먹 · 인삼 등을 수출하였고, 유교경전 · 불경 · 귀금속 · 고급직물 · 향료 · 도자기 · 약재 등을 수입하였다. 거란과 무역에서도 조공을 통한 사행무역과 국경지대의 시장인 각장(榷場)을 통해 양국 상인 사이에 교역이 이루어졌다. 일본과는 그렇게 빈번한 교역은 아니지만, 일정하게 상호 교역이 이루어지고 있었다.

원 간섭기에 이르러 대외 교역은 더욱 활발해졌는데, 조공과 회사(回賜)라는 공적 무역과 일반 민간 상인의 사무역이 육로를 통해 이루어

졌다. 원과의 교역에서는 금·은·인삼·소·말·세저포(細苧布) 등
을 수출하였고, 비단·솜·서적 등을 수입하였다.

고려의 수공업은 크게 관청수공업, 소(所)수공업, 사원수공업 그리고
민간수공업으로 나눌 수 있다. 관청수공업은 중앙과 지방의 관청에 소
속된 공장(工匠)에 의해 관수품 생산이 주로 이루어졌다. 이들 공장은
공장안(工匠案) 또는 백공안독(百工案牘)에 등록되어 국역을 담당하였
으며, 관청에 소속된 관속공장과 그렇지 않은 비관속공장으로 구분되
었다.

고려 수공업의 특징은 소수공업에 있다. 소는 특수행정구역으로서
특정 물품을 생산하여 상공과 별공의 형태로 국가에 납부하였다. 고려
의 소에는 금·은·동·철 등의 광산물과 실·비단·종이·먹 등의
수공업제품, 소금·미역·생강 등의 물산을 생산하던 곳이 있었다. 소
민은 공물을 생산하는 공장(工匠)과 이를 생산하는 데 필요한 노동력
을 제공하는 일반민으로 구성되어 있었으며, 소민은 향·부곡인과 함
께 군현인에 견주어 차별을 받았다.

고려전기는 관청수공업과 소수공업이 중심이었으나, 후기에는 관청
수공업이 쇠퇴하고 소수공업은 해체되어 갔다. 이에 따라 국가는 공역
대신에 공장세를 거두었고 필요한 물품을 시장에서 구매함에 따라, 민
간수공업이 더욱 발전하였다. 염소의 해체에 따라 염호(鹽戶)를 차정
(差定)하여 소금을 징수하거나, 철소제의 붕괴에 따라 철호제 또는 철
장제를 시행하는 방식이 나타났다. 이는 고려사회의 생산력이 발달함
에 따라 국가적 규제 속에 시행되었던 관 중심의 제도가 효율성을 상
실하고, 민간수공업의 발전이라는 새로운 변화가 나타났음을 뜻한다.

맺음말

　고려는 기본적으로 토지사유제를 바탕으로 하는 수조권적 토지지배의 원리로 운영되었다. 삼세를 토대로 한 수취제도와 군현제와 부곡제를 바탕으로 한 지방제도를 통해 일반민을 국가 지배의 틀 속에서 파악하였다. 그 속에서 수공업 생산과 유통·교역이 이루어지면서 독특한 고려적 질서를 만들어내었다.

　고려시기 토지제도를 비롯한 부세제도·농업생산력·상업·수공업 등 경제제도와 경제생활에 관련된 연구는 다양한 갈래로 나뉘어져 통일된 견해를 도출해 내기 어려울 정도이다. 여기에는 기본적으로 사료의 부족과 한계 및 중세고고학적 연구성과의 부족으로 말미암아 비롯된 점을 간과할 수 없다. 그 가운데에서도 토지의 성격, 특히 수조지의 성격과 경작농민의 존재양태를 어떻게 이해해야 할 것인가 하는 문제는 고려사회의 성격을 가늠할 수 있는 주요한 잣대로서 앞으로 더욱 천착해야할 과제이다.

■ 참고문헌

閔賢九,〈高麗의 祿科田〉,《歷史學報》53·54 합집, 1972.

金容燮,〈高麗時期의 量田制〉,《東方學志》16, 1975.

姜晉哲,《高麗土地制度史研究》, 高麗大 出版部, 1980.

金容燮,〈高麗前期의 田品制〉,《韓㳓劤博士停年紀念史學論叢》, 1981.

李景植,《朝鮮前期 土地制度研究》, 一潮閣, 1986.

金琪燮,〈高麗前期 農民의 土地所有와 田柴科의 性格〉,《韓國史論》17, 1987.

姜晉哲.《韓國中世土地所有研究》, 一潮閣, 1989.

朴宗基,《高麗時代 部曲制研究》, 서울대 출판부, 1990.

李景植,〈高麗時期의 作丁制와 祖業田〉,《李元淳教授停年紀念歷史學論叢》, 1991.

盧明鎬,〈羅末麗初 豪族勢力의 經濟的 基盤과 田柴科體制의 成立〉,《震檀學報》74, 1992.

徐聖鎬,〈高麗前期 지배체제와 工匠〉,《韓國史論》27, 1992.

국사편찬위원회,《한국사》14, 1993.

尹漢澤,《高麗前期 私田研究》, 高麗大 民族文化研究所, 1995.

朴京安,《高麗後期 土地制度研究》, 혜안, 1996.

국사편찬위원회,《한국사》19, 1996.

위은숙,《高麗後期 農業經濟研究》, 혜안, 1998.

金容燮,《韓國中世農業史研究》, 지식산업사, 2000.

朴鐘進,《고려시기 재정운영과 부세제도》, 서울대 출판부, 2000.

이정희,《고려시대 세제의 연구》, 國學資料院, 2000.

蔡雄錫,《高麗時代의 國家와 地方社會》, 서울대 출판부, 2000.

安秉佑,《高麗前期의 財政構造》, 서울대 출판부, 2002.

具山祐,《高麗前期 鄕村支配體制研究》, 혜안, 2003.

李鎭漢,〈高麗時代 土地制度의 變化와 鄕吏〉,《東方學志》125, 2004.

고려시대의 신분제

권영국(숭실대 사학과)

머리말

신분이란 전근대 제국가에 공통된 것으로 국가의 지배체제 속에서 법에 따라 규정되어 고정된 사회적 지위를 말한다. 계급이나 계층과 마찬가지로 신분은 사회구성원을 집단으로 구분하는 단위였고, 구분의 기준은 신분상 지위의 차이였다. 이러한 신분은 대체로 혈통에 따라 세습되고 법제로 규정되지만 한편으로 사회조직 안에서 담당하는 기능이나 출신지역 등에 따라 후천적으로 획득되어 변동하는 경우도 있었다.

법제적 신분의 내부에는 각 집단 사이에 실제적인 여건의 차이로 여러 계층이 존재하였다. 그리고 다른 신분이나 계급 사이의 상하 이동은 거의 폐쇄적이었으나 같은 신분과 계급 안에서는 개인의 능력에 따른 계층이동은 가능하였다. 이러한 계층이동은 계급관계와 신분제의 변화에 어느 정도 영향을 미치기도 하였다.

신분제 연구는 당시대의 계층체계의 구명에 목표가 있는 것이지만 나아가 당시 사회의 구조와 성격을 이해하는 바탕이 된다. 여기서는 고려시기 신분제에 관한 그동안의 연구 성과를 중심으로 고려시기 신분·계층 구조에 대한 논쟁, 양반과 귀족, 중간계층, 정호와 백정, 향·부곡·소민 등 신분 구성 등의 문제를 정리하고자 한다.

1. 양천제론과 4신분제론

고려시대 신분제에 대한 이해는 전체 인민을 양인과 천인의 2신분으로 구분하는 양천제론와 귀족·중간계층·양인·천인의 4신분으로 구분하는 4신분제론으로 나뉘어져 있다. 양자는 신분의 개념과 분류기준 등에서 차이를 보이는데, 양천제론은 권리와 의무상 가해지는 법적·세습적 차별의 존재를 신분의 기준으로 삼고, 4신분제론은 그것 이외에 사회적·관습적으로 존재하는 차별도 신분의 기준으로 삼는다.

양천제란 국역 부담의 여부에 따라 전체 인민을 양인과 천인으로 구분해 양인에게는 조·용·조 3세의 국역부담을 지우는 대신 관직에 나아갈 수 있는 기회를 원칙상 인정해 주고, 천인에게는 국역부담을 지우지 않는 대신 권리도 인정하지 않는 신분제였다. 이처럼 사회신분 구성이 법제적으로 양신분과 천신분으로 구분되었다고 보는 양천제론은 사회신분사 연구가 전문화·개별화하는 1970년대에 들어와 제기됐다.

양천제 연구는 처음에는 조선 초기 사회의 특성을 반영하는 신분제로 보는 관점에서 시작되었으나, 이후 논쟁과정을 거치면서 마침내 한국 중세 신분사에 그 존재를 인정하는 단계에까지 이르게 되었다. 그리하여 최근에는 양천제가 동아시아 지역 중세사회의 보편적이고 일반적인 신분제로서 기능했다고 보는 경향이 우세하다.

원래 양천제는 전제주의를 바탕으로 한 일원적인 인민지배를 관철하기 위해 성립된 신분제로서 단순한 양신분과 천신분의 구별이 아니라 보다 많은 양신분의 확보에 그 기본목표를 두었다. 국가는 양신분을 기본 축으로 하여 이들에 대한 권리와 의무를 부과하는 가운데 국가적인 신분질서를 유지하고자 하였던 것이다.

양천제의 성립시기에 대해서는 삼국시기, 통일신라시기, 고려시기, 조선초기 등 여러 견해가 있다. 고려 성종대 인물인 최승로의 상소문에 "본조 양천의 법은 그 유래가 오래된 것입니다"라고 한 것으로 보아 이미 고려시기 이전부터 양천제가 실시되고 있었음을 알 수 있다.

일반적으로 양천제는 중앙집권적인 군주지배의 실현이라는 특정한 역사적 조건에 대응하여 성립하는 것으로 알려지고 있다. 진한(秦漢)시대에 성립하여 당대에 와서 전형적인 모습을 갖춘 양천제는 국가의 일원적인 인민지배를 관철하려는 신분규범으로서 율령제와 함께 주변의 여러 국가로 파급되어 신분제로 채용되었다.

우리 역사에서 중앙집권적 전제군주제가 실현되는 것은, 4~6세기에 걸쳐 생산력의 발달과 농민층의 계급분화를 바탕으로, 국가가 민을 읍락의 수장층을 매개로 간접 지배하던 단계에서 벗어나 직접 지배하는 집권체제로 바뀌는 통일신라 시기였다. 따라서 이 무렵을 전후하여 양천제의 싹이 나타나게 된 것으로 볼 수 있다.

통일신라 시기의 신분제가 비록 양천제라고는 하지만, 양신분 안에서 중앙의 지배층이 다시 골품제로 편제되어 엄격하게 구분되었으며 그 특권이 세습되었다. 성골·진골의 왕족을 대상으로 한 골제(骨制)와 6두품에서 1두품에 이르는 일반귀족을 대상으로 한 두품제(頭品制)가 결합된 골품제는 520년(법흥왕 7년)의 율령반포 때에 관등제·공복제와 함께 법제화한 것으로 이해되고 있다.

통일 후 골품제는 점차 변화하기 시작해 통일 이전에 이미 성골이 소멸했고 통일 이후가 되면 3두품 이하 1두품의 구분이 사라져 진골, 6두품, 5두품, 4두품, 백성의 5등급으로 정리됐다. 또 4두품도 백성과 같이 취급돼 4두품 역시 백성층과 등질화했다. 이는 골품제 자체가 본래의 의미를 상실하고 하부로부터 해체되고 있었음을 보여주는 것이다.

고려 시기의 양천제는 통일신라 시기와 비교할 때 양인신분 안에서 골품귀족과 같은 배타적인 계층이 없어졌고 지위 획득에서 혈통보다 개인적 성취가 강조되었다. 그러나 같은 양신분 안에서 교육과 과거 응시의 기회 등에서 법제적인 차별이 존재하여 양인 내부의 계층 사이에 격차가 남아 있었는데, 이는 양천제가 확립되어 가는 과정에서 나타나는 과도기적 현상으로 이해할 수 있을 것이다. 이러한 양천제론에서는 고려시기의 신분구조를 입사직 · 향리 · 학생 · 서인 등을 양인신분으로, 향 · 소 · 부곡민과 노비 등을 천인신분으로 파악한다.

한편, 4신분제론은 지배층과 피지배층의 구분에 더 중점을 두어 향리 · 서리 · 남반 · 하급장교 등을 중간계층으로 설정하고 상위의 양반 · 귀족과 함께 지배신분의 범주로 파악하여 고려시대의 신분구조를 양반 · 귀족, 중간계층, 양인, 천인의 4신분으로 이루어진 것으로 본다. 이러한 신분 구분은 1970년대 양천제가 제기되기 전까지 거의 통설로 받아들여졌다.

이 견해에 따르면, 양천제론에서 전체 인민을 양인과 천인으로 나누는 것은 전근대사회에서는 어느 시기, 어느 나라에서나 적용될 수 있는 구분법이기 때문에 사회계층론으로서는 별 의미가 없는 것이 된다. 또한 양반 · 귀족과 일반 양인은 사(士)와 서(庶)로 표현되듯이 상호 대칭되는 신분층으로서 이들 사이의 상하 · 귀천의 질서는 양천의 그것 못지않게 중요하며, 실제 기록에 나타나는 양인은 양반 · 귀족과 일반 양인을 포함하는 의미로 사용된 것이 아니라 대체로 일반 양인만을 일컫는 의미로 사용되었다고 본다. 따라서 고려시기의 신분 구조를 귀족·양반과 서리·향리·남반·하급장교 등 중간계층을 지배신분층으로, 농민을 비롯해 상인·장인 등 양인과 노비 및 향·소·부곡민 등 천민을 피지배 신분층으로 파악한다.

한편 위의 두 견해를 절충하여 양천제의 기본구조에는 동의하면서, 양인층 내부에 상급지배층과 일반 양인 사이에 중간계층을 별도로 설정하거나 상급 지배층인 귀족층, 향리 이하의 중간계층과 부곡제 영역의 주민 및 양수척까지를 포괄하는 양인층, 노비가 속한 천인층의 3신분층으로 구성되었다고 보는 견해가 제시되기도 하였다.

2. 양반과 귀족

양인 신분은 혈통, 직업, 경제적 조건 등의 차이에 따라 복잡한 계층으로 구분되었다. 양인층 안에서 최상 신분인 왕족은 왕과 왕비, 그리고 그 자녀인 왕자·공주로 구성되는 왕의 직계가족, 왕자와 공주를 중심으로 다시 연결되는 종실·종친으로 통칭되는 자들, 그리고 왕실의 먼 후손으로 일컬어지는 조종묘예(祖宗苗裔)집단으로 구성되었다. 이러한 왕족의 구성은 종실의 동성혼이 금지되는 원 간섭기 이후에는 일률적인 대수(代數) 개념에 따른 구성으로 변화하였다.

양반 신분에 대해서는 그 개념을 둘러싸고 견해의 차이가 있으나, 일반적으로 고려시기에는 양반 자신과 그 가족·가문까지를 포함하는 지배신분층으로서가 아니라 문무관료 일반을 가리키는 것으로 이해되고 있다. 원래 양반이란 말은 북좌남면(北座南面)한 왕에 대하여 동쪽에 자리하는 반열을 동반, 서쪽에 자리하는 반열을 서반이라고 한 것에서 비롯된 것인데, 동반은 정치를 담당하는 문관, 서반은 군사를 담당하는 무관의 반열이었으므로 동반을 문반, 서반을 무반이라 하였다.

 고려에서 문무관이라는 용어는 태조 대부터 나타나지만 관제상 양반체제가 갖추어진 것은 문·무산계제가 시행되는 성종 대 무렵부터로 볼 수 있다. 본래 문산계는 문관의 관계(官階), 무산계는 무반의 관계이지만 고려에서는 당이나 조선과는 달리 문·무관 모두에게 문산계가 주어져 본래의 제도와는 다르게 운영되었다.

 귀족 신분의 존재는 고려시기의 신분체계를 귀족, 중간계층, 양인, 천인으로 파악하는 4신분제론에 의해 주장되었다. 귀족이란 작위의 세습, 토지의 무기영대적 소유, 폐쇄적 통혼권의 형성 등을 기반으로 하였던 서양의 귀족 개념을 원용한 것으로 고려시기에 귀족 지위의 세습 장치로서 음서제를, 귀족의 경제기반인 무기영대적 토지소유로서 공음전시과를, 그리고 귀족 상호간에 폐쇄적 통혼권이 형성되었던 점 등을 근거로 사실상 특권을 세습하던 귀족 신분이 존재하였다고 보았다. 이러한 견해에 대해, 귀족제는 법제적 특권의 향유와 지위의 세습을 지표로 하는 것인데, 실제로 고려시대에는 이러한 제도가 존재하지 않았고 귀족제의 제도적 장치로 간주한 음서제 역시 귀족제에 반하는 요소가 있다는 반론도 있다. 귀족이나 귀족제의 존재를 인정하는 귀족제론은 귀족제와 귀족제적 요소를 혼동하고, 문벌과 귀족적 범주의 차이를 무시한 것에서 비롯되었다는 것이다. 그러나 귀족제를 옹호하는 측에서는 귀족의 개념을 더 넓은 의미로 사용하여 고려시대의 귀족이 비록 법제적 세습적 요건을 갖춘 신분은 아니었지만 사회적 신분으로 구분할 수 있다는 주장을 펴고 있다.

 한편 양반과 귀족의 관계, 곧 귀족의 범위에 대해서는 왕족을 비롯하여 문벌과 가문이 좋아 고관대작에 올랐던 일부 특권 양반층으로 범위를 좁혀야 한다는 견해, 동양사회의 귀족은 관직 귀족이었으므로 그에 기준을 두고 음서나 공음전시의 수여와 같은 특권을 누리고 있는 5품관 이상을 귀족으로 이해하자는 견해, 그리고 문무양반 전체를 의미한다는 견해 등이 제시되었다. 이처럼 귀족의 범위에 차이를 보이게 된 것은 귀족의 개념과 구분 기준의 차이에서 말미암은 것이다.

3. 중간계층

양인 신분 안에서 최상위 계층인 양반·귀족과 서인(庶人) 사이에는 남반·서리·향리·하급장교 등 중간계층이라 불리는 신분계층이 존재하였다. 이들은 두 신분·계층 사이에 존재하면서 상하 이동이 가능한 한편 현실적으로 고정성을 지니는 계층으로 이해되고 있다. 즉 이들은 상층으로 이동을 지향하면서도 한편으로 강한 세습성을 지니고 있어 사회 이동에서 개방성과 폐쇄성을 동시에 보여주는 신분계층이었던 것이다.

중간계층이라는 용어는 편의상 인위적으로 만든 것이기 때문에 연구시각에 따라 그 개념이나 내용에 차이가 있다. 즉 중간이라는 용어를 기능론적으로 사용해 지배층의 업무를 보조하는 인물들을 대우하여 중간계층으로 편성했다고 파악하거나 법제론적으로 사용해 지배층이 분화하면서 상대적으로 특권에서 배제된 계층을 가리킨다고 파악하거나 중간사회 조직론의 입장에서 국가와 민 사이에 존재하는 각종 중간조직의 리더들을 중간계층으로 파악하는 것 등이다. 지배층과 피지배층의 구분을 더 중요시하는 4신분제론에서는 이들 중간계층을 상위의 양반·귀족과 함께 지배신분의 범주로 파악한다. 양천제론 역시 이들을 양인 신분 안의 중간계층으로 파악하는 데는 별 이견이 없다.

이들은 고려 초 중앙집권화를 추진하는 과정에서, 관료제를 정비하는 과정에서, 관료들이 문벌화하는 과정에서 형성된 계층으로서 대개 남반·서리·향리·하급장교 등이 중간계층으로 거론되고 있다. 이에 대해 남반이나 향리 등은 임용자격, 지위와 대우, 성립시기와 변화과정 등이 각각 다르기 때문에 동일 계층으로 범주화하기 곤란하다는 지적도 있다.

남반은 궁중의 내료직으로서 국왕의 호위, 왕명 전달, 전중(殿中)의 당직 등의 업무를 담당하였고, 서리는 중앙 각사에서 기록이나 문서 작성 등 말단 행정실무에 종사하였으며, 향리는 지방의 군현에서 수령을 보좌하여 조세와 역역의 징수, 간단한 소송의 처리 등 지방 행정을 담당하였다. 하급장교 가운데 품외(品外)의 대정(隊正)도 중간계층으로 분류되었는데, 문제가 되는 것은 중앙의 2군 6위 소속의 군인을 중간계층으로 분류할 수 있느냐 하는 점이다.

이는 고려시기 군역의 성격과 관련된 문제로서 이른바 2군 6위 소속의 중앙군 전체를 군반씨족이라는 특수 신분층으로 보는 군반제론에서는 이들을 관료체계의 말단에 속하는 중간지배층으로 간주한다. 그러나 병농일치의 원칙에 바탕을 두고 중앙군이 일반농민으로 편성되었다고 보는 부병제론에서는 농민신분으로 파악한다. 한편 2군 6위의 중앙군이 상층의 전문적인 군인(또는 군반씨족)과 하층의 일반 군인의 2요소로 구성되었다고 보는 이원적 구성론에서는 상층 군인은 중간계층, 나머지 하층 군인은 농민신분으로 파악한다.

4. 백정과 정호

고려시대의 백정(白丁)은, 천민이던 조선시대의 그것과 달리, 일반민의 주류를 형성하던 존재로서 일반 주·부·군·현에 거주하면서 주로 농업생산에 종사하는 농민층이었다. 이들은 조세·공부·역역 등 일반적인 국역 의무를 졌고 국가에 대해 특정한 직역의 부담이 없었기

때문에 백정이라 불리었다. 한편 이들 백정과 달리 국가에 대해 특정
한 직역을 부담하는 층을 백정과 구분하여 정호(丁戶)라 불렀다.

지금까지 연구에서 정호와 백정에 대한 이해에는 많은 차이가 있다.
먼저 정호와 백정을 구분하는 대상에 대해서 전체 인민을 대상으로 했
다는 견해와, 양반을 제외한 일반민을 대상으로 했다는 견해로 나뉜
다. 구분 기준에서는 일반적으로 경제력, 즉 토지소유 규모의 차이에
따라 구분되는 것으로 이해하지만, 여기에 정호는 지배신분이고 백정
은 피지배신분이라는 신분의 차이까지 고려하는 견해도 있다. 일정한
경제력을 갖춘 정호층은 국가가 차정한 특정한 직역을 부담하였지만,
그렇지 못한 백정층은 요역과 기타 부담 이외에 직역 부담은 지지 않
았다. 이때 직역은 일반적으로 군인호 · 향리호 · 기인호(其人戶) · 역
호(驛戶) 등이 부담하는 역을 가리키는 것으로 본다.

다음 정호와 백정 신분에 대해서도 차이를 보이는데, 양자 모두를 농
민층으로 파악하되 그 가운데에는 양인과 천인이 모두 포함된다는 견
해, 즉 정호 가운데 역호는 천민으로, 백정 가운데 일반 군현민이 아닌
역민이나 도민(島民)은 천민으로 보는 견해와, 정호는 지배계층의 하한
인 중간계층으로, 백정은 피지배층으로 파악하는 견해로 나뉘어져 있
다. 그런데 후자의 경우에서 지배층으로 파악한 역정호는 일반적으로
천신분으로 이해되고 있다. 이렇게 볼 때 지금까지 정호와 백정에 대
한 연구에서 의견의 일치를 본 내용은 양자가 경제력에 따라 구분되었
으며 정호는 국가에 대해 특정한 직역을 부담한 층인 반면 백정은 특
정한 직역 부담이 없이 다만 일반적인 조세를 부담하는 층이라는 사실
정도이다.

5. 향·소·부곡민

고려시기에는 일반 군현제 지역과 다른 특수한 행정구역이 많았는데, 향·소·부곡·장(莊)·처(處)·역·진(津)·관(館) 등이 그것이다. 이 가운데 향·소·부곡·장·처가 분포 규모나 기능면에서 특히 중요하였다. 향·부곡이나 장·처의 주민은 주로 농업생산에 종사하였고, 소민은 농산물·해산물·광산물·수공업품 등 특정 공물생산에 종사하였으며, 역·진과 관은 각각 교통 관련 업무와 숙박 업무를 담당하였다.

이들 지역은, 그 기원이나 존재시기에 다소 차이가 있지만, 그 전형적인 형태가 고려시기에 나타나고 국가지배의 여러 측면에서 서로 구조적 동질성을 가진다고 보고, 이들을 같은 범주로 묶어서 부곡제라는 용어로 포괄하기도 한다. 이처럼 부곡제의 동질성을 강조하는 주된 근거는 신분적 동질성과 수취체계상의 동질성이다. 그러나 이들 사이에 이질성보다 구조적 동질성이 더 강한 것인지 재검토할 필요가 있다는 비판적인 견해도 제시되고 있다.

먼저 이들의 기원에 대해《신증동국여지승람》'여주목 고적 등신장(登神莊)조'에 "신라가 주군을 설치할 때 그 전정(田丁)과 호구가 현에 미달하는 곳은 향을 두거나 부곡을 두어 소재하는 읍에 소속시켰다. 고려 때에는 또한 소라 일컫는 것이 있었는데 금소·은소 … 강소(薑所)의 구별이 있어서 각기 그 물품을 바쳤다. 또한 장, 처라 일컫는 것이 있었는데 각기 궁전과 사원 및 내장택에 소속되어 세를 바쳤다"고 하여, 향·부곡과 달리, 소·장·처는 고려시기에 처음 나타났다는 것을 알 수 있다. 대부분의 연구자들은 실증적 자료를 바탕으로 소·장·처가 고려시기에 처음 나타났다는 것을 인정하고 있다. 그러나 한편 이 기록의 사료적 가치를 부정하면서 이들 지역은 모두 고려 이전에 형성된 동일한 시원적 형태에서 각각 분화되어 발전한 것으로 파악하는 견해도 있다.

다음 이들 지역 주민의 신분에 대해서도 천인으로 보는 견해와 양인으로 보는 견해로 나누어져 있고, 이 밖에 단정적인 양천의 구분을 보류하면서 양인이나 천인층 내부에 2차적 신분구분의 가능성을 제시하는 견해도 있다. 종래의 통설은 이들이. 일반 군현민과는 달리 국학에 입학·과거 응시·승려가 되는 것이 금지되었고, 형벌상 노비와 동등하게 취급되었으며, 또 자손의 귀속에서도 천인과 같은 대우를 받았다는 것을 근거로 이들을 집단천민으로 파악하였다.

그러나 1960년대 이래 여러 측면에서 부곡인의 신분을 양인으로 보는 견해가 제시되었다. 즉 향·소·부곡 지역의 주민은 천민인 중국의 부곡과는 달리 주가(主家)의 호적에 부적되지 않았고, 국가에 각종 공과(公課)를 부담하는 공적 영역의 주민이었으므로 신분적으로 양인이었다는 것이다. 이들은 양인층 내부의 계층분화의 결과 형성된 양인 신분 안의 최하층으로서 잡척층(雜尺層)으로 불리면서 일반 군현민에 비하여 관직진출과 교육 등에서 법제적으로 차별대우를 받았고, 사회경제적으로 열악한 처지에 있었지만 조(租)·포(布)·역(役) 3세 등 양인으로서의 국역 의무를 담당한 점에서는 일반 군현민과 본질적인 차이가 없었다.

그러나 수취체계에서는 일반 군현민과 차별이 있어 향·부곡의 주민은 국가공유지를 경작하는 역을, 소의 주민은 특정 공물을 생산하는 역을, 진·관·역의 주민은 교통과 통신에 관련된 국역을 부담하면서 지역적으로 분리 파악되었고, 역의 세습이 엄격하게 관리되었을 뿐만 아니라 이들의 부담이 일반 군현지역의 주민보다 훨씬 무거운 편이었다. 한편 소의 주민 구성과 관련하여 주민 전체를 공장(工匠)으로 보는 견해, 공장과 농민의 두 부류로 보는 견해, 그리고 공물생산에 동원된

장인은 소의 주민이 아니며 공역을 제공하는 소의 주민만을 농민으로 보는 견해 등이 있다.

이들 향·소·부곡 지역은 12세기 이래 과중한 부담에 대한 주민들의 저항이 심해지고 생산력이 발전하면서 점차 해체되어 일반 군현으로 승격되거나 군현을 구성하는 촌으로 편입되어 갔다. 이로써 전형적인 양천제와 구별되는, 다시 말해 고려시기 양천제의 특성으로 지적되던 양인 신분 내부에 존재하던 차별성이 극복되어 신분적 동질성을 확보하게 되었으며, 그러한 과정을 거쳐 조선시기가 되면 양천 신분 규범이 더욱 분명한 전형적인 양천제가 확립 되었다.

■ 참고문헌

金錫亨, 〈良人論〉, 《朝鮮封建時代 農民의 階級構成》, 사회과학원출판사, 1957.

西嶋定生, 〈良賤制の性格と系譜〉, 《中國 古代國家と東亞細亞世界》, 1973.

金光洙, 〈중간계층〉, 《한국사》 5, 국사편찬위원회, 1975.

許興植, 〈高麗時代의 身分構造〉, 《高麗社會史研究》, 아세아문화사, 1981.

朴龍雲, 〈귀족사회의 신분제와 가족제〉, 《高麗時代史》 상, 일지사, 1985.

朱雄英, 〈고려조 신분제 연구의 성과와 과제〉, 《역사교육논집》 10, 경북대 역사교육학회, 1987.

劉承源, 〈良賤制의 沿革〉, 《朝鮮初期身分制研究》, 을유문화사, 1987.

具山祐, 〈고려시기 부곡제의 연구성과와 과제〉, 《釜大史學》 12, 1988.

朴宗基, 《高麗時代 部曲制研究》, 서울대 출판부, 1990.

한국역사연구회, 〈중세의 신분제도〉, 《한국역사》, 역사비평사, 1992.

吳一純, 〈高麗時代 役制構造와 雜色役〉, 《國史館論叢》 46, 1993.

洪承基, 〈신분제도〉, 《한국사》 15, 국사편찬위원회, 1994.

蔡雄錫, 〈高麗時代 鄕村支配秩序와 身分制〉, 《한국사》 6, 한길사, 1994.

權寧國, 〈신분구조와 직역〉, 《한국역사연구입문》 2, 풀빛, 1995.

劉承源, 〈고려사회를 기족사회로 보아야 할 것인가〉, 《역사비평》 1997년 봄호, 1997.

연세대 국학연구원, 《고려-조선전기 중인연구》, 신서원, 2001.

蔡雄錫, 〈고려시대의 신분제〉, 《한국 전근대사의 주요 쟁점》, 역사비평사, 2002.

가족과 여성

노명호(서울대 국사학과)

머리말

고려시대의 가족제도에 대해 이른 시기의 연구에서는 근현대에까지
그 영향을 크게 남긴 조선 후기의 그것과 연결되는 같은 유형의 제도
로 이해하였다. 연구도 매우 부족한 속에 조선 후기와 같은 부계 집단,
성씨별 가문 등의 존재가 자명하다는 전제 위에 진행된 연구들이 있었
고, 그러한 이해가 통념화하여 학계나 사회 일반에 광범하게 퍼져 있
었다. 그러나 부계 성씨집단의 존재를 확인하는 데 필수적인 사항에
대한 실증적 검토는 1970년대 말 이후에나 진행되었다.

고려시대는 사회구조나 문화의 면에서 조선시대, 특히 조선전기와
구조적으로 연결되는 것도 있으나, 그에 못지않게 구조적으로 크게 다
른 면이 있다. 그런 까닭에 사회적 실체나 제도에 대해 같은 용어가 쓰
이더라도 고려시대와 조선시대 사이에는 근본적으로 다른 의미를 지
니는 경우가 많다. 이러한 차이를 확인하지 않고 조선시대의 의미를

소급하여 고려시대의 그 용어와 관련된 실체를 이해함으로써 근본적
인 오해를 하는 경우가 적지 않다. 그러한 것은 친족제도와 관련된 용
어들에서도 현저하다.

　최근까지의 연구의 축적으로 고려시대의 가족제도는 그 앞 시대나
조선 후기의 가족제도와는 근본적으로 다른 것임이 밝혀졌다. 그러한
가족제도는 성리학의 영향을 조금씩 받아 약간의 변화가 있게 되지만,
조선 전기까지는 기본적인 구조가 그대로 존속하였다.

1. 9~10세기 새로운 친족제도의 발달

　고려가 건국될 무렵에는 사회와 문화 전반에 걸친 큰 변화와 함께 친
족제도에도 많은 변화가 진행되었다. 첫째, 골품제를 비롯한 사회편성
의 기반이 되었던 리니지(lineage)나 씨족은 신라 후기를 거치며 해체
되어 고려 초 이후에는 소멸되었다. 같은 조상의 후손들로 이루어지는
리니지나 씨족 같은 친족집단이 사라진 것이다. 17세기 이후에 발달한
문중(門中)은 그러한 고대의 리니지와 비슷한 친족집단이면서도 인위
적 결사체로서의 성격도 지닌다.

　둘째, 전에는 범위도 작고 기능도 극히 제한되었던 '나'를 중심으로
한 친속(親屬; kindred) 관계가 발달하였다. '촌수'로 가깝고 먼 정도가
표현되는 '나'를 중심으로 한 친속관계의 기본 단위는 '나'와의 혈연
관계에 따라 유대와 권리·의무를 갖는 한 인물과의 개별적인 관계이
다. '나'는 그러한 개인들과의 관계가 집적된 '내'가 중심이 된 친속
관계망을 갖는다. '나'의 '할아버지'와 '외할아버지'가 아버지에게는
'아버지'와 '장인'이 되듯이, '나'를 중심으로 한 친속관계에 따라 부
모 자식 사이에도 다른 친속관계망을 가졌다.

특히 고려시대의 친속은 친속관계망의 구성에서 남녀에 대등한 양측적(兩側的, bilateral)인 친속이었다. 양측적 친속을 가족제도의 기반이 다른 한문을 빌려 기록할 때 의미의 불일치로 말미암은 어려움이 컸다. 그 때문에 중국에서는 부계친족만을 일컫는 한자 친족용어가 고려에서는 양측적인 광범한 친속들에게도 사용되는 경우가 많았다. 예컨대 고조부모(高祖父母)는 중국에서는 한 쌍이지만, 고려에서는 '나'로부터 네 세대를 거슬러 올라간 조상 여덟 쌍 모두에 대해 동일한 용어인 '고조부모'로 일컫기도 하였다. 그 여덟 쌍의 조상이 이른바 '팔고조부모'이었다. 한자용어인 '고조부모'의 본래의 의미를 의식하여 때로는 부계적인 한 쌍을 제외한 나머지 일곱 쌍을 '외고조부모'로 일컫는 경우도 있는데, 중국에는 없는 혈연관념을 표현하려고 만든 용어이다. 외고조의 문음(門蔭)으로 관직을 받은 사례들에서 보듯이 그러한 혈연관계는 지배층에서는 때로 실질적인 작용을 하였다.

'외고조'라 할 때 '외(外)-'라는 용어나 '외족'의 의미는 극히 제한적인 범위에 국한되는 중국의 '외족'과 달리, 양측적인 다양한 계보의 많은 혈친들을 일컬었다. 또한 '고조부모'가 내외고조부모를 일컫는 용례가 있듯이, 이러한 것은 증조부모나 조부모 등의 용어에서도 마찬가지였다. 또한 중국에서는 본래 부계적인 친족만을 일컫는 '본족(本族)', '족(族)', '종(宗)' 등의 용어도 양측적 친속들을 포괄하여 일컫는 용어로 사용되곤 하였다.

양측적 친속은 군주로부터 백성에 이르기까지 사회의 일반적인 친족제도였다. 예컨대 황실(皇室) 구성범위를 규정하는 제도인 제왕제도(諸王制度)는 중국 당·송(唐·宋)의 경우 군주의 부계 현손까지를 포괄하는 범위였다. 13세기 중반까지 시행된 황제국 제도들의 일환이었던 고려의 제왕제도에서는 군주의 가까운 양측적 친속인 아들과 사위, 친손과 외손, 그리고 후비의 부(父)가 제왕의 구성범위였다. 군인층의 전정연립(田丁連立)에도 내외친속이나 사위가 들어갔다. 요역 부담을 지는 후손을 많이 둔 지방 평민층 노파를 포상한 기록에서 보면, 그 후손은 양측적인 출계의 후손들이었다.

'나'를 중심으로 한 양측적인 친속의 구성은 촌수로 표현되는 '나'와의 관계가 가까울수록 긴밀하였다. 대체로 일상적인 생활에서 가깝게 지내는 양측적 친속은 4촌 이내의 범위였으며, 조금 확대되면 6촌까지였다. 그 이상의 범위는 생활에서 접촉 빈도가 매우 적어, 친척으로서의 실질적인 의미가 거의 없었다. 직계로는 고조세대, 방계로는 8촌을 넘는 범위는 기록능력이 있는 지배층이라 해도 특수한 경우가 아니면 그 혈연관계 자체도 대개 잊혀졌다. 특수한 경우란 상속이나 사회적 신분 등과 관련된 특별한 목적에서 기록이 유지되는 경우로서 대개 직계의 먼 조상으로부터 자신에 이르는 계보가 권리나 의무의 승계와 함께 내려오는 경우였다.

셋째, 정치나 사회적인 집단형성 등에서 혈연관계가 갖는 비중이 축소되고 혈연 외적 요소의 비중이 그만큼 확대되었다. 양측적 친속은 '나'와의 개별적 혈연관계가 집적된 관계망이고, '나'의 친속은 동시에 다른 여러 사람의 친속이기도 한 때문에 그 자체만으로는 지속성을 갖는 집단을 형성하기 어려웠다. 정치적인 세력집단으로는 혈족집단이 사라진 대신 누구의 '당여(黨與)' 또는 '당(黨)'이라고 일컫는 유력자를 중심으로 이해관계나 입장 등이 합치하는 추종자들이 형성한 집단이 나타난다. 그 당여에는 유력자의 양측적 친속 가운데 일부가 들어가기도 하였는데, 이들은 당여 가운데서도 '족당' 세력으로 구분되기도 하였다. 이들은 당여로서의 조건과 함께 혈연적 유대까지 가짐으로써 대개 당여의 중심부에 자리하였다. 당여로서의 조건이 일차적이므로 같은 형제나 사촌 가운데에도 족당세력이 된 자와 그렇지 않은 자가 있었다.

2. 솔서혼과 가족

고려시대의 혼인제도는 남자가 여자 집으로 들어가는〔"남귀여가 (男歸女家)"〕솔서혼(率婿婚)이었다. 솔서혼은 조선 전기까지 지배층이나 평민층의 일반적인 혼인습속이었다. 솔서혼 제도는 장가간다는 점에서는 고구려의 서옥제와 비슷하나 결혼 초기를 지나서는 크게 다른 점이 있었다. 서옥제에서는 자녀를 낳아 어느 정도 자라면 부인이 자녀를 데리고 남편을 따라 시가(媤家) 쪽으로 들어온다. 이른 시기의 연구에서는 솔서혼제를 서옥제와 같은 것으로 보아 최종적인 거주지는 부처제(父處制)라고 보았다. 그러나 솔서혼제에서는 결혼 초부터 대개 여러 해를 처가에서 지낸 다음에 시가로 가는 경우, 처가 쪽에 그대로 정착하는 경우, 시가나 처가 지역이 아닌 가까운 양측적 친속의 연고지로 가는 경우 등이 있었다. 그리고 이러한 변화의 시점에는 분가를 하는 경우가 많았다.

솔서혼에 의해 가족의 구성은 한 개인을 기준으로 볼 때 대체로 일생동안 세 가지 가족유형 사이에서 순환적으로 바뀌었다. 이를테면 한 남성이 분가한 부부 사이에서 태어나 부부와 미성년 자녀로 구성된 부부가족 속에서 생활하다가, 장성하여 솔서혼을 함으로써 처가에 들어가 결혼한 형제자매가 분가하지 않고 함께 사는 대가족 속에서 생활할 수도 있다. 그 뒤 처가에서 분가하여 부부가족으로 살다가, 자신이나 배우자의 노부모를 봉양하며 결혼한 자녀 가운데 하나가 부모와 함께 사는 직계가족을 이루고 살 수도 있다. 물론 이와 다른 다양한 조합의 순환 형태들도 존재하나 세 가지 가족유형을 기본으로 그 속에서 변화하였다. 고려시대 가족구성을 정태적으로 파악하여 세 가족 유형이 나타나는 비율을 논하는 것은 제한적 의미만을 갖는다. 고려시대에는 한 개인이 속한 가족의 유형은 그의 일생 가운데 두세 차례 이상 변화될 정도의 유동성을 가지며, 개별 가족들에서는 다른 유형으로 전환되는 순환적 변화가 전 사회 단위 속에서는 계속 진행되고 있었다.

정태적 이해에 따른 대가족설도 제기된 바 있으나, 그 주장과는 달리, 고려의 법제에서는 부모나 조부모가 생존해 있어도 그 봉양에 문제만 없으면 분가(分家)가 허용되었고, 부모 생존시에 호주가 된 사례도 발견된다. 또한 16~59세의 남자인 정(丁)이 하나만 있는 가호(家戶)인 단정호(單丁戶)도 그 생계를 돕는 양호(養戶)를 지정하는 등의 지원을 받으며 군역을 지었다. 고령의 노부모를 모시기 위한 경우만 단정이 면역되기도 했으나, 노부모가 돌아가시면 다시 군대에 충원되었다. 그리고 주거지의 인근에는 대부분의 경우 가까운 양측적 친속들의 가호가 있는 때문에 굳이 대가족이 아니어도 농사 등에서 한꺼번에 여러 명의 인력이 필요한 작업도 쉽게 해결할 수 있었다.

개별 가족의 가족 유형이 순환적으로 계속 변화하는 속에 대가족도 사회 안에 항상 부분적으로 존재하였으나, 각 대가족들은 한 개인의 일생에서 일시적으로 존속되었다. 또한 그 구성은 개별가족의 출생 성비의 불균형 등에 따라 일시적으로 부계적인 또는 모계적인 출계만으로 이루어지는 경우도 없지는 않았으나, 대개는 양측적인 출계로 이루어졌다.

직계가족 또한 사회 속에 항상 일부 존재하였으며, 일시적으로 존속되었다. 그 구성에서 노부모를 모시는 것은 아들 내외인 경우와 딸 내외인 경우가 공존하였으니, 그 배경에는 솔서혼이 존재하였다. 노부모를 모시는 것은 어느 한 자녀만이 맡지 않고 결혼한 자녀들이 돌아가며 맡기도 하였다.

솔서혼에 따라 남자는 함께 생활을 한 처의 가족들과 한 가족으로서 친밀하였고, 그 자녀들로서는 어머니 쪽 친속들과의 관계와 아버지 쪽 친속들에 대등하게 친밀하였다. 여자는 결혼 뒤에도 출가외인(出嫁外

人)이 되지 않았다. 친정 쪽과 긴밀한 관계를 가지며, 성별 역할이 다른 부문 외에는 남자형제들과 대체로 같은 권리와 의무를 가졌다.

고려의 전통 혼속은, 특별한 권력자들을 예외로 한다면, 일부일처제였다. 축첩 행위는 처벌되지는 않았으나 부끄러운 행위로 비난을 받는 것이 지배층을 비롯한 사회 일반의 분위기였다. 다처제와 축첩제는 14세기 이후 몽고 풍습의 영향을 받으며 확산되기 시작하였다. 그 과도기인 충렬왕 대에는 축첩제를 일반화하려는 입법 논의가 여성들의 강력한 반대 압력과 비난을 받으며 무산되는 우여곡절을 겪기도 하였다. 축첩제와 관련된 일련의 사실들은 고려시대에는 조선시대처럼 여성들이 남성에 일방적으로 종속되지는 않았음을 보여준다. 여성의 재혼도 이념상으로나 법제상으로 금지되지 않았으니, 지배층이라 해도 떳떳하고 자연스러운 것으로 받아들여졌다.

20세기 말까지 큰 영향을 주었던 동성동본혼 금지는 14세기에 들어가 부계사회인 원 나라가 자신들과 다른 고려의 혼속을 문제 삼자 관련 조치의 모색이 시작되었으며, 성리학적 가족예법의 영향으로 법제화하여 위반자에게 불이익을 주게 된 것은 1391년부터였다. 그 전에 주로 문제가 된 것은 근친혼의 금지였으니, 그 초기 조치로 11세기 중엽에는 내외4촌 이내의 혼인을 금지하였다. 그 뒤 근친혼 금지는 진전과 후퇴를 반복하였으며, 14세기 중엽에는 내외6촌 이내까지 넓혀졌고, 그 뒤 내외8촌 이내까지 확대되었다.

3. 상속

고려시대의 토지를 비롯한 사유재산의 상속은 딸과 아들에게 균등분할을 원칙으로 하는 자녀균분상속이었다. 사유재산의 상속은 피상속인과 상속인 사이에서 결정되거나, 또는 피상속인이 사망한 경우 등에는 상속인들 사이의 합의를 거쳐 결정되었다. 그 권리를 갖는 개인들이 결정하여 기본 조건을 갖춘 문서를 작성하면 국가에서는 그대로 받아들여 인정하였다. 자녀균분상속은 그 결정에서 일반적인 원칙이 된 사회적 관습이었다. 그러나 피상속인이 죽고 상속인들이 협의하여 균분상속의 원칙에 따라 나눌 경우, 그 과정에서 종종 분쟁이 발생하였다. 토지나 노비 등은 나눌 상속대상들의 가치가 균등하지 않은 경우가 많았고, 상속 몫에서 자녀수로 나누어 떨어지지 않고 나머지가 발생하면 균분원칙에 따른 합의를 보기 어려웠기 때문이다. 자녀균분원칙이 있었지만 이러한 이유로 사유재산의 상속과정에서 종종 국가에 소송이 제기되었고, 국가로서도 그 판결은 쉬운 일이 아니어서, 쉽게 판결을 내릴 수 있는 어떤 원칙이 필요하였다. 그리하여 1122년에는 사유토지의 상속문서가 없어 소송이 제기된 경우에 균분원칙을 따르더라도 적자녀(嫡子女)와 연장자를 우선하여 상속 몫을 배분해 주도록 법제를 정하였다. 이 법제는 상속분쟁을 판결하는 데 당시에는 효율적이었던 것으로 보인다. 자녀균분상속 원칙과 함께 이 법제의 원칙은 조선 초 《경국대전(經國大典)》에도 그대로 계승되었다.

사유지의 자녀균분 상속은 솔서혼의 최종 정착지 결정에 중요한 경제적 배경이 되었다. 남편과 처 사이에서 상속 몫이 큰 쪽으로 대개 분가 뒤에 최종 정착지가 결정되었다. 남편과 처에 동등한 상속 기회가 있었으므로, 정착지가 되는 것도 대개 양쪽이 비슷하였다. 그리고 자녀 수와 연결된 상속 몫의 증감에 따라, 개별 가족 단위에서부터 솔서혼에 따른 인구출입이 증가하거나 감소하여 토지와 인구의 균형이 저절로 조절되었다. 이러한 딸과 아들 모두를 이용하는 자녀균분상속과 솔서혼에 따른 토지 대 인구비의 균형조절 능력은 아들만에 의지하는 부계사회의 양자제도보다 두 배 큰 것이었다. 이것은 가족 단위는 물

론 촌락이나 지역공동체 단위에도 토지 대 인구비의 안정성을 증대시
키는 중요 요소였다.

사유재산의 상속에서 딸이 아들과 대등한 권리를 가졌던 것은 가족
안에서 여성의 지위를 그만큼 높이는 것이었다. 결혼 뒤에도 처와 남
편 쪽 각각에서 상속한 재산은 어느 한쪽에 일방적으로 합병되지 않
고, 다음 세대에 상속될 때에도 그 출처를 분명히 구분하였다. 또한 딸
들이 상속에서 대등한 권리를 갖는 것은 부모에 대한 봉양에서 딸도
아들과 동등한 의무를 갖게 하였다. 결혼한 딸과 사위가 노부모를 봉
양하는 일이 많았으며, 그러한 속에 양자가 아닌 양녀를 들여 그 부양
을 받은 사례들도 나타난다. 그리고 형제자매들이 노부모를 교대로 봉
양한 사례도 나타난다.

사적권리의 문제로서 상속도 일차적으로 권리 당사자들이 결정하는
사유지와 달리, 사적권리와 함께 국가에 대한 봉사의 의무가 따르는
수조지(收租地)인 전정(田丁)이라는 토지편성 단위가 있었다. 전정은
대개 농민 등의 사유지에 설정되었는데, 그 생산물의 일정 부분을 국
가에서 지정한 관인(官人) 등이 수취하는 권리가 수조권이었다. 그 수
조권은 상속되는 권리이어서 1980년대 이전의 여러 연구에서는 사유
지 상속과 혼동할 정도로 사적권리로서의 성격도 띠었다. 그로 말미암
아 처벌을 받아 수조권이 몰수되더라도 국가는 그것을 친자녀가 아닌
다른 친속이 대신 승계하게 할 정도로 그 사적권리로서의 측면은 국가
에서도 존중하였다. 그리고 그 상속되는 권리가 토지겸병 등에 의해
침해 받았을 때는 소송의 대상이 되었다. 예컨대 1385년의 한 소송문
서에 따르면 금음상(今音尙)이라는 농민 소유지에 설정된 조부 장비(張
備)의 수조지를 승계 받은 전직관리인 장전(張戩)은 다른 관리에 의해
그 수조지가 겸병되자 소송을 제기하였다.

전정의 수조권에는 원칙적으로 국가에 대한 직역(職役) 봉사의 의무

라는 측면도 함께 있었다. 따라서 전정연립(田丁連立)이라고 한 직역과 결합된 전정의 상속은 사유지 상속과 달리 분할될 수 없어 1인의 상속권자가 승계하였다. 또한 직역 승계과정이 지체 없이 신속히 진행되도록 1046년에는 국가에서 그 승계권자의 우선순위를 법으로 정하였다. 그 순위는 적자(嫡子), 적손(嫡孫), 적자의 동모제(同母弟), 친손자, 외손자의 순서였다.

이 법제는 한동안 사유지 상속 관련 법제와 혼동되었고, 토지사유제가 채 발달하지 않은 상태에서 부계친족집단에 의해 공동으로 보유하고 있는 농토를 국가가 파악하기 위해, 적장자가 단독상속한 것으로 소유관계를 표시하게 한 것이라고 해석되기도 하였다. 그러나 이 법제는 사유지와는 근본적으로 다른 전정(田丁)의 상속법제이다. 그리고 피상속자의 아들이나 손자가 없을 경우 당연히 들어가야 할 부계방계 혈족이 배제되어 있고, 오히려 외손이 들어가 있어 부계친족집단 단위의 토지보유 주장과는 정면으로 모순된다. 더구나 전정연립의 승계권은 뒤에는 사위 등에게까지 확대되었다.

전정연립은 양측적인 직계비속 가운데 직역을 맡을 수 있는 개인이 전정을 상속하는 것이었고, 그를 토대로 경제생활의 단위를 이룬 것은 기본적으로 부부가족이었다. 그 때문에 전정연립을 할 아들이 없는 6품 이하 직업군인층의 생계지원을 위해 구분전(口分田)이 지급되는 가족범위는 처와 출가하지 않은 딸이 대상이었다. 그러나 외손이나 사위 등이 승계 대상에 들어가 있는 때문에 전정연립할 승계권자가 끊기는 경우는 매우 적었다.

딸을 통한 친속인 외손이나 사위 등은 전정연립의 대상이었지만, 직역봉사를 할 수 없는 딸 자체는 그 대상이 아니었다. 양측적 친속제는 딸과 아들에 대체로 대등한 권리·의무를 부여했지만, 사회적 성별 역할이 달라지는 부문에서는 차등이 있었다. 그러한 성별 역할의 차이,

특히 권력과 연결된 부문의 성별 역할 차이는 양성 사이의 정치 · 사회적 힘의 격차를 크게 벌려 놓는 요인이었다. 그런 까닭에 양성 사이의 불평등은 평민층에서는 현저하지 않았으나, 지배층에서는 컸다.

전정연립은 국가사회로서는 대대로 세습적인 직역자 집단과 그들에게 전시과제도(田柴科制度)에 따라 지급되는 전정을 개인들의 세대교체 속에서 자동으로 지속되게 하는 한국중세의 신분계층 구성과도 연결된 제도였다. 전정의 총액과 직역자 전체의 수는 대체로 큰 변동이 없었으므로 전정연립은 장기간 지속될 수 있었다. 전정연립의 시점을 최대한 늦추어 직업군인의 경우 70세, 관직자의 경우 종신제로 하는 등의 제도는 조건을 갖춘 승계권자를 확보할 시간적 여유를 주는 작용을 했다. 전정연립은 한반도 중부와 남부 전역에 걸쳐 분포하는 전정을 대상으로 국가가 매번 수조권을 회수하고 새로이 지급할 경우의 많은 행정력 투입과 빈번한 분쟁 발생을 피할 수 있게 했고, 그 만큼 전시과제도가 장기적으로 지속되는 것을 가능하게 하는 쪽으로 작용하였다. 뒤에 전시과제도의 해이로 직역봉사 의무는 유명무실하게 되어 수조권만이 존속하게 되고, 토지겸병이 확대되는 혼란 속에서도 내외 친속이 전정을 승계하는 제도는 고려 말의 사전혁파 전까지 계속됐다.

4. 가족 예법

고려시대의 상례나 조상제례는 불교식과 토속예법을 주축으로 시행되었다. 유교식은 부계 위주여서 고려의 실정에 맞지 않았고, 고려 말 이후에나 일부 성리학자들에 의해 정치적으로 실행이 추진되었다. 10세기 말 성종 대에는 토속제도나 현실과의 충돌을 무시하고 중국식 제도를 대거 도입하였는데, 그 가운데 하나가 중국의 전통적인 상례이자 친족제도이기도 한 '오복제도(五服制度)'였다. 그 오복제도는 상례로서 고려사회에 뿌리를 내릴 수 없었다. 뿐만 아니라 오복이라는 다섯 등급 친족범위는 친족법제로서의 실질적 의미도 갖지 못하였으니, 오복친 범위가 그대로 적용되는 중국 당(唐)·송(宋)의 친족관련 법제들이 고려에서는 그것과는 전혀 다른 양측적인 범위로 개정되어 시행되었다. 동일 관부의 재직 등에 따른 친속 사이의 부정을 방지하기 위한 상피제도(相避制度), 고관의 비속남성에게 관직을 제수하는 음서제도(蔭敍制度), 근친 사이의 혼인을 금지하는 금혼범위, 황실의 구성을 규정한 제왕제도(諸王制度) 등은 그 예이다.

상례는 불교의 영향을 받아 화장이 지배층 일각을 중심으로 행해졌고, 초분(草墳)이나 빈소를 오래 설치한 뒤 장사를 지내는 고대 이래의 토속적인 상례가 전 계층에 걸쳐 행해졌다. 조상에 대한 제사는 대개 부모나 내외조부모를 대상으로 기일제(忌日祭)가 불교 사찰에서 거행되는 경우가 많았고, 명절에는 무덤을 찾아 토속적인 제를 올렸다.

고려시대에는 조선 후기의 문중 선산과 같은 혈족단위 공동묘역이 형성되지 않았다. 조선 전기의 예를 통해서 보면, 솔서혼의 영향으로 각 세대의 거주지가 적어도 3세대에 한 번 이상 달라지는 경우가 많았기 때문에 각 세대의 분묘는 대개 흩어질 수밖에 없었고, 간혹 부모자녀의 분묘가 같은 지역에 자리하기도 하였다.

제사에서는 불교식 제례와 토속제례가 때로는 병렬적으로 때로는 습합(褶合)된 형태로 왕실에서부터 피지배층에 걸쳐 행하여졌다. 예컨대 태조왕건에 대한 제사는 개성의 봉은사(奉恩寺)에 설치된 진전(眞殿)에서 올려지는 경우가 많았는데, 그곳에 안치된 왕건 동상은 고대 이래의 제례법에 따라 만들어진 옷을 입히는 나체상이었다. 조상에 대한 토속제례법은 하층민 사이에서는 더 널리 행해지고 있었다.

여성은 부모 등의 제사를 집에서 직접 거행하기도 하고 불사에 나가

기일제를 올리기도 했다. 이러한 여성의 제사상의 위치는 형제자매 사이에 제사를 돌아가며 준비하여 거행하는 윤회봉사에서도 나타난다. 그것은 형제자매가 노부모에 대한 봉양에서도 함께 책임을 가지고 있었던 것과도 유사한 것이다. 딸을 통한 후손에 의한 제사인 외손봉사도 행하여졌는데, 그 배경에는 딸이나 외손도 아들이나 친손자와 마찬가지로 같은 혈통을 물려받는다는 관념이 존재하였다. 이러한 양측적인 혈통관념은 고려 말에 성리학이 들어올 때 '동기(同氣)'라는 성리학적 개념이 고려에서는 수정되어 받아들이는 요인이 되었다. 성리학에서는 부(父)의 기(氣)가 아들을 통해서만 계승된다는 관념에 따라 아들들은 같은 기를 지녔다고 '동기'라고 지칭한다. 그러나 고려에서 '동기'는 아들과 딸 모두를 대등하게 지칭하는 개념이 되었다. 이 시기에 성립된 동기 개념은 17세기 이후 성리학적 예론에 따른 부계관념의 강한 영향 속에서도 살아남아 현대에서도 '동기' 또는 '동기간'이라는 말은 고려시대 이래의 개념으로 사용되고 있다.

맺음말

친족제도는 그 자체만으로 떨어져 있는 것이 아니고 사회조직과 구조의 기초가 되어 그 시대 사회에서 매우 광범하게 작용하는 것이다. 고려시대의 양측적 친속은 부계 성씨집단과는 근본적으로 다른 특성을 갖는 친족제도였다. 따라서 이른 시기의 부계 성씨집단을 전제로 한 연구와, 그 연장선상에서 추구된 고려시대 여러 분야의 각종 사실들에 대한 이해들은, 근본적으로 재검토할 필요가 있다. 이와 관련된 연구는 지금까지 친족제도에 비중이 큰 주제들을 중심으로 진전이 있었으나, 각 분야의 주제들에서 친족제도가 관련되는 수많은 개별 사실들에 대한 이해와 관련해서는 앞으로 재검토해야 할 사항들이 아주 많다.

　그동안의 고려시대 친족제도나 여성에 대한 연구는 주로 문헌자료 위주로 연구되었다. 문헌자료 이외의 고고자료, 민속자료, 언어학적 자료 등을 활용한 연구가 활성화할 필요가 있다. 이 분야들에서 발굴되는 자료들은 새로운 자료들로서 좀 더 세부적이고 구체적인 역사상을 이해하는 데 중요한 것들이며, 부족한 문헌자료의 한계를 극복하는 데도 매우 중요한 의미를 갖는다.

■ 참고문헌

박혜인,《한국의 전통혼례연구-서유부가혼속을 중심으로》, 고려대 민족문화연구소, 1988.

이종서, 〈14~16세기 한국의 친족용어와 일상 친족관계〉, 서울대 박사논문, 2003.

권순형,《고려의 혼인제와 여성의 삶》, 혜안, 2006.

손진태, 〈조선혼인의 주요형태인 솔서혼속고〉,《조선민족문화의 연구》, 을유문화사, 1948.

정길자, 〈고려시대 화장에 대한 고찰〉,《부대사학》 7, 1983.

최재석, 〈고려시대의 상·제〉,《정재각박사고희기념 사학논총》, 1984.

노명호, 〈고려시대의 토지상속〉,《중앙사론》 6, 1989.

장병인, 〈고려시대 혼인제에 대한 재검토〉,《한국사연구》 71, 1990.

채웅석, 〈본관제의 성립과 성격〉,《역사비평》 13, 1991.

김기덕, 〈고려시기 왕실의 구성과 근친혼〉,《국사관논총》 49, 1993.

노명호, 〈고려시대) 가족제도〉,《한국사 15》, 국사편찬위원회, 1995.

───, 〈고려시대의 분가규정과 단정호〉,《역사학보》 172, 2001.

이종서, 〈고려후기 이후 '동기' 이론의 전개와 혈연의식의 변동〉,《동방학지》120, 2003.

김용선, 〈고려지배층의 매장지에 대한 고찰〉,《고려금석문연구》, 일조각, 2004.

불교와 유교·풍수도참

이병희(한국교원대)

머리말

고려사회에는 불교·유교·풍수도참 사상이 깊게 뿌리내리고 있었다. 불교는 정신 세계에 큰 영향을 주었으며, 사회생활의 영역에서도 주요한 기능을 담당하였다. 유교는 관인이나 지식인들의 기초 교양이었으며, 정치와 사회·윤리 등의 분야에서 중요한 구실을 담당하였다. 풍수도참설 역시 고려인의 지리인식에 깊은 영향을 주어, 국도(國都)의 이동 문제를 제기하였다. 각 사상은 서로 공존하며 조화를 보이는가 하면, 때로는 긴장과 갈등 관계에 놓이는 수도 적지 않았다.

고려시대 불교·유교·풍수도참설은 제도적 뒷받침을 받는 가운데 존속·확산되었다. 불교의 경우 국초에는 제도의 마련이 미흡했지만 광종·성종을 거치면서 국가가 점차 출가·승과·승계·주지와 관련한 제도를 마련해 나갔다. 유교는 국자감의 교육과 과거제의 시행을 통해 학습되고 확대되었다. 풍수도참설도 지리업(地理業)과 지리박사

(地理博士)의 존재에서 제도적으로 그 사상이 전수되고 심화되어 감을 알 수 있다.

고려시대 사상에 관해서는 그동안 상당한 연구의 축적이 있었다. 불교사상의 경우 균여(均如)·의천(義天)·지눌(知訥)·요세(了世)·보우(普愚) 등이 집중적으로 조명되었고, 불교계에 대한 국가의 편제와 운영에 대해 많은 사실이 해명됨으로써 불교가 차지하는 위상이 명확해졌다. 그리고 교선(教禪)통합운동이나 교선 교섭 사상에 관해서도 집중적인 조명이 이루어졌다. 유교의 경우는 고려 중기 유교의 심성화(心性化)가 주목되었고 고려 말기 성리학의 수용이 집중 조명되었다. 풍수도참설의 경우 비보사탑설(裨補寺塔說)이나 천도의 문제에서 관심을 끌었다.

1. 성상융회론(性相融會論)과 교관겸수론(敎觀兼修論)

신라 말 불교계는 각 교파별로 치열한 경쟁과 갈등 양상을 보이고 있었으며, 동일 교파 사이에도 이견이 많았으며 갈등이 심각하였다. 고려의 통일 이후 태조 왕건은 적극적으로 불교 교설의 체계화, 교단의 정비에 나서지 않았다. 따라서 각 종파 사이의 대립과 경쟁은 지속되었고, 교설을 둘러싼 긴장도 여전하였다. 이러한 과제를 해결하려고 시도한 것은 광종대에 이르러서였다.

광종은 불교계에 대해 교·선의 갈등과 종파내부의 분열을 극복하려고 적극적으로 노력하였다. 전 불교교단을 이원화해 교종과 선종으로 나누고, 교종은 기성 종단의 대표적인 위치에 있던 화엄종을 중심으로 정리하고자 했으며, 선종은 중국에서 법안종(法眼宗)을 도입하여 난립한 각파를 정리하려고 하였다.

광종이 불교개혁을 추진할 때 중요한 구실을 한 승려는 균여였다. 화엄종 승려인 균여는 당시 선종의 비판 공격에 대응하여, 그 대처수단으로서 화엄종의 우월성을 주장할 수 있는 이론체계를 수립하고자 하였다. 균여는 화엄경만이 가장 높은 수준의 가르침에 해당하고, 나머지 경전의 가르침은 그보다 낮다고 주장하였다.

균여는 성상융회론을 제기하였는데, 이는 이론의 측면에서 약점을 보이던 신라 화엄학의 한계를 보완하면서 그 수준을 한 단계 끌어올리는 것이었다. 균여의 화엄사상은 이론적 · 철학적인 면이 강하였지만, 화엄종의 전통적인 관행(觀行)에 대해서는 일절 언급이 없어 실천 수행의 면이 결여된 한계를 보였다. 균여의 화엄사상은 강의를 통해서 화엄종 안의 중요한 설로 인정을 받았으며, 승과(僧科)의 정설로 채택되었다. 균여가 주장한 성상융회론 자체가 광종의 통치 이데올로기를 직접 뒷받침한 것으로 보는 것에 대해서는 비판적인 견해가 많다.

광종은 다양한 경향을 보이던 선종을 정비하기 위해, 법안종에 관심을 가졌다. 광종은 법안종의 선교일치 경향에 주목해, 중국에서 법안종을 수학하던 혜거(惠居)를 귀국시켜 선종의 교단을 영도하게 하는 한편, 지종(智宗) 등 36명을 법안종의 영명연수 문하에 보내 수학하게 하였다.

광종 이후 100여 년 동안 불교계는 선종이 위축되고, 화엄종과 법상종이 주류의 자리에 있었다. 화엄종과 법상종은 학파적 성격과 체제적 성격이 강한 귀족 불교였다. 문벌귀족과 왕실의 정치적 갈등이 있을 때, 화엄종은 왕실과 연결되었고, 법상종은 외척인 인주이씨 세력과 연결되어 정치 분쟁에 휩싸이기도 하였다. 교선의 대립을 극복하려는 노력은 거의 이루어지지 못하다가 의천에 이르러 본격적으로 전개되었다.

의천은 문종의 넷째아들로서 출가한 화엄종 승려였다. 의천은 교종과 선종의 통합을 화엄의 입장에서 선을 억압하여 포섭하는 방식으로 추구하였다. 의천은 교학과 관법을 아울러 수학해야 한다고 주장하면서, 관을 배우지 않고 경전만을 익히는 것이나, 경전을 전수받지 않고 관만을 배우는 것 모두 옳지 않다고 하였다. 결국 관행이 결여된 기존의 화엄종을 개혁하려는 것이며, 경전을 무시하는 선종에 대해 비판하는 의미를 갖는다. 한편 의천이 국내의 화엄승려로서 가장 크게 감명을 받고 숭배한 승려는 원효였다. 반면에 균여의 화엄학에 관해서는 교에 치중하고 관이 결여되었다고 비판하였다. 의천의 화엄학은 송(宋)의 승려들과 폭넓게 교류하면서 새로운 사조를 받아들인 것으로서 국제성을 띤 것이기도 하였다.

의천은 기존의 보수적 성향을 띤 불교계에 대한 자각과 반성을 촉구하기는 하였지만, 당시 사회와 불교계에 대한 전반적인 개혁의 방향으로 안목을 돌리지 못하였으며, 지방사회의 불교 현실과 기층사회의 신앙에 대해서 관심을 갖지 못하였다. 그리고 그의 화엄사상도 교관겸수 사상에 그칠 뿐, 교선일치(敎禪一致) 사상으로까지 진전되지는 않았다.

의천은 교관병수를 실현하려는 입장에서 천태종을 개창하게 되었다. 1097년(숙종 2) 천태종 사원으로 국청사를 세우고 1101년 천태종 승과가 실시됨으로써 천태종이 하나의 종파로서 확립되었다. 천태종이 개창됨으로써 가장 심각한 타격을 입은 것은 선종으로서, 선종 승려 6,70퍼센트가 천태종에 흡수되었다고 할 정도였다. 의천의 천태종 개창으로 불교 중심 종단은 화엄종 · 법상종 · 선종 · 천태종의 4종단 체제로 운영되었다. 의천의 사후 천태종단은 일시 위축되었으며, 반면 위축되었던 선종계는 사굴산파의 담진(曇眞)과 가지산파의 학일(學一) 등에 따라 다시 회복하기 시작하였다.

2. 신앙결사운동과 그 이후

무신란이 일어나면서, 그때까지 왕실 및 문벌귀족과 연결되어 있던 개경 중심의 교종계는 큰 타격을 받지 않을 수 없었다. 그때까지의 주류적인 교종세력이 위축되면서 선종 승려들이 상대적으로 부상하였다. 그렇지만 정치권력과 대립하는 경우 선종 승려라 하더라도 퇴출되었다.

중앙의 불교계가 위축되는 가운데 지방에서 승려 스스로 불교계의 문제점을 절감하면서, 새로운 신앙결사운동을 펼쳤다. 여러 결사운동 가운데 불교개혁운동이나 실천적인 면에서 돋보이는 것은 수선사(修禪社)와 백련사(白蓮社)였다. 수선사와 백련사를 이끈 주도 세력은 대부분 지방사회의 향리층과 독서층이었다.

수선사는 보조국사 지눌이 주창한 신앙결사였다. 지눌(1158~1210)은 1182년(명종 12) 개경의 보제사에서 개최한 담선법회에 참석하여 승과에 합격하였는데, 이때 당시 불교계의 타락상을 비판하면서 동지 10여 명과 함께 명리를 버리고 산림에 은거하여 결사를 맺을 것을 약속하였다. 지눌은 그 뒤 여러 사원을 두루 돌아다니면서 수행에 힘쓰다가 1190년 팔공산 거조사에서 〈정혜결사문〉을 반포함으로써 결사를 결성하였다. 1200년(신종 3) 송광산 길상사로 수행의 근거지를 옮겼으며, 1204년 사액을 받아 정혜결사의 명칭을 수선사로 하였다.

지눌은 선종의 입장에서 화엄종의 장점을 취하여 통합하려 하였기 때문에, 선종을 억압하여 화엄종에 통합시키려던 의천의 입장과는 차이가 있었다. 지눌은 선정(禪定)과 지혜(智慧)를 함께 닦아야 한다는 정혜쌍수를 주장하고, 이와 아울러 돈오점수(頓悟漸修)를 주장하였다. 돈오란 인간 각자가 자신의 마음이 곧 부처임을 문득 깨닫는 것을 뜻하며, 점수는 그 깨달음을 점차 닦아가는 종교적 실천을 뜻하는 것이었다. 지눌은 구체적인 선 실천 체계를 3문으로 제시하였다. 성적등지문(惺寂等持門), 원돈신해문(圓頓信解門), 간화경절문(看話徑截門)이 그것이다. 수선사는 당시 사회에서 큰 호응을 받아 결성초기에 인근 지역의 향리와 지방의 민들이 주요한 단월(檀越, 施主)로 참여하였다.

지눌의 뒤를 이어 수선사의 제2세 사주가 된 승려는 혜심(慧諶)이다. 수선사는 혜심대에 최우정권의 도움을 받아 불교계를 주도하는 대사원으로 변모하였다. 혜심은 선사상의 진수라 할 수 있는 공안(公案)을 체계적으로 정리해 선문염송집(禪門拈頌集)을 편찬하였으며, 일반인들이 접근하기 쉽도록 금강경의 공덕신앙을 제시하였다. 그리고 나아가 유불일치설을 제창하기도 하였다.

백련사 또한 수선사와 비슷한 시기에 결성되어 불교계에 큰 파장을 일으킨 신앙결사였다. 백련사를 결성한 요세(1163~1245)는 1185년 개경의 천태종 사원인 고봉사에서 개최한 법회에 참석하고서, 그 분위기에 실망해 신앙결사에 뜻을 두게 되었다. 지눌의 권유로 한때 수선을 경험하기도 했으나, 영암의 약사암에 머무를 때 천태교관으로 사상적 전환을 하였다. 1216년(고종 3) 강진 토호의 지원에 힘입어 강진 만덕산으로 옮겨 본격적으로 백련결사를 결성하였다. 초기에는 지역의 토호층이나 일반민, 그리고 지방관의 배려로 유지 발전하였으나, 1230년대 이후 최우 및 그와 밀착한 중앙관직자, 문신관료층의 지원과 관심으로 크게 번창해 갔다.

백련결사를 결성한 요세의 사상은 지눌의 그것과 많은 차이가 있었다. 요세의 사상은 법화삼매참(法華三昧懺) · 천태지관(天台止觀) · 정토구생(淨土求生)으로 요약할 수 있다. 법화삼매참을 통해 죄와 업장을 참회하고 없애며, 본격적인 천태교관법을 행할 것이며, 정토에 태어나기를 구하는 것이었다. 이처럼 참회와 정토를 강조하는 데서 요세가 복잡한 이론보다 종교적 실천을 수반하는 신앙체험에 중점을 두었음을 알 수 있다.

요세가 참회와 정토를 강조한 것은, 교화의 대상을 막중한 죄를 지어 자력으로 도저히 해탈할 수 없는 가련한 중생으로 생각했던 데에 말미 암은 것이다. 이것은 지눌이 최소한 '지해(知解)' 정도를 갖고 스스로 발심할 수 있는 의욕적인 인간, 보살에 가까운 인간을 염두에 두었던 것과 구별된다.

개경으로 환도한 뒤 불교계는 대체로 원의 간섭 · 지배라는 현실을 받아들이고 당시 사회질서에 타협하는 모습을 보였다. 원 간섭기 초기 에는 선종의 가지산문, 천태종의 묘련사 계통, 원에 사경승(寫經僧)을 파견함으로써 대두한 법상종이 두드러진 움직임을 보였다.

원 간섭기에 조계종의 경우, 일연의 가지산파가 대두하여 고려말기 의 불교계를 장악하자 수선사는 퇴조의 모습을 보였다. 이에 수선사는 몽산법어(蒙山法語)와 선요(禪要) 등 새로운 선적(禪籍)을 수용하고 그 선법을 적극 받아들임으로써 침체를 벗어나고자 하였다. 한편 충렬왕 대에 국왕과 왕비의 원찰로서 묘련사가 천태종 사원으로서 조영되자, 백련사 출신의 경의와 무외 · 원혜 · 정오가 묘련사에 참여하였는데, 이는 백련사 계통의 승려들이 중앙의 정치 권력과 밀착하였음을 뜻한 다. 이와는 달리 백련사 계통의 승려로서 초기의 서민불교의 모습을 견지하려는 이로서 운묵무기(雲默無寄)가 있었지만, 주류적인 위치에 서지는 못하였다.

고려 말기 불교계는 공덕신앙, 영험 · 신이를 강조하는 성향을 보이 고 있을 뿐, 교학체계에 대한 이론적 탐구는 거의 찾아지지 않는다. 그 리고 승정(僧政)은 파행적으로 운영되고 사원을 둘러싼 분쟁은 빈번하 였다. 이렇게 파행적인 모습을 보이던 불교계는 조선건국의 주체세력 에 의해 공격을 받는 처지에 있었다. 그러나 자초 · 신조 · 조구 등 일 부의 승려는 이성계의 조선건국을 적극 지지하기도 하였다.

3. 유교정치이념의 정착과 성리학의 수용

태조 왕건은 고려를 건국하면서 국가를 유교 정치이념에 바탕을 두고 운영하려 하였다. 유학의 천명·민본 사상은 왕건이 고려를 건국하고 국가의 기초를 확립하는 데 중요한 사상적 기반을 제공하였다. 왕건이 후세 왕에게 경계할 것을 이른 '훈요십조' 가운데 5개조가 유학적 정치이념을 반영하고 있다. 광종대 과거제의 실시는 중앙관인을 안정적으로 공급하고 유교이념이 확산되는 중요한 계기를 만들었다.

성종대에 이르면 정치 운영이 제도화하고 정치이념도 확고해졌는데, 그것을 뒷받침한 이는 최승로(崔承老)였다. 그는 '오조정적평(五朝政績評)'에서 태조에서 경종에 이르는 다섯 군주의 치적을 평가하고 있는데, 그 기준은 유교 정치이념이었다. 그리고 그는 '시무28조'를 올려 국가 운영의 방책을 제안하였다. 현전하는 22개조 가운데 8개조가 불교를 비판하는 내용을 담고 있는데, 불교 교리 자체에 대한 것이 아니라 당시 불교의 폐단을 지적하는 것이다. 정치는 불교가 아닌 유교를 토대로 해야 한다고 주장하였다. 국왕이 사심을 버리고 자중자애하며 겸손하고 공경하는 마음을 갖는 것이 중요하다고 하였다. 그 밖에 국가 운영에 대한 구체적인 안이 여럿 포함되어 있는데, 대체로 유교 정치이념에 근거한 것이었다. 최승로의 제안은 성종대의 정치에 적극 반영되어 실천됨으로써, 유교가 정치이념으로 확고하게 자리하였으며, 사회 운영의 이념으로서도 중요한 비중을 차지하였다.

예종대에는 국자감에 7재(齋)라는 전문강좌를 설치하였고 양현고라는 장학재단을 마련하였으며, 또한 궁중에는 학문연구소로서 청연각을 설치해 수만 권의 서적을 보관하고 학자를 모아 학문을 연구 토론하고 서적을 편찬토록 하였다. 인종대에는 중요 주현에 지방학교를 설치하였다. 이러한 여러가지 조치로 말미암아 유학의 교육은 활발해졌으며 유교에 대한 이해의 수준도 크게 향상되었다. 인종대 고려에 사신으로 왔던 송나라 서긍은 《고려도경》에서 거리마다 글 읽는 소리가 들리며, 궁중의 도서관 시설이 훌륭하다고 칭송할 정도였다.

이 무렵 유교의 학문 경향에도 새로운 변화가 나타나고 있었다. 예종 · 인종대 국왕의 주재아래 경학(經學)에 대한 강론회가 자주 열렸는데, 《예기》가 중시되었으며 그 가운데 심성과 성명(性命)을 깊이 있게 다룬 《중용》이 주목되었다. 그리고 관학(官學)에서도 종전의 사장(詞章)의 학풍에서 벗어나 경전을 중시하는 학풍이 두드러지는 모습을 보였다. 이에 따라 경전에 대한 이해가 심화하여 경학에 대한 독자적인 해석을 하는 경지에 이르렀으니, 김인존의 〈논어신의(論語新義)〉, 이인실의 〈춘추강의〉 등이 그것이다. 고려에서 경학을 독자적으로 해석하고 또 유학사상 자체에서 심성 · 성명 등 성리학적 경향을 보이게 된데에는 송의 새로운 학문의 영향이 중요한 구실을 하였다.

고려 유학의 자체 발전과 새로운 경향은 무인정권이 수립되면서 굴절되지 않을 수 없었다. 왕권이 허구화하면서 유교적 정치질서가 붕괴되었다. 많은 문인이 화를 입거나 깊은 산속에 도피함으로써 유학사상의 발전적 전개에 어려움이 커졌다. 정치권력에 참여한 문인의 경우도 현실 타협적인 성격을 보였고 체제 비판이나 개혁의 추구는 찾아보기 힘들었다.

새로운 유학으로서 성리학은 원 간섭기에 원을 통해 전래되었다. 성리학은 1290년(충렬왕 16) 무렵 안향과 백이정 등에 따라 처음으로 전래되었다. 그 뒤 권부는 《사서집주》를 간행 보급하였으며, 이제현은 충선왕이 연경에 세운 만권당에서 원나라의 요수 · 염복 · 조맹부 등 저명한 학사들과 교류하면서 성리학에 대한 이해를 높였다. 이후 1344년(충목왕 즉위년) 《사서(四書)》가 과거제도의 시험과목에 포함됨으로써 그 비중이 크게 높아졌다. 1367년(공민왕 16) 성균관에서 이색을 비롯한 정몽주 · 정도전 · 김구용 · 박상충 · 이숭인 등을 모아 전문적으로 성리학을 연구 토론하게 함으로써 그 아래에서 많은 성리학자가 배출되었다.

성리학은 유학이지만 종전의 유학과는 여러 면에서 차이가 컸다. 종전의 유학에는 우주의 본질이나 인간의 심성을 통일적으로 설명하는 형이상학이 없었으나 주자가 집대성한 성리학은 이기(理氣)를 바탕으로 하여 우주의 원리와 인간의 심성을 다루는 철학적 · 사변적 사상체계였다. 고려에 수용된 성리학의 경우 사변적 · 형이상학적 측면도 관심을 끌었지만, 그보다는 실천적인 측면에 더욱 유의하였다.

신흥사대부는 성리학을 공통의 기반으로 하면서도 불교 비판의 차원과 정도에서, 또 고려사회 개혁의 정도와 방향에서, 나아가 새 왕조의 개창에 대한 입장에서 두 갈래로 나뉘었다. 왕조를 유지하고 구법(舊法) · 고법(古法)을 수호하려는 구법파 사대부(온건파 관인)와, 체제변혁, 나아가 역성혁명까지 도모하는 신법파 사대부(혁신파 관인)로 나뉘었다. 마침내 후자계열이 위화도 회군으로 정권을 장악하고 드디어 조선왕조를 개창하였다.

4. 풍수도참설(風水圖讖說)과 천도논의(遷都論議)

풍수도참설이란 풍수지리설과 도참설이 결합한 것인데, 불교와 관련한 비보사탑설과, 국도의 선정과 관련한 지덕쇠왕설의 형태로 전개되었다. 지덕쇠왕과 관련한 국도논의는 정치세력의 등장 · 갈등과 연결되어 전개되었다.

풍수지리 관념은 일찍부터 있었던 것이지만, 그것을 한 차원 높여 체계화한 이는 신라 말의 선승 도선(道詵)이었다. 그는 전국을 두루 돌아다닌 경험을 바탕으로 우리 국토 전체에 대한 내용을 체계화했다. 풍수지리 관념이 유행하면서 경주를 벗어난 지역에도 명당이 있을 수 있다는 설이 널리 퍼지게 되어, 신라 말 지방호족들이 이를 적극적으로 받아들였다. 풍수도참설은 송악지방의 왕씨와 연결되어 고려건국을 예언하는 것으로 나타났다.

태조 왕건은 풍수도참설을 깊이 믿었으니 그것은 '훈요십조'의 여러 조항에서 확인된다. 삼한 산천의 도움에 힘입어 통일의 대업을 이룩하였다는 것, 사원의 창건은 도선의 견해에 따라 지세를 살펴 세웠다는 것, 서경에 대한 풍수지리적 설명과 그 중요성을 강조한 것 등이 그 구체적인 표현이었다.

혜종의 뒤를 이어 왕위에 오른 정종(定宗)은 단지 개경의 정치상황에 불안을 느끼고 서경으로 천도하려는 계획을 세웠다. 정종은 왕식렴(王式廉)을 중심으로 한 서경세력과 연결하여 천도를 추진하였는데, 서경이 명당이라는 풍수설을 이용하였다.

그러나 문종대를 전후한 시기부터 한양이 좋은 땅이라는 '한양명당설'이 널리 퍼졌다. 한강 연안의 중부지방이 정치 경제적으로 성장하면서 한양 천도설이 나오게 된 것으로 보인다. 이러한 주장에 따라 문종대에 지금의 서울을 남경으로 승격시켰으며, 숙종대에는 남경에 궁궐을 짓고, 국왕이 몇 달씩 머물다 가기도 하였다.

인종대에는 묘청 · 정지상 등이 풍수도참설을 앞세워 서경천도운동을 전개하였다. 인종 즉위 후 이자겸의 난이 일어나고 금의 압력이 가중되어 가는 마당에서, 묘청 일파는 서경으로 천도하면 36국이 조공을 바치게 된다면서 그 곳으로 천도를 주장하였다. 인종은 서경에 대화궁을 짓고 궁성 안에 팔성당을 세우는 등 설비를 갖추고 자주 행차하였다. 서경으로 천도운동이 김부식을 중심으로 하는 개경 보수 귀족세력의 반발로 좌절되자, 묘청 등은 반란을 일으켰는데 결국 실패한 천도운동은 그 이념을 풍수도참사상이 제공하였던 것이다.

　풍수도참사상은 그 뒤로도 여전히 영향력을 발휘, 무인집권기에 왕실에서 연기궁궐로서 삼소궁(三蘇宮)을 경영하기도 하였으며, 고려 말에도 지기쇠왕설과 관련해 여러 차례 천도가 논의되기도 하였다.

　지리지식이 향상되고, 국토의 가용공간이 확대되면서, 공간 지역에 대한 인식이 크게 변하여 갔다. 그리고 성리학 수용 이후 도선의 지리학 체계가 비판을 받게 되면서 풍수도참설은 그 영향력을 크게 상실해 갔다.

맺음말

　고려시대 사상에 대한 지금까지의 소중한 연구성과에 힘입어 그 사상의 수준과 깊이·폭에 대한 이해가 한층 깊어졌고, 일정한 체계화도 가능하게 되었다. 이러한 성과에도 불구하고 몇 가지 문제점을 지적할 수 있겠다.

　불교의 경우 특정 사상가 중심으로 부조적(浮彫的)인 고찰이 주류가 되어서 전체 흐름의 이해가 부족한 아쉬움이 있다. 그리고 교선 통합이나 교선 교섭의 문제를 고려시대 불교사상사의 기본과제로 설정하고서 그에 관한 논리를 중심으로 사상사를 구성해 왔는데, 왜 통합의 문제에 그토록 몰두하였는가 하는 배경에 대한 고려도 있어야 했다.

　신앙결사운동은 불교의 자생능력을 보이는 매우 소중한 운동이라고 할 수 있다. 그런데 신앙결사운동이 갖는 서민지향성을 지나치게 부각하는 것으로 보인다. 신앙결사운동에 대해 당시 집정자들이 지원을 하였고, 사주(社主)들은 이를 거부하지 않았다. 수선사의 경우 240결이 넘는 토지와 1만 석이 넘는 고리대 모곡을 보유하였다. 이러한 점들이 무시되어서는 안 될 것이다.

특정 불교사상이 정치상황을 즉자적(卽自的)으로 합리화한다는 것에는 논리적인 비약이 따르기 쉽다. 대개의 경우 불교의 교설은 현실상황을 직접적으로 설명하지 않기 때문이다. 또한 특정가문과 사원 · 종단의 관계를 설명할 때 주지제 운영을 고려할 필요가 있다.

고려시대 동아시아 문화교류의 관점을 견지할 필요가 있다. 불교를 매개로 해서 활발한 문화의 교류가 있었다. 또한 12세기 전후 새로운 송유학의 전래, 원 간섭기 성리학의 소개, 새로운 풍수지리설의 전래 등도 동아시아사의 관점에서 재구성해 볼 필요가 있다.

향후 불교를 비롯한 사상사에 관해서는 많은 연구가 진행되어 기존 연구의 내용을 심화시키는 연구가 이루어질 것이며, 다른 한편으로 새로운 주제를 발굴하여 연구함으로써 사상의 폭과 깊이를 한층 더 할 것이다. 불교와 관련해서는 불교와 지역사회의 관계, 불교계의 네트워크, 불교가 갖는 경세론 등이 새로운 연구주제에 포함될 수 있다. 발해 불교의 수용과 계승의 문제도 연구의 시야에 넣어야 할 것이다.

■ 참고문헌

李丙燾,《高麗時代의 硏究》, 亞細亞文化社, 1980.

高翊晋,《圓妙國師 了世의 白蓮結社 韓國天台思想硏究》, 동국대 불교문화연구원, 1983.

金相鉉,《高麗初期의 天台學과 그 史的 意義 韓國天台思想硏究》, 동국대 불교문화연구원, 1983.

金忠烈,《高麗儒學史》, 고려대 출판부, 1984.

許興植,《高麗佛敎史硏究》, 一潮閣, 1986.

崔柄憲,〈高麗建國과 風水地理說〉,《韓國史論》18, 국사편찬위원회, 1988.

李範稷,〈高麗時期의 經學〉,《國史館論叢》5, 1989.

崔柄憲,〈東洋佛敎史上의 韓國佛敎〉,《한국사시민강좌 4》, 1989.

蔡尙植,《高麗後期佛敎史硏究》, 一潮閣, 1991.

許興植,《韓國中世佛敎史硏究》, 一潮閣, 1994.

邊東明,《高麗後期性理學受容硏究》, 一潮閣, 1995.

韓基汶,《高麗寺院의 構造와 機能》, 民族社, 1998.

都賢喆,《高麗末 士大夫의 政治思想硏究》, 一潮閣, 1999.

최연식,〈均如 華嚴思想硏究〉, 서울대 박사논문, 1999.

李熙德,《高麗時代 天文思想과 五行說硏究》, 一潮閣, 2000.

이병희,〈高麗時期 寺院의 財政運用〉,《大覺思想》4, 2001.

황인규,《고려후기 · 조선초기 불교사 연구》, 혜안, 2003.

趙明濟,《高麗後期 看話禪 硏究》, 혜안, 2004.

문철영,《고려유학 사상의 새로운 모색》, 경세원, 2005.

金基德,〈韓國 中世社會에 있어 風水 · 圖讖思想의 전개과정〉,《한국중세사연구》21, 2006.

김두진,《고려전기 교종과 선종의 교섭사상사 연구》, 일조각, 2006.

대외관계

윤용혁(공주대 역사교육과)

머 리 말

한국은 동아시아 세계의 상호관계 속에서 독자적으로 역사의 정통성을 유지해 왔다. 이러한 점에서 대외관계사는 한국 역사 전개에 매우 중요한 부분이며 그것은 단순히 대외 문제에 그치지 않고 정치·경제·문화 등 여러 영역과 폭넓게 연관되어 있다. 이러한 점은 10~14세기에 걸치는 고려시대에도 예외가 아니었다. 고려시대의 대외관계 전개에는 무엇보다 한족왕조인 송에 대하여 요, 금, 원 등으로 이어지는 대륙 북방 유목민족의 잇따른 흥기가 특히 중요한 국제적 환경을 형성하였다. 송조는 당을 계승한 측면이 있지만 그 국제적 영향력이 제한되어 있고 상대적으로 강력한 군사력을 가졌던 거란(요), 여진(금), 몽골(원) 등은 부족 통합을 통한 강력한 국가를 구축하여 '정복국가'로서 대륙의 정세를 주도해 나갔던 것이다. '민족주의의 시대' 라고도 묘사된 바 있는 이 같은 다원적 국제 환경에서 고려는 때로 그 일방에 귀속이 강요되기도 하고 주체적인 상호 연대를 추구하기도 하는 가운데, 어느 시기보다 역동적인 대외관계가 전개되었던 것이 사실이다.

고려시대 대외관계사 연구는 근대사학의 초기에 이미 많은 관심이 모아졌던 연구분야이다. 그러나 일제 하 관학자들의 연구는 만선사관(滿鮮史觀)의 입장에서 한국 역사의 타율성을 입증하는 자료의 일부로 이를 강조하였고, 이에 대응하는 민족주의적 관점의 역사 연구에서는 특히 항쟁사의 측면이 강조되었던 경향을 보여주었다. 해방 이후 상당 기간 동안 심도 있는 연구의 진척이 이루어지지 않은 상태에서 대외관계사 연구는 오히려 역사 연구의 주변적 주제로 인식되는 경향이 없지 않았다. 이러한 점에서 대외항쟁사 중심의 중세 대외관계사 연구의 문제점을 지적하고 국제관계의 맥락을 고려한 심층적 또는 객관적인 접근을 추구하는 근년의 성과는 대외관계사 연구의 새로운 진전에 일정한 동력이 되고 있다.

이 글에서는 고려 대외관계의 맥락과 성격, 대외 항쟁사의 문제 및 경제적·문화적 교류의 양상을 거란(요), 여진(금), 몽골(원), 송 등 고려시대의 주변국과의 관계와 연결지으면서 개략적으로 정리하고자 한다.

1. 명분과 실리, 다원적 대외 관계

고려를 둘러싼 다원적 국제관계의 현실에서 고려가 선택한 대외관계의 특징은 무엇보다 명분을 중시하면서도 현실적 국제환경 속에서 실리를 함께 고려하는 외교적 노선을 추구하였다는 점이다. 건국 초기 고려는 중국 5대와 관계를 통하여 신왕조의 권위를 뒷받침 받고자 하였다. 960년 송조(북송, 960~1279)가 출현하자 고려는 곧 그와 통교하고(962) 외교적 연대를 모색하였다. 송을 대외관계의 중심에 둔 것은 한족왕조의 정통성과 문화적 역량을 평가한 것이기도 하지만 다른 한편으로 발해를 멸망시키고 고구려의 옛 땅을 차지하고 있는 거란(요, 907~1125)을 견제하려는 것이기도 하였다. 고구려의 이념적 계승국으로 발해 유민을 수용하는 등 북방정책을 추진하는 고려의 처지에서 직접 국경을 접한 거란은 불편한 상대일 수밖에 없었다.

고려-송-거란이라는 삼각 축의 국제관계가 형성되어 있던 10~11세기에 상대적 군사 우위를 가진 것은 거란이었기 때문에 여송 관계에서 중요한 관심 사항은 양국 관계가 거란(요)에 대응하는 군사협력으로 발전하는 문제였다. 979년 연운 16주의 영토문제를 둘러싼 전투에서 거란에 패한 송은 986년(고려 성종 5) 사신 한국화(韓國華)를 고려에 보내 "힘을 합하여 (거란을) 섬멸〔同力殲平〕"할 것을 제안함으로써 군사 협력을 요청하였다. 그런가 하면 거란이 고려에 대한 군사적 압력을 가하고 있던 시기인 1000년과 1003년에는 고려가 송에 사신을 보내 송의 군사적 협력을 요청하였다. 송의 협조를 얻어 거란을 견제한다는 의도였다.

성종 · 현종대 세 차례에 걸친 거란의 대규모 고려 침입은 이 같은 여송 관계를 단절시키고 거란 주도의 국제질서를 구축하려는 의도에 따른 것이었다. 거란(요)의 고려 침입은 993년, 1010년(현종 1), 1018년 등 세 차례에 걸쳐 대규모로 진행되었다. 거란의 침입에 대하여 고려 조정은 항전과 복속이라는 강온 양론으로 나뉘었으나 서희는 적장 소손녕과 담판하여 거란의 자진 철군을 실현시켰다. 그리고 거란에 대한 사대관계와 대송 외교의 단절을 수락하는 대신 압록강 동쪽의 6개 주(의주, 용주, 철주, 통주, 곽주, 귀주)를 확보하였다. 고려가 거란에 사대적 관계를 수락한 것은 국내외적 현실을 감안한 실리외교라는 관점에서 높이 평가되었다.

거란에 대한 고려-송 사이의 군사적 공동 대응이 실현되지 않은 것은, 현실적으로 협력을 하는 쪽과 받는 쪽 사이의 입장 차가 개재하기 때문이었다. 송과 고려는 연합에 따른 군사적 이익을 서로 추구하면서도, 이것이 거란의 압박을 강화시켜 결과적으로 자국의 안전에 위협이 될 것이라는 판단 때문이었다. 특히 거란과 국경을 직접 접하고 있는 고려로서는 거란의 군사적 위협을 현실적으로 더 중대하게 고려하지 않으면 안 되었던 것이다. 이 때문에 고려는 송과의 관계를 중요시하면서도 거란이 요구하는 사대 관계를 수용하였다. 그러나 거란과의 사대 관계 수용이 고려의 예속을 의미하는 것은 아니었다. 이 때문에 필요한 경우에 고려는 대송 외교를 복원함으로써 거란을 견제하였으며, 고려와 송 양국을 묶고 있던 군사 협력 관계로서의 잠재적 가능성은 여송 사이의 관계 단절 기간 중에도 여전히 거란에 대한 견제 효과로서 유효한 것이었다. 이 때문에 고려는 대거란 관계의 대응책으로 송과의 관계를 적절히 활용하였다. 문종대의 경우에 거란의 각장 설치 또는 영토문제 제기에 대응하여 한때 송의 연호를 사용하는 등 송과 국교를 재개하는 친송 정책을 취함으로써 거란을 견제하였다. 이는 당시 고려가 송-거란의 대립 관계를 적절히 활용하며 자국의 안정적 체제를 확보해 간 측면을 보여준다. 여러 국가가 상호 공존과 대응의 관계를 형성하는 다원적 대외 환경 속에서 11세기의 고려는 거란과 사대 관계를 유지하면서도 송과 맺은 관계를 활용하는 외교적 대응을 선택했던 것이다.

2. 대외관계의 현실과 정치 세력

대외관계의 전개는 단순히 국제관계라는 표면적 관계가 개별적으로 존재하는 것이 아니고 그것을 결정하는 국내의 정치세력 또는 정치 운영의 방향과 일정하게 연관되어 있다. 따라서 국제관계의 조건이 국내 정치에 영향을 미치기도 하고, 반대로 국내 정치세력의 향배가 국제관계의 방향에 영향을 줄 수도 있는 것이다. 이러한 점에서 고려의 정치는 대외관계에서 국가의 자주성과 정체성을 강조하는 태도와, 교류를 통한 문화의 수용 또는 현실적 대외관계의 조건을 중시하는 상반되는 태도가 함께 공존하였다. 12세기 대금 관계를 놓고 이른바 자주와 사대로 첨예하게 대립하였던 정치적 상황은 이 같은 정치와 외교의 상관성을 아주 잘 보여주고 있다. 대외관계를 둘러싼 정치적 견해차는 12세기만이 아니라 고려 초 대거란 또는 대송관계에서부터 있었던 것이고, 13세기의 대몽골 항쟁의 과정에서도 확인된다.

거란에 대한 사대관계를 수용함으로써 국가적 안정을 확보한 고려는 제도의 정비를 비롯한 내치에 전심함으로써 11세기의 평화와 안정기를 맞이하는 것이 가능하였다. 그러나 거란에 대한 사대관계 성립에도 불구하고 한편으로 이에 반발하는 세력이 일정하게 온존하고 있었다. 현종 이후 덕종대 왕가도 등에 의한 대거란 단교론 및 1032년(덕종 1) 이후 수년간의 단교 조치, 문종대의 친송 외교 추진은 이 같은 내부 정치세력의 향배와 연결되어 있다. 1068년(문종 22) 이후 송과의 외교관계가 재개되자 거란은 압록강 이동 지역 강동 6주 문제를 다시 거론함으로써 고려를 압박하였다. 고려 초기의 대거란정책 또는 거란과 외교적 갈등의 배후에는 거란에 대한 사대관계를 배격하고 송과 관계를 증진하여 거란을 견제하고자 하는 일부의 정치적 입장이 반영된 것이었다. 이 같은 상반되는 정치세력의 존재에 따라서 고려는 현실적 외교정책을 유지하면서도 송과 거란의 관계를 일정하게 조절하면서 내부적 안정과 실리를 도모하였다고 할 수 있다.

그러나 12세기에 들어서 여진족의 부족 통일이 급속히 진전되어 강력한 국가를 형성하게 되자, 거란 중심의 동북아 정세는 금의 주도로 일변하게 되었다. 종래 고려는 그 번병(藩屛)에 해당하는 여진족에 대하여 일종의 기미주(羈縻州) 정책을 취하여 관리하였으나, 11세기 후반 이후 무력으로 대여진 정책을 강화하였다. 이는 여진족의 세력화에 대한 대응책으로서, 12세기 초 숙종·예종대에는 점령지역에 대한 축성과 사민 등 적극적인 대여진 정책을 취하였다. 그러나 고려는 내부의 정치적 갈등으로 여진에 대한 강경책을 일관하여 전개하지 못하였고 그 사이 급격히 세력을 결집한 여진은 금을 건국하고(1115), 이어 1125년과 1127년 요와 송(북송)을 차례로 멸망시켜 그 지배력은 중원에까지 이르게 되었다.

대여진 정책을 둘러싼 갈등의 배후에는 고려 내부 정치세력 사이의 견해차가 개재한다. 그것은 이미 고려 초부터 존재했던 고려의 자주성과 정체성을 강조하는 정치적 입장과 국내외 정치 현실을 주목하는 현실적 입장에 따른 정치세력 사이의 차이다. 여진에 대한 정책은 처음에는 윤관 등 강경론이 힘을 얻었으나 금의 급격한 세력 신장으로 대외관계 정세가 변화하면서 현실론이 힘을 얻게 되었다. 이로써 남송의 존재에도 불구하고 대륙의 정세는 금이 압도하는 상황으로 전개됐다.

정치적 안정을 우선하였던 권신 이자겸, 척준경의 주장에 따라 고려는 거란(요)의 청병 요청을 거절하고 금에 대한 사대적 외교관계를 수용함으로써 평화를 유지할 수 있었다. 그러나 12세기의 평화에도 불구하고 금에 대한 사대관계 수용은 고려가 갖는 자존감에 배치되는 것이어서 금에 대한 외교정책은 비판과 갈등의 대상이 되지 않을 수 없었다. 1135년(인종 13) 일어난 묘청의 난은 당시 고려 내부의 정치세력 사이의 갈등이 대외정책을 빌미로 폭발한 것이었다. 자주적 대외관계를 주장하는 정치세력의 패배는 12세기 고려 귀족 정권의 퇴행성 내지 보수성을 반영하는 것으로 인식되고 있지만, 다른 한편으로 당시의 대

금정책이 금의 압도적 군사력에 대한 고려의 현실적 선택이었다는 주
장도 간과할 수 없다.

3. 고려 대외항쟁사의 명암

13세기의 동아시아는 금을 대신하여 몽골제국이 대륙의 주도권을
장악함으로써 대외관계 정세는 다시 변화하였다. 13세기 고려의 집권
세력은 금에 대한 사대관계를 받아들인 12세기와는 반대로, 일관하여
대외항전을 주도하였다. 1170년 이후 1세기 동안 고려는 무인정권의
시대였다. 무인정권은 국왕의 권위를 이용하여 특정의 무인집권자가
독재적인 정치 권력을 행사하였다는 점에서, 정치 세력 사이의 합의와
세력 균형의 향배가 정책 결정의 중요 변수였던 시기와는 그 양상이
크게 달랐다.

무인정권이 몽골의 침입에 대하여 강경론으로 일관한 데에는 몇 가
지 이유가 있다. 우선 요, 금의 고려와의 관계가 형식적 사대라는 측면
이 강하였던 것에 대하여, 몽골의 고려에 대한 요구는 정치적·경제적
인 예속관계였다는 점에서 차이가 있었다. 따라서 몽골의 요구를 수용
할 경우 고려는 자주성을 크게 상실하게 될 뿐만 아니라 결과적으로
왕권은 몽골 세력에 연결되어 무인정권은 자신의 정치기반을 상실하
게 된다는 것이다. 한편으로 대외관계에서 자주적 대응에 대한 요구는
국초부터 일정한 흐름의 하나였다. 무인정권이라는 특성은 이같은 강
경한 대외관과 더욱 합치될 수 있는 성격의 것이었다. 따라서 무인정
권은 몽골에 복속을 거부하는 자주적 입장의 대외관을 명분으로 끝까
지 대외항전을 견지하였던 것이다.

몽골의 고려 침입은 1231년부터 시작되었다. 그것은 금에 대한 정복

전의 일환으로 시작되었다. 1234년 몽골의 공격에 따른 금의 멸망에도
불구하고 고려는 1232년 서울을 개경에서 강화도로 옮기고 항전을 지
속하였다. 금 멸망 이후 동아시아에서 몽골의 주요 작전 대상은 남송
과 고려였다. 고려는 금의 배후이기도 하고 남송의 배후이기도 하였기
때문에 이에 대한 군사적 조치가 병행된 것이다. 고려 정부의 복속은
1270년 정변으로 무인정권이 붕괴됨으로써 비로소 가능하였다. 그러
나 무인정권의 붕괴에도 반몽책을 견지하였던 잔여세력은 진도와 제
주도를 거점으로 1273년까지 항전을 지속하였다.

고려 무인정권의 항몽전쟁에 대해서는 다양한 평가가 있어 왔다. 무
인정권의 항전을 역사적으로 평가한 것은 민족주의적 역사관의 공헌
이었다. 이에 따라 몽골과의 항전은 자주성을 지키기 위한 민족항전의
대표적 사례가 되었다. 최근에는 대몽항전의 실질적인 주체가 농민·
천민과 같은 민들이었다는 점에서 민중항전의 관점으로 평가되기도
하고, 대몽항전이 무인정권의 정치적 이해 때문에 전개된 전쟁이었다
는 관점에서 부정적 논의도 적지 않다.

40년을 끌었던 항전이 실패로 귀결되면서 고려의 반몽세력은 철저
히 제거되었다. 이에 따라서 14세기 중반까지 몽골제국의 원은 고려를
그 지배 아래 두고 정치적 영향력을 행사하였다. 11, 12세기 요, 금과
관계에서 고려는 형식적으로는 사대 관계를 수용하였지만, 실질적으
로는 대등한 수준에서 국제 관계를 유지하였다. 이 때문에 요, 금의 연
호를 취하면서도 내부적으로는 중국 왕조와 대등한 독자적 체제를 그
대로 유지하고 있었다. 고려의 국왕은 '해동의 천자'로 인식되었고,
군주의 위호, 관제, 국가의례 등에서도 황제국으로서의 체계를 그대로
유지한 이른바 '외왕내제(外王內帝)'의 체제였던 것이다. 그러나 원
간섭 아래 고려는 이러한 독자성이 부정되고 일종의 제후국으로서의
위치가 강요되었는데 이것은 대중관계의 새로운 질서 형성을 가져왔

고 이후 조선의 대명 사대관계로 연결되는 측면이 적지 않다. 이러한
점에서 13, 14세기 고려의 대원관계는 대내적으로나마 황제국 체제를
지향하였던 발해사 이후의 전통이 제한되는 전환점이었다는 점에서
대외관계사에서 중요한 성격 변화의 시기였다고 할 수 있다.

4. 활발했던 대외교류의 양상

  다원적 국제정세의 흐름 속에서 고려는 활발한 대외교류를 유지하
였다. 송과의 관계는 군사적 · 정치적 협력이 현실화하지 못하였지만,
문화적 · 경제적 교류가 매우 활성화해 있었다. 사신의 내왕에 따른 공
무역의 규모도 적지 않았지만 특히 민간 차원의 경제적 교류가 활성화
해 있었다. 북송대 약 2백년 동안 고려와의 사신 교환이 도합 90회 정
도였으며 기록에서 확인되는 송 상인의 고려 내항은 약 120여 회에 내
항 총 인원이 5천에 달할 정도였다. 송과 이루어진 내왕은 북로(北路)
와 남로(南路) 등의 해로가 이용되었는데 북로는 경기, 황해도의 서해
연안에서 바로 산동반도의 등주(登州)에 이르는 것이고, 남로는 군산
도, 흑산도 등의 서해, 남해의 섬을 경유하여 남중국의 명주(경원, 영
파) 등지로 연결되는 것이었다. 고려의 대외교류는 동아시아 세계를
넘어 아랍에까지 미쳐 고려가 코리아라는 이름의 기원이 되었다는 것
은 널리 알려진 일이다. 송상의 내왕과 함께 아랍의 상인 또는 중계 무
역에 따른 남방의 물산들이 유입되었다. 그리고 이 같은 교류는 경제
적 측면 이외에도 불교를 통한 교류가 송 또는 거란, 원을 불문하고 활
성화해 있었던 점도 유의할 필요가 있다.
  북송에 견주어 남송대에는 고려와의 관계가 다소 소원해졌고 특히
장기간의 전란이 국제적 교류에도 부정적 영향을 미쳤다. 따라서 송의

남천 이후 해로를 통한 교역은 다소 소원해졌지만, 반면 원대에는 육로를 통한 여원 사이의 교역과 교류가 활성화하여 교류의 방식이 이전과 상당히 달라지게 되었다. 그렇다고 해로를 통한 교역의 전통이 단절된 것은 아니었고 특히 명주(경원, 영파)를 중심으로 천주(泉州) 등 남중국의 여러 무역항이 상호 연결되어 있어서 중계무역의 형태에 따른 문물의 교류도 적지 않았다. 14세기 초 남중국(원)과 일본과의 교역관계를 입증하는 신안선(新安船)의 자료도 당시 양국의 교류가 고려의 항로를 부분적으로 이용하였다고 생각되는 점에서 해로를 통한 여원 사이의 교류에 주목할 점을 시사하고 있다.

원 간섭기는 고려의 정치적 주체성이 다소 훼손되었으나, 활발한 인적·물적 교류가 병행됨으로써 이 기간에 다른 어느 시기보다 폭넓은 국제적 교류가 형성되었다. 특히 원을 통한 세계 여러 문화와의 접촉이 가능하였는데, 그것은 단순한 국가간 교류를 넘어선 다양한 문화접촉과 국제교류의 통로가 되었다는 점에서 이 시대 교류사의 특성을 발견할 수 있다. 이러한 점에서 원을 통한 문물의 교류와 영향에 대한 심층적인 연구가 더욱 요구된다고 할 수 있다.

고려시대에 일본과 관계는 다른 어느 시대보다 소원했던 것이 사실이다. 국제 교류와 대외관계는 기본적으로 상호간 필요성이 전제되는 것인 만큼 중세적 세계 안에서 여·일 상호간 필요성이 크게 부각되지 못하였고, 더욱이 여몽연합군의 일본침입, 또는 14세기 이후 왜구의 발호가 고려를 괴롭혔던 사정으로 말미암아 후기에는 원만한 관계가 이루어지지 못하였다. 그러나 최근 카마쿠라와 큐슈 지역 일대에서 다양한 고려자기의 자료가 확인되고 있는 것은 여일관계에서 상호 교역이 일정 수준 유지되고 있었다는 점을 증명하는 것이어서 앞으로 더 깊은 연구를 기대하게 된다.

맺는말

고려시대의 대외관계는 중국 대륙에서 부침한 한족왕조 송과, 유목적 전통을 가진 요, 금, 원 등 여러 국가와 이루어진 관계를 그 특징으로 한다. 다원적 국제환경 속에서 고려는 때로는 군사적 대결을 불사하면서도 의례적 사대관계를 수용하거나 외교적 방식에 따른 세력 균형을 꾀하는 등 실리주의적 입장에서 이에 적절히 대처하고자 하였던 대외관계의 유연성이 주목된다. 이 같은 대외관계의 전개는 무엇보다 송-요(금)-고려(또는 서하)가 삼각의 세력 균형 축을 형성하고 있던 고려 전기 동아시아 국제관계의 조건에 따라서 가능하였다. 이에 실리주의 또는 호혜성이 외교관계의 주요 선택 원리로 작용할 수 있었던 것이다.

세력균형과 실리주의에 바탕을 둔 대외관계의 전개는 고려인의 세계 인식과 밀접히 연관된 문제이기도 하다. 이 시기에는 고려 중심의 세계관이나 중국 중심의 세계관과 함께, 중국 중심의 세계를 인정하면서도 고려를 중국과 다른 또 하나의 세계의 중심으로 인식하는 다원론적 천하관이 함께 공존하였다. 고려가 필요에 따라서 요, 금의 연호를 취하는 등 사대적 외교관계를 수용하면서도 실제로는 황제국에 준하는 격식과 제도를 채용하여 황제국 체제를 유지하였다는 것이 근년의 연구로 새로이 정립되고 있다. 이러한 점에서 13세기 후반 이후 몽골 제국과 맺어진 일원적 국제관계의 정립은 대외관계사에 커다란 전환을 의미하는 것이었다.

고려시대 대외관계사는 일제 식민지시대 한국 역사의 주변성 내지 타율성에 대한 대응의 관점에서 대외항쟁사가 특히 강조되는 경향이 없지 않았다. 근년에 이에 대한 비판적 관점에서 당시 국제관계의 맥락에 유의한 객관적 관점의 대외관계사 연구의 필요성이 주장되고 있

다. 동시에 대외관계사가 단순한 국가간 교류 상황만이 아니라, 대외
관계와 국내정치와의 상관성을 읽어내는 복합적 파악 등이 강조되고 '
있는데, 이러한 관점은 대외관계사 연구의 깊이와 폭을 넓히는 계기가
되고 있다.

대외관계사 연구에서는 자국의 자료 이외에 상대국의 자료를 세심
히 검토하는 작업이 매우 중요하다. 근년에 개인 연구자의 노력으로
송, 원대 및 일본의 고려 관련 자료가 다양하게 정리되어 대외관계사
연구의 귀중한 사료로서 활용이 가능하게 되었다. 이는 향후 이 방면
연구를 더욱 진전시키는 계기가 될 것으로 생각한다. 한편 고려 대외
교류의 실제에 대해서는 문헌 자료만이 아니라 각종 미술사적 또는 고
고학적 자료들을 함께 검토할 시점이 되었다는 점도 강조하고 싶다.
이러한 작업은 문헌의 자료적 한계점을 극복하고 문헌자료가 보여주
지 못하는 또 다른 대외관계사의 복원에 기여할 수 있을 것이다.

■ 참고문헌

구산우, 〈고려 성종대 대외관계의 전개와 그 정치적 성격〉, 《한국사연구》 78, 1992.

박한남, 〈고려의 대금외교정책 연구〉, 성균관대 박사논문, 1993.

장동익, 《고려후기 외교사연구》, 일조각, 1994.

박종기, 〈고려중기 대외정책의 변화에 대하여〉, 《한국학논총》 16, 1994.

국사편찬위원회, 《한국사》 15(고려전기의 사회와 대외관계), 1995.

박용운, 〈고려 · 송 교빙의 목적과 사절에 대한 고찰〉, 《한국학보》 81, 82, 1995.

박종기, 〈11세기 고려의 대외관계와 정국운영론의 추이〉, 《역사와 현실》 30, 1998.

노명호, 〈고려시대의 다원적 천하관과 해동천자〉, 《한국사연구》 105, 1999.

박종기, 《5백년 고려사》, 푸른역사, 1999.

윤용혁, 《고려 삼별초의 대몽항쟁》, 일지사, 2000.

추명엽, 〈11세기 후반~12세기 초 여진정벌 문제와 정국 동향〉, 《한국사론》 45, 2001.

김순자, 〈고려시대 대중국관계사 연구의 현황〉, 《역사와 현실》 43, 2002.

안병우, 〈고려와 송의 상호인식과 교섭〉, 《역사와 현실》 43, 2002.

민현구, 《고려정치사론》, 고려대 출판부, 2004.

김위현, 《고려시대 대외관계사 연구》, 경인문화사, 2004.

이정신, 《고려시대의 정치변동과 대외정책》, 경인문화사, 2004.

피터 윤, 〈몽골 이전 동아시아의 다원적 국제관계〉, 《만주연구》 3, 2005.

박경안, 〈고려전기 다원적 국제관계와 국가문화 귀속감〉, 《동방학지》 129, 2005.

윤용혁, 〈14세기 초 동아시아 교역의 제문제-신안선의 역사적 배경〉, 《신안선과 동아시아 도자교역》, 국립해양유물전시관, 2006.

이익주, 〈14세기 후반 원·명 교체와 한반도〉, 《전쟁과 동북아의 국제질서》, 일조각, 2006.

채웅석, 〈11세기 후반~12세기 전반 동북아시아 국제정세와 고려〉, 《전쟁과 동북아의 국제질서》, 일조각, 2006.

향촌사회와 농민·천민의 항쟁

채웅석(가톨릭대 국사학과)

머리말

향촌사회는 민(民)들이 생활하는 마당〔場〕이면서, 국가권력과 지배층 그리고 민 사이에서 지배와 피지배, 대립과 협력관계가 작동하는 마당으로서 각 시기마다 고유한 역사성을 지닌다. 신라하대부터 골품귀족 중심, 왕경 중심으로 운영된 지배체제의 모순이 드러나는 가운데 지방민들이 저항하는 한편 지방세력이 성장하였다. 이러한 신라 말 고려 초기 사회변동을 거쳐 고려 전기에는 향촌사회의 자치적 모습이 특히 두드러졌으며, 그에 바탕을 두고 본관제(本貫制)라는 독특한 향촌지배질서가 성립되었다. 그렇지만 사회가 발전해감에 따라 그 또한 한결같이 유지될 수 없었다. 고려 중기에 농민·천민의 항쟁이 전국적으로 격심하게 일어나고, 뒤이어 몽골의 침략과 정치 간섭, 왜구의 침입 등으로 외적 모순이 가중되었다. 이렇게 향촌사회가 어려움을 겪으면서도 한편으로는 집약적 농법이 발전하고 자연촌이 성장하면서 본관제의 지배가 무력해질 수밖에 없었다.

이 글에서는 '본관제'를 키워드로 하여 당시 향촌사회 상황과 그에 바탕을 둔 향촌지배질서를 고찰함으로써 시대적 특성을 부각시키려고 한다. 그리고 전기 · 중기 · 후기로 구분하여 향촌사회의 변화상을 따지고 민의 대응양상을 살피려고 한다.

1. 고려 전기 본관제의 시행과 향촌질서

삼국통일 뒤 신라의 농업생산력이 늘어나고 토지소유권이 발달하는 가운데 점차 농민층이 분화하면서 호부층(豪富層)이 성장하였다. 그렇지만 그들은 골품체제 때문에 정치적 · 경제적으로 성장이 제약당하는 것을 깨닫고 있었다.

신라 말기가 되어서는 골품체제가 모순을 드러내면서 중앙귀족들 사이에서 정쟁이 격화하고 지방 지배가 원활하지 못하게 되었다. 흉년이 거듭되는데도 국가가 권농 · 구휼 등을 제대로 수행하지 못하였으며, 그럼에도 부세 압박이 가중되고 귀족들의 녹읍 · 전장 지배로 말미암아 농민들이 수탈에 시달리자 항쟁을 일으켰다. 그들은 유망하거나 초적이 되고 나아가 세력을 결집하여 각지에서 봉기하였다.

이러한 상황에서 호부층은 지역사회를 지키고자 직접 무력을 갖추거나 무장세력과 결합하는 방식으로 자위조직을 만들었다. 그들은 관반(官班)기구를 운영하고 지역민들과 연대하여 향촌의 공동체질서를 재편하면서 분권적인 지방세력으로서 힘을 키웠다. 그리고 지역민과의 관계에서 계급 갈등을 무마하기 위하여 불교 승려들을 초빙하거나 학교를 운영하여 교화하고, 공동체적 제의(祭儀)와 신앙단체 활동을 주도하고 후원하면서 지역민의 결속을 도모하였다. 또한 수리관개 시설의 관리와 운영을 장악하고 권농업무를 맡았다.

고려는 후삼국을 통일한 뒤에도 한동안 지방세력의 자치를 인정하지 않을 수 없었지만, 점차 지방제도를 정비하여 집권력을 높였다. 그리고 그 과정에서 본관제라는 새로운 지배질서를 수립하였다. 신라하대 이래 향촌 지역사회의 영역과 그 내부의 토지지배 관계, 신분계층 관계 등이 많이 변했기 때문에, 지방세력이 장악했던 호구와 토지를 조사하여 장적(帳籍)을 작성하였다. 이 때 등록된 지역을 본관으로 지정하여 거주지를 통제하고 신분 계층질서를 파악할 수 있도록 하였다.

이처럼 본관제는 신라하대 이후 재편된 지역공동체들을, 고려 정부가 장적의 작성을 통하여, 지배질서 속으로 편제하는 과정에서 마련되었다. 본관제의 향촌 지배질서는 지역 사이의 계서적(階序的) 지배방식과 지역 내부의 계서적 지배방식 그리고 영역규제가 특징이었다.

본관의 격에 따라 신분 계층적 위상이나 부담이 달랐다. 주현(主縣)과 속현(屬縣)이라는 본관의 차이에 따른 신분적 차등은 없었지만, 속현은 행정체계에서 주현의 지휘를 받았으며, 그곳을 본관으로 하는 인물의 공로나 범죄에 대한 포상 또는 처벌의 일환으로 주현으로 승격하거나 거꾸로 속현으로 떨어지기도 하였다. 본관 사이의 계서적 차등은 일반 군현촌락과 부곡제 지역 사이에서 두드러졌다. 일반 군현을 본관으로 하는가, 향·소·부곡 등 부곡제 지역을 본관으로 하는가에 따라 신분과 부세 부담에 차이가 있었다. 부곡제 지역이 본관인 사람들은 잡척(雜尺)이라고 불리고, 국학에 입학하거나 과거를 볼 수 없었으며, 관직을 갖는 데에도 제한이 있었다. 잡척이 본관이 다른 사람과 결혼하여 자식을 낳았을 경우, 그 자식들의 귀속지가 법률에 따라 강제적으로 정해졌다. 그런 차별이 있었기 때문에 잡척에 대한 포상으로 그의 호적을 일반 군현으로 옮겨주기도 하였으며, 공신이나 반역자에 대한 상벌의 일환으로 그의 본관 읍격을 부곡제 지역에서 일반군현으로 상승시키거나 거꾸로 강등시키기도 하였다.

이처럼 부곡제 지역을 차별한 것은 분열적인 향촌지배방식을 택한 것이다. 그렇게 한 까닭은 민들의 가계가 불안정하고 지역적으로도 발전 수준이 불균등했던 상황에서, 잡척이 부담하는 특정한 역(役)을 국가가 안정적으로 확보하는 데는 일정한 향촌공동체의 존재를 기반으로 하여 그들에게 세습시키는 방식이 효과적이기 때문이었을 것이다.

본관의 지역 안에서 정호(丁戶)와 백정(白丁)을 계서적으로 구분하였다. 정호는 향리·기인·군반씨족제의 군인 등의 직역(職役)을 담당하면서 그 대가로 전정(田丁)을 분급받아 세습하였고, 정치적으로 지배층의 범주에 속하는 '중간계층'이었다. 이에 비하여 백정은 부세를 부담하는 피지배계층이었다. 그러한 계서적 차이가 있었기 때문에 백정을 정호로 삼는 것이 포상의 방법으로 이용될 수 있었다.

향촌사회의 지배층이었던 호부층은 국가로부터 직역을 분정받았으며, 해당 본관의 명망 있는 유력가문[望族]으로서 토성(土姓)을 사용하면서 세력과 지위를 누렸다. 이렇게 하여 지배체제 안에 포섭된 향촌지배층은 중앙정부에서 보낸 지방관을 보좌하면서 행정실무를 보았다. 그런데 주현에 비하여 속현의 수가 월등하게 많았던 현실에서 향리에 의한 향촌자치적 면모가 두드러질 수밖에 없었다. 향리의 위상이 단순히 지방관을 보좌하는 데 그치는 수준이 아니었다. 그들은 전대에 호부층이 지역사회를 자치했던 위상을 이어서 향촌질서를 주도하였다. 그들은 읍사(邑司)조직에 참여하여 지방행정업무를 맡고 재판권까지도 행사하였으며, 그들 가운데에서 지방군의 장교가 선발되었다. 향리의 상층부는 사(士)계층으로 대우받았으며 중앙관료로 진출할 수 있는 길이 넓게 열려 있었다.

향리층은 스스로가 향촌사회의 안녕과 질서를 책임지는 존재로 의식하였다. 토성 출신의 인물이 본관지역에서 성황신·산신 같은 수호

신격으로 신앙되기도 하였으며, 토성 출신의 향리들이 그 신격을 모시는 제의를 주재하였다. 또한 향리층은 향도(香徒)와 같은 불교 신앙조직 활동과 각종 종교행사에 주도적으로 참여하였다. 향도가 자발적이며 의도적인 종교결사체였기 때문에 향촌공동체 자체는 아니지만, 그런 조직과 행사는 대개 본관의 영역규모로 이루어졌으며 향리들이 중심이 된 향촌공동체의 유대를 강화하고 향촌질서를 보완하는 구실을 하였다.

한편 본관 사이에, 그리고 본관 안에 계서적 차별을 둔 지배방식을 택하다 보니, 그런 방식을 유지하기 위해서는 정책적으로 민을 본관에 긴박시키고 이주를 제한할 필요가 있었다. 거주지 이동을 관이 공적으로 허락한 경우가 아니면 유망으로 간주하여 모두 본관으로 송환하였다. 관리가 특정한 죄를 범하였을 경우에는 귀향형(歸鄕刑)을 적용하여 본관으로 유배하였다. 전정의 소유나 계승도 원칙적으로 자기 본관 안에서 이루어지도록 하였다. 이와 같이 영역 규제가 시행되어 고려 전기에 본관은 본적지일 뿐 아니라 관인·행상·방수군 등처럼 특별한 경우가 아닌 한 대부분 거주지와 일치하였다.

한편 군현 아래의 향촌 말단행정 단위는 지역촌(地域村)이었다. 자연촌이 존재하였지만 역사의 표면에 등장하는 수준이 되지 못하고, 자연촌 몇 개를 묶은 지역촌이 기초행정 단위가 되었다. 토성도 지역촌을 최소 단위로 하여 설정되었다. 지역촌이 부각된 배경에는 이전 시기 자위조직이 지역촌 규모의 성(城)을 단위로 하였고 그 리더였던 대감(大監)·제감(弟監)이 지역촌의 촌장(村長)·촌정(村正)으로 이어졌던 상황도 있었을 것이다. 학자에 따라서는 지역촌 대신에 행정촌이라는 용어를 사용하기도 하는데, 부세 수취를 위해 인위적으로 편제한 촌락조직이라는 측면을 강조한 견해다. 또 토성의 존재를 근거로 당시의 촌락이 동일혈연 집단으로 구성되었다고 본 견해도 있으나, 최근에 친족연구가 심화하면서 비판받았다.

촌장 · 촌정은 군현의 향리로부터 지휘를 받으면서 촌락 행정을 맡았다. 12세기 초 기록에 따르면, 부유한 민 가운데서 민장(民長) 곧 촌장을 선출하는데, 촌락의 큰 일은 관청으로 가고 작은 일들은 그가 맡아 처리하여 촌락민이 존경하고 섬긴다고 하였다.

2. 고려 중기 사회변화와 농민 · 천민의 항쟁

본관제를 통한 지배방식은 12세기 무렵부터 향촌사회가 변화하면서 점차 금이 가기 시작하였다. 고려 전기를 거치는 동안 산전 개간 등으로 농경지가 확대되고 농업기술에서 상경화 추세가 진전되었는데, 그 발전의 수익을 둘러싸고 국가 · 지배층 · 민 사이에 갈등이 높아지기 시작하였다. 12세기 초부터 무신집권기에 이르기까지 여러 정치변란들이 이어졌다. 그런 가운데 왕권을 강화하고 지배체제를 정비하는 데 필요한 재정수요가 늘어나면서 부세 수취를 강화하였고, 문벌화한 지배층은 농장 지배와 고리대 등으로 사적 경제영역을 확대하고 민에 대한 수탈을 강화하였다. 지역 사이의 계서적 지배방식이 특징이었던 본관제 아래서는 그러한 수탈이 속현이나 부곡제 지역에 상대적으로 가중되어, 일차적으로 그런 곳에서 저항이 일어났다. 유망을 하든지 권세가에 투탁하는 방식으로 저항하면 남은 사람과 다른 지역에 부담이 전가되어 그들마저 저항하게 되는 구조적인 모순의 상황이 되었다. 그와 더불어 종래 향촌의 공동체질서를 주도하던 향리층의 기반이 흔들리고 위상도 낮아졌다.

이에 민들은 향촌사회에서 자체적으로 새로운 공동체질서를 모색하고 억압에 대한 항쟁을 고양시켜 나갔다. 12세기 초부터 이미 민의 유망과 도적활동이 전국적으로 심각한 사회문제로 대두하였다. 유망은 영역규제를 기반으로 한 본관제 지배질서에 큰 위협이 되었다. 또 유망은, 경제적으로 본다면 진전(陳田)의 다량 발생으로 이어져, 국가의 수취제도와 토지제도를 교란시켰다.

무신집권기에는 전국적으로 농민들이 폭발적으로 봉기하였다. 정변이 이어지는 정치파행 속에서 정치력이 약해진 반면, 농장·고리대 등이 더욱 성행하면서 농민생활이 어려워졌기 때문이었다. 무신집권자들이 사적 권력을 확대하기 위해 무분별하게 지방관을 뽑아 보냈는데, 그들의 폭정도 향촌의 상황을 더 악화시켰다.

당시 농민항쟁의 양상에 대하여 현재까지 지역별, 시기별, 유형별 연구가 많이 이루어졌다. 농민들은 항쟁을 통하여 농민적 토지소유와 자립적 경영을 확보하려는 의지를 보였다. 처음에는 지역별로 단독으로 봉기하다가 점차 서로 연합전선을 구축하였다. 그들은 "의병(義兵)" 또는 "정국병마사〔正國(靖國)兵馬使〕" "개국(改國)병마사" 등을 일컬으면서 지배질서를 바로잡으려 하였으며, 삼국부흥운동처럼 새로운 국가권력을 창출하려는 단계까지 도달하였다. 1202년 경주의 항쟁군은 신라 부흥을 표방하였고, 1217년 최광수가 주도한 서북민의 항쟁군은 고구려 부흥을 내걸었으며, 1237년 원률·담양에서 이연년 형제가 주도한 항쟁군은 백제부흥을 표방하였다. 집권세력에 반대하거나 권력에서 소외된 관리들이 농민항쟁군과 손을 잡고 정권을 타도하려 하기도 하였다. 그리고 이의민과 경주농민군의 내통설이나 최충헌의 봉사 10조 제출 배경 등을 통해서 볼 때, 농민항쟁이 중앙정치의 변화에 큰 영향을 끼치고 있었다.

한편 부곡제 지역민과 노비의 신분해방투쟁이 일어난 것도 특징적이었다. 1176년 명학소(鳴鶴所)와 1200년 노올부곡(奴兀部曲)에서 일어난 항쟁, 그리고 1198년 사노 만적(萬積)이 중심이 되어 일으킨 항쟁이 대표적이다. 전기에 지역적으로 긴박되어 차별을 받던 부곡제 지역민들이 이제 집단적으로 저항하여 일반 군현으로 승격되려고 하였다. 명학소의 경우 정부의 무마책으로 일시적이지만 충순현으로 승격되고 지방관이 파견됐다. 노올부곡민들은 진주의 노비·농민항쟁군과 연계하여 항쟁하기도 했다. 이렇게 하층민들의 항쟁이 일어난 중요원인의 하나로, 무신집권기에 천민 출신으로 권력을 잡은 사람들이 많이 생기면서 하층민들의 사회·신분의식이 각성된 점을 드는 견해도 있다.

한편 농민항쟁이 거세게 일어나는 가운데 그동안 본관제 아래에서 유지되던 향촌공동체 질서가 약해지고 향촌지배층의 계급적 속성이 부각되면서, 1200년 금주에서 일어난 소요사태에서처럼 호족인(豪族人)과 잡족인(雜族人) 사이에 충돌이 일어났다. 그리고 잦은 정변으로 집권세력이 자주 교체되고 그에 따라 기존의 재경-재지관계가 변화하게 되자 1178년 청주와 1200년 경주의 소요사태에서처럼 재지세력과 낙향하는 재경세력이 충돌하는 사태가 벌어지기도 하였다. 또한 속현에 감무가 파견되거나 부곡제 지역이 일반 군현으로 승격되면서 종래 관할 군현과 이해관계가 충돌하여, 1172년 성주와 그에 소속되었던 부곡들이 합쳐 현령관으로 된 삼등현 사이 그리고 1202년에 경주와 그 속현이었다가 감무가 파견되었던 영주 사이에 일어난 충돌처럼 지역 사이의 갈등이 심각하게 나타나기도 하였다. 위와 같은 사례들은 본관제의 향촌지배구조가 이 시기에 와서는 지배질서로서 효과적이지 못하고 사회모순의 하나가 되었음을 보여준다.

몽골 군대가 침입하자 일부 농민항쟁군들은 관군과 협조하여 대몽항전에 나서기도 하였다. 그렇지만 사회모순이 여전히 해결되지 않은 데다가 외침까지 가중됨으로써 민의 생활을 질곡으로 몰아넣자 농민항쟁이 계속되었다. 그런 맥락에서 투몽(投蒙)을, 비록 왜곡된 형태이기는 하지만 농민항쟁의 한 형태로 파악하는 견해가 있다.

한편 농민들은 향촌공동체의 재편을 통해서도 사회변화에 대응하였다. 고려 전기에 향도는 불교신앙을 토대로 하여 본관적 규모로 조직되고, 향촌지배층이 주도하는 공동체적 관계를 강화하는 계기가 되었다. 그런데 12세기 초에 나타난 만불향도(萬佛香徒)는 성격이 달랐다. 그 향도에서 승려와 속인·잡류(雜類)들이 모여 그 기회를 이용한 상행위와 새로운 질서의 갈망을 담은 '퇴폐적·반항적' 행위를 한 것은, 그때까지 향촌사회를 주도하던 지배층이 제 구실을 하지 못하면서 민들이 새로운 공동체 질서를 모색하는 모습으로 이해할 수 있다.

3. 고려 후기 향촌사회의 동향과 관 주도의 향촌지배 모색

원 간섭기에도 앞 시기 이래의 사회모순이 계속되었다. 각 권력기관과 권세가들이 다투어 농장을 확대함에 따라 국가재정이 압박받고 향촌사회의 불안정성이 커졌다. 지방관들이 농장 관리인·수조인들의 위세에 눌리고 토지소송이 밀려드는 바람에 업무를 제대로 볼 수 없는 지경이었다. 중앙정부에서는 수차례 전민변정사업 등으로 개혁을 추진하였지만 대개 미봉책으로 끝났다. 그 시기에 농민항쟁은 권세가의 농장에 투탁하거나 유망 또는 국외로 이주하는 형태가 주류였다. 사회모순이 심했음에도 불구하고 지배층이 강대한 세계제국을 건설한 몽골을 등에 업고서 삼별초의 항쟁을 강제 진압하고 지배체제를 정비하던 때에 농민들이 조직적으로 항쟁하기가 쉽지 않았다. 또 고려 말기에는 홍건적과 왜구의 침입이 이어져서 향촌사회가 큰 피해를 입었다.

이처럼 고려 후기에 향촌사회가 어려움을 겪으면서, 한편으로는 농민들이 생존을 위하여 노력하고 또 신흥사족들이 중심이 되어 새로운 농법을 수용하는 가운데 집약적 농법이 발전하고 산지·연해지 등에서 새로운 경작지가 꾸준히 개발되었다는 점이 밝혀졌다. 또 부곡제 지배가 무력해지면서 생산 · 유통의 사회적 조건도 변화하였다. 그리하여 생산력이 늘어난 결과 농민들의 자립도가 향상되고 자연촌의 성장이 현저해졌다. 즉 내우외환뿐만 아니라 생산력의 증대도 향촌사회를 변화시켜 본관제 지배를 무력화하는 요인으로 작용하였다.

그러한 가운데 14세기 무렵부터 각종의 향촌 결계(結契)가 조직되고 불교신앙 활동에서 벗어나 향촌공동체의 면모가 두드러지는 향도가 출현하였다. 이 유형의 향도는 자연촌을 기반으로 조직되고 회음의식(會飮儀式)을 통한 공동체적 결속, 상례 때의 상호부조 등을 주된 내용으로 활동하였다. 이것은 자립성을 강화해 가는 소농민들이 중심이 되어 재생산을 보장할 수 있도록 공동체를 재편하는 노력으로 볼 수 있어서, 종래 향리층이 주도하던 향도와는 성격이 달랐다. 그리고 연해지역에서 14세기부터 15세기 중반까지 매향(埋香)이 많이 이루어졌는데, 역시 같은 맥락으로 이해할 수 있다. 연해지역은 개간이 진행되고 토지가 비옥한 반면, 왜구 침입의 위험이 컸고 인구 유동도 심하였다. 그런 상황에서 주민들은 미륵신앙에 바탕을 둔 매향활동을 통하여 공동운명체로서 지역사회의 안녕과 발전을 기원하면서 결속을 다졌다.

이러한 향도나 매향활동에 지방관이나 고려후기 사회변화 속에서 새로 대두하여 성장한 유향품관(留鄕品官) · 부민(富民) 등이 참여하기도 하였다. 유향품관 · 부민들은 토호로서 군림하기도 했지만 향리들이 주도하던 것을 대체할 수 있는, 새로운 향촌질서 수립의 필요성을 느끼고 있었다. 그에 따라 성리학을 받아들여 그 이념에 바탕을 두고 향촌질서를 재편하려는 움직임이 점차 힘을 얻어갔는데, 한편에서는 일부가 불교와 민간신앙의 영향을 받으면서 향도와 매향활동에 참여했던 것이다.

이상과 같은 사회변화 속에서 향리층이 주도하던 향촌질서가 동요하고 불안정해지자, 이에 대응하여 국가에서는 관(官)이 주도하는 향촌통제를 시도하였다. 그 추세는 민의 저항이 전면에 등장하기 시작한 12세기 초부터 나타나기 시작하였다.

우선 주현-속현체제의 문제점을 해결하기 위하여 속현에 감무(監務)라는 새로운 형태의 지방관을 파견하였다. 예종과 명종대에 감무를 대규모로 파견한 이후 공양왕대에 다시 집중적으로 파견하였다. 부곡제 지역의 경우, 차별에서 벗어나려는 민들의 노력과 생산력·유통경제 발전의 결과, 지역 차별을 유지할 필요성이 감소함에 따라 소멸되어 갔다. 감무 파견이나 부곡제의 해체를, 제도사적인 견지에서, 지방관을 모든 군현에 파견하지 못했던 전기의 '미숙성'을 극복하는 과정으로 해석하는 견해도 있지만, 전기의 향촌지배체제가 모순을 드러내면서 그것을 극복하는 과정에서 나타난 것으로 파악하는 견해가 더 설득력이 있다.

또한 유망민을 안집시키고 농장 투탁민을 적발하여 공호(貢戶)로 충당하는 정책을 펴면서 본관으로 쇄환을 고집하지 않고 현거주지에 등록하여 수취하기 시작하였다. 유망이 광범위하고 심한 상황에서는, 향리·역리 등의 특수계층을 제외하고는, 본관에 긴박시키기보다 현거주지 중심으로 파악하는 것이 현실적이었기 때문이었다. 그렇게 하여 영역 규제를 기반으로 했던 과거의 본관제질서가 이완된 만큼, 인보제(隣保制)를 강화하는 등 관 주도의 향촌통제를 강화하였다.

향리제도도 삼반(三班)체제로 개편하여 지방관을 보좌하는 기능을 강조하였다. 변화된 향촌사회 환경에서, 향리가 향촌질서를 주도하기가 어려워지는 대신 점차 그들의 향역이 고역화하면서 그 역을 기피하는 현상이 늘었다. 반면에 유향품관들은 중앙권력과 협조하고 때로는 대립하면서, 향촌사회에서 발언권을 강화해 나가는 모습을 보여, 이와 대조적이었다.

그렇지만 고려 말까지 추진된 관 주도의 향촌지배책은 기존 지배질서의 틀을 완전히 바꾸는 수준은 아니었다. 속현과 부곡제 지역의 숫자가 많이 줄었지만, 지역 사이의 계서적 지배질서라는 틀을 깬 것은 아니었다. 게다가 지방관의 자질이나 농장 문제 등을 개혁하지 못하였기 때문에 관 주도 향촌지배의 효과를 거두기가 어려웠다.

주현-속현체제의 해체와 면리제(面里制)의 시행 등 이전과는 질적으로 다른 새로운 내용을 포함하는 관 주도 향촌지배책은 고려 말 신법파(新法派) 신흥사족들의 사회개혁안에서 제시되었다. 여말의 내적·외적 모순은, 향촌사회의 자율적 대응만으로는 해결하기 어려운 것이었기 때문에, 국가 차원에서 개혁을 정책적으로 기획하고 추진하는 것이 필요하였다. 그리하여 신법파 신흥사족들이 주도하여 조선왕조를 개창하고 관 주도 향촌지배를 목표로 한 제도 개혁을 본격화하였고, 그 결과가 이후 조선 중기에 사족 중심의 향촌질서가 수립되기 전까지 향촌지배의 근간이 되었다.

맺음말

이 주제와 관련된 선행연구들은 주로 군현제도, 향리제도 등의 제도사 측면과 농민항쟁의 양상을 해명하는 데 치중하였다. 그 결과 속현과 부곡제 지역의 존재, 향리층의 지위와 역할이 부각되는 지방지배의 특성과 함께 사회모순에 저항하는 농민들의 역동적인 모습을 어느 정도 알 수 있게 되었다. 그렇지만 제도사 쪽 연구에서는 전기 지방제도의 '미숙성'을 강조하고 중기 이후 그것을 극복하여 중앙집권을 강화하는 과정으로 해석하는 연구들이 다수여서, 현실사회와 제도 사이의 정합성과 모순성을 유기적으로 설명하는 데 한계가 있었다. 또 중기 이후 민의 동향과 관련해서는 그것이 향촌사회에 미친 영향이나 새로운 향촌질서의 모색이라는 측면에서 연구가 별로 이루어지지 않았다.

이 시기 향촌사회를 연구할 때 무엇보다 큰 어려움은 관련 사료가 부족하다는 점이다. 사회사 연구가 활발해지면서 향도나 매향 등 향촌공동체 활동에 관한 금석문 자료가 다소 보충되기도 하였다. 그렇지만 촌락의 경관과 촌락생활의 구체적인 모습, 토지지배를 둘러싼 촌락 안의 계급관계 등을 연구하는 데는, 사료의 부족이 큰 장애가 되고 있기 때문에, 이를 보완하기 위해서는 고고학·민속학 등의 유관 학문과 연계 연구가 필요하다.

그리고 향촌사회는, 국가권력·지배층·민 사이에 다양한 관계들이 작동하는 삶의 현장이기 때문에, 그런 관계들을 총체적으로 고려해야 하고 또 사회변화를 고려한 동태적인 분석을 동반하는 것이 바람직하다. 이를 위해서는 정치사·사회경제사·사상사 등 각 분야사를 아우르는 연구시각이 필요함은 물론이다.

■ 참고문헌

李樹健,《韓國中世社會史研究》, 一潮閣, 1984.

李泰鎭,《韓國社會史研究》, 지식산업사, 1986.

盧明鎬,〈高麗時代 鄕村社會의 親族關係網과 家族〉,《韓國史論》 19, 1988.

김석형,《봉건지배계급에 반대한 농민들의 투쟁 - 고려편》, 열사람(복간), 1989.

李純根,〈羅末麗初 地方勢力의 構成形態에 관한 一研究〉,《韓國史研究》 67, 1989.

金甲童,《羅末麗初의 豪族과 社會變動研究》, 高麗大 民族文化研究所, 1990.

朴宗基,《高麗時代 部曲制研究》, 서울대 출판부, 1990.

李貞信,《武臣執權期 農民·賤民抗爭研究》, 高麗大 民族文化研究所, 1991.

金晧東,〈高麗 武人執權時代 在地勢力과 農民抗爭〉,《한국중세사연구》1, 1994.

朴恩卿,《高麗時代 鄉村社會研究》, 一潮閣, 1996.

蔡雄錫,《高麗時代의 國家와 地方社會 - ‘本貫制’의 施行과 地方支配秩序》, 서울대
출판부, 2000.

박종기,《지배와 자율의 공간, 고려의 지방사회》, 푸른역사, 2002.

신안식,《고려 무인정권과 지방사회》, 경인문화사, 2002.

蔡雄錫,〈여말선초 향촌사회의 변화와 埋香활동〉,《歷史學報》173, 2002.

구산우,《고려전기 향촌지배체제연구》, 혜안, 2003.

채웅석,〈고려말 조선초기 향촌사회의 변화와 지배질서의 재편〉,《중세사회의 변화
와 조선 건국》, 혜안, 2005.

고려시대의 문화와 과학 기술

구만옥(경희대 사학과)

머리말

고려왕조가 건국될 무렵인 10세기 초 중국은 당말(唐末)·오대(五代)의 혼란기를 겪고 있었다. 당시 동아시아 세계의 중심이었던 당의 멸망은 동아시아 국제 질서에 힘의 공백 상태를 초래했고, 이를 틈타 만주 지역에서는 거란족이 흥기하였다. 거란은 926년 발해를 병합하여 동아시아 세계의 새로운 강자로 부상했다. 한반도에서는 936년에 고려가 후삼국시대를 마감하고 통일국가를 수립했으며, 중국에서는 960년에 오대십국(五代十國)의 뒤를 이어 송(宋)이 건국되었다. 고려·송·거란(遼)이 동아시아의 패권을 둘러싸고 치열하게 각축을 벌이는 다원적인 국제질서가 형성된 것이다.

고려왕조 문화의 다양성과 유연성은 다원적 국제질서 속에서 활발한 문화 교류를 통해 이룩되었다. 고려는 변화하는 국제 정세에 능동적으로 대처하였고, 대외 교류에 개방적인 자세로 임했다. 이러한 개방적인 자세는 과학기술의 측면에서도 긍정적인 요인으로 작용했다. 송·원대 중국 과학기술의 비약적인 발전과 그 성과물의 해외 전파가 끼친 문화적 영향은 널리 알려진 사실이다. 고려는 송·원을 비롯한 외국과의 활발한 교섭을 통해 선진적인 과학기술을 도입함으로써 여러 분야에서 주목할 만한 성과를 거두었다. 아래에서는 고려시대 과학기술 분야의 대표적 성과라 할 수 있는 천문역법의 발전, 인쇄술과 도자 공예의 발달, 화약의 개발을 대외 문화 교류의 측면에 중점을 두어 살펴보고자 한다.

1. 천문역법(天文曆法)의 발전

고려왕조 천문역산학(天文曆算學)의 담당 관서는 태복감(太卜監)과 태사국(太史局)으로 이원화되어 있었다. 대체로 사천대(司天臺)·사천감(司天監) 등으로 명칭 변경을 반복했던 태복감이 점복(占卜)과 관련된 업무를 담당했다면, 태사국은 일월식을 비롯한 천문관측과 시간측정을 담당했다고 여겨지고 있다. 그러나 양자가 고려 후기에 서운관(書雲觀)으로 통합되었다는 사실에서 알 수 있듯이 업무에 공통적인 요소가 많았던 것으로 보인다.

서운관에서는 천문(天文)·역수(曆數)·측후(測候)·각루(刻漏)의 일을 관장했다. 여기서 '천문'이란 천체의 이상현상을 관측하고, 더 나아가 그것이 의미하는 바를 해석함으로써 미래의 길흉을 점치는 일이었고, '역수'란 천체 운동의 규칙성을 법칙화하여 일종의 천체력을 만들고, 그에 기초하여 각종 천문 현상을 계산해 내는 일이었다. '측후'는 기상 관측을, '각루'는 시간 측정을 뜻하는 것으로 이해되고 있다. 이와 같은 서운관의 담당 업무는 고려를 비롯한 전근대 왕조국가 체제

에서 천문역산학의 기능이 무엇이었는지 짐작케 해 준다. 고대사회 이
래로 천문역산학은 시간의 측정이라는 실용적인 목적을 지니고 있었
지만, 그와 함께 천명사상(天命思想)과 재이설(災異說)에 기초해서 정치
권력의 정당성을 이데올로기적으로 보장하는 한편 지배층의 자의적인
권력 행사를 견제하는 정치사상적 기능도 담당하고 있었다.

　고려왕조 천문역산학의 수준을 가늠할 수 있는 자료는 많지 않다.
몇 가지 단편적인 기록을 통해서 유추해 볼 수 있을 따름이다. 그 가운
데 하나가 11세기 초에 고려왕조가 독자적으로 일월식을 예보하고 있
었음을 보여 주는 기록이다. 1047년(문종 1) 3월 초하루의 일식을 제대
로 예보하지 못했다는 이유로 담당자를 처벌했던 사건이 그것이다. 당
시의 논의 과정을 살펴보면 고려왕조가 이미 일월식 예보 기술을 확보
하고 있었음을 알 수 있다. 고려의 일진(日辰) 표시가 중국과 다른 경우
가 종종 발생했다는 사실과 다가오는 해(來歲)의 재앙을 물리치기 위
한 목적으로 제작된 각종 '위력(僞曆)'도 고려왕조 천문역산학의 독자
적인 발전을 보여주는 예로 거론되곤 한다.

　당의 선명력(宣明曆)을 사용했던 고려왕조의 역법에 대해서는 지금
까지 대체로 부정적인 평가가 많았다. 이러한 평가는《고려사(高麗史)》
〈역지(曆志)〉를 편찬한 조선초기 관인들의 관점을 계승한 것이었다.
그러나 이는 일면적인 평가에 지나지 않는다. 다른 나라의 역법을 받
아들여 사용했다는 것은 그 역법의 원리와 계산법에 대한 이해를 전제
로 하며, 그에 상응한 관측 기술과 관측 기구들을 확보하고 있었다는
뜻이기도 하다. 따라서 고려왕조 천문역산학의 수준은 동시대 중국과
일본의 그것을 염두에 두고 평가되어야 할 것이다.

　고려 말 수시력(授時曆)의 도입은 대외 교류를 통해 선진적인 과학기
술을 수용한 대표적인 예로 거론할 수 있다. 그 과정에서 중요한 구실
을 담당했던 인물이 최성지(崔誠之, 1265~1330)와 강보(姜保)였다. 충선

왕의 지시로 원나라에서 수시력의 방법을 익힌 최성지는 귀국하여 그 내용을 전파함으로써 고려왕조가 수시력을 수용할 수 있는 기틀을 마련했다. 그러나 최성지 단계에서 수시력의 모든 내용이 해득되었던 것 같지는 않다. 조선초기까지 수시력의 일월교식(日月交食)과 오성분도 (五星分度)에 관한 내용은 구체적으로 알려지지 않았기 때문이다.

최성지와 함께 수시력을 도입하는 데 크게 공헌한 사람이 강보였다. 강보는 최성지의 제자로 알려져 있으나 구체적인 행적은 알 수가 없다. 1346년(충목왕 2) 서운정(書雲正)으로 재직하고 있던 강보는《수시력첩법입성(授時曆捷法立成)》을 작성 · 간행했다. 이는 수시력에 따라 역서를 만들 때 필요한 복잡한 계산을 쉽고 빠르게 할 수 있도록 만든 일종의 수표(數表=立成)였다. 강보는 이 책에서 계산을 위해 필요한 각종 천문상수를 제시하고, 계산 공식과 계산 방법을 설명한 다음, 수표를 나열하였다.

고려 후기에 수시력을 도입하기 위해 기울였던 노력은 이후 조선왕조의 천문역산학을 발전시키는 토대가 되었다. 조선전기 천문역산학의 뛰어난 수준을 보여주는 성과물이자 '자주적 천문역법'으로 평가받는《칠정산내편(七政算內篇)》은 수시력을 한양의 위도에 맞게 재편성한 것이었다. 그것은 고려후기 천문역산학의 성과를 계승하고 미진한 점을 보완하여 이룩한 결실이었다.

2. 목판 인쇄술의 발달과 금속활자 인쇄술의 발명

고려 목판인쇄술의 수준은 몇 차례에 걸친 대장경 조판 사업을 통해 확인해 볼 수 있다. 고려왕조는 1011년(현종 2) 거란의 침입을 당하자 부처의 힘을 빌어 외적을 물리치고자 대장경 조판 사업에 착수했다.

그 결과물이 1087년(선종 4)에 완성된 고려 최초의 대장경인 '초조대장경(初雕大藏經)'이었다. 초조대장경은 송의 개보칙판대장경(開寶勅版大藏經)을 저본(底本)으로 하여, 거란(요)의 대장경을 비롯해 당시까지 전해 내려오던 여러 경전을 참조하여 제작되었다. 이후 1096년(숙종 1) 대각국사(大覺國師) 의천(義天, 1055~1101)이 송·요·일본을 통해 수집한 장소(章疏)를 결집하여 《신편제종교장총록(新編諸宗教藏總錄)》이라는 불경 목록을 간행했다. 이는 대장경을 구성하는 기본 요소인 삼장(三藏, 經藏·律藏·論藏)을 해석한 주석서의 일종인 장소의 목록을 정리한 것이다. 이 목록에 의거하여 간행한 것이 교장(敎藏), 이른바 '속장경(續藏經)'이었다. 이와 같은 대역사를 거쳐 조성된 대장경 판본은 팔공산 부인사(符仁寺)에 보관되어 오다가 몽골의 침략으로 1232년(고종 19)에 모두 불타버리고 말았다.

강화도로 천도한 고려 정부는 새로운 대장경 조판 사업에 착수하였다. 그것은 부처의 힘을 빌어 다시 한번 외적의 침입을 물리치고자 하는 표면적인 목적에서 추진되었으나, 그 배후에는 최씨 무신정권의 안보를 위해 이반된 민심을 아우르려는 정치적 포석이 깔려 있었다. 현존하는 대장경(팔만대장경) 경판에 새겨진 연도를 분석해 보면 대장경의 조판은 1237년(고종 24)부터 1248년(고종 35) 사이에 이루어졌음을 알 수 있다. 그러나 이는 판각에 소요된 기간만을 뜻하는 것이고, 판각을 위해서 판본을 확정하고 판목을 마련하는 등 사전 준비에 필요한 시간을 고려하면 실제 작업 기간은 더 길었을 것으로 짐작된다.

대장경을 만들기 위해서는 먼저 대장경 판본의 정본화 작업이 선행되어야 한다. 그것은 기존의 여러 가지 대장경 판본을 서로 대조하여 오류를 찾아내고 교감작업을 통해 정본을 만드는 일이었다. 수기(守其)를 책임자로 하는 교감자들은 고려의 대장경뿐만 아니라 송과 거란의 대장경을 대조하여 《고려국신조대장교정별록(高麗國新雕大藏校正別

錄)》이라는 30권짜리 책을 만들었다. 이는 경문의 잘못된 부분을 찾아 내 수정한 내용을 목록 형식으로 정리한 것이었다. 이와 같은 정밀한 교감 작업이 있었기에 팔만대장경은 고도의 정확성을 기할 수 있었다.

대장경 조성을 위해서는 판본의 준비와 함께 대장경을 새길 판목을 마련하는 작업이 병행되어야만 했다. 이는 경판으로 사용할 나무를 베고, 적당한 크기로 잘라 다듬는 힘든 작업이었다. 현존하는 경판 한 장의 크기가 대략 가로 70㎝, 세로 24㎝, 두께 3㎝ 가량이므로, 이 정도 크기의 경판을 마련하기 위해서는 최소한 지름 40㎝ 이상의 곧은 나무를 벌채해야 한다. 벌채한 나무를 적당한 크기로 자르고, 나무의 변형을 막기 위해 소금물에 삶아서 배수와 통풍이 잘 되는 곳에서 말린 다음, 건조가 끝난 판자를 대패질 등으로 다듬어 8만여 장에 달하는 경판을 만드는 일은 그야말로 대역사였다.

13세기 초에 세계 최초의 금속활자가 고려인들에 의해 발명되었다. 《남명천화상송증도가(南明泉和尙頌證道歌)》 중조본(重彫本)의 말미에 수록된 최이(崔怡)의 지문(誌文)에 따르면, 1239년 이전에 금속활자〔鑄字〕로 인쇄된 원본이 있었음을 알 수 있다. 또 이규보(李奎報, 1168~1241)의 《동국이상국집(東國李相國集)》에 실려있는 〈신서상정예문발미(新序詳定禮文跋尾)〉라는 글을 통해서 1234년에서 1241년 사이의 어느 때에 금속활자로 《상정예문(詳定禮文)》 28부가 인쇄되었다는 사실도 확인할 수 있다. 현존하는 세계에서 가장 오래된 금속활자 인쇄본 역시 1377년(우왕 3) 청주(淸州)의 홍덕사(興德寺)에서 간행된 《백운화상초록불조직지심체요절(白雲和尙抄錄佛祖直指心體要節)》이다.

금속활자 인쇄술이 행해지기 위해서는 몇 가지 기술적 조건이 갖추어져야 한다. 첫째는 금속으로 활자를 섬세하고 튼튼하게 만들 수 있는 금속 주조기술의 확보, 둘째는 활자를 인쇄틀에 고정시킬 수 있는 방법의 고안, 셋째는 금속활자에 잘 묻는 유성먹의 개발, 넷째는 얇고

질긴 종이의 제조 등이다. 고려의 금속활자 인쇄술은 이 같은 기술적 바탕 위에서 가능했다.

그렇다면 당시에 이미 뛰어난 목판인쇄술을 보유하고 있던 고려인들이 금속활자 인쇄술을 개발하게 된 이유는 무엇일까? 목판인쇄는 한 종류의 책을 오랜 세월에 걸쳐 지속적으로 찍어내는 데는 매우 효과적인 방법이다. 그런데 목판은 한 번 판각하고 나면 그 내용을 바꿀 수 없다는 단점이 있다. 이와 달리 금속활자 인쇄술은 먼저 금속으로 여러 종류의 글자를 만들고, 제작하려는 책의 내용에 따라 인쇄틀 위에 글자를 배열한 다음 찍어내는 방법이다. 한 책의 인쇄가 완료되면 기존의 글자판을 해체하고 활자를 다시 새롭게 배열하여 다른 책을 인쇄할 수 있다. 이는 여러 종류의 책을 소량으로 찍어내는 데 효과적인 방법이다. 고려인들은 독서 인구의 규모에서 중국과 현격한 차이가 있는 자국의 현실을 참작하여 다품종 소량 생산에 적합한 방법을 고안해 낸 것이다.

동시에 그것은 고려 중기 이후 국내의 정변과 외적의 침입으로 인멸·파괴된 전적을 빠른 시일 안에 복구하고자 하는 현실적 요구를 반영하고 있다. 전란으로 소실된 책을 종래의 방식대로 목판인쇄로 복원하기에는 많은 어려움이 있었다. 목판인쇄에는 많은 물자와 시일이 소요되며, 하나의 목판으로 인쇄할 수 있는 문헌도 한 종류에 지나지 않았기 때문에 짧은 기간 안에 여러 종류의 서적을 간행하기 어려웠다. 이를 보완하기 위한 방법으로 창안된 것이 금속활자 인쇄였다.

3. 도자(陶瓷) 공예의 발달

고려시대 도자공예의 핵심은 청자(靑瓷)이며, 그 가운데서 주류는 순청자와 상감청자이다. 청자는 유약(釉藥)과 태토(胎土)에 포함된 적은 양의 산화철이 환원해서 생긴 푸른빛의 자기다. 도기(陶器)에서 자기 (瓷器)로의 전환은 도자공예에서 매우 큰 변화이며, 자기가 출현하기 위해서는 몇 가지 기술적 조건이 충족되어야 한다. 자기의 생산은 기본 원료인 흙의 채취와 배합, 자기의 형태를 만드는 성형(成型), 그리고 가마에서 불로 구워내는 소성(燒成)의 세 단계를 거치는데, 각각의 공정에서 기술적인 발전을 이룩할 때 우수한 자기가 탄생할 수 있다. 자기 제조에 알맞은 흙을 채취하여 적당한 비율로 배합해서 태토를 만드는 기술이 있어야 하고, 물레 등의 기구를 이용하여 원하는 그릇 모양을 마음대로 만들 수 있어야 하며, 청자 생산에 필요한 유약의 제조 기술을 갖추어야 한다. 그리고 청자를 구워내기에 효율적인 가마를 만들고, 불의 성질을 자유자재로 조절할 수 있는 숙련된 기술도 필요하다. 이처럼 자기 생산은 자토(瓷土)와 유약, 가마시설 등의 여러 조건이 갖추어져야 가능한 일이었다.

아울러 자기의 출현은 당시의 사회적 배경과 관련하여 이해할 필요가 있다. 자기의 제작은 그것을 필요로 하는 수요층과 자기를 제작할 수 있는 전문적인 집단이 있어야 가능하다. 지금까지 출토된 고려자기 가운데는 다완(茶碗) 유형의 제품들이 많다. 이는 선종(禪宗)의 수양에서 중시하는 좌선(坐禪)에 필요한 차를 담는 다기(茶器)였으리라 추측된다. 고려왕조에 들어 차가 승려와 귀족들의 기호품이 되고, 왕실·정부와 불교 교단의 각종 행사에서 필수 품목으로 자리잡으면서 다기류의 청자가 대량 제작되었던 것이다.

자기의 제작은 짧은 기간 안에 기술을 습득하기 어려운 분야이다. 따라서 오랜 기간에 걸친 숙련이 필요하다. 이는 자기의 제작을 담당했던 전문가 집단이 존재했음을 뜻한다. 그것은 아마도 수공업 전문집단인 소(所)가 아니었을까 한다. 이들은 왕실과 귀족, 승려층의 요구에 부응하여 자기를 제작했을 것이다. 고도의 예술성을 보여주는 청자문화는 이처럼 문화의 향유자층과 생산자층이 분리되어, 향유자의 욕구와 취미에 맞게 생산된다는 특징을 지닌다. 향유자층과 생산자층을 연결해 주는 사회적 제도가 바로 소(所)였던 것이다.

고려청자의 주생산지는 전라도 강진(康津)과 부안(扶安)을 중심으로 한 서해안 일대에 집중돼 있었다. 이 지역은 일찍부터 선종이 유행했고, 차 생산에 유리한 지리적 조건을 갖추고 있어 차 문화가 발달했으며, 그에 따라 다기류의 수요도 많았다. 또 지리적으로 중국의 선진적인 자기 제작 기술이 서해를 통해 쉽게 유입될 수 있었다. 강진과 부안의 가마터[窯址]들은 모두 조창(漕倉)이 있는 바닷가 근처에 위치하며, 자토(瓷土)와 물과 나무가 풍부한 곳을 배경으로 삼고 있다. 여기에서 만들어진 자기들은 서해안의 조운로를 거쳐 수도 개경으로 수송됐다.

고려의 순청자는 오랜 숙련기간을 거쳐 발전을 거듭했다. 늦어도 12세기 초에는 서긍(徐兢, 1091~1153)이 《고려도경(高麗圖經)》에서 증언하고 있는 바와 같이, 제작 기술과 빛깔 면에서 매우 뛰어난 비색(翡色) 청자가 출현하기에 이르렀다. 순청자의 발전 과정에서 고려는 '상감(象嵌)'이라는 독창적인 기법을 응용하여 새로운 양식의 청자를 만들어냈다. 상감청자는 반건조된 그릇 표면에 문양을 음각하고, 음각한 부분에 백토나 자토를 메워 건조시킨 다음 초벌구이를 하고, 다시 청자유약을 발라서 재벌구이를 하면 백토는 흰색으로, 자토는 검은색으로 발색되어 문양이 다양한 빛깔로 나타나게 되는 것이다. 본래 상감이란 금속공예나 목공예에서 사용되던 보편적인 기법이었다. 금속공예의 은입사(銀入絲) 기법이나 목공예의 나전(螺鈿)·화각(畵角) 기법 등이 그것이다. 목칠(木漆) 공예에서 쓰였던 나전수법이 금속공예에서 입사수법으로, 도자공예에서는 상감수법으로 확대되었던 것이다.

고려시대 도자공예의 기원과 유래에 대해서는 학자들 사이에 이견이 분분하다. 고려의 자기가 삼국시대 이래 토기 제작 기술의 연장선 상에서 선진적인 중국 자기의 영향을 받아 만들어졌다는 사실에는 대체적으로 동의하지만 세부적인 논의에 들어가면 논란의 소지가 많다. 당(唐)으로부터 오대(五代)를 거쳐 송(宋)으로, 다시 원(元)으로 이어지는 중국 자기 제작기술의 구체적 내용과 그것이 고려의 자기 제작에 끼친 영향이 소상하게 해명되지 않았기 때문이다. 이 문제를 해결하기 위해서는 중국에서 언제부터 청자가 제작되었고, 어떤 경로를 거쳐 중국의 청자가 고려에 유입되었으며, 언제부터 중국에서 수입한 청자에 대한 이해가 생기게 되었는지, 그리고 중국 어느 시대의 어떤 제작 기술을 수용하여 고려에서 자체적으로 자기를 생산하기 시작했는지 등등의 문제가 밝혀져야 한다. 현재 한국과 중국에서 여전히 발굴이 진행되고 있고, 그에 따라 새로운 자료가 출현할 가능성이 있다. 기존의 논의를 한 단계 진전시키기 위해서는 향후 새로운 연구성과의 축적을 기다려야 한다.

4. 화약의 제조와 화약무기의 개발

일반적으로 한국사에서 화약과 화약무기(火器)의 도입은 고려 말 최무선(崔茂宣)에 의한 것으로 알려져 있다. 그러나 그 이전에도 화약과 화기를 사용한 기록이 전해지고 있으며, 이를 종합해 볼 때 빠르면 12세기 초, 늦어도 14세기 전반 무렵에는 고려사회에 화약과 화기가 전래되었음을 알 수 있다.

고려 후기에 화약과 화기에 대한 관심을 높인 직접적인 요인은 1350년(忠定王 2) 무렵부터 기승을 부리기 시작한 왜구의 침략이었다. 계속된 왜구의 침입과 약탈로 격심한 피해에 시달리던 고려인들은 왜구를 퇴치할 근본적인 방책을 마련하고자 부심했다. 왜구에 대한 종래의 대책은 연해지방에 일정한 간격으로 소규모 방어기지를 구축하여 왜구가 상륙한 뒤 육상 전투를 통해 격퇴하는 '육전주의(陸戰主義)'였다. 그러나 이 대책은 여러 가지 면에서 근본적인 한계를 안고 있었다. 모든 연해 지방을 망라하여 전술을 구사할 수 없었고, 육지에서 전투를 수행할 군사들의 훈련이 부족하여 고전을 면치 못했으며, 고려의 지상군이 조직적인 반격을 하기 전에 왜구들이 배를 타고 달아나기 일쑤였기 때문이다.

이에 대한 보완책으로 나온 것이 왜구를 바다에서 격퇴하자는 이른바 '해전주의(海戰主義)'였다. 그런데 이를 위해서는 몇 가지 전제 조건이 필요했다. 종래의 해전은 배를 타고 바다에서 싸운다는 점을 제외하면 육전과 본질적인 차이가 없는 백병전 위주였다. 화기의 등장은 이러한 해전의 양상을 변화시켰다. 백병전 위주의 전투 방식이 원거리 포격전 위주로 바뀐 것이다. 그런데 화기를 이용한 해전이 가능하기 위해서는 먼저 화약과 화포를 개발해야 했고, 화포를 탑재할 수 있는 튼튼한 전선(戰船)도 필요했다.

화약의 개발과 그를 이용한 화기의 제작은 '해전주의'로 가는 첫 단계였다. 전통적인 화약의 주원료는 염초와 유황, 그리고 숯(목탄)이었다. 이 가운데 유황과 숯은 자연 재료를 사용하는 반면, 염초는 특수한 흙을 원료로 여러 화학적 공정을 거쳐 제조해야만 했다. 화약 제조에서 가장 어려운 과정이 바로 염초를 만드는 일이었다. 화약의 제조에서 또 하나 중요한 것은 각각의 원료를 어떤 비율로 혼합하느냐 하는 문제였다. 최무선은 화약 제조에서 가장 커다란 난관이었던 이 문제들을 선진 기술의 습득과 실험적 방법을 통해 해결했다. 최무선의 역사적 공헌은 바로 이 부분에 있었다.

최무선이 화약 제조기술을 습득하게 된 경위에 대해서는 현존하는 사료마다 조금씩 차이를 보이고 있다. 원(元)의 염초장(焰焇匠)인 이원(李元)을 통해 배웠다고도 하고, 강남(江南)에서 온 상인에게 배웠다고도 한다. 이원의 신분에 대해서도 원의 염초장이라는 기록 이외에 중국의 상인〔唐人·唐商〕이었다는 진술도 눈에 띈다. 후대의 사람들 가운데는 최무선이 몸소 원에 가서 기술을 배워 왔다고 주장하는 이도 있다. 최무선이 직접 원에 가서 기술을 습득해 온 것인지, 중국에서 건너온 사람을 통해 배운 것인지, 그 기술의 유래가 원나라인지, 아니면 명나라인지 불분명하지만, 당시 유일하게 화약 제조기술을 보유하고 있던 중국과의 문물 교류를 통해 습득한 것만은 분명한 사실이다.

화약 제조기술을 습득한 이후 최무선은 화약을 이용한 병기 제작에 나섰다. 1377년(우왕 3) 10월에 최무선의 건의에 따라 화약과 화기를 관장하는 '화통도감(火桶都監)'이 설치되었다. 이듬해(1378)에는 소규모이긴 하지만 화기 발사부대인 화통방사군(火桶放射軍)이 편성되었다. 화약무기의 개발과 함께 최무선은 전함(戰艦) 제도에 대해서도 연구했다. 화기를 탑재하여 왜구를 섬멸하기 위한 전선의 건조가 목적이었다. 화약 제조기술의 습득으로부터 화기의 개발과 전함의 건조로 이어진 최무선의 일련의 노력은 1380년(우왕 6) 진포 해전과 1383년(우왕 9) 관음포 해전의 승리로 그 결실을 거두게 되었다.

이처럼 고려 말 화약의 발명과 화기의 개발은 왜구의 침입에 대한 국가적 대비책의 일환으로 이루어졌다. 그것은 최무선이라는 개인의 불굴의 노력과 고려왕조의 기술적 토대가 서로 어우러져 이룩한 성과였다. 화포 등의 화약무기를 제작하기 위해서는 견고한 발사 장치를 만들 수 있는 금속 주조기술이 필요하다. 고려 말에 여러 가지 유통식(有筒式) 화기를 만들 수 있었던 것은 이전 시기부터 축적된 고도의 금속 주조기술이 있었기에 가능한 일이었다. 그런 점에서 최무선의 업적은 중국을 통해 전래된 화약과 화기 제조 기술을 바탕으로, 그 이전부터 전해져 온 기술적 성과를 종합하여 고려왕조가 독자적으로 화약과 화기를 제작·활용할 수 있는 단계로 기술 수준을 끌어올렸다는 점에서 평가되어야 할 것이다.

맺음말

지금까지 고려시대 과학과 기술에 대한 관심은 상대적으로 미약했다. 과학기술사의 측면에서 천문학·지리학·의학·목판인쇄술·제지술·금속주조기술·도자공예 등의 분야가 다루어지긴 했지만 그 내용의 폭과 깊이를 조선시대의 그것과 견주어 보면 소략하다는 느낌을 지울 수 없다. 물론 이는 고려시대 과학기술사와 관련된 문헌자료의 한계, 유물자료의 부족 등에 그 근본 원인이 있다.

한국과학사에서 가장 주목되는 시기는 15세기 후반 세종대이다. 그것은 당시 과학기술 분야의 성과가 다른 시기의 그것을 능가할 만큼 뚜렷하기 때문이기도 하다. 그런데 잊지 말아야 할 중요한 사실은 조선왕조 과학기술의 성과는 대부분 이전 시기의 전통을 계승·발전시킨 것이라는 점이다. 특히 고려 후기 이래의 과학기술에 크게 영향을 받았다. 따라서 향후의 연구에서는 세종대 과학기술의 역사적 뿌리에 주목할 필요가 있고, 그러한 관점에서 고려시대 과학기술은 재조명되어야 한다.

고려시대 과학기술의 성과를 살펴보면서 주목되는 것은 고려사회의 개방성과 활발한 해외 문화교류다. 고려는 중국과의 문화 교류를 통해 선진적인 역법, 자기 제조 기술, 화약제조법 등을 습득했다. 중국과의 문물 교류는 고려인들에게 문화적 자극을 줬고, 그것은 새로운 기술 개발을 촉진하는 외적 요소로 작용했다. 그 과정에서 고려인들은 독창적인 문화적 성취를 이룩하기도 했다. 이러한 성과가 고려사회의 개방성과 유연성에 바탕을 두고 있었다는 사실에 주목해야 한다. 고려시대 문화와 과학기술이 동아시아라는 국제적 관계망 속에서 고찰되어야 하는 이유가 바로 여기에 있다. 자료의 한계를 넘어서 고려시대 과학기술사의 연구수준을 한 단계 끌어올리기 위해서는 고려왕조 내부의 과학기술에 대한 사회적 요구라는 측면과 대외적인 과학기술 교류라는 측면을 포괄할 수 있는 새로운 연구 방법론이 모색될 필요가 있다.

■ 참고문헌

全相運,《韓國科學技術史》, 正音社, 1983.

鄭良謨,《韓國의 陶磁器》, 文藝出版社, 1991.

尹龍二,《韓國 陶瓷史硏究》, 文藝出版社, 1993.

박성래,〈과학과 기술〉,《한국사 17(고려 전기의 교육과 문화)》, 국사편찬위원회, 1994.

윤용이,〈공예〉,《한국사 17(고려 전기의 교육과 문화)》, 국사편찬위원회, 1994.

조선기술발전사편찬위원회,《조선기술발전사 3(고려편)》, 과학백과사전종합출판사, 1994.

윤용이,〈공예〉,《한국사 21(고려 후기의 사상과 문화)》, 국사편찬위원회, 1996.

전상운,〈과학과 기술〉,《한국사 21(고려 후기의 사상과 문화)》, 국사편찬위원회, 1996.

박종기,《5백 년 고려사》, 푸른역사, 1999.

전상운,《한국과학사》, 사이언스북스, 2000.

金潤坤,《고려대장경의 새로운 이해》, 불교시대사, 2002.

강경숙,〈한국 도자사 연구 어떻게 할 것인가〉,《美術史學硏究》 241, 韓國美術史學會, 2004.

방병선,〈羅末麗初 韓中陶瓷交流〉《韓國史學報》 23, 高麗史學會, 2006.

張愛順 외,《高麗大藏經의 硏究》, 동국대 출판부, 2006.

박상진,《나무에 새겨진 팔만대장경의 비밀》, 김영사, 2007.

고려 말의 사회변동과 왕조교체

도현철(연세대 사학과)

머리말

무신집권기 이래 심화된 사회변동은 왕조를 위기의 국면으로 몰고 갔고, 이를 타개할 수 있는 체계적인 정치적, 사상적 대응이 요구되었다. 신전개발과 농법개량을 기초로 한 생산력 발전이 이루어지고, 토지 분급제와 토지소유 관계가 동요하였으며, 의학의 발달과 인구증가, 농민·천민의 난과 농민 의식의 성장이 있었다. 더욱이 왜구와 홍건족의 침입으로 국토가 황폐되었으며, 원의 간섭에 따른 사회 모순의 심화와 원·명 교체에 대한 대외정책의 난조 현상까지 나타났다. 이에 따라 왕실의 권위가 실추되고 권신이 출현하였으며, 지배층의 무기력과 분열, 정치기강의 이완, 체제의 파탄 현상 등이 나타났다.

왕조 교체는 이러한 사회변동을 타개하기 위한 개혁정치 과정에서 이뤄졌다. 신진세력이 성장해 성리학을 수용하고, 이를 바탕으로 한 제도개혁을 모색해 갔으며, 이 과정에서 조선 왕조가 건국됐던 것이다.

　고려 말의 사회 변동과 왕조 교체에 대한 이제까지의 연구는 다양한 관점의 제시와 실증적인 검토를 통해 심화되었다. 이 글에서는 기왕의 연구를 통하여 확인된 역사상(歷史像)을 제시하면서 고려 말의 사회변동과 왕조 교체의 역사적 의미를 생각해보고자 한다.

1. 신흥세력의 성장과 체제개혁론

　고려 후기 사회변동을 극복하기 위한 새로운 정치세력으로 신흥사대부가 등장하였다. 이들은 개혁정치를 추구하고 조선의 건국을 주도한 정치세력이었다. 이들은 무신집권기 이래 신흥세력으로 성장한 신분적으로는 향리, 경제적으로는 중소지주, 사상으로는 성리학을 익힌 점이 특징인데, 권문세족과 대비되는 정치세력으로 이해되었다. 최근에는 신흥사대부의 용어와 범주, 등장시기에 대한 다양한 논의가 제기되고, 이러한 연구를 반영하면서 ‘신흥유신’이 상정(想定)되었다. 신흥유신은 고려후기에 과거에 급제한 관료를 가리키는 말로, 세족과 사대부를 모두 포괄하는 개념이라고 한다. 이들은 성리학자로서 좌주문생 관계를 통해 집단을 형성해 나갔는데, 원 간섭기 말기인 충목왕대 측근정치나 부원세력의 책동에 대항한 개혁, 신돈의 개혁 등을 거치면서 정치세력화할 수 있는 여건이 마련되었다. 신흥유신은 고려후기 사회변동 속에서 성장한 사대부가 정치세력을 이루는 데 외피와 같은 구실을 하였다고 한다.

　공민왕대의 개혁정치는 원 간섭기의 개혁 활동의 흐름 속에서 이해될 수 있다. 물론, 원 간섭기의 개혁이 반원적인 요소를 발견하기 어렵고, 원의 지배를 인정하는 가운데 사회경제의 모순을 완화시키는 데 머물렀다는 연구가 있지만, 공민왕 이후의 개혁정치와 조선의 건국에 이르는 과정은 무신집권기와 원 간섭기에 걸쳐 형성된 정치 사회 모순을 타개하고자 한 이전 시기 개혁정치의 연장선에서 제기되고 추구되었다는 사실을 보여준다.

공민왕은 원의 간섭을 배제하고 고려를 중흥하려고 하였다. 초창기의 반원개혁과 신돈의 개혁을 통해서 이를 확인할 수 있다. 공민왕은 측근세력을 기반으로 왕권을 강화하고 정치체제를 확립하며, 부원세력을 제거하고 원과의 사대관계를 유지하고자 하였다. 하지만, 두 차례(1359, 1361년)의 홍건적의 침입으로 측근세력이 분열하고 무장 세력이 등장하면서 왕권은 약화되어 갔다. 이에 공민왕은 왕권을 강화하고 개혁을 지속하기 위하여 신돈을 등용하였다.

신돈의 개혁정치는 정치·경제·사회 등 여러 측면에서 다양하게 진행되었는데, 그 가운데 전민변정사업(田民辨整事業)이 주목된다. 그 내용은 농민들이 빼앗긴 토지를 원래의 주인에게 돌려주고 불법으로 노비가 된 자들을 본래의 신분으로 환원시켜 주는 것이었다. 이 사업의 성과는 신돈을 성인으로 추앙할 만큼 이전에 견주어 상대적으로 큰 것이었다.

1367년의 성균관 중영(重營) 역시 신돈의 개혁과 밀접하다. 오경사서재(五經四書齋)가 만들어지고, 이색을 비롯해 김구용·정몽주·이숭인·박상충 등이 교관이 되어 성리학을 연구하고 제자들을 길러냈다. 이때 성균관에서 학문 연구는 성리학에 대한 체계적인 이해와 그 정치사회 이념의 저변 확대를 가져와 장차 개혁정치를 추구하는 기반을 마련해 주었다.

그런데 공민왕이 갑자기 죽고 10세에 불과한 우왕이 즉위하면서 정치 사회의 변화가 심화된다. 어린 군주의 방탕한 생활로 왕실의 권위는 실추되고, 이인임 등 권신의 자의적인 정치로 정치기강이 해이해졌으며, 공민왕대의 제도개혁을 무력화해 그 이전의 제도로 환원하였고,

무엇보다도 토지문제를 둘러싼 농촌 경제의 위기로 일반민의 삶이 어려워졌다.

여기에 왜구의 침입과 불안정한 대중국관계는 당시 상황을 더 악화시키고 있었다. 왜구는 충정왕 이래 해안뿐만 아니라 내륙까지 침입하였고, 고려 정부는 수도를 옮기려는 등 대책 마련에 부심하였다. 이때 왜구의 침입을 물리친 무장 세력이 나라를 구한 인물로 부각되고, 최영과 같은 무신들의 정치적 비중이 높아지게 되었다.

대외관계에서는 북원뿐만 아니라 명과도 외교 관계를 유지하는 양단외교를 폈으나, 명이 북원을 복속하고 실질적으로 중국을 지배하게 되면서 고려에 압박을 가해왔다. 과중한 공물을 요구하고 사신을 옥에 가두는 등의 조치를 취하며 마침내 철령위 설치를 통보하기에 이르렀다.

요컨대 우왕대 고려는 그 이전부터 추구해 온 체제 안정을 위한 노력이 성과를 거두지 못한 채 모순이 깊어지고 체제위기에 직면하게 되었다. 더 근본적인 대응책을 마련하지 않으면 안되는 시점이었다.

2. 위화도 회군과 개혁 정치

위화도 회군은 우왕대 정치의 파탄과 누적된 모순의 심화, 그리고 대외적 위기의 고조 속에서 단행되었다. 위화도 회군은 최영의 요동정벌에 대한 반발로 조민수와 이성계가 중심이 되어 이루어졌는데, 이를 계기로 우왕이 물러나고 최영이 제거되었으며, 무장세력과 함께 조준, 정도전 등 개혁을 주장하는 세력이 전면에 등장하게 되었다.

그런데 위화도 회군의 주도세력이 조선의 건국세력으로 이어지는 것은 아니고, 또 건국 주도세력이라도 결집과정이 서로 달랐다. 회군

이후 전면에 등장하는 세력 가운데 우선 1367년 성균관에서 공부한 이
색·정도전·정몽주·이숭인 등이 주목된다. 이들은 성리학이라는 신
학문을 받아들였다는 점에서 동류의식을 견지하였고, 우왕 원년에 북
원 사신을 영접하는 것에 반대하여 관직에서 물러났다. 다만 이숭인
등은 얼마 뒤 관직에 복귀하여 대간활동을 통해 우왕의 군주 공부와
제도의 정비를 주장함으로써 왕조의 정치 기반을 안정시키려고 하였
다. 이와 달리 정도전은 고려가 직면한 위기 상황을 구체적인 농촌현
실에서 목도하여 더 근본적인 방안이 필요함을 인식하였고, 정몽주를
매개로 하여 이성계와 만나게 되었다.

조준은 정도전 등과 성장 배경을 달리하면서 허금, 윤소종과 동지관
계를 맺고 개혁정치를 지향하였다. 조준은 우왕 말년에 두문불출하여
경사(經史)를 익혔고, 조인옥을 매개로 이성계와 연결되었다. 정도전
은 조준과 교제하기 위하여 그동안 우정을 나누었던 이숭인과 멀어지
게 된다. 윤소종과 조준이 이숭인을 미워하는 것을 알고 이숭인과 거
리를 두게 되었다는 것이다.

정몽주는 이색과 더불어 성균관에서 성리학을 익혔는데, 전제개혁
(田制改革) 논의에서 유보적인 입장을 취하였고, 이성계 등과 같이 공
양왕 옹립의 구공신(九功臣) 가운데 한 사람이 된 바 있었다. 하지만,
1390년 5월에 일어난 윤이·이초 사건을 처리하는 과정에서 이성계
등과 거리를 두고, 공양왕의 신임을 얻으며 정국을 이끄는 중심에 서
게 되었다.

1391년 7월 공양왕과 정몽주는 윤이·이초 사건의 재심을 요구하
고, 정몽주 계열로 채워진 간관들이 정도전을 공격했으며, 이성계가
낙마한 틈을 타 정도전과 조준을 탄핵하는 데 성공했다. 이성계와 정
도전의 입장에서 보면 군사력을 이용한 비상수단 이외에는 다른 방법
이 없었다. 이미 위화도 회군 이후 이성계는 사전혁파 논의를 제기하

면서 조민수를 제거하고 병권을 장악했는데, 1391년 정월 삼군도총제부(三軍都摠制府)를 설치하고 이성계가 도총제사, 배극렴, 조준, 정도전이 총제사가 됨으로써 병권 장악을 마무리지은 바 있었다. 마침내 이방원이 정몽주를 죽이고 정권을 장악한 뒤, 왕대비의 교지로 왕이 폐위되고, 대소 신료와 한량기로(閑良耆老)의 추대 형식으로 이성계가 즉위하였다. 공양왕대 이성계의 군사력 장악은 세력을 강화하는 데 중요한 역할을 했으나, 정쟁에 군대는 거의 동원되지 않았고 대간 언론이 결정적 역할을 수행하였다. 이러한 과정은 오래된 중앙집권체제, 합좌기구의 발달, 왕권의 추락과 같은 역사적 배경에서 가능했다고 한다.

조선의 건국은 위화도 회군 이후 개혁정치 속에서 이루어졌는데, 역성혁명을 추진한 시점과 주도 인물에 대해서는 여러 견해가 제시되어 있다. 대체로 이성계와 정도전이 주도했을 것으로 판단되지만 그 시점에 대해서는 위화도 회군 당초와 공양왕 옹립 시점, 윤이·이초 사건(1390년 5월), 척불 상소(1391년 5월) 등 의견이 분분하다. 우왕대 불우한 시기를 보낸 정도전은 체제 변혁의 가능성을 염두에 두었고, 조준과 윤소종은 성리학에 입각한 제도개혁안을 마련하였다. 정도전은 창왕 이후 전면에 나서지 않았지만, 오래 전부터 국가 개혁 구상을 준비한 것으로 판단된다. 조선 태조 연간에 작성된 《조선경국전》(1394년 5월), 《경제문감》(1395년 6월), 《불씨잡변》(1398년 5월) 등은 새로운 왕조의 국가 구상이 담긴 책인데, 단시일 내에 완성되기 어려운 내용이다.

왕조교체에 반대한 유학자들이 있었고 죽음을 당하거나 논죄당한 인물들이 있었지만, 권력 변동은 군사적 충돌이 없이 평화적으로 이루어졌다. 공민왕대 이후 성리학이 보급되면서 왕조 안의 개혁을 추구한 부류와 왕조 교체까지 염두에 두고 개혁정치를 추구하는 일군의 세력이 있었지만, 조선의 건국 후 이들 양 세력은 성리학적 사회질서를 지향하는 데 동의하고 다만 실현방법상의 차이를 보였기 때문에, 정국

상황에 따라 언제든지 정치에 참여할 수 있는 가능성이 높았다. 길재
와 같이 고려에 대한 절의를 내세우며 조선에 출사하지 않은 경우도
있지만, 고려의 관료들이 태조 연간에 관료 생활을 하는 경우가 있고,
특히 태조 6년의 왕자의 난 이후에는 벼슬에서 물러났던 인물들이 새
왕조에 대거 등장한다.

3. 개혁의 두 방향과 성리학

고려 말 개혁의 이념적 근거는 성리학이었는데, 성리학의 이해방식
은 논자들의 현실인식과 개혁방향에 따라 서로 달랐다.

성리학은 이기·인성론(理氣·人性論)을 근간으로 하여 우주와 인간
을 통일적으로 설명하는 철학사상으로 체계화된 점에서 단순히 사
회·정치론, 수양론에 머물렀던 종래의 유교와 차원을 달리하는데, 충
목왕 즉위년에 과거 과목으로 육경의사서의(六經義四書疑)가 정해지고,
1367년에 성균관에 오경사서재(五經四書齋)가 만들어지면서 고려에 본
격적으로 수용되었다. 이제 수기치인(修己治人)이라는 유교 본연의 이
상적 인간상을 지향하고, 경명행수지사(經明行修之士)라고 하여 경학을
공부하여 사물의 이치를 터득하고 인륜도덕을 밝히는 관료상을 제시
하게 되었던 것이다.

이러한 성리학은 불교가 중심이었던 고려 사회에 이기(理氣)에 따른
세계관과 현세적이고 실용적인 가치관 그리고 공(公)에 의한 정치운영
의 원리를 제공하여 주었다. 고려 후기 생산력 발전과 부의 축적, 사회
의식의 성장 그리고 이에 따르는 새로운 정치운영의 필요성이 대두되
는 가운데, 구체적인 삶 속에서 인간이 지켜야 될 덕목을 천리(天理)로
강조하고, 주자가례의 시행을 통하여 미신적이고 불합리한 관행과 풍

습을 비판할 수 있게 했다. 그리고 무신집권기 이래 자의적으로 만들어진 정치제도와 사적인 정치운영을 개혁하는 이념기반을 제공했다.

하지만 성리학을 개혁이념으로 받아들이더라도 현실인식과 타개방안은 논자에 따라서 서로 달랐다. 정치운영과 토지제도 등 민생 문제, 중국과 왜구에 대한 대책 등 현상에 대한 원인 분석과 대처 방안을 성리학의 정치사회 사상을 바탕으로 구하느냐, 아니면 주어진 현실 그 자체를 중시하여 찾느냐의 차이가 있었던 것이다. 그리하여 전자와 같이 성리학에 충실하여 개혁을 추구한 현실인식과 논리는 당시로서는 근본적인 성격을 띠게 되고, 후자와 같이 현실의 여건을 중시하는 대응은 체제 유지적인 성격을 띠게 되었다. 여기에 개혁의 내용과 방향, 곧 새로운 왕조 개창이냐 체제 내 개혁이냐의 차이가 생긴다.

창왕 즉위 직후에 조준의 상서를 시작으로 개혁 상소가 제기된다. 그 가운데 첨예한 부분은 전제(田制) 부분이었다. 이 방면에는 많은 연구가 있는데, 대략 다음과 같이 정리된다. 전제개혁에 대해 이성계·조준·정도전·윤소종 등은 찬성하였고, 이색·이림·우현보·변안렬·권근·유백유 등은 반대하였다. 조준은 소유권을 그대로 유지한 채 가산화(家産化)된 사전을 혁파하고 경기사전(京畿私田)의 원칙 아래 재분배할 것을 주장하였다. 지주전호제의 확립을 전제로 농민을 보호하고 토지에 대한 전호의 권한을 용인하려는 것이다. 이색은 일전일주론(一田一主論)으로 당시의 토지문제를 해결하려고 하였다. 전제개혁 논의 과정에서 이색은 사전혁파에 반대하였고, 이 점은 구가세족(舊家世族)의 이해를 대변하는 것으로 이해될 수 있었다. 사전을 조업전(祖業田)이라 하여 세습하는 행위는 고려후기에 관행이었고, 대다수 관료들의 경제적 기반이었기 때문이다. 사전혁파론은 중소지주의 입장을 대변하는 것으로, 성리학의 토지론이 중소 지주적 입장을 반영하듯이, 성리학적 개혁론의 사회적 성격을 반영하는 것이라고 할 수 있다.

4. 체제개편론과 왕조교체

고려 말 정치체제의 개편은 《주례》를 통한 법과 제도의 개혁으로 나타났다. 체제개편을 주장하는 논자들은 성리학에서 말하는 자연의 이법과 윤리 도덕이 현실정치에 반영되어, 정치체제, 정치운영에도 실현되기를 원했고, 정치제도에 관한 유교 경전인 《주례》의 육전체계를 통하여 정치체제를 개편하고자 하였다.

이색은 《주관육익》을 통하여 《주례》에 바탕을 둔 관제개혁을 도모하고, 군주를 정점으로 하는 정치론을 제시하였다. 그런데 《주관육익》은 고려 세계(世系)나 문물제도의 정비에 초점을 맞추고, 삼성육부제를 근간으로 하는 고려의 정치체제를 옹호하는 입장을 가지고 있었다.

반면에 조준 등은 《주례》를 바탕으로 재상을 중심으로 한 6전 체제를 복구하고 6조 중심의 행정기구를 정비하고자 하였다. 이는 왕의 정치주도권을 약화시키고 재상이 국정운영을 주도하여 행정의 효율성을 증대시키는 새로운 권력구조를 지향한 것이었다. 또한 정도전의 재상정치론은 군주 1인에 의한 전제정치를 반대하고, 신료들의 공론을 수렴한 재상이 정치를 주도한다는 성리학의 정치론을 이론적으로 정리한 것이었다.

당시 고려 왕정에서는 왕권을 법제나 정치사상으로 제약하는 재상중심 체제를 이룩하기 어려웠다. 6전 중심의 체제와 재상정치론을 정립하기 위해서는 왕조의 교체를 통한 새로운 체제로 개편이 필요했다고 할 수 있다. 《주례》를 기초로 한 정치체제와 권력구조에 대한 구상은 《조선경국전》과 《경제문감》으로 발전한다.

1391년 5월의 구언교에 이은 척불 상소는 개혁파의 정치사상을 집약적으로 보여주는 것이다. 정도전, 김초 등은 성리학의 척불론에 근거하여 불교를 비판하고 불교에 온건한 이색 등의 반대파를 탄핵하였

다. 이에 대하여, 공양왕과 김전, 유백순 등은 왕조를 유지하려는 입장
에서 불교를 옹호하였다.

여기에서 논점은 왕조의 지배이념인 선왕성전(先王聖典)이 무엇이냐
의 문제였다. 공양왕과 이첨은 선왕성전은 불교숭상이라고 하여 김초
의 척불상소가 선왕성전을 파괴한 것으로 보았다. 반면에 조선 개국 1
등 공신이 된 정탁은 선왕성전은 삼강오륜이라고 하였다. 선왕성전을
불교숭상으로 볼 것이냐, 아니면 삼강오륜으로 볼 것인가의 문제는 결
국 개혁의 이념이 무엇이고 지향하는 이상사회가 무엇이냐로 확대되
었다. 성리학의 수용을 통한 불교 인식은 다양한 형태로 나타났다. 특
히 척불상소는 불교에 대한 이론적인 비판을 가함으로써 불교를 지배
이념으로 삼은 고려왕조 자체를 비판하는 의미까지 내포하게 되었다.
그러므로 불교에 대한 인식 태도가 왕조에 대한 인식 차이를 보여준다
고 할 수 있다. 결국 성리학적 사회질서를 지향하는 흐름이 받아들여
지는 가운데, 그 실현 방법에서 성리학적 개혁을 급진적으로 추진하여
유교만이 존재하는 사회를 건설하려 하기도 하고, 성리학적 개혁을 점
진적으로 실현하면서 불교와 유교가 공존하는 사회를 만들려 하기도
하였다. 전자가 체제변혁을 염두에 두면서 불교 자체를 비판하는 것이
라고 한다면, 후자는 왕조의 존립과 불교의 사회적 기능을 인정하는
것이라고 할 수 있다.

왕조 교체 곧 역성혁명의 논리는 천명론(天命論)이었다. 요와 순은
부자관계가 아니었고, 덕망이 있는 현자(賢者)로 천명(天命)에 따라 군
주가 되었다. 역성혁명은 군신간의 명분론(名分論)과 모순되지 않는
다. 군신 관계에서는 군주와 신하, 즉 치자(治者) 집단 내부의 인간 관
계가 중시되고, 역성혁명은 치자 집단과 '민' 즉 피치자 집단 사이의
관계를 문제로 삼는다. 치자 집단은 절대화된 '민'에 의존하여 존재하
며, 민에 대한 온정적 배려가 요청된다. 이것이 방기되었을 때 치자 집

단의 존립 근거는 무너진다. 이때, 민에 대한 실정의 책임은 군주에게 있으며, 군주의 실정에 대한 책임을 물을 수 있는 것은 민이 관념화된 천(天)이다. 여기에 새로운 군신 관계를 모색할 수 있게 되고, 역성혁명의 정당성이 있었다.

윤소종을 비롯한 개혁세력들은 이제삼왕(二帝三王)이라는 중국의 이상군주상을 제시하고, 유교의 명분론, 춘추대의론을 통하여 군주의 자격 요건을 강조하였다. 공양왕이 걸(桀)·주(紂)와 같은 폭군은 아니지만 실정(失政)과 부덕(不德)함이 강조되고 재이(災異)에 대한 책임이 중시되었다. 반면에 이성계는 변방의 무장출신이지만 왜구를 물리쳐 나라를 구하고 새로운 왕조의 개창자로 부각되었다. 그리하여 이성계는 천명과 인심에 순응한 인물이고, 반면에 공양왕은 이에 반한 것으로 파악되었다. 이성계의 즉위를 유교의 역성혁명론(천명론)으로 설명하는 것이다.

맺음말

고려 후기의 사회변동과 왜구의 침입이라는 안팎의 위기 상황을 타개하고자 신진 문신세력과 무장세력이 개혁정치를 추진하였다. 처음에는 전민변정사업과 같이 제도개선이나 운영의 합리성을 추구하는 방향에서 이루어졌지만, 개혁의 성과가 미미하고 사회모순이 심화되면서 왕실의 권위가 실추되어 갔다. 이에 성리학에 기초한 이상국가론이 제시되고, 유교정치의 체계적인 논리를 개발하는 과정에서 새로운 정치체제, 신왕조를 개창하기에 이르렀다. 말하자면, 사회변동을 타개하기 위하여 성리학적 정치사회이념의 확산과 그에 바탕을 둔 개혁정치를 실현하는 과정에서 고려왕조로서는 담을 수 없는 정치체제와 사회질서가 생겨나고 여기에 조선왕조가 건국되었다고 할 수 있다.

　고려 말 사회변동과 왕조교체에 대하여 많은 연구가 진행되었고 역사상이 어느 정도 드러났다고 할 수 있다. 하지만 종래에는 정치사·사상사·사회사·경제사가 서로 분리되어 연구되어 왔다고 할 수 있는데, 이제는 각 분야별 연관관계를 살피고 이를 종합적으로 파악하는 연구 시각과 방법이 필요하다고 본다. 단 최근 연구에서 지적된 바와 같이 실증성의 부족과 과도한 발전의 강조 또는 이론과 학설에 얽매이는 연구 경향도 있었음은 부인할 수 없다. 자료에 대한 충분한 검토와 문제의식 그리고 이에 바탕을 둔 엄밀한 연구와 정리가 요망된다.

■ 참고문헌

韓永愚,《鄭道傳 思想의 硏究》, 서울대 출판부, 1983.

김훈식,〈여말선초 민본사상과 명분론〉,《애산학보》 4, 1986.

李景植,《朝鮮前期土地制度硏究》, 일조각, 1986.

李泰鎭,〈高麗末·朝鮮初의 社會變化〉,《韓國社會史硏究》, 지식산업사, 1986.

金光哲,《高麗後期世族層硏究》, 동아대 출판부, 1991.

한국역사연구회,《14세기 고려의 정치와 사회》, 민음사, 1994.

류창규,〈李成桂勢力과 朝鮮建國〉, 서강대 박사논문, 1995.

李廷柱,〈麗末鮮初 儒學者의 佛敎觀〉, 고려대 박사논문, 1997.

이익주,〈고려말 신흥유신의 성장과 조선 건국〉,《역사와 현실》 29, 1998.

都賢喆,《高麗末 士大夫의 政治思想硏究》, 일조각, 1999.

李亨雨,〈高麗 禑王代의 政治的 推移와 政治勢力 硏究〉, 고려대 박사논문, 1999.

강은경,〈고려후기 신돈의 정치개혁과 이상국가〉,《韓國史學報》 9, 2000.

尹薰杓,《麗末鮮初 軍制改革硏究》, 혜안, 2000.

김인호, 〈여말선초 육전체제의 성립과 전개〉, 《東方學志》 118, 2002.

高惠玲, 《高麗後期 士大夫와 性理學 受容》, 일조각, 2003.

김당택, 〈李成桂의 威化島回軍과 制度改革〉, 《全南史學》 24, 2005.

문철영, 《고려 유학 사상의 새로운 모색》, 경세원, 2005.

朴晉勳, 〈麗末鮮初 奴婢政策研究〉, 연세대 박사논문, 2005.

연세대 국학연구원 편, 《중세사회의 변화와 조선건국》, 혜안, 2005.

洪榮義, 《高麗末 政治史研究》, 혜안, 2005.

金順子, 《韓國 中世 韓中關係史》, 혜안, 2007.

민현구, 〈고려에서 조선으로의 왕조교체를 어떻게 평가할 것인가〉, 《한국사시민강좌》 40, 2007.

조선시대

조선사회의 구조와 성격

김인걸(서울대 국사학과)

1. 머리말

우리가 '사회성격'을 논한다는 것은 해당 사회를 하나의 유기체적 구조로 보고 그 성립, 발전, 쇠퇴의 전 과정을 살펴본다는 것을 말한다. 그리고 한 사회의 흥망을 논의하는 목적은 그 사회의 발전적 요소만이 아니라 제약 요인까지 포함하여 총체적으로 살펴봄으로써 새로운 시대에 대한 전망을 얻기 위한 것이기도 하다. 곧, 사회성격 논의는 현재적 관점에서 앞으로 사회 발전을 위해 어떠한 노력이 필요한가를 고려한다는 실천적인 의미가 중요한 부분을 차지하는 것이다. 그 대표적인 예가 1920, 30년대 이른바 '식민지 반봉건사회' 아래서 중국의 나아갈 방향을 둘러싸고 전개되었던 중국의 '사회사논전', 사회성질논쟁이라고 하겠다. 같은 의미에서 우리 사회에서 조선시대 사회성격에 대한 본격적인 논의는 1960, 70년대 제기되었던 '내재적 발전론'에서 비롯된다고 할 수 있을 것이다.

1960, 70년대의 '내재적 발전론'은 식민사관의 정체성론, 타율성론을 비판하고 한국사회를 주체적이고 발전적으로 파악하기 위한 노력의 일환으로 제기된 것으로서, 그 핵심은 조선후기를 근대로의 이행기, 곧 조선 '봉건사회'가 해체되는 가운데 근대자본주의로 발전해 갈 수 있는 요소들과 가능성을 발견하려는 것이었다. 여기에서 '조선봉건사회'는 지주제와 신분제를 두 축으로 하여 구성된 것으로 보는 것이 일반적인 이해이다. 이미 1950년대 북한에서는 현실 사회주의체제의 당위성을 설명하기 위해서 자본주의사회의 성립 등에 관한 연구를 진행하여 조선봉건사회의 특질을 규명하는 한편 1884년 갑신정변을 부르주아 혁명으로 규정한 바 있는데, 이에 견주어 남한의 조선사회 성격 논의는 상대적으로 이론적 빈곤성을 보여주었다. 또한 '조선봉건사회론'과 '자본주의 맹아론' 등은 조선사회 전반에 대한 실증적이고 이론적인 검토를 거친 것이 아니었기 때문에 경제사학계의 일부로부터 서구 한두 나라의 역사 경험에서 나온 이행론을 한국사에 일방적으로 적용한 것이라는 비판을 받기도 하였다.

조선봉건사회론, 또는 지주제(신분제)사회론에 대한 비판은 한국사학계 내부로부터도 제기되었는데, 이른바 '근세사회론'이 그것이다. 해방 뒤 한국인들에 의해 한국사연구가 본격화하면서 식민사관이 비판받고 한국사를 발전적으로 보자는 문제의식이 높아지는 가운데 사회변동기로서 여말선초가 주목되었다. 이 시기의 왕조교체는 단순한 권력쟁탈전의 결과가 아니라 시대를 가름하는 혁명적인 사회변동의 결과였다는 것이고, 이를 검증하려는 실증적 연구가 활발하게 이루어졌다. 근세사회론의 근거 가운데는 나말여초를 중세로 넘어가는 전환기로 파악하고, 고려사회와 조선사회를 같은 중세사회(봉건사회)로 볼 경우 1천 년에 가까운 시기의 사회를 중세사회로 설정하는 것은 설득력이 없다는 설명도 있지만, 좀 더 구체적인 이행사적 근거는 조선 초기에 국가는 다수의 양인을 확보하고 또 이들을 자영농으로 육성하기 위한 여러 정책을 실시한 결과의 성과였다는 것이었다.

이러한 '근세사회론'과는 다른 차원에서 '조선봉건사회론'를 비판, 부정한 것은 경제사학계의 일부에서 1990년대 이래 주장해 오는 '소농사회론'이다. 뒤에 설명하겠지만, '소농사회론'은 소농사회라는 개념 자체가 아직 정립되지 않았을 뿐만 아니라 소농의 성립과 변화를 실증하지 못하고 있어서 아직은 가설 수준에 머무르고 있다. 더욱이 이 '소농사회론' 또한 조선사회 자체에 대한 구체적 · 실증적 연구성과를 마탕으로 입론되었다기보다는 일각에서는 최근 유행하고 있는 '식민지근대화론'의 전근대편 짝으로서 기능하고 있기 때문에 일찍이 식민사학이 주장했던 '조선사회정체론'의 재판이 아닌가 하는 비판과 의혹을 받고 있기도 하다.

사회성격 논의는 한 사회의 구조를 설명하고 해당 사회의 전망을 가늠하는 것을 목표로 하는 것이기 때문에 시대구분 문제와 어쩔 수 없이 긴밀히 연결되고 있다. 그리고 실증적 연구가 진행되면서 조선사회 자체도 몇 단계로 나누어 설명할 수 있게 되었다. 따라서 다음에서는, 조선시대의 사회성격에 대한 전반적인 논의에 앞서 현재까지 제시된 소시기 구분에 관한 논의를 소개하고, 이어 조선시대의 시대구분과 관련하여 크게 대립되고 있는 지주제사회론과 소농사회론을 검토한 뒤, 마지막으로 정치사의 큰 흐름을 짚어서 조선사회의 발전 방향에 대한 전망을 갖기로 한다.

2. 소(小)시기 구분법

조선사회를 이해하는 데 이미 당대부터 왕조사적 차원에서 여러 가지의 시기구분법이 있었다. 우선 창업기(創業期)와 수성기(守成期)라는 구분법이 흔히 쓰였다. 조선의 지배층들은 자신들이 살고 있는 당대의 문제점을 개선하기 위해서는 창업기 당시를 되돌아보아야 한다면서 자신들의 시대를 중쇠기(中衰期)로 규정하거나, 또 개선의 노력이 보이지 않는다는 비판적 판단에서는 당대를 말세(末世)라고 부르기도 하였다. 과거사의 경우, 이를테면 고려 인종때 김부식이 《삼국사기》를 찬진(撰進)하면서 신라사를 상대 · 중대 · 하대로 구분하였던 것도 마찬가지의 성격이다. 이러한 파악방식은 한 시대나 왕조를 살아있는 유기체로 여기고 아직은 '사회'라는 개념이 서지 않은 데서 나온 전근대적인 시기구분이었다.

근대역사학이 시작되면서 고대 · 중세 · 근대라는 고전적인 3시기 구분법이 나타났고, 지금까지도 그 영향이 미치고 있다. 그리고 조선사회를 이해하는 데 적지 않은 영향을 끼친 시기구분론으로서는 독일 역사학파 경제사가들의 사회발전 단계론, 사적 유물론, 아시아적 생산양식론, 집권 봉건제론 등이 있다. 그런데 이들 대부분은 서구의 역사경험에서 나온 것으로서 오랫동안 중앙집권적 정치체제를 유지해온 중국이나 한국의 역사에는 그대로 적용할 수는 없는 것들이었다.

일찍이 조선사회의 성격을 논하는 데 가장 많은 힘을 기울였던 것은 일본인 학자들이었다. 물론 그것은 다분히 정치적 이유에서였다. 일제시기 후쿠다 도쿠조(福田德三)의 '봉건제 결여론'에 바탕을 둔 '조선사회 정체론'이 과거 식민사관의 주요한 입론이 되었던 것은 거듭 강조할 필요도 없지만, 그러나 전전(戰前)의 식민사관을 비판하고 실증적 연구 위에서 조선사회의 성격을 구명하고자 한 경우에도 마에다 나오노리(前田直典)이래 고려시대까지를 고대적 사회로, 선초(鮮初)를 과도기로, 그리고 사적소유에 바탕을 둔 지주전호제가 본격화하는 16세기 후반 이후를 중세의 성립기로 보는 것이 일본에서는 주류적 경향이다.

이것은 고려의 전시과나 여말선초의 과전법이 국가적 토지소유를 전제로 수립된 것이라고 보기 때문이다('土地國有論').

이후 조선사회의 토지소유형태가 국유냐 사유냐 하는 근대법적 소유론을 지양한 것은 '중층적 토지소유론'이었다. 이것은 봉건적 토지소유의 중층적 구조에 주목하고, 생산력과 생산관계의 변화에 대한 실증적 연구에 기초하여 기본적 생산관계를 15~16세기에는 자립적 소농민과 국가의 관계로, 그리고 조선 후기에는 향촌의 지주전호제로 설정하고, 이를 전제로 국가의 토지와 농민에 대한 지배방식 또한 바뀌었다고 설명하고 있다. 곧, 조선 초기 이래 지주제가 발전해 간 것은 사실이지만 한편에서는 농민적 소경영(자영농: 소농)이 광범위하게 존재하고 있는 점을 같이 고려하여 단계적으로 파악하고자 하는 시각을 제기한 것이다. 이처럼 토지소유형태를 중심으로 생산력과 소농의 발전에 따라 조선사회를 단계적으로 이해하는 방식은 일찍이 북한의 김석형이《조선봉건시대 농민의 계급구성》(1957)에서 제시한 두 축의 생산관계, 즉 '봉건국가'-'양인농민'의 관계와 '봉건국가+양반지주'-노비농민(토지 없는 양인농민 포함)의 관계를 시기별로 재배치한 것이나 다름없다. 그 어느 경우나 생산력과 기본적 생산관계, 잉여생산물의 수취형태, 그리고 토지소유권에 대한 해석 등을 중심으로 사회성격을 파악하는 데 공통점을 가지고 있다.

한편, 국외 특히 서구학계는 한국사학계의 사회발전론적 연구 성과에 의문을 제기하고, 조선왕조가 큰 변동 없이 장기적으로 지속될 수 있었던 이유를 여러 각도에서 설명하고 있다. 그러나 이것은 중앙 정치구조나 상급 양반문화에 초점을 둔 나머지 전체 조선사회체제의 변동의 계기나 방향에 대해서는 충분히 설명하지 못하고 있다. 최근 한국사학계 안에서는 정치사·경제사·사회사·사상사 등 각 분야사에서 실증적 연구가 축적되면서 그를 바탕으로 조선시대를 3~4시기로 나누어 파악하는 견해가 설득력을 얻어 가고 있다. 국가와 지배층, 그리고 일반 민이라고 하는 3자의 유기적 관계를 총체적으로 고려한 이론작업이 요구된다.

앞서 지적했듯이, 남한 학계에서는 이론적인 차원에서 조선사회의 성격에 대한 논의는 공개적으로 진행되지 않고 실증적인 차원에서 연구가 진행되는 가운데 그동안의 여러 이론이 갖고 있는 문제점을 지적하면서 새로운 해석을 모색하고 있다. 토지국유론 비판과 사적 토지소유론 제기, 여말선초 연작상경법의 진전에 따른 소농경영의 성장과 그에 기초한 지주제 발전의 확인, 조선 초기 양인 자영농에 바탕을 둔 제민적(濟民的) 중앙집권체제 구축과 그 변동 등이 그것인데, 이러한 실증적 연구의 축적에도 불구하고 '봉건사회론'과 '근세사회론'의 거리는 좀처럼 좁혀지지 않고 있다. 그로 말미암아 조선사회에 대한 시기구분에 따른 발전단계론 인식에서 큰 진전이 없는 실정이다.

3. 지주제사회론과 소농사회론

조선사회의 성격과 관련하여 현재 가장 첨예하게 대립되고 있는 견해가 한국사학계의 '지주제사회론(봉건사회론)'과 경제사학계의 '소농사회론'이다. 조선 초기에 국가가 '양인 자영농'을 기본단위로 설정하여 국역을 편제했던 점을 들어 조선사회를 '근세사회'로 규정하는 '근세사회론'이 있지만, 여기에서 자영농이란 것이 법제적·편제적이어서 그 존재 양태를 구체적으로 확인할 수 없을뿐더러 조선사회로의 이행과 이후 변화에 대한 이해가 없기 때문에 설득력을 갖기 어려워 본 논의에서는 제외한다.

우선 '지주제사회론'은 사적 토지소유의 발전을 전제로 지주적 토지소유와 사적 지주제를 조선봉건사회의 기본적인 생산관계로 파악하는 것이다. 그런데 국가는 조선봉건사회 전 시기를 통해서 토지소유권의 발전과 토지소유의 실현에 일정한 권한을 행사하였다. 국가는 토지소유에서 직접적인 처분권을 행사하거나 또는 소유권 이양을 통해서, 간접적으로는 토지소유의 실현 과정에서 조세 수탈 등 수조권을 행사하거나, 또 직접 생산자에 대해서 역 부과 등의 인신적·예속적 지배권을 행사함으로써 사적 토지소유권과 토지소유에 일정한 제약을 가하고 있었다. 또한 토지소유와 지주제는 신분제와 관련하여 일정한 인신적 지배-예속관계를 내포하고 있었다.

따라서 중세적 토지소유권의 발전과 지주-전호 사이의 인신적 지배-예속관계의 유무에 따라서 지주제의 발전단계를 구분해 볼 수 있는데, 곧 조선 초부터 16세기 말까지는 '농장적 지주제'로, 그리고 17세기부터는 비특권적 서민지주제에서 보이듯이 지주와 전호 사이에 인신적 지배-예속관계가 배제된 순수한 지주적 경영으로서의 병작형태, 곧 '경제적 지주제'로 파악하는 것이다. 이에 따르면 선초의 토지개혁은 신·구세력의 기회균등·세력균형 유지를 위한 종전의 농장적 지주제의 재편에 지나지 않는 것이 된다. '농장적 지주제'는 왕실·훈구세력·고위관료·지방사족 등이 병작경영의 외피를 쓴 노비제적인 직영지 경영이었다. 이때의 노비노동은 노비와 노비화한 양인전호에 의하여 이루어졌으며, 따라서 농장경영에서 지주-전호관계는 주노(主奴)관계나 다름없었다. 이러한 '농장적 지주제'는 16세기 말에 이르러 직전제의 폐지에 따른 수조권적 토지지배의 약화, 압량위천(壓良爲賤) 금지, 노비제의 동요, 그리고 집약적인 수도작의 발전 등에 따라 농민적 소경영(소농)이 확립되고 병작제가 전면적으로 확대되면서 '경제적 지주제'로 발전했다는 것이다. 한편 17세기 이전에는 '농장적 지주제'에 포섭되지 않은 자영농이 있었다. 그러나 이들은 국가가 농법을 지도하고, 종자 · 농우 · 농구 등을 대 주고, 수리시설을 갖추어 주고, 환곡 · 사창 · 진휼 등의 사회보장책을 실시함에도 불구하고 국가에 대해 조세와 부역을 부담하면서 가족을 유지할 수 있는 자립적인 소농이 되지 못하고 있었다. 그리하여 그들은 늘 노비로 전락할 처지에 있었고, 실제로 양반가의 은닉호(隱匿戶 = 노비화한 양인전호)로 있었다.

이어 17세기 이후 '경제적 지주제'는 이앙법 · 견종법 · 시비법의 개선 등에 따른 농업생산력의 향상과 상품화폐경제의 발달이 소유와 경영 분화를 촉진함으로써 19세기에 이르러서는 해체위기에 직면하게 되었다. 곧, 토지의 소유와 경영에서 농민층 분화는 소경영농민(소농)을 해체하여 광범위한 영세빈농과 임노동층을 양산함으로써 지주제 또한 그 존립이 위태롭게 되었으며, 이를 촉진시킨 것은 자본가적 차지농의 성격을 띤 부농(자소작상농, 경영형 부농, 광농, 광작농)의 출현이었다고 말하고 있다. 부농은 농업기술의 변화로 농업생산력의 발전을 도모하고, 소유지 이외에도 차경지 보유를 통해서 경영확대를 기하고, 이윤추구를 위한 상업적 농업을 경영하며, 임노동 · 고공 · 고지 등의 임노동 고용에 따른 자본가적 농업경영을 지향한다는 것이었다. 말하자면 '경제적 지주제'가 해체되는 가운데 농민층의 부르주아적 분해가 일어나며, 중소지주나 부농의 농업경영에서 보이는 바와 같은 자본주의적 생산관계가 발생하고 있음을 지적하고 있는 것이다. 그러나 19세기의 지배적 · 기본적 모순관계는 여전히 지주-작인(빈농)의 관계이며, 근대사회로의 이행론으로서는 지주제 유지론과 농민적 토지소유를 주장하는 토지개혁론이 대립, 투쟁하고 있다고 보고 있다.

한편, 조선 후기의 농민층의 부르주아적 분해와 부농의 검출을 비판하고 나온 것이 '소농사회론'이다. 여기에는 두 가지가 있다.

첫째는 소농사회를 전체사회의 한 부분사회로서, 혹은 단순한 경제적 범주로서 규정하는 것이 아니라 국가나 사회체제 전반에 관한 포괄적인 체제개념으로 쓰는 '소농사회론'이다. 여기에서 소농사회란 자영농이든 다른 사람의 토지를 빌려 경영하는 차지농이든 기본적으로 자신과 가족의 노동력만으로 독립적인 경영을 행하는 소농의 존재가 지배적인 농업사회를 가리킨다. 한국의 경우 16세기까지는 양반층에 의한 직영지 경영(농장경영), 곧 '농노제적 소농경영'이 광범하게 존재하는 가운데 소농사회가 미숙성을 띠다가, 17 · 18세기 조선 후기에 들어와 수도작법을 비롯한 집약농법의 발달을 바탕으로 소농경영이 안정적인 자립단계에 이름으로써 소농사회가 성립했다고 파악한다. 이후 전개과정은 소농경영의 확립에 기초한 지주제 발전 속에서, 19세기 전반에는 그러한 소농경영이 해체되고 광농경영주가 등장함으로써 지주제도 해체의 실마리를 보이며, 지주제를 주요 생산양식으로 하는 조선의 사회구성도 전환기에 들어간다고 보고 있다. '지주제사회론'과 다른 점은 조선시대의 양반은 서유럽의 귀족층과는 달리 토지에 대한 영유권이 없었다는 점, 집약적 농법의 발달은 소농경영을 해체시킨 것이 아니라 자립적 소농경영의 확립에 기여했다는 점 등이다. 그리고 이것은 조선사회뿐만 아니라 동아시아 전통사회를 '소농사회'라는 개념으로 파악하고자 한다.

둘째는 소농을 17세기 후반에 지배적 형태로 되는, 호주 부처, 사위를 포함한 자녀, 비혈연의 노비와 고공 등을 구성원으로 하는 '직계가족 단위의 영농체'로 정의하고, 이러한 소농은 '가족과 친족의 생존을 목적'으로 존재한다고 본다. 그리고 소농사회를 사회구성체 개념이 아닌 상호 작용하는 여러 부분사회들의 하나로서 파악하고 있으며, 특히 이러한 소농사회 내부에서는 근대사회로의 이행을 위한 조건이 자생하기 어렵다고 보고 있다. 이 '소농사회론'은 17세기 후반에 직계가족아 구래의 세대공동체를 대신하여 사회 · 경제생활의 기초단위로서 직계가족에 의한 자립적 영농체인 소농으로 성립되고, 이 소농의 자립을 위하여 소농의 취약한 노동력 구성을 침탈하는 신분제의 해체, 대동법 수립, 환곡제를 비롯한 국가의 공동체적 재분배 기능이 수반되었으며, 이로써 성립된 소농사회는 18세기 중반까지의 번영기, 18세기 후반에서 1830년대의 안정기, 1845년 전후부터 19세기 말의 위기, 19세기 말(20세기 초) 이후의 회복·발전기를 겪는다는 것이다. 19세기 후반 소농사회의 위기의 원인으로는 18세기 중엽 이후의 단위 토지당 지대량의 감소와 19세기 중반부터 지방 장시에서 관찰되는 미곡시장의 분열을 지적하고 있다. 그리고 19세기 후반의 위기의 소농사회가 20세기 초에 회복되는 것은 소농사회 내부의 변화가 아니라 개항으로 말미암은 '대규모 경쟁적 국제시장'을 접했기 때문이라고 하여 이른바 '식민지 근대화론'의 실마리를 제공하고 있다.

이 '소농사회론'은 17세기 후반 이래의 직계가족의 일반화, 18세기 중반 이후의 지대량의 감소 등이 아직 검증되지 않고 있고, 무엇보다도 '소농사회'라는 개념 자체가 체제개념으로 정립되지 않아서 가설 수준에 머무르고 있다고 하겠다.

4. 조선 정치사의 전개와 정치사를 보는 시각

조선 정치사에 대해 객관적 시각을 갖는다는 것이 쉬운 일은 아니다. 1960년대까지만 하더라도 학계에서는 조선을 이조(李朝), 곧 이씨 왕조라 불렀고 지금까지도 국외 학계, 특히 서구학계에서는 자연스럽게 Yi Dynasty라고 표현하고 있다. 왕씨가 왕 노릇을 했던 고려에서 조선으로 넘어오면서 국왕의 성씨가 왕씨에서 이씨로 바뀌었을 뿐 사회체제 자체에는 큰 변화가 없었다고 하는 인식이 바탕에 깔려있는 것이다. 1967년에 결성된 한국사연구회의 노력으로 1970년대 이후에는 조선, 또는 조선왕조라는 표현이 일반화하였지만 아직도 일반인들의 조선사회, 특히 조선 정치사를 보는 시각은 그렇게 긍정적인 것은 아니다. 여기에는 일제 식민사학자들의 '당쟁론'이 큰 영향을 끼쳤던 것이지만, 현실 정치, 사회 문화의 수준도 큰 몫을 하였다.

조선 정치사를 당쟁사로 폄하했던 과거의 인식을 바로잡는 데 기여한 것은 일제시기 일부 선진적인 연구자들의 업적을 재평가한 위에서 나온 '붕당정치론'과 1960, 70년대 식민사학자들의 '정체성론'과 '타율성론'에 대한 비판의 일환으로 여말선초 왕조교체기를 주체적이고 발전적으로 파악하고자 했던 일련의 연구성과였다. '붕당정치론'은 중앙집권적인 왕조국가 아래서 정치 발전을 정치 참여층의 확대와 성장을 중심으로 설명할 수 있게 해 주었고, 조선 건국의 정치 사회적 기반을 구명한 일련의 연구들은 유교적 민본정치를 지향하였던 조선왕조의 건국과 그 발전이 갖는 정치사적 의의를 정당하게 평가할 수 있도록 기반을 제공하였다. 나아가 조선 정치사에서 국왕이 차지하는 비중에 대해서도 균형 있는 이해가 가능해졌다.

1960, 70년대 이래 조선시대 정치사를 보는 시각에서 가장 주목되는 점은 조선 정치의 특징을 '공론정치'로 파악하는 일련의 연구들이다. 하나의 국가 사회를 유지하는 이념이자 공공선을 지향하는 여론을 해당 사회에 구현하는 것이 정치라고 한다면, 조선사회 정치의 특징을 설명하는 데 '공론정치'만큼 적절한 용어도 드물 것이다. 조선에서는 건국 초부터 국가를 움직이는 원기로서 '공론'이 중시되었고, 국왕과 신료 모두 공론 실현의 주체가 되도록 노력하였다. 실제 정치 운영에도 그 '공론'을 실현할 수 있는 제도적 장치로서 대각(臺閣)이라고 하는 언론기관〔言論 三司: 사헌부, 사간원, 홍문관〕이 중요한 역할을 하였다. 그리고 모든 정치세력은 스스로 공론의 담당자임을 자부하였고, 언론기구가 제 기능을 발휘하지 못할 때에는 국왕 스스로 '민의(民

意)' 파악에 직접 나서기도 하였다.

　조선 정치사 이해에서 주목되는 해석 가운데 다른 하나는 조선왕조의 장기지속성에 대한 설명이다. 신유학(Neo-Confucianism)을 지배이념으로 채택한 조선은 그 중반에 7년간에 걸치는 일본과의 전쟁(1592~1598년 임진왜란), 두 차례에 걸친 청국의 침입(1627년 정묘호란, 1636년 병자호란)에도 체제 재건에 성공하여 전후(前後) 500여 년 동안이나 지속되었던 국가이다. 이 때문에 조선사회의 장기지속 문제를 어떻게 이해할 것인가를 놓고 일찍부터 많은 연구자들이 관심을 가져왔다. 처음 여기에 착목한 연구자는 안확(1886~1946)이었는데, 그는 그 원인으로 정당의 형성과 정당정치를 들었다. 그는 "군권(君權)이 무한히 발전하였으나 서양 전제시대와 달라서 다소의 민권이 있을 뿐 아니라 정당이 쟁의를 일으키는 기풍에 군권이 감히 무제한으로 신장치 못하였는지라. 고로 반동이 일어남이 없었다"고 하였다. 붕당정치를 주목한 것이다. 그러면서도 동시에 그는 정조(正祖)때부터 공론이 억제되고 이로부터 반동이 일어나 "정조 이후 120년간은 실상 독재정치의 극성기인 동시에 쇠퇴를 가져와 신시대를 간절히 바라는 사조가 밑으로 흘렀다"고 지적한 바 있다. 상호 모순적이기도 한 그의 설명은 처음에는 크게 주목받지 못하였지만 '공론정치'의 전개과정과 관련하여 재평가되었다. 반면 서구 학계에서는 조선사회는 양반 지배계급이 자신의 정치적 진출의 확대를 위하여 국왕을 중심으로 한 중앙집권적 관료제를 정치체제로 채택하였고, 환관과 관료 두 세력을 기반으로 하였던 중국과는 달리 한국에서는 국왕과 양반관료층이 권력을 분점하여 세력균형을 이룸으로써 500여 년 동안 장기지속할 수 있었다는 해석을 내놓았다.

　현재 조선 정치사 이해의 통설은 조선시대 정치사를 초기 왕권의 전제기 · 붕당정치기 · 탕평정치기 · 세도정치기로 나누어 설명하는 것이

다. 주로 정치형태의 변화를 기준으로 한 것인데, 각 시기에 이루어진
정치발전을 강조하면서도 정작 세도정치기에 대한 설명에는 '정치의
실종', 또는 공론정치의 붕괴 등을 지적하는 문제점을 보여주었다. 물
론 19세기 세도정치기에 나타난 '공론정치'의 무력화와 '공론'의 부
재 현상을 지적할 수도 있을 것이다. 그러나 이 같은 평가는 '공론정
치'가 종식되어 조선사회가 망하게 되었다는 인식으로 유도되어 이른
바 '유교망국론'으로 비쳐질 위험이 커서 그대로 받아들이기는 어렵
다고 하겠다.

그런데 위와 같은 모든 시각들은 조선시대사, 조선 정치사를 양반 지
배계급 중심으로 파악하는 것으로서, 조선사회 안에서도 지배계급의
존재형태가 변화했다는 사실, 또 조선후기의 사회변동 속에서 정치운
영방식도 크게 변화하고 있었다는 사실을 설명하지 못함은 물론, 식민
지 시기나 한국 근대의 자기 정체성과 단절을 초래하는 한계를 갖고
있음을 지적하지 않을 수 없다. 곧, 18세기 이래 왕권 강화책이 추진되
는 가운데 사족 양반층의 지위가 동요하고 있었고, 사족 양반층의 '공
론'이 제약되는 가운데 국왕이 직접 대소민인(大小民人)들의 의견을
청취하려 했으며, 나아가 18~19세기에 향촌사회에서는 대소민들이
'향회'와 '민회'를 통해서 자신들의 의견을 직접 표출하고 있었다는
사실들을 고려하면, 조선후기에 '공론정치'가 종식되었다거나, 또 양
반층의 정체성이 조선사회의 장기지속을 이끌었다는 해석은 재고할
필요가 있다고 하겠다. 조선의 정치사를 설명하는 데도 또한 국가·지
배층·민의 3자 사이의 역학관계를 총체적으로 파악해야 할 필요성이
요구되고 있는 것이다.

5. 맺음말

　근대로 넘어가는 전환기에 조선사회체제는 극복의 대상이었기도 하지만 각 주체들의 정체성의 기반이기도 하였다. 따라서 조선사회를 어떻게 이해하는가 하는 문제는 향후 사회발전의 방향 설정과 관련하여 모두에게 중요한 문제가 아닐 수 없었다. 그러나 조선은 근대 전환기에 주체적으로 국민국가를 형성하지 못하고 식민지 상태에 놓이게 되고, 해방 뒤에도 냉전체제 아래서 분단국가가 되어 자신의 과거를 총체적으로 정리할 수 있는 기회를 갖기 어려웠다. 식민지 유산을 청산하는 일도 어려웠을 뿐만 아니라 분단체제가 초래한 제약이 시야를 가리고 역사적 접근을 쉽게 허락하지 않았기 때문이다.

　1960, 70년대 이래 그동안 활용되지 못했던 자료들이 공간(公刊)되고 새로운 자료 발굴이 활성화 됨에 따라 조선시대사 연구는 비약적인 발전을 이루게 됐다. 그리고 이러한 발전의 바탕에는 한국사회를 객관적이고 체계적으로 이해해야겠다는 연구자들의 문제의식이 있었기 때문에 가능한 것이기도 했다. 그 중심에 이른바 '내재적 발전론'이 자리하고 있었다. 그렇지만 내재적 발전론(봉건사회론)은 조선시대 전반에 관한 총체적인 연구에 바탕을 둔 것이 못 됐기 때문에 하나의 사회체제론으로서는 이론적으로나 실증적으로 많은 한계를 여전히 안고 있었다. 따라서 1980년대 이후 이론적 도전을 받기도 하였고, 새로운 연구성과의 축적에 따라 조선시대 전체를 설명할 수 있는 새로운 틀의 모색이 다양한 방면에서 이루어지게 되었다. 그 결과 정치사나 사회사, 사상사 부면에서 많은 새로운 설명들이 이루어졌다. 그런데 이 같은 설명들은 조선의 사회문화의 변화상을 이해하는 데 크게 기여했다고 볼 수 있지만, 양반문화 자체의 변화와 아울러 국가의 규정력이라든가 서민문화 일반의 변화 등과 함께 총체적으로 재검토될 필요가 있

다. 그리고 무엇보다도 큰 문제는 이러한 변화를 가져오는 기반과 동인에 대한 설명이 따르지 못하고 있다는 점이다. 이제 지난날 연구를 제약하던 외적 장애는 거의 사라진 만큼 전체 조선사회 구조와 그 성격에 대한 실증적, 이론적 작업이 병행될 수 있을 것으로 기대한다.

우리는 과거사를 통해 현재를 진단하고 미래를 예측한다. 과거사를 재조명하여 자신의 정체성을 확인하는 작업은 매우 중요하다. 자기를 어떻게 규정하는가에 따라 미래 문화설계의 방향이 달라지기 때문이다. 조선사회를 어떻게 성격지울 것인가 하는 점이 현대문화를 어떻게 만들어갈 것인가 하는 실천적인 문제와 무관하지 않은 것이다. 그런데 다른 한편으로 우리는 현재 자신이 갖고 있는 지식이나 관점에 구속되어 과거를 보는 시각에 제한을 받기도 한다. 지난 시기 내재적 발전론이 서구의 경험을 원용한 일국사적 발전 전망에 바탕을 둔 것이라 하여 폐기하고 새로운 사실을 많이 발굴해 내었음에도 새로이 내놓는 대안이 여전히 만족스럽지 못한 이유는 무엇일까. 현 단계 우리가 가지고 있는 지식이나 관점은 얼마나 새로워진 것일까. 곰곰이 따져볼 일이다.

■ 참고문헌

역사학회 편, 《한국사의 반성》, 신구문화사, 1969.

이태진 편, 《조선시대 정치사의 재조명》, 범조사, 1985.

근대사연구회 편, 《한국중세사회 해체기의 제문제》 상,하, 한울, 1987.

이해준 · 김인걸 외, 《조선시기 사회사 연구법》, 한국정신문화연구원, 1993.

최완수 외, 《우리 문화의 황금기 진경시대》 1,2, 돌베개, 1998.

이경식, 《한국 중세 토지제도사》, 서울대 출판부, 2006.

한영우, 〈조선전기연구의 제문제〉, 《현대 한국역사학의 동향》, 일조각, 1982.

矢澤康祐, 〈이조의 사회와 국가〉, 《新朝鮮史入門》, 龍溪書舍, 1981 ; 《새로운 韓國史入門》, 돌베개, 1983.

旗田巍, 〈조선봉건사회론〉, 《봉건사회론》, 동경 : 학생사, 1985.

이태진, 〈조선후기 양반사회의 변화〉, 《한국사회발전사론》, 일조각, 1992.

김성우, 〈사회경제사의 측면에서 본 조선중기〉, 《대구사학》 46, 1993.

宮嶋博史, 진상원 옮김, 〈동아시아 소농사회의 형성〉, 《인문과학연구》 권5, 동아대, 1999(《장기사회변동》, 동경대 출판부, 1994).

이영훈, 〈한국사에 있어서 근대로의 이행과 특질〉, 《경제사학》 21, 1996.

김인걸, 〈1960, 70년대 '내재적발전론' 과 한국사학〉, 《한국사인식과 역사이론》, 지식산업사, 1997.

김태영, 〈조선 전기 소농민경영론〉, 《한국 고대 · 중세의 지배체제와 농민》, 지식산업사, 1997.

김무진, 〈조선초기 국가권력과 양반〉, 《한국 고대 · 중세의 지배체제와 농민》, 지식산업사, 1997.

이영훈, 〈조선후기 이래 소농사회의 전개와 의의〉, 《역사와현실》 45, 2002.

최윤오, 〈조선후기 사회경제사 연구와 근대〉, 《역사와현실》 45, 2002.

법제와 정치제도

윤훈표(연세대 국학연구원)

머리말

조선왕조는 성립 초기부터 성문 법전에 바탕을 두고 마련된 법제로 정치 체제를 운영하였다. 왕조 교체의 정당성을 확보하고 정국을 안정되게 운영하고 민심을 조속히 수습하기 위한 방안의 하나로 성문 법전의 간행을 서둘렀기 때문이다.

고려도 낡은 체제의 청산과 악습을 철폐하기 위한 개편 작업을 꾸준히 추진했으나 만족할 만한 성과는 거두지 못했다. 마침내 위화도회군을 계기로 체제 전반에 걸친 근본적인 개혁이 단행되었고, 그 과정에서 새로운 왕조가 성립했다. 왕조 교체가 곧 개혁 작업과 긴밀히 연계되었다.

그동안 현안으로 대두했던 문제들을 해결하기 위한 혁신적인 조치들이 연속으로 공포되었다. 특히 통치의 핵심 부문을 중심으로 구태의연한 요소들을 제거하는 작업이 먼저 단행되었다. 그 결과 중앙집권체

제의 형성에 중추적인 구실을 수행하였던 법제, 중앙 및 지방제도 등
의 면모가 일신했다. 외관으로는 비슷함이 없지 않았으나 실질 내역이
나 운영 구조면에서는 다른 모습을 지니게 되었다. 관원을 선발하는
과거제 역시 예외가 아니었다. 체제 유지의 또 다른 버팀목 구실을 했
던 군사제도에서도 두드러졌다.

처음부터 방대한 개혁작업을 통해 체계적인 정비과정을 거침으로써
법제와 정치제도에는 새로운 국가의 통치질서가 확고히 자리잡혔다.
더욱이 성리학적 이념체계가 뒷받침됨으로써 그 힘이 한층 거셌다. 그
리하여 마침내 후대에 이르기까지 그 기본 골격은 유지되었다. 중간에
사회변동으로 달라진 것이 적지 않지만, 원리 측면에서는 크게 바뀌지
않았다. 그러므로 전기의 법제와 정치제도에 대한 이해가 곧 전 시기
에 걸친 국정 운영의 체계를 파악하는 핵심이 된다.

결과적으로 개혁 과정에서 왕조가 교체됨으로 말미암아 법제를 비
롯하여 중앙과 지방제도, 과거제도, 군사제도 등에서 종전에 견주어
많은 변화가 일어났다. 그것은 곧 성문 법전의 편찬을 통해 포괄적으
로 체계화했다. 이런 현상은 초창기에 한하지 않았고 후반부에 이르기
까지 사회와 여건의 변화에 따른 개정 작업에서 되풀이되었다. 이런
점을 염두에 두고 각 부문에 대한 특징을 서술하기로 한다.

1. 법제의 정비

법제의 정비와 관련해서 두드러진 특징은 성문 법전의 편찬이었다.
이는 새로운 국가의 통치를 공식화하는 것과 함께 종전의 다양한 입법
기구에서 여러 갈래로 제정되었던 법률들이 시행 과정에서 서로 중첩
되거나 충돌하는 등의 혼선으로 일어난 폐단을 해소하고 관료들의 자

의적 적용에 따른 민의 억울한 부담을 덜어주기 위함이었다. 따라서 법전의 편찬이 일찍부터 주목을 받았지만 그 각각의 내용에 대한 세밀한 검토는 다소 부진한 편이었다. 이에 법전의 간행 문제를 중심으로 살펴 보자.

1394년(태조 3)에 《조선경국전》이 정도전에 의해 편찬되었다. 《주례》의 육전 체제에 의거하여 기본정책과 문물제도의 대강을 정리하였다. 그러나 공식적인 법전으로 인정받지 못했으며, 차후 《경제육전》의 편찬을 위한 바탕이 되었다. 그 이듬해에는 중국 명나라의 율법서 《대명률》의 번역본인 《대명률직해》가 간행되었다. 이것은 죄나 잘못을 저지른 자들을 다스리는 형률로 활용되었다. 하지만 직역했던 것이 아니라 조선의 실정에 맞게 고쳤기 때문에 고유의 표현이라든가 제도 따위가 적지 않게 포함되었다. 그리고 육전으로 구성되었기 때문에 정치 운영 체계와도 어울린다는 점이 고려되었다. 그러나 중국과는 관습이나 풍토에서 차이가 있기 때문에 실제 적용하는 데 적지 않은 문제점이 드러났다. 이를 해소하기 위해 경우에 따라서는 우리 실정에 적합한 조문을 별도로 제정하여 법전에 실어놓았다. 이로 말미암아 법전에는 국정 운영 체계의 대강과 더불어 위반하거나 잘못한 자에 대한 징벌과 관련된 조문도 포함되었다.

최초의 공식 법전인 《경제육전》이 1397년(태조 6)에 조준 등의 책임 아래 편찬, 반포되었다. 이·호·예·병·형·공의 육전별로 위화도 회군 이후부터 간행 당시까지 시행된 법령과, 장차 시행할 것을 망라해서 편집해 놓았다. 실물이 전하지 않아 정확하지는 않지만 주로 왕조 교체를 전후한 시기에 실시하던 개혁 조치 등을 수교 형태의 법안으로 정리하여 체계화한 것이다. 그러나 편찬 책임을 맡았던 사람들 사이에서 완전 합의가 이루어지지 못한 탓인지 전체적인 통일성이 부족하였다. 그리고 체제 정비 작업이 계속됨으로 말미암아 신법이 잇따

라 제정되었기 때문에 개찬 작업이 불가피하였다. 왕자의 난을 계기로
정권을 장악한 태종 계열의 주도로 1413년에《속육전》이 반포되었다.

그러나 차이가 나는 두 법전의 존재로 말미암아 실행에 혼란이 생겼
다. 세종 때 하나로 체계화하는 작업이 이루어지면서 1426년《신속육
전》이 편찬되었다. 그 사이 새로 제정했던 조문들도 첨가시켰는데, 만
세의 법과 일시 준행하는 법을 구분하여 후자는 《등록》에 수록했다.
이 같은 구분법은 이후 법전 편찬의 원칙이 되었다. 빠진 것과 보완할
것이 많았기 때문에 수정 작업이 계속되었고, 1433년《신찬경제속육
전》이 간행되었다.

《경제육전》은 수교집 체제를 유지했기 때문에 근본적인 문제점이
늘 있었다. 새 수교가 나올 때마다 첨부해야 하는데 이로 말미암아 통
일성이나 안정성을 기하기 어렵게 되었다. 이에 영구히 준수해야 할
만세 불변의 법전을 편찬하려는 시도가 세조 때부터 이루어졌다. 그
결과 1485년(성종 16)에《경국대전》이 완성되었다.《경국대전》에서도
육전 체제는 그대로 유지되었다. 다만 항목 구성과 조문 내용에서 많
은 차이를 보이고 있다. 그것은 통일성과 안정성을 기하기 위한 작업
의 결과로 추상적인 것과 현실의 적용을 염두에 둔 조화와 타협의 산
물이었다.

이로 말미암아《경국대전》의 조문에는 모호한 부분이 적지 않게 생
겼다. 동시에 빠졌거나 과도하게 생략된 것이 있어 실질적인 법 적용
에 문제가 일어나기도 했다. 이에 대한 보완 조치로《등록》의 후신 격
에 해당하는《대전속록》을 간행하여 1493년부터 시행했다. 기본 골격
에서는《경국대전》과 비슷했다.

사회가 끊임없이 바뀜으로 말미암아 새로운 법과 조치들이 계속해
서 만들어졌다. 그때마다 이들을《경국대전》이나《대전속록》에 첨가
할 수는 없었다. 별도로 편집해서 1543년(중종 38)에《대전후속록》으

로 간행했다. 《대전속록》을 계승한다는 의미였다. 1698년(숙종 24)에
는 《수교집록》이 편찬되었다.

양난 이후 사회 변화가 빠르게 진행되었다. 《경국대전》 체제로서는
감당하기 어려웠다. 더구나 《대전속록》, 《대전후속록》, 《수교집록》 등
으로 분산되었기 때문에 법 적용에 어려움이 많았고 혼선도 심각했다.
이는 형률의 운용에서도 마찬가지였다. 이들을 종합해서 체계화하고
신법도 포괄하는 법전 편찬이 시도되었는데 1746년(영조 22)에 《속대
전》으로 완성되었다. 기본골격은 《경국대전》을 따랐는데, 수정된 내
용만 수록함으로써 빠진 것이 있는 반면에 새로 추가된 항목도 있다.
특히 형법에 관련된 것들이 많았다.

그러나 《속대전》의 간행으로 기본 법전이 두 개가 되었기 때문에 적
용에 다시 큰 문제가 생겼다. 하나로 통합하고, 《속대전》의 미진했던
부분을 보완하는 작업이 필요했다. 1785년(정조 9) 《대전통편》의 편찬
이 완료되고 이듬해부터 시행되었다. 기존 체제를 그대로 따르되, 《경
국대전》 조문은 앞에 '원(原)', 《속대전》 '속(續)', 새로 증보한 것은
'증(增)' 자를 표시하여 구별했다.

《대전통편》의 간행 이후에도 보완해야 할 것이 끊임없이 늘었다. 더
구나 19세기의 사회 변동은 매우 심각한 것이었다. 세도 정치의 종식
과 대원군 정권의 등장을 계기로 1865년(고종 2)에 《대전회통》이 간행
되었다. 앞서 나온 법전의 내용을 모두 수록한다는 원칙에 따라 《경국
대전》 본문은 '원', 《속대전》 '속', 《대전통편》 '증', 새로 보록한 것
은 '보(補)' 자를 써서 구별했다.

법전 편찬을 통해 '법제를 체계적으로 정비하여 적용할 때 문제가
생기지 않도록 한다'는 원칙이 전 기간에 걸쳐 유지되었다. 통일성과
안정성을 확고하게 견지했다는 면에서는 바람직했을지 몰라도 초기에
구축된 기본구조가 시간이 흐르고 변화가 일어났음에도 변함없이 지

탱되었다는 것은 여러 방면에서 문제를 일으키는 요인이 되기도 했다.

2. 중앙집권체제의 형성과 지방 제도

중앙집권체제라 함은 중앙에서 제반 절차를 거쳐 합법적으로 작성된 명령이나 지시가 일정하게 짜여진 행정체계를 통해 전국에 걸쳐 지방민 모두에게 빠짐 없이 전달되고, 그 시행 결과가 위로 보고되어 평가와 점검으로 이어지면서 다음번 실시의 근거와 기반을 만드는 운영 시스템을 의미한다. 과연 그런 정도로 중앙집권화가 진척되었는지에 관해서는 논의의 여지가 많으며, 현재로서는 뚜렷한 답을 내리기 어렵다. 하지만 기본적인 틀이 어느 정도 갖추어졌다고 보기 때문에 중앙집권체제로 이해하고 그에 바탕을 두어 서술하였다. 다만 앞 시기와 비교해서 얼마만큼 달라졌으며 그 의미가 무엇인가에 대해서는 모호한 점이 없지 않기 때문에 앞으로 다각도의 검토가 필요하다.

중앙 관부의 기능과 정책이 만들어지고 집행되는 과정, 그리고 지방민에게 전달되는 체계에 관해서는 대강이나마 법제로 정비되었고, 그것이 법전의 편찬을 통해 상세하게 공포되었다. 그리고 이를 거부하거나 위반했을 때의 처벌에 대한 규정도 비교적 상세하게 작성되었다. 전체는 아닐지라도 이해관계가 크거나 관심을 가질 수밖에 없는 계층들은 중앙의 시책을 어느 정도 예측하고 대비할 수 있게 되었다.

관부들은 법전의 규정에 따라 각기 정해진 업무를 맡았다. 업무의 성격에 따라 전문별 영역으로 세분화하면서 그에 적합하게 각종 기구라든가 직책이 정비되었다. 더불어 계층화가 한층 진전되면서 피라미드형의 조직 구성을 이루게 되었다. 행정의 축을 이루었던 육조는 그 분야의 일을 총괄하기 위해 속사(屬司)와 함께 속아문(屬衙門) 체제를 갖추었다. 이는 산하 기구의 공무 처리에는 직접 간섭하지 않으면서도 일관성을 유지하도록 해서 체제 운영의 효율성을 높이려는 것이었다. 그러나 규정이 다소 추상적이며 정무의 분화도 충분치 못했던 관계로 긴밀히 연계되어 움직였다고 보기는 어렵다.

추상적인 규정 등으로 말미암아 업무 분담이 다소 모호해지는 문제가 발생하기 때문에 이를 조절하거나 통제하기 위한 상위의 기구가 필요했는데, 이는 의정부라든가 비변사 등의 설치로 이어졌다. 전자는 정무, 후자는 국방의 성격이 더 강했다. 여기에 적을 둔 최고위 관원들은 국왕과 더불어 국정의 전반에 대해 논의하여 처리할 수 있는 권한을 보유했다. 그로 말미암아 독주할 위험성이 커지자 이를 견제할 수 있는 기구들도 배치했다.

삼사라 불리는 사헌부·사간원·홍문관 등의 언론 기관들은 모든 관부나 관료들, 심지어 국왕에 대해 규찰 활동을 실시해서 궤도에서 이탈하는 것들을 방지했다. 한편 이들에게 국한되지 않고 다른 모든 관료나 지방의 유생들에게도 언로가 개방되었다. 이는 성리학적인 정치질서가 지니는 특징으로서 중앙집권체제가 어느 한쪽으로 기우는 것을 막는 구실을 했다.

사법 기능을 담당하는 관서도 업무에 따라 분화되었는데, 일반 행정과 관련된 것은 형조에서 맡았고, 기타 특수한 분야의 경우에는 의금부, 한성부 등에서 처리했다. 국방 관계는 일원화되는 경향이 강했다. 군정은 병조, 군령은 오위도총부, 훈련은 훈련원, 무기는 군기시에서 담당하는 것 따위가 그것이다.

성리학을 국정 이념으로 채택했기 때문에 학술 연구와 교육관서의 비중이 높았다. 관원과 민간에 대한 교육 못지않게 중시했던 것은 경연, 서연을 통해 국왕과 세자에 대해 강론하는 일이었다. 고려에서도 실시되었으나 법제화했던 것은 조선에서였다. 이를 통해 상하 전체가 유교이념의 충실한 구현을 기약하게 되었다.

그러나 국가의 일반사무를 담당하는 관부와 왕실 관련의 일을 맡은 부서가 명확하게 구분되지 못했다. 이는 왕조 국가의 한계를 보여주는 것으로 말기까지도 해결하지 못했다.

지방제도의 정비는 행정구역의 개편과 연계되어 추진되었다. 우선 종전의 일반과 특수를 구분하는 방식은 지양되었다. 양계(兩界)를 평안도와 함경도로 고쳐 8도로 만들었다. 그리고 향·소·부곡 등의 특별영역도 혁파해서 주·부·군·현으로 전일화했다. 도 아래 형세와 중요성 등을 고려해서 설정한 주·부·군·현이 병렬적으로 편성되었으며, 속현 제도 등이 폐지되어 모든 고을에 수령이 파견되었다.

도의 장관인 관찰사는 관내의 수령 등을 감찰하는 기능과 함께 행정·사법·군사권을 관장했으며, 수령들도 맡은 지역에서 그 같은 권한을 행사했다. 이들을 보조하면서 실무를 담당했던 것은 영리와 향리층이었다. 향리 조직은 중앙의 육전 체제를 본뜬 육방으로 구성됐다.

지방행정에서 이전과 견주어 두드러진 점은 사법활동의 증가였다. 16세기에 수조권이 소멸돼 소유권만 남게 되고 상속제도 등이 변화함에 따라 점차 소송이 증가하게 됐다. 거기에 개간이 확대되고 장례문화가 바뀌면서 산지에 대한 관심이 높아져 산송 등이 늘어났다. 이로 말미암아 지방관의 업무 가운데 소송 처리가 차지하는 비중이 높아졌다. 그것들을 위해 여러 종의 사송법서(詞訟法書)가 간행될 정도였다.

빈번해진 사송을 통해 지방관은 민간생활에 더욱 깊숙이 간여하게 되었다. 더불어 민간에서도 관부의 출입이 빈번해졌고 상급기구로 나가려는 경향도 강해졌다. 처음에는 한 가족이나 자그마한 지방의 문제로 시작되었던 것이 마침내 끝에는 국가에서 맡아 처리해야 하는 일로 확대되는 사례가 빈번해졌다. 그것은 중앙집권화를 촉진하는 또 다른 계기가 되었다.

3. 과거제도와 군사제도

관료선발 제도 가운데 과거가 차지하는 비중이 상당히 커졌다. 이전부터 과거가 실시되었고 위상도 높았지만 이제 확고부동한 위치를 차지하게 되었다. 음서라든가 천거 따위도 있었지만 관료선발은 곧 과거를 의미하게 되었다. 중앙집권체제의 진전은 국가의 기능 확장과 더불어 관료들의 구실을 증대시켰다. 신분적으로도 높아져 양반하면 관료와 함께 지배층을 뜻하게 되었다. 타고난 자질보다 수양을 중시하였던 성리학의 영향이 첨가되면서 유능한 인재를 뽑아야 한다는 인식이 널리 확산되었으며, 이를 충족시키는 데 과거와 견줄 만한 것이 없었다.

그 중요성과 비중으로 말미암아 과거제도에 대한 연구는 일찍부터 활발하게 이루어졌다. 처음에는 문과가 집중적으로 다루어졌으나 차츰 무과나 잡과에 대한 검토가 늘어나고 있다. 나아가 합격자 명단인 방목의 전산화 작업이 진전되면서 제도적 측면 이외에도 다양한 분야에 걸친 사회적 의미에 대한 해명이 시도되었다. 하지만 아직까지 충분하지 않은 편이라 제도 위주로 서술할 수밖에 없다.

과거를 통해 유능한 인재를 선발하기 위해서는 복잡한 과정과 절차가 필요했다. 한번의 시험으로 가려낸다는 것이 적절치 않았기 때문이다. 정무를 주로 담당하며 지위가 가장 높았던 문관은 소과, 즉 생원시와 진사시를 거쳐 대과, 곧 문과에 응시해서 합격하게 했다. 대소과에서도 각각 초시와 복시, 또는 전시를 거쳐야 했으며, 대과의 초·복시 단계에서는 초·중·종장을 모두 통과해야 했다. 여러 단계를 거치게 했던 것은 최고의 인재를 엄선하고 부정이 일어나는 것을 방지하기 위함이었다. 유학의 성취도 위주로 뽑았기 때문에 관료로서의 전문성은 다소 순위에서 밀리기도 했다.

군사 문제를 전반적으로 다루었던 무반의 선발시험인 무과는 조선에서 처음으로 실시되었다. 이전에도 가끔 실시되었지만 뚜렷하게 제도화하였던 것은 아니었다. 무과 이하 잡과에 이르기까지 잡업이라 불리며 문과와 여러 면에서 차이가 났다. 우선 대소과의 구별이 없었기 때문에 비교적 간략했다. 하지만 무과에서는 전시를 실시했다. 무예를 시험하는 것과 더불어 경서라든가 병학(兵學), 역사서, 심지어 《경국대전》 등의 지식을 테스트하기도 했다. 단순히 지휘관을 뽑는 것에 그치지 않고 관료로서의 자질, 그 위에 유학적 소양 따위도 평가 대상이었다. 문관과 함께 양반의 한 축을 이루기 때문에 그에 걸맞은 인물을 선발하기 위한 방도였다.

잡과는 역과, 의과, 음양과, 율과로 분류됐다. 다시 그 안에서 세분화되는데, 역과의 경우 한학(漢學)·몽학(蒙學)·왜학(倭學)·여진학(女眞學) 등으로 구분되었다. 그 분야의 전문 관료를 선발하기 위해 실시했다. 비록 이들은 관료로 선발되었지만 문무 양반과는 차이가 컸다.

과거의 비중과 위상이 점점 높아지자 단순히 관료들을 선발하는 제도로만 기능하지 않게 되었다. 일종의 민심 무마 차원에서 자주 실시되었으며 결과적으로 신분, 지위 따위의 자격을 인정하는 시험으로 전락하기도 했다. 이것을 우려한 인사들이 개혁책을 여러 차례 제시했지만 끝내 실행되지 못했다. 이해 관계가 복잡하게 얽혔기 때문에 바꾸기가 쉽지 않았다.

군사 제도는 전후기 사이에 변화의 폭이 컸다. 임진왜란과 병자호란이라는 커다란 전쟁을 겪은 데 따른 필연적 결과였다. 자연히 각 시기의 제도와 그 성격을 규명하는 데 힘씀으로 말미암아 전반에 걸쳐 일관된 체계로 정리하기가 쉽지 않다. 간략히 전후기의 변화된 모습을 중심으로 서술하였다.

일단 편성 면에 한정시켜 볼 때, 초기에는 일정한 자격 제한을 두고 시험을 거쳐 선발된 병종이 있었는데, 갑사 등이 대표적이다. 특정 출신들만 입속할 수 있는 병종으로는 공신 자제들로 구성된 충의위 따위를 들 수 있다. 전통적으로 내려오는 군역에 따라 동원되는 병종으로는 정병, 수군 등이 있었다.

군은 크게 중앙군과 지방군으로 분류되는데, 전자에는 오위체제라 해서 시취 병종, 특정 출신 병종, 여기에 번상제에 의거하는 군역 동원 병종 등이 속해 있었다. 후자에는 진관체제, 또는 제승방략체제라 하여 국경 지역을 중심으로 소수의 시취 병종이 파견되었을 뿐, 주로 군역 동원 병종이 편성되었다.

그런데 양난 이후 많은 변화를 겪으면서 훈련도감 · 총융청 · 수어청 · 어영청 · 금위영 등의 오군영이 설치되었다. 더불어 무과의 잦은 실시로 말미암아 시취 병종은 그 의미를 상실했고, 군역 동원 체제의 혼란으로 번상제 또한 제구실을 하지 못했다. 그 대신 급료병을 중심으로 하는 상비병제로의 전환을 꾀하면서 수도 방위에 중점을 두고 오군영을 운영했다. 하지만 군역제를 완전 탈피하지 못했고, 재정 등의 문제로 전면적인 전환을 이루지 못한 채 다소 어정쩡한 상태로 운영하였으며, 이는 말기까지 제대로 해결되지 못했다.

맺음말

조선은 법에 따라 통치되기보다 특정 인물이나 계층을 중심으로 다스려졌다는 주장이 한동안 주목을 끌었다. 다시 말해 '인치'였다는 것이다. 하지만 다각도의 연구작업으로 이러한 단정은 조금씩 극복되고 있다. 완벽한 형태는 아니지만 보기 드물게 법제의 정비를 통해 국정을 원활히 운영하고자 했던 사실들이 여러 방면으로 확인되고 있는 것이다.

　그럼에도 법제의 전반적 실체에 대해서는 더욱 세밀한 검토가 필요하다. 특정 분야와 주제에 관련하여 연구가 활발하게 진척된 것이 있는가 하면 그렇지 못한 것도 있다. 《경국대전》조차 분야에 따라 편차가 나기도 한다. 그 이후에 편찬된 기본 법전들도 사정은 비슷하다. 그 이외에도 사찬까지 포함하여 다양한 법서들이 간행되었는데, 그 가운데 체계적으로 정리된 것은 지금까지도 드문 편이다.

　중앙집권체제의 형성 문제를 해명하려는 시도는 분야별로 끊임없이 이어지고 있다. 그동안에는 연대기 자료나 법전류의 관찬 자료에 의존하는 경향이 강했다. 이는 철저하게 중앙, 상층의 처지를 대변하는 것으로, 실질적으로 기저에서 어떤 일이 일어났지를 파악하는 데에는 한계가 있었다. 이에 고문서 등을 분석하여 어떻게 움직였는지를 밝히려는 움직임이 크게 늘었다. 어느 한쪽에 치우치기보다 전체를 아울러 검토함으로써 중앙집권체제의 구체적 내용을 해명해 보려는 것이다.

　과거제도의 경우 그 절차와 과정에 관해서는 대개 밝혀졌다. 또한 문과를 중심으로 방목들의 전산화 작업이 이루어지는 것을 계기로 합격자들에 대한 본격적인 분석작업이 추진되었다. 곧이어 그 결과물들이 종합적으로 정리되어 나올 것으로 전망된다. 무과 · 잡과의 방목을 수집하고 정리하는 작업도 이루어지고 있다.

　군사제도는 전후기 사이의 변화에 대한 입체적인 분석이 필요하다. 전기와 후기의 제도는 각기 상당 부분 해명되었으며 역사적 의미도 여러 방면으로 논의되었다. 하지만 양난을 거치면서 어떻게 달라졌는지에 관해서는 전체적으로 만족스럽지 못하다. 그 점이 명백하게 밝혀져야 전후기에 걸쳐 일관되고 체계적인 정리가 가능할 듯싶다.

■ 참고문헌

朴秉濠,《韓國法制史攷》, 法文社, 1974.

閔賢九,《朝鮮初期의 軍事制度와 政治》, 韓國硏究院, 1974.

韓永愚,《朝鮮前期社會經濟硏究》, 乙酉文化社, 1983.

李泰鎭,《朝鮮後期의 政治와 軍營制 變遷》, 韓國硏究院, 1985.

沈勝求,〈朝鮮初期 武科制度〉,《北岳史論》 1, 1989.

李存熙,《朝鮮時代 地方行政制度硏究》, 一志社, 1990.

오종록,〈조선초기의 국방정책〉,《역사와 현실》 13, 1990.

鄭杜熙,《朝鮮時代의 臺諫硏究》, 一潮閣, 1990.

南智大,〈朝鮮初期 官署·官職體系의 정비〉,《湖西文化論叢》 9·10, 1990.

이성무,《한국과거제도사》, 민음사, 1997.

徐台源,《朝鮮後期 地方軍制硏究》, 혜안, 1997.

鄭海恩,〈丙子胡亂期 軍功 免賤人의 무과 급제와 신분 변화〉,《朝鮮時代史學報》 9, 1997.

도현철,〈정도전의 정치체제론과 재상정치론〉,《韓國史學報》 9, 2000.

金鍾洙,《朝鮮後期 中央軍制硏究》, 혜안, 2003.

尹薰杓,〈《經濟六典》의 編纂과 主導層의 變化〉,《東方學志》 121, 2003.

임용한,〈《經濟六典謄錄》의 편찬목적과 기능〉,《法史學硏究》 27, 2003.

鄭肯植·趙志晩,〈朝鮮前期《大明律》의 受容과 변용〉,《震檀學報》 96, 2003.

金 燉,〈中宗代 法制度의 재정비와《大典後續錄》의 편찬〉,《韓國史硏究》 127, 2004.

정호훈,〈18세기 전반 蕩平政治의 추진과《續大典》의 편찬〉,《韓國史硏究》 127, 2004.

최승희,《朝鮮初期 言論史硏究》, 지식산업사, 2004.

한충희,《조선초기의 정치제도와 정치》, 계명대 출판부, 2006.

정치세력과 정치운영

김용흠(연세대 국학연구원)

머리말

조선시기 정치사는 장구한 민족사에 바탕을 두고 형성된 독특한 정치사상과 제도 및 관행을 전제로 삼고 전개되었다. 여기에는 오랜 기간 국가를 운영해 온 역사적 경험이 농축되어 있었으며, 나름대로의 경로를 통하여 근대화를 모색해 가고 있었다. 그런데 19세기 말 제국주의의 침략을 받고 식민지, 전쟁, 분단이라는 험난한 역정을 거치면서 전근대의 역사적 전통과는 단절된 채로 왜곡된 근대화 과정을 밟아왔다. 오늘날 표출되고 있는 현실 정치의 난맥상은 이와 같은 전근대 역사적 전통과의 단절에도 그 원인의 일단이 있는 것 같다.

조선시기 정치사 연구는 구한말에 등장한 유교 망국론과 당쟁 망국론이 일제 식민사관의 당파성론으로 왜곡·증폭되어 해방 이후에도 상당 기간 침체를 면하지 못하다가 1970년대 '붕당정치론'이 대두되면서 활성화해, 이후 1980~90년대에 활발하게 연구되었다. 주로 연구된 분야는 정치제도와 정치세력, 정치운영과 정치사상 등에 고루 분포되어 있으나, 정치제도와 정치세력에 약간 치우쳐 있다.

정치제도와 관련해서는 의정부와 6조, 삼사와 비변사 등과 같은 정치적으로 비중 있는 중앙정치 기구에 대하여 상당한 규모의 연구 업적이 축적되었으며, 정치세력과 관련해서는 조선전기의 훈구와 사림, 조선중기 사림의 분화와 붕당의 형성, 나아가서 산림, 벌열과 같은 조선후기의 독특한 정치세력에 대한 연구까지도 폭넓게 이루어졌다. 이를 바탕으로 17세기 정치사에서는 각 왕대별 정국동향이 분석되고, 18세기 탕평론 · 탕평파 · 탕평정치에 대해서도 상당한 연구 성과가 나왔으며, 19세기 세도정치에 대해서는 집단적 공동연구가 이루어지기도 하였다. 이제 이러한 기존의 연구 성과를 바탕으로 조선시기 정치사의 윤곽을 제시하고 그 문제점과 향후 연구 방향을 가늠해 보고자 한다.

1. 훈구와 사림

여말선초(麗末鮮初)의 사회변동은 단순한 왕조 교체에만 머문 것은 아니었다. 비록 동일한 중세(中世) 사회 내부에서의 변화이고 집권적(集權的) 봉건국가(封建國家)라는 본질에는 변함이 없었지만 집권성의 강화와 국가 공적(公的) 영역의 확장이라는 방향 속에서 새로운 국가 운영 원리를 모색하고 정착시켰다는 점에서 일정한 질적 변화를 수반한 것이었다.

조선왕조의 건국 세력은 이러한 역사적 과제를, 고려왕조가 남긴 제반 폐단을 제거하고 새롭게 집권체제를 정비하는 것으로, 수행하려 하였다. 정치적으로는 중앙집권적 관료제와 군현제의 정비, 경제적으로는 토지제도와 조세제도의 개혁, 사회적으로는 양천제에 기초한 사회

신분질서의 확립, 사상적으로는 유교 · 주자학에 입각한 사상 교화 정책의 추진 등이 바로 그것이었는데, 이러한 시책들은 봉건국가 자체의 집권력 강화라는 일관된 방향으로 추진되었으며, 여기에는 국가의 농민 파악을 강화시킴으로써 권문귀족 및 지방 토호 세력에 의한 무차별적인 농민수탈과 같은 사적 지배를 배제하려는 의도가 깔려 있었다.

그 과정은 기본적으로 농업 생산력 발전에 기초한 농민 의식의 성장에 의해 추동된 것이었는데, 이로 말미암아 지배층과 피지배층 사이의 갈등은 물론 지배층 내부에서도 이해관계에 따라서 격렬한 정치적 대립 갈등을 피할 수 없었다. 이는 왕조 교체 과정에서도 나타났지만 조선왕조가 성립된 이후에도 왕자의 반란, 파행적 왕위계승을 비롯한 허다한 정치적 사건으로 표출되었다. 조선초기의 정치적 갈등은 이처럼 집권력의 강화, 국가 공적 영역의 확장이라는 방향에 대한 찬반에 의해 일차적으로 규정할 수 있다.

조선 초기에 의정부-6조-각사 체제가 제도적으로 마련되었음에도 불구하고 의정부 서사제와 육조 직계제를 두고 군주와 신료들 사이에 정치적 긴장 관계가 조성된 것도 바로 그와 같은 국가 운영 방향에 대한 입장 차이와 관련되어 있다. 이러한 방향성은 세조가 《경국대전》 편찬에 착수하여 성종대에 그것을 완성 · 반포할 때까지는 유지되었던 것으로 보인다. 신료들 사이에서는 이러한 방향성에 대하여 찬반이 나뉘었는데, 세조는 강력한 왕권으로 반대하는 신료들을 제압하면서 이를 추진하였다. 그 과정에서 공신 세력이 양산되어 성종대 이후 훈구 세력이 형성되기에 이르렀다. 그런데 당시에 과거를 거쳐 새롭게 등장한 신진 관료들이 이들 훈구 세력의 권력 독점과 비리 행위를 비판하면서 중앙 정계에 사림 세력이 형성되었다. 이들 사이의 정치적 대립 갈등은 결국 연산군대 두 차례의 사화(士禍)로 표출되었다. 중종 반정으로 다시 중앙 정계에 진출한 사림 세력은 훈구의 비리를 공격하고 《경국

대전》체제의 모순을 극복하기 위한 개혁안을 실천에 옮기려다 기묘사
화로 좌절되었다. 사림 세력은 명종대 척신 정치 하에서 다시 한 번 대
대적인 정치적 박해를 당하였다. 이로 인해 중앙 정계 진출이 좌절된
사림 세력은 향약(鄕約)과 서원(書院)을 통해 향촌 사회의 주도권을 장
악해 들어갔고, 이를 바탕으로 선조대 이후 중앙 정계를 지배할 수 있
게 되었다.

　훈구와 사림의 대립에 대하여 이들을 서로 다른 사회계층으로 간주
하고, 그 연원을 고려 말로 소급해서 추적하면서, 사림 세력이 15세기
내내 중앙 정부의 집권력 강화에 저항해 왔다고 보는 것이 통설이었
다. 그리하여 사림 세력이 거듭되는 사화에도 불구하고 선조대 정계를
장악한 것을 '지배세력의 교체'로 간주하고 '성리학(性理學)'과 '중소
지주의 승리'라고 주장하였는데, 이에 대해서는 강력한 비판이 제기되
었다. 이러한 비판은 중종대 이후의 소위 '사림' 세력 가운데는 이전
의 '훈구' 세력의 후예가 많고 경제적 기반도 대지주 출신이 포함되어
있다는 실증적 성과에 기초한 것이었다. 따라서 '훈구'에서 '사림'으
로 '지배세력'이 '교체'되었다는 통설은 제고해야 한다는 주장이 설
득력을 얻고 있다. 그러나 사림 세력이 자신의 경제적 기반과는 별도
로 중소지주적 지향을 강하게 내보였고, 특히 사상적으로 성리학 내지
주자학 정치사상을 더 철저하게 구현하려는 정치세력이었다는 점에
대해서는 합의가 이루어졌다고 보아도 좋을 것 같다. 문제는 왜 15세
기 말이 되어서야 '사림'이 정치 세력으로 등장하였느냐는 점인데, 여
기에 대해서는 당시의 농업 생산력 발전 단계와 함께 수조권(收租權)
분급제의 소멸과 지주제의 전면적 부상이 중요한 요인으로 작용한 것
같다는 추론이 나오고 있다.

　사림 세력의 등장과 함께 언론 삼사의 위상이 제고되고 전조(銓曹)
낭관(郎官)의 통청권과 자대제가 확립되어 이들 부서가 명실상부한 청

요직(淸要職)으로 부상한 것은 권력 구조상의 중요한 변화였다. 그리고
정치참여층이 확대되고 공론정치의 원칙이 확립된 것은 중세 정치의
발전으로 간주되었다.

2. 사림의 분화와 붕당정치

선조대 중앙 정계를 장악한 사림 세력은 이후 정국 운영 방안을 놓고
동인과 서인으로 분열되었으며, 정여립 사건(기축옥사)을 계기로 동인
은 남인과 북인으로 분열되었다. 왜란 직후에는 광해군의 왕위 계승을
둘러싸고 북인이 대북과 소북으로 분열되었는데, 광해군은 자신을 지
지하는 대북 세력에 의존할 수밖에 없었으며, 이에 반발하는 제 정파
는 거듭되는 옥사(獄事)에 의해 숙청되었다. 광해군과 대북 세력의 독
점적 정국 운영에 대한 사류(士類) 일반의 광범위한 반발을 배경으로
인조 '반정(反正)'이 단행되어 북인의 대부분이 몰락하였다.

인조반정은 서인 일부에서 주도하였는데, 이들은 광해군대의 대북
정권이 독점적 정국운영으로 붕괴되었다고 보고, 폐모(廢母) 사건의 주
모자를 제외한 모든 당파의 인물을 등용하고자 하였다. 이리하여 서인
주도 아래 남인 등 제 정파가 공존하는 소위 '붕당정치'가 효종과 현
종 연간까지 지속되었다. 그러나 현종 연간의 예송(禮訟)에 의해 서인
과 남인 사이의 대립이 격화하여 숙종대의 거듭되는 환국(換局)으로
결국 남인도 숙청되기에 이르렀다. 그 소용돌이 속에서 서인은 남인에
대한 강경론과 온건론으로 나뉘어 결국 노론과 소론으로 분열되었다.

선조에서 숙종대에 이르는 이러한 정치 변동은 일제 식민사관에 의
해 당파성론을 입증하는 근거로 제시되어 부정적으로 평가되었다. 이
에 대해 '붕당정치론'에서는 선조·광해군대의 과도기를 거쳐 인조반

정 이후에는 '학파에 근거를 둔 정파' 사이에 '상호 비판·공존하는 체제'가 정착되었다고 보았다. 그런데 숙종대의 '환국'으로 '붕당정치가 파탄'되자 붕당 대신 벌열(閥閱)이 정치권력을 장악하게 되었다고 주장하였다. 이러한 붕당정치론은 당파성론에 따라 확대된 조선시기 정치사에 대한 부정적 이미지를 탈피하여 긍정적 측면을 부각시켰다는 점에서 정치사 연구를 한 단계 진전시킨 성과로서 높이 평가되었다. 그러나 그에 대하여 여러 가지 측면에서 비판이 제기되기도 하였는데, 특히 근대로의 이행과 관련된 전망의 부재가 가장 큰 약점으로 지적되었다. 한편 조선후기 정치사를 사회·경제적 변동과 관련해서 구조적 변동 과정으로 파악할 것을 지향하는 연구 경향도 있다. 이 경향에서는 정치적 대립과 갈등을 정치사상의 차이에서 연원한 것으로 보고 학파별·당색별로 그 사상적 특징을 규명하여 정치사에 접근하려 하였다. 그리하여 주자학(朱子學)과 실학(實學), 붕당정치와 탕평정치를 상호 대립적인 '국가재조론(國家再造論)'의 두 노선으로 통일적으로 파악한 뒤, 양자의 대립을 보수와 진보의 대립으로 규정하고, 그 대립 과정을 통해서 정치사를 발전적으로 체계화하려 하였다. 다시 말하면 이 경향에서는 '붕당정치론'을 주자학 정치론으로 보고 이에 대한 당대의 비판적 인식이 탕평정치론으로 수렴되었다고 보았다.

17세기는 한국사에서 봉건사회가 해체되기 시작하는 시기였다.《경국대전》체제로 표상되는 집권 봉건국가였던 조선왕조는 16세기부터 이미 그 모순이 표면화되기 시작하여 양란(兩亂) 이후 모순이 격화하면서 해체되기 시작하였다. 경제적으로는《경국대전》체제를 지탱하고 있던 수조권 분급제가 폐기되고 사적(私的) 토지소유에 입각한 지주제가 본격적으로 발전하는 가운데 지주제의 모순이 격화하기 시작하였으며, 신분적으로는 양반의 사회적 특권이 강화되는 가운데 양천제(良賤制)의 모순이 극대화하였다. 사상적으로는 주자학 정치사상이 국정 교학으로 정착되고 심화 확대되는 가운데 점차 현실 적합성을 상실해 가기 시작하였고, 이를 반영하여 이른바 '당쟁(黨爭)'으로 칭해지는 정치적 갈등은 격화되었다.

17세기의 관인(官人)·유자(儒者)들은 양란을 전후한 시기의 국가적 위기를 맞아 전후 수습과 지배 체제의 재정비를 두고 자신들의 학문과 처지에 따라서 다양한 정치적 입장으로 분화하여 서로 대립하였다. 크게 보면 주자학에 바탕을 둔 것이냐, 아니면 주자학을 넘어선 범유교(汎儒敎) 내지는 노장(老莊) 사상과 서학(西學)까지 포괄하는 새로운 사상을 모색할 것이냐를 두고 서로 대립하였는가 하면, 주자학 진영 내부에서도 당시의 절박한 현실과도 관련하여 주자학 명분론과 의리론을 고수할 것인가, 아니면 당시의 국가적 위기를 타개하기 위해 주자학 명분론과 의리론을 굽혀서라도 전반적인 제도 개혁을 추구할 것인가를 놓고도 격렬한 정치적 대립을 낳고 있었다. 흔히 '당쟁'이라고 인식되어 온 이러한 정치적 대립은 정국운영론, 예론(禮論), 사회경제 개혁론, 그리고 당시의 변화하고 있던 동북아시아 국제 정세와도 관련하여 주화론(主和論)과 척화론(斥和論)의 대립 및 북벌론(北伐論)을 둘러싼 갈등 등으로 다양하게 표출되었다.

16세기 사화(士禍)를 거치면서 16세기 후반 선조대 이황(李滉)과 이이(李珥)에 의해 완성된 조선주자학(朝鮮朱子學)은 주자학 명분론과 의리론을 강화시키는 형태로 성리학을 심화 정비한 것이었다. 이후 관인·유자 내부에서는 이와는 다른 사상 경향을 배제시키는 형태로 정치 투쟁이 전개되었다. 기축옥사와 인조반정은 성리학 일변도로 정계와 사상계가 재편되는 과정의 필연적 소산이었다. 그러나 인조반정 이후 변화하는 국내외적 현실과 관련하여 주자학만으로는 조선왕조 국가가 직면한 국가적 위기에 대처해 나가는 데 많은 한계를 드러냈다. 따라서 이들 현실을 둘러싸고 정치적 갈등이 격화되는 가운데 주자학 정치론은 분화되지 않을 수 없었다. 인조대에는 공신(功臣)이냐 사류냐, 산림이냐 관료냐, 서인이냐 남인이냐를 떠나서 주자학 정치론이 분화되어 정치적 대립으로 구현되었다. 효종, 현종 연간에는 그러한 대립이 서인 내부에서는 경세(經世) 관료 대 산림(山林) 계열 관료의 대립으로 표출되었는가 하면 마침내 서인 대 남인이라는 학연과 결합된 대립으로 확대되어 두 차례의 예송(禮訟)으로 나타났다. 그 과정에서 서인 산림 계열 역시 분화되어 숙종대에는 결국 서인이 노 · 소론으로 분열되기에 이르렀다. 17세기 후반의 이러한 정치적 대립 과정에서 주자(朱子) 도통주의(道統主義)가 확립되어 정계와 사상계를 지배하였는데, 여기에 반발하는 일군의 관인 · 유자들에 의해 주자학 정치론에 반대하는 탕평론이 제출되었다.

이 시기에는 대내외적인 위기가 심화하는 가운데 비변사가 강화되었으며, 천거제(薦擧制)가 도입되어 산림(山林)이 중요한 정치 세력으로 등장하였다. 또한 공론정치가 활성화하면서 언관권(言官權)과 낭관권(郎官權)이 강화되는 가운데 주자학 정치론과 현실 정치 사이의 모순은 심화되었다. 이로 말미암아 정치적 대립 · 갈등은 더욱 격화되지 않을 수 없었다.

3. 탕평책의 좌절과 세도정치

탕평론은 당쟁의 폐단에 대한 양반 지배층 일각의 자각의 산물이었다. 따라서 '당쟁'이 격화하기 시작하는 것과 함께 '탕평'도 논의되었다. 17세기 내내 반정(反正)과 분당(分黨), 환국(換局)과 처분(處分) 등으로 당쟁이 격화하면서 양반 지배층 자신의 위기의식은 고조되었다. 양반 지배체제 자체를 유지하기 위해서도 지배층 내부의 상호항쟁은 자

제되어야 한다는 인식이 그 폭을 넓혀갔던 것이다. 그렇지만 탕평론·
탕평책이 대두하게 된 더 근원적인 배경은 새로운 정치이념과 정치질
서의 확립을 지향하는 아래로부터의 요구가 한층 넓게 형성되어 있었
다는 점에 있었다. 그것은 바로 이 시기의 경제발전과 사회변동에 수
반해서 성장하는 새로운 사회계층, 이와 반대로 몰락·실세(失勢)해 가
는 기성 양반층, 그리고 유리 도산하는 광범한 농민층 일반에서 일어
나는 정치적 기대와 불만이었다.

중앙정계에서 탕평론이 제기된 것은 숙종대였지만 그것이 본격적으
로 추진된 것은 영조대였다. 영조는 숙종·경종 연간의 서인·남인,
노론·소론의 대립을 해소하고 조제(調劑)·보합(保合)에 따른 정국운
영을 통해서 왕권을 강화시키고 당시의 사회변동에 상응하여 각종 제
도를 개혁하고자 하였다. 소론 탕평파가 그의 탕평책에 적극 호응하였
으며, 노론 내부에서도 이에 동조하는 세력이 확대되어 갔다. 그 과정
에서 이조 낭관의 통청권과 한림(翰林)의 회천권은 폐기되고, 재야의
산림은 견제되었다.《속대전(續大典)》을 편찬하여 공론정치 대신 '법
치'의 이념과 방법이 강화되었으며, 오랜 논쟁을 거듭해 오던 양역변
통 문제가 균역법으로 타결되었다. 이러한 성과에도 불구하고 영조대
탕평책은 노론 반탕평파의 집요한 공세에 밀려 노론의 충역 의리를 일
방적으로 인정할 수밖에 없게 되자 형해화했다. 이로 말미암아 왕권이
다시 위협받기 시작하자 영조는 왕위의 정통성을 지키기 위해 대리청
정하던 왕세자를 처단하는 심각한 대가를 치러야만 했다(임오화변).

영조 못지않게 어려운 여건 속에서 조부인 영조로부터 왕위를 물려
받은 정조는 개혁을 거부하는 다수 신료들에게 둘러싸인 상태에서도
탕평책 추진을 통하여 제도 개혁을 정치의 중심 문제로 끌어들이는 수
완을 발휘하였다. 정조는 정국운영의 지향점으로서 개혁 정책을 전면
에 내세웠는데, 그 결과 토지제도와 노비제도를 포함한 봉건제도의 제

반 모순을 해소하기 위한 논의가 조정에서 활발하게 이루어졌다. 정조는 규장각(奎章閣)을 설치하고 초계문신(抄啓文臣) 제도를 도입하여 노론 일당 전제를 막고 자신의 개혁 정책에 동조하는 정치 세력을 육성하여 이를 추진하고자 하였다. 《대전통편(大典通編)》의 편찬, 신해통공(辛亥通共), 서얼허통의 확대 등은 그 성과로 평가된다. 정조는 이러한 개혁 정책을 그의 탕평책을 통해서 구현하려 하였는데, 신료들 사이에서는 이에 대한 찬반을 두고 시파(時派)와 벽파(僻派)로 분열되었다. 정순왕후(貞純王后)를 중심으로 한 노론 벽파의 반발로 개혁이 한계에 봉착하자 정조는 새로운 정치 · 상공업 도시인 수원 화성을 건설하여 개혁 정책을 추진하는 거점으로 삼으려 하였으나 그의 갑작스러운 죽음으로 좌절되고 말았다.

19세기의 세도정치(勢道政治)는 18세기 탕평책의 성과에 편승하면서도 탕평책을 왜곡하여 몇몇 세도가문의 권력을 관철시키는 방향으로 전개되었다. 개혁 지향의 강력한 군주가 사라지자 성장하는 신흥 계층의 기대와 욕구는 정책에 반영되지 못하였을 뿐만 아니라 탕평정치기를 경과하면서 강화된 중앙집권적 국가 권력의 집중적 수탈 대상으로 전락하였다. 이로 말미암아 봉건제의 모순은 심화되어 소위 '삼정(三政)'의 문란을 계기로 전국적인 범위에서 민란(民亂)이 폭발하였지만 집권층은 이에 대해 적절한 해결책을 내놓지 못하였다. 이로 말미암아 피지배 농민층의 항쟁과 운동만이 근대화의 역사적 과제를 힘겹게 감당하지 않으면 안 되었다. 19세기 후반의 준비 없는 문호 개방과 제국주의 침략으로 국가가 위기에 몰리게 되는 정치적 원인은 바로 여기에 있었던 것이다.

18세기 영조대 탕평론 · 탕평책에 대해서는 소론 탕평과 노론 탕평으로 구분하는 견해가 있는가 하면, 영조대와 정조대를 완론(緩論) 탕평과 준론(峻論) 탕평으로 구분해 보려는 견해도 있다. 이러한 연구에 기초하여 17세기 붕당정치, 18세기 탕평정치, 19세기 세도정치와 같이 정치 유형에 의거하여 조선후기 정치사의 시기구분이 이루어지기도 하였다. 한편 탕평론·탕평책을 단순한 정국운영론의 차원을 넘어서 새로운 국가론의 한 형태로 보려는 연구 경향도 있다. 봉건제의 모순을 극복하고 국가를 유지·보존하기 위한 논리, 즉 근대 지향적 개혁론을 현실 정치에서 구현하기 위한 정치론으로 보는 것이다. 이들에 의해 영조의 군사론(君師論)과 존왕론(尊王論), 정조의 군주도통설(君主道統說)과 같은 탕평군주론이 주목되기도 하였으며, 정조를 서양의 절대주의 시대 계몽전제군주(啓蒙專制君主)에 비견하는 견해도 나왔다. 17세기의 '붕당정치론'을 주자학 정치론으로 간주하는 견해는 18세기 탕평책을 통해서 그 모순과 폐단을 극복하려는 노력이 나타났으나 그것이 좌절되자 19세기에 다시 주자학 정치론이 강화되면서 세도정치라는 파행적 정치 형태가 나타난 것으로 보았다. 이는 각 시기의 정치 유형을 정치론의 측면에서 인과관계에 입각하여 계기적으로 파악해 보려는 시도이다.

맺음말

조선시기 정치사 연구는 이러한 성과에도 불구하고 아직도 미흡한 부분이 많다. 특히 조선후기 양반 지배층의 시각이 문헌사료를 통해서 부지불식간에 연구자를 지배하는 현상은 아직도 극복되지 못하고 있다. 이를 극복하기 위해서는 과학적 연구방법에 입각한 체계적 인식이 절실하다고 하겠다. 정치제도의 연원과 실상을 밝히고 정치세력의 부침을 분석하는 것만으로는 정치사를 체계화하는데 한계가 있다. 정치사상에 대한 과학적 인식을 토대로 정치 과정을 분석할 필요가 있다.

즉 정치적 대립과 갈등을 사상과 정책의 차이에서 연원한 것으로 파악하고 보수와 진보의 대립으로 그 성격을 규명해 내야 한다. 이를 위해서는 사회경제사, 사상사 등 인접분야의 연구 성과를 원용하여 이를 종합한 전체사로 정치사를 재구성할 수 있어야 한다. 그래야 정치 과정을 인과관계 속에서 구조적이고 정합적으로 설명할 수 있을 것이다.

■ 참고문헌

李樹健, 《嶺南士林派의 形成》, 嶺南大 民族文化硏究所, 1979.

鄭杜熙, 《朝鮮初期 政治支配勢力硏究》, 一潮閣, 1983.

鄭奭鍾, 《朝鮮後期 社會變動硏究》, 一潮閣, 1983.

韓永愚, 《朝鮮前期社會經濟硏究》, 乙酉文化社, 1983.

李秉烋, 《朝鮮前期畿湖士林派硏究》, 一潮閣, 1984.

李泰鎭, 《朝鮮後期 政治와 軍營制 變遷》, 韓國硏究院, 1985.

──── 編, 《朝鮮時代 政治史의 再照明》, 汎潮社, 1985.

李銀順, 《朝鮮後期 黨爭史硏究》, 一潮閣, 1988.

한국역사연구회 19세기정치사연구반, 《조선정치사 1800~1863》 상,하, 청년사, 1990.

李成茂 외, 《朝鮮後期 黨爭의 綜合的 檢討》, 韓國精神文化硏究院, 1992.

정옥자, 《조선후기 역사의 이해》, 一志社, 1993.

崔異敦, 《朝鮮中期 士林政治構造硏究》, 一潮閣, 1994.

金 燉, 《朝鮮前期 君臣權力關係 硏究》, 서울대 출판부, 1997.

金成潤, 《朝鮮後期 蕩平政治 硏究》, 지식산업사, 1997.

박광용, 《영조와 정조의 나라》, 푸른역사, 1998.

李迎春, 《朝鮮後期 王位繼承 硏究》, 集文堂, 1998.

지두환,《조선시대 사상사의 재조명》, 역사문화, 1998.

禹仁秀,《朝鮮後期 山林勢力 硏究》, 一潮閣, 1999.

한명기,《임진왜란과 한중관계》, 역사비평사, 1999.

金駿錫,《朝鮮後期 政治思想史 硏究》, 지식산업사, 2003.

정호훈,《朝鮮後期 政治思想 硏究》, 혜안, 2004.

金容欽,《朝鮮後期 政治史 硏究 I》, 혜안, 2006.

교류와 전쟁

한명기(명지대 사학과)

머리말

동아시아를 흔히 한자(漢字) 문화권, 유교(儒敎) 문화권이라고 부른다. 하지만 동아시아가 가진 이 같은 문화적 공통성에도 불구하고 조선시대 한-중-일 세 나라 사이의 교류는 결코 활발한 것이 아니었다. 우선 지리적으로 떨어져 있는 세 나라 주민들은 서로 접촉할 수 있는 기회가 거의 없었다. 더욱이 해금(海禁)과 쇄국(鎖國) 조치가 내려지고, 세 나라 모두 월경(越境)을 엄격히 금지했던 상황에서 주민들 사이의 접촉은 사실상 거의 불가능했다. 조선의 경우 일정한 자격을 갖춘 관인들만 조천행(朝天行), 연행(燕行), 통신사행(通信使行)을 통해 중국과 일본을 방문할 수 있었다. 일반인들이 다른 나라를 방문하려고 할 경우, 목숨을 걸고 국경을 넘거나 표류와 같은 예외적이고 불가항력적인 계기가 아니면 불가능했다. 또 세 나라의 지식인들은 한문을 이용한 필담(筆談)으로 의사 소통을 할 수 있었지만 공통어는 결여돼 있었다.

이처럼 상호 접촉이 제한된 상황에서 세 나라 사이의 교류에는 한계가 있을 수밖에 없었다. 오히려 임진왜란과 같은 큰 전쟁을 계기로—왜곡된 것이긴 하지만—세 나라 사이의 교류가 촉진되는 역설적인 양상이 나타나기도 했다. 또 19세기 후반 이후 서양 세력의 동아시아 진출로 쇄국체제가 무너지면서 세 나라가 개방되고 상호 교류가 활발해졌다.

그렇다면 조선시대 조선과 중국, 조선과 일본 사이의 관계와 교류의 모습은 어떤 것이었을까? 그것을 이해하려면 먼저 동아시아에서 조선이 처한 특수성에 대한 고려가 필요하다. 특수성이란 다름 아닌 조선이 중국과 일본 사이에 끼어 있다는 점이다. 조선을 포함한 한반도의 역대 왕조들은 대외정책을 펼쳐 나갈 때 중국과 일본을 함께 고려해야만 했다. 서북방에서 중국이나 다른 북방 민족과의 관계가 긴장상태에 처했을 경우, 동남방에서 일본과의 관계까지 악화시키는 정책을 취할 수는 없었다. 그 반대의 경우도 마찬가지였다. 서북방과 동남방에서 동시에 중국 · 일본과의 관계가 악화될 경우, 정권의 안전은 물론 국가의 존속 자체가 위태로워지기 때문이다. 조선이 건국 이래 불평등한 관계를 감수하면서 명(明)에 사대(事大)하고, 대등한 지위에서 일본과 교린(交隣)하여 관계를 안정시키려 했던 것은 기본적으로 이같은 지정학적 조건을 고려했기 때문이었다.

실제 조선시대 조선-중국 관계와 조선-일본 관계는 두 나라가 서로 밀접하게 연동되면서, 또 중국-일본 관계와의 상호 연관 속에서 펼쳐졌다. 예를 들어 중국 대륙에서 14세기 후반 원명교체(元明交替), 17세기 초반 명청교체(明淸交替)라는 대격변이 진행될 때 그 여파는 중국 자체는 물론, 조선과 일본으로 바로 밀려들었다. 원명교체는 조선왕조가 건국되는 과정과 왜구(倭寇) 활동의 소장(消長)에 큰 영향을 미쳤고, 명청교체의 흐름 속에서 조선은 병자호란을 겪었는가 하면 대일정책을 유화적으로 바꾸게 되었다.

이처럼 조선시대 동아시아 세 나라의 관계가 연쇄적으로 이어져 있었던 측면을 고려하면, 앞으로 대외관계사는 한-중, 한-일, 중-일 관계 전체를 아우르는 종합적인 시야와 함께 개별 관계사의 구체적인 흐름도 중시하면서 연구할 필요가 있다. 이 같은 문제의식을 토대로 필자는 먼저—오랫동안 동아시아 국제관계를 설명하는 기본틀로서 인식되어 온 조공-책봉 체제에 대해 언급한 뒤, 15세기부터 19세기까지 한-중 · 한-일 관계의 흐름과 상호 교류의 양상을 개관하고자 한다.

1. 조공-책봉 체제와 중화질서

전통시대 동아시아의 국제관계는 중국을 중심으로 하는 '조공(朝貢)-책봉(册封) 체제'에 바탕을 두고 있었다. 책봉이란 중국 황제가 주변 여러 나라의 군주나 통치자에게 관작을 수여하여 군신 관계를 맺는 것을 말한다. 조공이란 책봉을 받은 주변국의 국왕이나 사절이 중국 황제를 조알(朝謁)하여 토산물 등을 바치고 신하로서 의례를 행하는 것을 일컫는다.

'조공-책봉 체제'는 중화사상(中華思想), 중화질서(中華秩序)와 밀접한 관계가 있다. 중화사상은 한족(漢族)이 이웃의 여러 민족에 대해 갖고 있던 정치 · 문화적 우월의식이다. 그들은 스스로를 선민으로, 자신들의 나라를 화하(華夏) · 중국 · 중원 등으로 부르고 주변의 여러 민족을 '오랑캐〔東夷 · 西戎 · 南蠻 · 北狄〕'로 여기는 화이관(華夷觀)을 만들어 냈다. 중화사상 아래서 중국의 황제는 천명(天命)을 받아 사해와 만민을 아우르는 '천하의 지배자', 천자(天子)로 자임하고, 이웃 국가의 군주나 통치자들은 천자에게 조공을 바쳐 그 지배권에 복종하는 자세를 보인다. 이것이 중화질서인데 조공국에 대한 중국 황제의 지배권은 상징적·명목적인 것으로 내정에는 간여하지 않는 것이 보통이다. 이웃 나라의 지배자가 중화질서를 받아들이는 것은, 중국 황제의 책봉을 받아 자기 지역에서 지배의 정통성을 인정받고 잠재적 경쟁자들에게 정치적 우위를 과시하려는 목적이었다. '책봉-조공 체제'는, 이웃에 있는 소국이 중국을 상국이자 대국으로 섬기〔事大〕고, 중국 또한 이웃 소국의 존재와 자율성을 인정해야 한다〔字小〕는 사상적 바탕 위에서 운영됐다. 그것은 대국과 소국의 공존을 담보하는 일종의 약속이었던 셈이다.

중화질서에 바탕을 둔 '조공-책봉 체제'는 통시대적으로 고정·불변인 것은 아니었다. 중국이 군사·정치적 패권을 장악하여 자국 중심의 일극체제(一極體制)를 유지할 수 있을 때는 문제가 없지만 이웃 '오랑캐'의 힘이 중국을 능가할 경우 그것은 동요했다. 중화질서는 힘의 강약과 시대 상황에 따라 요동치고 있었다.

중화질서 속에 편입된 '오랑캐' 국가들은 스스로 또 다른 '중화'를 자임하면서 다른 국가를 '이적'으로 인식하여 마찰과 갈등이 생기기도 했다. 조선과 일본이 벌였던 신경전이 대표적이다. 조선은 명과 청을 상국이자 대국으로 섬기며 제후국으로서 예와 명분에 합당한 불평등한 지위를 감수했다. 명·청 황제의 책봉을 받고, 그들의 역(曆)과 연호를 사용하며, 정례적으로 조공했다. 명은 조선의 '충순(忠順)'을 인정하여 조선을 자신들의 번국(藩國) 가운데 '으뜸 국가'로 대접했다. 명이 나머지 다른 나라들이 조공을 바칠〔入貢〕 때 감합(勘合)의 지참을 요구했지만 조선의 경우에는 국왕의 표문(表文)만으로 입공을 허락했던 것이 그와 관련하여 주목되는 사례이다. 일본은 1403년과 1428년 아시카가(足利) 정권이 입공하여 명의 책봉을 받았지만 '책봉-조공 체제' 속에 오래 머물지 않았다. 이 같은 상황에서 조선은 '명의 번국 가운데 으뜸 국가'라는 것을 일본에 대한 우월의식의 근거로 내세웠다. 이에 견주어 일본은 '중국과 대등한 나라'라는 것을 내세워 조선보다 우위에 서려고 했다.

2. 15, 16세기 조선과 동아시아

1) 조선과 명의 관계

1368년 명을 건국한 태조 주원장(朱元璋)은 해금령(海禁令)을 내려 중국인의 해외 도항을 금지하고, 주변 여러 나라에 대해 조공할 것을 채근했다. 양자는 서로 표리를 이루는 정책으로서 안으로는 왜구(倭寇)의 횡행을 막고 무역을 독점하여 재정을 충실하게 하고, 밖으로는 명 중심의 국제질서를 정립하여 제국의 위엄을 과시하려는 것이었다.

조선은 명의 정책에 적극 호응했다. 1388년 요동 정벌에 나섰던 이성계 일파가 위화도에서 회군하면서 "소국이 대국을 거스르는 것은 불가하다(以小逆大 不可)"는 명분을 내세웠던 것은 명의 존재를 의식하고, 명에 대해 복속할 것을 천명한 외교적 메시지였다. 또 즉위 직후 명에 사신을 보내 역성혁명의 승인을 요청하고, 국호도 정해 달라고 의뢰한 것은 명으로부터 책봉을 받아 체제의 안정을 도모하려는 의도가 담긴 행보였다.

명은 조선의 건국을 인정하면서도 고명(誥命)과 인신(印信)의 제공은 거부했다. 명의 이중적 태도는 복잡하고 미묘했던 당시 정세와 관련이 있었다. 명의 건국 이후에도 몽골족의 원(元)은 멸망하지 않았다. 그들은 중원을 버리고 북쪽으로 쫓겨갔을 뿐〔北元〕이후에도 강성한 세력을 유지하면서 명을 위협했다. 그 때문에 명은 고려나 조선이 북원과 연결되거나, 자신들이 아직 장악하지 못한 요동을 넘보지나 않을까 걱

정했다. 조선 건국 직후의 '생혼 모만(生釁侮慢)', '표전(表箋) 문제'
등의 갈등은 그 같은 배경에서 빚어졌다. 심지어 명은 '표전 문제'로
억류했던 정총(鄭摠)을 처형했는가 하면, 조선을 정벌하겠다고 협박했
다. 정도전(鄭道傳) 등이 주도한 요동정벌론은 이같은 상황에서 싹텄던
것이다.

조선에서 '왕자의 난'으로 정도전이 제거된 뒤 태종이 왕위에 오르
고, 명에서도 '정난(靖難)의 역(役)' 이후 영락제(永樂帝)가 즉위하면서
양국 관계는 정상화의 궤도를 밟았다. 태종은, 대외적 팽창을 시도했
던 영락제와 대결을 회피하고, 사안에 따라 실리를 도모하면서 명의
침입이라는 최악의 상황에 대비하여 군사력을 배양하는데 힘썼다. 세
종은 '지성사대론(至誠事大論)'을 내세워 명에 순응하는 자세를 보였
다. 세종은 '상국'인 명에 대한 지극한 사대를 강조함으로써 안으로
자신에 대한 신료들의 충성을 이끌어 내고, 궁극에는 자신이 추구했던
유교국가 체제를 완성하고자 했다. 세종의 충순한 대명 자세가 명의
인종(仁宗), 선종(宣宗) 연간의 치세와 맞물리면서 조명관계는 순탄한
상태로 진입했다. '조선 최고의 성세(盛世)'로 평가되는 세종의 치세
는 가장 안정되었던 대명관계가 바탕이 되어 가능했던 셈이다.

조선은 이후 '1년 3공(貢)'으로 규정된 공식적인 사행(使行) 이외에
도 수시로 자주 사행하면서 명의 선진 문물을 수용하는 데 열심이었
다. 명 또한 조선의 '충성'을 인정하여 양국의 순탄한 관계는 16세기
말까지 이어졌다. 하지만 양국관계를 유지하는 과정에서 조선이 떠 안
아야 했던 부담은 만만치 않았다. 15세기 조선은 소 · 말 · 처녀 · 해동
청 · 화자(火者) 등을 제공하라는 명의 요구에 시달렸다.

'칙사 대접'이라는 용어가 상징하듯이 조선에 온 명사(明使)들을 접
대하는 것도 만만치 않았다. 특히 15세기에 왔던 명사들 가운데는 본
래 조선의 화자 출신으로 사신에 임명된 자들이 많았다. 세종대 윤봉

(尹鳳)과 성종대 정동(鄭同)이 대표적으로, 이들은 칙사로 와서 탐학을 자행하고 갖가지 무리한 요구를 하여 조선 조정을 괴롭혔다. 명사가 조선에 올 때는 별다른 제약이 없었던 것과 달리, 조선 사신이 명에 갈 경우에는 제약이 많았다. 명은 때로 조선 사신의 입국을 막았을 뿐 아니라 교통편 등 편의를 제공하는 것을 거부하기도 했다. 또 북경까지 가는 도중 각 아문이나 서리들에게 '인정(人情)'이란 명목으로 뇌물을 뜯기는 경우도 많았다. 일부에서는 조·명 두 나라의 교류에서 조선이 이익을 보았다고 평가하지만 사신 왕래나 명사 접대 과정의 미시적인 측면들을 따져보면 조선이 오히려 손해를 보았다고 보는 편이 정확할 것이다.

2) 조선과 일본의 관계

조선 건국 이후 일본과 관계에서 가장 큰 현안은 왜구 문제였다. '왜구'라는 용어는 광개토대왕비에도 등장할 만큼 연원이 오랜 것으로 왜구의 피해는 조선에 들어와서도 계속 되었다. 왜구의 구성원은 쓰시마(對馬島)·이끼(壹崎)·마쓰우라(松浦)·세토나이카이(瀬戸內海) 출신의 부랑자와 무장상인들로 알려져 왔다. 이들은 조선과 중국 연안에서 사무역을 꾀하거나 약탈을 자행하고 인민을 납치했다. 근래 일본 학자들은 왜구의 주체가 일본인이 아닌 중국인이며, 조선인들도 있었다고 주장하여 논란이 빚어지고 있다.

조선의 왜구 대책은 크게 외교적 교섭, 실력 행사, 경제적 회유 등으로 나타났다. 외교적 교섭의 실례로 1392년 승려 가쿠쓰이(覺鎚)를 아시카가(足利) 막부에 보내 왜구 금제를 요청한 바 있다. 조선은 또한 회유 차원에서 일본인들에게 무역 허가증인 도서(圖書)를 제공했다. 그 대상은 막부 장군뿐 아니라 오우찌씨(大內氏)를 비롯한 서부 일본의 다이묘(大名), 중소 영주와 상인들까지 다양한 계층을 포괄했다. 조선 초

기 각계 각층의 일본인들과 다원적인 통교체제를 유지하면서 왜구 문
제를 해결하려 했던 것이다.

이 같은 노력에도 불구하고 1419년(세종 1) 쓰시마 출신 왜구 선단이
충청도와 황해도 일대를 침범했던 사건이 발생하자 조선은 실력 행사
에 나섰다. 같은 해 6월, 이종무(李從茂)가 이끄는 1만 7천여 명의 병력
을 동원하여 쓰시마를 공격했다(己亥東征, 應永外寇). 하지만 '왜구 격
멸'이라는 목표를 제대로 달성하지 못했다. 조선은 이후 정벌을 단념
하고 일본인들을 회유하기로 방침을 바꾸었다.

기해동정 이후 조선은 삼포(三浦)를 열어 쓰시마와의 교역과 왜관(倭
館)의 설치를 허락했다. 특히 1443년(세종 25) 맺은 계해약조(癸亥約條)
는 조선과 일본의 관계를 규정한 '기본 조약'의 성격을 지닌다. 조선
은 쓰시마 도주에게 1년에 미두 각 200석을 제공하기로 하고 조선으로
오는 세견선(歲遣船)의 수를 50척으로 정했다.

삼포를 열어주자 항거(恒居)하는 일본인의 수가 차츰 늘어나고 양측
사이의 무역이 활발해졌다. 당시 일본은 조선에서 목면·대장경·서
책 등을 수입하는 데 관심이 많았다. 특히 15세기 후반 이후 조선의 목
면과 일본의 은과 구리를 교환하는 무역이 성행했다. 일본인들은 막대
한 물량을 삼포에 반입하여 무역 확대를 요구했고, 조선은 재정적 부
담 때문에 요구 수용에 미온적이었다. 조선은 또한 공무역을 제한하려
하는 한편 일본인들이 경작하는 토지에 전세를 부과하고 호구조사를
실시하는 등 통제하려 했다. 이에 불만을 품은 삼포의 일본인들은
1510년(중종 5) 폭동을 일으켰다〔三浦倭亂〕. 조선은 난을 진압한 뒤 쓰
시마와 통교를 단절했다.

조선과의 교역에 경제적 사활을 걸고 있던 쓰시마의 간청으로 조선
은 1511년 임신약조(壬申約條)를 체결하여 교류와 무역을 재개했다. 임
신약조에서는 세견선을 25척으로 줄이고, 미두의 분량을 반감하고, 삼

포에 일본인의 거주를 불허하고, 일본인의 왕래는 제포만으로 한정했다. 하지만 일본이 전국시대의 혼란기로 접어들면서 이른바 '가정의 대왜구(嘉靖大倭寇)'가 발생한 데다 조선 또한 규제를 강화하면서 16세기 중반 이후 무력 충돌이 빈번해졌다. 1544년(중종 39) 왜선 20척이 사량진을 공격하여 조선 수군을 살상했고〔사량진 왜변〕, 1555년(명종 10) 평호(平戶)와 오도(五島)에 근거지를 둔 왕직(王直)이 이끄는 대규모의 왜구가 조선에 침입했다(乙卯倭變).

요컨대 15세기에는 우여곡절이 있었지만 조선은 왜구를 통제하면서 일본과의 관계를 평화적으로 유지했다. 이 시기 조선은 일본의 동향을 관찰하는 데 깊은 관심을 보였다. 1420년(세종 2) 도일했던 송희경(宋希璟)이 남긴《노송당일본행록(老松堂日本行錄)》이나 1443년 도일했던 신숙주(申叔舟)가 남긴《해동제국기(海東諸國記)》에 실린 일본에 대한 치밀한 관찰과 객관적 인식은 그를 반영한다. 하지만 일본이 전국시대로 접어들었던 16세기 이후 조선은 삼포왜란을 비롯한 크고 작은 '왜란'을 진압하는 데 급급했다. 일본에 대한 경계의식은 강화되었지만 일본 정세 전반에 대한 탐색 노력은 15세기에 견주어 후퇴했다. 임진왜란 직전인 1590년, 일본에 대한 사절 파견 여부를 놓고 격렬한 논란이 빚어졌던 것은 그 같은 추세를 잘 드러낸다.

3. 임진왜란과 동아시아

1592년에 일어난 임진왜란의 배경에는 15세기 후반 포르투갈과 스페인이 주도했던 '대항해시대'의 개막이 중요하게 자리잡고 있었다. 당시 유럽인들은 향신료를 얻고자 아시아로의 도항을 열망했다. 1492년 베하임(Behaim)이 지구의를 제작했고, 대서양 서쪽으로 항해하면

인도에 도착한다고 믿었던 콜럼부스가 산살바도르 제도에 도착했다. 1498년 바스코 다 가마는 아프리카 남단을 거쳐 인도로 가는 항로를 개척했고, 1521년 마젤란이 이끄는 스페인 함대는 태평양을 횡단하여 필리핀에 도착했다.

포르투갈은 1557년 명으로부터 마카오를 획득하여 그곳을 거점으로 생사와 견직물 무역에 종사했다. 1543년 시암〔Thai〕을 떠나 중국으로 가다가 오키나와 근처 다네가시마〔種子島〕에 표착했던 포르투갈 상인은 일본에 조총을 전해 주었다. 이 신무기는 전국시대를 맞아 패권 쟁탈을 벌이던 일본 각지 다이묘들의 세력 판도에 결정적인 영향을 미쳤다. 1575년 3만여 명의 조총수를 거느린 오다 노부나가(織田信長)가 나가시노(長篠) 전투를 계기로 패자(覇者)로 떠올랐던 것은 그것을 웅변한다.

오다의 뒤를 이어 패자가 된 도요토미 히데요시는 정치적 야욕을 조선과 명으로 돌렸다. 그는 1587년 쓰시마를 복속한 뒤 도주 소오씨(宗氏)에게 조선 국왕을 입조(入朝)시키라고 요구했다. 히데요시는 당시 조선이 쓰시마에 복속되어 있다고 파악했는데 국제정세에 대한 그의 그릇된 인식은 결국 임진왜란으로 치달았다.

임진왜란 초기 일본군은 전투 경험이 풍부했던 데다 조총을 갖고 있었기 때문에 승승장구했다. 위기를 맞이한 조선이 지탱할 수 있었던 것은 이순신이 이끄는 수군의 승첩과 재야 사족들의 의병 활동 덕분이었다.

일본의 조선 침략은 명의 참전을 불러와 전쟁은 국제전으로 비화하였다. '조선에서 길을 빌려 명으로 들어간다〔假道入明〕'는 히데요시의 공언이 명을 자극했기 때문이다. 16세기 중반까지 왜구 때문에 막대한 피해를 봤던 명은 '요동의 울타리'인 조선을 방어하는 것이 중요했다.

명군은 1593년 1월 평양을 탈환했다. 불랑기포를 비롯한 명군의 화포가 위력을 발휘했기 때문이다. 평양 승전을 계기로 전세는 역전되었지만 남하하던 명군이 같은 달 벌어진 벽제 전투에서 참패하면서 전황은 교착 상태에 빠졌다. 명군 지휘부는 벽제 전투 이후 일본군과 강화(講和)를 시도했다. 패전으로 명군의 사기가 크게 꺾였던 데다 전쟁의 장기화에 따른 재정 부담을 우려했기 때문이었다. 명은 심유경(沈惟敬)을 보내 일본과 협상을 진행하는 한편 조선에 대해서도―일본에 대한 원한과 적개심을 접고―자신들의 강화 방침에 따르라고 강요했다. 선조와 조선 조정이 반발하자 명군 지휘부는 '국왕 교체', '직할 통치' 등을 내세워 조선을 협박했다. 임진왜란을 계기로 '번국의 내정에는 간섭하지 않는다'는 '조공-책봉 체제'의 기본 틀이 흔들릴 조짐을 보였다.

명과 일본의 강화협상은 이내 교착상태에 빠졌다. 명은 일본군의 철수를 전제로 히데요시를 일본 국왕으로 책봉하겠다고 제시한 데 비해 일본은 '명의 황녀를 천황의 후궁으로 줄 것', '조선의 4도를 할양할 것', '감합무역을 재개할 것' 등 명과 조선이 받아들이기 어려운 조건을 제시했기 때문이다. 명은 일본을 '조공-책봉 체제' 속으로 편입시킴으로써 전쟁을 끝낼 수 있다고 여겼다. 하지만 1596년 '일본 국왕'으로 책봉되었던 히데요시는 '책봉' 말고는 자신의 요구 조건이 하나도 충족되지 못한 사실에 분노하여 1597년 정유재란을 일으켰다.

1598년 히데요시가 죽자 일본군이 철수하게 되어 7년에 걸친 왜란은 끝났다. 이순신이―일본군에게 매수되어 자신의 출동을 방해했던 명 수군 제독 진린(陳璘)의 방해 공작을 뿌리치고―철수하는 일본군을 요격하다가 전사한 노량해전은 조선·일본·명이 뒤엉켜 펼쳐졌던 임진왜란의 '국제전'으로서의 특성을 상징적으로 보여주었다.

임진왜란은 세 나라 모두에게 커다란 영향을 끼쳤다. 전장이었던 조선은 경작지가 황폐해지고 인구가 격감했다. 전투와 전염병으로 말미암은 대규모 사망, 일본군이 저지른 포로의 대규모 연행 때문이었다. 포로들 가운데는 포르투갈 노예 상인들에게 팔려 유럽 등지로 흘러 들어갔던 사람도 있었다. 자연히 전쟁을 겪은 뒤 조선에서는 일본에 대한 적개심이 높아졌다. 그들을 '영원히 함께 할 수 없는 원수〔萬世不共之讐〕'로 여겼다. 반면에 명군의 참전과 원조를 '나라를 다시 세워준 은혜〔再造之恩〕'로 여겨 숭앙하는 분위기가 퍼져 가면서 명에 대한 의존과 모화(慕華) 의식이 깊어졌다. 특히 '재조지은에 보답해야 한다'는 의식이 깊어진 것은 명청교체기 조선이 외교적으로 운신할 수 있는 여지를 크게 제약했다.

명이 입은 피해도 컸다. 명이 왜란으로 소모한 전비는 은화 2000만 냥에 이르렀다. 전비 조달을 위해 강남 등지에서 증세 조처〔加派〕가 시행되고, 징집과 징발이 이어지면서 민원이 높아졌다. 1580년대 장거정(張居正)이 주도한 토지 조사〔丈量〕 등으로 잠시나마 충실해졌던 재정이 적자로 돌아서자 만력제(萬曆帝)는 전국에 환관을 보내 징세에 나섰다〔礦稅之弊〕. '광세지폐' 등으로 민심은 돌아서고 각지에서 농민반란이 일어났다. 이 같은 상황에 더하여 만력제의 태정(怠政)과 당쟁이 심해지고 요동에서는 누르하치의 위협이 날로 높아갔다. 명은 임진왜란 이후 그야말로 내우외환에 시달리게 되었다.

일본은 임진왜란을 통해 군사강국으로 자리 잡았다. 조선에서 획득한 인적·물적 자산은 이후 일본 근세사회 발전에 초석이 되었다. 조선에서 연행한 유학자·도공 등을 통해 앞선 학문과 기예를 습득할 수 있었고, 약탈해 간 수많은 전적들은 문화 발전에 이바지했다. 한편 1600년 세키가하라〔關ヶ原〕 전투에서 히데요시 추종 세력을 물리치고 패권을 장악한 도쿠가와 이에야스는 정이대장군(征夷大將軍)에 취임하여 에도〔江戸〕 막부를 열었다. 이에야스는 이후 자신은 조선 침략에 가담하지 않았다는 것을 명분으로 내세워 쓰시마를 움직여 조선과 국교를 재개하는 데 성공했다. 나아가 조선으로부터 통신사를 초청하여 대내외적으로 자신의 정치적 위상을 과시했다.

4. 명청교체와 동아시아

1) 건주여진의 성장, 인조반정, 정묘·병자호란

명과 조선의 여진에 대한 통제는 16세기 중반까지는 그런대로 성공적이었다. 하지만 명의 통제력이 약해지면서 1580년대 이후 누르하치(奴兒哈赤)가 이끄는 건주여진(建州女眞)의 세력이 급속히 성장하게 되었다. 1583년 명군 휘하에서 해서여진(海西女眞) 공략에 동참했다가 부조(父祖)가 명군에게 살해된 이후 누르하치는 독자적인 세력으로 변신을 시도했다. 누르하치는 부조 살해에 대한 '보상금'으로 받은 칙서(-무역 허가증) 30통을 바탕으로 경제적 기반을 다졌다. 그는 여진 각지에서 생산된 인삼·진주·모피 등의 유통로를 장악하고 명의 은(銀) 경제권에 편승하여 막대한 이익을 챙겼다. 그는 축적된 부를 바탕으로 군사력을 배양하여 1588년 건주여진을 통일하고 1591년 해서여진의 연합군을 격퇴했다.

누르하치가 급속히 일어서자 놀란 명은 그를 견제하려 했지만 임진왜란 때문에 여의치 않았다. 누르하치는 1592년과 1598년 조선에 원군을 파견하겠다고 제의할 정도로 세력이 커졌다. 1615년 팔기제(八旗制)를 완성하고, 1616년 국호를 대금(大金)으로 고치더니 1618년 명에 선전포고하고 무순(撫順)을 점령했다.

명은 후금(後金) 원정을 준비하면서 조선에 대해서도―임진왜란 당시 자신들이 베푼 '재조지은'에 보답하라는 명분을 내세워―동참하라고 요구했다. 전형적인 이이제이 전략이었다. 광해군은 명의 요구를 거부하려 했지만, 대부분의 신료들과 재야 지식인들은 '재조지은에 대한 보답'을 내세워 명의 요구에 따르라고 채근했다. 결국 광해군은 강홍립(姜弘立)이 이끄는 1만 5천여 명의 병력을 파견했다. 하지만 조명 연합군은 1619년 '심하(深河) 전투'에서 참패했고 강홍립은 남은 병력을 이끌고 투항했다.

'심하 전투' 패전 이후 광해군은 명의 원조 요구를 거부하고 후금과 화친하여 평화를 유지하려 했다. 하지만 1623년 서인들은 인조반정을 일으켜 광해군을 폐위시켰다. 그들은 광해군 때 자행된 '폐모살제(廢母殺弟)'와 명과 후금 사이에서 양단을 걸치려 했던 대외정책을 비판하면서 자신들의 거사를 정당화하려 했다.

인조반정은 조·명 관계에 파장을 몰고 왔다. 명은 '제후국' 조선에서 일어난 정변을 '조공-책봉 체제'의 근간을 흔드는 '찬탈'이라고 비판했다. 명의 승인과 책봉이 절실했던 인조정권은 '광해군이 후금과 연결하여 명을 배신했다'고 강조하고 자신들은 명의 후금 공략에 적극 협조하겠다는 의지를 표명했다. 명은 결국 인조반정을 승인하고 인조를 책봉했다. 후금의 도전으로 위기에 처한 상황에서 조선의 원조가 절실했기 때문이다.

조선은 인조반정 이후 친명(親明)의 기치 아래 후금을 '중화질서의 파괴자'로 여겨 경원했다. 조선은, 가도(椵島)에 머물며 후금의 배후를 견제하고 있던 모문룡(毛文龍)에 대한 원조를 강화하여 후금과 갈등을 빚었다. 마침내 후금은 1627년, 모문룡을 제거하고 조선으로부터 경제적 지원을 확약 받고자 침략해 왔다(丁卯胡亂). 전쟁 준비가 부족했던 조선은 강화도로 옮겨 장기전에 대비하는 한편, 후금이 제의한 형제관계를 받아들여 강화를 맺었다. 조선은 해마다 목면 1만 5천 필 등 세폐와 개시(開市)를 약속했다.

강화를 맺어 양국 관계는 미봉되었지만 명과 후금의 관계는 요동쳤다. 명은 1626년 원숭환(袁崇煥)이 영원(寧遠) 전투에서 승리하여 잠시나마 '요동 수복'의 기대를 높였지만 천계제(天啓帝)의 무능, 격렬한 당쟁과 맞물린 환관들의 발호, 지속되는 농민 반란의 소용돌이 속에 자멸의 길로 접어들었다. 모문룡, 원숭환 등이 당쟁에 휘말려 피살되고 산해관 밖의 방어선은 붕괴되었다. 반면 1626년 누르하치 사후 집권한 홍타이지(皇太極, 태종)는 내부를 추슬러 권력을 강화하는 한편, 수시로 관내(關內)로 원정하여 명을 궁지에 몰아넣었다.

홍타이지는 1636년(인조 14) 만몽한(滿蒙漢) 출신 신료들의 추대를 받아 제위에 오르고 국호를 대청(大淸), 연호를 숭덕(崇德)이라 했다. 조선은 청의 칭제건원에 경악했다. 명 중심의 중화질서에서 끝까지 이탈하지 않으려 했던 조선의 척화파들은 청과의 강화를 파기할 것을 주장했다. 이러한 분위기 속에서, 청 또한 명과 벌일 결전을 앞두고 '후고(後顧)의 여지'를 없애고자 조선을 다시 침략했다〔丙子胡亂〕.

2) 병자호란 이후 조—청 · 조—일 관계

조선은 병자호란에서 청에 굴복하고 '조공-책봉 관계'를 맺었다. 항복을 한 인조는 어렵사리 권력을 유지했지만 엄청난 수의 피로인(被擄人)이 생겨나고 그들을 속환하는 문제 때문에 조선사회는 동요했다. 청의 내정 간섭과 압박이 깊어진 가운데 조선은 병력과 군량을 내어 청이 명을 공격하는 원정에 동참해야만 했다. 병자호란 이후 인조는 자신의 왕권을 유지하기 위해 청의 강압적인 요구에 어쩔 수 없이 순응하는 자세를 보였다. 하지만 '오랑캐에게 항복했다'는 극심한 자괴감 속에 신료들 가운데서는 청에 복수설치(復讐雪恥)할 것을 강조하는 주장이 나타났다.

1644년 청이 입관(入關)하여 중원을 장악하게 되자 청의 조선에 대한 태도는 다소 누그러지는 조짐을 보였다. 그 같은 분위기와 맞물려, 심양에서 인질 생활을 했던 효종은 왕위에 오른 뒤 북벌(北伐)을 하고자 군사력을 증강하고 내부 개혁을 시도했다. 하지만 청의 엄중한 감시와 빈발하는 자연재해, 실천이 아닌 관념적인 내수외양론(內修外攘論)을 강조하던 신료들의 반대 때문에 북벌을 행동으로 옮기는 것은 뜻처럼 되지 않았다.

1673년 삼번(三藩)의 난이 일어나고, 남방에서 활동하던 정경(鄭經) 또한 그와 연결하려 하는 등 반청의 추세가 뚜렷해진 것을 계기로 북벌론은 다시 고개를 들었다. 윤휴(尹鑴) 등은 병자년의 치욕을 상기시키고 '재조지은'에 보답하기 위해 명의 유민과 연결하여 청을 공격할 것을 주장했다. 하지만 1681년 삼번의 난이 종식되고 1683년 정씨의 저항도 무위로 그치면서 북벌론은 점차 수그러들었다.

한편 17세기 초반부터 18세기 초까지 조선은 명·청과 일본 사이에서 왜관을 매개로 하는 중개무역으로 상당한 경제적 이익을 보았다. 1639년 도쿠가와 막부의 쇄국령과 1660년대 청의 해금령과 천계령(遷界令) 때문에 서양선과 중국선을 통한 대일무역이 위축되었던 것을 계기로 조선은 중국의 생사(生絲)를 일본에 수출하는 가장 주요한 루트가 되었다. 한 예로 1670년(현종 11)의 경우, 조선 상인은 북경에서 은 60냥에 구입한 생사 100근을 왜관에 160냥을 받고 판매했다. 자연히 막대한 양의 일본 은이 조선에 유입되었고, 그것은 팔포(八包) 무역을 통해 청으로 다시 유출되는 무역 구조가 만들어졌다. 또 17세기 후반부터 일본에서는 조선 인삼의 수요가 크게 늘어나 일본으로의 인삼 수출이 활발해졌다. 조선 인삼을 사실상 전매했던 대마도는 에도 등지에 인삼좌(人蔘座)를 만들어 막대한 이익을 보았고, 18세기 초반까지 인삼 대왕고은(人蔘代往古銀)이라 불리는 특주은(特鑄銀)까지 투입하여 조선 인삼을 확보하기 위해 노력했다. 조선은 인삼 수출을 통해, 중국-일본 사이의 직접 교역 때문에 조선으로 유입량이 줄어들고 있던 일본 은을 다시 확보할 수 있었다.

삼번의 난 진압 이후 청의 조선에 대한 자세는 확연히 유화적으로 바뀌었다. 18세기 초반 비록 양국 사이에 범월(犯越) 문제, 백두산 정계비 문제 등 현안이 없지 않았지만 조선에 대한 압박은 거의 사라졌다. 심지어 1706년(숙종 32) 강희제는 조선을 일러 '끝까지 명을 배신하지 않은 예의의 나라'라고 찬양한 바 있다. 이 같은 유화적인 정세 변화 속에서 조선에서는 이른바 조선중화주의(朝鮮中華主義)가 나타났다. 1704년 명이 멸망한 지 60년이 지난 것을 추념하여 대보단(大報壇)을 건설했다. 이렇게 관념적인 차원에서 명에 대한 의리를 지키고, 그것으로써 청에 대한 정신적인 저항의 자세를 보이는 흐름은 18세기 후반까지 이어졌다. 그것은 동시에 조선이 청 중심의 '조공-책봉 체제' 속으로 순치되어 가는 과정이기도 했다. 18세기 후반 청조가 '중화문화의 계승자'임을 확인했을 때 조선 지식인들이 북벌의 허구성을 인지하고 북학(北學)으로 자세를 바꾼 것은 결코 새삼스러운 일이 아니었다.

임진왜란 이후 조선과 일본의 관계 추이는 명청교체라는 대륙 정세의 변동과 밀접히 연동되었다. 조선은 1607년(선조 40) 회답겸쇄환사를 파견하고, 1609년(광해군 1) 기유약조(己酉約條)를 체결함으로써 쓰시마를 매개로 일본과 국교를 정상화했다. 북방에서 점증하고 있던 건주여진의 위협을 고려하여 일본과 관계를 안정시켜야 할 필요가 크게 작용했기 때문이었다. 실제 쓰시마와 도쿠가와 막부는 조선이 정묘·병자호란 때문에 곤경에 처한 것을 계기로 왜란 직후의 수세적 입장에서 벗어나 공격적으로 대조선 교섭에 나섰다.

1635년 야나가와 잇켄(柳川一件) 이후 막부의 쓰시마에 대한 감독이 강화된 가운데 1636년 조선은 처음으로 장군의 승습을 축하하는 통신사를 파견했다. 조선은 일본과 관계를 안정시켜 대청관계에 집중하는 것이 절실했고, 막부는 통신사가 오는 것을 장군의 권위를 대내적으로 과시하는 기회로 활용하였다. 이렇게 조·일 두 나라에서 통신사의 존재 필요성이 각기 달랐던 판에 조선에서는 통신사를 주로 '조선의 우월한 문화를 일본에 전파해준 존재'로 인식하는 경향이, 일본인 연구자들 가운데는 '일본에 대한 조공 사절'로 인식하려는 경향이 서로 대비된다.

17세기 후반 이후 청 중심의 동아시아 질서가 정착되고, 막부의 권위도 안정되면서 통신사에 대한 관심은 점차 퇴색되었다. 일본은 1709년 아라이 하쿠세키(新井白石)가 통신사 접대 관련 의례를 변경하더니, 18세기 후반 이후에는 통신사 파견의 연기와 사행의 최종 목적지를 대마도로 변경해 줄 것을 요구했다. 거기에는 통신사 접대에 드는 막대한 비용을 줄이려는 한편, 통신사와 일본인들의 시문(詩文) 수창(酬唱) 과정에서 드러나던 통신사의 일본인들에 대한 멸시 태도를 막으려는 의도가 자리 잡고 있었다. 사행 장소의 변경, 곧 역지빙례(易地聘禮)를 둘러싼 논란이 이어졌던 가운데 1811년까지 통신사는 모두 열두 차례 파견되었다.

조선후기 조일관계의 또 다른 주요 무대는 왜관(倭館)이었다. 왜관은 대일 교섭의 일선 창구이자 조일 중개무역의 전진 기지였고, 왜관 주변에서는 조선인과 일본인 사이에 잦은 접촉이 이루어졌다. 1734년(영조 10) 무렵 왜관에는 약 1,700명의 일본인들이 상주하고 있었다. 왜관의 일본인들은 자신들의 요구 조건이 제대로 관철되지 않을 경우, 집단으로 왜관을 나와 동래부(東萊府) 등지로 몰려가 항의하기도 했다(闌出). 왜관은 때로 조선의 관련 정보를 조직적으로 수집하기도 했다. 1721년에 이루어진 약재 조사와 관련된 조선의 동식물 조사 시도가 그 대표적인 것이다.

조선은 왜관의 일본인들과 조선인 사이의 교간(交奸)이나 정보의 유출을 막고, 난출과 밀무역을 규제하려고 노력했다. 1678년(숙종 4) 왜관을 초량으로 이전하여 통제를 강화하는 한편, 1683년(숙종 9) 왜관에서 지켜야 할 금제(禁制)를 규정한 계해약조(癸亥約條)를 일본측과 맺었다. 1747(영조 23)에는 왜관 문제를 통괄 관리하고자 비변사에 왜관 구관당상(倭館句管堂上)을 설치했다. 이후 왜관을 통한 조일 교섭은 1873년 메이지 정부가 왜관을 침탈할 때까지 다소의 우여곡절 속에서도 지속되었다.

맺음말

이상으로 조선시대 조-중, 조-일 관계의 추이와 교류의 모습을 개관해 보았다. 앞으로 동아시아 세 나라 사이의 관계사와 교류사를 제대로 이해하려면 다음과 같은 몇 가지 과제들을 해결하는 것이 절실하다고 생각한다.

먼저 대외관계사 연구 성과의 양적인 증대가 필요하다. 해방 이후 지금까지 주로 '내재적 발전론' 등을 강조했던 분위기 아래서 대외관계사 연구에 대한 관심은 상대적으로 소홀했다. 조선시대 이래 중국과의 관계에서 주로 수세적인 처지에 처해 있었던 것, 19세기 후반 이래 일본의 조선 침략과 맞물려 선전되었던 '타율성론(他律性論)' 등이 끼친 폐해를 염두에 두면 한국사의 내재적이고 주체적인 발전 양상을 우선 부각시키는 것이 물론 중요하다. 하지만 이제는 그 단계를 넘어설 때가 되었다. 중국과 일본 사이에 끼어 있는 불리한 조건 속에서도 살아남아 자신의 정체성을 지켜낼 수 있었던 선조들의 외교적 역량과 지혜를 제대로 이해하는 것이 중요한 시기가 되었다. 구체적으로는 조중관계와 조일관계, 나아가 중일관계의 흐름을 같이 염두에 두면서 세 나라의 관계사 사료를 꼼꼼히 정리하여 동아시아 전체 속에서 조선이 차지했던 위상을 밝힐 수 있는 연구 성과가 많이 나와야만 할 것이다.

　다음으로는 조선시대를 비롯한 전통시대 동아시아 관계사를 주로 '조공-책봉 체제'라는 틀에서 접근했던 기존의 연구 경향을 되돌아 볼 필요성이다. '조공-책봉 체제'가 중국과 주변 국가들의 관계를 이해하는데 유용한 틀임에는 틀림없지만 동아시아 세 나라 관계의 전개 양상은 '틀'만으로는 설명할 수 없는 다양성과 역동성을 지니고 있다. 특히 일본이 '조공-책봉 체제' 바깥에 머물러 있던 시기가 더 길었던 사실 등을 염두에 두면 더욱 그러하다. 이 같은 측면에서 대외관계사 연구가 활성화되면 될수록 '조공-책봉 체제'의 틀로는 설명하기 어려운 생생하고 구체적인 사실들이 쏟아져 나올 수밖에 없다. 따라서 '조공-책봉 체제' 아래의 수동적인 객체가 아니라 교류와 교섭의 주체로서 조선의 동향을 구체적이고 역동적으로 조명할 수 있는 새로운 틀에 대한 모색이 필요하다.

　마지막으로 최근 넘쳐나고 있는 '동아시아론', 10여 년 전부터 일본 학계에서 제기되고 있는 '조공무역 시스템', '일본형 화이질서' 등의 담론과 관련하여 전근대 시기 동아시아에서 한국사의 위상을 어떻게 세울 것인가에 대한 고민이 필요하다. 최근 일본의 학자들은 17세기 이후 동아시아 관계사의 흐름 속에서 한편으로는 중국과 일본의 직접 교역과 문화 교류에 초점을 맞추면서 동시에 일본의 역할과 위상을 부각시키는 방향의 연구들을 쏟아내고 있다. 중국의 연구자들은 동아시아의 문화 교류가 아니라 자국이 중심이 된 문화 전파나 이식 문제에 주로 관심을 보인다. 이런 추세 속에서 자칫 전근대 동아시아사에서 한국사의 자리는 사라지고, 위상은 심히 격하될 위기에 처해 있다. 중국과 일본만으로 채색되고 있는 '동아시아론'·'동아시아문화론'을 넘어 전근대 동아시아에서 한국사·한국문화가 있어야 할 정당한 자리를 찾아내기 위한 진지한 연구와 고민이 절실한 시점이다.

■ 참고문헌

전해종,《한중관계사연구》, 일조각, 1970.

손승철,《조선시대 한일관계사 연구》, 지성의 샘, 1994.

三宅英利, 손승철 역,《근세한일관계사》, 이론과 실천, 1990.

민덕기,《近代東アジアのなかの韓日關係》, 早稻田大 出版部, 1994.

하우봉, 〈일본과의 관계〉,《한국사》22, 1995.

이 훈, 〈일본과의 관계〉,《한국사》32, 1997.

최소자,《명청시대 중·한관계사 연구》, 이화여대 출판부, 1997.

김종원,《근세 동아시아관계사 연구》,혜안, 1999.

한명기,《임진왜란과 한중관계》, 역사비평사, 1999.

정성일,《朝鮮後期對日貿易》, 신서원, 2000.

石橋崇雄,《大淸帝國》, 講談社, 2000.

박원호,《明初朝鮮關係史硏究》, 일조각, 2002.

田代和生, 정성일 역,《왜관 -조선은 왜 일본사람을 가두었을까》, 논형, 2005.

요시노 마코토,《동아시아 속의 한일2천년사》, 책과 함께, 2005.

역사학회 편,《전쟁과 동북아의 국제질서》, 일조각, 2006.

농업생산력과 농업경영

김건태(성균관대 동아시아학술원)

머리말

　농업에 관한 연구는 계급관계와 신분관계를 비롯한 조선사회의 여러 관계를 밝히는 단서를 제공한다. 일제시기 일본인 연구자들이 농업사 연구를 활발히 진행한 까닭도 바로 그 때문이다. 일본인들의 연구는 봉건제도의 결여, 사적 토지소유의 미성숙 등을 주장하였다. 이같은 조선사회 정체성론은 해방 이후에도 한동안 극복되지 못했다.

　조선시대 농업에 관한 새로운 이해는 양안(量案)을 활용한 연구가 이루어진 1960년대부터 시작되었다. 새로이 제기된 견해는 이른바 '자본주의 맹아론'으로 조선 후기 사회내부에서 자본주의적 요소가 싹트고 있었다는 것이다. 자본주의 맹아론은 1970년대에도 연구자들에 적극적으로 수용되었고, 그 내용 또한 더욱 풍부해졌다.

　한동안 정설로 받아들여졌던 자본주의 맹아론 또한 1980년대 들어 비판받기 시작했다. 추수기, 일기 등과 같이 농촌현장에서 작성된 고문서를 적극 활용한 연구에 따르면 조선후기 농업의 발전 방향이, 자본주의 맹아론이 모델로 삼았던 16~17세기 유럽 농업의 발전 방향과 상당히 달랐음이 밝혀졌다. 1980년대 이후의 연구로 밝혀진 조선후기 농업의 발전 방향, 곧 토지소유 및 경영의 영세화, 집약적 농법의 발달 등은 같은 시기 중국, 일본, 동남아시아 농업의 발전 방향이기도 했다.

1. 과전법과 농장

15·16세기에는 사람의 손이 닿지 않은 미개간지(未開墾地), 그리고 경작되다가 여러 가지 이유로 황폐화한 진전(陳田) 등이 곳곳에 널려 있었다. 정부는 그러한 땅을 농토로 전환하기 위해 다각도로 애썼다. 15세기에는 주인이 있는 땅이라도 3년 이상 묵게 되면 개간하는 사람이 그곳의 소유권을 가지도록 허락하는 법이 마련되기도 했다. 개간은 16세기 들어 전성기를 맞이하였다. 16세기는 '개간의 시대'라고 불릴 정도로 개간으로 새로운 농토가 우후죽순처럼 생겨난 시대였다.

개간 가능한 땅이 널려있던 시기에는 전답의 소유자뿐만 아니라 경작자도 전답에 대한 권리를 주장할 수 있었다. 15세기에는 지주의 전답을 빌려 경작하던 작인(作人)이 토지를 방매해 버리는 일이 빈번히 발생했다. 이러한 사태를 방지하기 위해 15세기 지주들은 토지를 다른 사람에게 빌려주지 않고 아예 묵혀버리기까지 하였다. 16세기까지만 하여도 전답에 대한 권리 주체가 1명 이상인 경우가 적지 않았다. 당시에는 전답 소유자와 더불어 작인도 '주(主)'로서 규정을 받는 경우가 많았다. 작인을 가리켜 소경주(所耕主) 또는 소경호주(所耕戶主)라고 부르기도 했다.

이렇듯 농사지을 사람이 적고 이용 가능한 땅이 많을 때, 다시 말해 경작자도 토지에 대한 권리를 가지는 시기에는 대토지 소유가 곧바로 많은 지대를 보장하는 것은 아니었다. 이러한 상황에서 지배층과 지주들은 자신들의 수익을 극대화하기 위해 토지제도와 신분제를 적극적으로 활용했다. 15세기 지배층과 지주들이 적극적으로 활용한 토지제도는 바로 과전법(科田法)이었다. 과전법은 고려 말 개혁파 사류들이 조선 건국을 전망하면서 시행한 각종 제도개혁 가운데 하나다. 고려 말 정부는 전국의 토지를 국가에서 세금을 거두는 수조지(收租地)로 설정한 다음 그 수조권을 정부의 각 기관과 전·현직 관료들에게 나누어 주었다.

정부는, 수조권이 관료들에게 주어지는 토지, 즉 사전(私田)을 경기도의 토지로 한정한 다음 지배층을 18등급으로 나누고 등급에 따라 최고 150결(結), 최하 10결의 사전을 지급했다. 관료들은 지급받은 사전에서 생산량의 10분의 1을 수취했고, 수취한 곡물의 15분의 1을 지세(地稅) 명목으로 국가에 납부하였다. 과전법 체제에서 사전을 지급받은 사람은 전주(田主), 토지의 실소유자는 전객(佃客)으로 일컬어졌다. 이러한 사실은 과전법이 토지의 실 소유자보다 사전을 지급받은 사람을 더 중요하게 여겼음을 뜻한다. 사전에 대한 수취는 원칙으로 본인(本人)대에 한했으나 다음과 같은 경우에는 세습을 허락하였다. 관료가 죽은 뒤 그 부인이 재가하지 않으면 수신전(守信田)이라는 명목으로 사전을 유지하도록 했다. 그리고 관료가 어린 자녀들만 남기고 사망하였을 경우에도 사전은 휼양전(恤養田)이라는 이름으로 세습되었다.

고려 말에 개혁파 사류들이 입안한 과전법은 얼마 지나지 않아 문제점을 하나 둘씩 드러냈다. 조선 초부터 사전 부족사태가 발생한 것이다. 이 문제를 해결하기 위해 정부는 한때 하삼도의 일부 토지를 사전으로 편입했으나, 이로 말미암아 더 많은 폐해가 발생하자 하삼도의 사전을 철폐했다. 전주들의 횡포에 시달리는 전객들의 불만도 차츰 커져갔다. 사전에서 전주들은 규정보다 많은 곡물을 전조(田租)로 요구하기 일쑤였고, 이로 말미암아 전주와 전객 사이의 분쟁이 사방에서 발생했다. 이러한 사태를 해결하기 위해 정부는 적극 개입했고, 1466년에는 과전법의 큰 틀을 바꾸는 정책이 시행됐다. 사전의 지급대상을 현직관료로 한정하는 직전법(職田法)이 바로 그것이다. 직전법 또한 근본적 치유책이 될 수 없었으므로 얼마 지나지 않아 또 다른 개선책이 나왔다. 성종대에는 전주의 직접수조를 금지하고, 대신 관에서 전조를 수취하여 전주에게 지급하는 관수관급제(官收官給制)를 채택하였다.

직전법과 관수관급제 사이의 시차는 크지 않지만 두 제도의 성격에는 크나큰 차이가 존재한다. 직전법 단계까지는 지배층이 국가의 힘에 기대어 자신들의 소유토지와 무관하게 살아가던 사람들의 잉여생산물을 직접 수취하는 것이 보장되었지만 관수관급제 단계부터는 그러한 행위가 금지됐던 것이다. 관수관급제가 시행됨으로써 전조(田租)가 국가재정에 충당되는 공전(公田)의 지세처럼 전조가 관인에게 지급되는 사전의 지세도 국가에서 직접 수취하였던 것이다. 상황이 여기에 이르자 지배층 또한 관수관급제를 존속시킬 필요성을 크게 느끼지 못했다. 그 결과 관수관급제는 16세기 전반에 슬그머니 자취를 감추고 말았다.

이 같이 과전법을 통해 주로 타인 소유의 토지에서 전조를 수취하던 지주들은 자신들의 소유토지를 효율적으로 경영하기 위해서 노비제를 적극적으로 활용하였다. 그들은 작인들이 토지를 방매하는 사태를 미연에 방지하고자 노비와 토지를 결합시켰다. 당시 사람들은 노와 토지가 결합된 형태를 농장(農庄)이라 일컬었다. 16세기에는 개간이 활발히 진행되고, 노비가 급속히 증가함으로써 농장이 확대되고 있었다. 지주들은 대체로 농장을 여러 곳에 보유하고 있었는데, 남녀균분상속(男女均分相續)이 이루어지고 개간이 활발히 진행된 결과였다.

지주들이 도입한 농장경영 형태는 작개(作介), 가작(家作), 병작(竝作)

이었다. 이 가운데 작개와 가작은 노비제의 도움이 필요한 농업경영 형태였으며, 작개는 농장경영에서 주된 위치를 차지했다. 작개경작은 노비의 신역(身役)이었기 때문에 누구든지 노비와 전답만 있으면 작개를 시킬 수 있었다. 지주는 노비에게 작개를 시킬 때 사경(私耕)을 함께 나누어 주었다. 개별 노비에게 할당된 작개와 사경의 면적은 서로 비슷했지만 질적인 면에서 볼 때 작개지가 사경지보다 훨씬 우수했다. 작개는 논 중심으로, 사경은 밭 중심으로 구성되었던 것이다. 논 중심의 작개지 수확물은 거의 전량을 지주가 수취했고, 밭 중심의 사경지 수확물은 노비들이 차지했다.

작개와 달리 가작은 주로 거주지 근처(近處) 농장에서 이루어졌다. 가작은 기경(起耕)에서 타작에 이르는 모든 농사과정을 지주가 직접 관리해야 되는 농업경영 형태였기 때문에 원격지(遠隔地) 농장에 적극적으로 도입되기 어려웠다. 농업경영형태의 측면에서 볼 때 근처농장은 3중의 동심원적 구조를 띠었다. 근처 농장의 경우, 지주가(地主家) 가까이에는 가작지가 위치하고, 그 다음에는 가작지와 작인(作人)들의 경작지가 혼재해 있고, 가장 자리에는 작인들의 경작지가 자리잡고 있었다.

작개나 가작과 달리 병작은 지주와 작인(作人) 사이에 맺어진 계약에 따라 운영되었다. 지주와 작인 사이에 맺어진 병작계약의 효력은 대체로 농사철 동안에만 지속되었고, 한 해 농사가 끝나면 작인들은 마음대로 병작지를 포기할 수 있었다. 지주는 종자와 농우(農牛)를 부담하고, 작인들은 경작을 책임졌으며, 수확물은 지주와 작인이 똑같이 나누어 가졌다. 병작지를 경작하던 15세기의 작인들은 지주에게 신분적으로 예속되지 않은 농민들이었다. 따라서 노비와 전답이 결합된 농장에서 병작이 차지하는 비중은 부차적일 수밖에 없었다.

2. 농법의 집약화와 작물의 다각화

15세기에는 전국의 농경지 가운데 전라 · 경상 · 충청 · 경기도의 논밭이 60퍼센트 정도를 차지하였다. 농경지의 절대 면적뿐만 아니라 논과 밭의 분포비율 또한 지역적으로 편중되어 있었다. 전체 농경지에서 20퍼센트 정도를 차지하던 논은, 그 80퍼센트 정도가 하삼도와 경기도에 분포되어 있었다. 논농사지대는 경기도와 하삼도에 편중되어 있었고, 강원도를 비롯한 북부 대부분 지방은 밭농사지대였다.

이처럼 밭 면적이 논 면적보다 훨씬 넓었지만 농민들은 밭농사보다 논농사를 훨씬 중요하게 여겼다. 당시 사람들은 쌀을 가장 중요한 곡물로 여겼기 때문이다. 15세기 농부들은 두가지 방법으로 벼를 재배했다. 물을 채운 논에 미리 발아시킨 볍씨를 파종하는 직파법(直播法), 또는 못자리에서 자라고 있는 모를 뽑아 전체 논에 옮겨 심는 이앙법(移秧法)을 활용했다. 이 가운데 15세기 농민 대부분이 선택한 방법은 직파법이었다. 이앙법은 가작지 경작을 진두지휘하던 16세기 지주들에 의해 적극적으로 도입되었다. 이앙법은 16세기 후반기에 경상도 북부 지역에서 일반화되었고, 17세기 후반에 이르러서는 경기와 삼남지방에서도 보편화되었다.

조선 후기에도 이앙법과 직파법이 동시에 실시된 까닭은 이앙법과 직파법이 각기 장점과 단점을 가지고 있기 때문이었다. 이앙법의 장점은 김매기〔中耕除草〕 노동력이 절감되는 것이고, 그 단점은 이앙기에 가뭄이 들어 물 공급이 제대로 이루어지지 않으면 실농할 위험이 있다는 것이었다. 이에 견주어 직파법의 장점은 가뭄에 강하고, 그 단점은 김매기가 어렵다는 것이다. 이앙법의 단점 때문에 조선 초기에 정부는 이앙법을 금지하기도 했다. 그러나 이앙법은 시간이 지남에 따라 확대 실시되었고, 그 기술 또한 발전되었다. 이러한 현상은 이앙법이 안고 있는 장점 때문이었다.

직파법으로 벼를 재배하는 농가에서는 대략 5월 하순부터 김매기를 시작하여 추수 때까지 총 4~5차례 실시하였다. 그에 견주어 이앙법을 활용하던 농가에서는 6월 하순경부터 추수 때까지 2~3차례 김매기를 해 주었다. 이앙법은 직파법에 견주어 김매기 횟수를 줄여줄 뿐만 아니라 1회 제초할 때 들어가는 노동력도 절감시켜 주었다. 이앙법을 활용하던 농부는 직파법을 활용하던 농부에 견주어 대략 6~7할 정도의 김매기 노동력을 절감시킬 수 있었다.

이앙법의 장점은 이 밖에도 더 있었다. 이앙법을 활용하던 지주들은 벼 재배가 끝난 가을부터 이듬해 모내기가 시작되는 초여름까지 논을 밭으로 전환하기도 했다. 추수가 끝난 논의 물을 빼내고 그곳에 보리를 갈고, 이듬해 늦봄 보리를 베어내고, 다시 물을 댄 다음 모판에서 자라고 있는 모를 옮겨 심었다. 금강 이남지역 양반들이 18세기 중·부반부터 이러한 도맥이모작(稻麥二毛作)을 적극적으로 활용하였다.

이앙법의 일반화는 밭농사에 큰 영향을 미쳤다. 밭에서는 다양한 곡물들이 생산되었는데, 보리·조·콩이 대표적 밭작물이었다. 그 가운데서도 농민들은 보리를 특히 중요하게 여겼다. 가을 곡식이 바닥나는 여름철에 농민들은 오직 보리에 의지하여 연명하였다. 직파법을 활용하던 농부들은 보리·콩·조 농사를 중요하게 여겼지만 이앙법을 활용하던 농부들에 견줄 때 밭농사를 소홀히 할 수밖에 없었다. 왜냐하면 콩과 조 밭의 김매기 시기와 논의 김매기 시기가 서로 겹치기 때문이다. 밭의 김매기 시기가 늦어져서 잡초가 무성해질 것을 걱정하면서도 일손이 모자랐기 때문에 이를 뒤로 미루고 논의 김매기를 먼저 하였던 것이다. 농부들은 이앙법을 채택함으로써 이러한 애로점을 해결할 수 있었다.

이앙법이 도입되기 이전 대부분의 농민들은 보리·콩·조를 각각 다른 밭에 경작했다. 다만 경작지가 적은 일부 빈민들만이 보리를 베어난 자리에 콩, 조를 심기도 하고, 봄철 보리가 자라고 있는 밭에 조또는 콩을 함께 파종하기도 했다. 전자를 그루갈이라고 하고, 후자를섞어짓기라 한다. 그루갈이와 섞어짓기는 이앙법이 도입되면서 빠르게 확산되었다. 이앙법을 활용함으로써 논의 김매기에 들어가는 노동력을 줄일 수 있었기 때문이다.

이앙법을 활용하던 농민들은 밭작물의 파종방법도 변화시켰다. 밭작물의 파종방법에는 밭갈이로 말미암아 높아진 부분인 이랑에 씨앗을 파종하는 농종법(壟種法), 이랑보다 낮은 고랑에 종자를 뿌리는 견종법(畝種法)이 있었다. 조선 후기가 되면 대부분의 밭작물이 견종법으로 재배되었다. 견종법으로 작물을 재배할 경우 이랑이 바람을 막아주고, 습기를 머금어 주기 때문에 고랑에 파종할 때보다 추위와 가뭄에 강했다. 나아가 곡식이 어느 정도 자라면 이랑 부분의 흙으로 곡식의 뿌리부분을 덮어 주는 북주기를 해주었기 때문에 작물이 더욱 충실하게 자랐다. 농민들은 논에서 절약된 노동력을 활용하여 밭작물의 북주기를 해 주었던 것이다.

이앙법의 일반화는 많은 노동력을 투입해야 되는 상품작물의 재배를 쉽게 해줌으로써 농민들의 실생활에 커다란 영향을 끼쳤다. 고려말 전래되어 16세기에 널리 확산된 면화는 파종 이후 보통 7차례 정도김매기를 한 다음 수확하였다. 면화와 더불어 조선 후기 대표적인 상품작물로 담배를 꼽을 수 있다. 16세기 말 전래되어 18세기 전반기에널리 확산된 연초는 다른 밭작물에 비해 대략 2~3배의 노동력을 필요로 했다. 이앙법을 활용함으로써 절감된 논의 김매기 노동력이 면화와담배 재배에 활용되었던 것이다.

3. 타작과 도지의 확산

개간의 열기는 17세기까지도 지속되었다. 17세기에는 양란 때문에 진전으로 변한 곳을 개간하기도 하고, 미개간지를 일구어 농토로 전환시키기도 했다. 그 결과 17세기 후반으로 갈수록 개간 가능한 지역을 찾는 것이 점차 어려워졌다. 이렇듯 토지에 대한 수요가 늘어나면서 땅에 대한 권리도 점차 분명해졌다. 많은 토지에 존재하던 작인의 권리가 17세기 들어 더욱 빠르게 소멸했다. 이처럼 일물일권적(一物一權的) 소유권이 성립되는 과정에서 토지에 대한 권리를 둘러싸고 작인과 소유자 사이에 분쟁이 일어나는 경우가 한 둘이 아니었다. 그래서 17세기를 '토지소송의 시대'라고 칭하기도 한다.

이 같이 일물일권적 소유권이 성립함으로써 지주들은 자신들의 토지를 지주와 작인(作人) 사이에 맺어진 계약에 의거하여 운영되는 병작지로 대여하더라도 지대를 원활히 수취할 수 있었다. 이 같이 병작은 지주들의 고민을 상당 부분 해소시켜 주었다. 작개에 의존하여 농장을 경영하던 지주들은 16세기 후반부터 노비들의 태업 때문에 골머리를 앓고 있었다. 작개지 수확량은 거의 전량 지주가 수취하였으므로 노비들의 작개지 경작의지는 약할 수밖에 없었던 것이다. 이러한 문제에 직면한 지주들은 17세기부터 작개를 병작으로 빠르게 전환시켰다.

조선 후기 지주제의 근간이 된 병작은 지대수취 방식에 따라 타작(打作), 도지(賭只), 집조(執租)로 구분된다. 셋 가운데 역사가 가장 오래된 방식은 타작인데, 고려시대 때 생겼다. 타작은 수확이 끝난 뒤 지주와 작인이 곡물이 반분하는, 즉 정률지대를 수취하는 방식이다. 지주들은 17세기부터 봄철에 수취할 곡물량을 결정하고 수확이 끝난 뒤 지대를 수취하는, 정액지대를 수취하는 도지(賭地)를 일부의 전답에 적용하기도 했다. 봄철에 정하는 지대량은 통상 타작으로 수취할 때의 곡물량과 비슷한 수준에서 결정되었다.

도지는 17세기에 출현했지만 실제 내용은 작개를 닮은 점이 많다. 첫째, 도지가 적용된 답은 작인이 수확물의 전량 또는 그 대부분을 가지는 전답과 짝하고 있다. 작개와 사경이 짝하고 있는 모습과 흡사하다. 둘째, 논의 도지액은 대단히 높은 수준에서 결정되었다. 작개 또한 대부분 논으로 주어졌으며, 그곳의 수확물은 전량을 지주가 차지했다. 셋째, 도지가 적용된 전답의 수취가 원활히 이루어지지 않은 경우가 많았다. 작개지에서도 노비들의 태업, 은닉 등으로 말미암아 지주들은 곡물수취에 애를 먹었다.

도지와 마찬가지로 집조 또한 추수 이전에 지대량을 책정하는 농업경영형태이다. 집조란 수확이 임박한 시점에 지주가 그해의 작황수준을 살펴본 다음 현장에서 지대량을 결정하는 경영형태이다. 따라서 수확 이전에 지대량을 책정한다는 점에서는 이른 봄철에 지대량을 결정하는 도지와 그 성격이 비슷하고, 그해의 작황수준이 비교적 정확히 반영된다는 측면에서는 수확이 끝난 다음 지주와 작인이 곡물을 반분하는 타작과 그 성격이 유사하다. 도지와 타작의 중간형태라 할 수 있는 집조는 19세기 언저리에 발생했다.

4. 토지소유와 농업경영의 영세균등화

양란 이후 활발히 진행되던 개간은 18세기부터 그 기세가 한풀 꺾인 것과 달리 농촌인구는 18세기 들어서도 꾸준히 증가했다. 이 같이 토지 증가율보다 농촌인구 증가율이 높았기 때문에 조선 후기 농민들의 평균 농지소유 규모는 줄어들었다. 1720년에 작성된 경상도 용궁현(龍宮縣) 경자양안(更子量案)은 1634년에서 1720년 사이의 변화상을 구체적으로 보여주고 있다. 두 시기 사이에, 토지는 7퍼센트 증가하는 데 그친 데 견주어 토지소유자는 50퍼센트나 증가함으로써, 1인당 소유 면적은 20퍼센트 이상 감소했다.

1인당 평균소유면적이 줄어들었을 뿐만 아니라 대규모 토지를 소유한 지주들도 점차 줄었다. 용궁현에서는 1634년에서 1720년 사이에 5결 이상을 소유한 사람은 절반으로 감소한 반면, 25부 미만을 소유한 사람은 2배 가까이 증가했다. 이러한 현상은 인구가 증가하는 상황에서 토지의 분할상속(分割相續)이 지속적으로 이루어졌기 때문에 초래됐다. 이러한 사태에 직면한 양반지주들은 재산규모가 영세화하는 것을 막을 수 있는 방편을 강구했다. 그들은 장자(長子)에게 토지를 집중시켰을 뿐만 아니라 더 많은 전답을 제위전으로 할당하고, 종손과 문중 구성이 함께 그것을 관리하게 했다. 향촌사회 곳곳에서 '종가형 지주'가 출현했던 것이다. 그런데 '종가형 지주'가 모든 문제를 해결해줄 수는 없었다. 모든 사람이 종손이 될 수는 없었기 때문에 맏아들이 아닌 양반들의 토지소유 규모는 더욱 영세해질 수밖에 없었던 것이다.

한편 대규모의 토지를 소유한 대지주도 존재했는데, 이들의 대다수는 고관(高官)을 역임한 사람들이었다. 조선 후기 대토지 소유자는 바로 관료적 지주였던 것이다. 그러나 후손들은 대부분 관직 진출에 실패하고, 평생을 농촌에서 보냈던 탓에 많은 토지를 소유할 수 없었다. 관직을 매개로 한 대규모 토지집적이 어려운 상황에서 토지의 분할상속이 이루어졌기 때문이다.

조선 후기에는 개별 농민의 경작면적 또한 차츰 축소됐다. 작인들 가운데 일부는 지주로부터 많은 전답을 빌리기도 했지만 그 같은 작인들은 시간이 흐를수록 줄어들었다. 지주들은 될 수 있는 대로 많은 작인들에게 자신의 땅을 빌려주려고 했기 때문이다. 여러 사람들에게 토지를 나누어줌으로써 소수의 작인에게 토지를 집중시킬 때보다 지주

경영의 안정성을 높일 수 있었던 것이다. 이 같이 조선후기 농촌에서는 시간이 흐름에 따라 하향평준화한 농민이 양산되고 있었던 것이다. 조선 후기 개별 농민의 경작규모가 줄어드는 추세는 농법의 변화추세와 궤를 같이하며 진행됐다. 이앙법이 보급된 이후 농법은 점점 더 집약화의 길을 걸었는데, 단위 농가의 노동력은 그 이전 수준에서 유지되고 경작면적은 차츰 축소됨으로써 그러한 현상이 초래됐던 것이다.

맺음말

조선시대 농업생산력의 변화는 16세기부터, 그리고 농업경영의 변화는 17세기 중반 이후부터라는 데에 최근의 연구는 대체로 동의하고 있다. 추수기(秋收記) 일기, 분재기 등과 같은 농촌현장에서 작성된 자료를 활용한 연구가 활발히 진행된 덕분이다. 이들 연구에서 이앙법 보급의 구체적 양상과 그 영향, 그리고 농장경영의 실상과 그 해체시기 등이 밝혀진 것이다. 그리고 조선 후기의 토지소유규모와 경영규모의 추이가 동시기 서유럽과 달리 영세균등화했다는 사실에도 별다른 이견이 없다. 방대한 양의 양안을 분석하고, 오랜 기간에 걸쳐 작성된 추수기를 분석한 연구들이 그러한 사실을 입증하고 있다.

이 같이 1980년대 이후의 연구에서 조선시기 농업사에 관한 새로운 사실들이 많이 밝혀졌지만 여전히 풀어야 할 난제는 적지 않게 남아있다고 할 수 있다. 그 가운데서도 조선후기 농민경영의 영세균등화 현상에 내재된 역사적 의미를 설명할 수 있는 이론틀을 제시하는 것이 무엇보다도 절실하다고 할 수 있다. 이 문제를 해결하는 데는 같은 시기 중국, 일본, 동남아시아 농업의 발전 방향에 대한 검토가 많은 도움이 될 것으로 생각한다.

■ 참고문헌

김건태,《조선시대 양반가의 농업경영》, 역사비평사, 2004.

金容燮,《朝鮮後期農業史研究》Ⅰ, 一潮閣, 1970.

───,《朝鮮後期農業史研究》Ⅱ, 一潮閣, 1971.

金泰永,《朝鮮前期 土地制度史研究》, 知識産業社, 1983.

李景植,《朝鮮前期 土地制度研究》, 一潮閣, 1986.

李鎬澈,《朝鮮前期農業經濟史》, 한길사, 1986.

李榮薰,《朝鮮後期社會經濟史》, 한길사, 1988.

閔成基,《朝鮮農業史研究》, 一潮閣, 1990.

염정섭,《조선시대 농법 발달 연구》, 태학사, 2002.

鄭勝振,《韓國近世地域經濟史》, 景仁文化史, 2003.

최윤오,《朝鮮後期 土地所有權의 발달과 地主制》, 혜안, 2006.

宋贊植,〈朝鮮後期農業에 있어서의 廣作運動〉,《李海南博士華甲紀念史學論叢》, 1970.

李景植,〈17世紀의 農地開墾과 地主制의 展開〉,《韓國史研究》9, 1973.

李泰鎭,〈16세기의 川防(洑) 灌漑의 발달〉,《韓㳓劤停年紀念史學論叢》1981.

朴準成,〈17·18세기 宮房田의 확대와 所有形態의 변화〉,《韓國史論》11, 1984.

李榮昊,〈18·19세기 地代形態의 變化와 農業經營의 變動〉,《韓國史論》11, 1984.

宋讚燮,〈17·18세기 新田開墾의 확대와 經營形態〉,《韓國史論》12, 1985.

李世永,〈18·19세기 兩班土豪의 地主經營〉,《韓國史論》13, 1985.

都珍淳,〈19세기 宮庄土에서의 中畓主의 抗租〉,《韓國史論》13, 1985.

이윤갑,〈18·19세기 경북지방의 농업변동〉,《韓國史研究》53, 1986.

李榮薰,〈古文書를 통해 본 朝鮮前期 奴婢의 經濟的 性格〉,《韓國史學》9, 1986.

李永鶴,〈韓國 近代 煙草業에 대한 研究〉, 서울대 박사논문, 1990.

宮嶋博史,〈李朝後期における朝鮮農法の發展〉,《朝鮮史研究會論文集》18, 1981.

부세제도와 농민생활

송양섭(충남대 국사학과)

머리말

조선왕조의 부세제도는 '전(田)이 있으면 조(租)가 있고, 신(身)이 있으면 역(役)이 있고, 호(戶)가 있으면 공물(貢物)이 있다'고 하여 당(唐)의 조용조(租庸調) 제도를 이념형으로 하여 각기 토지·인신·호에 대응하는 형태로 이루어졌다. 왕조의 부세제도는 국가기구 유지와 운영의 재정적 토대일 뿐 아니라 '균부균세(均賦均稅)'의 이념으로 분식된 민과 토지지배의 구체적 표현이었다. 민의 처지에서 본다면 조세와 부역은 생산활동과는 별도로 자신들의 존재양태와 삶의 방식을 규정하는 중대한 요소였다. 국가는 부세원 확보를 위해 각종 제도적·정치적 수단을 동원하여 토지와 민을 공적 파악 대상으로 편입시키고자 하였고 민은 이로부터 벗어나기 위해 끊임없이 저항하였다. 왕조의 부세제도는 이 같이 국가와 민 양자의 긴장관계 속에서 때로는 타협하고 때로는 갈등하면서 지속적으로 변화하고 있었다. 여기에 당대의 생산력

수준과 이를 배경으로 한 국가정책, 신분질서, 촌락 내 다양한 세력판도는 시기별·지역별로 다양한 형태의 부세 운영방식을 드러냈다. 이 글은 이러한 점을 염두에 두고 조선왕조의 부세제도를 부문별로 나누어 그 운영양상과 변화과정을 살펴보고 이에 따른 농민부담의 실태를 간략하게 언급하고자 한다.

1. 전세제도의 변화

조선왕조 건국세력은 사전혁파를 단행한 뒤 1391년(공양왕3) 과전법을 공포한다. 고려의 전시과 제도와 연결되는 과전법은 전국의 토지를 국가수조지로 편성하고 각급 기관과 왕족·관료 등 개인에게 수조권을 분급한 것으로서 이 시기 토지파악과 조세제도 운영의 근간을 이루었다. 과전법 체제 아래서 수조율은 당시 1결당 생산량 300두의 약 1/10에 해당하는 조 30두였다. 사전 수조자는 조 30두 가운데 2두를 국가에 세로 납부하였다. 수조율은 답험손실법(踏驗損失法)에 의하여 농작상황에 따라 차등이 두어졌다. 하지만 수령에게 업무를 위임받은 향리, 토호 등 지역세력들에 의해 답험이 자의적으로 이루어지자 이로 말미암아 갖가지 문제가 불거졌고 그 피해는 고스란히 소빈농에게 돌아갔다.

1444년(세종26) 우여곡절 끝에 확정된 공법(貢法)은, 이러한 답험손실법의 문제를 개선하고, 당시 농업생산력의 발달에 걸맞는 더욱 체계적이고 효율적인 전세수취를 통해, 국가재정을 확충하고 소농민을 보호하고자 강구된 것이었다. 공법으로 수조율은 약 1/20로 하향조정되었으며 비옥도에 따라 토지를 6등급으로 나누고〔전분6등제〕당해년의 작황을 9등급으로 구분하여 4두(하하년)~20두(상상년)까지 전세를 차등수세〔연분9등제〕함으로써 수취율을 탄력적으로 조절할 수 있도록 하였다. 하지만 16세기 이후 수조지분급제의 소멸, 사적지주제의 확대를 통한 재지사족의 성장으로 전세수취는 점차 지주세력에게 유리한 방식으로 바뀌어갔다. 연분은 점차 하하년으로 고정되어 갔고 마침내 1635년(인조13) 영정법(永定法)으로 결당 전세액은 4두로 법제화했던 것이다.

전세를 징수하기 위해서는 양전(量田)을 통해 토지를 파악해야 했다. 원래 양전은 20년마다 시행토록 되어 있었으나 그러한 원칙은 제대로 지켜지지 않았다. 양전으로 파악된 양안상의 결수(結數)는 전세징수의 기초자료였다. 전세의 수취는 그 해의 작황과 시기전(時起田)을 조사하는 행심(行審), 면세결을 확정하는 표재(俵災), 납세자를 조직하는 작부(作夫)의 과정을 거쳐 이루어졌다. 특히 작부제는 4결이나 8결 단위로 납세자를 조직하고 호수(戶首)가 조세납부를 책임지는 형태였는데, 관에 납부하는 액수와 실제 수취액의 차감분을 호수가 차지하는 '양호방결(養戶防結)'이 널리 자행되어 많은 문제를 드러내고 있었다. 전세수취 방식은 18세기 중엽 비총제(比摠制)의 실시로 다시 한 번 변화를 겪는다. 비총제는 풍흉에 대한 현지조사 없이 호조에서 산출한 과세총수와 그해의 풍흉에 상당하는 연도의 실총을 비교하여 당해연도의 실총(實摠)과 재총(災摠)을 산출해 이를 각도에 나누어 주면 감사가 다시 각 읍에 분배하여 수취하는 형태였다. 비총제의 실시는 종래 중앙에서 파견된 경차관을 통해 이루어지던 답험이 비효율성과 폐단을 드러내자 전세감면권을 수령에게 넘기고 중앙정부는 해당년도의 수취총액만을 관철하고자 한 것으로 전세수입의 안정적인 확보가 주된 목적이었다.

한편 시간이 지남에 따라 다양한 명목의 부가세가 토지로 집중되는 경향이 뚜렷해진다. 훈련도감 재원조달을 위한 삼수미의 부과, 대동법 시행에 따른 공물의 토지세화, 균역법의 군포 감필분 보전을 위한 결전(結錢) 등의 항목이 대표적이다. 그 밖에도 창작지미(倉作紙米), 공인 역가미(貢人役價米), 가승미(加升米), 선급(船給), 그리고 군현 자체에서 부과하는 치계시탄가(雉鷄柴炭價), 낙정미(落庭米), 고마조(雇馬租) 등 무수한 항목이 토지에 부과되었다. 19세기 무렵 토지에 부과되는 결당 전결세(田結稅)의 총액은 대략 조 100두 정도로 산정되었다. 전세와 부 가세를 총칭한 이른바 전결세의 항목은 시간이 갈수록 늘어만 갔고 특 히 군포·환곡 등의 감축·결손분까지 도결(都結)이라는 이름으로 토 지에 부과되었다. 도결의 액수는 막대했으며 1862년 농민항쟁에서 주 요 이슈로 부각되었다.

2. 공납제와 대동법

공납제는 각 지역에 토산물을 할당, 현물로 수취하여 국가의 수요품 을 조달하는 제도이다. 공납의 종류는 다양했지만 대체로 공물(貢物) 과 진상(進上)으로 나눌 수 있다. 공물은 공안(貢案)에 수록된 정규적인 상공(常貢) 이외에 수요가 발생할 때 수시로 거두는 별공(別貢)이 있었 다. 《세종실록지리지》에 나타난 공물의 내역은 농업생산물을 비롯하 여 가내수공업제품, 해산물, 과실류, 광산물, 조수류 등이 망라되어 있 다. 공물의 부과는 해당지역의 결수(結數)와 호구수(戶口數)가 참작되 었지만 그 기준은 분명하지 않았고 수취과정도 지방관과 향리에 맡겨 졌기 때문에 처음부터 문제를 안고 있었다. 한편 진상은 국왕과 궁중 에서 필요로 하는 물품을 '예헌(禮獻)'의 방식으로 상납하는 것으로서 공물과 마찬가지로 군현단위로 배정되어 민호에 부과되었다. 공물과 진상은 관에서 마련하는 것[官備]과 민호가 갖추어내는 것[民備]이 있 었는데 민의 부담이 되기는 마찬가지였다.

공물·진상은 그 자체의 부담뿐 아니라 운반·수송에 소요되는 노동력도 요역의 형태로 제공해야 했다. 그 부과도 지역의 산물을 배정하는 것이 원칙이었지만 실제로는 그렇지 않은 경우가 많았다. 한번 공물로 정해져서 공안(貢案)에 오르면 이를 바꾸기란 쉬운 일이 아니었고, 이를 구하기 어려울 경우 상납물품을 구입하여 납부할 수밖에 없었다. 이러한 구조적 모순이 공물의 대리납부, 즉 방납(防納)을 가져왔다. 상인이나 하급관리, 권세가 등은 방납구조에 기생하여 폭리를 취하였고 그 반대편에는 소농민의 몰락이 이어졌다. 공납제 개혁문제가 조야의 중대현안으로 떠올랐음은 물론이다. 지방 차원에서는 이러한 문제에 대응하여 공물가격을 미곡의 형태로 수취하여 방납으로 내는 관행이 확산되었는데 이를 사대동(私大同)이라 한다. 대동법도 따지고 보면 이러한 사대동의 관행을 국가적 차원에서 공인한 것이었다.

대동법의 선구적 형태는 임진왜란 중인 1594년(선조27) 군량조달을 목적으로 유성룡의 건의로 일시 채택된 대공수미법(代貢收米法)이었다. 광해군 즉위 직후 경기지역에 처음 실시된 대동법은 충청·전라·경상도로 확대되어 1708년(숙종34) 전국적인 시행을 본다. 남부지역과는 달리 함경·강원·황해도에는 상정법(詳定法), 평안도에는 수미법(收米法)이 채택되었는데 본질적으로 대동법과 다르지 않다. 대동법을 둘러싸고 적지 않은 논란이 일어났고 그 시행도 약 1세기가 소요되었는데 그 이유는 지세화한 대동을 부담해야 하는 지주층과 방납구조에 기생하면서 막대한 이득을 취하던 방납인들의 반대가 격렬했기 때문이었다. 또한 양전의 미비로 토지파악도 충실하지 못한 상태였다. 대동법은 가호 단위로 부과하던 공물·진상·잡역 부담의 대부분을 토지세로 편입시킨 것으로서, 방납의 폐단으로 인한 국가재정의 궁핍과 농민의 몰락에 직면하여 채택하지 않을 수 없었던 재정 및 수취제도 개혁이었다.

대동미는 대략 결당 12두 정도였는데 미곡의 생산이 적은 지역은 전
(錢)·목(木) 등으로 대납하기도 했다. 선혜청은 각처에서 대동미(목·
전)를 거두어 공인(貢人)에게 지급함으로써 국가의 수요품을 조달하도
록 하였다. 대동법의 시행으로 공물·진상의 상당부분이 지세화하였
으며 각종 역역(力役)의 물납화·금납화를 촉진하였다. 국가재정도 상
대적으로나마 안정을 찾을 수 있는 계기가 되었다. 종래 방납인에서
합법적인 공물납부 청부인으로 떠오른 공인층은 대상인(大商人)으로
성장하였으며, 이는 상업과 수공업 분야의 발전에도 커다란 영향을 미
쳤다. 대동미는 처음에는 유치미(留置米)의 명목으로 지방관아의 경비
로 일정량이 비축되고 나머지는 중앙으로 상납되었으나, 18세기 이후
중앙재정의 수요증가로 상납미의 비율이 높아지고 지방유치분이 감소
하는 추세가 급격히 진행된다. 이는 이후 지방재정의 곤란을 초래하는
중대한 요인으로 작용했다.

3. 군역과 요역

조선왕조는 국가가 필요로 하는 인적·물적 자원을 신역제(身役制)
를 바탕으로 징발하였는데 그 대종을 이루는 것이 군역과 요역이었다.
우선 군역은 병농일치(兵農一致)의 이념아래 호적대장을 토대로 파악
된 16~60세의 남정(男丁)에게 부과하도록 규정되었다. 조선 초의 군역
은 그 내용이 다양했지만 이념적으로는 천인을 제외한 모든 계층을 대
상으로 하는 양인개병(良人皆兵)의 원칙으로 운영되었다. 양반계층은
관직에 종사하거나 이를 위해 학업을 준비한다는 이유로 군역에서 제
외되었다. 군역부과의 단위는 직접 군역을 담당할 정군(正軍), 그리고
정군에 대한 재정적 보조를 담당한 봉족(奉足)으로 이루어졌다. 봉족

제는 입역(立役)에 따른 여러 경비를 스스로 해결토록 한 제도적 장치로서 군역민의 몰락을 막고 국가재정 절감을 위한 이상적인 방안으로 간주되었다. 조선초기의 군호(軍戶)는 대개 3정(丁) 1호(戶)로 편성되었으나, 1464년(세조10)의 보법(保法)을 실시하면서 2정을 1보로 삼고 토지 5결을 정 1명에 준하도록 하였으며 노자(奴子)도 봉족수로 계산하였다. 이후 보법에 따른 급격한 군액증가가 반발에 직면하자《경국대전》에서는 정군의 호당 여정(餘丁) 2명을 인정했고, 수군도 3정호는 1명을 보에 포함시키지 않도록 허용하였다. 또한 토지를 정수(丁數)에 준하도록 한 규정이 폐지되고 노자의 경우 반만을 보(保)로 계산토록 하였다. 또 보인의 정군에 대한 재정보조는 매월 면포 1필로 규정하였다. 한편 16세기 이후 값을 지불하고 다른 사람을 대신 세우는 대립(代立)과 실제 복무를 하지 않고 포를 거두는 방군수포(放軍收布)가 확산됨에 따라, 군역은 광범위하게 납포군(納布軍)으로 변모하고 있었다.

17세기에 접어들어 군역은 양인개병의 원칙이 허구화하고 양인만이 부담하는 양역(良役)으로 변모함으로써 신분제에 입각한 특권적 부세로서의 성격이 노골화하였다. 특히 왜란과 호란을 겪으면서 국방체제 정비의 일환으로 대규모 군영이 속속 창설되고, 여기에 맞추어 폭증한 군액은 군역제 운영의 심각한 모순을 드러내기에 이른다. 이른바 '백골징포(白骨徵布)', '황구첨정(黃口簽丁)' 등의 폐단이 그것으로, 이에 대해 농민층은 여러 가지 형태의 피역(避役)으로 대응하였다. 17세기 후반부터 활발히 제기된 양역변통론은 이에 대한 대책을 강구하는 과정이었다. 양역변통은 군제변통론(軍制變通論), 호포론(戶布論), 구전론(口錢論), 유포론(遊布論), 결포론(結布論) 등 여러 가지 주장이 제기되었으나 논란 끝에 결국 감필론이 채택되어 2필, 2.5필, 3필 등 다양한 군역부담을 1필로 감필균일화(減疋均一化)하였다. 바로 1751년(영조27) 균역법(均役法)의 실시였다. 하지만 대략 100만 필에 이르던 군포수입

이 50만 필 정도로 줄어든 상황에서 군포수입을 보전하기 위한 대체재
원을 강구하지 않으면 안 되었다. 이른바 '급대(給代)' 명목으로 새로
이 색출한 재원은 어염선세(魚鹽船稅), 은여결(隱餘結), 이획(移劃), 선
무군관포(選武軍官布), 결전(結錢) 등이었다. 이들 재원이 균역청으로
귀속됨에 따라 수입의 상당부분을 이에 의존하고 있던 지방관청은 만
성적인 재정난에 허덕이지 않으면 안 되었다.

한편 18세기 중엽 간행된 《양역실총(良役實總)》으로 중앙군과 지방
군 상당부분의 군역이 정액화하여 공식적인 군액은 더 이상 늘어나지
않도록 규제되었다. 하지만 재정난에 시달리던 지방관아는 중앙의 파
악에서 벗어난 각종 명목의 잡다한 역종, 즉 사모속(私募屬)을 만들어
재원을 충당하고자 하였다. 이로 말미암아 나타난 군역자원의 부족,
즉 '군다민소(軍多民少)' 현상은 거의 전국적인 것이었다. 이러한 상황
에서 촌락사회는 군포계(軍布契)나 역근전(役根田) 등으로 재원을 조성
하거나 동포(洞布), 호포 등의 방법으로 군포를 납부하였다. 이 과정에
서 양반사족층도 공동납에 참여하지 않을 수 없었는데 이로 말미암아
군역의 특권적 부세로서의 성격은 크게 약해졌다. 호적대장에 종래 관
료예비군에게 부여되던 '유학(幼學)' 직역이 폭증하는 현상도 군역의
공동납을 배경으로 민의 유학직역에 대한 욕구를 호적대장에서 승인
해 주는 한편 안정적인 담세능력을 가진 건실한 호(戶)를 등재하려는
의도가 반영된 것이었다. 1871년(고종8) 호포법도 대내외적 위기상황
에서 촌락내부에서 진전된 공동납의 관행을 법인화한 것에 지나지 않
았다.

요역은 각종 토목공사, 조세납부 등의 다양한 측면에서 국가가 필요
로 하는 노동력을 정기·부정기적으로 징발·사역하는 제도였다. 조
선 초기의 요역징발은 호내의 인정수(人丁數)를 기준으로 하는 계정제
(計丁制)와 경작토지의 규모를 기준으로 하는 계전제(計田制)가 혼용되

다가 세종대 이후 계전제로 귀착되어 1471년(성종2)의 '역민식(役民式)'에는 8결당 역부(役夫) 1명을 내도록 규정되었다. 16세기 이후 신역제의 전반적인 물납화 추세 속에서 요역제도 같은 과정을 밟았다. 국가의 각종 토목공사에 동원되는 노동력을 값을 지불하고 고용하는 모립제(募立制)가 확산되었다. 특히 대동법으로 공물과 진상과 관련된 요역의 상당부분이 지세화했으며 군현단위의 각종 요역도 잡역세의 명목으로 물납화의 길을 걷게 되었다.

4. 환곡제도

전통사회의 농민은 기근과 재난의 위험에 항상 노출되어 있었다. 흉년이나 재해로 농민들은 굶어죽거나 생활기반을 잃고 유민(流民)으로 떠도는 경우가 흔히 있었다. 환곡제는 삼국시대의 진대법, 고려의 의창과 상평창제 등을 계승하여 국가 차원에서 곡물을 비축하여 대여함으로써 농민의 재생산기반을 돕기 위한 제도였다. 소농을 보호함으로써 농업생산력을 안정되게 유지하는 일은 체제존립에 불가결한 문제였던 것이다. 또한 환곡은 국가의 갑작스러운 재정수요에 응하고 재해나 흉년에 대비한 예비재정으로서의 성격이 짙었던 만큼 왕조정부는 비축곡을 확보하고자 다각도로 노력하였다. 하지만 환곡의 농민진휼이라는 성격은 시간이 지남에 따라 변질되기 시작하였다. 원래 환곡운영 과정에 불가피한 결손·자연감모분을 충당하기 위하여 대출한 곡물의 10퍼센트를 이자로 거두어들이도록 규정되어 있었다. 환곡의 만성적인 부족현상이 계속되는 가운데 그 대책의 일환으로 1554년(명종9) 환곡이자의 10퍼센트, 즉 석당(石當) 1승 5홉을 호조에 회록토록 하는 일분모회록(一分耗會錄)이 실시되었다. 이로써 환곡이자의 10퍼센트가 국가재정의 일부로 편입된 것이었다. 1637년(인조15)에는 빈번해 진 청사(淸使)접대비를 마련하기 위해 환곡이자의 30퍼센트를 회록토 록 하는 삼분모회록(三分耗會錄)이 실시되었다. 이는 원곡의 부족을 메 우기 위해서가 아니라 처음부터 재정보용을 목적으로 한 것이다.

18세기 접어들어 환곡은, 각 기관의 재정원 확보를 위해, 사실상 부 세의 한 부문으로 자리잡기에 이른다. 중앙의 각군영, 아문은 물론 지 방의 영진과 각읍 등은 저마다 새로운 명목의 환곡을 설치하여 운영하 였다. 예컨대 중앙의 호조곡 · 상진곡 · 비변사곡 · 균역청곡 등과 지방 의 감영곡, 통영 · 병영 · 수영 등의 곡물이 그것이다. 특히 균역법으로 지방재정의 상당수가 중앙으로 이속됨에 따라 환곡운영을 통한 수입 은 지방관청의 새로운 재원으로 떠올랐다. 18세기 초 약 500만 석에 지나지 않았던 환곡총수는 18세기 말~19세기 초 약 1,000만 석까지 상 승하여 불과 1세기만에 2배 가량 늘어났다. 지역별 환곡총수의 과다는 '환다호소(還多戶少)', '환다민소(還多民少)' 현상의 전국화를 가져왔 다. 회록율(會錄率)은 90~100퍼센트까지 치솟았고 반은 비축해 두고 반은 대출하는 반류반분(半留半分)의 원칙을 어기고 전량을 나누어 주 는 진분(盡分)의 일상화, 원하지 않는데도 곡식을 강제로 떠맡기는 늑 대(勒貸), 환곡을 분급하지도 않고 이자만을 수취하는 와환(臥還) 등 여 러가지 폐단이 나타났다. 19세기에 접어들어 이러한 양상은 더욱 격화 되었는데, 여기에 지방관의 횡포나 향리들의 농간이 겹치면서 문제는 더욱 심각한 방향으로 치달았다. 환곡의 징수방법도 다양하게 나타났 는데 환곡의 분급 · 징수가 호단위로 이루어지는 호환(戶還), 촌락이나 통조직에 맡긴 이환(里還), 통환(統還), 그리고 토지에 부과하는 결환 (結還) 등이 그것이다. 19세기에 접어들어 구조화한 포흠(逋欠)으로 환 곡은 장부상으로만 존재하는 허류곡(虛留穀)이 급증하였고, 이를 메꾸 고자 몇 년에 걸쳐 포흠분을 수취하도록 하는 방식[限年排捧]이나 토지에 부과하는 방법〔都結〕 등을 썼다. 이는 주로 이서들이 자행했던 환곡포흠에 대한 책임을 민에게 전가시키는 것이었다. 1862년(철종13) 농민항쟁에서 가장 문제가 된 것이 바로 환곡의 폐단이었다. 농민항쟁 수습과정에서 채택한 대책은 '파환귀결(罷還歸結)' 조치로서 환곡을 폐지하고 일부는 지세화하여 결당 전 2냥을 징수토록 하는 것이었다. 이후 흥선대원군 집권기에 사창제(社倉制)가 실시됐으나, 여전히 구휼의 기능보다는 기존의 환곡제를 유지·강화하는 내용이 주를 이뤘다.

5. 조세부담과 농민생활

고려 후기 이래 진전된 농업기술의 발달로 15세기 무렵 조선왕조는 사실상 휴한농법의 극복과 연작상경(連作常耕) 단계로 들어갔다고 평가된다. 새로이 건국된 조선왕조는 강력한 공권력을 바탕으로 국가수조지와 공민의 확보에 주력하여 국가운영의 물적토대를 삼고자 하였다. 15세기 과전법체제 아래 조세와 국역부담의 기축을 이루는 것은 양인자영농민으로서 국가는 이들을 토대로 운영되었다. 이들은 신분적·경제적 위상과 관련된 국가의 수취체제에 얽매여 생활기반을 크게 제약당하는 존재였다. 전세수취를 위한 답험이나 수세과정에서 사회적으로 무력한 농민은 편파적 부담을 감수하는 경우가 많았다. 농민층에게 가장 큰 부담의 하나였던 군역은, 세조대 보법시행으로 군역부담층이 대폭 확대되는 과정에서, 농민층의 유리·유망을 가속화하고 있었다. 특히 16세기 이후 양반사족층이 군역으로부터 이탈하자 상황은 더욱 악화되었다. 공납의 경우 수취기준의 복잡함과 모호함으로 말미암은 문제점에 수령과 방납배의 결탁이 더하여져 자의적인 수탈은 거의 일상적이라 할 만했다. 대다수의 농민층은 경제적으로나 사회적

으로 취약한 상태에서 환곡이나 빚 따위에 매달려 근근이 생계를 이어
가는 형편이었다. 여기에 가해지는 전세, 군역, 공납 등 수취체제의 모
순과 중압은 불안정한 자립기반 위에 서 있는 이들 농민이 파산하여
토지로부터 이탈케 하는 주된 요인이었다. 이들은 16세기 이후 사적
지주제의 광범위한 전개를 배경으로 지주가(地主家)의 전호(佃戶)나 노
비로 대거 전락하였다.

한편, 왜란·호란을 거치면서 늘어난 각급기관의 할거적 재정지배
는 정규재정부문에서 벗어난 면세지·면역자를 양산하면서 국가경제
의 커다란 부담으로 작용하게 된다. 이러한 가운데 시행된 대동법과
균역법은 농민생활의 상대적 안정과 국가재정의 건실성 제고에 일정
하게 기여하였다. 여기에 급격히 성격이 변질된 환곡으로 18세기 조선
왕조의 부세제도는 이제 전정·군정·환곡 중심의 삼정체제(三政體制)
로 운영되었다. 특히 삼정을 중심으로 하는 부세 각 부문은 중앙으로
의 재정일원화 추세 속에서 군현단위로 할당된 수취총액이 점차 굳어
져 실제 인구나 토지 변화를 감안하지 않고 정해진 액수를 수취하는
형태, 즉 비총(比摠)의 방식이 적용되기에 이른다. 하지만 이러한 부세
운영상의 변화는 지방재정의 희생을 바탕으로 한 것으로, 지방관청은
환곡이나 각종 잡역세 등 비공식 부문의 수취를 늘리는 형태로 대응하
였다. 이 과정에서 지방수령은 집중된 부세수취권으로 자체재정 확보
에 열을 올리기 시작했다. 관권의 침투가 노골화하자 촌락내부의 자율
적 영역이 크게 위축되어 촌락민은 자구책을 강구하지 않을 수 없었는
데 면리단위의 공동납은 그 대표적인 예이다.

전정의 경우 전세·대동·삼수미·결작 등을 비롯하여 중앙과 지방
의 관청이 그때그때의 필요에 따라 창출해 낸 각종 부가세가 조 100두
를 상회하기 일쑤였다. 군정의 경우 군역의 정액화와 군포부담의 경감
을 가져왔지만 지방차원에서 만들어낸 각종 사모속과 집단적인 피역

의 성행으로 타지역의 부담까지 떠안는 상황이었다. 각급기관이 재정 충당수단으로 설치한 갖가지 명목의 환곡은 농민의 생활기반을 뒤흔 드는 중대한 요인이 되었다. 지방재정의 구조적 취약성에서 비롯된 부 세운영상의 모순은 삼정 각 부문이 가진 문제점을 연쇄적으로 촉발시 켜 19세기 부세운영의 총체적 난맥상을 불러왔다. 정약용에 따르면, 1 결의 토지를 경작하는 8인가족의 연수입을 600두라고 했을 때 지주에 게 지대로 납부하고 남은 300두 가운데 종자, 빚, 식량 등을 제하면 실 제 남는 것은 100두에 지나지 않고 여기에 가해지는 과중한 부세는 단 순재생산조차 곤란한 농민들의 생활을 파산으로 몰아가기 십상이었 다. 각지를 떠도는 대규모 유민(流民)은 이러한 상황의 산물이었다. 사 회적 생산력의 발전에 따른 점진적 소득증대와 지위향상에도 불구하 고, 재정운영의 구조적 모순에서 비롯된 부세의 중압은, 농민의 삶을 더욱 곤란한 지경까지 빠뜨리고 있었던 것이다. 악화된 상황은 19세기 각지에서 일어난 농민항쟁이 잘 보여주고 있다.

맺음말

조선왕조의 부세제도는 연구사의 연륜만큼이나 적지 않은 성과가 축적되었다. 초기연구는 주로 제도사에 치중했으나 점차 지역단위의 구체적인 사례분석이 이루어졌고 여기에 인접분야의 성과가 흡수되면 서 연구의 폭도 크게 넓어졌던 것이다. 그럼에도 불구하고 부세제도 연구의 진전을 위해서는 다음 몇 가지 점에 더 주안점을 두어야 할 것 으로 생각한다. 첫째, 종래 연구에서 강조되던 계급간의 대립이나 국 가의 수탈과 모순, 그리고 이에 대한 반발이라는 측면을 벗어나 보다 유연한 연구시야를 확보할 필요가 있다. 부세제도의 조직과 체계는 특정계급의 이해나 수탈만으로는 해명하기 어려운 공적인 구조와 운영 원리를 갖추고 있었던 점도 중요한 측면의 하나였다. 따라서 향후 연구는 '수탈'과 '모순'의 측면을 넘어 좀더 폭넓은 시각을 통해 왕조의 부세·재정의 구조와 운영메커니즘 자체에 대한 다양한 이론적·실증적인 분석이 이루어져야할 것으로 생각한다. 둘째, 부세제도가 어떠한 형태로 촌락사회에 관철되는지 또 민의 삶을 어떻게 규정하는지에 대해서는 여전히 연구의 공백이 커 보인다. 촌락사회의 부세운영과 민의 동태를 담고 있는 적지 않은 자료가 전해짐에도 이를 이용한 연구성과는 극히 소수에 지나지 않은 실정이다. 앞으로는 제도사나 정책사의 틀을 넘어 국가권력의 구현체로서 부세제도가 촌락사회와 민의 삶을 규정하는 구체적인 양상에 대한 보다 적극적인 분석이 가해져야 할 것이다. 셋째, 부세제도의 한 영역으로서 재정사에 대한 전향적인 관심이 요구된다. 재정사 연구는 여전히 부진한 형편인데 여기에는 부세로 거두어들인 재원의 규모, 유통방식, 수입·지출구조, 각 재정주체의 특성 및 운영방식 등과 관련된 다양한 주제가 포괄되어 있다. 재정사 연구는 조선국가가 부세제도로 이루고자 한 궁극적인 지향점이 무엇이었는지 또 그 국가의 성격이 무엇이었는지 살펴볼 수 있는 중요한 실마리를 제공해주리라 생각한다.

■ 참고문헌

金玉根,《朝鮮王朝財政史硏究》Ⅰ·Ⅱ·Ⅲ, 일조각, 1984·1987·1988.

金容燮,《增補版韓國近現代農業史硏究》, 一潮閣, 1984.

김선경, 〈조선후기의 조세수취와 面·里운영〉, 연세대 석사논문, 1984.

金泰永,《朝鮮前期土地制度史硏究》, 지식산업사, 1983.

閔賢九,《朝鮮初期의 軍事制度와 政治》, 韓國硏究院, 1983.

朴鍾守,〈16·17세기 田稅의 定額化過程〉,《한국사론》 30, 서울대 국사학과, 1993.

손병규,〈조선후기 재정구조와 지방재정운영-재정중앙집권화와의 관계〉,《朝鮮時代史學報》 47, 2003.

송양섭,〈19세기 幼學戶의 구조와 성격-단성호적대장을 중심으로〉,《大東文化硏究》 47, 2004.

송찬섭,《조선후기 환곡제개혁연구》, 서울대 출판부, 2002.

宋贊植,〈李朝時代 還上取耗補用考〉,《歷史學報》 27, 1965.

安達義博,〈18~19世紀前半의 大同米·木·布·錢의 徵收·支出과 國家財政〉,《朝鮮史硏究會論文集》 13, 朝鮮史硏究會, 1976.

오일주,〈조선후기의 재정구조의 변동과 환곡의 부세화〉,《실학사상연구》 3, 무악실학회, 1992.

윤용출,《조선후기의 요역제와 고용노동》, 서울대 출판부, 1984.

李榮薰,〈朝鮮後期 八結作夫制에 대한 硏究〉,《韓國史硏究》 29, 1980.

이재룡,《조선전기경제구조연구》, 숭실대 출판부, 1999.

李哲成,〈18세기 田稅 比摠制의 實施와 그 性格〉,《韓國史硏究》 81, 1993.

李泰鎭,〈近世朝鮮前期 軍事制度의 動搖〉,《韓國軍制史》, 육군본부, 1968.

田川孝三,《李朝貢納制의 硏究》, 東洋文庫, 1964.

鄭萬祚,〈朝鮮後期의 良役變通論에 대한 檢討〉,《同大論叢》 7, 1977.

鄭善男,〈18, 19세기 田結稅의 收取制度와 그 運營〉,《韓國史論》 22, 서울대 국사학과, 1990.

鄭演植,〈17·18세기 良役均一化政策의 推移〉,《韓國史論》 13, 서울대 국사학과, 1985.

車文燮,〈壬亂以後의 良役과 均役法의 成立〉上·下,《史學硏究》 10·11, 1961.

韓榮國,〈大同法의 實施〉,《韓國史》 13, 국사편찬위원회, 1976.

상업과 도시

고동환(한국과학기술원 인문사회과학부)

머리말

조선시대 상업에 대한 연구는 1970년대 이후 일제의 식민사관을 극복하기 위해 제시된 '내재적 발전론'의 관점에서 집중적으로 연구되었다. 시장에 대해서는 서울의 시전상업과 농촌장시나 포구시장이, 상인에 대해서는 공인과 시전상인, 개성상인, 경강상인 등에 대한 연구가 이루어졌다. 이러한 연구들로 시전상인이나 공인들도 사상과 다를 바 없이 상인 상호간의 경쟁체제 아래 상품을 유통시키고 있었다는 점이 해명됨으로써 특권상인과 비특권상인의 대립으로 조선 후기 상업사를 이해하는 시각에 큰 전환을 가져오게 되었다. 시장과 상인에 집중되었던 연구는 최근에 이르러 상품이 생산자에서 소비자까지 유통되는 유통경로, 즉 상품유통체계에 대한 연구로 심화하고 있다.

도시는 시장과 분리되어 설명할 수 없다. 도시는 사람의 집중거주지이면서 동시에 물류의 중심지라는 성격을 띠기 때문이다. 그러나 한국사에서 도시연구는 다른 분야와 견줄 때 진전되지 않은 분야이다. 고대 이래 중앙집권적인 국가체제를 바탕으로 한국사가 전개되었기 때문에, 한국사연구에서는 서구와 달리 '국가'와 '민족'이 강조되었을 뿐 '도시' 자체에 관심을 둔 연구는 그다지 많지 않았다. 최근에 이르러 비로소 도시사 연구방법을 활용하여 도시의 공간구조와 도시문화를 해명하고자 하는 연구가 서울을 중심으로 이루어지고 있다.

1. 농업과 수공업에서 상품생산의 발전

조선사회는 17세기 이래 사회적 생산력의 발전에 기초한 사회적 분업의 진전으로 차츰 농업과 수공업에서 상품생산이 발달하기 시작하였다. 특히 도시인구의 증가는 농산물의 수요를 증가시키면서 상업적 농업을 진전시키는 바탕이 되었다.

상업적 농업은 도시주변과 교통이 편리한 지역 그리고 특정한 작물의 재배에 적합한 자연적 조건을 갖춘 지역들에서 먼저 일어났다. 도시근교에서는 채소나 과일작물의 재배가 성행한 반면, 농촌지역에서는 특정 농산물을 전업적으로 생산하는 상업적 농업지대가 형성되어 갔다.

상업적 농업은 곡물재배에 견주어 이익이 매우 컸다. 19세기 초 우하영(禹夏永)은 "미나리 2마지기를 심으면 벼 10마지기 심어서 얻는 이익을 올릴 수 있고, 채소 2마지기를 심으면 보리 10마지기를 심어 수확하는 것과 같은 이익을 올릴 수 있다"고 하였고, 정약용(丁若鏞)도 "서울안팎의 파밭·마늘밭· 배추밭·오이밭에서는 상지상답(上之上畓)의 벼농사에 견주어 10배 이상의 이익이 있다"고 말하고 있다.

이처럼 농업에서 상품생산의 진전으로, 18세기에는 점차 특산지가 형성되기 시작하였다. 모시는 충청도 한산·임천·서천·홍주, 명주는 평안도의 안주·개천·성천, 삼베는 함경도 길주·명천·안변, 왕골돗자리는 경상도의 안동, 면포는 경상도·전라도 일대, 담배는 평안도의 성천·삼등·양덕, 전라도의 전주·진안 등이 유명하였다. 인삼은 개성을 중심으로 하여 재배되었는데 이곳에서는 홍삼으로 가공하여 중국에 수출하였다.

농촌수공업도 농업에서의 전업화(專業化)를 반영하여 부업적이고 자급적인 형태에서 전업화, 상품생산화하였다. 면화는 경상도, 전라도, 충청도에서 대량 재배되었기 때문에 이 지역에 면직업이 발달하였으며, 뽕나무를 전업적으로 재배하였던 평안도, 황해도 지역에는 성천·영변을 중심으로 하는 견직업이 발달하였다. 또한 충청도, 전라도 일부 지역에서 재배된 모시는 임천·한산 지역에서 전업적으로 직조하여 상품화하였다.

한편 관영수공업체제가 붕괴되고 민영화하면서 민간수공업도 발전하였다. 민간수공업자들은 뛰어난 기술을 배경으로 도시민의 수요에 맞춰 상품을 생산, 공급하여 생산자와 상인의 노릇을 동시에 수행하였다. 유기·칠기·자기와 같은 수공업제품의 생산도 지역적으로 특화하어 유기점·철기점·자기점과 같은 수공업 촌락이 발달하였다. 이와 같은 농업과 수공업에서의 상품생산의 발전은 곧 상품유통시장의 확대를 추동하였다.

2. 상업발달과 전국적 시장의 형성

1) 농촌장시의 확산과 연계망 형성

조선왕조의 상업은 강력한 억말정책의 시행으로 고려시대에 견주어 크게 후퇴했다. 그러나 생산방면에서 연작상경농법의 확립, 소농경영의 성장으로 교환을 위한 잠재적인 잉여를 증대시킴으로써 15세기 후반 장시가 다시 출현하였고, 17세기 이후 농업생산력의 증대에 힘입어 상업적 농업이 진전되고, 포구시장과 도시시장이 성장하여 새로운 발전을 추동함으로써 점차 상업이 성장하는 계기를 만들어 갔다. 특히 17세기 초에서 18세기 초까지 근 100여 년에 걸쳐 점진적으로 시행된 대동법은 이와 같은 추세를 강화시켰다. 대동법 시행으로 왕실과 정부의 필요물자를 시장을 통해 조달하였을 뿐만 아니라, 노동력수급도 무상의 노동력 징발체제에서 유상의 노동력 고용체제인 고립(雇立)체제로 바뀌었다. 대동법은 노동력 상품화를 진전시킨 계기이기도 한 것이다. 또한 17세기 말에 전국적으로 유통되기 시작한 금속화폐인 상평통보 유통의 성공으로 화폐경제도 농가경제까지 파급되었다.

고려왕조 때에 주현(州縣)의 관아 부근에서 열렸던 장시는 조선왕조 개창 이후 잠시 소멸되었다가 1470년경 전라도 무안지역에서 장문(場門)이라는 이름으로 다시 출현했다. 매달 두 차례씩 열렸던 장문은 15세기 말에 이르면 전라도 전 지역으로 확산되었고, 16세기 전반에는 충청도로, 16세기 중엽에는 경상도지역으로 확산되었다. 삼남지역 중심으로 열렸던 장시는 임진왜란을 계기로 경기지역까지 확산되었고, 17세기 이후에는 황해, 평안도지역까지 퍼졌다. 18세기 중엽 1,000여 개를 헤아리는 전국의 장시는 농민들의 경제적 잉여를 처분하는 일상적 교역기구로 정착되어 갔다.

장시의 발전은 양적 측면에서 뿐만 아니라 질적 측면에서도 두드러졌다. 초기 장시는 한달에 3차례 열리는 열흘장이었지만, 6차례 열리는 오일장으로 보편화하였다. 또한 이들 장시권의 중심구실을 하는 대장(大場)도 출현하였다. 19세기 초에 편찬된《만기요람(萬機要覽)》에는 경기도 광주의 사평장, 안성의 읍내장 등 15개의 장시를 대장으로 꼽

고 있다. 대장은 소장(小場)의 이출품을 집하하여 권외(圈外)로 이출하
고 권외의 이입품을 소장에 배급하는 기능을 담당하였다. 대장과 소장
은 장날을 달리함으로써 시장 사이의 연계를 이룩하였다.

　장시를 무대로 활동했던 상인층은 행상이었다. 조선 초기 행상들은
관청에서 발급하는 6개월 유효기간의 영업허가증인 노인(路引)을 발급
받아 전국을 돌아다니면서 상업에 종사하였다. 억말정책으로 행상에
게도 철저한 통제가 가해진 것이다. 그러나 임진왜란 이후 정부의 행
상에 대한 통제정책은 사라졌다. 농촌장시가 활성화하면서 일부 농민
층들도 장시를 대상으로 상업행위를 영위하는 것이 가능해졌다. 이들
농촌장시를 대상으로 영업했던 행상층은 아주 보잘 것 없는 상품을 등
이나 보따리에 싸서 운반하였다. 이들 행상들은 자본력에서 매우 영세
했지만, 이들로 말미암아 아직 화폐경제가 완전하게 침투하지 않은 농
가경제에까지 상품분배가 가능하였다.

2) 포구시장의 성장과 전국적 시장망의 형성

　조선시대 상품운송은 육상보다 수상운송이 훨씬 효율적이었다. 삼
면이 바다로 둘러싸여 있을 뿐만 아니라 강이 잘 발달되어 있어서, 웬
만한 해안과 강가에는 배가 정박할 수 있는 포구가 흔했다. 육상교통
에 견주어 조난과 표류의 위험성은 상존했지만, 수상운송은 육상운송
에 견주어 훨씬 경제적이었다. 17세기 전반까지 포구의 주된 구실은
조세곡 운송, 해산물 채취, 소금생산이었다. 그러나 17세기 후반 이후
상품화폐경제의 발전에 따라 포구도 물류 중심지로 그 성격이 바뀌면
서 상업중심지로 변하였다.

　18세기 이후 수상교통은 주로 남해안과 서해안 그리고 경강(京江),
낙동강, 금강, 영산강, 대동강 등을 중심으로 하여 발전하였다. 상업중
심지로 발전하였던 포구들은 주로 강과 바다가 만나는 지점으로, 바닷

물이 올라올 수 있었던 포구였다. 대포구는 서울의 마포, 서강, 용산 등 포구가 산재한 경강(京江) 외에도 금강하류에 위치한 은진의 강경 포, 그리고 커다란 강은 없었지만 북어생산의 집산지로서 발달한 동해 안의 원산포, 그리고 남해안의 창원 마산포가 대표적인 것이었다.

포구상업의 발전으로 대포구와 그 주변의 소포구, 그리고 장시를 연 결하는 유기적 유통권이 형성되었다. 농촌시장인 장시가 농민들이 생 산한 잉여생산물을 처분하는 소규모 시장기구라고 한다면, 포구시장 은 이러한 농촌장시를 전국적 시장망으로 연계하는 원격지 유통의 결 절점(結節點) 기능을 수행하였다. 18세기 소포구의 발전은 매우 두드 러졌다. 소포구의 발전은 당시 5일장으로 체계화하고 있었던 장시와 유기적 연계망을 형성함으로써 지역 안 시장권의 토대를 구축하였고, 이러한 지역 안 시장은 대포구를 통해 원격지 시장으로 연결됨으로써 전국적 시장이 형성될 수 있었다.

전국적 시장권은 대체로 18세기 중엽을 전후하여 형성됐다. 이러한 사정을 알려주는 대표적인 사례가 개성 상인 김중재(金中才)의 경우다. 자본규모가 2,200냥에 달했던 이 선상(船商)은 개성의 예성강, 충청도 은진 강경포, 경상도 영일 포항, 강원도 삼척을 1752년(영조 28) 한 번 의 항해에서 포괄하고 있다. 이 선상의 활동범위는 그야말로 전국을 무대로 한 것으로서 전국적 시장이 18세기 중엽 형성되고 있었음을 보 여준다. 이처럼 포구상업의 발달은 농촌장시와 도시의 상업을 자극함 으로써 조선사회의 상업발달을 견인하는 구실을 수행했던 것이다.

3) 도시시장의 성장: 시전(市廛)과 난전(亂廛)

고려 개경의 시전을 계승한 한양의 시전은 태종대 한양으로 재환도 한 이후 종루를 중심으로 시전행랑을 건설하면서 창설되었다. 조선 초 기 시전은 주로 왕실과 관청, 지배층의 사치품 수요에 충당하기 위한 물종을 중심으로 형성되었다. 시전이 지배층의 사치품 중심에서 차츰 서울시민의 일상적 수요품을 취급하는 상업기구로 전환한 것은 임진왜란 이후부터였다. 임진왜란은 인구의 사회적 이동을 활성화함과 더불어 부족한 물자를 최대한으로 활용하지 않으면 안 되는 사회적 조건으로 인하여 민간차원의 유통경제가 활성화하는 계기가 되었다. 전쟁과 더불어 시전상업의 성격을 변모시킨 것은 17세기 후반 이후 활성화한 청-조선-일본사이에 전개된 국제교역이었다. 청의 비단 원사(原絲)와 일본의 왜은(倭銀)을 중개하는 무역에서 조선상인과 역관들은 막대한 부를 축적할 수 있었다. 이 무역은 18세기 전반까지 지속되었는데, 이 과정에서 축적된 부는 서울의 상품화폐경제를 민간부분이 중심이되는 상업체제로 변화시킨 중요한 요소였다.

서울 상업체제가 민간부분의 유통경제요소가 지배적인 자리를 차지하게 되면서 서울에서는 종전의 시전상인 외에 사상층이 등장하였다. 사상(私商)세력들은 세력가나 궁방등과 결탁하여 외부에서 물품이 반입되는 주요 길목을 장악하여 점포를 설치하거나, 일부는 종로의 시전행랑에 진출하여 난전을 벌이기도 했다. 사상들의 난전은 시전상인들의 이익을 침해했기 때문에, 시전상인들은 난전을 처벌할 수 있는 권한을 요구하였고, 그 결과 난전상인을 체포하고, 판매상품을 압수하는 것을 주요 내용으로 하는 금난전권(禁亂廛權)도 법제로 마련했다.

시전상인들은 조선전기에는 한 명당 1년에 면포 1필과 시전행랑의 사용료로 매 칸마다 봄 가을로 쌀 2말을 내고 영업하였지만, 조선 후기에는 궁궐과 왕실에 국역(國役)을 부담하는 대가로 시전상인으로서의 권리를 획득하였다. 조선 후기 시전을 대표했던 육의전(六矣廛)도 17세기 후반 이후 국역체제가 확립되면서 성립되었다. 17세기 말 18세기 초에 걸쳐 국역체제와 육의전 체제가 확립됨에 따라 모든 시전은 국역을 부담하는 유분각전(有分各廛)과 국역이 면제되는 무분각전(無分各

廛)으로 구별되었다.

이와 같이 금난전권의 확립과 국역체제의 확립, 그리고 육의전체제의 성립으로 시전체제가 재편되면서 시전의 수도 크게 늘었다. 시전이 늘어난 시기는 17세기 후반과 18세기 전반 두 차례였다. 17세기 후반 창설된 시전은 대부분 싸전〔米廛〕이나 어물전, 생선전 등 도성민들의 일용소비품을 판매하는 시전들로서, 이미 있었던 도성안의 본전(本廛) 외에 대부분 도성밖에 설치된 것이 특징이었다. 18세기 전반에 창설된 시전은 17세기 후반과 달리 대부분 사상세력들이 평시서나 권세가와 결탁하여 설립한 것이었다. 이때 시전을 창설한 목적은 상품거래로 이익을 보는 것보다 오히려 비시전계 상인에 대한 금난전권의 행사로 이익을 얻기 위한 것이었다. 그 결과 17세기 전반 30여 개에 지나지 않던 시전이 18세기말에 이르면 120여 개로 늘어났다.

시전의 양적 증가와 더불어 난전 상업도 활성화했다. 유통 상품의 양이 늘었을 뿐만 아니라, 종전에 거래되지 않았던 채소 등이 새로운 상품으로 등장하였기 때문이다. 난전상인들은 시전상인들과 경쟁하는 처지였지만, 다른 한편에서는 시전체제로 감당할 수 없는 틈새시장에서 상품유통을 원활하게 하는 기능도 수행하고 있었던 것이다.

한편 전국적 차원의 유통망이 이룩되면서 서울의 상권도 점차 도성 외곽지역은 물론 광주, 수원, 개성, 강화 등지까지 확대됐다. 서울상권의 확대는 서울 내부의 유통체계에도 큰 변동을 가져왔다. 원래 서울의 상품유통체계는 시전을 정점으로 한 것이었다. 만약 향상(鄕商)이 서울에 반입한 상품을 시전을 거치지 않고 소비자에게 바로 넘겼을 경우, 금난전권에 따라 상품은 압수당하고, 그 상인은 체포되었다. 그러나 금난전권은 한성부 영역 안에서만 효력을 발휘하는 것이었다. 그러므로 사상들은 광주(廣州)의 송파장이나 양주(楊州)의 누원점(樓院店)에 거점을 마련하여 상품을 유통시켰다. 사상들은 합법적으로 시전을 배제하고 자신들의 주도아래 상품을 거래시키는 유통체계를 형성할 수 있게 된 것이다. 1791년(정조 15) 육의전을 제외한 모든 시전의 금난전권을 부정한 신해통공(辛亥通共)은 이와 같은 사상을 정점으로 하는 유통체계의 기반을 공고히 하는 데 결정적인 계기가 된 것이었다.

3. 서울의 상업도시화와 도시문화의 발흥

1) 서울의 상업도시화

서울은 10만 명의 주민이 살 수 있도록 건설된 계획도시였다. 왕조의 정통성을 상징하는 종묘와 사직이 가장 먼저 세워졌으며, 그 뒤를 이어 궁궐과 각종 관청, 그리고 방어와 치안을 목적으로 도성이 건설되었고, 마지막으로 시전행랑이 세워짐으로써 신도시 한양의 도시시설이 완공되었다. 도시건설과정에서 알 수 있듯이 조선전기의 한양은 왕과 종친, 그리고 고위관료들이 거주하는 도성으로 둘러싸인 왕도로서의 위상을 지닌 군사, 행정, 정치의 중심도시였다.

새로운 왕조의 수도로 세워진 서울의 도시구조는 17세기 후반 이후 상업이 발달하면서 크게 변모하였다. 한양의 변화는 우선 인구의 급속한 증가에서부터 찾을 수 있다. 17세기는 전지구적으로 소빙기(小氷期) 기후가 휩쓸었기 때문에, 조선에서도 가뭄, 홍수 등의 엄청난 자연재해로 말미암아 수많은 인구가 농촌에서 유리되어 떠돌아다닐 수밖에 없었다. 대부분의 유민들은 이 과정에서 서울에 정착하였다. 한성부의 인구통계에 따르면, 한성부의 인구는 1657년(효종 8) 8만 572명에서 1669년(현종 10) 19만 4,030명으로 급증하였다. 매 3년마다 집계되는 통계상의 인구는 실제 인구보다 훨씬 저평가된 것이다. 18세기 이후 한양의 실제 인구는 30만 명 이상으로 추산된다.

10만 명의 거주인구를 예상하고 건설된 도시에 그 3배에 이르는 인구가 집중함으로써 도시공간도 도성 밖으로 확대되었다. 대부분의 이주민들은 당시 전국적 수상교통의 중심이었던 경강변에 살았는데, 그 결과 도성 밖 인구의 비중이 크게 늘었다. 18세기 후반 통계에 따르면 한성부 전체 호의 49.7퍼센트가 도성 밖에 살았다. 세종때 90퍼센트가 도성 안 인구였다는 점과 견주면, 이후 증가된 인구 대부분이 도성 밖에 거주한 것임을 알 수 있다.

인구의 증가와 상업발달에 따라 서울은 차츰 중세적 왕도(王都)에서 상업도시로 그 성격이 변하였다. 도시구조 자체도 궁궐과 관청 중심에서 상업중심지의 비중이 높아지는 구조로 바뀌었다. 이 과정에서 상업중심지도 확대되었다. 원래 서울의 상가는 종루(鐘樓)를 중심으로 건설된 시전행랑이 유일한 상가였다. 그러나 17세기 후반 남대문 밖과 서소문 밖에 칠패(七牌)시장이 창설되었고, 1760년(영조 36)에는 경모궁 근처인 이현(梨峴, 배오개)에 상가가 조성되었다. 18세기 후반에 이르면 종로와 이현, 칠패상가는 한양의 삼대시(三大市)로 불리게 된다.

도시의 상업기능이 늘어나면서 인구 구성도 바뀌었다. 17세기 전반 종실(宗室), 부마(駙馬), 사대부, 의관, 역관, 서리와 시전상인들로 구성되었던 서울주민들은 19세기 초에는 직임자(職任者), 서리, 공인(貢人), 시전상인, 군병, 상인, 수공업자, 한잡지류(閑雜之類)로 변모하였다. 이 가운데 한잡지류가 수십만 명을 헤아릴 정도로 가장 많았는데, 이들은 장사나 품을 팔아서 생계를 이어가는 사람들이었다. 서울의 상업도시화는 도시외관과 도시기능의 변화만이 아니라 도시민의 구성에도 질적 변화를 가져온 것이다. 상인, 수공업자와 임노동자층이 서울 주민의 대다수를 차지함으로써 서울은 신분적 권위보다는 경제적 실력이 모든 것을 좌우하는 도시로 변모되어 갔던 것이다.

2) 도시문화의 발흥

18세기 이후 서울이 상업도시화하면서, 서울은 화폐가 모든 것을 지배하게 되었다. 남공철(南公徹, 1760~1840)은 이러한 사정을 "한양은 돈으로 생계를 삼고, 지방은 농사로 생업을 삼는다〔生民之業 京師以錢八路以穀〕"라고 표현하였으며, 1842년(헌종 8) 가짜 암행어사 행세를 하다가 붙잡혀 포도청에 끌려 온 한 죄수도 "한양은 지방과 달라서 돈이 있으면 안 되는 일이 없는 곳〔京中異於鄕中 有錢則無事不成〕"이라고 하여 한양의 분위기를 실감나게 표현하고 있었다.

이러한 사회분위기에서 서울을 지배했던 도시문화도 크게 변하게 된다. 이러한 도시문화를 이룩한 주된 사회세력은 이른바 '여항인(閭巷人)'이라 불리었던 서울의 중간계층이었다. 이들 중간계층에 속하는 사회부류는 역관이나 의관 등 기술직 중인의 일부와 서울 관청의 아전층 그리고 대전별감, 무예별감 등의 액예(掖隷)와 군교(軍校)집단 그리고 시전상인들이었다. 중간계층으로 이루어진 여항인들은 18세기 상업도시 서울이 배출해 낸 새로운 인간유형으로서, 양반사대부층과 기질이 달랐다. 여항인들은 충효열(忠孝烈)의 강상(綱常)윤리에 매몰되지 않고 인간의 자연스러운 본능과 감정을 인정하면서 인간성 자체를 긍정하였다. 과부의 개가를 인정하였고, 인간의 본성인 정욕(情慾)도 도덕적인 규범으로 억제될 수 없는 것임을 알았다. 그리고 상업활동, 근면성 등을 통한 부의 축적을 긍정적으로 묘사함으로써, 신분적 규범보다는 상업적 신용, 근면성 등에 더 큰 가치를 부여하였다.

새로운 세계를 추구했던 이들 여항인들이 즐기던 문화도 독특한 것이었다. 이들이 이룩한 도시문화적 양상은 문화예술적 욕구의 증대와 유흥문화의 발달로 대변된다. 서울 도시민에게 거의 일상화하여 버린 행락은 도시 특유의 문화현상이었다. 절대다수의 농민이 토지에 긴박되어 있던 것과 대조적으로 도시민은 애초 상당한 시간적 여유를 누릴 수 있었고, 수공업과 상업의 발달로 생활에 필요한 소비재를 시장에서 공급받음으로써 가혹한 노동으로부터 자유로울 수 있었다. 여기서 창출된 여가와 부가 결합해서 행락문화가 조성되었던 것이다. 이와 같이 유흥문화가 번성하면서 점차 유흥의 상업화 경향이 강화되었다. 서울 여항·시정의 도시민적 취미나 향락 소비생활의 발전이 제 나름의 기예를 파는 일을 업으로 하는 예능인들과 판소리 광대 등의 이야기꾼들도 출현하였다. 이러한 시정에서의 상설적 공연형태의 출현은 유동인구가 밀집하는 가로의 형성을 필수적인 요건으로 한다. 인구의 증가와 도시민의 경제력이 관람오락을 발전시킨 동력이었던 것이다.

맺음말

조선 후기 상업사연구는 기왕에 이루어진 시장과 상인에 대한 연구를 바탕으로 시장권의 구조 해명으로 진전되어야 할 것이다. 도시와 농촌, 포구시장 사이에 상품이 어떠한 경로로 유통되고, 상업이윤은 어떻게 집적되고 있는지를 규명함으로써 시장권의 구조와 상인, 그리고 상업자본의 성격이 해명될 것이기 때문이다. 개항이후 제국주의 세력은 기선(汽船)이라는 우월한 운송수단을 토대로 개항장을 중심으로한 포구시장을 제국주의적 상품유통시장으로 재편하였다. 그러므로 개항 이전의 시장권 구조해명은 외래 상업자본의 시장권 침탈에 대해서 국내 상업세력의 대응을 전망하는 중요한 요소이다.

조선 후기 상업사연구에서 또 하나의 과제는 상업자본의 축적과정에 가해진 여러 특권적 요소들을 규명하는 것이다. 전근대 상업자본은 지역적, 계절적 가격차를 이용하여 상업이윤을 축적한다. 이러한 상업이윤 축적과정에서 개재된 여러 특권적 요소를 밝힘으로써 조선 후기 상업자본의 성격에 대한 올바른 이해가 가능할 것이다.

도시사연구는 자료의 한계 때문에 서울에 집중되고 있다. 도시연구의 대상을 지방 도시로 확대해야 할 필요성이 절실하다. 공간을 중시하는 도시사연구는 문헌자료 외에도 고지도(古地圖)나 그림, 민속자료등 다양한 자료를 활용함으로써, 민족과 국가가 아닌 도시공동체 내부의 다양한 문제들을 조망케 한다. 그러므로 도시사연구는 한국사연구의 주류적 경향인 일국사적 관점의 연구에서 놓치기 쉬운 다양한 문제들에 대한 해답을 제시해 줄 수 있는 연구분야인 것이다.

■ 참고문헌

강만길,《조선후기 상업자본의 발달》, 고려대 출판부, 1973.

유원동,《한국근대경제사연구》, 일지사, 1977.

홍희유,《조선상업사》, 평양 : 과학백과사전종합출판사, 1989.

오 성,《조선후기 상인연구》, 일조각, 1989.

김동철,《조선후기 공인연구》, 한국연구원, 1993.

강명관,《조선후기 여항문학연구》, 창작과비평사, 1997.

김대길,《조선후기 장시연구》, 국학자료원, 1997.

고동환,《조선후기 서울상업발달사연구》, 지식산업사, 1998.

박평식,《조선전기 상업사연구》, 지식산업사, 1999.

이태진 외,《서울상업사》, 태학사, 2000.

변광석,《조선후기 시전상인연구》, 혜안, 2002.

백승철,《조선후기 상업사연구》, 혜안, 2002.

한상권, 〈18세기말~19세기초의 장시발달에 대한 기초연구〉,《한국사론》7, 1981.

이세영, 〈18,9세기 곡물시장의 형성과 유통구조의 변동〉,《한국사론》9, 1983.

고동환, 〈18, 19세기 외방포구의 상품유통발달〉,《한국사론》 13, 1985.

이경식, 〈16세기 장시의 성립과 그 기반〉,《한국사연구》 57, 1987.

이헌창, 〈조선후기 충청도지방의 장시망과 그 변동〉,《경제사학》 18, 1994.

고동환, 〈조선후기 서울의 인구추세와 도시문제발생〉,《역사와현실》 28, 1998.

────, 〈조선후기 서울의 도시구조변화와 도시문화〉,《역사와도시》, 서울대 출판부, 2000.

────, 〈조선후기 시전의 구조와 기능〉,《역사와현실》 44, 2002.

지방사회

고석규(목포대 역사문화학부)

머리말

지난 2006년 5월 제49회 전국역사학대회가 청주의 충북대학교에서 열렸다. 공동주제는 "역사에서의 중앙과 지방"이었다. 1958년 이후 매년 열고 있는 전국역사학대회가 처음으로 지방에서, 그것도 '지방'을 주제로 내걸고 개최되었다는 것은 그만큼 지방사회 연구에 커다란 변화가 있었음을 뜻한다.

조선후기에 서울이 비대해지기 시작하면서부터 지방의 위상은 줄어들기 시작하였고, 근대화 과정에서 더 심화해져 지방은 늘 촌스러운 존재로 무시되어 왔다. 그러다가 이처럼 지방의 가치에 대하여 새삼 주목하게 된 것은 아주 최근의 일이다. 그리고 그런 분위기 속에서 지방의 문제가 전국역사학대회의 주제로까지 등장하기에 이르렀다.

이 글에서는 먼저 이처럼 지방의 문제가 전국적 관심으로까지 등장하게 된 시대적 배경들에 대하여 살펴보고자 한다. 그리고 이어서 조선시대 지방사회는 어떻게 연구되어 왔는지, 그런 연구사 속에서 지방에 대한 인식은 어떻게 달라져 왔는지, 그리고 그렇게 해서 얻은 조선시대 지방사회상은 어떤지, 이런 문제들을 순차적으로 정리해 보고, 나아가 지방사회 연구의 과제와 전망에 대한 견해를 제시하고자 한다.

1. '지방' 문제 등장의 배경

늘 촌스럽게만 보였고, 그래서 무시되었던 지방이 전국적 문제로 주목받게 된 배경은 무엇일까?

먼저 다양성의 가치를 존중하는 포스트모더니즘 담론의 영향이 컸다. 근대화 과정에서 '국가 또는 서울=중심', '지방=주변'이라는 불평등하고 종속적인 관계는 몹시 심해졌다. 따라서 중앙과 지방의 관계는 주로 '차별과 배제'라는 관점에서 보았다. 현실적인 관계가 그랬기 때문에 그런 관점의 접근은 유용했다. 따라서 지방의 '다름'은 인식하려 하지도 않았고, 드러내기는 더욱 어려웠다. 설사 지방을 연구한다 하더라도 '지방'이라 표방하지 않았다.

그런 속에서도 지방민은 단순히 수동적으로 국가의 일방적 지배 대상으로 머물렀던 것은 아니었다. 지방과 국가 사이의 상호작용이 결코 평등하지는 않았지만, 그 상호작용 과정에서 지방민들은 주체적으로 대응하고, 협상하며, 때로 지배적인 힘에 저항하기도 하였다. 그렇게 그들은 지방의 정체성을 유지하거나 새롭게 만들어 갔다. 따라서 지방의 '다름'은 여전히 유지되었다. 이런 '다름'의 가치 곧 다양성의 가치를 인식하기 시작한 포스트모더니즘의 담론에 힘입어 '지방'은 순수함·전통·자아 정체 등의 가치로 채워진 다양성의 보고로 주목받게 되었다. 따라서 이제 중앙과 지방의 관계는 차별과 그에 따른 우열로 보기보다는 차이와 다양성의 관점에서 접근하고 있으며, 그 결과 지방은 다양성의 소재지로서 가치를 새롭게 인정받기 시작하였다.

다음, 1995년 6월 27일부터 다시 시작된 지방자치의 영향을 들 수 있다. 이때를 전후하여 지방자치 단위의 발전전략과 맞물려 지방의 역사와 문화가 새롭게 주목되었다. 곧 '지방' 연구는 정치적 목적뿐만 아니라 지역경제 발전을 위한 문화자원 개발이란 측면에서 중시되었다. 이처럼 지방자치시대의 본격적인 개막이 지방사회 연구의 대두에 직접적인 영향을 주었다. 그리고 지방의 학문적 위상이 커가는 과정에서 지방사 자체가 경쟁력을 갖는 학문 분야로 대접받게 되었다.

이런 추세 속에서 1990년대 중반을 넘어서면 지방사(또는 지역사) 연구는 붐이라 불릴 정도로 증가해 그 위상을 뚜렷이 했다. 학회의 발표나 전문연구자들의 호응 등으로 그 논의도 점차 심화하고 있다. 그리하여 마침내 지방사나 지방이란 주제가 전국역사학대회는 물론 국제한국학 심포지움의 주제로까지 등장하게 되었다. 그리고 이제 '지방+학'의 이름을 달고 지역마다 경쟁적으로 목소리를 높이고 있다.

2. 지방사 연구의 두 관점

지방사에 대한 연구는 그 관점에 따라 크게 '지방화한 전국사(national history localized)'와 '본래의 지방사(local history per se)'로 구분한다.

전자는 지방사를 국가사의 부분으로 본다. 지리적으로는 지방이지만, '중앙'의 역사와 '직접' 관련이 있어 연구대상이 되었고, 또 그런 관심에서 연구했다면, 그 연구는 '지방사'라기보다는 '중앙사'의 일부가 된다. '사례 연구'라고 하면 쉽게 이해할 수 있을 것이다. 반면에 후자는 지방사를 "지방공동체의 전체사 즉, 그 지방 공동체의 기원, 성장, 해체를 연구하는 역사"라고 정의하고 있는 영국 레스터학파의 지방사 연구 계열을 뜻한다. 곧 국가사와 지방사는 밀접한 관계를 가지지만, 전혀 다른 사회적 실체를 다루는 별개의 연구분야라고 주장한다. 따라서 주체적 관점에서 지방의 정체성(identity) 또는 고유성에 주목한다.

이런 두 가지 관점 가운데, 결론부터 말하자면, 우리나라 지방사연구의 큰 흐름은 '지방화한 전국사'에서 출발하여 '본래의 지방사'를 지향하는 데로 나아갔다고 할 수 있다. 조선시대 지방사회 연구라고 하면 누구나 먼저 향촌사회사 연구를 드는데, 그 연구의 흐름이 바로 이와 같은 큰 흐름과 궤를 같이하면서 진행되었다.

하지만 '본래의 지방사'라 하더라도 우리나라의 지방사회에 적용할 때는 관계적 관점의 보완이 필요하다. 다시 말해 한국의 중앙집권적 역사전통을 고려할 때, 지방을 독립된 주체로 다루기보다는 국가와의 상대적 관계 속에 파악하는 이른바 '관계적 관점'의 적용이 중요하다. 따라서 '전체사'와 '본래의 지방사'가 관계적 관점을 통해 상호 이해에 도움을 주는 쪽으로 나아가는 것이 바람직하다.

3. 향촌사회사에서 지방사로

지방사회에 대한 연구다운 연구들은 1970년대 이후 이른바 '향촌사회사' 연구로 시작되었다. 향촌사회에 대한 연구들은 성리학에 대한 긍정적 평가가 대두하면서 사림과 사족에 대한 관심이 커지는 가운데 나타났다. 따라서 처음에는 향촌사회 그 자체보다 사림이나 사족에 대한 연구로 시작하였다. 엄밀히 말하자면 사족 연구라고 해도 지나친 말이 아니다. 다만 그들의 삶의 현장이 향촌이었기 때문에 이를 대상으로 한 일련의 연구들이 향촌사회사 연구로 분류되었다. 1980년대에 들어오면, 총체적인 사회구조와 그 구조의 변동에 대한 해명을 목표로, 주로 향촌사회의 지배구조와 각 사회세력 사이 상호관계의 양상, 변혁주체의 성장과정 등을 밝히는 데 역점을 두고 연구를 진행하였다.

이러한 향촌사회사 연구의 성과들은 풍부했다. 우리는 이들을 통해 지난날 잘못 인식하였던 사실들을 수정하고 나아가 조선사회를 파악하는 방식에서도 다양성을 확보할 수 있게 됐다. 특히 '사족지배체제'(士族支配體制)라는 개념을 정립하였고 이는 시기구분에서 조선 전·후기 구분법을 지양하고 조선 중기를 설정하는 데 큰 구실을 했다.

향촌사회사 연구는 더 나아가 대내적으로는 '사족지배체제'와 '민의 조직과 동향', 대외적으로는 국가의 '지방통치체제'의 측면에서 이해하고 그 구조와 변화를 설명하고자 하였다. 이때 국가를 관점에 두자 그 상대가 '향촌'에서 '지방'으로 바뀌었다. 곧 사족의 경우는 향촌이란 표현으로 충분했지만 국가를 주어로 놓으면 향촌을 넘어서는 지방이 되어야 했다. 그래서 그런 입장들은 《조선은 지방을 어떻게 지배했는가》(2000)라는 식의 책 제목에 표현되었다. 이렇게 지방이 연구대상으로 등장했다. 하지만 용어에서 구분되었을 뿐, 개념에서 질적인 변화가 있었던 것은 아니었다. 즉 여전히 '지방화한 전국사' 속의 지방이었다.

한편, 지방사를 주제로 한 연구들은 1980년대부터 향토사란 틀에서 연구되기 시작하였다. 그 뒤 이런 연구경향은 향촌사회사와 교우하면서 거기에 흡수되었다. 그리하여 1980년대에는 향촌사회사가 향토사를 포괄하는 좀 더 의미 있는 범주였다. 그러다가 1990년대에 들어오면서 지역 사례 연구가 크게 늘었고, 또 지방사 자체가 주목되기 시작하면서 향촌보다는 지방이란 표현이 더 일반적이 되었다. 관점 또한

'본래의 지방사' 란 주체적 관점이 본격적으로 제기되었다.

이때를 즈음해서 향촌사회의 개념이나 지방사와의 관련성에 대한 문제제기도 나왔다. 그리고 기존의 향토사와 향촌사회사를 지방사의 시각에서 새롭게 조정할 필요를 제기하기도 하였다. 그런데 향촌사회사는 쉽게 지방사로 전환될 수 있는 조건들을 갖추고 있었고, 또 실제로 쉽게 전환되었다. 왜냐하면 기본적인 연구대상이나 자료, 방법 등이 같았기 때문이다. 다만 시각이나 인식에서 차이가 있었을 뿐이었다. 향촌사회사 연구는 앞서 말한 지방사 연구의 두 관점에서 볼 때 '지방화한 전국사' 에 해당한다. 왜냐하면 그 연구의 출발 자체가 중앙사의 한 분야사로 출발했고, 목적도 국가 또는 민족사의 과제 수행과 관련을 갖고 사례 발굴의 수단으로 지방에 접근했기 때문이다. 따라서 '본래의 지방사' 와는 달랐다. 하지만 지방사회 연구란 큰 범주 안에서 그런 인식의 차이는 범주를 구분할 성격의 차이는 아니었다. 왜냐하면 중앙집권적 전통이 강한 우리나라 역사의 특성때문에 지방사회를 연구한다 하더라도 중앙과 지방의 관계적 관점을 유지해야 한다. 따라서 '지방화한전국사' 냐 '본래의 지방사' 냐 하는 구분은 그렇게 절대적일 수 없다. 지방의 주체적 관점을 유지하는 일과 관계적 관점을 통해 지방사회를 바라보는 일은 동전의 양면과 같다. 그리고 이때 양면을 포함하는 동전 그 자체가 현재 논의되는 '지방사' 이기 때문에 관점의 전환은 지방사 연구의 필수조건은 아니다. 따라서 향촌사회사는 '지방' 의 등장에 따라 자연스럽게 지방사가 되었다.

한편 향촌사회사가 지방이란 용어로 포장되는 일은, 이미 향촌사회사 내부에서의 필요성 때문에 나타났다. 곧 도시화의 진전에 따라 전통사회의 도시문제도 관심의 대상이 되었다. 그래서 향촌보다는 읍치에, 사족보다는 향리에 더 많은 관심을 보이기도 하였다. 그리고 향촌의 범위를 넘어서는 문화권역에 대한 연구의 필요성도 제기되었다. 이런 지방의 다양한 색깔들을 향촌이란 용어만으로는 담아낼 수 없었다. 이로 말미암아 관점 여부에 관계 없이 지방은 향촌을 포괄하는 더 넓은 개념으로 자리잡았다. 따라서 기존의 향촌사회사는 자연스럽게 지방사에 포섭되었다. 그리하여 향촌사회사를 연구하던 전문연구자들이 지방사로 전환하면서 지방사 담론에 적극 참여하였다.

4. 사족지배체제의 틀로 본 지방사회

향토사를 이끌며 전개되었던 향촌사회 연구는 이와 같은 지방사의 성장에 기여한 바 컸다. 여기서는 향촌사회사 연구가 이룬 성과인 사족지배체제를 중심으로 조선시대 지방사회상을 간추려 보자.

1) 조선 중기 사족지배체제의 정립과 운영

양인 위주의 제일적(齊一的) 지배체제를 지향한 조선은 고려의 주속현체제와 같은 신분적·다원적 지방통치방식을 극복하고 일원적인 군현제로 재편하였다. 감사·수령 등 외관제와 면리제를 크게 정비하면서 향촌에 대한 파악을 대폭 강화하였다. 그리하여 국가가 지방을 직접 지배하는 관 주도 지방지배를 제도적으로 강화해 나갔다. 그러나 군현 이하 수준에서 면리제는 형식에 그쳤고 외관제도 뿌리 내리지 못했다. 반면 시간이 흐르면서 지방의 양반사족들이 중앙의 지배엘리트로 등장하기 시작하였다. 이런 사정 때문에 국가는 더 이상 관 주도 지방지배를 관철해 나갈 수 없었다.

16세기를 넘어서면서 지방에서 양반사족의 성장, 중앙에서 사림파의 대두 등 지배세력의 교체에 발맞추어 국가는 이른바 '성리학적 지배질서'를 구현해 나갔다. 그리고 그 틀 안에서 재지사족의 자율성을 인정하였다. 국가는 재지사족을 매개로 한 간접 지배방식을 택하였다. 이른바 중앙집권적 지배체제와 지방분권적 자치질서가 상호 공존하는 일종의 타협이었다. 이와 같은 향촌지배구조를 사족지배체제라고 부른다. 향촌의 재지사족들은 신분적 권위의 상징인 향안을 모체로, 향회를 통해 수령권과의 유착·길항이라는 관계 속에서 유향소(향소)와 이(吏)·민(民)을 지배하였다. 곧 국가기관의 제도적 뒷받침 아래서 지주제와 신분제를 통하여 군현단위의 향촌사회에서 대민지배를 관철시켜 나가고 있었다.

사족지배체제에서 재지사족은 중앙정치세력 배출의 모집단이 되었다. 따라서 지방사회는 중앙관료를 배출하는 바탕이 되었고, 이 때문에 중앙정부의 정책도 지방을 의식하지 않으면 안 되었다. 이렇게 하여 중앙과 지방은 활발한 소통을 유지하였다. 양자 사이에는 대립·갈등보다 타협·협력하는 편이 컸다. 그러나 어디까지나 국가의 지배가 사족의 자치보다는 우위에 있었다.

2) 조선 후기 사족지배체제의 해체와 관 주도 지방지배

이와 같은 사족 중심의 향촌지배질서는 200년 동안 유지하다가 지역 간에 편차는 있으나 18세기 전반을 경계로 해체되어 갔다. 17·18세기를 거치면서 상품화폐경제의 발달에 따라 농촌사회의 분화가 진전되고 신분제도 동요하였다. 농업이나 상·수공업에 종사하는 평민과 천민 가운데 재산을 모아 '요호(饒戶)'로 성장하는 사람들이 많이 나타났으며, 소농경영의 성장이나 양역 감소에 따라 노비들도 신분적 억압에서 벗어나기 위해 도망하는 경우가 많아졌다.

사족들은 대체로 중소지주적 기반 위에서 군현을 단위로 자신들의 공동이익을 추구하였다. 그러나 이처럼 경제구조가 변하고 지주제가 더욱 확대되어감에 따라 사족 내부에서도 경제적 격차가 심해졌다. 더

구나 상속제가 자녀 균분에서 적장자 중심으로 바뀜에 따라 이러한 분화는 더욱 촉진되었다. 사족 가운데 일부는 토지를 잃고 몰락하여 전호가 되거나 심한 경우 임노동자로까지 전락하였다. 이에 따라 양반이 곧 지주라는 사회적 통념도 더 이상 현실과 맞지 않게 되었고 양반의 권위도 낮아졌다. 이제 사족들 사이에서도 경제력에 따라 이해관계를 달리하는 경우가 많아졌다. 따라서 군현 차원의 공론, 곧 향론은 사족들 사이에서조차 형성되기 어려웠다. 그 결과 토지와 노비에 대한 지배를 바탕으로 운영되던 사족 중심의 향촌지배질서는 크게 달라지지 않을 수 없었다.

사족들은 군현을 단위로 한 농민들의 지배가 어렵게 되자, 차츰 지배의 범위를 줄여 자기 거주지를 중심으로 촌락단위의 동약(洞約)을 실시하거나 족적 결합을 강화함으로써 신분적, 경제적 이익을 지켜 나가려고 하였다. 이를 가장 적절하게 달성할 장치로써 혈연적 결집형태인 동성(同姓)마을과 문중(門中)서원을 필요로 하였다. 이에 따라 전국에 수많은 동성마을이 만들어지고 문중을 중심으로 서원·사우가 세워졌다. 사족들의 지배질서가 해체되어 가는 중에도 이와 같이 하여 촌락단위에서나마 지배력을 유지하게 되었던 사족들은 이른바 양반토호로 자리 잡아 갔다.

한편 정부는 사족지배체제의 동요에 따라 사족을 매개로 한 군현단위의 통제가 어렵게 되자, 지방관(=수령)을 통하여 향촌사회를 직접 통제하는 쪽으로 정책을 바꾸어 갔다. 영조 때부터 탕평정치가 시행되고 왕권이 강화됨에 따라 수령을 통해 향촌사회를 직접 통제하기 위한 정책을 본격적으로 실시하였다. 정부는 수령의 권한과 면리제의 향촌통제기능을 강화하였고, 그 일환으로 오가작통법을 실시하였다. 이에 따라 지방지배에서 관권이 차지하는 비중이 점차 사족의 지배력을 능가하게 되었다.

또한 정부는 지방지배의 새로운 동반자로 요호부민층을 끌어들이고
자 하였다. 그리하여 19세기 전반 무렵 향촌사회의 지배는 수령 아래
대개 요호부민 출신의 이서(吏胥)·향임층이 자리잡는 형태, 즉 수령-
이·향지배체제로 재편되었다. 이는 관료제적 원리에 따라 수령권을
매개로 행사되던 수직적 지배 질서, 곧 관치적 성격을 갖는 향촌질서
였다.

19세기 전반의 중앙권력층은 지지기반의 폭이 매우 좁았던 까닭에
지방지배층의 이탈을 우려하여 향촌사회의 동향을 주시하고 있었다.
이들은 향촌사회를 강력히 통제하기 위하여 수령 중심의 행정체계를
강화하였다. 그러나 이를 사적으로 장악하고 행사하였다. 수령과 이
서·향임 중심의 향촌지배는 이처럼 세도정치기의 중앙권력의 지원
아래 확립되어, 이 시기 사회모순을 더욱 심화시킴으로써 수많은 농민
항쟁을 일으키는 원인이 되었다.

맺음말

최근 지방사 연구들은 그 대상지역이 넓어지고 있으며, 주제 또한 다
양해지고 있다. 향촌사회사의 성과를 토대로 지방을 해석하는 데 활용
하거나, 지방지식인을 다루면서도 사례연구에서 벗어나 "지방의 시점,
지방인의 논리, 지방사회 자신의 모습"을 드러내려는 주체적 관점의
시도들이 나타나고 있다. 하지만 손에 잡히는 쟁점을 찾기 어렵다. 아
직 외연을 확대하는데 그치고 있기 때문이다. 이런 연구들이 축적될
때 전체사와의 관계 속에서 또 지방사회 자체에 대한 해석에서 의미
있는 쟁점들이 떠오를 것으로 보인다.

앞으로 지방사회 연구의 진전을 위해 몇 가지 제언을 하고자 한다.

첫째, 지방사를 다양성의 소재지로 자리매김하는 일이다. 한국사 속에 나타난 중앙-지방의 관계는 다양하였다. 따라서 중앙-지방의 관계를 보는 관점들 역시 '지배와 저항', '집중과 분배(또는 균형)', '집권과 분권', '관치와 자치', '소통과 단절' 등 다양하다. 이처럼 관계가 다양하기 때문에 지방사회 연구는 저마다 다양한 주제와 방법으로 접근하는 것이 바람직하다. 따라서 지방사회=문화다양성의 소재란 관점에서 지방들 사이의 차이에 더욱 주목할 필요가 있다. 지금까지는 일반성, 전반적 추이 등에 관심을 두었다면 이제는 차이에 더욱 관심을 가질 필요가 있다.

둘째, 연구의 주제와 대상의 폭을 넓히는 일이다. 기존 향촌사회사 연구의 틀에서 벗어나 도시사, 생활사, 생활공간 및 민속 · 종교 등으로 외연을 넓혀, 그야말로 '지방'의 모든 것을 담는 폭넓은 '지방사'가 되어야 한다. 주제뿐만 아니라 대상 영역 또한 확대되어야 한다. 지방은 국가의 지배영역 전체를 말하기 때문에 지금까지 내륙지향적 사고 속에서 외면하였던 도서지방과 해양까지도 포함하여야 한다.

셋째, 실용적 활용을 적극 지향하는 일이다. 문화산업을 통해 지방 경쟁력을 높이려는 지금, 지방사회 연구는 정체성 확보라는 당위적 과제 외에도 주체적 관점에서 다양한 소재를 발굴, 이야기로 제공하는 산업적 기능이 점차 중요해지고 있다. 특히 이런 작업은 정보화 곧 디지털화를 통해 이뤄지기 때문에 이에 대한 대비도 충분히 해야 한다.

■ 참고문헌

大丘史學會,《大丘史學》30집 -지방사연구 특집호, 1986.

李泰鎭,《韓國社會史硏究》, 知識産業社, 1986.

近代史硏究會 편,《韓國中世社會解體期의 諸問題》(상 · 하), 한울, 1987.

李樹健,《朝鮮時代 地方行政史》, 民音社, 1989.

李勛相,《朝鮮後期 鄕吏硏究》, 一潮閣, 1990.

鄕村社會史硏究會,《조선후기 향약연구》, 民音社, 1990.

김정호 외,《향토사 이론과 실제》, 향토문화진흥원 출판부, 1992.

李海濬 · 金仁杰 외,《조선시기 사회사연구법》, 한국정신문화연구원, 1993.

이해준,《조선시기 촌락사회사》, 민족문화사, 1996.

한국향토사연구전국협의회,《향토사와 지역문화》, 수서원, 1998.

역사문화학회,《지방사와 지방문화》1 -특집 : 지방사연구, 어떻게 할 것인가?-, 학연문화사, 1998.

고석규,《19세기 조선의 향촌사회 연구》, 서울대 출판부, 1998.

정진영,《조선시대 향촌사회사》, 한길사, 1998.

국사편찬위원회,《한국사론》32 -지역사 연구의 이론과 실제-, 2000.

역사문화학회,《지방사와 지방문화》2 -기획특집 : 지방문화연구, 어떻게 할 것인가, 학연문화사, 2000.

한국사연구회,《한국지방사연구의 현황과 과제》, 경인문화사, 2000.

한국역사연구회 조선시기 사회사연구반,《조선은 지방을 어떻게 지배했는가》, 아카넷, 2000.

이해준,《지역사와 지역문화론》, 문화닷컴, 2001.

김성우,《조선중기 국가와 사족》, 역사비평사, 2001.

오영교,《조선후기 사회사 연구》, 혜안, 2005.

이수환,《조선후기 서원연구》, 一潮閣, 2001.

鄭求福,《古文書와 兩班社會》, 一潮閣, 2002.

정두희 편,《한국사에 있어서 지방과 중앙 The Periphery and Center in Korean History》, 서강대 출판부, 2003.

吳洙彰,《朝鮮後期 平安道 社會發展 硏究》, 一潮閣, 2003.

김석희,《조선후기 지방사회사 연구》, 혜안, 2004.

池承鍾,〈傳統社會와 社會史硏究 -家族·鄕村社會·身分 硏究를 중심으로-〉,《韓國學報》80, 1995.

권내현,〈조선후기 지방사의 모색과 과제〉,《조선후기사 연구의 현황과 과제》, 창작과 비평사, 2000.

고석규,〈한국학과 지방학〉, 한림대 한국학연구소 편,《21세기 한국학, 어떻게 할 것인가》, 푸른역사, 2005.

──── ,〈한국사에서의 중앙과 지방〉,《역사에서의 중앙과 지방》, 제49회 전국역사학대회 발표요지, 2006.

배우성,〈18세기 지방 지식인 황윤석과 지방 의식〉,《韓國史硏究》135, 2006.

사회 신분

김성우(대구한의대)

머리말

조선왕조는 농업경제를 바탕으로 하는 사회인 동시에 농민을 우대
하는 사회였다는 점에서 전근대 농촌사회의 특징들을 두루 갖고 있는
농민국가였다. 농촌경제를 바탕으로 한 사회에서는 마을, 지역, 그리
고 국가 등 각기 다른 차원과 단계들을 규정하는 다양한 형태의 인신
적 구속 또는 신분적 차별이 존재했다. 잘 알려진 바와 같이 통일신라
시대 이전의 고대사회에서는 혈연 공동체를 바탕으로 한 매우 폐쇄적
인 동류의식과 연대 의식만이 존재했던 것과 달리, 고려시대를 거쳐
조선시대로 내려오면서 그러한 의식들은 지역이나 국가로까지 확대되
는 양상을 보였다. 조선왕조의 신분제도는 이러한 역사적 발전 상황에
조응하여 국가, 지역, 그리고 농민들의 이해관계와 충돌하고 용해되면
서 만들어졌다고 할 수 있다.

그런데 조선왕조가 국가 차원에서 확립하고자 했던 신분제도는 중

국의 수·당(隋·唐) 왕조 시대에서 확립된 바 있던 양천제(良賤制)였
다는 점에서 또 다른 특수성이 있다. 그렇지만 중국의 역사 발전 경로
가 한국과 달랐던 것처럼 양천제의 운명 또한 양국이 서로 달랐다. 한
국과 거의 같은 시기에 양천제를 도입했던 일본도 이후 양천제의 역사
적 경로가 한국과 크게 달랐다. 이처럼 조선왕조의 신분제 연구는 한
국역사의 발전 과정에 대한 이해, 그리고 동아시아 삼국의 서로 다른
역사 발전 경로에 대한 인식, 나아가 전자본주의사회와 자본주의사회
속성들의 비교와 같은 중요한 주제들과 맞닥뜨린다는 점에서 매우 실
천적인 과제라고 생각한다. 신분제가 갖고 있는 이와 같은 중요성 때
문에 지금까지 한국 역사학계의 수많은 연구들이 이 부분의 해명에 많
은 시간과 정력을 쏟아 부은 것도 사실이다.

　이 글은 조선왕조 신분구조의 특성과 변화 과정, 그리고 해체의 전망
에 이르는 다양한 논점들을 정리하고, 각 시점마다 그것들이 갖고 있
는 역사성을 좀 더 구체적으로 드러내는 데 초점을 맞추고자 한다.

1. 양천제(良賤制)와 국역체제(國役體制)

　조선 초기(15세기) 신분제 이해와 관련해서는 '4계층설'과 '양천제
설'이 각각 대립하고 있다. '4계층설'은 조선 초기 이래 양반(兩班)·
중인(中人)·상인(常人)·천인(賤人)이라는 4대 신분이 이미 성립되었
으며, 중인 이하는 지배신분인 양반을 위해 존재한다는 것으로 요약할
수 있다. 이와 달리 '양천제설'은 조선 왕조의 법제적 신분구조는 '양
천제'였으며, 양인(良人)인 한 국가로부터 동질적인 사환권(仕宦權)을
보장받는 존재라는 점에서 모두 동일하다는 것으로 요약된다. 조선 초
기 신분제 논쟁에서 드러난 논점은 크게 두 가지로 나뉜다고 생각한

다. 첫째 '양천제'가 실제 신분구조로서 기능했는가의 여부, 둘째 양반이 지배신분으로 존재했는가의 여부이다. '4계층설'에서는 '양천제'의 존재를 인정하고 있음에도 양반이 사실상 지배신분으로 기능했다는 점을 강조한다. 이와 달리 '양천제설'에서는 지배신분으로서의 양반은 아직 출현하지 않았으며, '양천제' 편제 아래에서는 어느 계층이나 신분제적 요소가 약했다는 점을 강조한다.

그렇지만 국가적 신분규범으로서의 '양천제' 규정을 양측 모두 강하게 인식한다는 점, 그리고 양반이 이후 언젠가부터 지배신분으로 전환한다고 인식한다는 점 등에서, 양측의 주장이 아주 평행선만을 달려온 것은 아니다. 논쟁은 양측의 강조점이 서로 다른 데서 비롯했을 뿐이다. 그런 점에서 양측의 주장을 종합하여 이해할 경우, 조선 초기의 역사상을 좀 더 구체적으로 이해할 수 있는 여지를 제공해 줄 수 있다고 생각한다. 아래에서는 조선 초기 국가의 운영구조, 국가의 인민 편제 방식, 그리고 한계에 초점을 맞춰 논의를 전개해 보기로 한다.

조선왕조는 중국 명나라의 세계적 질서 아래 편입된 이래, 《대명률(大明律)》을 기반으로 한 법전체제를 구축하려는 의지를 안팎에 공포했다. 그렇지만 조선왕조는 개국 직후부터 중국 당나라에서 완성된 율령체제를 적극적으로 활용하려는 모순된 입장을 보였다. 통일신라 이래 고려를 거치면서 내려온 역사적 유산으로부터 자유롭지 못한 탓이었다. 이런 이유에서 동시대의 중국 명 왕조보다 수·당 시대의 중국에 대한 관심이 더 컸다. 초기 조선왕조의 핵심 과제는 수·당 왕조가 이념적으로 표방한 바와 같이 신민에 대한 균등한 의무와 권리를 강조하고, 지배층의 존재를 인정하지 않는 정책의 실시에 있었다.

이 시기 국가는 크게 세 가지 핵심 장치를 중심으로 운영되었다. 첫째는 제민정책(齊民政策)이었다. 이는 국가의 지배를 받는 백성들은 모두 동등하다는 관점에서 국가가 인민을 호적에 편제하는, 이른바 편호제민(編戶齊民)을 이상으로 했다. 그렇지만 백성들이 모두 동등하다는 생각은 현실사회에서는 실현 불가능한 관념이었다. 관념과 실재의 모순을 국가는 '균등'의 최소 기준으로 국가에 대한 납세 의무인 '조·용·조(租庸調) 3세'의 담당 유무만을 제시하는 것으로 극복하고자 했다. 두 번째의 국가 운영 원리는 국역체제(國役體制)였다. 이는 '조·용·조 3세'를 부담하는 납세자에 대해서 국가 운영에 직접 참여할 수 있는 기회와 권리를 제공하는 장치였다. 따라서 제민정책은 국역체제를 통해서만 작동될 수 있었다. 세 번째의 원리는 양천제였다. 국가는 국역체제에 참여 가능한 사람들을 양인으로, 그리고 불가능한 사람들을 천인으로 구분하고, 양인에 대해서는 군역(軍役)이나 교육, 그리고 관직에 나아갈 수 있는 여러 가지 권리, 곧 사환권(仕宦權)을 부여해 주었다. 양천제는 국가의 포괄적인 인민편제 방식이었던 셈이다.

국가 정책은 납세 의무를 충실히 이행할 수 있는 양인층에게 초점을 맞췄다. 여기에서 제외된 천인층은 국가 기관이나 양인층에게 예속되어 물건과 마찬가지로 매매·증여·상속되는 일종의 '말하는 동물'에 지나지 않았다. 이들 천인층이 전체 인구에서 최소 30퍼센트 이상을 차지했다는 점에서, 15세기 조선왕조는 매우 좁은 의미의 합리성이 허용되고 통용되는 사회였다. 이러한 한계에도 불구하고 조선초기 사회는 개인의 능력을 중시하는 어느 정도 개방형 사회였다. 국역체제에 포섭된 인물이라면 그의 사회적·경제적 지위나 처지가 어떠하든 의무에 대한 반대급부로 지급되는 권리를 균등하게 누릴 수 있었기 때문이다.

이러한 사회였기에 조선 초기에는 혈통에 따라 지위가 세습되는 '신분'을 의미하는 용어가 그다지 발달하지 않았다. 지배층을 의미하는 용어로는 '사족(士族)'이 흔히 사용되었다. 이는 고려 후기 이래 '현관

(顯官) 출신자와 그의 3대에 이르는 후손들'을 뜻하는 용어로 사용되었다. 사족에 대해 법전에서 쓰인 용어는 '대소원인(大小員人)'이었다. '대소원인 = 사족'이야말로 국가가 지배층에게 배려할 수 있는 최소의 특혜 집단이었다. 반면 '양반(兩班)'은 이 시기에는 좀 다른 의미를 지닌 용어로 사용되었다. 양반은 그 어원이 뜻하는 바 '동·서반(東西班)에 참여하는 관직자'를 일컫는 용어였다. 따라서 관직자라면 누구나 양반이라 불렸다. 양반은 개인의 능력에 따라 언제든지 획득 가능한 관직자 '계층'을 뜻하는 용어였던 것이다.

양반과 사족을 이와 같이 이해할 경우, 관직자 전체를 의미하는 '계층적 용어'인 양반이 좀 더 넓은 범주를 갖고 있음을 알 수 있다. 반면 사족은 현관으로 진출하여 3대에 이르는 후손들에게 일정 범위 안에서나마 특혜를 베풀 가능성이 있는 계층이라는 점에서 '신분적인 냄새'가 물씬 풍기는 용어였다. 그런 점에서 사족의 범주는 양반보다 훨씬 좁았다. 이들 양자는 각기 서로 다른 범주를 가진 채 포개지기도 하고 분리되기도 하면서 서로 다른 용어로 존재했다.

그렇다면 양천제는 국가의 인민 편제 방식으로 성공을 거두었던가? 13세기 후반 이래 농장(農庄)으로 대표되는 지주제가 발달하고, 사회적 지위를 세습하고 그것을 바탕으로 권력을 강화해 가는 사족층이 존재했다는 것은 잘 알려진 사실이다. 이러한 상황에서 모든 백성들을 양천제의 틀 속에 집어넣어 국가적 평등의 길로 매진한다는 생각은 관념상으로는 가능한 일일 것이나, 현실과는 거리가 멀었다. 여기에서 양천제가 사회 전반에 미치는 규정력에 대해서 달리 생각해 보아야 한다. 양천제는 조선왕조가 개창하는 가운데 국가가 야심차게 추진한 국가 운영 시스템의 일부로 고안된 것이었다. 그런 점에서 인민들이 국가와 마주치는 영역에서는 양천제의 규정을 받을 수밖에 없었다. 그것이 바로 국역체제의 영역이었다.

그렇지만 이 영역을 넘어서는 부분에 대해서까지도 국가가 양천제로 얽어매고 집행하려는 의지는 없었다. 고려 후기 이래 내려오던 사회구조와 관습 자체를 송두리째 부정할 필요가 없었던 탓이다. 그 때문에 관습과 의식 차원에서는 귀천(貴賤) 의식이나 사족(士族)·상인(常人) 사이의 구별 의식이 엄연히 존재했다. 이러한 사족·상인 관념은 한 걸음 더 나아가 양천제의 시행 과정을 왜곡시키기도 하고 제도로 정착되는 것을 방해하기도 했다. 따라서 조선 초기의 사회구조는 종래의 사족·상인 관계를 대표하는 '사회통념적 신분구조'가 아래에 위치하고, 그 위에 국역체제의 작동에 필요한 영역에서 양천제가 자리하고 있는 다층적 구조를 그려볼 수 있다. 국가의 규정력이 강력했던 조선 초기에는 양천제의 영향력이 사회 전반에 걸쳐 매우 강력했다. 그렇지만 국가의 강도가 약해져 가는 추세를 반영하여, 15세기 후반 이후에는 그러한 영향력이 축소되고 마침내 그 존재를 위협받기에 이르렀다.

2. 사족층(士族層)의 성장

16세기 이후 신분구조의 변화와 관련하여 새롭게 제기되고 있는 논의는 지방에 거주하면서 유교적 가치관을 실천에 옮기고, 동·서반 진출권을 독점한 '사족층'은 한국 역사에서 16세기 초반 무렵 처음으로 출현한 사회신분이라는 것이다.

기존의 연구들은 양반이 15세기에 이미 지배신분으로 성립되었다거나, 고려시대에도 그러한 존재들이 검출되고 있으며, 심지어 통일신라시대 이전에도 그러한 지배신분이 존재했음을 강조한다.

기존의 연구들이 대체로 '4계층설'에 강한 영향을 받아 그 이전 시대의 사회구조로 소급하려는 경향을 띤 반면, '양천제설'로부터 일정하게 자극을 받은 새로운 연구는 16세기가 되어서야 지배신분층으로서 사족층이 형성되기 시작했고, 17세기 초반에 이르러서야 그들의 지배구조를 국가로부터 공인받았음을 강조한다.

결국 16~17세기 신분제 논의와 관련하여 가장 크게 논란이 되는 주제 또한 15세기 신분제 논쟁의 핵심이었던 지배신분으로서 사족이 지니는 성격 규정이다. 사족층의 성립 시점, 그들의 존재 양상, 그리고 그들의 사회경제적 지향과 정치적 태도 등에 대한 이해가 좀 더 구체적으로 드러날 때에만 그 대척점에 자리한 중인, 상인, 그리고 천인의 모습이 한층 선명해질 수 있기 때문이다. 따라서 아래에서는 이 시기 사족층의 구체적인 존재 양상이 어떠했는지에 초점을 맞춤으로써 사족층 출현의 역사성, 그리고 여타 신분층과의 대립적 측면 등을 아울러 살펴보고자 한다.

양천제에 바탕을 둔 국가적 인민편제 방식은 연산군대에 이르러 엄청난 변화를 겪었다. 국왕과 왕실의 재정 남용으로부터 촉발된 연산군대의 난맥상은 '조·용·조 3세'의 세액 증대와 징수 방식의 변화를 가져왔다. '하층 양인'들의 납세 부담이 이 과정에서 크게 증대하고 이들의 경제 기반이 흔들리게 되었다. '하층 양인'들의 몰락이 차츰 현실화하는 상황이 도래하면서 국역체제의 바탕을 이루던 양천제도 동요하기 시작했다. '하층 양인'들을 중심으로 대규모의 거주지 이탈과 노비(奴婢)로의 전환 양상이 연출되면서, 양천제의 근본이 흔들리게 되었기 때문이다.

16세기 전반은 '양인 상층'이 중소지주로, 그리고 노비 소유주로 성공적으로 전환하게 된 시기이기도 했다. 쏟아져 나오는 토지와 노비 자원을 이용해서 경제적 기반을 확충하고 그것을 발판으로 사회적 지위를 높여 나가기에 좋은 여건이 형성되는 시기였던 셈이다. 이런 상황에서 '양인 상층'은 이제 달라진 사회적 위상을 반영하여 그들의 지위에 상응하는 대우를 국가에 요구하기 시작했다. 1525년(중종 20) 국가의 사족 재규정 작업은 이러한 상황에서 이뤄졌다. 사족의 범주는 '친변·외변 가운데 4조〔父·祖·曾祖·外祖〕 안에 과거나 음서로 문·무반 정직(正職) 6품 이상에 진출한 관료를 배출한 가문의 후손과 생원(生員)·진사(進士)'로 확정되었다. 이 범주는 그동안 사회적 통념으로 용인되던 '양반'의 범주와 크게 다르지 않았다. 이후 양반과 사족은 동의어로 사용되었다(따라서 이하에서는 사족을 양반으로 대체하여 사용하도록 한다).

 양반층이 지배신분으로 확정되면서 그들을 위한 각종 사회적 특혜가 뒤따랐다. '전가사변형(全家徙邊刑)과 체형(體刑) 면제권'(중종 20년), '문·무반 정직 독점권'(중종 30년, 1535) 등이 16세기 전반 국가에서 용인해 준 각종 특혜 조항들이었다. 그렇지만 양반층의 사회적 지위는 16세기 내내 불안정했다. 이 시기 양반들의 사회적 지위를 극명하게 보여주는 것이 충군정책(充軍政策)이었다. 조선 초기 이래 국가는 '양인 상층'을 대상으로 국방체제를 운영해 갔는데, 이러한 현실은 16세기에도 크게 변하지 않았다. 양반층의 사회적 지위는 임진왜란을 겪으면서 한층 굳어졌다. 일본군의 전면적인 공세 아래 국가 공권력의 와해라는 상황에서 이들이 그 틈을 훌륭히 메웠을 뿐만 아니라 전쟁을 승리로 이끄는 견인차 구실을 수행해 냈기 때문이다. 이들은 전후 복구사업을 주도하면서 그들의 위상을 다시 한번 공고히 해 나갔다.

 이런 상황에서 양반층은 그들의 사회적 지위를 영속적으로 보장받을 수 있는 새로운 사회질서 구축에 골몰했다. 이와 관련하여 초미의 관심사로 떠오른 것이 '군역 면제권' 획득이었다. 임진왜란 이후 격앙된 양반층의 반발에 부딪치곤 했던 국가는 정묘호란을 눈앞에 둔 1627

년(인조 5년) 사족충군정책(士族充軍政策)을 공식적으로 폐기하는 중대
결정을 내릴 수밖에 없었다. 양반이라면 당연히 '군역 면제 특권'을
누린다는 신분상의 특례조처는 이때 이후 발효된 것이다. 국가의 각종
문서 작성 과정에서도 양반층과 비양반층을 구분하는 조처가 뒤따랐
다. 임진왜란 직후 최초로 작성된 '병오 호적'(1606년)에서 양반 부녀
만이 '씨(氏)'를 쓰며 도서(圖書)를 사용하고, 상민 부녀들은 '조이〔召
史〕'라 일컫고 '손도장'만을 찍는 것과 같은 조항들이 그것이었다. 이
제 인물을 평가하는 가장 중요한 잣대는 능력이 아니라, 혈통 곧 신분
이었다. 바야흐로 양반층이 사회를 독점적으로 주도하는, 이른바 '양
반지배구조'가 열리고 있었던 것이다.

3. 반상제(班常制)의 확립과 신분제의 변동

18세기 이후 신분제의 변화상과 관련한 이해 방식에도 두 가지 관점
이 서로 팽팽하게 대립하고 있다. 첫 번째 관점은 양안과 호적에서 검
출되는 '경영형 부농'의 존재, 노비층의 급감과 양반층의 급증 상황
등에서 확인되는 바와 같이, 18세기 이후 조선사회는 전근대 사회구조
가 급격하게 해체되고 자본주의 사회로 진입을 눈앞에 둘 정도로 발전
했다는 것이다. 두 번째 관점은 양반층의 지위는 18, 19세기에 이르러
서도 약해지지 않고 도리어 강해졌으며, 종족(宗族) 제도의 발달을 비
롯한 유교적 사회질서와 가치관 또한 이 무렵에 이르러서야 사회의 주
요 작동 원리로서 기능하기 시작했다는 것이다.

결국 18세기 이후 신분제 변동과 관련한 논의에서도 크게 두 가지로
논점이 나뉜다고 생각한다. 첫째는 양반층이 과연 소멸해 가는 구래의
기득권층인가 또는 기득권을 독점하는 데 성공한 지배신분층인가의

여부, 둘째는 노비층의 사실상 소멸이라는 상황을 신분제 해체의 징표로 이해할 것인가 또는 새로운 사회로의 전환으로 볼 것인가의 여부이다. 이상과 같은 두 가지 논점을 염두에 두고 아래에서 논의를 진행해 보도록 하자.

임진왜란 이후 사회의 주도권이 양반들에게 넘어가고 '양반지배구조'가 정착됨에 따라 이들이 평소 꿈꾸어 왔던 성리학을 바탕으로 한 사회질서가 구축되기 시작했다. 17세기 중반 이후 종족제도가 본격적으로 발달했던 것은 결코 역사적 우연이 아니었다. 그렇지만 이 무렵 양반층은 서얼층(庶孼層)의 대대적인 공세에 직면하게 되었다. 17세기 후반 과거 응시 자격 획득, 18세기 초반 서얼 후손들의 유학(幼學) 직역 사용 허가, 18세기 후반 과거 합격자의 청요직(淸要職) 진출권과 향소(鄕所)·향교(鄕校)·서원(書院)의 직임(職任) 허용 조처 등은 이러한 적극적인 공세 아래 획득한 것이었다. 그럼에도 이들의 성장에는 분명한 한계가 있었다. 19세기 후반까지 서얼들은 관권의 비호 아래 중요 서원의 직임을 차지하는 경우가 있었지만 그리 오래가지는 않았다. 과거 합격자 또한 계속해서 배출되었지만 청요직 진출은 아주 드물었다. 서얼층의 이러한 도전에도 불구하고 양반층은 조선왕조 말기까지도 영향력을 잃지 않았다.

그렇다면 호적 안에서 확인되는 양반층의 급증, 상인층의 상대적인 감소, 노비층의 급감이라는 현상을 어떻게 이해해야 할 것인가? 이와 관련하여 양천제의 소멸과 반상제(班常制)의 확립이라는 신분제의 교체가 18세기를 전후하여 나타났다는 점에 주목할 필요가 있다. 변화의 결정적 계기는 1711년(숙종 37)에 실시한 이정법(里定法)이었다. 이정법 실시 이후 호적의 직역(職役) 기재 방식이 크게 변했기 때문이다. 1700년 이전까지만 해도 유학호(幼學戶)는 각 지역에서 4퍼센트 안팎의 안정적인 수치를 보였다. 그렇지만 이정법이 실시된 1710년대 이후 10퍼센트 안팎으로 증가하여 변화를 시작한 이래, 균역법(均役法)이 실시된 1750년(영조 26) 이후에는 20퍼센트 이상 급증했다. 이러한 추세는 이후 가속을 받아 지역에 따라서는 60, 70퍼센트에 이르는 등 폭증세를 보였다. 유학호가 이처럼 급증하는 추세에 정확히 반비례하여 노비호(奴婢戶)는 급감했다. 이와 달리 상민호(常民戶)는 완만한 감소세를 보이기는 했지만 대체로 현상을 유지했다.

호적에서 보여 주는 이러한 변화는 양역정책(良役政策)의 변화와 밀접하게 관련되어 있다. 사실 국가는 이정법 실시 이후 양역 담당층인 상인층의 일정한 호수 유지에만 관심을 가졌을 뿐, 면역층의 증감 현상을 크게 문제 삼지 않았다. 이런 상황에서 상민호의 변동은 국가로부터 일정하게 제약을 받아 고정되는 추세를 보인 반면, 면역층인 양반호와 노비호는 총액제(摠額制)가 허락하는 범위 안에서 가감이 자유롭게 이뤄질 수 있었다. 따라서 양반층의 급증과 노비층의 급감 현상으로 상징되는 호적의 변동 양상은 사실 직역 개변에 따른 계층 이동이었을 뿐, 실제 신분의 변동까지 동반하는 계층 이동은 아니었다. 이러한 현상은 양천제가 더 이상 기능하지 못하게 된 상황과도 깊은 관련이 있다. 이정법 실시 이후 국가의 직접적인 인민지배가 불가능해진 상황에서 양천제는 그 존재 이유를 심각하게 고민해야 할 단계에 이르렀다. 양천제는 그 기능을 정지한 채 표류하고 있었고 그 자리를 반상제가 대신 메웠다. 18세기 중반의 일이었다.

조선 후기 사회는 이처럼 여러 가지 현상들이 중첩되어 한 가지 방식으로 설명하기 어려운 점들이 있다. 그렇지만 신분 위계의 상·하위 신분에 따라 서로 다른 변화상을 보인다는 점을 주목할 필요가 있다. 우선 지적할 수 있는 것은 신분 위계의 아래쪽에 자리한 하위 신분들의 해체 양상이었다. 노비제는 1731년 노비종모법(奴婢從母法) 실시 이후, 특히 1750년대를 거치면서 사실상 소멸 단계에 접어들었다. 상민층도 면리 단위로 할당된 일정한 양역세 부담을 수행하기만 한다면 다양한 직역의 취득이 가능했다. 이 과정에서 유학과 같은 양반 직역이나 중서층의 직역을 차지하여 합법적인 면역자로 변신할 수도 있었다.

　다음으로 지적할 수 있는 것은 신분 위계의 맨 위에 위치한 양반층의 경색 양상이었다. '지배양반'들은 모두가 권력과 명예, 그리고 재력을 획득하고자 사회의 최정점을 향해 질주했다. 이 과정에서 양반들은 문중 단위로 재조직되었으며 혈연, 지연, 그리고 학연으로 복잡하게 얽힌 사회적 연결망을 이용해서 서로의 가격(家格)을 저울질했다. 이러한 사회의 최정점에 중앙권력을 장악한 벌열(閥閱) 세도(勢道) 가문이 있었다. 지역 단위에도 그에 걸맞는 최고 종족(宗族)들이 존재했고 아래로 내려 갈수록 하급 종족들이 포진되어 있었다. 그렇지만 '지배양반'들은 어디까지나 소수였다. 그 아래 층위에는 이들보다 수적으로 훨씬 많은 중서층이 존재했고, 절대 다수의 상민층이 최하단부를 형성하고 있었다. 그리고 이 층위에서는 급박하게 요동치는 사회적 현실을 반영하여 계층 이동이라는 거센 물결이 도도하게 흐르고 있었다.

　조선 후기에 이르러 최종 완성을 본 반상제는 신분제의 법적 철폐를 겨냥한 '갑오개혁(甲午改革)'(1894년)으로 직격탄을 맞았다. 이때를 즈음해서 중앙이나 지역사회를 막론하고 서얼층의 관직 진출, 또는 향임직(鄕任職) 참여 사례가 빈번해졌다. 조선왕조의 멸망이 가시화한 20세기 초반에 이르러 이러한 현상은 가속을 받았다. 이후 근대시민사회의 형성이라는 변화가 신분적 위계라는 낡아빠진 전근대적인 사회구조를 밀어내면서 새로운 근대적 양상으로 사회 전면에 자리 잡기에 이르렀다.

맺음말

양천제는 조선 초기 국역체제의 운영을 목적으로 기능했던 일종의
'국가적 신분규범'이었다. 양천제 자체에는 어떤 계층에 대하여 특권
을 부여하거나, 그들의 지위를 확인해 주는 어떠한 법적 규정이 없었
다. 국가는 국역 부담 유무를 기준으로 모든 계층을 파악했을 뿐이며,
국역체제의 운영이라는 제한된 범위 안에서만 양천제의 기능을 인정
해 주었기 때문이다. 이와 달리 반상제는 사족층이 성장하고 그들이
주도하는 사회구조가 확립되었을 때 모습을 드러낸 '사회적 신분규
범'이었다. 따라서 반상제의 성립 과정에서 국가가 개입할 여지는 크
지 않았다.

이러한 상황에서 국가는 새로운 법률을 제정할 의지도, 그리고 사문
화한 이전의 법률 규정들을 폐지할 의지도 없었다. 그 결과 18세기 중
반 이후 양천제를 바탕으로 한 계층 동원 원칙이 사실상 정지 단계에
접어들었음에도, 양천제는 법전 조항에서 삭제되지 않았다. 그리고 반
상제가 새로운 사회구조로 자리 잡은 17세기 전반 이후에 수보(修補)
된 법전 어디에도 반상제를 확인하는 법적 규정들이 추가되지 않았다.
따라서 '체형과 군역 면제권', '문·무반 관직 독점권'과 같은 양반층
의 여러 특권은 양반층과 비양반층〔상민층〕을 분리하는 사회관습적
계선으로만 존재했다. 공상층(工商層)은 과거 응시가 불허되거나, 양반
층은 공상(工商)의 직업을 가질 수 없다는 양천제 아래의 여러 규정도
이러한 상황에서 살아남았다. 상황이 이러했기 때문에 지배신분층인
양반층에 대한 범주 설정은 쉽지 않은 일이었다. 19세기 전체 인구 대
비 양반층의 비중이 70퍼센트에 거의 다다랐다는 연구가 있는가 하면
5퍼센트 미만이었다는 연구도 있는 실정이다.

조선왕조의 신분제는 그동안 가장 많은 연구가 이루어진 분야임에

도, 위에서 확인한 바와 같이 가장 논란이 많은 분야인 동시에 기초 연구가 가장 취약한 분야이기도 하다. 이러한 역설은 그만큼 신분제 연구가 전근대 한국역사의 특질 및 한국사회의 변화 과정과 관련하여 중요한 부분임을 말해주는 것이기도 하다. 여러 가지 난제들을 해결할 수 있는 좀 더 구체적이면서도 종합적인 연구 성과들이 나오기를 기대해 본다.

■ 참고문헌

金錫亨,《조선봉건시대 농민의 계급구성》, 과학원출판사, 1957.

李成茂,《朝鮮初期 兩班研究》, 일조각, 1980.

韓永愚,《朝鮮前期 社會經濟研究》, 을유문화사, 1983.

崔承熙,〈朝鮮後期 身分變動의 事例研究 - 龍宮縣 大丘白氏家古文書의 分析〉,《邊太燮博士華甲紀念史學論叢》, 1985.

裵在弘,〈朝鮮後期의 庶孽 許通〉,《慶北史學》10, 1987.

宋俊浩,《朝鮮社會史研究》, 일조각, 1987.

劉承源,《朝鮮初期 身分制研究》, 을유문화사, 1987.

李勛相,《朝鮮後期의 鄕吏》, 일조각, 1990.

李俊九,《朝鮮後期 身分職役變動研究》, 일조각, 1993.

李樹健,〈高麗 · 朝鮮時代의 支配勢力 변천의 諸時期〉,《韓國史時代區分論》, 소화, 1994.

金容燮,〈朝鮮後期 身分制의 動搖와 農地所有〉,《(증보판)朝鮮後期 農業史研究 (Ⅰ)》, 지식산업사, 1995.

李泰鎭,〈朝鮮時代의 兩班〉,《學藝志》2, 1995.

李榮薰,〈韓國史에 있어서 奴婢制의 推移와 性格〉,《奴婢 · 奴隷 · 農奴 - 比較史的

檢討》, 일조각, 1998.

김성우, 〈조선시대 '士族'의 개념과 기원에 대한 검토〉, 《조선후기사 연구의 현황과
과제》, 창작과비평사, 1998.

林學成, 〈조선후기 戶籍에 등재된 兩班職役者의 분석〉, 《朝鮮時代史學報》 13, 2000.

池承鍾 · 金俊亨 外, 《근대사회변동과 양반》, 아세아문화사, 2000.

金建泰, 〈朝鮮後期의 人口把握 實狀과 그 性格 - 丹城縣 戶籍分析〉, 《大東文化研究》
39, 2001.

金盛祐, 《조선중기 국가와 사족》, 역사비평사, 2001.

李樹煥, 《朝鮮後期 書院研究》, 일조각, 2001.

김성우, 〈조선후기의 신분제: 해체국면 혹은 변화과정?〉, 《역사와 현실》 48, 2001.

鄭震英, 〈향촌사회에서 본 조선후기 신분과 신분변화〉, 《역사와 현실》 48 , 2003.

宮嶋博史, 〈朝鮮時代의 身分, 身分制 槪念에 對하여〉, 《大東文化研究》 42, 2003.

김성우, 〈조선시대의 신분구조, 변화, 그리고 전망〉, 《동아시아 근세사회의 비교》,
혜안, 2006.

가족과 친족

권내현(고려대 역사교육과)

머리말

사회의 기본 단위인 가족에 관한 연구는 사회학 분야에서 시작되었다. 조선사회의 구조나 그 역동적인 변화상을 추적하려던 역사학자들에게 가족은 한동안 매력적인 연구 주제가 되지 못하였다. 1980년대 이후 연구자의 증가와 관심의 다변화, 새로운 고문서의 발굴은 역사학계의 가족 연구를 고양시키는 계기가 되었다. 역사학자들은 결혼·상속·입양 등을 소재로 가족이나 친족 관계의 변화를 규명하고 문중이나 동성촌락의 발달에 대해서도 적극적으로 관심을 표명하였다.

이에 따라 조선의 가족이나 친족 관계는 17세기 중엽 이후로 새로운 양상을 띠게 되었다는 사실이 입증되었다. 서류부가혼(壻留婦家婚)이 친영(親迎)에 가까운 형태로, 자녀 사이의 균분상속이 적장자 우대상속으로 전환되고 적자가 없는 가계의 입양이 보편화하기 시작한 것도 이 무렵이었다. 그것은 오랜 관행을 억누르고 〈주자가례〉에 따른 종법적

질서로 조선사회를 재편하려던 선초 이래의 노력이 결실을 얻는 과정이기도 하였다. 부계 중심의 가족, 친족 체계의 확립으로 대변되는 이러한 변화는 조선인들의 삶의 방식을 바꾸어 놓았고 이후로도 오랫동안 우리 사회에 영향을 미쳤다.

1. 가족, 친족 관계의 변화

조선시대 가족 구성과 형태는 결혼제도의 변화에 직접적인 영향을 받았다. 특히 결혼 양식과 거주지의 변화는 가족과 친족 체계를 근본적으로 바꾸어 놓았다. 조선 전기 사람들은 처가에서 결혼식을 올리고 그곳에서 장기간 머무르는 서류부가혼의 오랜 전통을 계승하였다. 이는 내외친이 모두 존중되는 양계적 친족 체계가 당분간 지속될 수 있는 바탕이 되었다.

하지만 주자 성리학을 수용한 조선의 지배 세력들은 서류부가혼이 부계 중심의 종법 질서 확립에 방해가 된다는 사실을 놓치지 않았다. 그들은 종법을 시행하기 위해서는 중국식 친영 제도가 도입되어야 한다고 보았다. 먼저 모범을 보인 것은 왕실로서 태종대 최초로 친영이 실시되었다. 왕실의 노력에도 양반 사대부층 일반은 여전히 서류부가혼의 관행을 버리지 못하였다. 새로운 지배 이념이 오랜 생활양식을 즉각적으로 바꾸어 놓을 수는 없었던 것이다.

이념과 현실 사이의 괴리를 극복하려는 과정에서 서류부가혼과 친영은 명종대 반친영의 형태로 절충되었다. 이후 반친영은 처가에서 머무르는 기간의 지속적인 단축으로 친영의 본래 의미에 가까운, 즉 처가살이에서 시집살이로 바뀌었다. 조선시대 호적과 족보를 견주어 보면 17세기 이전에는 동일 성관(姓貫) 친족 구성원의 상당수가 거주지를 벗어나 새로운 지역으로 옮겨갔다. 그 대상지는 주로 처가나 외가였는데 친영을 추구하면서 이러한 현상은 억제되었다.

결혼 양식이 바뀜에 따라 처가나 외가와의 유대는 점차 약해졌다. 반면 직계 가족이나 부계 친족과의 관계는 더욱 긴밀해졌다. 결혼 뒤의 거주지 이동이 줄어들면서 부계 친족 구성원들이 동일 촌락에 모여 살기 시작하였다. 그들은 일상생활의 많은 부분을 공유하고 상호 규제하면서 부계 중심의 친족 체계를 형성해 나갔다. 이보다 앞서 부계 친족의 외형적 최대 확대치인 동성동본 사이의 결혼은 이미 금기시되었고 엄격한 신분 질서 아래서 신분내혼이 유지되고 있었다.

결혼 양식의 변화는 한편으로 상속의 내용에도 영향을 주었다. 조선 전기 부모의 재산은 적자녀들에게 균분되었다. 상속의 주 대상은 토지와 노비로서, 양반들은 경제력의 확대를 위해 소유 노비와 양인 사이의 양천교혼을 장려하였다. 더구나 노비의 연령과 건강 상태를 고려한 철저한 균분의 시행으로 말미암아 노비 가족은 해체될 수도 있었다. 다만 상속과 달리 노비 매매는 활발하지 않았고 상당수의 노비는 외거 상태로 농업 경영에 종사하여 가족 해체의 위기에서 벗어나고 있었다.

균분 상속이 시행되는 가운데 여성들은 결혼 뒤에도 자신의 아버지 또는 어머니로부터 상속받은 재산을 처분할 수 있는 권한을 가지고 있었다. 재산의 균분은 제사에 대한 책임과도 연계되어 자녀 사이의 분할, 윤회 봉사가 낯설지 않은 풍경이었다. 때로는 아들이 없는 경우 외손봉사가 이루어지기도 하였다. 조선 전기에는 아들을 통한 가계 계승이란 강박 관념에서 비교적 자유로웠던 것이다.

그런데 17세기 중엽을 전후하여 상속의 내용도 바뀌기 시작하였다. 친영의 추구로 여성들은 결혼 뒤 본가와의 관계가 소원해졌고 종법적 가족 질서 속에 점차 얽매일 수밖에 없었다. 또한 균분 상속은 세대를 거듭할수록 재산의 영세화를 가져왔다. 이는 남녀차별상속이나 적장자우대상속이 출현하는 배경이 되었다. 재산 상속이 가계 계승과 연관 되면서 적장자우대상속은 갈수록 확산되었으며 제사 또한 적장자 봉 사로 굳어지게 되었다.

변화된 결혼과 상속 관행의 최종 귀착 지점은 부계중심 종법질서의 확립에 있었다. 이를 조선사회에 뿌리내리게 하기 위한 논의는 선초부 터 진행되었지만 오랜 관행을 극복하지 못하고 17세기 중엽 이후에야 양반들의 일상생활에서 정착되기 시작하였다. 그럼에도 〈주자가례〉의 규범이 원론 그대로 조선사회에 뿌리를 내린 것은 아니었다. 다만 양 계적 친족 체계는 점차 부계친 중심으로 바뀌었고 적장자를 통한 가계 계승도 매우 중시되었다.

족보에는 조선전기 사람들의 거주지 이동은 물론 가계 단절 양상도 일정 부분 기재되어 있다. 자식, 특히 아들의 부재로 적지 않은 가계가 단절되었는데 그 가운데에는 장남도 있었다. 장남이 부모와 거주 지역 을 달리하거나 가계를 계승하지 못하는 상황은 조선 후기에는 낯선 일 이었다. 어느 시기에나 가계를 계승할 아들을 출산하지 못하는 일은 일어날 수 있었지만 그 대처 방식은 확연히 달랐다.

조선 전기에는 자식이 없을 경우 재산이나 제사를 주변 친족에게 맡 기기도 하였다. 때로는 수양자나 시양자에게 노후 봉양을 받고 재산을 상속해 주기도 하였다. 수양이나 시양이 반드시 부계 친족 구성원을 통해 이루어진 것은 아니었으며 가계 계승과도 직결되어 있지는 않았 다. 하지만 종법에 대한 이해가 깊어지면서 아들이 없는 경우 조카 항 렬의 부계 친족을 입양하는 것이 새로운 관행으로 자리 잡았다.

입양의 확산 과정에서 가장 논란이 된 존재는 서자였다. 일부일처제 인 조선사회에서 첩은 정식 부인으로 인정받지 못하였고 그 자식들도 신분적으로는 물론 재산 상속에서도 차별을 받았다. 문제는 적자가 없 이 서자만 존재할 때에도 양자를 통한 가계 계승을 시행할 것인가 하는 데에 있었다. 부계 혈연을 이은 서자의 가계 계승을 부정하는 것은 중국의 고례에도 어긋나는 것이었지만 조선사회는 강력한 신분 관념을 바탕으로 결국 서자 대신 양자를 택하였다.

입양의 보편화는 서자에 대한 차별을 확대 재생산하는 결과를 낳았다. 서자녀와 적녀, 차남 이하의 적자에 대한 차별 또는 배제를 통해 적장자 중심의 가족, 친족 질서가 유지된 것이다. 입양은 그 원활한 운영을 뒷받침했던 방편이었다. 입양이 널리 시행되었던 조선 후기 이후, 족보에서 가계 단절을 발견하기는 쉽지 않다. 부계 중심의 종법 질서는 관념적으로뿐만 아니라 현실적으로 확고하게 정착하고 있었던 것이다.

2. 부계 조직의 발달

가족이나 친족 체계가 부계 중심으로 바뀌면서 그 구성원들 사이의 유대와 공동의 이익을 도모하기 위한 조직으로 문중이 발달하였다. 문중의 범위는 좁게는 8촌 이내의 부계 친족이며 최대로는 동성동본까지 확대된다. 조선 후기에는 대개 동일한 입향조(入鄕祖)를 가진 하나 이상의 동성촌락 구성원들이 형성한 족적 결합체를 일컬었다. 따라서 문중은 서류부가혼이나 균분상속, 외손봉사가 행해졌던 조선 전기에는 형성될 수 없었다. 마찬가지로 문중 구성원들이 모여 살았던 동성촌락 또한 조선 후기 이후에야 발전할 수 있었다.

양계적 친족질서가 유지되었던 조선 전기에는 한 촌락에 2, 3개의 이성 친족이 함께 거주하고 있었다. 하지만 결혼과 상속 관행이 바뀌면서 특정 성씨가 촌락의 주도권을 장악하였고 그들의 이성 친족이나 방계 친족은 점차 촌락을 이탈하였다. 촌락을 장악한 특정 성씨는 종가를 중심으로 결속하여 사회적 지위를 유지하고자 하였다. 이 과정에서 입양이 가계의 계승과 재생산에 기여하였음은 말할 것도 없다.

양자는 주로 형제의 아들 가운데 선택되었고 시간이 지날수록 근친에서 원친으로 확대되었다. 이는 문중의 외연이 확대되는 과정과 연관되어 있었다. 그럼에도 대개는 8촌 이내 가까운 친족의 아들을 입양하는 것이 일반적이었다. 따라서 양자는 주로 같은 동성촌락에 거주하면서 문중의 대소 활동에 참여하였던 인물인 경우가 많았다. 입양은 부계 친족의 결속을 강화하는 방편이기도 하였던 것이다.

동성촌락의 문중 구성원들은 사회적 지위를 유지하는 방편으로 통혼에도 관심을 기울였다. 지역 사림의 중앙 정계 진출이 활발하였던 전기에는 통혼의 범위가 비교적 넓었다. 하지만 후기에는 많은 지역의 양반 사족들이 중앙과의 관계가 소원해지면서 향권 장악에 관심을 가졌고 주로 인근 지역의 유력 문중과 집중적인 통혼권을 형성하였다. 특정 지역에 특정 인물을 현조로 하는 성관이 집단 거주하고 이들 구성원을 배우자로 선호하는 경향이 확산되어야만 통혼권이 집중될 수 있었으므로, 이는 결국 동성촌락의 발달과 연관되어 있었다.

문중 구성원들은 한편으로 족계를 만들어 문중의 주요한 일들을 처리하였고 선조들의 문집이나 족보 발간에도 주력하였다. 족보는 조선 전기에도 이미 발간되었으나 문중의 형성과 함께 17세기 이후 간행이 크게 늘어났다. 전기의 족보는 친손과 외손을 동일하게 기재하여 다양한 친족 관계를 반영하였다. 하지만 후기로 갈수록 외손의 수록 범위가 축소되었고 자녀의 기록 순서도 연령에서 남녀로 기준이 바뀌었다. 이러한 변화는 이성 친족보다 부계 혈통의 동성 친족을 중심으로 한 동족의식이 강화되고 있었음을 보여주는 것이다. 이를 바탕으로 부계 중심 가족, 친족 질서가 확립되고 문중도 발달할 수 있었다.

족보에서 드러나는 항렬자 사용 범위의 확대 또한 문중의 발달과 관련이 있었다. 항렬자는 고려 후기에 이미 출현하였는데 처음에는 주로 형제들 사이에 사용되었다. 항렬자 사용 범위는 사촌, 육촌을 거쳐 17세기 이후에는 팔촌 이상으로 확대되었다. 호적에서 나타나는 문중의 동일 세대 군이 같은 항렬을 사용하기 위해 개명을 하는 현상도 문중의 결속력 강화를 반영한 것이었다.

일부에서는 족보를 편찬하면서 본관을 바꾸거나 조상의 계보, 관직 등을 윤색하여 사회적 지위를 높이고자 하였다. 평민들은 족보를 위조하여 신분 상승을 도모하였으며 천민들의 경우 본격적으로 무성층의 성씨 획득이 진행되었다. 따라서 평민 이하 계층의 가족이나 친족 질서를 해명하기에는 어려운 점이 많다. 그들 또한 양반층의 삶의 방식에 직·간접적으로 영향을 받았겠지만 부분적으로나마 이를 수용하는 데에는 더 많은 시간을 필요로 했다.

문중의 관심은 또한 재실과 영당을 넘어 서원이나 사우 건립으로까지 확대되었다. 국가적 도학자나 충절인 배향에 한정되었던 서원이 문중 인물의 경쟁적 배향으로 이어지면서 남설이라는 문제를 일으켰다. 이는 각 문중의 사회적 지위 유지나 확대를 위한 노력이었지만 그만큼 지역 내부의 세력 관계가 변동하고 여기에 대한 대응이 필요했음을 보여주는 현상이기도 하였다.

부계중심 친족질서의 확립과 함께 그들 서로의 결속을 유지하기 위한 각종 조직이 발달하였던 한편으로 내부의 모순도 점차 깊어졌다. 양반들의 부계 혈연 집단에서 배제되었던 서자들은 동일한 정체성을 바탕으로 연대하였고 때로는 적서 갈등을 노출하기도 하였다. 적계라고 하더라도 사회적 지위나 경제력에 따른 계층 분화를 피하기는 어려웠다. 문중을 중심으로 결속하였던 친족 구성원들은 외부의 도전은 물론 내부의 갈등에도 직면하였던 것이다.

3. 호적의 성격과 가족

가족이나 친족 관계의 해명에는 다양한 종류의 자료들이 이용되었다. 그 가운데 상속 문제는 주로 분재기를, 결혼이나 입양, 가족 유형 등에는 족보와 호적류를 활용한 연구가 많았다. 특히 호적은 식민지시대부터 본격적으로 연구하기 시작한 이래 조선의 가족이나 인구 현상, 신분 변동을 규명하는 기본 자료가 되었고 이를 활용한 연구 성과도 많이 축적되었다. 최근에는 〈단성호적대장〉의 전산화가 이루어져 자료의 접근성도 획기적으로 높아졌다.

호적을 통한 가족 분석의 중심은 가족 유형과 그 구성에 있었다. 가족 유형은 양계적 가족의 해체와 부계중심 가족의 성립으로 조선 후기에는 직계가족이 기본을 이루는 것으로 이해하였다. 가족 구성원은 단출하여 소가족이 일반적이었는데, 이는 차남 이하의 분가에서 비롯된 것으로 보았다. 이러한 견해는 당시의 실상과 일정하게 부합할 수도 있겠지만 호적의 성격을 어떻게 이해하느냐에 따라 신중한 검토가 필요할 수도 있다.

호적은 조선시대의 사회상을 다양하게 확인할 수 있는 귀중한 자료임에 틀림없지만, 그것은 기본적으로 국역과 관련한 호구 파악의 산물이었다. 현실 속에서 자연적으로 존재했던 호구는 국역 운영에 적합한 방식으로 파악되어 호적에 모습을 드러냈다. 이 과정에서 일부 호구는 의도적인 누락으로 기재되지 않았지만 상당수는 관행적으로 호적에서 빠지고 있었다. 따라서 호적에 기재된 호구는 전체의 절반 수준에 지나지 않았다. 호구 누락에 대한 법전상의 처벌은 매우 엄격하였으나 실제 규정대로 처벌받은 사례가 거의 없었다는 점도 이와 관련이 있었다.

상당수의 호구가 누락되었다는 사실은 가족 분석의 결과에 의문을 제기하게 한다. 물론 호적에서 누락된 호구의 가족 유형이나 구성도 기재된 호구와 비슷할 수 있다. 그런데 문제는 기재된 호구 또한 완전하지 않았다는 것이다. 전체적으로 호적에 기재된 인물들의 성비 불균형은 매우 심하며 유년층의 대거 탈락으로 연령 분포도 왜곡되어 있다. 그럼에도 호당 평균 구수는 많은 지역에서 4명 선을 유지하였다.

이는 우선 각 호의 가족 구성원 가운데 누락된 자들이 존재하며 그들을 포함하여 가족 유형이나 구성을 조정할 필요성이 있음을 보여준다. 실제로 다양한 자료를 활용하여 가족을 재구성하면 부부가족이나 방계가족이 직계가족이나 확대가족으로 바뀌기도 한다. 이에 따라 가족의 규모도 당연히 커지게 된다. 가족 분석에서 누락자의 복원은 당시의 실상에 한층 더 접근할 수 있는 방편이 되는 것이다.

그럼에도 문제는 여전히 남는다. 그것은 호적상의 호를 자연호나 편제된 자연호 또는 편제호 가운데 어떻게 규정하느냐에 따라 전혀 다른 결과를 초래할 수 있기 때문이다. 호적상의 호를 자연호를 본다면 가족 복원으로 어느 정도 당시의 실상에 접근할 수 있다. 문제는 상당수의 호가 편제되어 있다면 가족 복원이 매우 힘들 수도 있다는 점이다.

현재 호적상 호의 성격을 둘러싸고 학계에서는 논쟁이 진행 중이다. 조선 후기 당대인의 기록에도 호적 편제의 가능성을 암시하는 내용이 있으며, 오늘날의 호적 분석에서 드러나는 불완전성도 국역 부가를 위한 편제의 결과라는 주장이 제기되었다. 실제 장남의 분호나 합호가 반복되거나 한 호에 결합되어 있던 자연가가 19세기 말 여러 호로 분리되는 현상도 확인된다. 이는 호구 편제의 증거이기는 하지만 조선후기 호적의 호 가운데 편제된 호의 비중이 얼마나 되는지는 확인하기 어렵다. 호적의 성격에 대한 규명은 여전히 많은 과제를 안고 있는 것이다.

분명한 점은 호적의 작성 목적이 가족 관계의 파악보다는 일차적으로 국역 운영에 있었다는 사실이다. 국역 부담이 호구 구성에 영향을 주면서 가족 구성 또한 변형될 수 있었으므로 국역 운영에 대응했던 가족 결합의 원리를 규명할 필요가 있다. 이를 통해 가족 구성은 물론 호구나 호적의 성격도 한층 더 분명해질 수 있을 것이다.

호적에 대한 사료 비판을 생략한 채 직역 구성만으로 신분 변동을 이야기하기 어려운 것처럼 가족 분석 또한 호적의 성격에 대한 이해가 전제되어야 한다. 그렇다고 해서 호적의 자료적 가치가 감소하는 것은 아니다. 호적의 성격을 규명하고 다양한 자료를 통해 그 한계를 보완해 나간다면 가족이나 친족 관계를 이해하는 데 호적은 여전히 기본 자료로 주목받게 될 것이다.

맺음말

조선시대의 가족, 친족 관계가 17세기 중엽 이후 부계 중심으로 전환되었다는 점에 대해 역사학계는 대체로 의견을 같이하고 있다. 결혼 · 상속 · 입양의 내용 변화나 문중 조직, 동성촌락의 발달 등이 이를 입증하는 근거로 제시되었다. 이를 통해 가족, 친족 관계의 변화 과정이나 그 결과에 대해서는 비교적 풍부한 연구 성과를 축적할 수 있게 되었다. 일상에 정착된 성리학적 질서와 예법이 변화의 동인이 되었다는 점도 충분하게 설명되었다.

하지만 부계 중심의 가족, 친족 질서 확립의 경제적 조건이나 양반을 제외한 계층의 수용 문제, 동아시아 삼국의 비교 검토 등 아직도 해결해야 할 과제는 많이 남아 있다. 또한 기본 자료인 호적이나 족보의 보정과 활용에 대해서도 진지하게 검토해야 한다. 이를 통해 가족이나 친족 관계의 내용을 더 풍부하게 설명할 필요가 있으며, 나아가 한국

사에서 적극 고려되지 않았던 분야인 역사인구학의 개척에도 관심을
기울여야 할 것이다.

■ 참고문헌

金容晩, 〈朝鮮時代 均分相續制에 關한 一研究 -그 변화요인의 역사적 성격을 중심으로-〉, 《대구사학》 23, 1983.

崔在錫, 《韓國家族制度史研究》, 일지사, 1983.

趙康熙, 〈嶺南地方의 婚班研究 -眞城李氏 退溪派 宗孫을 中心으로 한 追跡調査-〉, 《민족문화논총》 6, 1984.

李舜九, 〈朝鮮初期 朱子學의 普及과 女性의 社會的 地位〉, 《청계사학》 3, 1986.

李樹健, 〈朝鮮前期의 社會變動과 相續制度〉, 《역사학보》 129, 1991.

鄭震英, 〈조선후기 동성마을의 형성과 사회적 기능 -영남지역의 한 두 班村을 중심으로〉, 《한국사론》 21, 1991.

李海濬, 〈朝鮮後期 門中活動의 社會史的 背景〉, 《동양학》 23, 1993.

崔在錫, 〈朝鮮中期 家族・親族制의 「再構造化」〉, 《한국의 사회와 문화》 21, 1993.

李樹健, 〈朝鮮後期 姓貫意識과 編譜體制의 변화〉, 《九谷黃鍾東教授停年紀念史學論叢》, 1994.

殷棋洙, 〈조선후기 호적과 족보를 이용한 인구와 가족의 재구성 -단성현 안동권씨 상암선생파를 한 예로-〉, 《한국의 사회와 문화》 25, 1998.

韓基範, 〈17世紀 庶孽의 宗法的 地位 -禮問答書의 分析을 중심으로-〉, 《국사관논총》 81, 1998.

박미해, 〈17세기 養子의 제사상속과 재산상속〉, 《한국사회학》 33, 1999.

김경란, 〈조선후기 가족제도 연구의 현황과 과제〉, 《조선후기사 연구의 현황과 과제》, 창작과비평사, 2000.

김경숙, 〈16세기 사대부 집안의 제사설행과 그 성격 -李文楗의 默齋日記를 중심으로-〉, 《한국학보》 98, 2000.

이해준, 〈조선후기 '문중화' 경향과 친족조직의 변질〉, 《역사와현실》 48, 2003.

호적대장 연구팀, 《단성 호적대장 연구》, 성균관대 대동문화연구원, 2003.

권내현, 〈조선후기 호적과 족보를 통한 동성촌락의 복원〉, 《대동문화연구》 47, 2004.

김건태, 〈18세기 초혼과 재혼의 사회사 -단성호적을 중심으로-〉, 《역사와현실》 51, 2004.

문숙자, 《조선시대 재산상속과 가족》, 경인문화사, 2004.

권내현, 〈조선후기 호적, 호구의 성격과 새로운 쟁점〉, 《한국사연구》 135, 2006.

조선후기의 민중운동

배항섭(성균관대 동아시아학술원)

머리말

조선후기 민중운동에 대한 연구는 이전에도 없지 않았지만, 1980년
대에 들어 그 이전에 견줄 수 없을 만큼 집중적으로 이루어졌다. 여기
에는 학문 안팎의 몇 가지 요인이 작용하였다. 먼저 이 시기는 박정희
정권시대의 압축성장에 따른 사회적 모순이 심화하고, 그에 따라 사회
운동이 활발하게 전개되면서 민중운동에 대한 관심도 크게 고조된 때
였다. 민중이야말로 역사발전의 주체라는 시각을 표방하는 "민중사
학"이 본격적으로 전개된 것도 이 시기였다. 다음으로 1970년대 후반
부터 조선 후기 향촌사회에 대한 연구가 활발해진 점을 지적할 수 있
다. 이에 따라 향촌사회의 운영원리나 구조 변화, 향촌사회 세력 사이
의 갈등과 대립에 대한 이해가 깊어졌으며, 민중운동을 이러한 변화와
연결하여 파악하려는 노력이 진전되면서 특히 임술민란을 비롯한 민
란에 대한 연구가 활발해졌다.

일제 시기 이래 이뤄진 민란 연구에서는 민란의 원인을 대체로 관리들의 수탈과 삼정문란, 지주들의 가혹한 착취로 농민들이 생존조차 어려울 만큼 빈궁해진 데서 찾았다. 이후 1960년대에 들어 민란이 단지 부패하고 문란한 사회상을 반영하는 것이 아니라, 새로운 사회를 향한 변화와 진통이라는 시각이 제시됐고, 민란의 원인도 농민들의 신분상 승이나 경제적 성장에 따른 의식의 성장에서 찾아야 한다는 문제의식이 대두했다. 이에 따라 조선 후기에 이루어진 생산력의 발전과 그에 따른 농촌 사회의 계급적 분화를 밝혀내고, 그러한 변화에 근거하여 민란의 배경과 주도층, 요구조건 등을 분석하는 작업이 이루어졌다.

그러나 1980년대에 들어, 이러한 연구도 의식의 성장에 주목하여야 한다는 문제제기와 달리, 민란을 단순히 경제구조의 반영으로만 설명하는 데 그치고 있다는 비판을 받게 된다. 이 점에서 민란을 향촌사회의 구조변화나 수취체제의 변화와 연결하여 이해하려는 새로운 경향은 이러한 한계들을 극복해 나가기 위한 모색의 결과이기도 했다.

여기서는 주로 1980년 이후에 이루어진 조선후기 민중운동사 연구의 성과들을 토대로 조선후기 민중운동의 여러 가지 양상, 임술민란을 중심으로 한 민란, 홍경래난과 변란에 대해 살펴보고 이후의 연구과제에 대해 간단히 말해 두고자 한다.

1. 민중운동의 여러 형태

민중운동이 격증한 것은 "민란의 시대"라고 불리는 19세기에 들어와서이지만, 그 이전 시기에도 다양한 민중운동이 전개되었다. 우선 개별적으로 행해지는 조세나 지대 거납(拒納), 유망(流亡)이 있었고, 자신들을 억압하거나 수탈한 관리나 지주를 음해하는 소문을 퍼뜨리거나[訛言], 수령이 실정을 하면 산에 올라가 그것을 꾸짖고 욕하기도 하고[山呼], 밤에 횃불을 들고 산에 올라 관리들의 부정과 수탈에 대해 폭로하기도[擧火] 하였다. 또한 민인들이 자신들의 불만과 요구[邑弊·民瘼]를 적은 글[民狀]을 수령에게 올리거나, 감영과 비변사 등에 올렸으며, 그래도 시정이 안 될 경우에는 다양한 방식으로 국왕에게 직접 전달하기도 했다[上言·擊錚].

이러한 비폭력적인 투쟁과 더불어 폭력적 투쟁도 전개됐다. 우선 억압과 수탈에 견디지 못하고 유민이 되어 떠돌던 몰락농민이나 일부의 저항적 지식인[寒儒·貧士]들이 무장 집단을 조직하여 지배층을 공격한 명화적(明火賊)의 활동이 있었다. 명화적은 조선왕조 전 시기에 걸쳐 특히 흉년이 들 때면 빈발하였지만, 1862년 임술민란을 겪은 이후에는 더욱 치성해져 항상화·광역화하게 된다. 또한 19세기가 되면 사회경제적인 변화와 함께 도시화가 진행되고 도시하층민이 형성되면서 서울에서는 쌀폭동(1833), 뚝섬주민들(1851)과 목수집단의 폭동(1860) 등 도시하층민들의 크고 작은 집단적 저항운동도 가시화하였다.

이와 같이 다양한 양상으로 전개된 조선후기 민중운동을 대표하는 것은 향촌사회의 농민들이 주도하여 19세기에 집중적으로 일어난 민란이었지만, 기껏해야 농기구 등을 들고 일어난 민란과 달리 무장한 병대를 동원하고 조직하여 일으키는 변란(變亂)도 있었다. 조선후기의 재판기록에 나오는 바 "난리에는 병란(兵亂)과 민란(民亂)이 있다", "이것은 이민(吏民)들의 시비(是非)에 지나지 않으며 난리가 아니다"는 표현에서도 알 수 있듯이 변란은 민란과 차원을 달리하는 "난리"였다. 변란은 조직과 의식면에서 민란과 차이가 있었다.

광양난(光陽亂, 1869)과 이필제난(1871)으로 대표되는 변란은 ①향촌사회에 뿌리를 내리지 못하고 훈장·의원·지관 등을 생업으로 삼아 각지를 편력하던 소외되고 가난한 저항적 시식인[寒儒·貧士] 가운데 일부가, ②〈정감록〉류의 이단사상을 이념적 무기로 조선왕조 자체에 불만을 품고, ③빈민·유랑민 등을 동원, 고을 → 감영 → 서울을 장악하기 위해 병기로 무장하여 반란을 일으키는 것이다. 또한 ④민란과 달리 참여층이 특정 고을에 국한되는 것이 아니라, 고을 단위를 벗어난 지역 사이에 연계된 조직을 가지고, ⑤투쟁의 목표 또한 읍폐의 교구나 이서배의 징치나 읍권의 장악에 그치는 것이 아니라 조선왕조를 전복·장악하려는 움직임이었다. 조정에서도 변란에 대해서는 일반적인 민란과 달리 "칭병소란(稱兵騷亂)", "적변(賊變)" 등으로 규정했다.

변란은 '서세동점'에 따른 대외적 위기의식을 중요한 토양으로 하였던 만큼 상대적으로 일찍부터 단초적으로나마 반외세의 문제를 제기하고 있었다. 그러나 이들의 활동은 생산활동이나 향촌사회와는 유리되어 있었기 때문에 일상생활을 통해 사회적 모순의 타파를 열망하고 있던 민중들의 지향을 수용하지는 못하였다. 또한 변란의 주모자들은 강한 엽관적(獵官的) 성향을 보이고 있었으며, 그들이 내건 '왕조타도'라는 목표도 당시 민중들의 의식수준에 비추어 볼 때 지나치게 과도한 것이었다. 반외세의 측면에서도 "병자호란 때의 원수를 갚고 태조의 창업을 계승하자"는 등 여전히 화이론적 세계관을 극복하지 못하고 있었음을 보여준다. 이와 같이 변란세력과 농민을 중심으로 한 민중들의 결합은 치명적인 한계를 가지고 있었기 때문에 그 조직기반은 머리만 있고 발은 없는 불구적(不具的)인 것일 수밖에 없었다. 변란은 개항 이후에도 끊임없이 기도되었지만 이전과 마찬가지의 한계를 드러냄으로써 거사에 성공할 수 없었다.

민란과 비슷한 민중운동은 19세기 이전에도 있었지만, 그 횟수가 매우 적었으며, 19세기의 민란과는 몇 가지 면에서 커다란 차이가 났다. 예컨대 16세기 중반 명종대의 임꺽정의 난, 임진왜란 직전의 정여립의 모반사건, 17세기 말 숙종대의 천민 출신인 장길산이 이끌던 도적집단과 승려집단의 역모 연루사건, 18세기 초반 영조대의 이인좌의 난에서 볼 수 있듯이, 대체로 천민신분집단이 중심이 되거나 정쟁의 연장선에서 일어난 정치적 모반의 성격이 농후하였다. 모반 사건의 경우에도 일반농민층이 참가하는 사례가 없지 않았으나, 자신들의 생활 속에서 체감한 질곡을 해결하기 위해 자발적 참여가 아니라 주도층의 권위나 권력에 눌려, 또는 돈을 받고 동원된 참여라는 점에서 민란과는 질적으로 차이가 났다.

2. 민 란

민란은 19세기에 들어와서 빈발하기 시작하였다. 특히 1862년에는 전국 70~80여 개 군현에서 민란이 일어났다〔임술민란〕. 민란의 발생지역은 주로 경상 · 전라 · 충청도 등 삼남지방에 집중되었다.

민란의 초기단계를 주도한 것은 당시 요호부민(饒戸富民)이라고 불리던 계층이었다. 요호부민에는 중앙권력으로부터 소외된 재지의 양반지주층, 양반은 아니지만 경제력을 바탕으로 성장해 나가던 계층이 포함되어 있었다. 전자는 정치적 · 사회적 위세를 기반으로 조세부담에서 상대적으로 유리한 지위를 인정받아 왔다. 그러나 이들은 향촌사회의 지배체제로부터 점차 소외되어 갔으며, 이른바 수령-이향지배체제가 형성되자 이들도 일반농민과 마찬가지로 지방관리들의 수탈대상으로 전락해 갔다. 후자의 경우 수령이나 이서배들과 결탁하여 자신의 정치적 사회적 지위를 높이는 부류도 있었지만, 가난한 농민들에 견주면 손쉬운 수탈대상이 되기도 했다.

또한 조세수취체계가 변화하여 조세를 고을 단위로 부과하는 총액제와 도결이 일반화하면서 가난한 농민들뿐만 아니라 요호부민까지도

몰락하여 갔다. 총액제 운영은 조세수탈의 중압을 이기지 못하고 유리
· 도망한 소빈농층의 몫까지 요호부농층이 부담하여야 하는 구조였기
때문에 빈농층뿐만 아니라 부농층까지 몰락시키는 원인이 되었다. 도
결은 전세 · 대동세 외에 부족한 군역세나 환곡, 그리고 각종 부가세를
토지에 부과하는 제도였다. 이에 따라 소빈농층이 주로 부담하던 각종
조세를 토지를 많이 소유한 요호부민층이 부담하게 되었고, 특히 양반
지주에게도 그동안 면제받아 온 군역세의 일부가 부과된 점에서 진보
적인 성격을 가진다. 그러나 다른 한편, 도결은 관리들의 농간을 더욱
수월하게 함으로써 소빈농은 물론 요호부민들까지 몰락시킬 위기로
빠뜨렸다. 이러한 조세체계의 변화는 요호부민과 소빈농이 함께 투쟁
하는 하나의 계기가 되었다.

이러한 사정 때문에 부세문제를 둘러싼 향촌사회의 의견을 수렴하
는 구실을 담당하던 향회가 중요한 조직기반이 되었다. 지역에 따라서
는 기존의 향회와 달리 일반민인들이 주도하는 도회나 민회, 이회, 대
소민인들이 모두 참여하는 향회가 개최되기도 했고, 두레 등 향촌 내
부의 농민 조직이 민란의 조직적 기반이 되기도 했다.

민란은 지방관과 이서배의 농간이나 부정으로 말미암아 부세부담이
가중되는 데 불만을 품은 일부 요호부민이 주도하여 통문(通文)을 돌
리고 향회(鄕會)를 열면서 시작되었다. 조세문제는 곧 자신의 현실생
활과 직결되는 중요한 문제였기 때문에 다수의 주민들이 자발적으로
집회에 참여하였다. 집회에 참여하지 않는 촌락이나 주민에게는 벌전
(罰錢)을 부과하거나 강압적인 방법으로 동원하기도 했다. 향회를 통
해 요구조건을 마련하고 지방관에게 정소(呈訴=等訴)를 하지만, 대부
분의 지방관은 이러한 요구조건을 들어주지 않았으며, 오히려 주도자
를 색출하여 체포하였다.

민란이 폭발하는 것은 이러한 과정을 거친 뒤였다. 폭력투쟁을 주도

하는 계층은 초기와 달리 빈농·소농이었다. 대부분의 요호부민들은 구래의 기득권을 유지하는 데 목적이 있었기 때문에 폭력투쟁까지 나아가는 것을 반대하였다. 그러나 빈농과 소농들은 달랐다. 분노한 농민들은 농기구 등으로 무장하고 부패한 이서배를 죽이거나 평판이 나쁜 양반지주의 집을 파괴, 방화하였다. 이어 일부 지역에서는 농민들이 지방관을 축출하고 이서나 향임을 스스로 임명하거나 공세(公稅)를 거두기도 하는 등 독자적으로 읍권(邑權)을 행사하면서 지방관과 이서배의 수탈 및 부당한 조세수취에 강력히 반발하였다.

한편 농민들은 다양한 개혁 요구안을 제시하였으나, 그 요체는 일상생활 속에서 체감하던 그들의 생활이나 생존과 직결되는 문제, 곧 부세수취 제도의 모순과 그에 기생하는 탐관오리들의 횡포와 수탈에 대한 반대였다. 이와 같은 요구조건은 각지에서 민란이 발생했을 때 주민들이 자발적으로 참여하게 되는 가장 중요한 동력이었고, 1860년 이후 전국에 걸쳐 민란이 그처럼 빈발하는 중요한 요인이었다.

농민들의 의식은 기본적으로 성리학적 세계관을 바탕으로 하고 있었던 것으로 이해되고 있다. 농민들은 수취제도 자체를 부정한 것이 아니라, 수취제도를 국왕이 정해놓은 법대로 운용하고 법에 정해 놓은 액수만큼만 수취해 갈 것을 요구하였다. 이들은 국왕을 덕정의 주체로 성역시하였다. 따라서 왕법(王法)을 지키지 않고 부당하게 수탈하는 지방관을 부정하여 추방하기도 하였고, 일부지역에서는 민란이 여러 차례 걸쳐 연속적으로 일어나기도 했다. 또 이서배들을 구타하거나 살상한 사례는 많았지만, 수령에 대해서는 국왕이 파견한 목민관(牧民官)이라는 점을 의식하여 구타하는 경우는 거의 없었으며, 신임 지방관이나 선무사(宣撫使) 등이 파견되면 스스로 민란을 종식하고 귀가하는 행동양태를 보였다. 행동의 범위도 고을 단위에 국한되어 있었다. 고을을 벗어나는 행동은 왕법을 거스르는 반란으로 인식하였기 때문이다.

이러한 농민들의 의식은 민본 이데올로기의 담당자는 국가 · 국왕이라는 의식을 자명한 전제로, 국가 · 국왕에게 민본 이데올로기에 명실상부한 내용과 실체를 담아줄 것을 요구한 것으로 이해되고 있다. 또 민란은 소극적 · 잠재적으로나마 농민자치제를 지향하는 방향에서 삼정을 개혁함으로써 민본이념의 실체를 회복하려고 했다는 점에서 민본 이데올로기가 근대적인 방향으로 성장해 갈 수 있는 가능성을 가진 것으로 해석되기도 한다. 이는 민본이념이 농민들이 민란을 일으키는 정당성의 근거가 되었음을 암시하는 것이며, 당시 농민들의 의식세계를 이해해 나가는 데 중요한 실마리가 될 수 있다. 지배이데올로기인 민유방본 이념이 민중의식화하는 논리와 내용 등을 구체적으로 해명할 필요가 있다.

또 하나 주목되는 점은 토지개혁과 관련된 요구가 전혀 없었다는 사실이다. 부세가 지주-소작관계를 매개로 소작농인에게 전가되는 실정이었지만, 요구조건에는 지대나 지세 부담 등을 포함한 소작조건문제, 그리고 토지소유의 불균등문제 등은 전혀 제기되지 않았다. 이에 대해서는 농민들의 계급적 의식이 미성숙하였다는 점, 지주의 토지가 분산되어 있었다는 점, 요구 조건을 정소하는 단계까지는 요호부민층이 주도하였기 때문이라는 점 등이 지적되고 있다. 그러나 조선 후기의 토지소유구조, 병작반수에 대해 예로부터 내려오는 상사(常事)로 받아들인 민인들의 인식, 자유로운 토지상품화에 따른 토지소유계급의 유동성, 19세기에 들어 1894년 무렵까지는 특히 재지지주의 경우 지대 수취율이 경향적으로 하락하고 있었다는 점 등과 관련하여 좀 더 다양한 접근과 해명이 요청된다.

민란은 1862년 이후 1893년까지 전국 각지에서 빈발하였으며, 많게는 연간 10~20회 정도의 민란이 분출하고 있었지만, 그들이 내건 요구조건은 기본적으로 1894년의 동학농민전쟁 때까지 이어졌다. 발통취회→정소→봉기로 이어지는 전개과정, 고을 단위에 한정된 투쟁공간, 부세문제와 관련된 읍폐교구(邑弊矯捄)가 중심이 된 투쟁구호, 주로 부민가에 대한 공격이나 이서배의 살상 등으로 나타나는 투쟁양상 등은 여전하였으며, 1894년 이전까지는 '반외세'와 관련된 구호가 사실상 전무하였다는 점도 마찬가지였다.

3. 홍경래난

홍경래난은 민란의 시대인 19세기 초반(1811~1812) 평안도 지역민이 일으킨 대규모 반란으로 약 4개월 동안 지속되었다. 홍경래난은 몰락 양반이라고 볼 수 있는 홍경래와 서얼출신의 우군칙, 천민출신의 상인인 이희저, 곽산의 토호 출신인 김창시 등이 10여 년의 준비 끝에 일으킨 것이다. 이들은 가산군 다복동을 근거지로 삼아 광산노동자를 모집한다는 명분을 내세워 사람들을 모아 군사훈련을 한 다음 이들을 앞세워 반란을 일으켰다. 평안도 일대를 공격하기에 앞서 이들은 평안도 지역에 대한 차별과 세도정권에 반대하는 격문을 발포하였으며, 격문에는 당시 민산에 널리 유포되어 있던 정감록적인 요소가 다분하였다.

스스로 평서대원수(平西大元帥)라고 일컬은 홍경래를 최고지도자로 한 반란군은 겨우 10여일만에 가산 · 정주 · 박천 · 곽산 · 선천 · 태천 · 철산 · 용천 등 평안도 서부일대를 석권하였다. 점령한 지역에는 점령지를 유지하고 병력을 충원하기 위해 유진장(留陣將)을 두었다. 그러나 반란군은 관군과 평안도 지역 군교들로 구성된 "의병"의 반격을 받고 정주성으로 퇴각한 뒤 약 4개월 정도 저항하였으나, 화약으로 성벽을 폭파하고 쳐들어 온 관군에게 함락되고 말았다. 홍경래와 주도층은 교전 중 전사하거나 체포된 뒤 처형되었다.

홍경래난은 진행되는 과정에서 평안도 지역의 농민들이 대거 가담하게 된다는 점에서 변란과 차이가 있지만, 오랜 기간 준비하였으며, 무장한 병대가 주도하여 일어났다는 점, 〈정감록〉을 활용하고 왕조정부를 부정하였다는 점, 농민들이 생활 속에서 체감하는 요구가 제시되지 못하였다는 점 등에서 변란과 비슷한 면이 강하였다.

홍경래난에 대한 연구는 민란연구와 견주어 볼 때 연구성과가 거의 없었다 해도 지나친 말이 아니며, 이는 최근의 연구경향에서도 마찬가지이다. 다만 최근의 연구성과로는 홍경래난의 정치의식을 임술민란과 비교한 연구, 향촌사회 지배구조의 변화라는 맥락에서 재해석한 연구, 평안도 지역사회의 변화 과정 속에서 홍경래난을 재조명한 연구 등이 있다.

이전까지 홍경래난 연구에서는 주로 생산관계의 변화를 반영하는 계급대립이라는 면을 강조하여 왔다. 이에 따라 주도층에 경영형부농, 재지중간층, 향무 · 향임층 등 서북 지역의 지배층이 큰 비중을 차지하는 것으로 이해해 왔다. 그러나 최근에는 이러한 연구와 달리 향촌사회 내부의 권력대립이라는 점을 주목하고 있다. 최근의 연구들을 중심으로 홍경래난의 배경과 주도층, 역사적 의의 등을 살펴보면 다음과 같다.

평안도 지역은 왕조정부의 차별정책으로 말미암아 사족층이 형성되지 못했으며, 향권을 장악한 것은 향인층〔원향〕들이었다. 그러나 18세기 중엽 이후 상품화폐경제의 발달에 따라 새로운 부민층이 등장하면서 원향 중심의 지배질서가 동요하기 시작하였다. 새로운 부민층은 재력을 바탕으로 향안에 이름을 올리고 향임직을 차지함으로써 신향층을 이루었다. 그러나 이들은 향임직을 차지하였지만 향권을 장악하여 향촌사회의 영향력을 행사할 수는 없었고, 오히려 수령의 수탈 대상이 되었다. 더구나 다른 지역의 수령에 견주어 더 긴밀히 중앙 권력집단과 연결되어 있던 서북지역 수령들의 행태와 서북민에 대한 지역적 차별은 강한 피해의식을 심어주면서 이들이 반란을 주도한 중요 계기가 되었다.

그러나 신향층의 목적은 다만 향권을 장악하여 수령권을 배제하려는 데 있었기 때문에 자신들의 이해와 직결된 부민수탈을 제거하는 데만 진력하였을 뿐, 소빈농층의 이익을 대변하지 못하였다. 이는 홍경래난이 평안도에 대한 차별이 없는 사회, 세도정치와 부정부패가 없는 사회, 곧 민본이념의 부활을 요구하였지만, 농민층이 주도함으로써 삼정의 개혁과 지대감소 등 현실의 사회경제적 조건의 개선과 직결된 요구를 구체화한 임술민란과 달리 민본이데올로기가 부활한 사회에 대한 요구내용이 구체적인 현실적 조건과 결부되지 못하였다는 지적과도 상통한다.

한편 주도층과 관련하여서도 봉기 초기의 중심을 이룬 세력이 광산노동자라는 기존의 이해를 비판하고, 무전 농민·임금노동자층 등이 처음부터 군사적 바탕이 되었으며, 난을 주도한 것도 향임이나 향무 등 중간계층이나 토호·상인 세력이 아니라 기층사회에서 배출되었고 농민과 한층 친화력을 지닌 저항적 지식인과 장사층에 의해 일어났으며, 이 점에서 홍경래난은 상인이나 향인 이속과 같은 특정계층의 난이 아니라 기층민, 나아가 농민들의 저항이라는 성격을 짙게 가진다는 주장이 제기되기도 했다.

맺음말

민중운동사는 역사의 전개과정에서 인간이 능동적으로 작용해 가는 모습을 살필 수 있다는 점에서 중요한 의미를 가진다. 또한 민중운동은 그것이 전개되는 과정에서 당시 사회를 규정하는 구조 속에 잠재되어 있던 여러 모순을 표면에 드러낸다는 점에서 당시의 사회상을 좀 더 구체적으로, 전체적으로 이해할 수 있는 방법이 될 수 있다.

1980년대에 민중운동을 연구하는 기본적인 입장은 조선 후기 민중운동을 통해 근대변혁운동을 주도해 나갈 변혁주체의 형성과 성장 발전과정을 밝혀내고, 이후 사회에 대한 전망을 확인하고자 하는 데 있었다. 그러나 구소련을 비롯한 현실 사회주의의 몰락, 1980년대 이후 민주화의 진전 등 국내외적 정세가 변화함에 따라 변혁주체론이 바탕을 두고 있던 민중운동사 연구는 그 설득력이 크게 약화하였고, 새로운 입지를 구축하기도 어려워졌다는 점을 시인하지 않을 수 없다.

이러한 상황을 극복하기 위해서는 전향적인 방안이 강구되어야 한다. 무엇보다 민중운동사를 둘러싼 다양한 국면들을 전체적으로 조망하기 위해 국가권력 · 민속학 · 생활사 · 사상사 · 문화사 · 여성사 등의 여러 분야를 아울러 살펴봄으로써 민중운동사에 접근하는 방법과 시각을 마련해 나갈 필요가 있다.

또한 앞서 언급한 바 민란연구가 경제사 연구에 종속된 채 진행됨으로써 민중운동을 단순히 경제구조의 반영으로만 설명하는 데 그치고 있다는 문제제기는 여전히 유효하다. 대부분의 연구가 경제결정론적이고 계급환원론적인 시각을 드러내고 있기 때문이다. 이런 시각에서 민중운동은 단순히 사회경제구조 면에서 모순을 증명하는 현상에 지나지 않게 된다. 민중 또한 당연히 주어진 사회경제구조의 모순을 안고 가는 존재로서 선언되고 있을 뿐이며, 그들이 가진 고유한 생각이나 의식세계에 대한 고민은 저절로 차단되고 만다. 민중들의 생각이나 의식세계를 그들의 삶 속에서 구체적으로 파악하는 방법을 적극 모색해야 할 것이다.

이와 관련하여 마지막으로 지적하고 싶은 점은 지금까지의 연구에서는 조선 후기 민중운동에서 근대 지향성을 찾아내고자 노력하여 왔다. 이는 그동안 한국사연구가 보여준 근대주의적 역사서술과 밀접한 관련이 있다. 그러나 민중들의 생각을 "근대적 사상"을 기준으로 분석해서는 안 된다는 점을 지적하고 싶다. 민중사상은 "근대"라는 기준을 들이대는 순간 활력을 잃어버리는 미묘한 사상의 균형과 전체성을 가진다는 지적을 명심해야 할 것이다.

■ 참고문헌

한우근 · 이우성 외, 《전통시대의 민중운동》(上 · 下), 풀빛, 1981.

미야지마 히로시 외, 《봉건사회해체기의 사회경제구조》, 청아출판사, 1982.

정석종, 《조선후기사회변동연구》, 일조각, 1983.

조 광, 〈19세기 민란의 사회적 성격〉, 《19세기 한국전통사회의 변모와 민중의식》, 고려대 민족문화연구소, 1982.

정창렬, 〈조선후기 농민 봉기의 정치의식〉, 《한국인의 생활의식과 민중예술》, 성균관대 대동문화연구소, 1983.

鶴園裕, 〈平安道農民戰爭における檄文〉, 《朝鮮史硏究會論文集》 21, 1984.

방기중, 〈조선후기 수취구조 · 민란연구의 현황과 국사교과서의 서술〉, 《역사교육》 39, 1986.

안병욱, 〈조선후기 자치와 저항조직으로서의 향회〉, 《성심여자대학논문집》 18, 1986.

윤대원, 〈이필제란의 연구〉, 《한국사론》 16, 서울대, 1987.

장영민, 〈1871년 영해동학란〉, 《한국학보》 47, 일지사, 1987.

망원한국사연구실, 《1862년농민항쟁》, 동녘, 1988.

오영교, 〈1862년 농민항쟁 연구-전라도 지역의 사례를 중심으로〉, 《손보기박사정년기념한국사학논총》, 1988.

우 윤, 〈19세기 민중운동과 민중사상-후천개벽 정감록 · 미륵신앙을 중심으로〉,《역사비평》 봄호, 1988.

이영호, 〈1862년 진주농민항쟁의 연구〉,《한국사론》 19, 서울대 국사학과 , 1988.

이윤갑, 〈19세기 후반 경상도 성주지방의 농민운동〉,《손보기박사정년기념한국사학논총》, 1988.

김인걸, 〈조선후기 촌락조직의 변모와 1862年 농민항쟁의 조직기반〉,《진단학보》 67, 1989.

박시형 · 홍희유 · 김석형,《봉건지배계급에 반대한 농민들의 투쟁-이조편-》(재간행본), 열사람, 1989.

송찬섭, 〈1862년 진주농민항쟁의 조직과 활동〉,《한국사론》 21, 서울대 국사학과, 1989.

김선경, 〈1862년 농민항쟁의 도결 혁파요구에 관한 연구〉,《이재룡박사환력기념 한국사학논총》, 이재룡박사환력기념한국사학논총간행위원회, 1990.

조윤선, 〈사적지주제의 측면에서 살펴본 임술농민봉기〉,《사총》 37, 1990.

한국역사연구회,《1894년 농민전쟁연구》 2, 역사비평사 , 1992.

고성훈, 〈조선후기 변란연구〉, 동국대 박사논문, 1994.

김용민, 〈1860년대 농민봉기의 조직기반과 민회〉,《사총》 43, 1994.

이이화,《조선후기의 정치사상과 사회변동》, 한길사, 1994.

고동환, 〈1811~1812년 평안도 농민전쟁〉,《한국사 10 -중세사회의 해체 2》, 한길사, 1994.

권내현, 〈18 · 19세기 진주지방의 향촌세력변동과 임술농민항쟁〉,《한국사연구》 89, 1995.

한국역사연구회,《한국역사입문 2》, 풀빛, 1995.

김용섭, 〈철종조의 민란발생과 그 지향 -진주민란 안핵문건의 분석-〉,《동방학지》 94, 1996.

국사편찬위원회,《한국사:조선후기 민중사회의 성장》 36, 1997.

정진영,《조선시대 향촌사회사》, 한길사, 1998.

고석규,《19세기 조선의 향촌사회연구》, 서울대 출판부, 1999.

이상배,《조선후기 정치와 괘서》, 국학자료원, 1999.

深谷克己 編,《民衆運動史 5：世界史のなかの民衆運動》, 青木書店(東京), 2000.

배항섭,《조선후기민중운동과 동학농민전쟁의 발발》, 경인문화사, 2002.

오수창,《조선후기 평안도 사회발전연구》, 일조각, 2002.

趙景達,《朝鮮民衆運動の展開：士の論理と救濟思想》, 岩波書店(東京), 2002.

성리학과 실학

고영진(광주대 관광학부)

머리말

성리학은 신유학·송학·정주학·주자성리학·주자학·도학·이학 등 다양한 용어로 불리고 있으나, 대체로 신유학·송학은 송대 유학 전체를 뜻하며, 성리학은 주돈이로부터 시작하여 주희에 의해서 집대성된 이기심성론 중심의 학문체계를 의미한다. 말하자면 성리학은 신유학의 한 부분으로 지주전호제(地主佃戶制) 아래서 지주, 특히 중소지주층의 이해를 반영한 사상이라고 할 수 있다.

조선시대 지배사상은 크게 보면 성리학이었다. 그러나 성리학이 조선시대 500년 동안 항상 지배사상으로서 비중이 같았던 것은 아니었다. 역사적 상황과 그에 대응하는 방식이 달랐기 때문이다. 성리학뿐만 아니라 한·당(漢·唐)유학적 요소, 신유학의 다른 부분들이 강조된 시기도 있었으며, 양명학·노장사상 등이 부각된 시기도 있었다. 또한 성리학의 사회경제적인 측면을 강조하면서 새로운 사상 경향으로서

'실학'이 배태되어 나와 큰 영향을 미쳤던 시기도 있었다.

조선시대 사상사 연구는 해방 이후 식민사학의 극복을 위한 노력이 가장 먼저 이루어진 분야이다. 이미 1950년대에 일제 시기 '조선학운동'을 계승하여 실학 연구와 실학 개념에 관한 논쟁이 벌어졌으며, 이 과정을 거쳐 정체성론을 극복하기 위한 바탕이 마련되었다. 실학 연구는 1960년대 이후에도 내재적 발전론에 입각한 다른 분야의 연구와 궤를 같이하며 개념과 성격, 유파 및 전개 과정, 배경 등을 둘러싸고 활발히 이루어졌다.

이와 달리 성리학에 대한 연구는 극도로 부진하였는데, 이는 망국과 식민사학의 영향으로 유학을 부정적으로 보는 인식을 극복하지 못했으며, 당시까지도 실학과 성리학을 대립적으로 보는 견해가 강했기 때문이다. 성리학 연구가 학계에서 비로소 시민권을 획득하는 시기는 1970년대 들어서서였다.

1980년대가 되면서 다른 분야와 마찬가지로 사상사 분야도 연구자의 증가와 연구대상의 확대로 양적·질적으로 크게 성장하였다. 한국사 전반에서 내재적 발전론에 대한 반성이 이루어지면서 실학 연구가 지나치게 부조적으로 확대 해석되었다는 비판이 본격적으로 제기된 것도 이 시기였다. 아울러 기존의 인물 중심의 타성적인 연구방법을 극복하려는 노력이 이뤄지기도 하였으며 이러한 경향은 1990년대도 계속되었다.

2000년대 들어와 조선시대 사상사 연구는 커다란 변화와 도약의 과정을 겪고 있다. 역사학계에서는 15세기 '관학파'와 국가제례, 16세기 각 학파와 학맥, 18세기 영·정조의 학문과 진경문화, 19세기 위정척사론자 등 그동안 소홀히 해왔던 연구의 빈 공간을 채우는 작업이 활발히 이루어지고 있으며, 철학계에서는 이황과 이이, 조식과 서경덕 등 조선시대 주요 성리학자들의 학문적 성격과 위상, 조선 유학의 계통과 지형 등에 대한 토론과 논쟁이 격렬히 벌어지고 있다.

또한 실학의 개념과, 실학과 성리학과의 관계에 대해서도 역사학계와 철학계 모두에서 재검토가 이루어지고 있는 등 기존에 당연하게 생각해 왔던 인식과 개념에 대해 근본적인 의문이 제기되고 조선만이 아닌 동아시아 사상사 전체의 시각에서 바라보려는 시도가 계속되고 있다. 사상사 연구에서 지각변동에 가까운 변화가 일어나고 있다고 해도 지나친 말이 아닌 것이다.

1. 성리학의 수용과 정착

고려 후기 홍건적과 왜구의 침략, 명나라의 압력 등으로 말미암은 대외적 모순과 농장의 확대, 불교 교단의 폐해, 민생의 피폐 등으로 생긴 대내적 모순을 극복하면서 성장하였던 신흥사대부는 불교에 대항하는 개혁이념으로 성리학을 받아들였다.

성리학은 중국 송나라에서 당시 널리 유행하였던 불교와 도교를 철학적으로 극복하고자 성립한 새로운 유학이었다. 보편적이고 불변적인 이(理)와 현상적이고 가변적인 기(氣)로써 우주의 생성·변화를 설명하는 이기론(理氣論)은 자연과 인간·사회를 설명하는 성리학 전체의 기본 틀이었다.

고려 말 성리학의 수용 과정에 대해서는 크게 원나라로부터 성리학이 전래되었다는 주장과 허형(許衡) 중심의 원나라 관학 이전 중국의 남방으로부터 주자성리학이 전해져 지방의 학자들을 중심으로 이해되었다는 주장이 있는데 양쪽 다 귀 기울일 만하다.

곧 원나라로부터 고려사회에 도입된 성리학은 주로 북방의 한인(漢人) 유학자들이 남송의 성리학을 받아들여 관학화(官學化)한 것이었으나, 성리학에 대한 수요가 증가하면서 남송의 주자성리학 그 자체와 주자·육상산을 절충한 학문 등 다양한 사상들이 들어왔다고 할 수 있다.

이처럼 다양한 사상 조류들을 받아들이는 과정에서 신흥사대부 사이에 견해의 차이가 나타난 것은 어떻게 보면 당연한 일이었다. 이들의 차이는 이색·정몽주 등의 온건개혁파와 정도전·조준 등의 급진개혁파의 대립으로까지 발전하였으며, 전제개혁과 조선의 건국 등을 둘러싸고 첨예하게 대립하였다. 결국 각자가 처한 사회경제적 바탕과 사상적 차이가 당시 사회모순을 해결하는 방법에 차이를 가져왔던 것이다.

지금까지는 이러한 분화를 주로 사회경제적·정치적인 측면에서 설명해 왔으나, 2000년대 들어와 사상적인 측면에서 설명하려는 노력이 본격적으로 이루어져, 온건개혁파의 사상이 원나라의 관학화한 성리학에 가까웠으며, 급진개혁파의 사상은 남송대 주자성리학에 가깝다는 주장이 제기되었다. 이는 온건개혁파의 사상을 주자성리학에 더 가깝게 보는 기존의 견해와는 상반되는 것이라고 할 수 있다.

15세기 조선 사상계의 성격에 대해서, 이전에는 과도기적인 것으로 보는 연구가 많았으나, 최근에 와서는 독자적인 것으로 보면서 그 성격이 어떤 것이냐에 대해 구체적으로 천착하는 연구가 점차 늘어나고 있다.

15세기 조선사회가 당면한 문제는 고려시대부터 쌓여 온 안팎의 모순을 극복하고 왕조교체에 따른 새로운 문물제도를 정비하고 부국강병을 추진하는 것이었다. 그러기에 건국세력들은 성리학에만 국한하지 않고 한·당유학과 육학(陸學)·여학(呂學)·사공학(事功學) 등에 관심을 보였으며 나아가 불교와 도교, 민간신앙적인 요소까지 포용하여 시대적 과제를 해결하려고 하였다.

그렇다고 해서 15세기 학자들이 이기심성론 등 성리학의 철학적 이론에 전혀 관심을 가지지 않거나 무지했던 것은 아니었다. 정도전·권근·변계량·양성지 등 이른바 '관학파'라고 불리는 이 시기 주요 인물들에 대한 연구가 진전되면서 이들의 이기론이 상당한 수준에 이르렀으며 주자의 견해와 다른 점도 있으나 전체적으로 보면 크게 다르지 않았던 것으로 밝혀지고 있다.

말하자면 성리학을 그대로 받아들인 것이 아니라 시대적 상황에 따라 필요한 부분만 받아들이고 다른 사상으로 보완하는 방법을 통해 주체적으로 수용하였던 것이며 그것이 시대적 요구이기도 하였다. 세종대에 실용적인 과학기술이 발달하고 농업과 의학에 관한 서적들이 널리 간행된 것도 이러한 흐름에서 벗어나는 것이 아니었다.

또한 최근에는 15세기 사상계를 주도했던 '관학파'를 단선적으로 보지 않고 고려 말의 급진개혁파·온건개혁파와 연관시켜 정도전 계열과 권근 계열로 구분하고, 왕자의 난 이후 권근 계열이 주도권을 잡으면서 원대 체제교학화(體制敎學化)한 성리학의 주류적인 경향을 계승한 이들의 사상적 특성이 15세기 조선 사상계의 성격을 규정한 것으로 이해하는 시각도 제시되고 있다.

그러나 고려 말과 조선 전기의 사상계의 흐름을 너무 대립적으로 보는 것은 문제가 없지 않다. 도식화에 빠져 양자의 학문적 교류나 사상적 공통점을 등한시할 위험이 적지 않기 때문이다. 권근의 학문을 단순히 원대 관학의 범주에만 넣을 수 없으며 정도전과 권근이 비록 정치적으로는 지향을 달리 하였으나 학문적 경향에서는 서로 공유하는 측면이 있었다는 지적도 이러한 문제의식에서 나왔다고 할 수 있다.

2. 이기심성론과 예학

16세기 초반 사림의 사상적 경향은 성리학 이념의 사회적 실천과 도덕성·수신의 강조였다. 그런데 도덕성과 수신의 강조가 사회적 실천을 수반하는 경우 필연적으로 인간의 심성에 대한 관심이 증대될 수밖에 없었다.

서경덕과 이언적은 각각 조선 성리학에서 기일원론(氣一元論)과 이기이원론(理氣二元論)의 선구적인 위치를 차지한다고 할 수 있으며, 이항·노수신·김인후·기대승 등을 중심으로 이루어진 이기심성논쟁(理氣心性論爭)을 거쳐 주자 중심의 성리학이 조선사회에 확고히 뿌리내리는데 결정적인 이바지를 한 인물은 이황과 이이이다.

이황은 주자의 이론에 조선의 현실을 반영시켜 나름대로의 체계를 세우려고 하였다. 그의 사상은 훈척정치와의 투쟁 과정에서 구체제에 대한 비판의식을 바탕으로 형성되었다. 그러므로 그의 사상의 기본적 특성이라고 할 수 있는 이귀기천(理貴氣賤), 이(理)의 자발성, 이원적 사고에 따른 도덕성과 수신의 강조는 훈척을 공격하는 데 중요한 사상적 바탕이 되었던 것이다.

그러나 인간의 심성을 강조하고 근본적·이상주의적 성격을 지니는 그의 사상은 사림이 정권을 잡고 국가를 운영해 나가는 시기에는 적절하지 못하였다. 지주의 토지 침탈, 방납(防納)과 대립제(代立制)의 폐단 등 15세기 말부터 드러난 많은 사회경제적 문제들에 대해서 적극적으로 대처할 수 없었기 때문이다.

이를 대신하여 수행한 것이 이이의 사상이었다. 그의 사상은 정권을 담당하고 현실을 주도해 가는 사림의 처지에서 형성되었다. 이는 두루 통하지만 기는 국한된다는 이통기국론(理通氣局論)과 근원적이고 보편적인 이와 능동적 자율적인 기의 조화를 강조하는 이기지묘(理氣之妙)

는 만물의 보편성과 특수성을 모두 강조함으로써 그의 개혁정책의 논리적 바탕이 되었다.

서경덕과 조식의 사상 또한 이황처럼 훈척정치에 대한 비판의식에서 형성되었다. 그러나 이와 도덕성을 중시한 이황과는 달리 이들은 기 또는 실천성을 강조하였다. 서경덕에게서 기의 강조는 곧 변화의 강조였으며 그것은 구체적 사회현실에 대한 관심 그리고 그 현실의 개혁과 연결되는 것이었다. 조식에게서 경(敬)과 의(義), 하학이상달(下學而上達)의 강조는 당시 훈척의 비리와 사회모순에 대한 구체적인 비판으로 나타났다. 17세기 북인과 근기(近畿)남인학자들의 사상은 서경덕과 조식의 사상에 뿌리를 대고 있었다.

이처럼 성리학에 대한 이해가 깊어지고 정치적 상황에 대한 대응양식에 따라 이론적 차이를 보이면서, 또한 성리학을 연구하는 학자들의 수가 비약적으로 늘어나고 지역적으로 크게 확산되면서 16세기 중반부터 학설과 지역적 차이에 따라 서원을 중심으로 학파가 형성되기 시작하였다.

먼저 서경덕학파와 이황학파·조식학파가 형성되고 그 뒤에 이이학파와 성혼학파가 형성되었다. 그리고 선조대 사림들이 중앙정계의 주도세력으로 등장함에 따라 각 학파를 바탕으로 하여 정파가 형성되었다. 이후 학파와 정파는 서로 밀접한 관계를 맺으면서 전개되었으며 이것이 조선 중기 사회의 하나의 중요한 특징이 되었다.

최근의 연구 경향 가운데 하나가 바로 학파와 학맥을 지역성과 연관시켜 세밀하게 살펴보는 것인데 서경덕학파와 조식학파, 성혼학파와 호남사림 등 기존에 상대적으로 덜 주목받았던 학파와 학맥에 대한 연구가 활발하게 이루어지고 있다. 이로 말미암아 조선 사상계는 더욱 다양하고 풍부하게 복원되고 있다고 할 수 있다.

철학계에서는 이황과 이이, 조식과 서경덕 등 조선시대 주요 성리학자들의 학문 성격과 위상, 조선 유학의 계통과 지형 등 보다 근본적인 문제에 대한 토론과 논쟁이 활발히 벌어지고 있다.

즉 이이의 학문이 주자학의 계승이 아니라 호상학(湖湘學 : 지각설)의 계승이라는 주장과, 이황의 학문이 주자학적 심학(心學)이라는 주장, 나아가 이황의 학문은 성리학, 조식의 학문은 양명학, 이이의 학문은 호남학(지각설), 서경덕의 학문은 자연학이라는 등 기존의 학설과는 확연히 다른 주장이 제기되면서 논쟁을 불러 일으켰다.

또한 한편으로는 주리와 주기로 범주화했던 기존의 이분법적 이해방식에서 벗어나 조선 유학의 지형도를 유기(唯氣), 주기(主理), 주리(主氣), 실학(實學), 유리(唯理), 기학(氣學) 등 여섯 유형으로 구분하고 각각의 유형을 현실을 보는 시각, 삶에 대한 태도, 마음의 덕성, 정치적 성향, 직업 등으로 나누어 새롭게 그려보려는 시도도 이루어졌다. 말하자면 미시적 작업과 거시적 작업이 동시에 이루어지고 있다고 할 수 있다.

이들 논쟁의 의의는 근대적 방법론으로 조선시대 성리학에 대한 연구가 시작된 뒤 사실상 무비판적으로 받아들여졌던, 이황과 이이 등 대표적인 학자들의 주자학적 성격에 대해 본격적인 의문이 제기되었다는 점과, 이들의 사상을 조선만이 아닌 동아시아 사상사 전체에서 어떻게 자리매기고 범주화할 것인가 하는 노력들이 조선과 중국의 유학을 아우르는 광범위한 영역에서 진행되고 있다는 점이다.

17세기는 '예학의 시대'라고 할 정도로 예학이 발달하였으며 두 차례의 예송(禮訟)을 비롯해 많은 전례논쟁이 벌어졌다. 그러나 예학이 17세기 들어와 갑자기 부각된 것은 아니었다. 이미 15세기 말부터 사림들에 의해 삼대(三代)의 예에 따른 교화가 강조되기 시작하고, 중종대에 들어오면 기묘사림들이 《주자가례》와 고례(古禮)를 《국조오례의》나 한 · 당례(漢 · 唐禮)보다 더 강조하면서 '국조오례의파(國朝五禮

儀派)'와 '고례파(古禮派)'의 전례논쟁이 벌어지기도 하였다.

　이어 16세기 중반 《주자가례》 중심의 생활규범서인 제례서(祭禮書)가 출현하고 동시에 《주자가례》에 대한 학문적 연구가 이루어지기 시작하였다. 16세기 후반에 가면 문장을 주로 하는 일부를 빼고는 성리학을 공부하는 학자들의 거의 대부분이 예에 관심을 가졌으며 예에 관한 글을 썼다고 해도 지나친 말이 아니었다. 예학의 이러한 발전 과정은 질적인 차이는 있으나 이기심성론의 심화 과정과 거의 궤를 같이 하는 것이었다.

　17세기에 들어와서도 예는 양란으로 말미암아 해이해진 예적 질서의 회복을 강조하면서 더욱 중시되었다. 나아가 예로 나라를 다스리면 다스려지고 가르침도 예교(禮敎)보다 앞서는 것이 없으며 학문도 예학보다 절실한 것이 없다는 생각이 널리 퍼져 갔다. 예가 사회를 이끌어 가는 하나의 방도로서 부각되었던 것이니, 예치(禮治)가 바로 그것이다.

　따라서 예학은 17세기에 가서야 비로소 발달하는 것이 아니라 이미 16세기 중반부터 그 자체 안의 독자적인 과정을 거쳐 발달해 오다 17세기 성리학 이해의 심화와 양란이라는 시대적 상황과 더불어 한 단계 더욱 발전한 것으로 이해할 수 있다.

　예가 치국의 방도로 떠오르면서 예학 연구는 깊어지고 각 학파의 예학의 차이는 전례논쟁으로 표출되었다. 중종대 시작된 왕실의 전례논쟁은 선조대 흑립(黑笠)·백립(白笠)논쟁, 광해군대 공빈추숭(恭嬪追崇), 인조대 원종추숭(元宗追崇) 등을 거치면서 그 논쟁의 수준이 점점 높아져 갔으며 예송은 그 대립의 정점이라고 할 수 있다.

　예송은 표면적으로는 효종의 상(喪)에 삼년복을 입을 것인가 기년복(朞年服)을 입을 것인가〔1차 예송〕그리고 효종비의 상에 기년복을 입을 것인가 대공복(大功服)을 입을 것인가〔2차 예송〕하는 복제(服制)의 문제였지만, 근본적으로는 17세기 사회에서 각 학파나 붕당들이 나름대로의 학문적 바탕 위에서 자신들의 노선의 정당성을 주장한 전형적인 '정치형태로서의 전례논쟁'이었다.

곧 성리학과 예학의 심화, 친가·장자 중심의 가족제도로 변화, 학파·붕당 사이의 긴밀성, 신권(臣權)의 성장, 양란 이후 국가 재건의 방법 등 당시 정치·사상적인 면뿐만 아니라 사회 모든 분야의 요인들이 종합적으로 결합되어 왕실의 전례 문제를 매개로 표출된 것이다. 나아가 예송에서 드러난 사상적 차이는 중세 사회체제에 대한 관점의 차이로 연결되었다. 그렇기 때문에 예송은 조선 후기 사회체제가 바뀌어가는 상황에서 반드시 겪어야만 했던 하나의 과정이었다.

2000년대 들어와 예학에 관한 연구는 역사학계에서는 15세기와 18세기의 국가·왕실의례와 《주례》등 기존 연구의 빈틈을 채우는 작업이 주로 이루어졌으며 철학계에서는 예송의 철학적 의미와 종법 등 기존 주제를 이론적으로 심화하는 작업이 주로 이루어졌다. 또한 조선 전기 예제·예학을 신유학과 연결시켜 다루거나 친친(親親)·존존(尊尊)과 공사(公私) 개념의 틀에 입각해 예송을 살펴본 연구가 나오기도 하였다.

3. '실학'의 개념과 유파, 성리학과의 관계

'실학'에 대해서는 1950년대 이후 지금까지 학계에서 많은 논의가 이루어져 왔으나 아직도 개념과 성격 등에 대한 합일점이 모아지고 있지 않은 상태이다. 2000년대 이후의 특징은 성리학과 실학의 단절성보다는 연관성에 주목하는 연구가 많이 나오고 있다는 점이다. 그럼에도 실학을 성리학에 포함시켜 보려는 관점과 실학과 성리학을 나누어 보려는 관점은 아직도 팽팽하다. 실학을 중세와 근대의 이분법에 바탕을 두고 접근하는 것이 문제가 있다는 지적은 타당하나 대안적인 분석틀이 아직 완전하게 제시되고 있지 않기 때문이다.

본래 실학이라는 용어는 조선 후기에 처음 사용한 것은 아니다. 고려시대에는 불교에 대해 유학을 실학이라고 했고 조선 초기에는 사장학에 대하여 성리학을 실학이라고 하였다. 그러나 보통 실학이라고 할 때에는 조선 후기에 새로이 나타나는 사상경향, 즉 18세기 사회모순이 깊어지면서 추상적인 문제에 대한 논쟁보다 구체적인 사회현실에 관심을 두고 이를 개혁해 보려고 했던 근대지향적이고 민족적인 사상경향을 의미한다고 볼 수 있다.

최근에는 학문과 사공(事功)이 일치하는 '실용적 성리학'을 실학으로 정의하기도 하고, 근대를 지향하는 것뿐만 아니라 근대를 넘어서 근대 문제의 해결을 치유할 수 있는 데까지 실학의 성격을 규정하기도 한다.

실학의 유파에 대해서는 북학파의 사상만을 실학으로 보아야 한다는 주장이 제기되기도 하였으나, 근기남인실학파와 북학파, 소론실학파로 나누어 보는 것이 일반적이다. 근기남인실학은 이미 17세기 후반 서경덕과 조식의 사상을 계승하고 육경과 제자백가를 학문적 바탕으로 삼았던 유형원·허목·윤휴 등에 의해 그 이론적 체계가 갖추어지지만 하나의 학파를 형성하는 것은 18세기 전반 이익에 이르러서였다.

이들은 주로 농촌에 생활 근거를 두었기 때문에 농촌사회의 모순과 농민들의 고통에 주목하게 되고 따라서 소농민의 이해를 대변하여 지주전호제의 모순을 완화하고 농업을 발전시키는 데 많은 관심을 기울였다.

그러나 근기남인실학이라고 해서 농촌 현실과 관련된 개혁책만 제시한 것은 아니었다. 관료제와 군제의 운영 등 다양한 분야에 개혁책을 제시하였다. 이는 북학이 상공업에 관한 개혁책만 주장하지 않은 것과 같은 맥락이라고 할 수 있다.

　이기론 등 철학적 바탕으로 볼 때 근기남인실학은 대체로 기를 강조하기 보다는 이를 강조하고 나아가 이를 재해석하려는 경향이 강하였다. 허목과 유형원에서 나타나는 실리(實理)의 강조가 그것이다. 기라는 현상적 측면이 아니라 이라는 본질적 측면에 대한 전면적인 검토가 토지개혁론 등 근본적인 개혁론으로 표출될 수 있었던 것이다.

　18세기 전반에는 근기남인 뿐만 아니라 소론에서도 기존의 성리학을 극복하려는 경향이 나타났는데 그 대표적인 인물이 정제두와 유수원이었다. 절충적인 성격을 지닌 성혼의 사상을 계승했다고 할 수 있는 소론은 이미 박세당에서 보이듯이 양명학과 노장사상 등을 받아들여 성리학을 절대시하지 않는 분위기가 형성되고 있었다.

　정제두는 조선에 수용된 양명학을 체계화한 최초의 인물이었다. 그러나 그의 사상은 중국의 양명학을 그대로 받아들인 것이 아니라 생리(生理)와 실리를 강조하는 등 독자적인 이해 방식을 보여 주고 있다. 이는 당시 조선의 현실을 감안하여 성리학의 이기론이 반영된 결과이다. 그는 왕양명의 친민설(親民說)을 적극 지지하여 일반민을 도덕 실천의 주체로 상정하였으며 이를 바탕으로 양반신분제의 폐지를 주장했다.

　유수원은 정제두보다 더욱 체계적이고 방대한 개혁책을 제시하였다. 그는 신분제 개혁을 통한 사·농·공·상의 비신분적 개편과 그에 바탕을 둔 전문화한 분업의 수행만이 나라를 부강하게 하고 일반민을 편안하게 하는 유일한 길임을 강조하였다. 그리하여 문벌 타파와 교육의 균등, 관료제도의 합리적인 운영을 주장하고 화폐의 유통과 도매업의 육성으로 국부를 증진시킬 것을 제시하였다. 이용후생을 통한 그의 부국안민론은 북학에서 주장하는 개혁론과 많은 부분에서 비슷하였다.

　18세기 후반이 되면 노론 안에서도 낙론의 인물성동론(人物性同論)과 성범심동론(聖凡心同論)을 발전적으로 받아들인 일군의 학자들에 의해 현실 사회를 개혁해 보려는 새로운 학문경향이 나타났다. 북학(北學)이 그것인데 대표적인 인물은 홍대용과 박지원, 그리고 서얼 출신인 박제가·이덕무·유득공 등이었다.

　서울지역을 중심으로 하나의 학파를 이루며 활동하였던 이들은 청나라에 사절로 가 선진문물을 접하고 조선의 낙후성을 인식하게 되면서 기존의 성리학적 명분론에 바탕을 둔 화이론을 극복하고 화(華)와 이(夷)가 차이가 없다는 인식을 가질 수 있었다. 여기에 도시의 성장과 상공업의 발달이라는 새로운 사회경제적 변화에 맞닥뜨리면서 상공업의 개혁을 통한 부국강병에 많은 관심을 기울였다.

　근기남인실학이 철학적 바탕으로 이를 강조한 데 견주어 북학은 상대적으로 기를 강조하였다. 그러나 근기남인실학이 이를 재해석하려고 했던 것처럼 북학도 기를 재해석하여 새로운 기론(氣論)을 확립하려고 하였다. 인간의 본성에 대한 탐구를 자연계까지 확대하고 경제지학(經濟之學)과 상수학(象數學)을 적극적으로 받아들여 개혁론을 펼친 것도 이와 밀접한 연관이 있었던 것이다.

　최근에는 '진경문화'에 대한 본격적인 논쟁이 벌어지기도 하였다. 미술사 연구에서 시작된 진경문화론은 문학사와 역사 연구로까지 확대되어 18세기를 '진경시대'로 규정짓기까지 하였다. 또한 진경문화를 강조하는 관점은 실학을 성리학에 포함시켜 보려는 관점과 상통하고 있다. 그러나 미술사학계나 문학계의 반론도 만만치 않다. 진경문화론이 서인·노론 중심의 시각만을 반영하고 있으며 미술사에 국한된 문제를 조선 후기 전체로 확대해 보는 것은 문제가 있다는 것이다.

맺음말

2000년대 들어와 조선시대 성리학과 '실학'의 연구는 중대한 전환점을 맞고 있다. 기존의 학계에서 당연하게 생각하고 사용해 왔던 용어와 개념에 대해 근본적인 의문이 제기되고 재검토 작업이 이루어지고 있다. 더욱이 이러한 작업들이 조선만의 차원이 아니라 동아시아 전체 지성사의 차원에서 이루어지고 새로운 패러다임을 제시하고 있다는 데 적지 않은 의의가 있다고 할 수 있다.

또한 그동안 연구의 빈틈을 채우는 작업의 성과를 바탕으로 조선 유학사상의 계통과 지형도를 그리는 작업도 이루어지고 있다. 말하자면 1980년 이후 축적된 사상사 연구 위에서 다양한 연구방법론이 실제 연구에서 적용, 시도되고 가시적인 성과를 내기 시작하고 있는 것이다.

나아가 사상의 내적인 정합성(整合性)과 발전 과정을 당시의 사회 변동 및 정치상황과 밀접하게 연결시켜 서술한 연구들도 역사학계와 철학계의 학제간 연구에 힘입어 차츰 나오고 있다. 그만큼 역사학계 연구자들의 철학적 논리에 대한 이해와 철학계 연구자들의 역사적 상황에 대한 이해가 깊어가고 있다는 의미이다.

이렇듯 사상사 연구에서 지각변동에 가까운 변화가 일어나고 있지만 이제 시작에 지나지 않는다. 따라서 모두가 조선시대 성리학과 실학의 역사상을 처음부터 다시 만들어 간다는 마음가짐과 노력이 필요한 때이다. 동아시아 각국의 유학사상에 대한 깊이 있는 비교 연구도 그 가운데 하나가 될 것이다.

최근 학계에서는 각 학파·정파의 사상이나 정책의 대립적인 측면보다는 시기별로 드러나는 사상·정책의 공통점, 서로 영향을 주고받은 관계의 측면에 점점 더 관심을 높여 가고 있고 구체적인 연구 성과도 하나둘씩 나오고 있다.

인간, 집단, 사상 심지어 역사 자체도 시간적·공간적으로 단절되어 존재하는 것은 없다. 그것이 적대적이든 우호적이든 끊임없이 관계를 맺고 서로 영향을 주고 받는다. 때문에 인간, 집단, 사상, 역사 속에는 정도의 차이는 있을지언정 '지속'의 측면과 '변화'의 측면을 동시에 가지고 있다.

앞으로의 조선시대 사상사 연구는 시·공간적 관계 속에서 이러한 지속과 변화의 정도를 세밀하게 밝혀냄으로써, 경계를 구분 짓기만 하는 '경계의 역사학'이 아니라 경계의 안과 밖, 경계와 경계 사이를 연결하는 '관계의 역사학'에 바탕을 둔 연구가 되기를 기대해 본다.

■ 참고문헌

韓永愚,《鄭道傳思想의 硏究》, 서울대 출판부, 1973.

李泰鎭,《朝鮮儒敎社會史論》, 지식산업사, 1989.

池斗煥,《朝鮮前期 儀禮硏究 -性理學 正統論을 中心으로-》, 서울대 출판부, 1994.

고영진,《조선중기 예학사상사》, 한길사, 1995.

유봉학,《燕巖一派 北學思想 硏究》, 일지사, 1995.

崔英成,《韓國儒學思想史》 II·III·IV, 아세아문화사, 1995.

한국철학사상연구회,《강좌 한국철학》, 예문서원, 1995.

金文植,《朝鮮後期 經學思想硏究 -正祖와 京畿學人을 중심으로-》, 일조각, 1996.

김홍경,《조선초기 관학파의 유학사상》, 한길사, 1996.

충남대 유학연구소,《기호학파의 철학사상》, 예문서원, 1996.

한국사상사연구회,《조선 유학의 학파들》, 예문서원, 1996.

정옥자,《조선후기 조선중화사상연구》, 일지사, 1998.

최완수 외,《우리 문화의 황금기 진경시대》 1·2, 돌베개, 1998.

고영진, 《조선시대 사상사를 어떻게 볼 것인가》, 풀빛, 1999.

都賢喆, 《高麗末 士大夫의 政治史想硏究》, 일조각, 1999.

신병주, 《남명학파와 화담학파 연구》, 일지사, 2000.

경북대 퇴계연구소·경상대 남명학연구소 편, 《퇴계학과 남명학》, 지식산업사, 2001.

정원재, 〈지각설(知覺說)에 입각한 이이(李珥) 철학의 해석〉, 서울대 박사논문, 2001.

金駿錫, 《朝鮮後期 政治思想史 硏究 -國家再造論의 擡頭와 展開-》, 지식산업사, 2003.

정호훈, 《朝鮮後期 政治思想硏究 -17세기 北人系 南人을 중심으로-》, 혜안, 2004.

한형조, 〈조선 유학의 지형도 -조선유학사의 전개와 리기(理氣) 개념의 지형 변화〉, 《오늘의 동양사상》 11, 2004.

정재훈, 《조선전기 유교 정치사상 연구》, 태학사, 2005.

금장태 외, 《韓國儒學思想大系 Ⅱ·Ⅲ》哲學史想編 (上·下), 예문서원, 2005.

황의동, 《우계학파 연구》, 서광사, 2005.

김기주, 〈'퇴계학·율곡학의 계통 논쟁', 그 전개 과정과 남겨진 과제〉《오늘의 동양사상》 15, 2006.

고영진, 《호남사림의 학맥과 사상》, 혜안, 2007.

한림대 한국학연구소 편, 《다시, 실학이란 무엇인가》, 푸른역사, 2007.

역사학과 역사의식

배우성(서울시립대 국사학과)

머리말

역사는 지나간 시간에 대한 기록이다. 그러나 같은 시대의 역사라도 결코 그 내용이 같지는 않다. 그 역사를 적은 사람 자신이 시간과 공간의 그물망에서 자유롭지 못한 역사적 존재이기 때문이다. 역사가는 자신의 철학에 바탕을 두고 역사를 적어 나간다. 그것은 조선시대 역사서술에서도 마찬가지다. 그들도 역사에 대한 뚜렷한 주관이 있었다. 문제는 그런 주관, 곧 역사의식이 시대적 조건에 따라 변한다는 점이다. 역사학의 역사는 이 지점에서 사상사, 문화사로서 의미를 가지기 시작한다. 그렇다면 조선시대 역사가들에게 가장 중요한 문제는 무엇이었을까?

경사체용(經史體用)이라는 말이 있다. 경전은 본체가 되고, 역사는 그 쓰임새가 된다는 뜻이다. 경전이 인간과 세계에 관한 철학, 그리고 수양과 실천에 관한 원칙을 담고 있다면, 역사기록은 그런 원칙이 적

용된 사례를 보여주었다. 조선시대 역사에서 성리학의 경전들은 일상
생활을 규율하고 사회질서를 유지하는 근본 원리였다. 따라서 경전을
가로지르는 문제의식은 역사서술의 기본정신일 수밖에 없었다.

조선시대 역사학과 역사서술에 관한 많은 연구들은 왕권과 신권의
관계, 정파별 역사인식의 차이, 중인사학의 대두 양상 등을 밝혀 내는
성과를 거두었다. 이 과정에서 강목체와 정통론 등을 활용하여 자국사
를 체계화한 것, 지리고증의 분야가 발전한 것, 새로운 역사이론이 등
장한 것 등이 부각되었다. 이것들은 조선 후기 사회변동과 관련한 역
사의식의 전환인 동시에 '경사체용의 굴레'로부터 스스로를 해방시켜
간 과정으로 해석되었다. 포폄을 분명하게 드러내지 않거나 그것과 달
라 보이는 언술들은 경전과 역사의 분리를 보여주는 증거로 여겨지곤
했다.

경전이 역사서술의 한쪽 날개였다면, 다른 한쪽 날개는 지리였다.
역사는 시간에 관한 기억이며, 지리는 공간에 관한 기억이다. 그러나
조선시대에 공간에 관한 기억은 늘 시간이 만들어낸 특별한 의미와 결
합되어 있었다. 공간은 역사를 만든 사람과 그 문화가 확인되면서 비
로소 의미를 지닌 것으로 여겨졌다. 공간에 대해서는 조선 후기 역사
지리학파의 성립과 발전이라는 관점에서 적지 않은 연구성과가 있다.

이 글은 조선시대 역사학과 역사의식을 경전과의 관계, 지리와의 관
계 속에서 소개하려 한다. 다만 역사와 지리가 경전과 서로 분리되는
측면보다는 지속되는 측면을 돌아봄으로써, 그 지속이 변화에 대해 가
지는 의미를 되짚어 보려 한다. 조선시대 역사학과 역사의식에 무엇인
가 변화가 있다면, 그 변화는 바로 지속되는 것들과의 관계 속에서 생
겨날 것이기 때문이다. 변화의 유무가 문제가 아니다. 문제는 변화가
보여주는 스펙트럼의 다양함이다.

1. 역사서술과 경사체용

중국 역사에서 송나라 때는 성리학이 성립되었을 뿐만 아니라, 역사학이 발달한 시대였다는 점에서도 특별하다. 정사의 지위에 있던 기전체 역사서 이외에 편년체가 부활하고 기사본말체가 등장하는 것도 송대였다.

편년체가 시간을 중시했다면 기사본말체는 사건을 중시했다. 그에 견주어 기전체는 사람을 중시했다. 역사를 적을 때 사람을 중시했다는 것은 그 사람에 대한 평가를 중시했다는 것과 같은 뜻이다. 예를 들어 고려 말 우왕과 창왕대의 역사를 쓴다고 가정해 보자. 편년체라면, 연대순으로 서술해 가면 그만이다. 또 기사본말체라면 당시에 일어났던 큰 사건들을 중심으로 서술하면 그걸로 족하다. 하지만 기전체라면 문제가 다르다. 우왕과 창왕을 제왕의 역사를 적는 본기에 넣어야 하는지 신하의 행적을 적는 열전에 넣어야 하는지부터가 문제가 된다.

《고려사》를 편찬한 역사가들은 우왕을 신돈의 아들이라고 여겼다. 우왕과 창왕이 정당성을 가진 왕이었다면 이성계의 역성혁명과 조선왕조 건국은 그만큼 명분이 약해질 수밖에 없기 때문이었다.《고려사》 편찬자들은 그 점을 중요하게 보았다. 역사는 지난 날에 관한 기록이지만, 그들로서는 현재의 문제이기도 했다. 기전체는 우왕과 창왕이 정상적인 제왕이 아니라는 사실을 서술 형식만으로도 훌륭하게 드러낼 수 있었다. 우왕에 관한 기사는 제왕의 역사를 적는 본기가 아니라 신하들의 행적을 적는 열전 편에 '신우(辛禑)'라는 항목 이름 아래 적혀 있다.

북송대 사마광은《자치통감》에서 풍부한 사료를 활용하고 사실을 고증하는 자세를 중요시했다. 그러나 뒷날 성리학자의 관점에서 보면 정통(正統)을 분명히 하는 일에 무심했던 사마광의 역사서술 태도는 그다지 만족스럽지 못했다. 주자가 《자치통감》을 강목체로 다시 쓰려 했던 것은 그런 이유 때문이었다. 주자에게는 정통을 밝히고 포폄을 드러내는 것이야말로 진정한 경사체용을 실현하는 일이었다.

《자치통감강목》은 강목이라는 형식을 채택하여 《자치통감》을 재정 리한 것이다. 포폄의 기준을 제시한 범례의 내용은 기사의 제목에 해 당하는 강(綱)에 구현되었다. 목(目)은 그 아래의 내용에 해당하는데, 사실에 관한 기술이 중심을 이루고 있다. 강목체는 편년체처럼 시간의 흐름을 따르면서도, 역사적 평가 아래 사실을 기술함으로써 정통과 명 분을 드러내는데 적합한 형식이었다.

당나라 중종과 측천무후에 관한 기사는 주자의 정통의식이 어떤 것 이었는지를 잘 보여준다. 당나라 중종 때 측천무후가 권력을 장악하고 중종을 폐위한 뒤 스스로 황제가 되었다. 중종은 측천무후가 죽은 뒤 에 비로소 복위했다. 측천무후가 정통이 될 수 없다고 생각한 주자는 측천무후시대의 역사를 측천무후가 내세운 연호가 아니라, 당시에는 존재하지도 않았던 중종의 연호를 사용해서 기록했다. 주자에게 정통 이란 그런 것이었다.

진덕수(眞德秀)의 《대학연의》는 하나의 텍스트 안에서 송대 경학과 사학의 성과를 훌륭하게 종합한 것이었다. 《대학》은 주자가 성리학의 입문서로 생각할 정도로 성리학의 기본 교의를 충실히 반영한 책이다. 격물·치지·성의·정심·수신·제가·치국·평천하라는 8개의 항 목은 성리학이 말하는 수기치인의 맥락을 잘 보여준다. 진덕수는 《대 학연의》 목차를 이 체계에 따라 구성한 뒤, 그 경전의 내용에 해당하는 역사적인 사례들을 덧붙였다. 《대학연의》는 《자치통감강목》의 문제의 식을 경학과 결합한 책이었다.

2. 자국사 서술과 역사의식

경사체용의 관점에서 볼 때 송대에 이루어진 가장 중요한 성과는 《자치통감강목》, 그리고 《대학연의》였다. 이 두 책자는 여말에 수입되었으며, 조선 초기에는 제왕을 위한 교재로 사용되기도 하였다. 성리학적인 역사의식, 그리고 그것에 따른 국가 건설이 절실한 과제였을 때, 이 두 책은 중요한 학문적 근거가 되었다.

성리학적인 역사의식은 자국사 서술의 토대가 되기도 하였다. 일차적으로 중요한 것은 고려시대 역사에 대한 정리였다. 고려를 부정하고 조선을 건국한 사대부들로서는 그들의 정당성을 역사를 통해 입증할 필요가 있었다. 그 결과 기전체인 《고려사》와 편년체인 《고려사절요》가 편찬되었다. 《고려사》는 세가(世家)·지(志)·표(表)·열전(列傳)으로 구성되었다. 제왕의 역사를 적은 항목 이름이 본기(本紀)가 아니라 세가인 것은 《고려사》의 편찬자들이 고려의 위상을 제후국으로 보았기 때문이다.

고려의 왕은 중국이 분열 상태에 있었을 때, 스스로 황제를 일컫는 등 다원적 천하관을 드러내기도 했다. 그러나 《고려사》의 찬자는 그 인식의 정당성을 인정하지 않았다. 그들은 고려 제왕의 역사를 세가라고 부름으로써 역사에서 명분이 가장 중요하다는 사실을 충분히 말했다. 《고려사》 편찬자들이 황제식 표현을 고치지 않은 것은 그들이 고려가 황제국의 정당성을 가졌다고 보았기 때문은 아니다. 이미 세가라는 형식을 통해 명분을 바로 잡았기 때문에, 다만 고려시대의 사실을 '있었던 일 그대로' 적은 것 뿐이었다. 고려의 왕이 천자를 자칭했다는 사실을 드러내는 것은 고려 역사가 명분에 어긋난 역사임을 밝히는 일이었으며, 반대로 조선건국의 정당성을 입증해 주는 사례이기도 했다. 이와 같은 역사서술 태도는 편년체 역사서인 《고려사절요》에도 그대로 이어졌다. 《고려사》와 《고려사절요》가 단대사(斷代史)였다면, 성종 때 완성된 《동국통감》은 단군조선에서 고려 말까지를 편년체로 적은 통사(通史)라는 점에서 주목할 만한 역사서이다.

《자치통감강목》의 문제의식이 재발견되는 것은 17세기에 들어서서였다. 임진왜란 이후, 《자치통감강목》을 요약한 《자치통감절요》가 조선에서 간행되었다. 이런 흐름 속에서 《자치통감강목》에 투영되어 있던 정통론은 자국사에 본격적으로 적용되기 시작했다. 이런 경향은 조선이 청의 지배를 정서적으로 용인할 수 없었던 상황과 관련된다. 홍여하(洪汝河)의 《동국통감제강》, 유계(兪棨)의 《여사제강》, 임상덕(林象德)의 《동사회강》, 안정복(安鼎福)의 《동사강목》등 책 제목에 '강(綱)'이라는 글자가 포함된 것들은 모두 강목체 역사서를 뜻한다. 《여사제강》은 고려시대 역사를, 《동국통감제강》은 《동국통감》을 각각 강목체로 편찬했다는 뜻이다.

남명(南明)정권의 멸망이 알려지면서 북벌론의 실현 가능성은 현저하게 떨어졌지만, 정통론에 바탕을 둔 역사의식과 역사서 편찬은 계속되었다. 엄밀하게 말한다면 더 심화하였다고 하는 편이 옳다. 특히 정통론을 자국사에 적용한 사례들이 적지 않게 확인되고 있다. 역사서 가운데에는 홍만종의 《동국역대총목》, 임상덕의 《동사회강》 등이 그런 경향을 잘 반영한다.

근기남인(近畿南人) 실학자의 비조로 평가되는 이익(李瀷)도 정통론을 주장했다. 그는 주자의 《자치통감강목》이 범례와 서술에서 일관된 원칙을 유지하지 못했다고 비판했다. 그는 또 자국 역사에 정통론을 적용하면서 마한정통론을 주장했다. 이익은 대부분의 정통론자들과는 달리 정통론으로 중화문화수호를 주장하지 않았다. 그는 중국사에서 이민족 왕조를 긍정적으로 평가하거나 남명정권의 정통성을 부정하기도 했다.

이익의 견해는 정통론의 조선적 전개가 단일하지 않았음을 잘 보여준다. 조선시대에 들어선 이후 역사는 한 번도 의리가 아닌 적은 없었다. '의리지학'으로 불리는 성리학은 역사서술의 기본정신이었고, 역사서는 성리학적 가치를 다양한 방식으로 담아내고 있었다. 그런데 이제 그 경전과 역사의 단일하고도 강고한 관계에 균열이 생기기 시작했던 것이다.

그러나 그런 이유로 이익을 자주의식에 투철했다거나 '중화의식'에서 자유로웠다고 말할 수는 없다. 이익은 정통론을 부정한 것이 아니라, 정통론의 원칙적 적용을 선호했다. 이익의 사례는 조선 지식인들이 가진 중화의식의 다양성을 보여준다. 꼭 같은 의미는 아니지만, 송시열 또한 문화적 중화를 논의하는 과정에서 이민족을 긍정적으로 평가했다. 경전과 역사의 균열 사이로 엿보이는 것은 중화의식이 붕괴된 흔적이 아니라 중화의식이 다양하게 적용되고 있거나 재해석된 사례들이다.

3. 역사와 공간

성리학적인 역사의식과 그 변용이 당대인들이 역사에서 무엇을 가치 있게 여기고 있었는지를 보여준다면, 지리서와 지리지는 그들이 그 무대를 어떤 방식으로 기억하고 있었는지를 잘 드러내 준다. 조선의 성리학자들에게 땅은 인재를 배출한 토대라는 점에서 중요했다. 공간은 그 위에서 전개된 역사, 그런 역사를 가능하게 했던 그 땅의 인물을 통해서 기억되었던 것이다.

조선에서 《자치통감》과 《대학연의》가 성리학적 가치를 구현한 당시의 세계사 교과서로서 중요했다면, 《대명일통지》·《도서편》·《삼재

도회》 등은 그런 중화세계의 무대를 보여주는 부교재 구실을 했다. 조
선시대에 제작된 지도들 가운데에는 이런 세계인식의 양상을 전형적
으로 보여주는 것들이 있다. 관찬 세계지도인 〈혼일강리역대국도지
도〉(1402년)는 구대륙 전체를 망라하고 있지만, 명멸했던 역대 왕조들
의 역사를 기록하는 데 중점을 둔 지도이다. 김수홍의 〈천하고금대총
편람도〉는 성리학적인 안목에서 기억할 만한 가치가 있는 인물들을
망라한 지도이다. 특히 이 지도는 중원대륙의 역사를 묘사한 시점이
명나라 때까지로 고정되어 있다는 점에서도 주목된다. 김수홍은 당시
의 조선 지식인들이 그랬던 것처럼 청 중심의 세계를 용인하지 못했
다. 그에게 세계는 물리적인 세계가 아니라 '의미 있는 세계'이지 않
으면 안 됐던 것이다. 그는 그런 세계를 기록으로 남기려 했던 것이다.

조선시대 역사에서 17세기는 서구식 세계지도와 천문지리지식이 전
래되기 시작했다는 점에서 특별한 의미가 있다. 서구식 세계지도는 확
실히 중국대륙 바깥으로 펼쳐진 광활한 대륙과 바다를 보여주었다. 관
찬 또는 사찬으로 이들 세계지도의 모사본들이 만들어졌고, 그 가운데
일부는 오늘날까지 전해지고 있다. 이 모사본들은 서구식 세계지도가
조선에 미친 영향이 결코 적지 않았음을 웅변해 준다.

하지만 조선 지식인들이 서구식 세계지도를 보고 불현듯 넓은 세계
의 존재를 '있는 그대로' 인정했다고 말하는 데에는 신중해야 한다.
김수홍에게서 확인되는 것처럼 조선지식인들에게 공간은 한 번도 객
관세계의 공간인 적은 없었다. 공간은 그 위에서 펼쳐진 역사와 문화
를 바탕으로 하여 비로소 논의될 수 있었기 때문이다. 그런 점에서 보
면 서구식 세계지도의 도면에 그려진 넓은 공간과 한자로 번역된 알
수 없는 지명들은 그 자체로는 어떤 의미도 없었다. 그것들은 중화세
계의 바깥지역을 묘사한 다른 동양고전의 정보들로 치환되었을 때, 비
로소 의미를 가질 수 있었다.

그 치환의 과정에서 오랫동안 이단서적으로 여겨져 오던 《산해경》
이 부활했다. 《산해경》은 중국 고대의 지리서이지만, 중화세계의 역사
적 경험을 넘어서는 불가사의한 세계를 묘사하고 있다는 점에서 신화
책이기도 하다. 조선 지식인들은 서구식 세계지도에서 본 넓은 세계의
이미지를 《산해경》과 같은 동양적 전례(前例)를 통해 이해했다. 17세
기 이후 광범위하게 유포되었던 〈천하도〉라는 도면은 이런 상황을 잘
보여준다. 이 지도 안에는 《산해경》에 근거를 둔 상상의 지명들이 가
득하다. 이것들은 서구식 세계지도가 보여 준 넓은 공간과 그 지명들
을 동양적 어법으로 새롭게 표현하고 자리매김한 결과이다.

4. 자국사 서술과 역사의 무대

공간을 의미 있는 방식으로 기록하려 한 것은 자국사의 무대에 대해
서도 마찬가지였다. 《고려사》와 《고려사절요》 그리고 《동국통감》이
자국사, 특히 왕조의 역사를 기록한 것이라면, 《동국여지승람》은 지방
을 그 역사의 무대로 한 지방사 교재이자, 지리지였다. 《동국여지승
람》의 편찬자들이 가장 공을 들인 것은 성리학적인 기준에 따라 지방
군현의 역사와 문화를 기록하는 일이었다. 《동국여지승람》에는 군현
의 유력 성관(姓貫), 효자, 열녀를 비롯한 주요 인물들의 일화, 그곳을
담당한 지방관들, 시인묵객들이 그곳 산천과 명승고적을 노래한 시문
등이 즐비하다.

《동국통감》은 관찬역사서, 《동국여지승람》은 관찬지리서를 대표하
는 저작이었다. 그러나 16세기에 접어들면서 다양한 형식과 내용을 가
진 사찬 역사서들이 등장하기 시작했다. 임진왜란 이후 영남 사림 오
운이 편찬한 《동사찬요》 역시 그것들 가운데 하나이다. 오운은 단군조

선에서 고려시대까지를 편년체로 정리하고, 그 뒤로 기전체 형식인 열전을 덧붙였다. 오운은 열전을 통해 역사적 인물에 대한 포폄을 분명히 하고자 했다.

《동사찬요》를 열람한 한백겸은 이 책에 대해 '열전을 자세히 쓰다 보니 본기가 간략해졌고, 표와 지가 없어서 법제의 연혁, 정치의 득실을 살필 수 없으며, 삼한사군의 위치비정이 잘못되었다'고 평했다. 오운은 한백겸의 지적을 받아들여 《동사찬요》를 수정했다. 한백겸은 《동사찬요》를 보면서 역대의 강역과 그 중심지에 관한 책이 필요하다는 사실을 깨닫고, 《동국지리지》를 편찬하였다.

한백겸은 이 책에서 주목할 만한 주장들을 내놓았다. 그는 삼한과 조선이 한강을 중심으로 남과 북에서 동시에 존재했다고 보았을 뿐만 아니라, 삼한의 위치를 새롭게 고증하기도 하였다. 한백겸은 이용 가능한 사료들을 폭넓게 수집하고, 또 비판하고 고증하는 등 지리비정에 관해 새로운 방법론을 제시하였다.

한백겸의 《동국지리지》는 지리에 기초한 역사 연구라는 점에서 새로운 장을 열었다. 그의 연구 성과와 문제의식은 신경준의 〈강계지〉와 《동국문헌비고》〈여지고〉, 안정복의 《동사강목》〈지리고〉, 정약용의 《아방강역고》 등에서 발전적으로 계승되었다. 지리고증에 따른 역사 기록은 흔히 포폄에 따른 역사서술과 대립하는 것처럼 설명되곤 한다. 포폄에 따른 역사서술이 경사체용의 역사라면, 지리고증에 따른 역사 서술은 경학과 무관한 역사서술을 상징하는 것으로 여겨졌던 것이다. 그러나 한백겸은 《동사찬요》에 대해 한 번도 그 경사체용의 문제의식을 직접 비판하지는 않았다. 이런 경향은 안정복의 《동사강목》에서도 잘 나타난다.

《동사강목》은 조선 초기에 편찬된 《동국통감》과 함께 조선시대 역사기록을 대표하는 책이라 해도 지나친 말은 아니다. 안정복은 경사체용의 원칙에 철저한 사람이었다. 그는 경전을 읽기 전에 역사서를 읽는 것은 해롭다는 주자의 말을 중요하게 받아들였다. 안정복은 강목체의 형식을 따르고, 정통론을 적용하여 상고사를 재구성하였다. 안정복은 또 이 책의 부록에 〈지리고〉를 두어 상고사의 강역문제를 다루었다. 역사를 연구하기 위해서는 강역을 확정하는 것이 선결과제라고 생각했기 때문이다. 그는 한백겸이 그랬던 것처럼 지리에 기초한 역사연구를 시도했으며, 요동지역을 단군조선 · 기자조선 · 부여의 강역으로 비정했다.

《동사강목》은 조선 후기 역사학의 전개과정에서 하나의 정점에 도달한 저술로 평가된다. 그리고 정통론적 역사의식과 지리 연구에 바탕을 둔 역사서술이라는 양면이 조화를 이룬 저술이라는 점에서도 특별한 의미가 있다. 사료비판과 고증적 학문태도는 경사체용적인 역사관을 무력화했다기보다는 그 양상을 다양화했다.

맺음말

2000년에 들어서서 조선 후기 사회변동의 실체를 드러내는 다양한 연구들이 깊어지고 있다. 이런 연구들은 변화에 대한 과거의 단선적이며 단일한 설명이 설득력이 약한 것이었음을 실증적으로 보여주고 있다. 실학을 근대지향의 사유체계라고 설명하는 단일한 관점 또한 더이상 유지되기 어려운 상황이 되었다.

사정은 역사학과 역사의식에 관한 분야에서도 크게 다르지 않다. 역사학은 어떻게 경전으로부터 스스로를 분리시켜 왔으며, 지리학은 어떻게 자아를 재발견하며 독립된 분야로 성장해 갔는가. 조선시대 역사학과 역사의식에 관한 선행연구들의 관심은 넓게 보면 이런 것이었다.

그러나 엄밀한 의미에서 본다면 경전과 역사의 관계, 경전과 지리의 관계는 완벽하게 해체된 것은 아니었다. 그것들은 시대적 변화를 반영하면서 다양한 방식으로 재해석되었을 뿐이다.. 중요한 것은 그 재해석이 변화에 대해서 가지는 의미를 어떻게 이해할 것인가에 있다.

첫째, 조선시대 역사학과 역사지리의 발달 과정에서 확인되는 '자아' 인식의 실체를 사상사, 문화사 전반의 문제와 연관지어 여러 방식으로 드러내야 한다. 그들이 재발견한 자아는 여러 분야에 걸쳐 있다. 어떤 이들에게 그것은 현실의 국가였으며, 또 문화적 중화였다. 다른 이들에게 자아는 자국의 역사였으며 또 지리였다. 그들은 재발견된 '자아'를 중심에 두고 사회개혁론을 펼치는가 하면, 역사학과 지리학을 연구하고, 진경산수화를 그리거나 산수시를 짓기도 했다.

결국 중요한 것은 재발견된 자아의 맥락을 드러내는 일이다. 조선 지식인들이 강목체나 정통론을 자국 역사에 적용한 사실을 두고 자주의식의 '한계'라고 말하던 시대는 지났다. 그런 점에서 특히 주목되는 것은 자아와 중화와의 관계다. 재발견된 자아의 성격이 어떤 것인지에 따라, 그 자아와 중화의 관계는 여러 가지로 나타나게 될 것이다. 그 성격이 시기에 따라 어떻게 변화하는지도 검토 대상이 되어야 한다.

둘째, 조선 후기 지식인들의 역사지리 연구가 가진 의미를 그들 지식인의 사유체계 전체 속에서 해명하지 않으면 안 된다. 현재까지 한백겸에서 정약용에 이르는 조선 후기 역사지리 연구에 대해서는 많은 부분들이 밝혀져 있다. 그러나 정작 그런 역사지리 연구가 그들 지식인 내부의 사유체계 속에서 어떤 의미를 가지는지가 분명치 않다.

한백겸의 사유가 정통성리학적인 것이었는지 그렇지 않은지에 관한 연구가 있고, 한백겸의 《동국지리지》에 관한 연구도 있다. 그러나 한백겸의 지리연구가 그의 학문과 사상체계 전체의 구도 안에서 어떤 의미를 가지는지에 대해서는 충분히 해명되지 못하고 있는 실정이다. 한

백겸의 지리연구의 성과를 계승한 인물들 가운데에는 유형원이나 정
약용처럼 체계적인 사회개혁론을 제시한 지식인들도 있다. '그들에게
지리학은 왜 절실한 문제였는가'를 해명할 수 있다면, 그들이 이루어
놓은 지리연구의 성과와 그것들이 가지는 당대적 의미는 좀 더 분명하
게 드러날 수 있을 것이다.

이 글의 논점이나 방향과는 다르지만, 특별히 당대를 기록한 다른 문
헌자료들도 기억해 두어야 한다. 《조선왕조실록》은 당대 역사편찬의
실제 과정을 엿볼 수 있게 해 준다. 역사서라고는 할 수 없지만 당대의
왕실행사를 기록한 의궤(儀軌)와 기록화 등도 역사기록의 한 부분을
이룬다. 이 당대의 기록들은 그 내용이 당대의 역사상들을 선명하게
반영하고 있다는 점에서, 그리고 당대인의 역사의식과 정서가 녹아 있
다는 점에서 중요하다.

■ 참고문헌

한국사연구회, 《한국사학사의 연구》, 을유문화사, 1985.

한영우, 《조선후기사학사연구》, 일지사, 1989.

조동걸 · 한영우 · 박찬승 역음, 《한국의 역사가와 역사학》, 창작과비평사, 1994.

박인호, 《조선후기역사지리학연구》, 이회, 1996.

오항녕, 〈조선초기 경연의 자치통감강목 강의〉, 《한국사상사학》 9, 1997.

이범학, 〈진덕수 경세이학의 성립과 그 배경 - 남송 후기 리학의 관학화와 그 의의〉,
《한국학논총》 20, 1997.

김경수, 《조선시대의 사관연구》, 국학자료원, 1998.

고국항 지음, 오상훈 · 이개석 · 조병한 옮김, 《중국사학사》 상 · 하, 풀빛, 1998.

배우성, 《조선후기 국토관과 천하관의 변화》, 일지사, 1998.

박인호,《한국사학사대요》, 이회, 2001.

신항수,〈이익의 경사해석과 현실인식〉, 고려대 박사논문, 2001.

서인원,《조선초기지리지연구》, 혜안, 2002.

한영우,《역사학의 역사》, 지식산업사, 2002.

박인호,《조선시기 역사가와 역사지리인식》, 이회, 2003.

오항녕,〈성리학 역사서의 형성과 구조〉,《한국실학연구》6, 2003.

조성을,《조선후기사학사연구》, 한울아카데미, 2004.

우경섭,〈송시열의 세도정치사상연구〉, 서울대 박사논문, 2005.

정재훈,《조선전기 유교정치사상연구》, 태학사, 2005.

한영우 외,《다시 실학이란 무엇인가》, 푸른역사, 2006.

허태용,〈조선후기 중화계승의식의 전개와 북방고대사인식의 강화〉, 고려대 박사논문, 2006.

양반문화와 일상생활

정연식(서울여대 사학과)

머리말

널리 알려져 있듯이 조선왕조 사회는 '양반관료사회' 라 부른다. 양반은 조선의 정치, 경제, 사회, 문화 모든 분야의 주된 담당자였다. 이들의 사고방식, 생활양식은 처음에는 그들만의 것이었으나, 신분적 장벽이 문제시되지 않는 부분에서는 일반 백성들의 사고방식과 생활양식으로도 확산되었고 또 강요되기도 했다. 그러므로 양반의 문화와 양반의 생활양식은 조선시대 사회 전반에 걸쳐 중요한 의미를 지닌다.

1. 양반의 생활문화

양반의 의식세계와 생활문화 전반을 지배하고 있던 것은 유교였다. 관혼상제 따위의 예식은 물론이고 일상생활의 상당 부분이 유교적인 생활원칙에 바탕을 두고 있었다. 이념적으로도 모든 이름에는 그에 걸맞은 책임과 권리가 따른다는 유교적 명분론(名分論)과, 사적인 이익보다는 공적인 대의를 지켜야 한다는 유교적 의리론(義理論)이 그들의 머릿속에 자리잡고 있었다.

양반에게 '대의명분'이란 단순한 허울이 아니라 일상생활을 지배하는 중요한 원칙이었다. 그러므로 작은 이익을 다투고 염치를 저버리는 것을 아주 비루한 행위로 여겼다. 토지나 노비를 매매할 경우에나 재물과 관련하여 소송을 제기할 때에도 자신의 이름이 문서에 오르는 것을 꺼려 항상 종의 이름으로 법률행위를 하게 할 정도였다. 양반에게 체모는 매우 중요했다. 의관을 항상 바르게 하고 걸음걸이와 목소리에 위엄이 배게 하는 것도 소홀히 할 수 없는 생활준칙이었다. 특히 여성은 옷맵시 하나라도 흐트러뜨리지 않아야 했다. 박지원이 〈양반전〉에서 풍자한 양반의 생활습속은 그들이 얼마나 까다로운 생활양식 속에 살고 있었는가를 여실히 보여준다.

또한 양반들의 생활이념 가운데 하나는 사치를 배격하고 검약을 미덕으로 삼는 것이었다. 조선시대의 도자기에서 간결한 백자가 유행하고, 회화에서도 화려한 색채를 쓰는 진채(眞彩), 청록산수화(靑綠山水畵)보다는 담백하고 간결한 수묵화(水墨畵), 문인화(文人畵)가 특별히 다른 평가를 받았던 것도 양반들의 정신세계, 취향과 무관하지 않았던 것이다.

정치적인 면에서도 예컨대 백성이 나라의 근본이라는 유교적 민본의식은 단순히 구호만은 아니었다. 조선왕조가 만성적인 재정적자에 허덕이면서 긴요한 큰 사업을 제대로 펼칠 수 없었던 것도 백성들을 마구 부리고 세금을 가혹하게 거두는 것을 유교정치의 원칙에 어긋나는 악덕으로 여긴 탓도 있었다. 지방관들의 탐학이 문제가 되어 민란이 일어나기도 했지만 백성이 근본이라는 생각에는 변함이 없었다.

물론 양반들의 실제 행동이 반드시 이념에 맞아떨어지게 나타났던 것만은 아니었지만 강력한 이념적 원칙은 실제로 일상에서 적어도 정해진 일정한 한계를 넘어서지 못하게 억제력을 발휘하고 있었다.

2. 경제생활

양반이라는 신분은 단순히 혈연만으로 유지되는 것은 아니었다. 양반으로서의 생활양식, 예법을 갖출 만한 경제적인 여유가 있어서 양반으로서의 예의와 염치를 알고 품위를 지킬 수 있어야 사회적으로도 양반으로 인정받을 수 있었다. 그러므로 경제력은 양반 신분의 물질적 토대였다.

벼슬살이를 하는 양반들은 당연히 급료로 녹봉을 받았다. 그런데 양반관료는 녹봉 외에도 품계에 따라 별도로 과전(科田)을 지급받았다. 과전은 관직에 대한 복무 대가로 지급한 녹봉과는 달리 양반관료가 양반으로서의 품위와 예모를 지킬 수 있도록 별도로 지급한 것이다. 이는 조선사회가 엄연히 신분제사회였음을 의미하는 것이다. 물론 과전을 받았다는 것은 땅 자체를 받았다는 것이 아니라 수조권(收租權)을 받았다는 것을 뜻한다. 그러나 세조 때부터는 과전의 세습이 중단되고 16세기 중엽에는 과전 지급 자체가 폐지됐다. 그러므로 양반관료들은 녹봉만으로 살아가야 했다. 그런데 녹봉도 제때에 받지 못하거나, 전액이 아니고 일부만 받는 일이 종종 일어났다. 그나마 조선 후기에는 녹봉의 법정 총량 자체가 대폭 줄어들었다. 그러므로 양반의 주요한 경제적 기반은 녹봉이나 과전보다는 토지와 노비가 될 수밖에 없었다.

토지와 노비는 일정한 수입을 보장해 주는 중요한 기반이었다. 나라의 산업이 거의 모두 농업이었던 조선시대에는 땅은 재산 가운데 으뜸

가는 것이었다. 양반 가운데 엄청난 규모의 농장을 갖고 있는 경우도
있었고, 그렇지 못한 양반들도 대개는 자기 고향에 자기 가족이 먹고
살 만한 땅은 갖고 있었다. 양반의 토지는 한군데 집중되어 있지 않고
여러 곳에 분산되어 있는 경우가 많았다. 그렇게 된 데에는 남편과 아
내가 공동으로 재산을 관리하면서도 법적으로는 자신의 특유재산(特
有財産)을 갖고 있었고, 또 나이와 성별을 가리지 아니하고 재산을 자
녀에게 골고루 상속하는 자녀균분상속(子女均分相續)이 시행된 것도
상당히 작용했던 것으로 보인다.

양반이 토지를 갖고 농사를 지으려면 반드시 노비가 필요하기 마련
이다. 노비가 전체 인구에서 차지하는 비율은 16세기 무렵에 가장 많
았던 듯하며, 이때 전 인구의 30~50퍼센트는 되었던 것으로 짐작된다.
이름 있는 양반집의 종들은 어지간한 집에도 수십 명이 있었으며 규모
가 큰 경우에는 수백 명에 이른 경우도 적지 않았던 것으로 짐작된다.
이는 김종직 · 이황 · 이이 · 유성룡 집안의 고문서로도 확인된다. 그러
나 그 뒤로는 노비의 빈번한 도망으로 말미암아 점차 노비가 줄어들었
고 주인과 호적을 달리하는 외거노비는 18세기부터는 거의 소멸상태
에 접어들고 있었다.

3. 일상생활

양반과 학문은 뗄 수 없는 관계에 있었다. 사대부는 바로 독서인(讀
書人)이었다. 양반 자제들은 대개 6,7세가 되면《천자문(千字文)》,《동
몽선습(童蒙先習)》따위의 학습서로 공부를 시작하여 유교경전과 시문
을 배웠다. 그들의 학문활동의 상당부분은 과거 준비를 위한 공부, 즉
과업(科業)과 관련되어 있었다. 조선시대 전반을 통틀어 일반적인 경

우 소과 곧 생원과, 진사과 합격자의 평균 나이는 20대 중반이었으며, 대과 곧 문과 급제자의 나이는 30대 중후반이었다. 통상 7,8세에 글공부를 시작하면 대과 급제까지 이삼십 년간 과업에 종사해야 했다. 과거 공부가 이처럼 매우 고달픈 일이었고, 뜻있는 사람들에게는 벼슬자리를 노린 비루한 일로 인식되기도 했지만 현실적으로는 무시할 수 없는 일이었다.

관료가 아닌 일반 양반들의 주된 일상사는 노비와 병작인(소작인)을 동원한 농사일의 관리, 지역 양반들과의 교류, 그리고 학문활동이 주를 이뤘다. 양반은 재산을 모으는 데 급급해서도 안 되지만 그렇다고 해서 재산 관리를 허술히 하는 것도 잘못된 것이라고 생각했다. 넘치지도, 모자라지도 않게 그것이 양반의 생활양식이었다.

다른 양반들과의 교류도 중요한 일이었다. 접빈객(接賓客)으로 표현하던 손님맞이도 양반과의 교류 가운데 한 부분이다. 양반들은 다른 양반들과의 교류에 많은 시간을 보냈다. 지방 사회에서의 영향력 확보를 위해, 또 중요한 정보를 얻기 위해, 때로는 단순한 친교 모임 등으로 많은 사람들을 방문하고 맞이했다. 다른 사람을 찾아갈 때나 맞이할 때에는 대개 음식을 대접하고 간단한 물건을 주고받았다. 이러한 교류행위로 이루어지는 물자의 교환은 결코 적잖은 양이었다. 조선 전기까지만 해도 대인교류의 폭이 넓었던 양반들은 시장에서 물건을 팔고, 사고, 교환하여 얻는 양보다도 이러한 선물교환으로 얻는 양이 더 많을 정도였다.

이 밖에도 제사를 지내는 일도 양반가의 중요한 일상적 일이었다. 예전에는 조상의 기일에 지내는 기제(忌祭)와 한식, 추석, 설날, 중양절 등의 명절에 지내는 절사(節祀), 음력 2월, 5월, 8월, 11월에 지내는 사시제(四時祭), 9월에 부친의 사당에 지내는 예제(禰祭)를 비롯하여 여러 가지 제사가 있었다. 처음 조부모에 그치던 제사는 증조부모를 거처 17세기쯤에는 고조부모까지 확대되었다. 이러한 제사 대상에 포함되지 않는 5대조 이상에게는 다시 묘제(墓祭), 불천위제(不遷位祭) 등의 제사가 있었다. 이처럼 제사의 종류가 많고, 제사 대상의 범위도 넓어지게 되니 제사가 잦아질 수밖에 없었다. 그러므로 해마다 치르는 제사는 30차례 가까이 되었다. 한 번 제사를 지낼 때마다 제수를 마련하는 등의 준비를 하느라 보내는 날까지 합하면 한 해 동안 제사가 차지하는 경제적, 시간적 비용은 결코 적은 것이 아니었다.

매일 되풀이되는 일상과 관련해서 가장 중요한 일은 식생활이다. 양반이나 일반 평민이나 일상적인 끼니는 하루 두 끼로서 아침밥과 저녁밥을 먹었다. 그러나 농사일이 진행되어 활동량이 많고 해가 긴 2월쯤부터 8월쯤까지는 낮에 적은 양을 간단히 먹는 점심을 먹었다. 처음에는 식사시간에 관계없이 간단한 식사를 일컬었던 점심이라는 말은, 점심을 대개 아침밥과 저녁밥 사이에 낮에 먹었으므로 16세기부터 서서히 낮에 먹는 밥의 의미로 쓰여 18세기쯤에는 완전히 낮밥의 의미로 굳어졌다. 한편 양반들은 종종 아침밥 전에 이른밥을 먹기도 했다. 밤이 긴 겨울에는 저녁밥을 먹고 다음날 새벽에 대개 닭 우는 소리에 일어나면 아침밥을 먹기까지 꽤 오랜 시간이 지나야 했으므로 자리에서 일어나서 출출한 속을 채우느라고 죽 따위로 간단히 먹었는데 이를 이른밥, 조반(早飯)이라 했다. 물론 이른밥은 부유한 양반들이나 먹을 수 있었다. 의복, 복식, 주거 등에는 신분에 따라 제한이 있었지만 음식에는 유밀과(油蜜菓)를 제외하면 특별히 양반만이 먹을 수 있는 음식이 있었던 것은 아니었다. 양반들은 양반이라서가 아니라 대개 경제적으로 부유하여 좋은 음식을 먹을 기회가 많았을 뿐이다.

건강과 관련해서는 예전 양반들은 노동을 하지 않으므로 활동량이 적어 건강이 좋을 수 없었다. 여러 가지 양생법이 소개되어 있었고 도인법(導引法)이라는 맨손체조도 행해졌으나 그것도 일부 사람들에게 국한된 듯하다. 의학의 절대적인 수준이 낮았던 시대에 그나마 발달된 의학도 서울과 그 주변에 집중되어 있어서 지방에서는 의술의 혜택을 별로 기대할 수 없었다. 그러므로 양반들은 스스로 약간의 의학지식은 조금씩 갖고 있는 경우가 많았다. 또한 운동부족으로 건강이 썩 좋지 않아 약을 자주 복용했던 양반들이 많았으며 약을 스스로 조제하여 먹는 일도 많았다. 먼 여행길에 나설 때에도 《구급간이방(救急簡易方)》 등의 구급처방에 관한 책과 더위 먹었을 때, 배탈 났을 때, 감기 걸렸을 때 먹는 간단한 비상약들을 갖고 다녔다.

양반은 옷차림새로 일반 평민과 구분되었다. 양반의 차림새 가운데 대표적인 것은 품과 소매 따위가 전체적으로 길어 몸 전체를 감싸는 포(袍)를 겉에 입었고 머리에는 테가 넓은 갓을 써서 차별화 하였다. 물론 옷감도 비단으로 만든 옷을 입을 수 있었고 허리띠, 갓끈 따위를 화려하게 할 수 있는 것도 양반만의 특권이었다. 여자들도 마찬가지였다. 옷감, 쓰개, 몸에 두르는 화려한 장신구 따위로도 양반은 일반인과 구분되었다. 물론 이러한 엄격한 구분은 시간이 지나면서 점차 퇴색했다. 그러다가 대원군 집권기에는 두루마기라는 옷이 나타나 양반, 평민을 가리지 않고 입을 수 있게 되었다. 그것은 새로운 변화였다.

양반의 교통수단은 말이었다. 도성 안에서 말을 탈 수 있는 것도 양반만이 가능했다. 양반은 동구 밖을 나가 먼 곳을 오가는 경우에는 거의 반드시 말을 타고 종을 데리고 다녔다. 말이 없는 경우에는 세를 내서라도 말을 준비했다. 하삼도에서 서울을 오갈 경우 닷새에서 열흘이 걸리는데 새벽부터 저녁까지 하루도 빠짐없이 길을 가는 것은 쉬운 일이 아니었고 매우 어려운 일이었다. 그러므로 여행길에 오르면 자신은 말에 오르고 종은 짐을 짊어지고 다녔다. 양반 부녀자의 경우 그다지 멀지 않은 거리는 초기에는 사방이 트인 평교자(平轎子)를 타고 다니거나 말, 나귀 따위를 타고 나들이를 했다. 그러나 17세기쯤에는 바깥나들이도 거의 없었고 벽과 지붕이 있는 폐쇄된 유옥교자(有屋轎子)라는 가마를 타고 다니는 것이 보통이었다.

조선시대는 산업화 이전의 시기라서 사람들의 일상생활은 현대인에 견주면 훨씬 한가로웠다. 특히 노동을 하지 않는 양반의 일상은 매우 한가로웠다. 관료생활을 하는 경우에도 주요 부서의 중요한 직책을 맡은 경우가 아니면 눈코 뜰 새 없이 바쁜 경우가 별로 없었다. 정부는 지금과는 견줄 수 없을 정도로 작은 정부였기 때문이다. 관료들의 경우 묘사유파(卯仕酉罷)라 하여 묘시(오전 5~7시)에 출근하여 유시(오후 5시~7시)에 퇴근하되 해가 짧은 겨울에는 출근시간을 늦추고 퇴근시간을 앞당겼다. 그러나 이러한 원칙은 정확하게 준수되지 않았으며 늦게 출근하거나 일찍 퇴근하는 일도 종종 있었다.

양반들은 특별히 할 일이 없는 여가 시간에 고을 수령, 양반들과의 교류로 관계망을 넓혀 나갔다. 양반들의 일상적인 모임에는 단순한 대화부터, 활쏘기, 시 짓기, 연회 등이 종종 있었다. 종들을 동원하여 개울에서 물고기를 잡게 하고 기생을 불러 춤과 노래를 곁들인 연회도 열었다. 때로는 무료함을 달래기 위해 바둑이나 장기를 두기도 하고 승경도(陞卿圖) 놀이를 하기도 했다. 승경도는 종정도(從政圖)라고도 하는데 윤목(輪木)을 굴려 나온 숫자대로 벼슬살이를 시작하여 영의정에 이르면 끝나는 놀이인데, 양반들은 어른, 아이 할 것 없이 이 놀이를 했다.

4. 가족관계

양반으로서의 지위를 유지하고 확고히 하는 데는 통혼권도 무시 못했다. 양반 가문의 격을 심사하는 데는 대개 부모, 조부모, 증조부모,

외조부모 등의 이름, 나이, 관직 등을 적은 사조호구(四祖戶口)가 쓰였다. 그러므로 양반 신분을 유지하는 데 중요한 기능을 하는 혼인은 가문의 결합이라는 측면이 강했으므로 양가 주혼자들의 약속에 따라 이루어졌다.

통상 양반 남자들은 20세에 약간 못 미쳐 결혼했다. 부부의 나이는 남편이 아내보다 약간 많은 것이 일반적이었다. 일반인에게 널리 알려진 처 연상형의 조혼은 조선 말기에 일부 부유한 양반 집에서 행해진 것으로 보이며 일반적인 것은 아니었다.

일부일처제는 철저히 지켜졌지만 그것은 정처에 국한된 것이었고 첩을 두는 것은 꽤 일반화하였던 것으로 짐작된다. 첩에 대한 정처의 투기는 부덕에 어긋나는 것으로 여겨졌다.

부부는 가옥 안에서 어느 정도 격리된 생활을 했다. 남편은 큰사랑방과 작은사랑방에, 아내는 중문 안쪽에 자리잡은 안방, 건넌방에서 생활하였다. 남편은 집안일에 관여하지 않고 아내는 바깥일에 관여하지 않는 것을 정도로 알았다. 또한 예의범절을 까다롭게 따지는 양반 집에서는 부부가 같은 방에서 잠을 자지 않는 부부별침(夫婦別寢)의 습속이 자리잡았다. 부부별침의 관념은 이미 예전부터 있었지만 이것이 가옥구조 속에 자리 잡아 관례화하기 시작한 것은 아마도 17세기나 18세기부터인 것으로 짐작된다. 그러므로 젊은 부부 사이의 성생활을 보장하기 위해 작은사랑방과 건넌방 사이에는 뒤쪽 외진 곳으로 출입통로가 마련되어 있기도 했다. 17세기까지만 해도 양반 부녀자들의 바깥출입이 어느 정도 보장되었으나 18세기부터는 상당히 제약되었다. 또한 권세 있고 부유한 양반들 가운데는 口자 모양으로 더욱 폐쇄적인 구조의 집을 지었고, 여자들은 중문(中門) 안에 갇혀서 바깥출입을 거의 하지 못하는 경우가 많아졌다.

흔히 대가족은 양반가의 일반적인 가족제도로 이해하고 있으나 단순히 가족 구성원이 많다는 의미의 대가족이라면 약간은 이해할 수도 있지만, 결혼한 여러 자녀가 함께 사는 확대가족의 의미로 이해한다면 이는 오해이다. 확대가족제도는 양반가에서도 흔한 것은 아니었다. 대부분의 집들은 여러 가족이 살 수 있는 구조를 갖추고 있지 않았다. 호적상으로도 일반적으로는 부부와 미혼자녀로 이루어진 부부가족이 대부분이었고, 결혼한 자녀 가운데 한 사람이 부모를 모시고 사는 직계가족이 그 일부를 이루고 있었으며, 결혼한 형제가 부모를 모시고 함께 사는 확대가족은 19세기 일부 양반가에서 확인될 뿐이다.

맺음말 : 전망과 과제

일상생활사 연구는 사실상 한국사 학계보다는 다른 학문 분야에서 다루어졌다. 예컨대 식생활사는 식품영양학, 의생활사는 의류학, 주거생활사는 건축학 분야에서 다루어졌다. 아동학, 여성학, 민속학 분야도 마찬가지이다. 한국사 학계가 일상사 연구에 관심을 기울인 것은 '90년대 후반이었다. 그러므로 아직은 학문적 경향이나 논쟁거리를 찾을 여력이 없다. 식생활사 부분은 역사학 쪽에서 조금은 연구가 되어 있지만, 복식사 분야에서는 의류학의 연구성과를 아직 넘어설 수 없고, 주거생활에서는 조선시대 전 부분이 그렇지만 특히 조선 전기, 중기의 주거생활이 충분히 밝혀져 있지 못하다.

그러나 일상생활사를 역사학 쪽에서 조망할 필요성은 절실하다. 특정 분야에 대한 전문성과 깊이는 부족할 수 있으나 사료의 엄밀한 검토를 바탕으로 일상사를 전체적인 사회구조 속에서 조망하는 힘은 역사학이 지닌 강점이라 할 수 있다.

일상생활사 분야에서 다루어야 할 분야는 매우 많다. 심성사 분야는 차치하고라도, 역사학에서 충분히 다루어 볼 수 있는 여성사 분야도 세밀한 일상을 들여다 보기에는 아직은 허술한 부분이 적지 않으며, 아동사에 대해서는 거의 연구된 바가 없다고 해도 지나친 말이 아니다. 이 밖에도 다루어야 할 분야는 많고 발굴된 기록은 부족하다. 또한 일상생활사 연구에 대해 그 의의를 인정하지 않는 풍토 등 아직도 넘어야 할 장벽이 여기저기 놓여 있는 실정이다. 일상생활사 연구는 이제 겨우 출발선을 떠났다고 할 수 있다.

■ 참고문헌

최재석, 《한국가족제도사연구》, 일지사, 1983.

유희경, 《한국복식사연구》, 이화여대 출판부, 1983.

이성우, 《한국식품문화사》, 교문사, 1984.

김광언, 《한국의 주거민속지》, 민음사, 1988.

강영환, 《집의 사회사》, 웅진출판사, 1992.

이성임, 〈16세기 조선 양반관료의 사환과 그에 따른 수입-유희춘의 《미암일기》를 중심으로〉, 《역사학보》 145, 1995.

전경목, 〈일기에 나타나는 조선시대 사대부의 일상생활-오희문의 《쇄미록》을 중심으로〉, 《정신문화연구》 65, 1996.

미야지마 히로시, 노영구 옮김, 《양반 -역사적 실체를 찾아서》, 강, 1996.

한국역사연구회, 《조선시대 사람들은 어떻게 살았을까 1·2》, 청년사, 1996.

한국고문서학회, 《조선시대생활사 1·2·3》, 역사비평사, 1996·2000·2006.

김용만, 《조선시대 사노비연구》, 집문당, 1997.

정연식, 〈조선조의 탈것에 대한 규제〉, 《역사와현실》 27, 1998.

이성임, 〈조선중기 유희춘가의 물품구매와 그 성격〉, 《한국학연구》 9, 1998.

김경숙, 〈16세기 사대부 집안의 제사설행과 그 성격 -이문건의 《묵재일기》를 중심으로〉, 《한국학보》 98, 2000.

정연식, 《일상으로 본 조선시대 이야기 1·2》, 청년사, 2001.

전경목, 《우반동 -고문서를 통해서 본 우반동과 우반동 김씨의 역사》, 신아출판사, 2001.

허경진, 《사대부 소대헌 호연재 부부의 한평생》, 푸른역사, 2003.

이해준 외 4인, 《전통사회와 생활문화》, 한국방송통신대 출판부, 2006.

조선의 과학기술과 서양과학

문중양(서울대 국사학과)

머리말

　종래의 조선왕조시대 과학기술사 서술은 현재 심각한 도전을 받고 있다. 먼저 조선 전기 세종대에 과학기술이 찬란하게 발전했지만 그 이후에 잘 계승되지 못했다는 그 동안의 이해를 들 수 있다. 이와 아울러 성리학과는 다른 새로운 학문적 경향으로 이른바 실학이 등장하고, 동시에 서양 과학이 전래되면서 쇠퇴하던 과학기술이 발전적으로 변하기 시작했다는 역사적 이해도 그러하다. 조선시대 과학기술사에 대한 이와 같은 종래 학계의 지배적인 이해는 역사적 사실과 거리가 멀다는 지적이 나오고 있다.

　이 글은 조선 전기 15세기에 그 전형이 확립된 조선의 과학기술은 이후 잘 계승되었다는 최근 과학사학계의 연구 성과를 반영했다. 아울러 조선 후기 과학기술의 변동이 고전적인 전통 과학기술을 부정하는 양상으로 이루어졌다는, 또는 서양 과학의 충격이 주 변동요인이었다는 종래 이해를 바로 잡아 보고자 한다.

1. 조선 초의 과학기술 : 제왕학으로서의 유교적 과학기술의 형성

조선시대 과학기술의 형성은 건국 초 두 가지 국책 프로젝트로 시작되었다. 〈천상열차분야지도〉(天象列次分野之圖, 국보 228호)라는 천문도와 〈혼일강리역대국도지도(混一疆理歷代國都之圖)〉라는 세계지도의 제작이 그것이다. 둘 다 조선의 개국 공신 권근의 주도로 이루어졌는데, 〈천상열차분야지도〉는 개국한 지 3년만인 1395년에, 〈혼일강리역대국도지도〉는 10년만인 1402년에 각각 제작된 조선왕조 최초의 과학기술 분야 국책사업의 성과물이었다.

〈천상열차분야지도〉는 한반도에서 볼 수 있는 별 1467개를 검은색 대리석 위에 새겨 넣은 천문도로 현재 중국의 〈순우천문도〉(1247년)에 이어 세계에서 두 번째로 오래된 과학적인 전천(全天) 천문도로 알려져 있다. 권근이 쓴 발문에 따르면 〈천상열차분야지도〉는 고구려의 천문도를 조금 수정해서 다시 제작했다고 한다. 고구려의 천문도가 어느 정도 과학적이었는지는 의문이지만 〈천상열차분야지도〉의 제작은 그동안 잊혀졌던 고구려의 정통을 부활시켜 조선이 그것을 계승했음을 만천하에 공표하는 의미를 지니는 국가적 사업이었다.

현존하는 우리나라 최초의 세계지도인 〈혼일강리역대국도지도〉는 15세기 초 당시로서는 세계에서 가장 객관적이고 풍부한 지리 정보를 담은 과학적인 세계지도로 세계의 지도학계가 주목하고 있는 지도이다. 서양의 지명 200여 개, 아프리카의 지명 30여 개가 나타나는 등 원나라를 통해서 들어온 광범위한 세계에 대한 객관적인 지리 정보를 충실히 담아냈다. 한반도를 유난히 크게 그린 점에서는 객관성이 다소 훼손되었지만 오히려 성리학적인 중화주의적 세계 인식에 매몰되지 않은 확대된 세계 인식을 보여준다.

이와 같이 조선의 과학기술은 '제왕학(帝王學)'으로서 하늘(天)의 명(命)을 받아 새로이 인간 세계를 지배하게 된 조선왕조의 권위와 정통성을 확립하기 위해서 건국과 함께 국책 프로젝트로 동시에 진행된 〈천상열차분야지도〉와 〈혼일강리역대국도지도〉로부터 시작되었다. 이렇게 시작된 조선 과학기술의 발전은 세종대에 본격적으로 그 결과물들이 나타났다. 천문학은 물론이고, 수학과 도량형, 지리학, 의약학, 농학, 그리고 군사기술과 인쇄기술과 같은 기술에 이르기까지 거의 모든 분야에서 괄목할 성과를 거두었다. 이는 '제왕학'으로서 새 왕조의 기틀을 확립하고 선진적인 유교적 이념에 바탕을 둔 이상사회를 구현하려는 차원에서 확립하려던 것이었다.

천문학 분야의 성과는 천문관측 기구와 시계의 창제, 그리고 역법의 정비를 들 수 있다. 천문 관측을 통해서 정확한 시간을 백성들에게 알려주는 '관상수시(觀象授時)'는 제왕된 자로서 무엇보다 앞서 수행해야 할 의무이자 독점적 권한이었다. 1434년(세종 16) 만들어진 자격루는 매우 정교하고 복잡한 기계장치인 자동시보 장치를 갖춘 물시계로 원나라를 거쳐 들어온 세계 최고 수준의 아랍의 기계기술 전통과 동아시아의 고전적 물시계 전통이 결합된 결과였다. 조선시대에는 줄곧 이 자격루의 시간으로 도성 한양의 모든 관료들의 업무와 백성들의 생활은 통제되었다. 또한 궁궐 밖 우매한 백성들이 직접 시계를 보고 시간을 알 수 있도록 오목 해시계인 앙부일구가 창제되었다. 또한 각종 관측기구들의 창제는 원나라 때 곽수경이 만든 관측기구들을 본보기로 수년간의 연구를 거쳐 얻은 성과들이었다. 종합적인 관측기구인 '간의'를 비롯해서, 이동용으로 간편하게 개량한 '소간의', 낮에는 해를,

밤에는 별을 관측해 주야로 시간을 측정하는 '일성정시의(日星定時儀)' 등이 창제되었다.

역법의 정비는 프로젝트가 시작된 지 20여 년만인 1442년(세종 24년) 《칠정산내편》과 《칠정산외편》의 편찬으로 마무리되었다. 이 《칠정산내·외편》의 편찬은 두 가지 차원에 큰 의미를 지닌다. 첫째, 15세기 전반기에 동서양을 통틀어서 가장 우수한 역법을 갖추게 되었다. 《칠정산내편》은 중국의 전통 역법인 명나라의 대통력을, 《칠정산외편》은 아랍의 역법인 회회력을 각각 증보한 성격의 역법이다. 당시까지 동서양에서 가장 우수한 역법을 지녔던 중국과 아랍의 역법을 모두 소화해, 그것을 보완한 역법이 《칠정산내·외편》이었던 것이다. 이러한 《칠정산내·외편》을 편찬함으로써 조선은 비로소 중국으로부터의 의존에서 탈피해 독자적으로 역서(曆書)를 편찬, 간행할 수 있게 되었다. 둘째, 한양을 기준으로 천문 데이터를 확보하고, 계산할 수 있게 되었다. 15세기 전반 이전에 자신이 서 있는 지역을 기준으로 역법 계산을 할 수 있는 곳은 전 세계에서 중국과 아랍뿐이었다.

조선은 물론 국제정치적으로 중국의 황제에게 책봉을 받는 위치에 있는 나라였다. 그러나 실질적으로는 중국만이 할 수 있는 독자적 역서의 편찬을 수행할 수 있는 나라가 된 것이다. 이는 중국에 못지않은 유교적 국가 체제를 정비한 문화적 독립국가임을 국내적으로 다짐하는 의미였다.

한편 세종대에는 의약학 분야에서도 중국의 의존에서 벗어나 비약적인 발전을 이루었다. 사실 고려 말 조선 초의 의약학은 중국 송대의 의학이론과 처방을 수용해 배우는 데 급급했으며, 중국산 약재에만 의존했었다. 그런데 15세기 전반에 이르면 이론적 차원에서 송대 의학보다 한 단계 수준 높은 금(金)·원(元) 의학을 받아들였다. 이와 함께 고려 말 《향약구급방》(1233년)으로 대표되는 향의약학이 발전하면서 중국산 약재에 의존하는 것에서 차츰 벗어나기 시작했다. 1433년(세종 15년) 무려 703종의 조선산 약재를 이용한 《향약집성방》의 편찬, 그리고 방대한 백과사전적 의서 《의방유취》(1443년)의 편찬은 고려시대 중국산 약재와 송대 의학 이론에 전적으로 의존하던 단계에서 벗어나 한 단계 수준 높은 금원 의약학을 완벽히 소화하고 약재의 수급 불균형 문제를 해결한 쾌거였다.

세종대에는 과학의 발전과 함께 고려의 기술적 전통을 계승하는 발전도 이루어졌다. 금속활자 인쇄술과 화약무기 기술의 발전이 그 대표적인 예이다. 고려의 금속활자 인쇄술은 태종대 계미자(1403년)로 계승되었다. 고작 20여 부 정도의 인쇄에 그치던 기술이 세종대의 경자자(1420년)를 거쳐 갑인자(1434년)에 이르러서는 하루에 40여 장을 찍을 수 있을 정도로 개선되었다. 국립인쇄소인 '주자소'에서 찍어낸 갑인자는 무려 20여 만 자나 되었다. 현재 세종대의 갑인자로 인쇄한 《칠정산내 · 외편》이 그 아름답고 정교한 모습 그대로 규장각에 보관되어 있다. 갑인자만 해도 구텐베르크의 인쇄기보다 50여 년 빠른 것으로, 갑인자로 찍어낸 조선의 책은 15세기 당시 세계에서 가장 고급스럽고 아름다운 책이었다. 이러한 인쇄 기술은 《조선왕조실록》과 같은 방대한 기록유산을 낳은 가장 큰 배경이 되었다.

화약무기는 고려 말 최무선이 독자적으로 화약 제조에 성공한 이후 비약적으로 발전하던 군사기술이었다. 이는 조선에도 잘 계승되어, 대형 화포를 장착한 조선 수군의 막강한 화력은 태종대와 세종대 왜구를 섬멸하는 데 크게 기여했다. 이러한 화약 무기 기술은 역시 세종대에 더 한층 발전했다. 무인 출신 과학기술자인 이천의 주도로 조선식 총통완구가 개발되었고, 세자 시절 문종에 의해서 다연발 로켓포 발사대인 화차가 개발되었다. 이러한 세종대의 화약무기 기술의 성과는 〈총통등록〉의 편찬으로 정리되었다. 그러나 아쉽게도 이 책은 현존하지 않아 조선 초의 발전된 화약 무기의 실상을 파악할 수 없다. 그러나 후대의 이장손의 비격진천뢰나 변이중의 화차 등을 통해서 그 면모를 엿볼 수는 있다.

2. 세종대 과학기술의 계승과 발전

그동안 한국사학계는 물론이고 과학사학계에서조차 세종대에 찬란하게 발전했던 조선 전기의 과학기술은 이후 이른바 '관념적 주자학'의 고착화와 함께 쇠퇴했다고 이해해 왔다. 아울러 쇠퇴하던 전통과학은 조선 후기에 이르러 이른바 '근대적'인 서양 과학의 수입이라는 외부적 충격으로 부활의 몸짓을 펼쳤다고 이해되기도 하였다. 그러나 종래의 이러한 이해는 역사적 사실과 많이 다르다. 오히려 세종대에 활짝 꽃을 피웠던 조선의 전통 과학은 성리학의 발전과 함께 계승 발전되었다.

물론 제왕학으로서의 과학의 중심에 서 있던 천문역법이나, 시계 제작술과 같은 분야는 외형적으로 쇠퇴하는 듯 보이기도 한다. 그러나 애초에 천문역법이나 시계가 제왕학적 성격의 것으로 조선 초 한 번 정립된 이후에는 예전과 같은 사회적 필요가 줄었기 때문에 그러한 외형적 쇠퇴의 현상은 오히려 자연스러운 결과였다고 할 수 있다. 그러나 시선을 다른 분야로 돌려보면 사정은 달라진다.

의약학과 지리학을 보자. 《향약구급방》과 《의방유취》로 대표되는 15세기 조선의 의약학은 이후 금원의학을 본격적으로 수용·소화하면서 더욱 발전했다. 게다가 금원의학보다 한 단계 업그레이드된 명대의 의학을 받아들이면서는 비약적인 발전을 하게 된다. 1610년에 완성을 본 허준의 《동의보감》은 이러한 명대의 의약학을 완벽하게 소화하고,

우리의 향의약학을 결합해 이룩한 쾌거였다. 지리학 분야의 발전적 모습은 더욱 분명하게 드러난다. 15세기 이후 조선의 지도 제작은 정상기의 〈조선전도〉(1757년)에서 잘 볼 수 있듯이 〈대축척〉 방식과 같은 수준 높은 지도 제작술이 활용될 뿐 아니라, 다양한 목적과 기능(행정적, 군사적, 경제적 등)의 전문적인 특수지도와 지방 각 군현 단위의 세부적인 국부적 지도들이 제작되었다. 김정호의 〈대동여지도〉(1861년)는 이러한 조선 지도 제작술 발전의 총 결산이었다. 〈대동여지도〉는 개항 이후 일본 해군이 보유한 '근대적'인 지도보다 더 정밀할 정도였다.

조선 과학기술의 발전적 모습은 군사기술에서도 잘 살펴볼 수 있다. 임진왜란 때 왜의 수군에 맞서 연전연승했던 조선의 수군이 보유했던 화력이 그러한 사정을 잘 보여준다. 조선 수군이 연승을 할 수 있었던 가장 큰 배경은 판옥선(板屋船)이라는 성능 좋은 군선의 개발, 고려 말과 조선 세종대에 발전했던 대형 화약 무기의 발전, 그리고 적의 전열을 흩트려 놓는 데 주효했던 거북선이라는 돌격선의 존재였다. 실제로 임진왜란 발발 40여 년 전인 1555년에 개발된 판옥선은 종래 한선의 장점을 최대한 살려 개발한 성능 좋은 군선이었고, 여기에 강력한 화력의 대형 화포인 천자포나 불랑기(佛狼機) 등을 장착함으로써 판옥선은 더욱 막강해졌다. 이러한 판옥선을 돌격선으로 개량한 거북선은 조선 초 이후 발전해 온 조선의 군선 제작술과 화약 무기 기술의 총아였다고 해도 지나친 말이 아니다.

사대부 지식인들의 형이상학적인 자연지식을 보면 그 발전의 양상은 더욱 분명하다. 고려 말 이후 16세기 이전까지 사대부 지식인들의 자연에 대한 이해는 신화적이고 도가적, 또는 불교적인 자연이해에 머물러 있었다. 이후 조선의 자연철학의 역사는 성리학적 자연 이해의 형성과 발전으로 규정지을 수 있다. 실제로 유학자들은 성리학에 대한 이해가 깊어지면서 종래의 도가적, 불교적 자연이해에서 벗어나 자연을 체계적이고 합리적으로 이해하기 시작했다. 성리학적 자연이해란 중국 송대 유학자들이 정립한 것으로 무(無)에서 유(有)의 창조라든가, 인격적인 천(天)의 개념에 의존하는 도가적 또는 불교적 자연이해와 비교되는 것이었다. 그것은 크게 주돈이(周敦頤)의 태극(太極) 곧 리(理), 장재(張載)의 기(氣), 그리고 소옹(邵雍)의 역(易)에서 비롯된 상수학(象數學)에 바탕을 두고 있다.

그런데 조선 전기에 이러한 성리학적 자연이해는 전혀 정착하지 못했었다. 세종대의 대표적인 천문학서《제가역상집》(1445년)에 담겨있는 자연에 대한 형이상학적인 이해는 매우 초보적인 수준이어서 성리학적 자연인식 체계를 충분히 이해했다고 보기 어려웠다. 심지어 조선 성리학을 반석 위에 올려놓았다고 추앙받는 16세기 중엽의 이이(李珥)의《천도책(天道策)》(1558년)에 담긴 자연이해도 초보적인 성리학적 자연이해에 지나지 않았다고 이해될 정도이다.

조선의 유학자들이 성리학적 자연인식 체계를 소화해서 우주론적 사색을 본격적으로 펼치기 시작한 것은 16세기 이후의 일이었다. 그 단초를 우리는 서경덕(徐敬德)의《화담집》(1545년)에서 찾아볼 수 있다. 그것은 중국 송대의 세 가지 우주론 개념들을 과감하게(다소 초보적으로) 통합해서 논의를 펼치는 모습이었다. 이러한 초보적인 우주론 논의는 17세기 초 장현광(張顯光)의〈우주설〉(1631년)에서는 질적으로 발전된 모습을 보여준다. 그것은 중국 송대 성리학자들의 우주론 논의를 완전하게 소화했을 뿐 아니라, 중국 성리학자들의 그것을 훌쩍 넘어서는 세련되고 자기 완결적인 우주론이었다. 이러한 장형광의 우주론 논의에서 우리는 우주의 '무한함'이라든가 우리가 살고 있는 이 우주와는 별개의 '또 다른 우주'와 같은 중세적인 세계관을 넘어서는 사색의 실마리를 살펴볼 수 있다. 서양과학의 외부적 충격 이전에도 조

선의 유학자들은 우주에 대한 세련되고, 자유로운 형이상학적인 사색
을 펼쳤던 것이다.

3. 서양과학의 수용 양상과 조선 후기 과학의 변동

조선의 과학은 17세기 이후 크게 변화한다. 변동의 배경은 두 가지
다. 하나는 조선 초 이후 성장한 조선 유학자들의 성리학적 인식체계
가 충분히 성숙한 것이다. 17세기 무렵에는 이제 중국 송대의 우주론
을 완벽히 소화하고, 나아가 그것의 문제점을 지적하는 수준에까지 이
르렀다. 또 다른 하나는 1600여 년 무렵부터 시작된 서양과학의 유입
이다. 조선 유학자들에게 서양 과학은 기원과 토대가 전혀 다른 이질
적인 자연에 대한 지식으로서 어떤 형태로든 영향을 받고 대응해야 했
다. 물론 그에 대한 대응은 성숙한 성리학적 자연인식에 바탕을 두었
음은 물론이었다.

조선에 최초로 들어온 서양과학은 1603년 사신의 일행으로 중국 북
경에 다녀온 이광정과 권희가 바쳤던 예수회 선교사 마테오 리치의
〈곤여만국전도〉였다. 이 지도는 리치가 1년 전에 중국 북경에서 제작
간행한 서양식 세계지도로 지구설(地球說)에 바탕을 두고 하나의 타원
에 전 세계를 그린 단원형의 세계지도이다. 이후 〈양의현람도〉나 알레
니의 〈만국전도〉 등 많은 수의 세계지도들이 중국에서 제작되자마자
곧이어 조선에 들어왔다. 그런데 이러한 서양식 세계지도들이 담고 있
는, 우리가 살고 있는 땅이 평평하지 않고 둥그런 구형이라는 내용은
가히 충격적이었다. 땅의 밑바닥에 사람이 붙어서 떨어지지 않고 살
수 있다는 사실은 상식적인 동아시아의 감각이나 경험으로는 도저히
인정할 수 없었다. 또한 '구형의 땅' 가설은 어느 곳이든 자기가 서 있

는 곳이 중심이 됨으로써 절대적 위치 개념 아래서 중국이 '땅의 중심'〔地中〕이라는 중화주의적 세계 인식에 매우 위협적이었다. 이렇게 충격적인 내용을 담고 있는 서양식 세계지도들을 조선의 사대부들은 극소수의 사람들을 제외하고는 거의 받아들이지 않았다. 그들은 단지 "놔두고 논하지 말라"는 불가지론적 태도를 드러낼 뿐이었다.

서양식 지도와 아울러 천문도나 역법도 들어왔다. 천문도로는 쾨글러의 〈황도 총성도〉(1723년)가 1742년에 들어온 이후 여러 개의 서양식 천문도들이 전래되었다. 중국이 서양식 역법 체계인 시헌력으로 역법을 1644년에 바꾸자 관상감 제조 김육이 중국을 따라 개력해야 한다는 주장이 나온 이후 정부 차원에서 적극적으로 받아들였다. 청나라가 비록 오랑캐의 나라로서 서양 오랑캐의 역법을 쓰게 되었지만, 현실적으로 천하의 패권을 쥔 나라에서 상대적으로 우수하다고 평가받는 역법을 채택했으니 따라갈 수밖에 없다는 인식이 지배적이었다. 일부의 반대가 있었지만 결국 정부 차원에서 개력 작업이 추진되어 1654년에 비로소 시헌력에 바탕을 둔《시헌서(時憲書)》를 편찬할 수 있게 되었다. 이러한 시헌력으로의 개력은 세종대 1442년《칠정산내·외편》을 독자적으로 편찬한 이후 200여 년 만에 다시 독자적인 노력으로 이룩한 쾌거였다고 할 수 있다. 그러나 이때의 역법은 태양과 달의 운행에 한해서 시헌력으로 계산할 수 있을 정도로 불만족스러운 역법이었다. 이후 천문 관원을 중국에 파견하거나, 역법서들을 몰래 들여와 공부하는 등 미진한 계산법들을 배우기 위해 계속 노력했다. 그 결과 무려 100여 년이 지난 18세기 전반에 이르러 어느 정도 만족스러운 역법 계산을 할 수 있게 되었다.

정부 차원에서 지도학과 천문역법 분야에서 적극적인 수용의 노력이 이루어진 것에 견주면 사대부 지식인들의 서양과학에 대한 관심과 이해는 상대적으로 적은 편이었다. 단지 서양 과학은 호기심 차원에 머물렀다고 해도 지나친 말이 아니었다. 그럼에도 소수의 실학자들은 서양과학이 지닌 상대적인 장점을 간파하고 많은 관심을 두었다. 그들은 정밀한 관측기구를 통해서 얻은 정밀하고 풍부한 데이터, 수준 높은 수학 이론과 구면 천문학적 계산법에 바탕을 둔 정확한 천문 계산 등이 전통 과학에 견주어서 우수하다고 인식하고, 그것을 배우려 노력했다. 이익의 《성호사설》(1740년 무렵)에는 한역(漢譯) 서양과학 서적을 닥치는 대로 읽고 느끼고 이해한 바를 순서 없이 막 적어놓은 흔적을 잘 살펴볼 수 있다. 18세기 후반의 홍대용 · 황윤석 · 서명응 · 이가환 · 서호수 등은 누구보다 서양과학 서적을 많이 읽고 이해한 사대부들이었다. 19세기 초에는 유희 · 홍길주 · 이규경 등을, 19세기 중반에는 이청 · 최한기 · 남병철 · 남병길 등을 들 수 있다.

그런데 이들 소수의 조선 유학자들이 서양과학을 어떻게 이해하고 해석했는가를 눈여겨 살펴볼 필요가 있다. 그들은 성리학적 자연인식 체계를 통해서 서양 과학 지식을 이해했다. 다시 말해 태극과 기(氣), 그리고 주역의 괘(卦)에 바탕을 두고 서양과학 지식을 이해하고 해석했던 것이다. 처음으로 지동설을 주장했다고 알려진 김석문(金錫文)의 우주론은 그 대표적인 예이다. 그는 태극과 기의 메커니즘으로 지구의 생성과 운동에 대한 논의를 펼쳤다. 그것에 기대면 우주는 태극과 기의 내재적 운동성의 원리에 따라서 생성되었으며, 그 생성의 과정에서 맨 마지막에 생긴 지구는 그 회전 속도가 가장 빨랐다. 한편 서명응(徐命膺)은 지구설(地球說)의 원리를 〈선천도(先天圖)〉에서 찾았다. 선천도란 온 우주가 생성되기 이전의 궁극적인 원리를 담았다고 성리학자들이 믿던 도상(圖象)이다. 서명응은 이러한 선천도에서 서양 과학이 전하는 대부분의 자연 지식들의 원리를 찾으려 했다.

17세기 이후 서양과학을 처음 접한 조선의 유학자들은 이와 같이 성리학적 자연인식 체계로 그것을 이해하고 재해석하였다. 그것이 토착

적 지식인들이 외부로부터 들어오는 이질적인 과학을 접했을 때 드러
내던 보편적인 대응의 방식이었다. 이러한 방식은 개항 이후 더욱 강
력한 '근대과학'이 제국주의와 함께 들어오기 전까지 크게 다르지 않
았다.

맺음말

이 글은 조선 전기에 확립된 유교적 패러다임 아래 과학기술이 조선
후기에도 발전적으로 변화해 왔음을 살펴보았다. 그러한 역사적 흐름
속에서 이질적인 서양의 새로운 과학 지식을 성리학적인 패러다임 하
에서 선택적으로 수용 또는 재해석해 왔음을 살펴보았다. 그러나 이러
한 역사적 흐름을 검증하기에는 아직도 학계의 연구 성과가 미진하다.
특히 16~17세기와 19세기 동안의 조선 과학기술의 현황에 대한 이해
가 많이 부족하다. 근래 들어 우주론을 중심으로 자연 지식에 대한 연
구가 어느 정도 이루어졌다. 그러나 기술적 자연 지식들에 대한 연구
는 여전히 비역사적인 접근과 서술에서 벗어나지 못하고 있다.

■ 참고문헌

문중양, 《우리 역사 과학 기행》, 동아시아, 2006.

───, 〈세종대 과학기술의 '자주성', 다시 보기〉, 《歷史學報》 189, 39~72쪽, 2006.

연세대 국학연구원 편, 《韓國實學思想硏究 4: 科學技術篇》, 혜안, 2005.

전용훈, 〈조선후기 서양천문학과 전통천문학의 갈등과 융화〉, 서울대 박사논문,
12~149쪽, 2004.

임종태,〈17·18세기 서양 지리학에 대한 朝鮮·中國 學人들의 해석〉, 서울대 박사
논문, 2003.

박성래,《〈수시력〉 수용과 〈칠정산〉 완성: 중국 원형의 한국적 변형》,《한국과학사
학회지》24권 2호, 166~199쪽, 2002.

具萬玉,〈朝鮮後期 朱子學的 宇宙觀의 變動〉, 연세대 박사논문, 2002.

오상학,〈조선시대의 세계지도와 세계 인식〉, 서울대 박사논문, 2001.

전상운,《한국과학사》, 사이언스북스, 2000.

문중양,〈16-17세기 조선우주론의 상수학적 성격 - 서경덕과 장현광을 중심으로〉,
《역사와 현실》34, 95~124쪽, 1999.

박성래,《한국사에도 과학이 있는가》, 교보문고, 1998.

──── ,〈세종조의 천문학 발달〉,《세종조문화연구(Ⅱ)》, 한국정신문화연구원,
97~153쪽, 1984.

全相運,《韓國科學技術史》, 정음사, 1976.

洪以燮,《朝鮮科學史》, 정음사, 1946.